发现

历史的曲折

与

智慧的光芒

法国史

HISTOIRE DE LA FRANCE

〔法〕皮埃尔·米盖尔 —— 著

马莎莎 —— 译

北京理工大学出版社
BEIJING INSTITUTE OF TECHNOLOGY PRESS

本书受到中国政法大学外国语学院资助出版

特此表示感谢

国家记忆与民族性格

在公众眼中,皮埃尔·米盖尔(Pierre Miquel)是第一次世界大战的史学专家。的确,他于1983年出版的《第一次世界大战》摘得法兰西学院的戈贝尔大奖(Prix Gobert)。但是,就其一百多部著作的论著范围而言,他更是作为一位"全能派"而获得学术界的崇敬。正如2007年11月27日,于米盖尔去世一日之际,保罗-弗朗索瓦·保力(Paul-François Paoli)在《费加罗报》中追思道:"他将自己定义为'人类生活的历史学家',这位天赋异禀之人擅长讲故事,懂得如何使故事变得引人入胜且发人深省。为了书写现代史,米盖尔毫不犹豫求助于那些见证过历史之人,尤其是关于第一次世界大战,他收集了幸存者的证据作为资料。"(Paul-François Paoli, *L'historien de la vie des gens*, www.lefigaro.fr., 2007)

1930年,米盖尔出生于奥弗涅大区的阿列省。后期通过历史学科会考,获得在高中和大学任教资格。完成国家博士学位,取得文科博士证书。先后任教于卡尔诺中学、巴黎政治学院（1960—1970）、巴黎南泰尔大学（1964—1970）和里昂大学（1970—1971），后长期任职于索邦大学，著有《德雷福斯案》等（Paul-François Paoli，同上）。同时，米盖尔作为通讯与报导问题专家，曾任法国第二电视台制片人，负责文献资料工作，主持历史讲座，并著有《广播电台与电视史》等相关作品。作为一位全能学者，米盖尔在文学方面（小说与随笔集）也颇有造诣，著有《帽子商店》《戴红围巾的年轻男子》等。

米盖尔并未沉溺于电视台与文学方面的成就之中，他笔耕不辍，每年都有专著问世，有时甚至数本同时出版于Fayard、Albin Michel和Hachette等法国知名出版社。在其众多以"一战"为主题的著作中，脱颖而出的是《穿红裤子的法国士兵》《第一次世界大战》《贵妇小径》《东线的大兵》《马恩河战役》以及《战死凡尔登》。除此之外，米盖尔还是《地铁站简史》和《历史中的花语》的作者。

如此博学之人，在通史的撰写方面自然水到渠成，正如姜芃在《法国史》的读后感中感概道："写一部优秀的通史，是需要些功底和气魄的。"（《读书》，1989年第2期）由此肯定了米盖尔此书的独到性与可读性。而作者序言作为打开整部通史世界的敲门砖，涵盖了作者对历史书写的核心观点，并且从空间与时间两个维度概括了本书的脉络。

在空间上，米盖尔为读者简要地描绘出了法国的地理条件：人口的密度和多样性得益于得天独厚的地理位置与水土情况。恺撒时期修建的"罗马道路"促进了各地区之间的联系，而即便没有这些入侵者带来的便利条件，法国丰富的河道资源也为交流提供了良好的基础。绵延起伏的山脉和湍急的河流并未形成天然屏障，法国自古至今都经历着人口迁徙和入侵。各个民族在同一片土地上繁衍生息,经历着朝代更迭,却保留着各自城镇独有的地质面貌和风土人情。

在时间上,这部通史自公元前1世纪的高卢时代写起,至1969年的现代法国停笔。从篇幅上来看,全书的二十一章中,古代部分占据十章;近现代部分占据十一章,为总体的三分之二。这样的结构比重和安排也许是出于作者的考量。首先,米盖尔的专业领域为近代史,其主要研究亦集中在第一次世界大战这一时期。再者,作者长期从事的广播电台工作,使其对当代的政治、经济和文化产生了极大的兴趣,且对时代特征更加具备发言权。最后,从历史的镜像原则来看,米盖尔的论述既轻快又沉重。"从古为今用的原则出发,以史家的眼光,哲人的思辨和文学家的语言,发掘历史上的经验教训,服务于法国乃至全人类的现在和未来。"(陈伏保,《读皮埃尔·米盖尔的〈法国史〉》,《法国研究》,1987年第2期)

在这样的时间与空间交错纵横之下,米盖尔的《法国史》选择了一条"对抗与谈判"的视角。长久以来,法国史的撰写遵循着"英雄叙事诗"的思路。历史学家对过往人物与事件的勾勒,不同程度成了民族凝聚力的黏合剂,例如19世纪著名史学家米什莱(Michelet)及其后的维克多·杜辉(Victor Duruy)。而米盖尔眼中最具使命感的欧内斯特·拉维斯(Ernest Lavisse)亦遵循此思路,讲述了法兰西民族如何走向团结统一与自由民主的道路。

该视角似乎成了法国史的书写传统,然而深究之下,却略显单薄。因为以上几位史学家认为:法国历史的连续性取决于要求联合的愿望与建立中央集权的热忱,基于此,外省的响应是建立中央集权政府的根基,而巴黎则是革命爆发的中心。米盖尔对此质疑,如果对外省的风俗文明及其生存意志置若罔闻，那么决定事件发生的深层次状态就无法被完整丰满地表达出来。相比之下，作者所强调的"对抗与对话"的视角摒弃了历史编纂学的传统，有别于在线性背景下依照时间轴所书写的中央集权史。从某种意义上来说，区域文明则更加有助于把握历史事件或政治演变的脉搏。如今历史学的任务便是忘记单薄严苛的民族观点，重新研究区域历史在法国史中所起到的连贯作用，将法兰西生活的各方各面展现出来，来丰富西欧的语境资料。

这部通史即遵循这样的精神。米盖尔认为，自古以来，法国的地理位置与自然条件都未能形成阻断入侵与移民的屏障，而外来民族无论带着哪一动机来到这片土地上，最终都带来了某种程度上的进步。例如对于罗马占领高卢这段历史，米盖尔的视角是客观与进步的，他没有去描写杀戮与战争，而认为罗马治世为当地带来了长达4个世纪的繁荣，并且为分裂的高卢人带去了团结统一的觉醒。政治方面，从太阳王路易十四以来，法国便确立了根深蒂固的中央集权制度。直到19世纪，随着议会民主制度的逐渐确立，地处法兰西岛的巴黎，才渐渐失去了其政治主导地位。正如巴尔扎克的《欧也妮·葛朗台》中所描绘的那样：法国大革命之后，贵族逐渐衰落，外省的资产阶级凭借经济实力与巴黎的古老贵族阶级对抗，刚上台的路易十八不得不颁布新宪法，向资产阶级让步。

因此，米盖尔认为，直到该世纪末期，法国的政治角逐的战场已经转移至外省。作者选择的通史撰写之路，既不推崇狭隘的民族主义，也不留恋以巴黎为中心的中央集权。他选择了一条新的道路，即客观地看待历史，去寻找被人们遗忘的珍贵财富。与之形成鲜明对比的是，20世纪之前的历史撰写却紧紧围绕着民族与民主两大主题。如果说在长达几个世纪的光景中,民族主义大体是通过中央集权来实现的,那么到了现当代,伴随着科学技术的发展与国际联系的紧密,国别史的叙述早已打破了国家和民族的界限,将视野扩展到全人类,着眼于发展与进步。

这一先进的史学思想和进步的世界观在米盖尔的著作中得到体现。从古代时期的罗马人入侵,到文艺复兴时期的意大利文化传播,再到近代时期巴黎成为欧洲的文化艺术中心,米盖尔在解析欧洲各国文明"联姻"背后深层次的政治原因的同时,将法国文化的发展和文明的推进放到欧洲和世界的大局之下,其视角必然是进步的。而这一眼界的扩展也规避了狭隘的民族主义和国家情怀,向读者展现出的是一个当代史学家放眼世界的宽宏气魄。例如,当米盖尔谈及文艺复兴时期,法国的大领主出征意大利之时,他们心中很少抱持中世纪的骑士精神这一传统,而是带着对先进文化的崇拜与渴望去冒险,最终新文化惠及法兰西,促进了社会的发展。

此外,米盖尔也介绍了不同时期法国人的性格和心态的变化:高卢人性情暴躁好战,单纯且高傲;中世纪的法国人谦恭有礼,有着追逐淑女的骑士风度;文艺复兴时期崇尚文化与装饰;启蒙时代追求时尚,思想开阔;19世纪浪漫不羁。到了世界大战之时,注重生活品质的法国人变得一蹶不振,而五六十年代的经济发展让他们找回了民族自信心。然而,不论各个时期的法国人拥有着怎样的性格特征和心理特质,他们都对法兰西这片土地有着共同的记忆。

而这些记忆碎片,正是由一种被称为"时间"的绳索连接起来,形成一个记忆之地。1984—1992年,法国历史学家皮埃尔·诺拉(Pierre Nora)在其主编的三卷本《记忆之地》(*Les Lieux de mémoire*,

Gallimard，Paris）中，提出一个与集体记忆相关的概念，即在群体记忆中具有特殊意义的某一特定的时间、人物或事件，它可以是一个历史遗迹、一件器皿、一个重要的人物、一座博物馆、一个机构，也可以是史料档案、一个象征、一个口号或者一句谚语。因此，"迄今为止并未被人所知的过去，应当受到应有的重视，从而来补偿社会的分崩离析造成的焦虑和对未来的恐惧"，这便是历史学家的使命。当某个事物从遗忘的废墟中苏醒，并被集体赋予情感之时，它成了记忆之地。

诺拉总结的这些"复杂的事物"在米盖尔笔下似乎被重新赋予了生命，跃然纸上。不难发现，米盖尔在序言开篇，便借由一系列的古迹与文物来唤起读者对某一时期的记忆，例如维克斯双耳爵。同时，作者对于区域文明的重视也似乎启示诺拉提出了民族记忆的观点。某个地区独特的小气候和地形赋予了当地人民某种生活方式，影响了建筑特色，也造就了区域特定的人文精神和性格特征。以巴黎为中心的法兰西大区中的历史遗迹必然能够召唤民族对于过去某一节点的记忆，而长久以来，外省被忽视的文明也具备同样的职能。

因此，将历史与记忆唤醒的历史学家同时也是社会学家和人类学家，历史的书写无非是围绕人与物的史料梳理。法兰西土地上不同草质的牧场决定了畜牧业的多样性，而食物的多样性也许正造就了不同的区域性格，正如萨瓦兰（Brillat-Savarin）在1825年出版的《味觉生理学》中所写："告诉我你所食，我将告知你是谁。"然而，米盖尔的史学观点却少了些玄学的迷幻，"如果说家禽类有着和奶牛一样的多样性，教堂的造型也和奶酪一样多变，我们意识到法国人口中的'乡土观念'是符合史实和社会学逻辑的。"与各具特色的微型镇落相同，法国的人口多样性也同样是不断融合与同化的结果:"移民的多样性使得法国人口的体型混杂:19世纪军队曾雇用北方体型高大的金发人种和中部粗壮的棕发骑兵。曾有高达两米的胸甲骑兵,也有一米五高的轻步兵,身高和毛发颜色不一的步兵,北部棕红头发和南法黑发棕色皮肤的士兵。"

如果说历史学家身兼唤醒民族记忆的重要使命(François Hartog, *Temps et histoire.'Comment écrire l'histoire de France ?'*, 1995),那么米盖尔无疑是一个优秀的代言人。历史应当从记忆中断之处找寻切入点,如果说拉维斯的通史作为一部记忆历史唤起了年轻人对共和国的爱国情感,那么米盖尔则致力于书写一部唤起整个欧洲对于法兰西的记忆,正如他在序言结尾的愿景:法国史的新的叙述"能最大限度地找回在简化中丢失的东西,并为西欧人民的新的智慧做出一份贡献。"

法兰西从来不乏为其撰写热血历史之人。放眼世界,历史学家主编或以一己之力撰写通史、国别史,甚至世界史的不在少数,但能够做到如同高空俯瞰上下几千年,将历史描绘成一幅流动的画面,鲜明地跃动于世界大舞台之上,实属难得。而一部法国通史兼具文化传播、民族自信心与民族特质的功能,便是凤毛麟角。不同于其他法国历史侧重的"民族"与"民主"两方面,米盖尔的《法国史》注重的是全方位还原几千年来法国历史文化政治等各方面,忘却编纂历史书籍时过于严格的民族观点,展现出的是法兰西各省的文化及其生存意志。它既是一部文化史(绘画、文学、艺术、雕塑等),也是一部社会史(社会风俗和民情),同时也是一部人类史,它介绍了从中世纪到20世纪六七十年代法国人的意识形态和特质。身为巴黎索邦大学的历史系教授，兼任通讯与报导问题专家及电视台制片人，米盖尔的历史敏感、尖锐、幽默且多情，时而严肃，时而刻薄；读者在阅读长达六百页的法文原作时，竟不会因为冗长的历史事件叙述和繁杂的人物而感到厌倦，读到精彩之处笑出声来，也许就是对作者辛勤写作的致敬吧！

诚然，再伟大的学者也会有笔误。译者在翻译的过程中，在查阅资料的同时，发现了几个史料错误，已一一置于注释中。由于译者史学和语言水平有限，难免会有疏漏和错误之处，恳请读者指正。

马莎莎

2021年3月

作者序
法兰西与历史

有些国家没有历史，但法国并不在此列。自从人类出现在欧亚大陆起，如今名为"法国"的地界上发生的事件便有迹可寻。

人口密度更早地高于其他地区：人们如今游览法国时不可避免地会邂逅一些史前景观，比如古迹众多的布列塔尼地区和西南部地区。在整个普罗旺斯、中央高原、阿尔卑斯山脉，甚至在巴黎市郊都可以寻到新石器时代的踪迹。热切的勘探者和好奇之人不断丰富着新发现，而与此同时，被爱好者发掘的勘测场地也为当地和外省的博物馆提供了收藏。正是有一个爱好者发现了维克斯（科多尔省，法国东北部）双耳爵[1]，自此吸引了一批顶尖学者。

整个法国就是一个博物馆。马赛人民是否愿意如其他地区建造一个巨大的交易所广场？他们便会发现一个福西亚港口。人们会在巴黎圣母院门前盖停车场吗？那便如置身于墨洛温王朝的庄园中。一个北部平原的农人在翻自家的甜菜地时，竟发现了一个墨洛温时期的墓地。我们就此大胆断言，如果某个富有的波斯人一时兴起买下了法国的整片土地，然后锱铢地去挖掘，那么几乎在所有地区都会有考古发现。法国的过去是如此的绚丽多彩，但我们了解到的只是只字片语。这些间断的碎片，正沉睡在我们自己的土地上。

出于地理方面的原因，法国的人口密度无疑是相对均匀的。今日法国的各地区和其邻国讲法语的地区向来是互通有无的。自恺撒征服之日起，著名的"罗马道路"便在领土上留下痕迹，并促进了各地区之间的联系，即便在有道路之前，也有河道。法国这些静谧的河道，深入并连接了大部分地区。塞纳河、卢瓦尔河和加龙河深入腹地，有时可以使小船通航。如果说罗讷河和莱茵河过于湍急，从而更像是一道边境线而并非一条航线，那么法国重要江河的支流则灌溉了每一寸土地：多尔多涅河旁物产富饶的滨河地区、谢尔河和阿列河、安德尔河和维埃纳河，以及马恩河和瓦兹河，等等。在北部和东部地区，有着静谧美丽的河道：罗马人深爱的灵动的摩泽尔河，并在其岸边栽种了葡萄树；还有默兹河和桑布尔河，以及北部平原的所有河流。法国是个湿润的国家，这里的降雨量和流水量对希腊来说是个奇迹，对于埃及来说则是异常的，而且这些河流都没有形成瀑布。

各个地区之间的山脉也没有形成天然屏障。人们完全可以绕过中央高原，而且大量的证据表明了从史前时期这片区域即可穿行。人们可以轻而易举地从塞纳河地区到达罗讷河和索恩河地区，或者从这些地区到达莱茵河沿岸地区。人们可以通过这些天然"门槛"从西南部到东南部和巴黎盆地。于传统上讲，这些"门槛"曾见证着掩蔽着入侵者：加龙省和地中海之间的诺罗则山口、南部奥克方言地区和北部地区之间的普瓦图山口。在国家版图上一向最难通行的是罗讷河,正如奥克语复兴诗人弗雷德里克·米斯特拉尔笔下汹涌的《罗讷河之歌》。也正因其湍急的水流,成就了一些古老的"桥城",尤以阿维尼翁和里昂最为著名。

法国的北部和东部在莱茵河前面没有边界。据史料记载,如多瑙河东段河道一般,莱茵河也曾被来自东方的民族渡过,但是这次渡河很快便演变成了一场入侵。当罗马人想要在帝国西部安置一道防线时,他们选择了莱茵河。

比利牛斯山脉作为南部的边境线也是很牢固的,但是同莱茵河一样,这道防线并未能阻断两边的人口迁徙或军事入侵。更不必说阿尔卑斯山脉了,其横向山谷根本就是一条条畅通无阻的大路!纵观历史上的每一个节点,法国都未能做到全身而退,而且饱受陆地和海岛居民的动乱之苦。布列塔尼陡峭的海岸并未能更好地阻止英国的入侵,正如广阔的诺曼底并未能阻止维京人一样。地中海地居民本该离开海边并栖身于高处的村庄以逃脱掠夺者的侵袭,从海岸到山脉再到边境河流,这些本该作为天然屏障,然而法国却从未真正安全过。

作为一个来去自由的国度,法国却比欧洲任何一个国家都有各具特色的微型镇落。人们漫不经心地从一个地区进入另一区域,然而很快就会察觉到,几千米之外的地方不尽相同:例如风景、古迹、农业生产方式、农田的形状。有时当地的语言、房顶、建屋的石砖、传统的家具和饮食的习惯也大不一样。牲畜也是这个多样性的一部分。土壤和向阳的斜坡使酒的种类繁多。早在很久以前,法国就不曾有哪个地区没有自己特有的葡萄酒和奶酪。不同的草质决定了牛的多样性:诺曼底油脂高的双色奶牛、布列塔尼多筋腱的花斑奶牛、阿基坦身形优美的红棕色奶牛、朗格多克小体型的黑棕色奶牛以及沙罗莱的良种白色奶牛。需要补充说明的是，如果说家禽类有着和奶牛一样的多样性，那么教堂的造型也和奶酪一样多变，我们意识到法国人口中的"乡土观念"是符合史实和社会学逻辑的。今日组成法国这一"复杂的大熔炉"的各个民族，古往今来并没有断了联络，却也在各自城镇独守着风土人情并繁衍生息。

法国人口的密度和多样化无疑得益于有利的自然条件：各个微型镇落都有其相对应的小气候，这些都促进了独有的畜牧业的形态。

温带大洋气候，伴随着其由西到东、由北至南恰如其分地递进，使得每一寸土地都能各尽其职，并被各取所需。

国土中的一大部分是由肥沃的沉积地质的广阔平原组成：加龙河和塞纳河盆地为中部提供了元素丰富、深厚且温暖的土地，为北部输送去淤泥土质，使得博斯和布里成为人尽皆知的富饶地区。佛兰德地区面对着欧洲西北部大平原，这片平原可延伸至比利时、德国，甚至最远可到达波兰和俄国。北半球无边的麦田带在法国北部海峡和芒什海峡遭遇滑铁卢，并一直延伸到诺曼底肥沃的牧场。

冲积平原常常并不比沉积盆地贫瘠：阿尔萨斯平原、中部利马涅式的平原、罗讷河中下游的某些平原以及阿尔卑斯山的河谷，都是盛产谷物的地区。吉奥诺笔下的收割场景便是发生在杜朗斯的河谷。以贫瘠著称的诸如布列塔尼和朗格多克地带，也会蓦然邂逅异常肥沃的盆地，并得益于其温和的气候，农收颇丰且人口剧增。"海西褶皱"式的法国在旺代、布列塔尼、阿登高原和中央高原有海滩及土质肥沃的绿洲。

同田地、小气候及各具特色的微型镇落的多样性一样，法国的人种也具备多样性特征。

纯正的法国人种并不存在，就像这世界上并没有独特的法兰西气候。穿越这片土地的人们多多少少都会以某种方式与当地人联姻。法国的山区居民并不都是生于大山，他们却在其成长的村落中见证了古老的外来人口的涌入。来自东方的滨海人民成为沿海至中部高原的始祖。在距今多少有一点久远的时代，布列塔尼和诺曼底曾被北欧人占据。来自遥远的亚洲人也曾到处扎根于法国。

移民的多样性使得法国人口的体型混杂：19世纪军队曾雇用北方体型高大的金发人种和中部粗壮的棕发骑兵。曾有高达两米的胸甲骑兵，也有一米五高的轻步兵，身高和毛发颜色不一的步兵，北部棕红头发和南法黑发棕色皮肤的士兵。如果传说中高卢人是高大的金发人种，那么中世纪的盔甲则展示了矮小短粗的十字军。法国人并不都那么矮小，他们有几种主要类型：纤瘦的金发阿尔萨斯人、头骨圆润的矮个子阿尔卑斯人、蓝眼睛暗肤色的奥弗涅人、走私犯大本营的巴斯克地区以及玫瑰红肤色的金发诺曼底人。但是这些体貌在每个地区、家族甚至某个家庭内部也会发生异变。

19世纪起，工业化和城市人口增加，来自各地的人们在这些城市里混居从而使得人口变得更加混杂。同时也吸引了外国劳动力，大量的意大利和西班牙人成为中部人的始祖，波兰人在北方繁衍，白俄罗斯人则在巴黎地区生息。这些人大都已经移民超过50年之久，早已经被完全同化了。四面皆开放的法国在其土地上不断地迎来送往这些移民者。传统意义上来说，法国引进的人口多于其输出的人口。如今十分之一的法国人来自非洲、葡萄牙、西班牙或者南斯拉夫。这些外来务工人员最终都会回到他们的原籍地吗？如果从美国思维来理解"同化"这个词，法国无疑是欧洲大陆上同化性最强的国家之一。那些波兰矿工和皮埃蒙特泥瓦工就是这个同化现象的最好见证，他们已被打上"法国制造"的烙印，正如史前的游牧民族、东部的金发战士及南法晒黑的水手在过去相互同化一样。

作为法国人谜一般的祖先，高卢人在罗马人入侵之前仍不为人所熟知。作为传奇的一部分，是考古学的发现让他们的故事变得具体和清晰。甚至在罗马帝国时期，也都是从征服者的角度来对高卢人进行描述。

团结统一的观念对整个高卢，或者对高卢人来说，实质上是由历史上最早的入侵者所带来的觉醒。因此法国史的第一章不得不由高卢人说起。

正如著名的高卢史专家阿尔伯特·格列尼尔所说："在如此之多的为人所知或不为人知的组建起法国的民族中，高卢人是最早构思、表达并部分实现得以成为今日法国的理想政治蓝图的民族。因此可以这样说，我们继承了他们的国家建设轨迹。"

格列尼尔笔下的"理想政治蓝图"便是19世纪所有历史流派所公认的著名的"法兰西民族"的黏合剂。始于高卢人的无政府主义，这条通往"法兰西民族"的道路始终是历史编纂学的一个重要研究。几乎所有著名的历史学家都各自撰写其"法国史"。从某些方面来说，最出色的要数巴黎高师校长和索邦大学教授欧内斯特·拉维斯所写的版本。根据小学生世俗化、免费化的义务教育，这位第三共和国的著名人物倾注心力撰写了一部因其短小精悍而被亲切地称为"小拉维斯"的法国历史。在这部作品中，作者向年轻的法国人解释了为什么他们应该为创建一个民族而自豪。继米什莱和维克多·杜辉之后，拉维斯以英雄叙事诗的方式讲述了法兰西人民走向团结统一的道路，以及1890年迈向自由和民主的步伐。

共和主义者所强调的国家主题让所有的法国家庭和谐地围绕在国旗周围，同时使学生们相信历史上的国王、皇帝以及共和政体都各自继往开来地促进了国土和人口的聚合。在共和党人士眼中，狡诈的美男子腓力四世、谨慎节俭的路易十一及自命不凡的路易十四被当作值得尊敬的君主，因其对"国土统一"所做出的贡献，人们在1890年情愿原谅他们曾犯下的明显的过错。

法国史的叙述在长久以来都遵循这个双重的思路：先是围绕着法兰西岛上的历代国王的建国，然后至权利集中的国家的建立，即法国民众走向自由民主共和国，走向普选，走向人民当家作主。

最后这一观点得益于米什莱和19世纪提倡自由主义的史学家。在整个中世纪漫长的岁月里，法国人生活在愚昧无知和排除异己的日子里。但全民族的努力和摆脱更发达文明（尤其是意大利）的集体愿望使建立一个现代的国家成为必要。在经历了千百次试验和数不尽的阻碍之后，法兰西民族在自身寻到了在充满敌意的欧洲大陆宣告独立的力量，以及实行民主政治的愿望。

从这个意义上说，全国战争即为反抗老牌欧洲国家的"暴力欺压"。自圣女贞德的时代起，甚至于布汶战役时期，法国已不言明地有了形同国家的意识。只是于1789年法国大革命时期人民团结的意志才有了司法框架。基于此观点，于米什莱而言，法国大革命是一个国民愿望的实现。19世纪所有的自由主义的努力便是寻回这一丢失的理想，一个长期被倒退派和资产阶级政体压制的理想。

因此，在所有出版的《法国史》中，民主这一主题与国家这一主题有着相同的重要性。值得注意的是，这两个主题同其他主题一样相互混淆并紧紧地与进步和社会道义相联系。在法国近现代史中，国家的概念常常左倾。同共和党人传布信仰的热忱相同，集体征召、军队和革命战争均为法国的观念。大革命不仅仅要使法国人过上幸福的生活，也要以解放欧洲、解除奴隶制和为全世界的国家作表率为己任。它的视野遍及本土与全球。当法国人民自我解放之后，他们也会解救其他"共和国姐妹"，由此这些新组建的国家的根基与法国十分相像：这些国家冲破牢笼为的是实现正义以及巩固公民自由。1830年、1848年和之后的巴黎公社是这个普遍解放的理想的忠实拥护者。这一理想后来在1914年之后，被内阁爱国的社会党人以另一种形式重提和颂扬。

在正义这个概念里，我们发现其本质是一种平等主义的意愿，而这一意愿其实早在法国大革命很久之前就已经在渴望集中权力的法国热情中显现出来。从王室法学家到首相，再到国家行政学院的历届毕业生，这一法兰西精神面貌的特点于国家崇拜中得到公认。当路易十四声称"朕即国家"时，他并没有沉浸在表现自我的傲慢，他想表达的则是国王作为公民权利的唯一担保人，应该把这一担保使命应用于其他配得上称作权利的方面，惠及所有的"享有此特权的人民"。旧的君主政体下的中央集权国家便以平衡各个地方主义、各地民俗、封建制度的残存以及历史反复无常带来的无规律为己任，某个公正的概念是希望所有"臣民"在"君主"面前人人平等。在法国大革命期间，为了保持君主政体的中央集权传统，只需将国王的最高权力转交给人民。

事实上，关于法国大革命最大的一个分歧来自代表大资产阶级利益的吉伦特派和支持民主的山岳派。吉伦特派向往一个封建的地方分权的国家，而山岳派则是相反的，它向往一个丹东和罗伯斯庇尔主张的、以公正和效力于大革命为基础的中央集权政府。后者的观点是，联邦制的成功只能以外省的响应为根基，而真正的革命必须爆发在巴黎。

这个倡导集权的巴黎人和分权的外省人之间的争辩跟法国一样上了年纪。它重现在过去和今日的各党派之间的对抗中。它存在于外省大贵族（今日的各大城市的市长）对法兰西岛上的国王和其国家机器的对抗。在路易十四打败贵族取得胜利很久之后，该争辩出现在外省议会对国王派遣到外省的总督的对抗中。它被拿破仑专断地扼杀，因其与各地行政长官模仿古罗马帝国建立了一个过度集权的国家。

对某些史学家而言，真正的法国国家的建立来自这个决定性的时期：在这样一个确认平均主义和平均主义者的国家的时刻，"国家王"杜绝一切联邦制的争论，并减少所有独特的民俗和法律。历史的延续性并不仅仅是出自一种集中的意愿，也是来自这样的集中权力的热忱。国王并不是简单的土地的集中者，他们也是现代国家的缔造者。早在其他人之前，共和国和拿破仑已经继承了这些前人留下的遗产。

如是说，那么显而易见法兰西的历史就很不丰满。它追随着一个走向当今法国的非常清晰的演变，摒弃了丰富离心力的糟粕和渣滓、外省遗失的文明及其留存的意愿。确切地说，现今历史发展的倾向趋于重新定义被揭露为简单化或有时故弄玄虚的民族史。历史的进程，尤其在法国，从不是一帆风顺或有章可循的。在各自的时刻，历史中的河流有着各自的出处。事态的发展重新聚集并于某个层面点上扩散开来：譬如法国大革命或那些大型战争。一个更长久更安稳的未来被定点在这些集体蜷缩的瞬间。在叙述过程中，必须强调这些决定深层次精神状态和加速无动荡时代变迁的特权时刻。但同时也要意识到瑰丽多彩的区域概况在"法兰西"现象的全球视角的解读中的嵌入，是如何在今日成为可能的。近20年来，区域史书写的尝试不断出现。有很严谨的关于布列塔尼、诺曼底、朗格多克及阿尔萨斯的历史研究，它们显著地改变了那些认为一切的路线均来自一个中心，一个以巴黎圣母院为界点的巴黎"视角"。在事件发生的过程中，历史统一论和线性论的观点未能掩盖来自国家中心巴黎以及外省的对抗，这些抗争经常是激烈的，有时是令人沮丧的。

曾几何时，敌对比政权更值得被提出来研究。北部男爵对图卢兹郡的凶狠、纯洁派[2]神秘的集体对抗在西南部留下了时间也无法抚平的伤口。皇家远征队在朗格多克新教地区、路易十四时期迫害新教徒的龙骑兵以及巴黎警员在塞文山脉的战绩都出自同一命令。敌对势力的反抗在法国边境地带最为持久，诸如布列塔尼、朗格多克、普罗旺斯和多菲内这类最近更加依附于国家但拥有自己地方议会的地区。

在对抗与谈判的视角下，巴黎与外省的关系有别于中央集权史的线性展望背景下的两者的联系，由此出现了得以幸存并蓬勃发展的饱满的区域文明，也揭示了某个演变或某个政治行为的某些方面的含义。这些方面决不能被简化为中央权力与边界暴民之间的充耳不闻的对话。

值得注意的是，这些边界省份对其比邻的欧洲地区的影响很敏感。作为完美隔离的边境国,在我们的历史长河中扮演着一个异常局限的角色。它局限于国家对抗的艰难时期。和现如今一样,阿尔萨斯地区曾同属于德国与法国,佛兰德地区分别隶属法国和比利时,汝拉位于法国与瑞士边境,以及位于法国东南部与意大利接壤的萨瓦地区。以至于在人们的观念中,如今区域性历史研究不是在找寻一系列的遗失的文明,而是致力于合理地忘记历史编纂学古老的传统中严格意义上的国家叙述的视角,为的是将法国生活的方方面面展示给他们在欧洲大陆上的延续。基于此,法国史的新的叙述期望能最大限度地找回在简化中丢失的东西,并为西欧人民的新的智慧做出一份贡献。

1 | 古时就餐前用以混合水和葡萄酒的器皿。——译者注
2 | 中世纪法国等地的异端教派。——译者注

目 录

第一部分
从高卢时期到宗教改革

003 — 第一章
　　　高卢部落与高卢人

031 — 第二章
　　　法兰克人

065 — 第三章
　　　北部的小国王和南部的巨人

086 — 第四章
　　　卡佩王朝的大家族

113 — 第五章
　　　百年战争

140 — 第六章
　　　在意大利的冒险

第二部分
从亨利四世（Henri Ⅳ）到拿破仑（Napoléon）

167 — 第七章
　　宗教动乱

190 — 第八章
　　王国的重建

222 — 第九章
　　君主专制制度

247 — 第十章
　　受人拥戴的路易时期的法兰西王国

273 — 第十一章
　　大革命到来

312 — 第十二章
　　法兰西的欧洲：1795—1815年

第三部分
19世纪

351 — 第十三章
　　三十年的倒退：1815—1848年

384 — 第十四章
　　1848年的政治暴动

409 — 第十五章
　　第二帝国的革命

438 — 第十六章
　　带来耻辱的共和国

478 — 第十七章
　　共和党扩张

第四部分
当代的法兰西

513 — 第十八章
　　法兰西与第一次世界大战：1914—1929年

552 — 第十九章
　　30年代的法兰西

591 — 第二十章
　　解放时期的共和国

628 — 第二十一章
　　第五共和国

第一部分

从高卢时期到宗教改革

第一章
高卢部落与高卢人

要从人口起源处想象法兰西地界自然是不易的。与民族一样，风景也有其历史。人类和景色一样，不会一成不变，而资料的缺乏使人们难以有一个确切的认识。然而，有一点很明确，那就是我们的祖先高卢人曾居住在以大西洋、莱茵河、阿尔卑斯山、地中海及比利牛斯山为界限的地区。最早可追溯至铁器时代，也就是距今3000年的公元前1世纪。

领土的占领

在很久很久以前，欧洲西北部曾有人居住。有些人离开了如埃及木乃伊般几乎未变质的丹麦的沼泽地。在第四纪，这些人的祖先生活在洞穴和岩洞中。该群体的踪迹在法国多处可循。

洞穴猎人

洞穴，这就是整个西欧人民既真实又神秘的起源。从第四纪的中叶起，法兰西地界上便出现了洞穴和人类。严峻的气候使得他们不得不躲避在西南部（多尔多涅）最掩蔽的地方，或者索恩-罗讷河峡谷的天然走廊（索留特累，索恩-卢瓦尔省）。这一时期的洞穴避难所因其岩画出名：拉斯科洞穴、孔巴雷尔洞穴以及佩里戈尔德的丰德高莫洞穴。在"三兄弟洞穴"（位于尼奥镇）中，比利牛斯山的居民竟然雕刻悬岩，发现了彩色颜料工艺！要知道，那可是处于大冰川时代啊！

寒冷的气候并不能持续使人类活动变得缓慢，恰恰相反，前者激发了后者。法兰西地界上的狩猎者走出巢穴来追捕猎物。他们发明了武器和工具。他们把大山里的燧石切割成很薄的片状。他们把骨头雕琢成利箭的尖头，拉开原始的弓来击中野牛、驯鹿和猛犸象。不久之后，他们又发明了骨制针，由此女人们便可以缝制皮毛衣物。

这些猎人善于把成群的动物赶至某处，他们把其逼进狭窄的山谷便于捕捉。他们将其逼入岬角的绝境，例如索留特累的岬角，在这里成千的野马大量地跳向灭亡。

这些迷途之人在一个恶劣环境里的离群索居是可怕的。他们必须经过数代才能经历到更温和的气候，更易适应的环境和更舒适的生活条件。接近公元前25000年时，人们开始关心如何更好地生活。他们不再是众多野兽中的游荡一员了。他们能够表达，也善于表达自己的信仰和焦虑。他们细心地埋葬死去的人，祭祀神秘的神明，拥有巫师和首领。毫无疑问，他们的数量已经大到足够应付土地。他们吃得更好，武器更精良，生活更舒适。在法国的西南部，神圣的小雕塑和无遮盖的洞穴岩画便始于这个时期。

公元前12000年，驯鹿群抵达靠近北极的国家及北半球以北地区。熊躲避进高耸的山脉。人类最终离开了洞穴。这里的气候比北美洲和亚洲大陆变化得更快。这里树木丛生。猛犸象和野牛消失了……鹿、野猪及狐狸的时代到来了：冰期自此结束了。

大游牧时代的结束

当时的大多数人都随着动物群到了北部，他们仍过着打猎和游牧的生活。为了生存，其他人在海边或河边安顿下来：如果说在茂密的树林中打猎更危险的话，那么还可以捕鱼。

对于人口稀少的欧洲西北部来说，大的动物群的消失意味着那里的人类必须缓慢而艰难地去适应新的环境。但是生机渐渐地从东方传来。

经由模糊不清的缓慢渗透，农业生产和冶金学的工艺渐渐地抵达欧洲西部。人类不再依靠捕鱼和采摘，而是开垦森林、圈养野生动物，而且已经开始播种农作物。人口迁徙也伴随着技术的到来：一次重要的地中海海岸的迁移毫无疑问发生于公元前4世纪。这次迁徙来自东方。这些善于航海的人类饲养山羊和绵羊，播种大麦。他们并不完全投入农业生产中，但是他们的工艺自此蔓延开来，由一个民族传播至另一个。得益于他们制造的印有贝壳类的陶器，这些定居的滨海渔民被识别出来。

很久之后，来自海洋的其他人类也成了牧民和农夫，他们沿着河流抵达罗讷河和索恩河河谷，迁移至巴黎盆地。人们定居在水边，在汝拉山脉地区建立湖边城市。他们开垦森林，播种农作物，同时也在河流和沼泽地捕鱼。

他们人数众多吗？我们不清楚。这个群体受限于一个能够满足生存条件的狭小空间。此外，他们毫无疑问从事游牧式的农耕活动。人类适应土地的革命性的变革源自对金属的使用。来自东方的勘探者发现了英国和西班牙的锡矿和铜矿。

自此之后，在洛泽尔省和滨海塞纳省出现了新的人口迁徙，此次迁移伴随着得名于康皮尼小镇的康皮尼文明。康皮尼人还不了解铜的用处，但他们把注意力都集中在了土地上。他们用坚硬的岩石种地。他们用实际行动证明了，新工具的发明使得游牧民族变成了村民，因为他们更有能力。

如果说金属制品及其使用的技艺来自东方，这次传播是通过陆路而非海路。欧洲中部和多瑙河流域是冶金学艺术深入欧洲东部的主要驿站。

在那个久远的时代，新工艺的使用可以明确指出一个新的文明的特点。伴随金属制品出现的是早期的"坟头文明"。这些土堆可追溯至公元前1600年至公元前1300年。挖掘后人们发现了坟墓，在这些坟墓里，原始凯尔特人问世。

不是所有人都赞同称凯尔特人为早期坟冢人。那么他们也可以被称作石桌坟文明的人吗？在坟冢时期很久之前，石桌坟和有时高达20米的糙石巨柱在布列塔尼诸如卡尔纳克镇排成直线。毫无疑问，这些耸立之物是为了纪念死者。与坟头文明的人不同的是，石桌坟文明的人尚未知金属的使用。作为工具，他们使用的是削过的燧石。得益于与西班牙有来往的北部和南部地区民族的海上联系，他们学会了使用铜。石桌坟文明的人在第一批凯尔特人入侵就已经存在。然而，他们不久便把自身的文明传播出去：在塞文山脉直至卢瓦尔河谷都有石桌坟文明的踪影。相反的是，奥弗涅省也存在坟头文明。因此，这两个文明最终相遇。

他们的相遇之间没有缝隙。在西部石桌坟文明的人和东部坟头文明的人之间，有一个数量越来越大的群体占据了高卢中心地带，并初步学会了冶金术。在他们的坟冢中，人们找到了青铜制的短形武器和简单装饰的器皿。青铜来自波希米亚，它通过阿尔萨斯、洛林、弗朗什孔泰和勃艮第传播至法国。约公元前1500年，在中央高原、利马涅斯平原及阿列河平原，青铜已为人所知。自此，青铜抵达塞纳河河谷和北方地区。在圆形的坟冢中，青铜时代与武器一起下葬的人类强壮且高大，他们平躺着，头发是金色的。在高卢之后，他们占领了英国和爱尔兰。这是凯尔特人，或者说是"原始凯尔特人"的首次扩张。

约公元前1000年，来自东部的第二次入侵潮使火葬习俗代替了土葬风俗。坟墓的顶上不再置有坟头，而是直接挖到地下。自此出现了人们口中的"骨灰瓮场"，其中置有人类的骨灰。这些"骨灰瓮场"出现在法国中部、欧洲东部和西班牙。

凯尔特国王的骑兵队侵袭

在这些入侵者之后，大批凯尔特骑兵终于到来。作为制铁术奥秘的承载者，他们从下奥地利州的哈尔施塔特文明继承了该技艺。从公元前900年至公元前500年间，这些毫无疑问为凯尔特人的"铁器之人"遍及西部直至葡萄牙。

公元前5世纪，古希腊旅行家希罗多德在西班牙南部碰到了安居于此地的凯尔特人。他们遍布欧洲。在这个时期，整个高卢都是凯尔特人。多半是被日耳曼民族驱赶，因此凯尔特人并不始终以征服者的姿态到达高卢，但也许是作为牧民而来，来详细地沿着河边寻找牧场，在森林里开道来建立村落。凯尔特的人口迁移并不是一次驱赶造成的，它是缓慢的、逐步的，多数情况下是与动物群的迁徙相关联的。就拿布列塔尼来说，我们可以想象石桌坟文明的农耕者和滨海渔民，与来自东部的铁器与四轮马车民族之间的一次平和的接触。

在公元前500年前后，第二个被称为"拉坦诺文明"的"铁文明"席卷高卢，最早的矿山被开采。在这个时代，不是整个欧洲都被凯尔特化：利古里亚人占据着地中海海岸、滨海阿尔卑斯省至罗讷省。古伊比利亚人生活在西南海岸。

然而，在整个高卢地区，凯尔特人掌控着一切。开采于这个时代的洛林冶炼厂、勃艮第冶炼厂以及中央高原冶炼厂，使得凯尔特人能够给自己配备这些散布恐怖的笔直的长剑。这个将死者埋葬于巨坑的新文明，逐渐地覆盖了高卢的重要部分，尤其是通过地中海与东方的接触，使得凯尔特人能够在手工业和农业技术方面取得决定性的进步。是否货币的使用和葡萄树的种植是从马赛（公元前600年希腊人建立的城市）传播至各地的呢？

从统一性来说，凯尔特世界可以和罗马世界相比较：高卢使用的语言与古罗马同源，文艺和工艺趋于相互协调，风俗和社会结构都大体相同。高卢和希腊的联系始于公元前6世纪。1952年，在塞纳河畔沙蒂永发掘的维克斯墓穴可以证明两个文明之间的联系：在早期文明的金属制品旁边（青铜小雕像和青铜器皿、四轮马车），人们找到了毋庸置疑的希腊物件。因此，高卢人的祖先早已经通过海路和陆路与其他原始时期的文明有了往来。

高卢人于高卢之外的磨难

我们并不十分清楚早期的凯尔特社会生活是如何组织的。希腊人不加以区分地称之为"凯尔特人"或"加拉特人",而后罗马人称之为"高卢人",他们也许组建了部落联邦。维克斯墓穴是个王室墓穴,因此毫无疑问的,在这个时代已经有了那些著名的"凯尔特国王",或者即便在没有国王的时候,王子们也已存在。

在公元前4世纪的欧洲铁器时代,成为征服者的凯尔特人或加拉特人,分布在阿尔卑斯山脉之外的波河平原。这些"高卢人"迎面痛击埃特鲁里亚人。胜利后,他们深入拉丁姆,于公元前390年攻占罗马,在这个城市只有卡皮托利山能够抵抗进攻。

我们通过希腊编年史学家和地理学家斯特拉波了解到这些特别的侵略者,他引用了同时代其他作者的见证:"在他们的坦率和天生的热情之外",他说道,"高卢人的性格中还附加着轻浮,他们经常说大话。他们也很热衷于装扮,因为他们满身佩戴金饰,脖子上戴着金链子,胳膊和手腕上套着金环圈。他们的首领穿着金线织制的颜色鲜亮的衣物。"

在其他作者之后,斯特拉波紧接着描绘出了一幅无恭维话的道德肖像:"高卢人性格中的轻浮,使得他们获胜后的骄横让人无法忍受,同时失败又使得他们无比沮丧。因着他们轻佻的习惯,他们性格中也有一些受此影响的部分,如残暴和野蛮。但是不得不承认,大部分北方民族都具有这样的性格。"

斯特拉波的描述也呼应了古罗马人,尤其是在罗马陷落期间与高卢人直面对抗的罗马人可怕的回忆:"战斗结束后,高卢人将敌人的头颅悬挂于自己的战马的颈间,像其他的战利品一样,这些头颅还会被钉在他们的房门上。显赫的人物的头颅被存放至雪松油里,他们骄傲地将这些战利品展示给外来人,即便是以非常昂贵的价格,他们也不会卖掉。"(斯特拉波,《地理学》,第四卷,4,5)

因此,高卢人与异国人的联系从未间断,他们从事商品交换和贸易,知道金子作为货币,而不仅仅是作为装饰物的用途。那么他们从哪里找到"松油",除非是通过与地中海人民的交易?而且,从哪里找到穿戴的金子?

我们知道在巴尔干山脉,加拉特人将恐怖的气氛蔓延。公元前3世纪,布雷努斯率领高卢人洗劫了希腊城池,挥军至小亚细亚。高卢部落的压力使得北部意大利的人民完全变成了一个真正的"内高卢"。在地中海沿岸,高卢人最终与他们的敌人利古里亚人和古伊比利亚人融合。

失败的时刻到来了。公元前3世纪,日耳曼化的凯尔特人,即比利时人焚化了他们死去的族人,一点一点地占领了包括塞纳河、马恩河以及莱茵河之间的领土。他们将欧洲铁器时代的凯尔特人驱逐,后者远逃至英国,在那里他们占据了先前迁徙潮——哈尔施塔特时期的原凯尔特人的迁徙潮——的土地。因此,在欧洲大陆上,新的占领者不停地接替出现。

在这次移居行动的尾声,罗马壮大。古罗马军队占领了西班牙(公元前201年),制服了内高卢(意大利北部)的高卢部落。凯尔特人再也不是只聚集在高卢了。这是凯尔特人的欧洲的结束。

他们从未建立一个国家吗?希腊的游记、罗马人的叙述以及恺撒的纪行,使对居住在外高卢(阿尔卑斯山以北地区)的凯尔特文明有个清晰的概念成为可能。对于我们的祖先高卢人,这些材料并没有给出那个问题的答案。

自由的高卢人

高卢人种？

罗马人向来不熟悉高卢，尽管他们跟高卢人有来往。得益于他们天生的构图能力，罗马人首先将携带托加[1]的高卢人与穿着托加的高卢人区分开来。后者着装为罗马风格，因为他们是第一批罗马化的人。他们住在内高卢，即意大利北部地区。

紧接着在如今名为普罗旺斯的地区出现了穿着长裤（或短裤）的高卢人。该地区由朗格多克的森林延伸扩大，公元前125年被罗马人占领，因为其地处通往西班牙的路上。第三种为长发高卢人，如此命名，是因为他们与罗马人正相反，留着长长的金发。

"高卢人体型庞大"，狄奥多罗斯写道，"他们的皮肤洁白柔软。他们的头发不仅仅是天生的金黄色，为了能够增强颜色，他们还不断地用石灰水来冲洗头发。他们将头发从额头拉至头顶或颈背处。得益于此，他们的头发变得像马鬃一样浓密。"

必须相信这位编年史学家吗？当维吉尔谈及高卢人，写下"发若金丝，衣以金绣"，我们要追随这位伟大的诗人吗？历史学家费迪南·洛特不相信"高大的金发战士"这一传说，他认为古罗马人笔下的高卢人的形象是按照其纯粹的习惯来构建的，但是事实上，高卢人头发的颜色是染过的或染淡的……

无论金发或棕发，在古代世界中，高卢人无论如何都是以他们的战斗热情和"善于言谈"著称。

"所有高卢人性格中的共通点是",斯特拉波写道,"他们是易怒好战的,作战敏捷,单纯不险恶。如果有人惹恼了他们,他们会直接走到敌人面前,决不犹豫打听其他消息……由于身形高大和数量众多,他们大量地聚集起来,简单自发地,对侵犯者的目的了如指掌。"

他们有统一的语言,接近于利古里亚语和拉丁语,是一种印欧语系的语言,但在布列塔尼、爱尔兰以及威尔士又各不相同。正如阿尔贝·格勒涅尔所写:"当高卢人出现在历史上时,他们和印度的雅利安人的语言是同一语系。"

各民族语言的差别是在后来出现的。语言的扩散最早可追溯至青铜时代。到了铁器时代,高卢人有了统一的语言,它与日耳曼人的语言很相近。他们称铁为"isarno"(德国人称铁为eisarn)。

同样的语言分支,同样的种族,高卢人或凯尔特人的确是法国人的祖先。这并不意味着他们所有人都使用同一种语言,也不能说明他们有着相同的体型:在塞文山脉和莱茵河居民之间、阿维尔尼人和布列塔尼人之间,差异已经相当明显了。但是,正如费迪南·洛特恰如其分地所说的那样:"人们断言没有法国人种……然而却存在法国族裔的平均值……那么该事实只能说明是否法兰西人民之间的相似性高于相异性这一点自古时起就存在。"

高卢300个民族的有组织的无政府主义

如果说人们承认在很久以前,某个凯尔特世界的统一体存在过,那么就必须认识到居住于高卢土地上的100多个民族是非常各具特点的,异常于个人主义的,而且他们经常处于互相的冲突之下。他们没有政治统一体,只有一种文明特征。

罗马人称这些民族为"城邦",其中有些会明显强于其他民族。这些"城邦"的总数为60个,再细分为乡县、村庄。

长发高卢人即为阿维尔尼人,他们是高卢中心的主人,里永小镇是他们的首府。居住在索恩–卢瓦尔省的爱杜依人从他们的冶炼工业和对地中海及瑞士大西洋的商路的控制中获得力量。在汝拉山脉的东侧,有着强大组织的海尔维第人控制着阿洛布罗克斯人。卢瓦尔河和塞纳河之间的村庄被塞农人掌控,就是在他们的领土上举行德鲁伊特教祭司的大会,卡尔努特人则在卢瓦尔河组织航行来获取可观的利益。

在长发高卢人的族群中,部落的强大来源于他们对河流的管辖,对铁矿和铜矿的占有,或者对于贸易的某些安排。经济的富足已经对政治格局产生了影响。在阿基坦大区,15个具有一半古伊比利亚人血统的小族群共同生活在一片土地上,他们之间并没有哪一个族群能明显超越其他人。他们既没有矿山也没有用于通商的宽阔马路。地中海地区和阿尔卑斯山脉地区具备得天独厚的条件,因此他们很快便被罗马人占领。迪朗斯河谷的城镇很早便建立起来,包括锡斯特龙和加普、沃可吕兹省的奥朗日和阿维尼翁。海岸线附近的居民或者完全是利古里亚人,或者是凯尔特人和利古里亚人的混合血统。阿尔卑斯山口四周设城堡防护的小族群,顽强地抵抗罗马人和凯尔特人,并且让敌人在跨越山脉时付出了沉痛的代价。

最勇猛的部落都相继意图控制长发高卢人。公元前5世纪,比图里吉人为他们的国王昂比卡杜斯同时控制了阿维尔尼人、塞农人、爱杜依人,甚至还有卢瓦尔河谷的卡尔努特人。200年后,阿维尔尼人似乎成了整个国家中心的主人。他们与爱杜依人和塞卡尼人对抗来获得霸权。

征战时期的高卢面貌

那么，高卢当时有多少居民？估算由500万到3000万！恺撒时期，海尔维第人大约有36万人。他们拥有400个村镇，但是他们的人数格外地庞大。

恰如其分地估算高卢人占据的国土面积是不可能的，但是他们很有可能在每平方千米不会超过10到12个居民。

他们似乎偏爱于定居在河边，在矿物丰富的地区，在海岸线上，在土壤非常肥沃的平原地带。森林在长发高卢人地区的重要性如何？我们知道在北部地区，有一片绵延无边的"煤炭林"，但是其他地方呢？异常爱好畜牧和打猎的高卢部落，他们很有可能需要相当广阔的一片土地来谋生。首先由于安全因素，人口的增长必然是断断续续的。在公元前3世纪时，与勇猛的人为邻是很棘手的，倒不如以难以穿越的森林为界限来隔开他们。

与陆路相比较，水路更多的被用于贸易运输。但是也有例外，否则如何解释不具备陆路条件的阿维尔尼人和比图里吉人的强盛呢？他们占据的地区作为整个高卢的中心地带，难道这些地区不是最开化的地区之一？并且，如果不以其与地中海世界的稳定往来为基础，如何解释他们发展的程度呢？

毫无疑问的，高卢部落的族人本质上都是乡村人。村庄构成了人口增长和社会组织的基础。大族群有数以百计的这样的村落。在村庄之外，贵族们通常命人建造私人住宅，罗马人称之为建筑物（aedificia）。但是高卢也有其城市。

首府、大型集市以及重要的通商地通常都选定在环绕着城墙和防御工事的山丘地带。人们称之为设防的城市（oppida）。发生危险时，村庄的居民可以退避到足够大的城堡里：阿莱西亚可以容纳8万士兵，以及军需品、平民和邻村的逃难者。所有这些设防的堡垒备有储备粮和牲畜草料，因为也有牲畜群到此躲避。

以粗制的材料建设——土墙、粗糙的石块、南方的干土填料，高卢的城市是草率建立的大型城镇，为的只有防御或会面。一些占据着交通枢纽的富足的城市依河而立，但是并没有都市文明存在。

西塞隆写道："再没有比高卢小镇的条件更恶劣的地方了。"

社会等级的统治

没有真正意义上的城市，就没有资产阶级的存在。统治高卢的是士兵和贵族。后者针对全体人民征收繁重的赋税。

贵族由骑兵阶级组成，他们同时行使经济权利和政治权利。作为土地的主人，他们有其人数或多或少的忠实拥护者，这些追随者伴随着他们征战沙场和征收赋税。这些贵族亲自下达世俗或军事命令。

贵族统治着乡镇自由民和一小部分的奴隶。即便是屠杀战俘，他们实际上也不能发展奴隶制度。无论对贵族还是对村民来说，家庭结构都异常稳固：父亲掌握着家里的生杀大权。罗马国立博物馆藏有一尊著名的雕塑，它刻画的是一名凯尔特战败士兵，为了逃脱被俘，在自杀之前亲手杀死了自己的妻子。

不仅对于富人，而且对不那么富裕的人来说，妻子结婚时带来的嫁妆，于丈夫而言，为的是夫妻双方各自的财产价值相同。被承认的子女继承夫妻的财产。

农民不继承土地所有权（它归贵族所有），但是他们可以继承由贵族负责的使用权。贵族还掌控着组成主要财富的牲畜。他们支配耕作和播种方式。无法确定的是他们是否如罗马人理解的那样，在他们自己的土地上运用个人土地所有权。村庄广阔的地产也许是部落的公共财产，其支配被公认赋予首领，并由他们承担赡养其拥护者和村庄的劳动者。

村民对部落首领非常尊敬。首领的葬礼成为整个民族表达感情的盛大的纪念日。此外，首领有时由部落根据他们的军事才能挑选。首领死后，他的尸体被隆重地与其珍贵的物品、宠物，以及为此献祭的他的拥护者和奴隶一同埋葬。

与部落首领比肩的，是在威望和权力方面都并未更逊一筹的集体牧师，即德鲁伊特教祭司。同时作为巫师、审判者、教育者和诗人，这些免缴税的大祭司被认为是一个信仰灵魂永生的社会精神准则的守护者。与印度长诗相似的诗篇描绘了精神生活，传播了宗教信仰。这些长诗未以书面形式问世，以防被无耻之徒亵渎。祭司们对这些神圣的资料倒背如流，传播给一代又一代高卢人。

因此，祭司们是唯一掌握宗教知识的人。他们在庄严的场合聚集到一起歌唱圣诗，互相交流信息以及技术工艺。人们会从整个高卢来此参加祭司们举办的大型会议。

高卢人的宗教教义为灵魂转世说，即灵魂在死后仍然存在于彼世。超越死亡的生命延续在宗教中占有重要的地位，正如槲寄生仪式表明的："德鲁伊特教祭司再没有比槲寄生更神圣的了，至少是无梗花栎的槲寄生。"老普林尼写道，"英国栎对他们而言是非常神圣的树木。祭司神圣的树林属于这个树种，其树叶被强制使用于所有的祭祀仪式。此外，一簇槲寄生意外地出现在橡树上，这是它来自橡树的征兆，也是它被上帝选中的征兆。"

这次意外的寄生也同样能够说明，橡树树枝枝头青翠的一簇枝叶证明了自然的延续性，即证明了灵魂的永恒……

老普林尼补充道："采伐要依照一个详细严密的仪式，即在月亮的第6天[2]进行。身穿白裙带着金镰刀的牧师爬上树木，割取槲寄生，然后将其放入纯白的羊毛披肩里。"

树木、槲寄生、泉水、树林和山川，相当大数量的地点如今在乡村加以木十字标记，他们很有可能是可以追溯至高卢时代的遗迹。这些独一无二的地点具备明确的优点，此关乎水、土地或者阴凉处。2000年来，他们诉说着神明的故事。

高卢人崇拜自然界中一切象征性的形态。当然有生命之源的太阳，然而也有月亮和大森林中神秘的动物。海尔维第人崇敬熊，比利时人崇拜野猪。作为雄性力量和生殖旺盛的象征，公牛在所有的畜牧地区都是崇拜的对象。作为饲养员或者说古老的饲养员，高卢人拥有母马女神埃波娜（Épona）和鹿角神科尔努诺斯。从地里喷涌而出的滚烫的温泉水是神圣的：布尔邦拉尔尚博尔和布尔邦朗西得名于治疗病人的神明波尔墨。与大自然密切相连的高卢人敬拜他们的宗教拥有的圣地、粗制圣像以及祭祀的器皿。这些草原的大游牧民族的后裔既无庙宇，也无石材建筑。

高卢的"生活质量"

的确，如果游牧民族饲养马、牛、羊，尤其是猪，他们就会变为村民。作为优秀的耕种者，高卢人根据地区播种小麦、小米和黑麦。

亚麻和大麻纤维用来制衣，大麦用于制作作为国民饮料的啤酒。葡萄树仅在地中海沿岸地区很出名。

高卢人的农耕技术远远领先于罗马人。这些伟大的冶金家（高卢人拥有自己的锻冶之神）善于使用铁犁来翻动最坚硬的土地。他们给土壤施加泥灰石，发明了上铁箍的木桶，并于酒桶中储存红酒和啤酒。

如此多的技巧要以手工操作才干为基础。很久以来，凯尔特人发明了四轮战车和套马用的挂车。马匹是他们文明的核心。很快，战车的轮子被圈以铁条。高卢盛产铁，在这里民间冶炼厂增多，人们在林间作业。这些制铁厂分布在阿登山脉、默兹河河谷、整个中央高原的东方边缘，以及贝里省、佩里戈尔德、比利牛斯山和西南地区。

布列塔尼的铅、铜和锡，中部（奥弗涅大区和塞文山脉）的银和金都滋养着手工业。高卢人是首饰匠、珠宝匠和雕刻工。铜镶面使得头盔、铁甲和战车闪闪发亮。人们以铜器和银青铜装饰战马来恐吓敌人。女人们佩戴纯金或镶刻宝石的奢华的手链、项链以及衿针。她们身穿羊毛和亚麻制的美丽衣物。至于厨房，她们置有各式各样的陶器。

尽管高卢人还不怎么擅长修路，但是他们历尽千辛制造了车辆，使得它们能够在土路上通行。高卢人中罕有水手，但是维内特人例外：他们制造带有皮帆的笨重的橡树船。高卢人拥有数不尽的几乎全部可用于航行的小船。他们沿着罗讷河和索恩河溯流而上直至沙隆。由此，货物走陆路到达塞纳河。整个国土上都有贸易往来。英国的锡具就是这样到达马赛的。无可争论的一点是，多亏了河道，马赛地区的希腊物品才能够与货币一起远走北上直至法国北部。此外，与地中海地区通商的必要性迫使某些高卢部落锻造货币：自公元前3世纪起,高卢人便轧制金子和银。他们的钱币中,有些为几何图案,其余的绘有骑兵、马匹和野猪。

尽管高卢人骨子里是乡村人的特质,但是他们仍然极尽所能地开采矿厂,从事工业生产。良田众多,牧场遍野以及人口繁盛(无疑是欧洲人口最多的土地)的百民族高卢接受所有的通商和渗透。由布洛涅到马赛花费不了一个月。所有的一切都表明,为了互通有无,贸易活动能够稳妥地通过陆路和水路进行。

各部落之间持续的冲突是整个高卢的致命伤,也造成了它的斥力以及她在构思统一政体方面的无力。按照恺撒所说,高卢各部落对文明的统一、宗教的信仰,甚至在侵略者面前,对自身的利益都是抱有感情的。但是他们坚持要在没有国家、国王或最高首领的情况下保护部落,并且在罗马入侵者施加的难以容忍的压迫面前,他们也不实施统一行动。高卢的财富在罗马世界中是众所周知的。长久以来,意大利的商人和中间人都在高卢的土地上来来去去。大量的农业资源、丰富的黄金储备量和充满活力的文明,足够多的因素引诱着罗马人。他们知道在城邦的内部,各个阵营都明争暗斗,即贵族、祭司以及依靠民众的有野心之人的小集团。罗马人知道在无休止的争斗时,城中之人必定会毫不犹豫地求助于外国人。高卢是一块即将到嘴的肥肉,它必然会引起恺撒的注意。

在罗马人的奴役之下

短发征服者

在恺撒统治时期,罗马人对高卢人来说必定不陌生。公元前4世纪，高卢人曾入侵罗马，但是罗马人后来对其进行报复：公元前125年至公元前120年，罗马人占领了"外高卢"。古罗马执政官多密提斯·阿赫诺巴尔布斯（Cn. Domitius Ahenobarbus）击垮了阿洛布罗克斯人和阿维尔尼人。他建立了自阿尔卑斯山至比利牛斯山，从意大利到西班牙的彼此双方的道路上的罗马行省。公元前188年在这个行省里建立纳博讷的罗马殖民地时，马赛最初在这个省份中是保持独立的。

在尤利乌斯·恺撒准备要攻打长发高卢人之际，尼姆、阿尔勒和纳博讷的居民正因为行省的设立居住在罗马房屋里，并要学习拉丁语。

爱杜依人随即挑起决斗。公元前60年，刚刚求助于罗马的德鲁伊特教祭司迪维提亚克（Divitiac）惧怕日耳曼人的入侵。其实早在50年前，辛布里人与条顿人已经侵犯过高卢和意大利。唯有罗马人能够阻挡他们的入侵。作为富裕的商人，爱杜依人害怕再一次的劫掠。他们与罗马签订了合约。

恰巧时值外高卢行省总督的恺撒正有野心占领长发高卢人地区来扬名立威。公元前58年，在条顿人缺席的情况下，阿里奥维斯特（Arioviste）率领的苏维汇人迫使海尔维第人放弃一部分土地逃至西部寻求避难。西部是爱杜依人的领地，为了安全起见，他们求助于罗马。由此，恺撒挺进高卢。

在欧坦地区，恺撒毫不费力地击败了海尔维第人。但是他们被阿里奥维斯特率领的苏维汇人紧追不放。恺撒迫使阿里奥维斯特返回莱茵河地区。

恺撒在高卢再无战绩可寻了。然而他的军队却滞留在塞卡尼人的领地上。高卢人立刻忧心忡忡。比利时人往各个城邦派遣信使,来尝试建立同盟将罗马人逼退至阿尔卑斯山更远的地方。

恺撒先下手为强:他猛攻比利时人,战胜桑布尔河同盟,然后穿越整个高卢南下至阿基坦地区。他重新北上至布列塔尼,来击败威尼托人。这些连续的战争使得恺撒能够一直挺进高卢之外的地区:他力图登录拉芒什海峡彼岸(即英国),并且在公元前55年至公元前54年渡过莱茵河打垮日耳曼人。征服他国是如此之易事吗?

征服是快速但艰难的,而恺撒本人在其《高卢战记》中向高卢人的好斗表示敬意。的确,好战的高卢人成全了他们的征服者,而后者的胜利也因此显得越发有功劳。"这是一个拥有非凡创造力的种族",恺撒说道,"而且他们有独特的模仿他们所看到的事物的天赋。他们挖沟使我们的土方工程塌陷。由他们的大型铁矿山以及对所有类型的地下通道的熟知与运用可见,他们在挖沟这项艺术上是专家。他们给整片城墙都建造了以天花板连接、以皮革保护的塔楼。他们向尚未建好的部分投掷炉火烧硬的削尖的木块、滚烫的树脂和巨石,以此来阻碍我们地下通道的竣工,因此我们禁止他们靠近墙角。"

得益于军队最大限度的灵活多变,在冲破了重重阻碍后,恺撒终在公元前53年使高卢恢复和平。他用武力统治一些部落,而其他的部落则通过签订盟友条约来收买人心。正因为如此,高卢人突然感受到一丝统一的反抗意识。

公元前52年,高卢到处都爆发了反抗罗马占领者的起义。一个非常年轻英勇的阿维尔尼人领头。他的名字是韦辛格托里克斯(Vercingétorix)。恺撒这样评价这位阿维尔尼人的首领:"他有着极大的积极性,且在军事指挥训练中异常严谨。严厉的惩罚制度团结了犹豫不决的人。对于严重的过失，惩罚是火刑，或者通过其他一切酷刑来致死。对于轻微的错误，他命人割掉罪犯的双耳或者挖去他的一只眼睛，然后将罪犯遣返来杀一儆百。"

韦辛格托里克斯迅速地得到了阿维尔尼人以及邻近部落的最大限度的支持。在几乎所有的部落中，德鲁伊特教祭司也站在他的阵营。在恺撒本人的证明下，韦辛格托里克斯在他的派遣队里接见了"贫民和不臣服任何君主的人"。无力煽动所有的暴动，他尝试着利用他们。有一天，卡尔努特人屠杀了罗马批发商人。当时身在内高卢的恺撒急行军赶回，佯装袭击阿维尔尼人，终于与他身在巴黎盆地的副长官拉比埃努斯（Labienus）汇合。

韦辛格托里克斯利用这个局势。他试图烧毁罗马人城堡中的储备以使其挨饿。他对不愿意烧毁小麦的布尔日居民妥协。他错了：罗马人将粮食据为己有。恺撒闪电似的率军涌向布尔日，并夺取了该城。

在这种情况下，恺撒想要从正面袭击韦辛格托里克斯。但是在热尔高威城，恺撒遭受了重创。愤怒的高卢人打乱了罗马军队的部署。高卢骑兵采用迂回战术，迅速制服敌军。罗马军队因此失去了700名士兵。

在高卢人那里，这次胜利有着立竿见影的效果：爱杜依人放弃了恺撒。高卢所有的部落聚集在比布拉克特城，他们发誓要共同战斗直到摆脱罗马人的掌控。

然而，恺撒迅速召集了他的十一支军队。他抵达了索恩河平原。韦辛格托里克斯白白地派出了骑兵队，他在第戎不远处被袭击。随即退避到阿莱西亚高原处。但是，阿莱西亚不是热尔高威，这里极易被围攻。罗马人的军事科学好极了。恺撒加强防卫，增加了攻城活动塔以及加固了对抗骑兵团的插木桩的壕沟。

在韦辛格托里克斯的面前只剩下一个月的储备粮。由于草料短缺，他不得不放走他的战马。高卢援军足足两个月才赶来。当他们抵达时，防御者已经筋疲力尽。恺撒命人修建了21千米向外的防御要塞。尽管发起猛烈的袭击，援军也不能突破防守。韦辛格托里克斯别无他法，只能体面地投降。在被勒死于自己的牢房之前，他装点了恺撒在罗马的凯旋仪式。长发高卢人就此完结。

那些占领者

对高卢人而言，一段长期的鲜有暴动的"罗马和平"时期开始了。战败者的"同化"顺利地、和平地、逐渐地产生。在安东尼（Antonin）皇帝们执政时期，罗马人占领下的高卢处于繁荣昌盛的顶峰。仅在3世纪之后，它才开始经历磨难。这300年的和平生活给这个国家带来了深深的且不均匀的烙印。

罗马灵巧地施加其权力。高卢因战争受到重创：100万人战亡，100万人沦为奴隶。高卢部落惨遭蹂躏。到处，人们都期盼着秩序与和平。

罗马自这些有利的情绪中得益。它保留了高卢的行政框架，高卢的贵族精英加入罗马的自治市的组织中。在奥古斯都大帝（Auguste）执政期间，高卢被划分为三个隶属于皇帝的行省（阿基坦、里昂以及罗马帝国比利时地区）。那里没有长期的军事占领。直到2世纪，罗马强加于高卢一个与意大利系统相似的行政机构：九个行省中只有两个是军事的省份，即日尔曼罗马帝国地区。

元老院的行省纳尔榜南西斯由行省总督管辖。长发高卢人的三个省份由奥古斯都的副执行官（或称行省总督）管理，任期为5年。这些总督定居在桑特，其次是波尔多、兰斯和里昂。由于里昂是普朗古斯（Plancus）在公元前43年建立的殖民地，因此该地的行省总督比其他总督有威望。在罗马统治时期，里昂是长发高卢人地区的真正意义上的首府。

在对行省征收赋税以及征募高卢人入军这两件事情上，罗马人并未遇到什么阻碍。自愿进入军队的人数庞大。在应募当兵的同时，他们成为罗马公民。离开军队后，他们回到各自的乡镇，跻身显贵的行列。他们通晓拉丁文，拥有地产和补助金，受到普遍的尊敬。

在行省内部，古老的高卢城邦仍保留着各自的边界和个性。人们之后在中世纪罗马帝国的行政区的城邦逐渐重新寻回了这些边界。因此，三大高卢族群的60个城邦以及纳尔榜南西斯行省的20个城邦得到了罗马政权的承认。

在占领的初期，各个城邦于被征服过程中的态度决定了他们是否被优待。人们对以下三种类型的城邦加以区分：加入联邦的城邦，罗马的同盟城；自由城邦；被雇佣的城邦。然而，在罗马帝国时期，罗马对各个城邦的统治并不加以区分，奉行统一的税收条例。在高卢地区，罗马人的城邦继续管辖其300个城镇。

效仿恺撒和奥古斯都在纳尔榜南西斯建立的殖民地，使高卢地区的首府成为真正意义上的罗马式城市。新城使原有的首府数量增加一倍，他们为城邦的政府各部门、市镇机关、法定掌权者以及外省的市议会议员提供办公地点。在奥古斯都统治时期，城市也有其宗教职能。公元前12年，在里昂聚集了长发高卢人的60个城镇的代表来举行罗马和奥古斯都的祭礼。每年的八月一日，同样的集会以忠诚的名义举行。在里昂市的克鲁瓦-鲁斯城区的斜坡上,高卢人举行国祭的祭坛周围竖立着旧城的60尊雕像。这些每年聚集在一起的代表们,养成了褒扬或批评行省总督行为的习惯。奥古斯都曾希望高卢地区举行国家祭礼。他确实将此事列入帝国的政治生活之中。然而,在罗马还需要顾及高卢的社会舆论。

因此,高卢人接受罗马化。他们的自治市的行政官员常被授予罗马公民的称号。正如因着宜人气候吸引着大批的意大利人自愿定居的纳尔榜南西斯这类城市,里昂成了罗马的殖民地。因此,有多少外高卢人到高卢定居?大约有10万人在半个世纪中进行了迁移。那些新晋罗马人本质上都是取得罗马"国籍"的高卢人。

值得一提的是,该同化仅仅表现为确保精英的利益。老兵、贵族和行政官员是唯一的该同化的受益者,罗马人绝不轻易地将其元老院的大门向长发高卢人地区的"卓越之人"敞开。然而,罗马人仍将希望寄托在这些精英身上,他们将竞争的氛围带入高卢,这是一种罗马化的强劲的趋势。其余的一切全仰仗"罗马太平"带来的繁荣。

那些被占领者

罗马的道路和灰浆比法令更能引发高卢人的革命。罗马道路紧密的网状系统在今日的法国道路上仍留有痕迹,可见其原貌。千真万确,这些几乎笔直的著名的道路尽可能地取道山丘或者高原的侧面,而不是经常被泥潭和洪水威胁的河谷深处。布满了本该有助于新兴城镇建立的界标和行军宿营地,这些罗马道路正如后来的法国铁路,即将实现高卢人的政治统一。

除了海上航线外,陆路使高卢与罗马相连:经由纳博讷和阿尔勒的滨海地带之路和经由大小圣贝尔纳山口[3]的阿尔卑斯山之路,将意大利和西班牙连接起来。高卢地界上的罗马道路以里昂为轴心向四面扩展,这个城市是战略十字路口,是陆路和水路之间的交换地点,继罗马人之后再没有被如此重用过。人们认为船夫的协作确保了货物在河流之间的中转,例如从里昂到罗阿讷。罗马人从不挖掘运河。

交通运输业的整治有利于贸易的发展。高卢贵族的广袤的地产如罗马隶农的庄园一般,出产数量充盈的粮食作物和牲畜。高卢人将其著名的火腿销往意大利,而他们的红酒也早已飘洋过海抵达"布列塔尼"(今天的英国)。他们出色地使用橡木桶来存储精酿葡萄酒。他们不仅售卖波尔多红酒,还有纳尔榜南西斯的葡萄酒。用于出口至高卢以外的物品还有布料、衣物、亚麻床单以及毛毯。高卢的陶瓷制品,例如阿奎坦的格劳菲斯克地区和奥弗涅的勒祖地区的陶器就曾出口到整个罗马帝国,同样的出口物品还有珠宝首饰和声名远播的比利时的衿针。

生产力的进步使得高卢人民的生活水平有所提高,尤其是城镇居民。高卢进口食物或者原料来发展制造业,其引进的材料有西班牙的锡矿和铜矿、阿斯图里亚斯的铁矿、英国的铅以及意大利的大理石。地中海的葡萄酒和油广泛地渗透至国家的各个角落,而"占领者"已经逐渐地远离啤酒。高卢人从国际贸易中取得了极大的收益,其带来的富庶以快速的节奏推动了村镇的城市化。

罗马的灰浆助力了真正意义上的城市的建立。那些坚不可摧的纪念碑如今成了法兰西古迹的一部分。罗马化的高卢人中最富有的一部分人出资兴建了尼姆和阿尔勒的圆形露天竞技场、奥朗日的剧院和凯旋门、里昂的剧院和音乐堂、欧坦和特雷维的巨型门、巴黎的古罗马浴场等。诸如加尔桥一类的宏伟的引水渠将水引至城市（每天2万立方米）。

南方的城市化更加快速壮观。神殿和公共建筑的建立始终伴随着城市的壮大。在高卢南部，这些罗马式神殿呈长方形。在北部，他们是圆形或者方形的高卢式建筑风格。罗马化最深入的地区是卢瓦尔河南段河道、莱茵河地区以及摩泽尔河地区。罗马化在其他地方进展相对缓慢。

罗马人的影响力越大的地方，越会出现高卢人兴建的集会广场，尤其是浴场。中部地区的温泉尤其受到人们喜爱，它们依旧保留着罗马建筑物，例如阿列省的内里莱班小城，那里有罗马浴场、古罗马角斗场、祭祀场所以及宫殿。

由此，高卢的城市像极了罗马的城市。相较于后期重新修复的富丽堂皇的乡间领地住宅，人们对这些城市了解甚少，因为它们随后消失在了历史的长河中。事实上，罗马式生活已经渗透至乡间，在那里罗马人带去了他们的生活方式。他们修建的巨大的豪华乡间住宅布景奢华，正如图卢兹近旁的蒙特莫兰的乡村领地的住宅，它绝不少于150个房间！

城市里也同样存在奢华之风：成了元老院议员的富裕的中产阶级、所有的罗马和平的受益者、新晋谈判者、暴发户以及罗马骑士阶级生活富足，且家宅华丽。他们应该负责公共支出，资助兴建城市建筑。他们如此富有以至于买下了乡间广阔的地产，在那里命人建造豪宅。

由此，高卢地界上的罗马式的美丽城市有着笔直整齐的街道，分布在广场或市中心周边。人们在举行集市的广阔广场上修建大教堂、司法神殿、商贸神殿、罗马教廷以及罗马和奥古斯都神殿。店铺分列在广场的两边。这是个相会和互市的地点。城市被耸立着的巨型门围起。罗讷河河边的维也纳小城拥有长达6000米的围墙作为边界。装饰华丽的巨门彰显着城市的所有傲气。

罗马人向来被称为城市化技术的行家。他们教会了高卢人修建下水道、储粮仓库以及能为所有房屋供水的庞大的引水渠。为里昂供水的引水渠长达75千米,所引之水来自位于中央高原的皮拉山。最小的城市也有浴场。作为一个拥有一万人的城镇,卢泰西亚的城市化规模令人惊叹。罗马化的高卢地区有超过100个剧院(比今天还多)以及50个竞技场。大城市还有马戏场。欧坦市的剧院竟可以容纳3万名观众!

多少高卢人移居到了城市里呢?人们不该对城市化抱有多大幻想。大部分的高卢人仍留在了乡下。里昂的人口数量从未超过8万人,波尔多居民不足2万人。小城的人数接近5000。南部地区的城市最富有最奢华:使得马赛黯然失色的商业大都市阿尔勒和纳博讷、尼姆和维也纳、阿基坦大区的桑特和波尔多。这些城市都拥有杂糅了某些创造或者高卢传统的罗马建筑。创造的部分主要体现在雕花的浅浮雕艺术中。因此,两种风格的融合通过生活中的装潢表达出来。

如果说罗马人未能住满高卢地区,高卢人各自活动在他们的主要地域上,那么得益于城市化传播的高卢罗马人的文明,在长达4个世纪的罗马人占领时期日渐清晰。

拉丁语比高卢方言更常用,至少在某些地区是这样。例如,在纳尔榜南西斯,拉丁语替代了当地语言,但它也发生了变化,变得不那么"规范"。在其他地方,罗马人后代、军人、商人以及行政官员都要学习拉丁语,它是国家的官方语言。人们使用凯尔特语交流,但是不会书写。为什么不用拉丁语书写呢？它是简单、合乎逻辑且实用的。在高卢，凡是识字的人都会写拉丁语。

与希腊语相同，拉丁语在学校里教授，这是高卢上层阶层的孩子经常出入的地方。市镇当局雇用的语法学家和修辞家使得富有的高卢人能够从事自由职业，管理城市甚至介入罗马人的政治生活中。大型的城镇有高等学校，他们为著名教师支付酬劳，如里昂、阿尔勒、兰斯、图卢兹、特雷维等。人们在马赛或欧坦学习希腊语。4世纪，诗人奥索尼乌斯（Ausone）[4]在波尔多为200名学生讲授课程。高卢人钟爱雄辩术和诗歌。多亏了这些学校，高卢人由此组建了一支自己的精英团队，他们有知识，能够投身到公共和私立的事业中去。

如果说高卢人渐渐忽视了他们的德鲁伊特教祭司，那么他们的神明却因此得以留存下来。罗马人迫害祭司，怀疑他们引导民众造反。很多祭司到布列塔尼躲起来，在那里过着隐居的生活。高卢的神灵最终与占领者的神灵混为一谈：古老的凯尔特诸神、三角公牛、鹿角神、埃波娜女神，如森林与泉水之神一样存留下来，比如"善医治者"波尔墨（Borvo）和持锤的"善敲击者"苏克鲁斯（Sucellus）。在罗马人占领时期，高卢人还崇拜母亲女神和三岔路口众女神[5]。事实上，以上诸神仅在乡村有信众，城里人早已将他们抛诸脑后。

城里人崇拜罗马诸神：商业和手工业之神墨丘利（Mercure），对应古罗马凯尔特神话中的塔拉尼斯（Taranis）的闪电之神朱庇特（Jupiter），战神马尔斯（Mars）很受尊重，阿波罗（Apollon）对高卢人来说同时意味着凯尔特神话中的太阳神百勒努斯（Belenus）以及泉水之神波尔墨。高卢人也崇拜东方的神明，例如库柏勒（Cybèle）[6]与屠牛之神密特拉（Mithra）[7]。

高卢人还崇拜罗马公认的诸神。在数个世纪间，他们已将独立的信念抛诸脑后，唯一密切联系的只有罗马世界，在西方他们是该世界的主心骨。与罗马帝国的附属关系妥善被筹划，以至于一个高卢的杰出人物在普遍的持久的和平时期可以受益于这样的从属关系。占总人口绝大多数的乡村居民几乎不享受这样的和平所带来的进步。至少他们服从于自己的主人和自己的风俗。他们保留了古老的礼拜和旧时的方言。

贵族、自由民和商人完全融入了罗马式生活：富有且受过良好的教育，他们充分地受益于这份和平。城镇的法定掌权者每年前往一次里昂来商讨高卢的事务。他们有时会渴求政治职位和闯入元老院；3世纪，高卢人忘记了战斗。日耳曼人在军队中将他们取代。然而，两个隐患不仅威胁着高卢世界，也威胁着整个罗马帝国：那就是基督教和蛮族。

1	古罗马人穿的宽外袍。——译者注
2	雅克·马丁（Jacques Martin）在其著作《高卢人的宗教》（*La Religion des Gaulois*, 1727年）一书中提到该月亮的第6天也是高卢人月份、年份和世纪的开端，但并未说明究竟为哪一天。——译者注
3	大圣贝尔纳山口：瑞士及意大利之间的阿尔卑斯山山口。小圣贝尔纳山口：法国境内阿尔卑斯山山口，在萨瓦省境内。——译者注
4	奥索尼乌斯（约310—约395），拉丁诗人和修辞家。——译者注
5	例如：特里维亚（拉丁语：Trivia，名字的意思为"三岔路口之神"）是罗马神话中主管三岔路口的女神，也是皎洁月光的化身。——译者注
6	弗里吉亚（小亚细亚古地区名，位于今土耳其中西部）所信仰的地母神。——译者注
7	古波斯的太阳神。——译者注

第二章
法兰克人

高卢曾一直是西欧最富庶的国家。因此,自3世纪起新的入侵者的到来并不使人感到意外,他们蜂拥而至莱茵河更远处。当罗马人入主高卢时,他们面对的是一个动荡之中的凯尔特世界。正如迈尔斯·狄龙(Myles Dillon)、诺拉·查德威克(Nora Chadwick)和克里斯蒂安·古永瓦克(Christian Guyonvarg'h)在他们的各自关于凯尔特王国的著作中所提到的那样:"谁把高卢握在掌心就等于是掌握了整个西欧的命脉,并且罗马人占领高卢这件事有两个结果:一是使整个地区罗马化;二是将日耳曼人入侵潮的迸发再推迟两个世纪。"

从300年到800年的500年间,蛮族蜂拥的人群推动了法兰克王国的建立,查理曼大帝(Charlemagne)的王国让学生们学习拉丁语,并且致力于让罗马教皇为自己加冕。与罗马化的凯尔特人相比,这些新来的日耳曼人是否在半个世纪间被罗马化了呢?

西罗马帝国的动荡

猛攻罗马尼亚

罗马人在其帝国周边修建了一条筑有防御工事的绵延不绝的防线,该"设防边境"由军队驻守持续监控,应当将蛮族阻隔在整个罗马世界之外的地方,即罗马尼亚。

然而,国王们以连续的杀戮和内战为代价承袭王位。那些对抗军使得帝国贸然地从边境线上撤走了部队。在蛮族的眼皮子底下,罗马军队互相残杀。

对罗马人的困境了如指掌的法兰克人和阿勒曼尼人(某些蛮族人在军队后勤部门工作)充分利用这次动乱,他们于253年越过了莱茵河。他们长驱直入直达塞纳河,在一次颇具成果的袭击之后撤军,他们掠夺了高卢。259年至260年间,他们经由奥弗涅的道路穿过了整个高卢领土去劫掠西班牙。275年,他们又发动了一次更加残酷的出征,使得整个高卢感到不安。这一次,富人们藏起了他们的金子。

罗马帝国的皇帝们并不能置身事外。254—258年,加里恩努斯(Gallien)成功将入侵者击退至莱茵河更远的地方。如果不能阻挡蛮族的劫掠,至少要阻止他们驻扎下来。

高卢人为了抵抗蛮族,组建了自己的军队,莱茵河河段的士兵甚至拥立了一个高卢军官为帝(259年),他名为波斯图穆斯(Postumus),他解救了整个国家。罗马不能接受这样的先例,这是个分裂的威胁。皇帝奥勒立安(Aurélien)派出了一支军队来镇压(274年)。

275年,皇帝普罗布斯(Probus)消灭了法兰克人和阿拉曼人。

但是最初的入侵留下了不可磨灭的创伤。在高卢，人们总会记起那个可怕的3世纪：毁坏的村庄，荒芜的农田。农民逃离家园，组成了流浪的强盗团伙，称之为反抗古罗马统治的高卢农民起义军。城市最终对这些起义农民的惧怕程度不亚于对蛮族的畏惧，仓促地修建起城墙征集军队。人们拆毁神庙来修筑壁垒。罗马尼亚全面戒严。

法兰克人、阿拉曼人和撒克逊人都是顽固的掠夺者，他们窥视着罗马帝国的一切可攻破的脆弱防口，其中最凶猛的就是法兰克人。

"法兰克"这个称呼来自海上刮的西北风"frekkr"一词，意为"勇猛的"。从1世纪起，法兰克人生活在在莱茵河下游地区，各部落分布零散。他们的语言是日耳曼语系。对罗马产生威胁的既不是沙马维人、布鲁克代赫人，也不是西卡博尔人。法兰克人沿着罗马帝国的设防边境生活，与罗马人的边境城市通商。

到了3世纪，出于一个不为人知的原因，法兰克人变得咄咄逼人。他们有组织地聚集起来，由军事统帅担任首领。其他民族是否对他们施加压力，将他们逼至东部？毫无疑问的是，法兰克人尤其遭受了阿拉曼人的逼迫。法兰克人渴望在高卢找到肥沃的平原。

法兰克人从不缺乏战争物资。陆路和海路都难不倒他们。撒利克法兰克人与弗里斯人和撒克逊人结盟从海上出征对抗布列塔尼诸岛以及高卢西北海岸。在陆地上，他们攻占了克桑滕的边防区，慢慢夺取了今属比利时的地区和荷兰南部。里普利安法兰克人在科隆地区聚集，对高卢东北部施加压力。

罗马人梦想着同时运用他们的军事与农耕才能。因此，法兰克人始终无须发动战争来进入高卢。罗马人自己将他们请入。归并入军队的法兰克人展现出了他们的统领才干。他们在军队中晋升极快。一些人甚至晋升至校级军官。

高卢北部和东北部人烟稀少的地区，吸引了法兰克人全部人口，他们以宾客的身份定居在高卢罗马的土地上。在406年的大规模入侵中[1]，法兰克人对高卢人而言，既不是陌生人也不是异族人。

4世纪不可思议的暂缓

在罗马，皇帝戴克里先（Dioclétien）采取有力措施重整旗鼓。他将皇帝马克西米努斯（Maximien）称为西欧的"恺撒"，因其在286年重建了莱茵河河段的边境线。从此之后，便存在两个完全不同的罗马帝国，一个在东方，一个在西方。此外，从保障西罗马帝国利益的角度讲，高卢从未如此重要。只要罗马帝国一朝存在，就绝不允许高卢的分裂。

293年，马克西米努斯选择了一个才能卓越的将领来防守高卢和布列塔尼。这位将领，克洛鲁斯·君士坦提乌斯（Constance Chlorue，Chlorus源于希腊语的"苍白"），也成为一名"恺撒"并受到了高卢人民的爱戴。他将国都建在特雷维，为的是临近莱茵河。

307年，他的儿子君士坦丁一世（Constantin）成为西欧的皇帝，使特雷维成为"高卢人的罗马"，到处洋溢着和平的气息。军队壮大，义务兵役和蛮族入伍为军队输送兵士。人们把莱茵河上的军队数量翻倍，组建大量的蛮族部队，先是由罗马人统领，后来由法兰克军官指挥。当马克森提乌斯的战胜者君士坦丁一世决意安顿在东方时，一支后备部队在316年出现了。这支新部队需要确保高卢地区未来50年的秩序。新的政府更加灵活多变，由于城市数量激增（4世纪末期有超过120个城市），政府向各个城市提供了更加高效的干部配备。高卢被划分为两个行政区，北部的特雷维和南部的维也纳。这些行政区细分为行省。特雷维的高卢大行政区同时管辖高卢、布列塔尼和伊比利亚半岛上的西班牙各政权。

政治和军事首领的效力重新给高卢提供了一个长达一个世纪的延缓期，这为经济活动的发展带来了极大便利。君士坦丁一世命人铸造新货币，即苏，它成为通用的交换货币。一个新的税收系统和物价冻结措施使得中产阶级对当局恢复了信任感。

良好的货币流通情况有利于农业的发展，该发展也从前一个世纪被多次洗劫一空的城市的衰落中获益。富人们购买田产，通过在必要时雇用蛮族劳动力和密切关心收益来管理财产。那里有遍地的葡萄树和广阔无垠的农田。庄园吸引了城市里的工匠，他们将自己的织造、陶瓷和珠宝工作室安置在乡村。

毫无疑问，贸易减少了：公路保养得不好，交通变得不可靠。只有那些被侵犯得略少的地区继续在城市文明的框架下繁荣昌盛，例如阿基坦大区。除了类似帝国新首都的特雷维这样的幸运的特例，乡村取代了城市，成为新兴商业活动的中心。

因此，显贵此后一直生活在他们的地产上。中产阶级和贵族阶级（与元老院议员身份相同）与高级官员相同，都是大地产主。他们生活在自己的庄园里，这些真正的宫殿有时拥有超过150名用人、工匠和农工。大地产主的子女接受最高等的罗马教育，随即成为贵族和高级官员，在特雷维成为王室的亲信。名利双收的高卢中产阶级与帝国的利益休戚相关，他们拥护西罗马帝国。

城里富人的代表则更倾向于与罗马帝国决裂：十人队长负责税收事务。中产阶级想尽办法逃税。经济情况得以改善的中产阶级并不满足于自己的命运。帝国的条例对商人和手工业行会管理异常严格。他们的目的是维护行业内的工匠。所有人都寻求改行，怕的是付出过多而回报太少。中间阶层对此也很不满意，他们纷纷辞职。面点师不再愿意烤面包，因为他们的酬劳少得可怜。屠夫不愿再割肉。

在乡村，只有富人洋洋得意。受封于皇帝，拥有小块地产的隶农和老兵不愿再上缴税收。君士坦丁一世不得不以牢狱之灾来威胁他们放弃自己的土地。其中最穷困潦倒的人们奋起反抗，过着游荡的农民起义军的生活。

高卢人的基督教

罗马人的敌人从来都不是只有蛮族。帝国内部受到基督徒的威胁，他们否认皇帝的一切神性，并且跟"偶像崇拜"作斗争。

新的教义来自东方，慢慢地蔓延整个高卢地区。自177年，首个基督教会在里昂已存在。正如罗马文明一样，基督教首先在高卢的城市中传播。

长久以来，罗马的皇帝都在迫害基督徒。高卢人不曾幸免于这个恐怖政策。波提纽斯（Pothin）、阿塔勒（Attale）和蓬蒂科斯（Ponticos）殉道于里昂市城区克鲁瓦-鲁斯。一个主教管辖区秘密成立。在里昂市和其他高卢的城市，对教徒的迫害在整个3世纪从未停止：萨图尔南（Saturnin）受刑于图卢兹市，辛弗瑞安（Symphorien）则受刑于欧坦市。但是不久之后，每个城市都暗中任命了主教。4世纪初，在高卢有20多个主教区：巴黎、图尔、兰斯、马赛、纳博讷、阿尔勒、利莫涅、图卢兹、克莱蒙等。

突然间，君士坦丁一世皈依基督教，宗教迫害也戛然而止。成为国教的基督教("受此庇佑,你将战无不胜")是政权的助手,是王权的代理。各主教从黑暗中重见天日,安置在城市的中心地带。高卢人找到了精神领袖。众恺撒[2]鼓励在北部和东部增加主教区,甚至是边境线地区。

乡村地区则停滞不前。布道者例如圣马丁(Martin)试图使村庄的农民信仰基督教,但一切都是徒劳的。这些人将基督教视为罗马的新兴宗教,他们选择对自己的泉水神和农神保持忠诚。他们继续"不信教"。

新宗教不仅在乡村地区面临重重困难,它在城市里也暴露于众多偏离轨道的危险之中。高卢的大主教伊雷内(Irénée),尤其是伊莱尔(Hilaire)主教在保护罗马教义免受当地以及异族释义的影响方面遭受了空前的阻碍;普瓦蒂埃的伊莱尔曾卓有成效地反抗来自东方的异端邪说,即阿里乌斯教派的教义,它甚至迷惑了君士坦丁一世大帝的儿子君士坦斯二世(Constance II)。

普瓦蒂埃的伊莱尔的友人马丁(Martin)深切了解到,为了树立基督教的威望,为了撕开其古老崇拜和多种堕落的面纱,必须深入探求其精神性的神修。马丁将东方的创意引入高卢:隐修制度。修士们远离尘嚣,专注于隐世与祷告。这一举动在凯尔特土地上获得了巨大的成功。图尔主教创建利居热修道院。不知名的隐修教士,卡先(Cassien)和洪诺拉(Honorat)创立了规章制度并且隐居到沙漠里。420年,卡先的准则成为西方的首个教义戒律。

在4世纪,高卢的宗教是君士坦丁王国的作品。主教管辖区的数量几乎跟城市一样多。主教自然而然地定居在城市的中心地带。各地的主教通常来自当地。有时在成为主教之前,他甚至已婚,例如图尔的格列高利（Grégoire de Tours）提及的这位奥弗涅的主教乌尔比科斯（Urbicus），皈依基督教的前任元老院议员，他本该遣退他的妻子来专心教务。他的妻子对别人的话不以为然，"主教先生，你打算什么时候就寝？"她深夜敲门大喊道，"你为什么不把我当一回事？"

这位女士再三恳求，直到新上任的主教让她进门，然后双双尝了禁果。

"在乌尔比科斯对自己所犯罪行的痛苦呻吟中，"图尔的格列高利补充道，"他隐居到他自己的主管教区的修道院来以苦行赎罪。这次罪孽中诞生了一个女孩，她将一生奉献给了宗教。"

毫无疑问，正如新皈依基督教的信徒一样，这些主教很难跟他们过去的生活彻底划清界线。他们举止文雅，学习语言文学这门珍贵的学问，因为他们必须学会拉丁语。他们构成了新的精英阶级。

主教指定教士并将他们派遣至乡村举行宗教仪式，在那里他们得到了贵族的支持而大量修建小教堂。如果说边界之神和丛林之神仍被当地保留，那么传道者终于战胜了古老国家的凯尔特人的蔑视。图尔的马丁成功地将福音书带至中部，鲁昂的维克特里斯（Victrice）将其带至东部的各省。虽然新宗教在乡村地区的传播很缓慢，但也算有条不紊。

主教管辖区在高卢发展最快最繁盛的地方，是里昂、特雷维、阿尔勒和维也纳。从此之后，在皇帝的世俗和军事代表旁边，在教阶制度的顶端，各城市也有了精神首领。当其他的等级制度崩溃时，教阶制度仍旧保持安然无恙。

在4世纪末期，基督教仍旧被少数人所信奉，但是却极大地得到了罗马帝国和高卢贵族的支持，它有成为服从于政权的国教的危险。

罗马帝国的倾覆使其避免于这个风险，在各个蛮族内部，基督教被委托为一个核心的政治和社会的职能。

蛮族国王定居在高卢

君士坦丁大帝给高卢带来的和平安稳并没有持续很久。他死后，他的儿子君士坦丁二世（Constantin Ⅱ）和君士坦（Constant）将帝国的秩序维持到350年。在此后的50年间，边境勉勉强强保持原样。紧接着到了406年，一场大规模入侵使得任何抵抗都稍显徒劳。

406年12月31日的漫漫长夜

当406年蛮族浩浩荡荡地蜂拥出现时，防御工事已经被近50年断断续续的警戒削弱。352年的首次戒备带来了严重的征象。

351年，君士坦丁二世遣散了高卢的后备军。事实上，他所担忧的是这些士兵会推举一个争权的"恺撒"支持内战。失去了后备军的高卢，正如被捕食的猎物。法兰克人和阿拉曼人从高卢的东北部地区侵入，深入地定居下来，占据土地，奴役居民，控制了地处莱茵河和摩泽尔河之间的所有城镇。蛮族表现出了前所未有的通过武力占领罗马帝国的意图。

355年成为"恺撒"的尤里安（Julien）在不久之后成功收复了莱茵河平原地区。在卢泰西亚（今巴黎市），尤里安被授予"奥古斯都"称号，并修建宫殿。痴迷于希腊哲学，他在塞纳河畔感到惬意愉悦。尤里安的继承人瓦伦提尼安（Valentinien）则定居在特雷维，在那里他又一次击退了阿拉曼人。35000名士兵齐集在莱茵河上，他们奋力反抗，但还是被击败、包围，最后被歼灭。为了阻止更多的民众参与到集结中，瓦伦提尼安和他的儿子格拉提安（Gratien）深入莱茵河更远的地方——内卡河的山谷中。

因此，高卢能够在一个欺人的安全中熟睡。难道人们没有在军队中招募大量的蛮族新兵，那些不愿意重渡莱茵河的蛮族人？

406年12月31日的夜晚令人刻骨铭心。集结的蛮族人破天荒地出现在了设防边境的围墙下。卫戍部队甚至不能相信自己的眼睛。所有的日耳曼民族都越过莱茵河，带着他们的家眷和军队。这是一次真正意义上的迁移，一次不间断的人潮流动，势不可当。那里面不仅仅有旧敌法兰克人和阿拉曼人，还有汪达尔人、苏维汇人、阿兰人和勃艮第人。这些民族产生的巨大威胁使瓦伦提尼安的防御堡垒被攻破。拥堵在帝国门口的人群不是来劫掠财物的。他们出发时就断绝了返回的念想，他们危险至极因为他们很恐惧。在日耳曼人的身后，匈人³骑兵渔翁得利，烧毁村庄。

罗马尼亚沦陷。东方决不会提供救援。在那里，被匈人驱赶的西哥特人，于378年在阿德里安堡击败了罗马军队。在高卢，篡位者马克西穆斯（Maxime）利用了这次暴动，伺机夺权。罗马皇帝狄奥多西大帝（Théodose）派出一支由里士奥梅里（Richomer）和阿波加斯特（Arbogast）蛮族军队镇压叛军。战胜者法兰克人也有他们的篡位者：欧仁（Eugène）。为了战胜里士奥梅里和阿波加斯特率领的蛮族人，狄奥多西大帝招募了其他蛮族人。但是，直到他离世，西罗马帝国的第一任皇帝霍诺留（Honorius）才仅11岁。他从不曾了解高卢。汪达尔人的将军斯提里科（Stilichon）代替皇帝掌管高卢。

406年，当灾祸降临时，斯提里科正在忙于防卫东哥特人进攻意大利。被攻占的高卢唯一能调遣的士兵是所有的蛮族人。

在日耳曼人经过时,他们不抵抗。从美因茨出发,日耳曼人逐步逼近西班牙。一些民族定居在了行省内:在罗讷河河谷的勃艮第人,在纳尔榜南西斯定居的阿陶尔夫国王(Athaulf)率领的西哥特人。阿陶尔夫成为纳博讷的国王,在那里他用极尽奢华的排场迎娶了霍诺留的妹妹加拉·普拉西提阿(Placidie)。罗马在这次蛮族国王安家之事找到了些许好处。的确,高卢不曾再遭遇侵略者,但它也不再属于罗马。霍诺留不得不在阿尔勒(而非里昂)召开高卢人的全体大会。各行省自治。高卢重回到无政府状态。

418年,罗马召回了在西班牙冒险的西哥特人。由于恐怕海上民族的入侵,撒克逊人将西哥特人安置在阿基坦大区。除了在莱茵河左岸定居的法兰克人和勃艮第人,"加入联合会"的西哥特人因此成为高卢地界上的唯一一个有组织的民族。这些"入会之人"臣服于他们国家的国王,而不是罗马。

名义上来看,罗马的权力继续存在,尤其是它的威望。"保安队队长" 埃提乌斯(Aetius)甚至试图在425至454年间,组织不同的蛮族定居在高卢的土地上。他与勃艮第人作战并提议他们以"宿客"的名义侵占从格勒诺布尔到日内瓦的阿尔卑斯山地区。这些蛮族"贵客"带着家眷占领地产。他们有权力得到一半的土地或田产,有时是1/3,但大多数情况下是2/3。作为交换,他们必须确保村庄的安全。在安顿了勃艮第人之后,埃提乌斯同样"安排"了撒利克法兰克人,这些人有条理地带动了北部地区的发展。

451年,当埃提乌斯不得不面对浩浩荡荡的匈人大军时,他对自己的政策感到满意。匈人王阿提拉(Attila)亲自率领大军渡过莱茵河。从梅斯出发，他需要两个月方能抵达奥尔良。埃提乌斯充分利用了这段时间。他与西哥特人、勃艮第人、法兰克人以及阿摩里卡地区（今布列塔尼）的部落结盟。措手不及的阿提拉撤退至特鲁瓦。在"莫里亚克乌斯战场"（卡塔隆平原），他被高卢的蛮族同盟击败。西哥特人国王提奥多里克一世（Théodoric）在作战中身亡。

卡塔隆平原战役的胜利并没有给埃提乌斯带来多大好处。这位高卢人口中的"最后一个罗马人"死于宫廷阴谋。瓦伦提尼安三世（Valentinien Ⅲ）在罗马将其谋杀。那些昔日帮助埃提乌斯击退匈人的同盟军抓住机会从他们的战斗中获取利益。不再有权力机关存在于高卢地界。惊慌失措的高卢罗马人中的显贵亲自请来蛮族国王和蛮族士兵，来寻求庇护。勃艮第人由此定居在索恩河河谷，以及直到里昂的区域。不久之后，他们顺着罗讷河而下，"保护"河谷和山丘的所有范围，进驻罗讷河的支流德龙河以及迪朗斯河的河谷。弗朗什孔泰和瑞士法语区也都在他们的控制之下。勃艮第国王统治着自罗讷河和上塞纳区到迪朗斯河的地区。

在北部，法兰克人在索姆河扎营，逐渐南下。在南方，西哥特人从最后的罗马继承人那里夺走了贝里地区。西哥特国王欧里克（Euric）挺进阿尔勒，夺下奥弗涅省，尽管希多尼乌斯·阿波黎纳里斯（Sidoine Apollinaire）拼命反抗。西哥特人抵达卢瓦尔河。476年，当西罗马帝国彻底灭亡时，整个高卢被各个蛮族国王控制。

法兰克国王的推进：476—715年

法兰克部落渐渐地占领了高卢北部的城镇和土地。要想令人生畏，他们还需要建立一个某种类似国家的联合团体。这个任务落在了一个年轻的法兰克首领的肩上,即克洛维一世(Clovis Ier),法兰克国王希尔德里克(Childéric Ier)的儿子。克洛维召集了各个部落,使他们投入在高卢争夺权力的战斗中。

需要提及的是,在法兰克人推进的初期,更多的是策略征服,而非逐步占领。正如历史学家吕西安·缪塞(Lucien Musset)写道的,"鉴于殖民安置和他们自己的战场,法兰克国王很有可能在那些一直到卢瓦尔河的区域展现出大智慧。"

因此,从莱茵河出发的部落首领征服了高卢村庄:他们在那里经常是受到夹道欢迎的。

安置在索姆河的杰出的法兰克首领克洛维,令世人熟知他的,是图尔的格列高利转述的传奇。他无疑出生于465年左右,从481年起成为国王。他的声望是一个勇敢冷血的将领应该有的。为了控制法兰克各部落,他表现得异常粗暴。然而,他也同样懂得谨慎对待高卢罗马人的精英,他需要靠这些人取得权力。克洛维跟其他的首领不同,他想以他自己的方式成为"罗马人"。

他在康布雷附近首先袭击的就是一个高卢的"罗马人",某个名为锡阿格瑞乌斯(Syagrius)的人。在这个动荡的时代,古老罗马城的声望是如此的震耳欲聋,以至于所有的战争将领想要成为"罗马"的执政官和名门。为了打垮锡阿格瑞乌斯,克洛维与康布雷国王结盟,该国王也是法兰克人,名为拉格纳查尔(Ragnacharius)。在苏瓦松附近,克洛维获胜。锡阿格瑞乌斯逃到图卢兹附近西哥特人的驻地,西哥特人将他交给克洛维。克洛维将其处死。高卢摆脱了"罗马人"的统治。

在这里必须要提及著名的"苏瓦松花瓶"事件。如果说此事不是真实的，那么至少它是意义非凡的。主教请求法兰克国王尊重一个神圣的瓶子。国王的士兵能想到的只有将它盗取。将领克洛维不能反对习惯性的瓜分战利品的行为。他不能处罚一个贪婪的士兵，但可以惩罚一个漫不经心的士兵，为的是教会的最大化的利益。克洛维即将成为高卢罗马显贵的君王。

劈开苏瓦松士兵的头颅，他需要一年来做到杀一儆百。在胜利的光芒下，克洛维本不该允许自己这样做。他是如此的与士兵同心同德，他们拥护颂扬他为王。

克洛维手下有多少士兵呢？撒利克法兰克人有10万到15万人。在那个年代，一支一万人的军队已经算得上规模庞大。西哥特人有10万人。法兰克人数量最多。此外，他们还是最优秀的战士。我们从高卢的最后一位拉丁诗人希多尼乌斯·阿波黎纳里斯的描绘中可以窥见法兰克人的外貌特征。"长而密的红棕色头发从头顶垂至额头，"他写道，"他们的颈背裸露着。在他们蓝绿色的眼睛里，水蓝色的眼眸闪烁着光芒。几绺细柔的毛发在他们修过的脸上代替了胡须。战士们瘦长的腿上紧紧包裹着紧身的衣物，一条粗腰带环绕在他们纤细的腰间。是为了确保杜绝任何的逃跑企图和将颈背展示给敌人，法兰克人才仅仅用头发来保护他们的头颅。对他们来说，头盔是不堪一击的，它是奢侈的发型。他们的热情只投射到了战争上。如果说他们不幸因为人数而沮丧，唯独只有死亡能够击败他们，恐惧决不能将他们击垮。"

在数个世纪的罗马人风俗习惯的浸淫下，我们在这个富有的高卢罗马的元老院议员所描绘出的肖像图里，看到了昔日罗马人在韦辛格托里克斯率领的凯尔特战士所认出的体态特征。的确，如果说法兰克人最早为骑兵，那么他们也如同勃艮第人那样，更多地是步行作战。

他们装备了斧头（古时法兰克人的战利品）和长枪，手持利剑和盾牌，就像罗马人那样。他们完全臣服于首领，他的唯一的指挥权身份的标志是一头浓密的金发。

蛮族国王的洗礼

这些勇敢的斗士使得战胜锡阿格瑞乌斯的克洛维一世在高卢得到公认，他展现出前所未有的不可阻挡的军事力量。他加入朝向莱茵河的行军，确保了东部行进的安全。公元496年，克洛维帮助里普利安法兰克人击退了阿拉曼人。依照编年史所记载，在托尔比亚克战役胜利之后，他不得不皈依基督教。

克洛维的皈依并不可疑，但是功劳似乎都要归于高卢罗马教士的聪敏以及教士在各个城市中的影响，而非国王在战场上得到了神启。人们明白图尔的格列高利和主教们想要把克洛维变成新的君士坦丁：他的改宗是一项准备许久的政治作品。

事实上，高卢的僧侣一直无法将占领国土的其他的蛮族国王视为骄傲。这些国王是基督徒，却更多的是假基督徒，他们是被称为"阿里乌斯教派"的狂热信徒，该基督教的分支是建立在堕落的教义之上的。阿里乌斯教派曾经被罗马教会严令斥责。高卢的主教们需要一个拥有真正信仰的蛮族人。

确切地说，克洛维刚刚迎娶了勃艮第公主克洛蒂尔德（这是历史的偶然吗？），她是一名虔诚的天主教徒。克洛维应允皈依天主教。兰斯主教雷米（Remi）在圣诞节当日为国王施洗礼。（人们对确切的年月并不确定，也许是发生在496年、498年，或者506年）

从政治上来讲，克洛维的改宗有着极其罕见的重要性。伴随着皈依基督教，克洛维能够继承罗马尼亚的统治，居高位，且拥有古老帝国的尊严和声誉，因为自476年起，西罗马帝国便不复存在。事实上，东罗马帝国的皇帝阿纳斯塔斯（Anastase）紧急派遣一位大使授予克洛维执政官的称号。克洛维因此不再是一个幸运的将领，而是成为一名继承者。

作为高卢宗教的保护人，在每一次被阿里乌斯教徒政治迫害的天主教徒发出求救的时候，撒利克法兰克人的国王有义务介入勃艮第和西哥特的土地上。最终，基督徒国王克洛维在他掌管的地方能够忠诚地效力于教会的创立人，他们是自罗马毁灭之后在高卢留存下来的唯一掌权者。

克洛维的征服之路走得容易且快速。在袭击勃艮第国王龚德堡（Gondebaud）的部落的同时，克洛维一下子削弱了勃艮第人的力量。这次胜利使得他成为罗讷河河谷的主人。据图尔的格列高利描述，克洛维紧接着针对阿拉里克（Alaric）率领的哥特人发动了一场宗教远征，为的是把南部的天主教徒从信奉异教的枷锁中解救出来。因此，这大概是他发动的第一次法兰克人的"十字军东征"。阿拉里克在普瓦捷附近丧生。他的军队被歼灭。在图卢兹，大主教们像欢迎救难者一样迎接克洛维。失败的哥特人转向西班牙。

从不知疲倦的克洛维紧接着折回北部，在经过波尔多时发动了猛烈攻势，轻而易举地征服了布列塔尼人。克洛维是整个高卢的主人吗？

公元511年，在克洛维去世之前，他的确把古代长发高卢人的支离破碎的三片地区重新整合：法兰克人、勃艮第人和哥特人。只有狭小的勃艮第王国最终幸存，东哥特的普罗旺斯也幸免于墨洛温王朝的控制。公元537年,克洛维的儿子们将这些未纳入版图的地界吞并。

高卢的大法兰克王国

克洛维建立的是一个王国,而非国家。他的成功得益于兵士的勇猛和他们由此引发的恐惧,得益于神职人员和大贵族孜孜不倦的支持,是他们为军士提供补给,资助出征。然而,神秘的克洛维的后裔面临的是王位继承问题。从这个角度来看,法兰克国王们依旧为屈服于他们族群惯例的将领。

克洛维去世后,他的子嗣提乌德里克一世(Thierry)、克洛多米尔(Clodomir)、希尔德贝尔特一世(Childebert)和克洛泰尔一世(Clotaire)像瓜分战利品一样分享了他的征战成果。"大法兰克王国"的统一再次成为亟待解决的问题。从他们的能力来说,克洛维的儿子们并没有一个国土的概念。他们各自相距不远,定居在巴黎、苏瓦松、奥尔良和兰斯。他们始终是部落的首领。

家族谋杀、女人们灾难性的影响以及她们在占统治地位的家族中的阴谋[在克洛泰尔一世的儿子希尔佩里克一世(Chilpéric)的芙蕾德贡德(Frédégonde)和布伦希尔德(Brunehaut)],使得情况更加复杂。三个不同的王国不得不逐渐地建立起来:瓦兹河西岸的纽斯特里亚(西法兰克王国),默兹河和摩泽尔河周围的奥斯特拉西亚(东法兰克王国)和索恩河与罗讷河交叉处的勃艮第。勃艮第王国与其他两个王国有所不同,它的高卢罗马人口密度更加稠密。

布列塔尼、阿基坦和普罗旺斯没有法兰克人定居,这些地区极大地逃过了克洛维继承者们的控制。尽管如此,从7世纪到8世纪,纽斯特里亚王国和奥斯特拉西亚王国之间的对抗是持续且野蛮的。内部争斗拖慢了征服高卢的速度和效率。在他们无法保持统一的介入的地方，那些独立的王国借此建立。因此，比利牛斯山西北部的巴斯克人和山脉东北部的塞蒂马尼亚对抗法兰克人。两个国王共同统治的布列塔尼地区，很快被瓦罗克（Waroc）在580年统一。8世纪，普罗旺斯人毫不犹豫地求助于阿拉伯人来对抗法兰克人。

克洛泰尔一世的儿子达戈贝尔特一世（Dagobert）试图统一克洛维留下的领土。作为629—639年的法兰克国王，他成功地被纽斯特里亚、勃艮第、巴斯克人和布列塔尼人的一部分人所承认。人们把他看作一位公正开明的国王，重视神职人员的建议。金银匠埃洛瓦（Éloi）曾是克洛泰尔二世的财务官，他将出任努瓦永的大主教，帮助达戈贝尔特举止似君王降临，帮助他公正严明，无须只追随法兰克旧例，但要重视高卢罗马人的法令。达戈贝尔特作为一位真正的君主的声明因此远播，他深切明了自己为王的责任。他限制了教会的不动产产权和强势的中产阶级的土地产权。在王国的内部和外部，人们无一不对他敬爱有加。他与某些宗教首领的贪婪粗暴作斗争，但并不与资助他的教会本身发生冲突。他修建了圣但尼和其他修道院。

在王位继承问题上，他并没有比克洛维做得更好。在他在世的日子里，为了他儿子西日贝尔一世（Sigebert）的利益，他已经放弃了奥斯特拉西亚的王位，因为阿瓦尔人对高卢东北部的威胁日益严重。因此，墨洛温王朝的王族仅仅在很短的一段时期内确保了高卢地区的统一。

蛮族法令

然而，不仅仅是法兰克人，就连勃艮第人和哥特人也都通过强制引入他们各自的风俗来改变所有地区的精神状态和风俗风尚。

他们获得了在任何他们居住的地方正当地使用自己本族惯例的权力。这是"法令个性"的原则。跟罗马法令大相径庭，蛮族的法规并不成文，这些风俗惯例由一代又一代人传承发展。因此，高卢地区的司法大会应当是吸收借鉴了各地的风俗，这样才能更好地审判来自不同族群的人。在中世纪法庭上或者外省和城市的伯爵的法庭上，高卢罗马人的席位挨着蛮族人。

蛮族法令却跟罗马法典有着非常不同的地方：血缘法或者连坐法强迫法兰克罪犯跟受害者或者受害者家属庭外和解。杀人犯要偿付金币来赎罪。在罗马人的影响下，勃艮第人和法兰克人开始将他们的风俗习惯记录下来。很快便出现了西哥特法典、勃艮第法典、撒利克法典和里普利安法兰克法典。在南部的土地上，由于罗马法典根深蒂固，它在当地仍旧有着至高无上的地位。逐渐地，蛮族法令和罗马法典开始互相融合。此外，蛮族国王使用高卢罗马人的权限来服务于他们新生的行政管理，尤其是税收和司法部门。

各个法典的融合是伴随着各个民族的融合进行的：元老院的精英和军士的联姻加速了这场融合，尤其是在法兰克王国。按照惯例，妻子需要采纳丈夫一方的法令，但是这个法令做了调整以适应社会背景的要求。自然地，在蛮族人口繁多的各处，日耳曼人的法典和风俗保持着非常纯朴的特质，例如北部和东部。在其他地方，罗马尼亚人的占主导地位的风俗习惯静静地收回他们的权力。

墨洛维子嗣统治下的高卢

"法兰克人"的国王心感自己属于一个出身神秘的王室家庭，

是墨洛维的后代。法兰克人似乎倾向于在同一个家族中选择他们的国王，毫无疑问是通过迷信活动。然而，国王并不把他的王国看作是一个国家。在所有的价值都与土地的占有相关的日子里，王国更像是一份祖产，人们通过征战取得，在首领死后对它进行瓜分。

伯爵处于城市的上层社会，他们是国王的同伴和朋友，作为忠诚的回报，他们从国王那里得到"好处"，即田产收益。政府组织还只是在萌芽阶段。唯一的一个举足轻重的人物是"宫廷总管"，也就是国王的贴身佣人。人们不久就要改口称他们为"宫相"。墨洛维的继承者们越来越颓废，而官相们逐渐代替了这些以乘坐四轮马车巡视村庄闻名的"甩手国王"。

比起这些官相，其他的达官贵人的重要性稍低些。他们是执行人，或者只是拥有纯荣誉称号。当"伯爵们"叛变，国王征集军队消灭他们，再找人替代他们。像伯爵一样，国王以税收为生，如罗马人时代的实物缴纳。高卢地界上仅存的金子持续流向东方，因为稀有和昂贵货物的贸易（例如香料、布料以及精美装饰的武器）一直保持流通，直到穆斯林的到来。经济活动的核心区域在乡村，购买力主要在那里。

城里人离开乡下，只有极其有实力的大主教才懂得保护他的城邦。事实上，唯独教会能够使法兰克土地领主和高卢罗马人的贵族阶层保持均衡。这些贵族在他们各自的庄园，统治着奴隶和平民——留在村镇中的平民（"平民"一词来源于拉丁语manere）。

大主教本身就是一位集声望和权力于一身的重要人物。在克洛泰尔二世（Clotaire Ⅱ）统治期间，我们离那个主教寻找祭献和殉道者的时代还很远。大主教往往是贵族出身。通过遗赠和赠予，大量的田产汇聚到他手中，使他成为众多领主中的一个，为他带来了经济力量，自然而然伴随着政权。他能够命人修建乡村教堂，或者说服领主们在他们的领地修建教堂。在大主教的推动下，基督教就这样在乡村蓬勃发展。基督教是蛮族各族统一和相互融合的要素。

国王和领主的创举使得修道院数量剧增。这些配备不动产的修道院也成为培养主教和传教士的地方。修道士不仅确保了信仰和宗教哲思的深入发展，也促进了希腊和罗马文化的传播，因为他们重新找到了拉丁文和希腊文手稿，并将它们重抄下来。

如果说世上存在着墨洛温王朝文明，它的存在要完全归功于教会人士的努力。他们尽可能地支持鼓励艺术和手工业，他们在学校推广阅读的兴趣和文字的练习，他们在某种程度上确保了罗马法典的公正和传承。

在达戈贝尔特一世死后，教会和土地领主的权力削弱了墨洛温王朝的力量。宫相越俎代庖，但是他们仍旧由贵族选择任命。毫无疑问，贵族并不给他们好脸色看，这些宫相太过于大胆妄为，太咄咄逼人。

然而，贵族们不得不忍受宫相之中的埃斯塔勒的丕平（Pépin de Herstal）的所作所为。他在奥斯特拉西亚被任命为宫相，紧接着控制了纽斯特里亚和勃艮第王国，在这两个王国内任命子嗣为"宫相"。8世纪初，事实上他已经成为整个法兰克地区的主人。不久之后，所有的墨洛温王朝的继承者们都销声匿迹，一丝痕迹都没有留下。

以勇气闻名、异常虔诚的丕平把弗里斯人驱逐至莱茵河更远的地方，再一次击退阿拉曼人，这些战绩使得他声名显赫。715年，在他死后，高卢的确再次被瓜分。纽斯特里亚的贵族发起暴动，任命自己人为官相。弗里斯人、撒克逊人以及南部的穆斯林再一次对王朝产生了威胁。拯救法兰克人的是丕平的一个私生子。他的名字是查理·马泰尔（Charles Martel）。他在奥斯特拉西亚掌权。

新法兰克帝国

墨洛温王朝的王族不时地成功恢复了高卢的统一，建立了一个依附于贵族和大主教的统一的王国。然而，这份和谐统一时常被继承的纠纷、宫廷阴谋、谋杀以及君主的无能所破坏。刚刚合并的法兰克人再一次分裂，重回部落战争的状态。新的加洛林王朝需要给法兰克人的不仅仅是一个王国，而是古老的西罗马帝国。

夺回法兰克王国

查理·马泰尔在历史上以732年在普瓦捷击退一支柏柏尔军队而闻名，也由此保护信奉基督教的西方世界免受伊斯兰教的威胁。这场在阿基坦城门口取得的胜利的确在整个高卢都掀起了轩然大波。

在战胜从西班牙潘普洛纳出发的穆斯林出征大军之前，查理·马泰尔关闭了北部和东部的边防线来抵抗入侵者，控制了暴乱的纽斯特里亚，威吓了在普瓦捷之后不得不归顺的阿基坦。他穿过一个又一个边境地区，走遍整个王国来抵抗侵犯。他是真正的法兰克王国的复兴者。

查理·马泰尔把"好处"慷慨地分给他忠实的追随者，把教会征收的那部分土地分给大领主，通过着手改革教会来排除有碍颜面的部分，他消除了贵族的反对情绪，其中大部分人嫉妒他的成功。

同墨洛温王朝的王族一样，查理·马泰尔不懂得如何处理他的继承问题。在他死后，他的儿子卡洛曼（Carloman）和矮子丕平（Pépin le Bref）不得不发动战争来镇压贵族的全面暴乱。他们比他们的父亲做得更好：为了消除贵族的反对，他们找到了一个被所有人遗忘的墨洛温王朝王族希尔佩里克三世（Chilpéric Ⅲ），来拥立他为王。

然而，矮子丕平想要自己得到权力。751年，他的兄弟卡洛曼进修道院当修士，丕平在苏瓦松召开法兰克王国的贵族大会。对自己被依照法兰克惯例选为国王不甚满意，在王国所有的大主教面前，丕平在接受敷圣油圣事之后，命圣徒卜尼法斯（Boniface）庄严任命自己为王。这是君主加冕的宗教仪式的第一道程序。为了更好地树立君权，丕平希望教皇亲自为他做第二次加冕仪式。754年，教皇艾蒂安二世（Étienne Ⅱ）亲自参加了在圣丹尼修道院的加冕仪式。根据编年史记载，教皇在那日"严禁所有人拥立其他血缘的人为王，违者以禁止宗教活动和革除教籍惩处"。君权神授的传统便由此诞生。君主加冕的宗教仪式使得君王神圣不可侵犯。在新的基础之上，加洛林王朝确立。

查理曼大帝（Charles le Grand）掌权

如果说矮子丕平毫不费力地得到了所有法兰克人的敬仰，他却难以在朗格多克树立权威或者把塞蒂马尼亚（尼姆和贝济耶地区）从穆斯林的占领中解救出来。768年，丕平死后给他的儿子查理曼和卡洛曼留下的是一个恢复和平的王国。

然而与此同时，这位独裁君主，拥有神圣权力的国王生前以法兰克人的方式分配财产，对他的儿子们也是如此。对王国统一来说幸运的是，卡洛曼在771年过早地死亡，留下了查理曼作为唯一的继承人。

在边境等待查理曼的是一项艰巨的任务，他不得不再次平复阿基坦地区，在那里他任命儿子路易（Louis）为国王。查理曼尽可能大量地征集法兰克战士，决定将铁骑踏至莱茵河和比利牛斯山脉更远的地区，以此来打击基督世界的敌人。查理击退了莱茵河和易北河流域之间的日耳曼异教徒部落。他在西班牙攻击穆斯林。在每次出征的过程中，他都带领着传教士，他们的角色是尽快地把福音传播到被占领的国家。

法兰克人的出征大军在每年春天出发。战士们自己花钱购买武器、坐骑和盔甲，付给步兵报酬。查理曼不仅为军队征用领主，还招募自由人。如果自由人不愿意参军，他们必须支付领主的行军装备。每次作战大约持续三个月。

查理曼派军远达东部。788年，巴伐利亚州的塔斯永公爵（duc Tassillon Ⅲ）的叛乱被镇压。异教徒撒克逊人被不停地追击。他们最终于785年投降。法兰克人从未敢像这般远程作战，如此这般地在日耳曼地区久战。在查理曼大帝的统治下，西欧不再被来自东欧的民族奴役，最终重获新生。

法兰克人在日耳曼地区的占领是异常残暴的。在萨克森州，宗教恐怖政策蔓延开来。所有中伤基督教的行为都被判处死刑。在30多年以来，萨克森一直是查理曼出征的受害者，他把基督教国家的边界推至易北河更远的地区。他甚至征服了多瑙河河谷的阿瓦尔人以及莱茵河北部的弗里斯人。阿瓦尔人一旦皈依天主教，他们的可汗就不得不奉承法兰克国王。

应巴塞罗那王室高级官员的请求，查理曼参与对抗从778年起一直劫掠高卢南部的撒拉逊人。他派遣两支军队来直击阿卜杜勒·拉赫曼（Abd al Rahmân）酋长的士兵。翻过比利牛斯山脉之后，查理收到撒克逊人暴乱的消息，不得不撤军。查理曼大帝的十二重臣之一的罗兰伯爵（Roland）指挥布列塔尼大行军的后卫部队，罗兰死于巴斯克人的埋伏，而不是传说中死于在西班牙奥雷亚加的纵队前进时受到的摩尔人的袭击。需要多次作战才能把穆斯林驱赶到比利牛斯山脉以外，同时也是为了在加泰罗尼亚地区组建一次稳妥的法兰克"大行军"。在比利牛斯山脉地区，巴斯克王国和纳瓦拉王国仍旧未处于查理曼的掌控之下。

布列塔尼地区的形势也不容乐观。为了使布列塔尼人屈服，两次出征变得非常必要（公元786和799年）。而结果远不尽如人意，需要放弃平定帝国末端的区域。查理曼大帝因此不得不跟来自北部的航海者进行斗争，人们称其为诺曼人（实际上是丹麦人），他们从公元799年就持续侵犯西部海岸线。他们每一年都抢劫村庄，从荷兰到西班牙都是受害区域。在海岸线上，必须组织警戒以及防御系统。

查理曼大帝，信奉基督教的欧洲之国王

克洛维是改宗之国王，达戈贝尔特是审慎之人，查理曼是受到神灵启示的君主。查理曼跟他的祖父查理·马泰尔一样，他有着虔诚强烈的信仰。他敏锐地觉察到教会的缺点和不足之处。他把亲自关照针对教士的品德教育这件事视为一种责任。对他而言，基督教是连接新欧洲各国的纽带。敷过圣油的查理曼对宗教的传教使命非常重视。身为东征十字军的祖先，查理曼大帝在所有的边境地进行维护天主教教

义的斗争。

　　查理曼大帝竭尽所能来加强宗教信仰，以无可质疑的基础来支撑宗教仪式。他找到一名盎格鲁-撒克逊修道士，安置在图尔的圣马丁修道院来修订《圣经》的拉丁文文献，使拉丁文《圣经》被世人所承认。查理曼大帝派人在所有的基督教修会抄写圣书，在大教堂附近以及修道院创办学校来培养数量足够多的"抄书人"。对他来说，圣书的重要性毋庸置疑。

　　查理曼大帝本身就是一个有学识的人，他曾追随著名的语法学家比萨的皮埃尔（Pierre de Pise）。他通晓拉丁文和希腊文。他曾跟随阿尔昆（Alcuin）学习天文学、算术和哲学。欧洲唯有依靠科学、文学和艺术的发展以及对宗教的绝对敬重才能得以长久生存，查理曼对这一点深信不疑。然而，这一发展得以实现的条件是，法兰克人能够吸引到意大利、西班牙、远处的希腊以及近处的英国所有算得上天才的人。"加洛林王朝的文艺复兴"在很大程度上是查理曼大帝个人的杰作。他是第一个关心重建古老文明的精神生活的"蛮族"国王，且将宗教生活作为这项事业的纽带和激励。

　　在被伦巴第人威胁的教皇的请求之下，查理曼大帝进驻意大利。774年，在经过了激战之后，国王迪迪埃（Didier）被擒。查理曼立刻囚禁了伦巴第的国王们。通过连续的作战，他征服了意大利，并把自己的儿子丕平（Pépin）推上国王宝座（781年）。

　　查理曼大帝因此成为整个欧洲大陆，由易北河至埃布罗河，从北海到地中海的主人。从789年开始，他在艾克斯拉沙佩勒建都，在那里他召集欧洲所有国家的学者和艺术家。作为教会的守护者和教皇的捍卫者，他在800年的加冕仪式上作为西方的新帝出现是极合法的。

得益于罗马的仪式，为了教会的最大利益，法兰克的君主国似乎重建了古罗马狄奥多西大帝的帝国。

事实上，查理曼大帝并未过分地渴望这个祝圣仪式。他希望建立一个新的欧洲，而非重建过去的政体。他不相信帝国的永恒，但是他想要确保基督世界文明的闪耀。

加洛林王朝文艺复兴

加洛林王朝统治下的欧洲受到法兰克军队的庇护，在精神层面上受到教会的主导，教会在某种程度上确保了王朝的统一，加洛林王朝迎来了新的繁荣昌盛。此外，这次"文艺复兴"并非得益于贸易的恢复：富有的领主确实花费重金筹得东方的物品，在经历了遥远的陆路运输和海路运输之后，香料继续被输送至欧洲的市场上。但是，城里的市场并不怎么繁荣，经济呈现出地方化趋势。

农业生产尤其呈现出一片欣欣向荣的景象。人们能够重新平静地在大面积的土地上从事农业活动。领主的土地受封于国王或者红衣主教、大主教和主教等教会之长。教会之长直接雇用农奴（在"适当保留"的情况下）耕种，或者要求自由农民这些曾经为罗马世界的隶农来耕作。以租让采地的形式，他们也将一部分土地转租给保有自由租地的农民和拥有养老领地享有权的"倒插门"奴隶。这些农民对于耕种领主"有所保留的"农田的热情并不高涨，他们通常过于贫穷而无法改善他们自己田地的农业收成。因此，工艺技术的进步起不到多大作用，土地的开垦也是少量的。不要紧。政治秩序确保了所有人能够在和平安稳的环境中工作。这一东方的新面貌被物质生活的舒适表现出来。广袤无垠的王室财产为王室提供了数量可观的收益，也为大领主带来了丰厚的收入。

查理曼大帝效仿他的先辈，将土地或者说"封地"分给他的"封臣"，以此来交换忠诚的誓言和"附庸随领主出征的义务服役"。为了取得这份宣誓以及确保封臣的忠诚，查理曼大帝常常派遣特使到各个省份，这些"钦差"[4]向地方宣告王室敕令，随即向王室汇报实施情况。查理曼大帝没有足够的资源来支撑这样一项长久的统治。他用封臣金字塔制取而代之。

在王室宫殿里，某些公务人员的确持续稳定地在君主身旁工作。例如小礼拜堂就负责宗教事务，掌玺大臣公署负责日常琐碎事务，"宫殿伯爵"负责司法事务，王室侍从的爵位分封给官廷的各领主。

在外省，各个伯爵（大约250个）代表着查理曼大帝本人，他们手握重权。艾克斯拉沙佩勒的宫殿向他们传达成文法令和"国王敕令"，这些伯爵必须认真实行。他们已经富有土地和特权，且国王感怀于他们提供的服务，一直增加他们的产业。这些伯爵也都各自拥有其封臣，向他们分封土地。基于此，"封建"政体得到加固。

神职人员大多出身于贵族阶级，自国王加冕开始，他们便要服从于国王。查理曼大帝利用这个他的祖辈们不曾拥有过的权力，在圣卜尼法斯（Saint Boniface）指引的方向下来深入地改革教会。神甫有权力对他们教区的收成征收实物税，即什一税。修道院教规得到加强。主教从虔诚有智慧的人中选拔。查理曼大帝想要把所有有损教会清誉的教士驱逐出教，这些神职人员沉迷金钱享乐。为了监督主教以及主持教会省的事务，大主教职务应运而生。通过确保神职人员自身的财产，查理曼大帝想要使他们独立于贵族阶级；然而，相反地，他要求教士在宗教的守护和名誉中保持最严谨的虔诚。

此外，教士的另一个任务是将文化传播至各处。乡村的免费学校的成立是为了对人民进行扫盲。伟大的阿尔昆亲自为儿童撰写书籍。王室学校在艾克斯培养了教师，他们被派往村镇各处。一种非常易于阅读的新的文字（加洛林式或者查理大帝式的）广泛流传以便于扫盲。如果说拉丁语再次成为文人的语言，那么通俗语言被鼓励使用，且在城市中发展壮大。皇帝本人也说法兰克语，然而通过高卢罗马人，他极其关注外省口语的发展：在蛮族地方语的影响下，罗马尼亚变种的拉丁语慢慢地发展成为一种新型的语言，后来由此发展出了中世纪的法语。

对于改革后的宗教，查理曼大帝希望看到的是一个光鲜亮丽的框架。他找来欧洲最好的建筑师、雕刻家和画家来修建隐修院、修道院以及大教堂。在卢瓦雷省的热尔米尼代普雷、奥克塞尔的圣日耳曼修道院的地下小教堂就是这个巨大努力的见证。查理曼大帝确保了教士的特权。然而，他也要求他们提升欧洲的文化水平，如阿尔昆所言，把帝国的首都变成"新雅典"。

查理曼大帝的继承者

根据法兰克传统，查理曼大帝身后将财产分给三个儿子。尽管经历加冕礼，掌管帝国，查理曼大帝临死前重新展现出了一个法兰克国王的风貌，"家产"像战时分赃一样被划分出去。其中两个继承者的猝死的确使得虔诚者路易一世（Louis le Pieux）在814年继承了全部的遗产。

虔诚者路易一世是第一个试图建立有关遗产继承风俗的国王，这一风俗趋向于避免国家的四分五裂。他通过将自己年长的儿子洛泰尔一世（Lothaire Ier）宣告为"皇帝"，把长子扶植成王位唯一的继承者。他的次子丕平一世（Pépin Ier）和路易（Louis）仅仅做了阿基坦和巴伐利亚的国王。路易一世的侄子贝尔纳（Bernard）是意大利国王。作为基督教徒的守卫者，加洛林王朝会经久不衰吗？

在路易一世生前，贝尔纳就已经造反。皇帝不得不尽全力介入此事。贝尔纳并没有被处决。他仅仅被判处挖眼之刑。他在施刑过程中离世。意大利王国被取缔。

王位继承问题似乎得到了解决。然而路易一世还有一个儿子，是他在第二段婚姻中与巴伐利亚的朱迪丝（Judith de Bavière）所生。此子名为查理，即未来的秃头查理二世，加入王位竞争之中。路易一世使他成为最有希望胜出的人。为了查理，路易一世重新启用了过去的部署。他把长子洛泰尔一世派去意大利。查理得到了帝国东部的一个王国，包括德国、阿尔萨斯和勃艮第的一部分。

高卢的贵族和教士阶级对这些王后朱迪丝的小集团对年迈国王授意的措施异常反感。路易一世第一任婚姻的儿子洛泰尔一世、丕平和路易已经蓄势待发，准备造反。830年，他们试图强制监控他们的父亲。他们把朱迪丝关进修道院。被王国所有贵族拥护的洛泰尔一世以他们的名义掌权。这是一次贵族阶级的反抗，他们长期受到查理曼大帝和王权的打压。

第二年，路易一世改变形势。然而要想解决纠纷，他不得不做出一些承诺，放弃将整个帝国传给唯一的继承人这一想法。分配的计划再度引起了暴动。贵族阶级被分割，他们在阴谋集团内部支持各自的王位候选人。高卢再次进入无政府状态。

840年，路易一世去世之际，问题不再是维护帝国的统一，而是在各个部分重建秩序。显要人物对前人留下的遗产十分担忧,需要恢复家族内部的和谐。

斯特拉斯堡宣言和凡尔登条约

在这一系列手腕之后,日耳曼人路易(Louis le Germanique)和奥斯特拉西亚的查理(Charles l'Austrien)在斯特拉斯堡互相宣誓,承诺互帮互助共同对抗洛泰尔一世。842年,他们在两军集结地前遵守承诺,洛泰尔的军队则被彻底击败。宣誓正文以罗曼语和日耳曼语写就,这样所有人都看得懂。想要独自继承帝国的洛泰尔一世失败。

然而他也需要继承一部分遗产,人们不能让他一无所有。公元843年,洛泰尔同意签署凡尔登条约,该条约在异常稳固的基础之上分割了查理曼大帝留下的法兰克王国。秃头查理继承了"西法兰克王国"(埃斯考河、默兹河、索恩河以及罗讷河西边的领土)。日耳曼人路易得到了位于莱茵河和易北河之间的领土。洛泰尔则继承了中间的长条领土,位于北海至意大利之间。

兄弟们相安无事度过了15年。855年,洛泰尔死后,继承问题再度引起纠纷。洛泰尔的三个儿子继承了领土:其中第一个儿子得到了北部直到索恩河的土地;第二个儿子继承了罗讷河和普罗旺斯;第三个儿子得到了意大利。此后的五个王国招致了不断的争斗。日耳曼人路易侵入查理的领地,查理则入侵了普罗旺斯。王国各处再无宁日。

新的入侵潮

在面对熙熙攘攘出现在基督教世界边境线的新的入侵者,内部各自互相攻击的法兰克国王束手无策。从850年起，穆斯林的袭击在地中海沿岸引起了恐慌。他们溯流而上劫掠，尤其是在罗讷河，他们烧毁村庄以及无所不用其极地破坏。他们攻占地中海西岸的岛屿，西西里岛、科西嘉岛和巴利阿里群岛。他们占领了意大利南部。穆斯林再度大举进攻。

在北部和西部的海岸上，早已被查理曼大帝熟知的诺曼人加入劫掠的大军中。维京人（挪威人和丹麦人）沿着埃斯考河以及罗讷河溯流而上，直达桑斯城、卢瓦尔河和夏朗德河，他们乘坐长度为20米的平底船。每只船登上100到200战士，以此既可以在大海上作战，也可以迎战于较浅的河流之上。他们随心所欲地到处作战。

850年，当他们在法兰克人的海岸战斗时，他们已经是北海、芒什海峡，甚至是大西洋的主人。为了找寻金子和贵重物件，他们经常劫掠教堂和修道院。到处充斥着他们引发的恐慌。他们带着马匹登船，为的是在登陆处迅速出击。公元864年，人们在克莱蒙-费朗城发现他们的踪迹。

911年，维京人首领罗隆（Rollon）带领的远征军在对下塞纳区的"诺曼人"（北方人）的作战中崭露头角。糊涂王查理三世（Charles le Simple）签订条约放弃了这部分土地，因为他无力反抗。"诺曼人"就这样定居在这里。他们将这片土地作为作战基地，勇往无畏。他们劫掠并夺取了巴黎。

加洛林王朝的末路

尽管经历了遗产分割，加洛林王朝时期的欧洲保留了最大限度的同化。匈牙利人定居在东部，直达洛林；朝向西部，骄傲的维京人成为"诺曼人"。主教和教士从事他们的精神征服事业。对劫掠和航海感到厌倦，他们逐渐变文明，甚至信封基督教。

事实上，他们在稳定无望满目疮痍的欧洲版图上建立了一个新的国家。教皇试图在公元875年恢复秃头查理神圣罗马帝国皇帝的头衔，而后在881年恢复查理三世胖子查理（Charles Ⅲ le Gros，日耳曼人路易的儿子）的头衔，这一切都是徒然的。896年，胖子查理的侄子阿努尔夫（Arnulf de Carinthie）是这一头衔的最后一个拥有者。基督教世界的统一从未实现。"法兰西"、德国和意大利各自组建了彻底不同的王国。

国王们无力在他们的王国执掌秩序。那里的领主太过强大，完全不听从指挥。秃头查理早已确保了他们领地的继承权。这些领主通过在他们土地上具有战略意义的地点上修筑防御工事，即著名的"城寨"来保卫领土。防御便这样以地区为单位组织起来。防守工事也不再依附于国王。

在香槟省、勃艮第地区、佛兰德地区、阿基坦大区，领主独自掌控他们的领地。法兰克人的国王仅仅在自己的土地上，在自己的"地产"上可以称为国王。秃头查理的继承人路易二世口吃者路易（Louis le Bègue）、路易三世（Louis Ⅲ）和卡洛曼（Carloman）仅仅是无实权的小国王。

与诺曼人的对抗使得领主不得不介入皇家继承之中。倭德伯爵（Comte Eudes）保卫被围困的巴黎。他的英勇善战使得领主们决定拥立他为王，而加洛林王朝的法定继承者胖子查理似乎并不能与之对抗。倭德是强者罗贝尔（Robert le Fort）的儿子，在某种程度上是被其他领主推选，在法兰克人的传统下掌权。

不是所有的领主都持积极的意见。敌对的利益把他们划分成两个阵营：拥护倭德的"罗贝尔人士"因此同加洛林王朝的王族开战，一场残酷的战争使得领主们精疲力尽。最终，加洛林一支彻底毁灭。贵族聚集在努瓦永，拥立罗贝尔家族的于格（Hugues）为王，他是一位在俗的修道院院长。由于圣马丁的"斗篷"被存放于他主管的修道院中，因此于格有了"卡佩"这一别名[5]。以此为名的新的朝代诞生，即"卡佩王朝"。

加洛林王朝的过度举措在某个时间段曾使帝国恢复了原状，取而代之的是一个做事相对保守的卡佩王朝，它善意地将公爵和伯爵限制在各自领地的从属关系之中，由此诞生了真正意义上的"法兰西历史"。

1 蛮族越过莱茵河侵入罗马帝国始于406年12月31日。——译者注
2 恺撒为罗马帝国皇帝的头衔之一。在四帝共治时期，戴克里先（Dioclétien）正式将"恺撒"定义为"副帝"，是正帝头衔"奥古斯都"的副手和指定继承者。——译者注
3 古代生活在欧亚大陆的游牧民族，4世纪迁移至东欧并侵入东、西罗马帝国。18世纪以来多数学者认为匈人就是中国史书中的匈奴人，但两者是否存在血缘关系尚无定论，因此姑且使用"匈人"一词。——译者注
4 查理曼大帝时代，由一名教士、一名世俗人员组成，对地方当局进行监督。——译者注
5 法语中斗篷（Chape）和卡佩（Capet）相近。——译者注

第三章
北部的小国王和南部的巨人

在千禧年前后,法国被强大的领主控制。其中法兰西岛大区的领主既无影响力或威望,也无财富或权力,被限制在他那小的可怜的领地上。他却手握王牌,且能用尽其善:他是唯一一个被主教授圣加冕礼赋予精神权力的领主。他不仅仅是查理曼大帝受到限制的继承人,通过加冕仪式,他便犹如从天而降的以色列犹太国王。正如乔治·迪比(Georges Duby)的完美阐释:"封建社会从不曾能够做到一日无君;帝王在尘世间的存在和上帝无形的存在一样必要。基于此,所有这个时代的法兰西的君王所享有的威望和权力,相较于王国最强大的其他王族,都不可同日而语[1]。"

法兰西岛的小国王

理论上的封建君主

于格·卡佩（Hugues Capet，987—996）受举于其他领主，在兰斯行主教加冕礼，他是位于埃斯考河、索恩河以及罗讷河西部广大地区"杰出的"封建君主。这个呈线状地区东面的领域是著名的"帝国"。事实上，这位卡佩家族的首个国王仅仅作为一个领主拥有王室"产业"，即那份属于他自己的土地，而非作为国王。

在法兰西岛的南部，于格·卡佩掌控着博斯平原的一部分，从巴黎到埃唐普以及奥尔良的区域。在北部，他的地产触及桑利斯，西部到达普瓦西。在东面，他和香槟省的伯爵领地的界限为桑斯。国王还需要对地位低微的"男爵"的不受束缚的特点予以重视，他们否认他的威严。

王冠留存。于格并不了解它所带来的威望和价值。从987年开始，他在生前通过领主大会将儿子罗贝尔（未来的虔诚者罗贝尔二世，Robert le Pieux）任命为国王。该程序成为典型，且成为约定俗成的惯例：经过一代又一代人，它被卡佩王朝的王族认真地追随，被他们的封臣所遵从。

总之，国王由领主任命这一来源于法兰克的风俗传统，成为礼仪程序。996年，虔诚者罗贝尔毫不费力地继承了于格·卡佩的王位。难道他不是早已为王吗？从此之后王位不可再有空缺。王权成为一个原则，它不能被取缔或分享，即便是短暂性的，即便是为了解决继位问题：老王国驾崩，新国王万岁！

人们仍然需要一个国王。在位的国王必须有男性继承人（而非女性继承者)。虔诚者罗贝尔跟他的前两任妻子都不曾育有男婴,他将她们送走,迎娶了第三任妻子,育有四子。罗贝尔的长子即刻成为王位继承人。长子早夭,他的弟弟亨利(Henri)成为法定继承人。王后试图通过强大的封臣的帮助,将她钟爱的小儿子罗贝尔(Robert)推上王位,然而却徒劳无功。她的计划失败了,亨利一世(Henri Ier)登上王位,1027年至1060年在位。

亨利一世驾崩后留下了一个8岁的儿子,王朝处于朝不保夕的危险之中。值得庆幸的是,佛兰德地区的博杜安伯爵(Comte Beaudouin)和皇太后确立摄政权,菲利普一世(Philippe Ier)摄政至公元1108年。当菲利普一世的儿子路易六世(Louis VI le Gros)被指定为王位继承人的时候,仪式仅仅由领主欢呼喝彩,而非通过真正的选定。路易七世(Louis VII)也是如此。从此之后,卡佩王朝的王位继承便被惯例法所保障。"王储"由他的父王公开指定,兰斯大主教正式任命其当选,并且让聚集的封臣一致欢呼推选。在这样的情况下,法兰克王朝最大的软肋被克服。一个持久的国家的基础最终被奠定。

所罗门的后裔

主教授圣加冕礼仪式在王权的祝圣仪式中扮演着决定性的角色。卡佩王朝的王族不能以加洛林王朝王族的合法遗产继承人自居,因为他们实际上谋篡了王位。因此,他们坚持要维持授圣加冕礼仪式,这个仪式赋予了他们的登基典礼一份无与伦比的盛誉。11世纪,国王在兰斯用混合了高品质的香膏和圣油"敷圣油"。人们坚称此"神圣的香脂"来源于上帝本身:在克洛维一世受洗礼之时,一只鸽子把它带给圣雷米吉乌斯（Saint Remi）。超越加洛林王朝的王族，卡佩王朝的王族在君主政体的最古老神秘的传统中找寻他们王位正统性的基础。

远远超过查理曼大帝和克洛维一世，卡佩王朝的国王希望通过加冕礼成为所罗门的后裔和《旧约》的众王。他被庄严授予的这一宗教威信一下子就把法兰西国王和其他王族与封臣区分开来。此外，该宗教威信冲击了民众的想象。国王很快就有了能够创造圣迹、医治病患的名声。这个名声早在虔诚者路易执政时期就已存在，根据他的传记作者所写，路易以十字标记治愈伤口。他治疗盲人，如基督本人一样用圣水清洗病患的脸庞。从虔诚者罗贝尔到近代的初期，"会魔术的"国王能够治愈"颈淋巴结核"。再不曾有人能够质疑他们的精神力量。对于中世纪的精神状态来说，这个由上帝交接到国王手上的超自然能力，显然不是一个微不足道的奇迹。

权力的真实性

穿过罗讷河和默兹河，那个时代的游人意识到自己踏入了"法国"。而在外省的各处国王的威望形同虚设。在领地之外，卡佩王朝的国王不能使他颁布的法令受到遵从。

国王没有固定的居所。他住在巴黎或者奥尔良。他既没有政府也无固定的财政收入。他使用蛮力来震慑法兰西岛的"打劫的大贵族"，例如这位马尔勒的托马（Thomas de Marle），他在其库西的堡垒周围恐吓村民，胖子路易六世使他归顺。

然而，卡佩王朝的国王们慢慢地改善他们的统治。他们在其土地上承诺保护神职人员。他们周围有诸如絮热（Suger）这样充满智慧的高参，从经济回春的开端受益。水上航线、塞纳河、卢瓦尔河以及马恩河都对他们有利。北部的集市是通往佛兰德地区的必经之地。意大利商人又开始时常出入法兰西岛的集市。越来越多被开垦的博斯平原和布里地区久而久之为它们的卡佩王朝的主人带来财富，他们始终保持谨慎的管理者的姿态，而不像加洛林王族表现为挥霍的主人，终日做好割让财产的准备。卡佩王族想要给子孙留下比他们所拥有的更多的财富。他们已经有了资产阶级国王的举止。

从法兰克人到法国人

巴黎的小国王在外被看作"法国人的国王"。在欧洲，他不会错过任何能够以整个法兰西为名义的讲话机会。有时他的介入是大胆鲁莽的：接近千禧年的时候，卡佩国王在面对欧洲最强大的基督教国家神圣罗马帝国时，他竟敢要求收回查理曼大帝的遗产，表明对洛林地区的志在必得。与德国皇帝相反，胖子路易六世果断动员法国人。他有权这么做：在领主证明下的法兰西国王，在危急时刻是能够启用中世纪附庸随领主出征的义务服役制度的。他能够随心所欲地动用封臣集结的军队。在法兰克将领的传统中，还剩下军事首领和治安首领。1124年，在对"罗马皇帝和英国国王"的对抗中，路易六世成功地动员了贵族，然而却没有收到什么成效。国王的确可以采取威胁手段，但他无法开展下去，太多的势力使他的意愿搁浅。他仅仅在外交政策上运用了理论上的权力。他无法在各个国家发动大型战争，而欧洲在两个世纪之后被大战伤害得血肉模糊。

不久之后，卡佩王朝的王族决定定居在巴黎，为的是能够最终确立他们的威望。路易六世把圣但尼修道院看作是"王国的首脑"，他的儿子不得不在西岱岛的旧宫殿里居住，这里早前是虔诚者罗贝尔的府邸。在宫殿周围，宫廷的领主和参事命令修建坚不可破的王宫。自12世纪开始，王国首府的雏形就这样形成。卡佩王朝的王族手握的巴黎、圣但尼和兰斯这三个神秘的地点，很快得到了整个法国的敬重。

王国强大的封臣

"封建制度"

在"封建"制度的框架下，王族承认国王的权力。国王是至高无上的封建君主，能够在某些庄严的时刻召见各个领主，依照王国的利益对他们进行"咨询"。国王不能强制领主每日都听从派遣。在法国的土地上，权力通常是实行地方分权的：它隶属于掌管各个地区的领主，国王作为王国的最高领主，与他们的关系相当松弛。领主对国王有披甲效力的义务，在特殊的场合保持忠诚。此外的其他时间，各个领主在他们的地面上各自为王。

大领主到处筹集广袤的地产，在那里他们的权力几乎是绝对的，因为他们能够铸造货币、行使裁判权、征收赋税以及招募士兵。在卢瓦尔河北部，佛兰德地区和韦尔芒镇的伯爵远比法兰西国王富有。在王室土地的东面，卡佩王朝国王危险的邻居是香槟伯爵和勃艮第公爵。在西面，诺曼公爵、布列塔尼伯爵、曼恩省伯爵、安茹以及布卢瓦伯爵几乎是独立自主的。南部的大领主共同管理构成真正国家的广阔的土地：图卢兹和巴塞罗那的伯爵无视遥远的法国国王，加斯科涅和阿基坦的公爵跟他们图卢兹的邻居一样对"北方的蛮族"嗤之以鼻。

在千禧年之初，如果说仍旧存在着一个"法兰西王国"，那么真正的法国拥有多个君主,在实力关系的现实情况中,法兰西岛的君王是他们中最虚弱的那个。北方的领主、南方的伯爵和公爵的强大是封建制度发展的一个直接后果。

在不断的威胁和地方性的危险面前,在直到9世纪愈演愈烈的入侵面前,人口聚集到最近的领主周围,聚集到最能确保防御的领地周围。领主们出身于贵族家庭,他们的家族在过去的朝代中声名显赫。基于此,即使他们并未经历施圣加冕礼,他们也照样受到人民的敬重。在10世纪,这些贵族也许是地位非常低微的男爵,避世到各自带有防御工事的城堡中。早期由木头而非石块建造的城堡,越来越有控制一个"国家"的趋势(高卢古老的地区),越来越有独立于伯爵和公爵领地那些最强大的领主的趋势。在他们的土地上,"城堡主人"以君主的姿态示人:他们保护乡村居民,在危急时刻为他们在城堡中提供避难所。然而作为交换,掌控堡垒的家族要求农民履行封建的从属于领主的义务。因此,在两种家庭之间的区别即刻显现,在支配堡垒的"原生"家族中世代流传的土地产业和"动员令"(领主召集附庸出战的动员令),生来为了工作而非作战的平民家庭。在这两类人之外,在俗教士或者入修会教士这类宗教人士有权受到"骑士"的保护,而不必向他们缴纳赋税。各个"等级"组成的特权社会就这样在大众心理中树立威望。由此可以认为,在11世纪,社会的视野包含这样一种等级观念。封建制度确立。

自然而然地,地位低微的领主和地方的男爵不得不忍受各省强大领主有实效的封建君主权(与法国国王实行的形式上的封建君主权不同),这些大领主展现威力,强制实施权力。如果说大领主遵从惯例和地方的特权,那么他们却破坏了各个小城堡的自主,将其纳入自己的口袋。封建制度便由此处于以金字塔的形式重建的状态中，法国国王在名义上位于框架的顶端。高参絮热甚至将这个理论上的方案作为王国组建的蓝图。它是一个理想。

事实上，跟那些王族相比，国王仅仅掌握一件武器：作为封建君主，他能够介入遗产继承问题中。例如虔诚者罗贝尔得益于勃艮第公国王位继承的空缺，把自己的儿子扶植为继承人。因此，婚姻政策有一定的功效。1137年，强大的阿基坦公爵去世之际，路易六世将其儿子婚配给公爵的继承人阿基坦的埃莉诺（Aliénor d'Aquitaine），期望看到一个男婴的出生可以把公国纳入王国的版图。唉，路易七世抛弃了埃莉诺！1152年，他们的婚姻被宣判无效，埃莉诺投入了安茹公爵，即未来的英格兰国王亨利二世，短斗篷亨利（Henri Plantagenêt）的怀抱。

通过恰当的介入，在封建制度的内部，法国国王才有希望扩大领土来确立权威。他没有资源，此外也无意志来亲自削弱该体系。因此，王国的命运以婚姻、遗产继承、联姻和低就的婚姻赌注为条件。王国的命运与王族的境遇紧密联结。

诺曼底的远亲

诺曼底公爵是法兰西国王最强大的封臣之一，也是最危险的附庸之一。为了阻止劫掠河流上游的维京人，糊涂王查理三世在911年，在塞纳河下游安置了这些"北部之人"。这些人的首领成为领主，手握重地。诺曼底公国第一公爵罗洛（Rollon）促进商贸。这些原是教堂掠夺者的维京人改信基督教，成为表现良好的基督徒，他们修建修道院和教堂。1034年，人们甚至看见一位诺曼底公爵罗贝尔（Robert

第三章　北部的小国王和南部的巨人

前往圣地朝圣。

在这场远行之前，他将自己的私生子威廉（Guillaume）指定为公爵领地的继承人，他的儿子出生于他与法莱斯居民阿莱特（Arlette）一段短暂的关系中。公爵的合法子嗣理查一世（Richard Ier）、理查二世（Richard II）和理查三世（Richard III）因此处于被夺权的境地。罗贝尔不久在东方去世。诺曼底公国的战争爆发。

公国处于战争和无政府状态：势单力薄的诺曼底领主顷刻间回到了维京人的本能状态。他们再次独立，全体否认理查和威廉的家族，摒弃基督教。最后，厌倦了无休止的争吵和争斗，他们答应了理查二世的继承人勃艮第的居伊（Guy de Brionne ou Bourgogne）关于收回公爵领地的要求。

既无朋友也无支持的威廉在绝望之际，求助于他的封建君主法国国王。亨利一世（Henri Ier）召集军队，使得维京人落荒而逃。多亏了法兰西国王，重建和平的威廉公爵立刻为其公国修建堡垒，设立卡昂为都城，并在卡昂修建两所修道院。他迎娶了佛兰德的伯爵的女儿，成了比法国国王更富有的领主。亨利一世的军事介入丝毫没有给他自己带来益处。

不久之后，公国有了行政、固定的税收和预算，像一个真正的国家那样运行。在公国的各个地区，"子爵"代表了公爵。他们向公爵汇报情况，时常出入宫殿。同子爵一样，公爵亲自任命主教，教会因此对他忠诚。他在名为"锁子甲封地"的新型采地上安顿贵族家庭的幼子，他们向公爵提供服务。作为分配的一部分土地的回报，贵族家庭的幼子必须出资自行装备来履行每年到公国军队中服役40天的义务。公爵仔细提醒大领主履行对他应尽的随他出征的义务。因此，他手握一支强大的高效军队，不再需要求助于法兰西国王。

政治秩序的确立伴随着商业迅猛的发展。诺曼底人口激增。公国与北海附近的国家、西班牙，甚至地中海沿岸确立了海上往来。城市面积扩大，城市人口增长。

公国的独特的组织和繁荣使得公爵不能错过扩张政策。在公国的边界处，他与安茹的伯爵们发生冲突，他们控制曼恩河，在诺曼底边界上（阿朗松、贝莱姆和栋夫龙）建立具有有力防御手段的要塞。威廉公爵孤军奋战，很快夺取了这些要塞。1058年，在曼恩的伯爵去世后的几年之后，他最终得到了该省的臣从宣誓。

从目前来看，在布列塔尼人那里，他并没有如此的运气：为了在布列塔尼和诺曼底之间设立一个稳固的边境军区，1064年，威廉公爵率领一支远征军攻击布列塔尼，却在圣米歇尔峰陷入泥沼。然而，他不得不在征服英国中找寻补偿。法兰西国王强大的封臣就这样成了他的对手。作为诺曼底公爵和英国国王，通过一系列事件，威廉不久便成了首先是英国国王，其次是诺曼底公爵。

的确，对一个勇猛邻居的扩张感到惧怕的年轻法兰西国王，多次进行阴谋筹划来把诺曼底从英国王国中脱离。国王菲利普一世因此帮助他的儿子罗贝尔对抗纪尧姆。通过征服，诺曼底的领主们通常会得到芒什海峡之外的富饶土地。那些留在诺曼底的领主并没有他们自己的份额。他们易怒、烦躁、无纪律。威廉一世去世之际，他的领地被他的几个儿子瓜分：长子短袜罗贝尔（Robert Courteheuse）继承了诺曼底公爵爵位。小儿子红脸威廉，即威廉二世（Guillaume le Roux）承袭了王国。第三子亨利（Henri）被剥夺继承，他得到了金钱补偿。

不久之后，诺曼底的罗贝尔二世毫无疑问要求收回王国。他把威廉二世赶走。英国贵族利用他们兄弟之间的分裂和阴谋来重新独立。芒什海峡另一侧的英国处于无政府状态，而与此同时，同样分裂的诺曼底遭受了安茹公爵的袭击。此时此刻，西部已脱离险境，在那里法兰西国王不再有对手的威胁。

遥远的布列塔尼

对巴黎的法国人来说，布列塔尼恰似"世界尽头"。

始于5世纪，被入侵者从英国赶走的布列塔尼人抵达阿摩里卡[2]。在图尔的格列高利的时代，这个地区已经被称为布列塔尼亚。迁入者也许最先在北部和西部海岸繁衍生息，把瓦讷地区留给了当地的凯尔特人。在布列塔尼的中部和东部，阿摩里卡人受到定居在此的布列塔尼人的影响少之又少。他们长久地保持着罗马化的凯尔特面貌。从墨洛温王朝统治开始，布列塔尼化的布列塔尼便与凯尔特罗马化的布列塔尼相互对立，或者至少是有所不同的。

得益于修道院和诸如马洛（Malo）、保罗·奥勒利安（Pol Aurélien）、布里厄（Brieuc）、多尔的参孙（Samson de Dol）、特雷吉耶的杜格杜阿尔（Tugdual de Tréguier）等其他传教士，基督教首先得到了发展。

三个教区主导宗教生活：瓦讷、南特和雷恩教区。同时出于商业和宗教原因，雷恩人和南特人很自然地被墨洛温王朝吸引。克洛维不费吹灰之力就夺取了阿摩里卡的东部。雷恩的主教梅莱讷（Melaine）是高卢罗马人。他去参加全国主教大会，而对于南特的主教也是如此。在这个城市商人已经往英国售卖葡萄酒和食盐。

基督教接触到墨洛温王朝时期的法国，开始深入布列塔尼。然而，朝向西部的地区，加入联邦的布列塔尼人集中他们的族群，以结盟的形式形成多墨内王国，被公国围绕，例如瓦洛克公国，或者波埃公国以及康沃尔公国。布列塔尼人社会组织的基础是堂区或者"宗教团体"。堂区教堂的创办人是修道士或宗派首领。堂区以创办人的名字命名。

布列塔尼人的修道院、修道院院长和主教，与凯尔特罗马化的布列塔尼有往来。据图尔的格列高利称，布列塔尼的首领与墨洛温王朝的王族有密切的往来。其中最活跃的是瓦洛克（Waroc），他定居在莫尔比昂，统领船队，开采矿产。不久之后，他攻击由法兰克人防守的雷恩、南特和瓦讷市。我们能够理解为什么这些城市的主教要跟墨洛温王朝的王族保持密切的联系：他们总是害怕劫掠。在这个时代，法兰克人一路沿着边境省驻防，大致位于伊勒-维莱讷省、大西洋卢瓦尔省、曼恩-卢瓦尔省以及萨尔特省。

加洛林王朝统治期间，在矮子丕平于753年征服了瓦讷的伯爵领地之后，这个边境省不得不严加防守。法兰克人成了伯爵，或者像"英勇的"罗兰成为"布列塔尼边界的行政长官"。"行政长官"依靠的是瓦讷、南特和雷恩的"伯爵"。这个时代不断的介入表明了加洛林王朝的王族即便掌控着边境地区，他们也绝不是布列塔尼的主人。

秃头查理统治时期，一位"布列塔尼公爵"第一次展现了自己的实力。皇帝路易已经任命了某个名为诺米诺埃（Nominoé）为钦差，他出身于瓦讷。得益于加洛林王朝王族的争斗，诺米诺埃把布列塔尼纳入自己的权力范围之内。他的儿子把南特伯爵勒努（Renaud）打得落花流水。845年，诺米诺埃本人也战胜了秃头查理的军队。布列塔尼人最杰出的首领诺米诺埃被授予公爵称号。

秃头查理跟这位公爵言归于好。诺米诺埃因此感到自己是过去属于布列塔尼"边境省"的土地的主人；他统治三个大城市，不久之后便向加洛林王朝的土地派出远征军。通过直接恳愿教皇的受职式，而非通过图尔的大主教，他将不那么牢靠的主教调遣。布列塔尼的"公爵"和他的继承人最终的举止类似真正的王族。他们在出身于布列塔尼的贵族之间任命"伯爵"。他们以查理曼大帝的形式任命钦差，为的是监视新晋的伯爵，并时刻提醒他们公国封建君主的权力。他们征收赋税，招募军士。他们资助修道院和隐修院，承担起保护教会的责任。他们行使属于王室的权力。

他们到处鼓励修建教堂和礼拜堂，为的是加强乡下的改宗之事。为了修建和装饰教堂，最杰出的泥瓦工、雕刻家和屋面工来到了布列塔尼。勒东富丽堂皇的修道院拥有广阔的地产、盐田、磨坊和水道，四处召募艺术家和作家。作为文化的摇篮和宗教传播的温床，勒东的修道院在法兰西到处盛行的"布列塔尼民族复兴"事业中引起共鸣。布列塔尼的公爵命修道士撰写布列塔尼圣徒的生平，如马洛、盖诺雷（Guénolé）以及圣保罗·奥勒利安。修道士也抄写古代文献。

在此处与在别处一样，这次"复兴"被诺曼人的入侵破坏。在卢瓦尔河的三角港，诺曼人无孔不入。他们夺取了南特，抢劫了勒东。瓦讷伯爵阿兰（Alain）击败诺曼人，成为"布列塔尼人的国王"。他重新修建城市和被洗劫的教堂。907年，在他逝世后，入侵再次袭来。面对掠夺者，修道士和神甫逃走。

当法兰西国王把布列塔尼分封给罗洛时，布列塔尼并未处于和平时期，相反地，边界不停地爆发战争。南特落入诺曼底伯爵之手，雷恩和瓦讷面临威胁。布列塔尼"国王"的领土被重新界定。另一个难题接踵而至：阿兰二世、卷胡子阿兰（Alain Barbetorte）夺回南特，重新统一布列塔尼。附近的领主布卢瓦伯爵作弊者蒂博，即蒂博一世（Thibault le Tricheur）和安茹伯爵好人富尔克，即富尔克二世（Foulque le Bon）感知到布列塔尼的虚弱与分裂，觊觎该地区。他们了解到诺曼人介入雷恩省。每次发生继承问题的争端时，他们都争夺遗产。

最终，安茹伯爵亨利二世成为诺曼底公爵，他通过使自己的儿子若弗鲁瓦（Geoffroy）和布列塔尼年轻的康斯坦茨（Constance）联姻而得到了布列塔尼公国。因此，通过埃普特河畔圣克莱尔条约的出乎意料的后果，诺曼人控制了处于混乱状态的布列塔尼——一个此后脱离了法国影响的布列塔尼。对法兰西来说，风险是布列塔尼会成为异国的领土，也可能会成为敌手。

南部的领主

在南部，危机更加严峻。法兰西国王没能够介入布列塔尼的争夺战中。卢瓦尔河以南地区对他而言更加艰难。安茹和布卢瓦伯爵比他强大太多。更不要提还有图卢兹的各个伯爵，他们从877年开始，就已经不再承认王权。

在这个时期，图卢兹伯爵领地还远远不是整个南部的主人。巴塞罗那伯爵、鲁西永和昂普瑞伯爵以及奥弗涅和卡尔卡松伯爵共同治理阿基坦和塞蒂马尼亚（如今的朗格多克省）。这些领主无人把法兰西国王真正当作封建君主。

到了10世纪，伯爵和子爵之间的争斗异常凶残。正如布列塔尼那样，卢瓦尔河以南地区的奥克语区域混乱到了极点。当强大的修道院院长和主教，或者至少是那些无力防卫自己的土地和人民的修道院院长和主教不再行使权力，权力慢慢地分散到了小男爵和城堡主手中，他们扎根于各自的管理区域。图卢兹、卡尔卡松、纳博讷和尼姆这些大城市日渐衰落。出于安全的考量，这些城市的居民早已经搬走。

唯独教会保留了权威，甚至扩大了经济力量。他们的精神事业遭到了更大的限制：南部的修道士受到在北方开展的如火如荼的"加洛林文艺复兴"的影响少之又少，他们任由拉丁语的使用衰亡。一种源于拉丁语且混杂了地方土语的通俗语言——奥克语形成。到处使用它作为口语，有时作书面语。接近千禧年的时候，利穆赞的修道士用奥克语写就他的第一首诗歌。

从11世纪和12世纪开始，南部出现了新的短暂的势力。多亏了这些整合，城市文明比北方经历了一场更快更超前的复兴。

未来的图卢兹伯爵雷蒙德四世（Raimond Ⅳ）最早仅仅是圣吉尔-迪加尔的修道院庄园主。除了修道院，他从母亲那里继承的遗产只有些许产业，其中有罗讷河上的有权力的塔拉斯孔城堡。但是不久之后，他继承了鲁埃尔格远亲的遗产：下朗格多克的一大部分、鲁埃尔格和杰沃当。在有头衔的图卢兹伯爵吉尔姆四世（Guilhem Ⅳ）去世之际，雷蒙德在1085年抢占了他的遗产成为图卢兹伯爵，同时还是普罗旺斯侯爵和纳博讷公爵。因此，他成为南部最强大的领主之一，从加龙河到罗讷河，且远及普罗旺斯。

他不得不对抗巴塞罗那伯爵的敌对势力，以及阿尔比和尼姆子爵新生的势力。在第一次十字军东征期间，由于得到了教会强大的帮助，雷蒙德进驻耶路撒冷。他在的黎波里创立公国。1105年在他逝世之际，南部存在一个真正的国家，得益于陆路和海路贸易，它具备独特的行政、新生的文明以及迅猛发展的城市。

雷蒙德四世的继承人很快与阿基坦公爵和巴塞罗那伯爵发生冲突。雷德蒙最小的儿子阿方索（Alphonse）被称为"约旦"，因为在第一次十字军东征期间，他在约旦河中受洗，他并未成功重建公国。他的继承人雷蒙德五世（Raimond V）相比之下更幸运一些。放弃了图卢兹人对的黎波里和对东方基督教国家的幻想，雷蒙德五世向公国集中兵力，成功把公国变成某种意义上的相对自主的领主领地的联邦，同时承认领主的权威。相对的和平稳定维持了城市和乡村的繁荣。

从11世纪开始，在修道院范围内更多的土地被开垦，而后波及更大的区域。朗格多克的领主迫使撒拉逊海盗远离海岸，有时着手下朗格多克平原的排水工作。"山谷底部的冲积地"被耕种；盐田被开发。为了城市的供给，小麦的种植和畜牧业在高处的土地上发展起来。得益于食盐的开采、圣地亚哥-德孔波斯特拉的朝圣者以及与意大利城市日益密切的海上交流，贸易和工业迅猛发展。皮革、呢绒和燃料使得图卢兹、纳博讷和蒙彼利埃大量的家庭变得富有。人们开采银矿，使得伯爵铸币成为可能。在卡尔卡松、尼姆和圣吉尔，大型的集市被举办。在这个位于由西班牙通往意大利古路上的城市，圣徒奇迹般的力量吸引了朝圣者。意大利商人售卖东方产品，他们的经常出入确保了圣吉尔的商业财富，它经由一条罗讷河的支流与大海相连。从圣吉尔市开始，在朗格多克的海岸上，到处可见热那亚人和比萨人。

逐渐地，东部地区的财富蔓延到了公国的中心。在图卢兹，城市生活在11世纪得到了全面复兴。与尼姆、纳博讷、卡尔卡松和贝济耶相同，新兴的市镇和"市郊"补充到老城中心。老城在它们的围墙里衰落。新兴城市建立，如卡斯特尔、阿莱斯和博凯尔。11世纪末期，吉尔姆家族严密防守的蒙彼利埃开始住满了居民。人口增长异常迅猛：12世纪初，蒙彼利埃的城墙处已经庇护了6000个居民。

得益于领主赋予新来的居民的自主权，得益于商人和手工业者行会为其成员提供的庇护和特权，各处的人口都出现了增长。由于犹太团体往往在文献阅读、国际法、不同的文字以及记账方式等方面展现出精深的理解，所有的城市都欢迎他们的到来，他们通常被领主甚至是教会的管理部门所雇用。这些行政工作人员被称作"牧羊人"，他们负责领主庄园的管理工作，这些领地常常被遗产继承计谋无休止的分割。我们因此可以看到一个犹太"牧羊人"管理着集中了40个共同领主的领地，悉心分配他们的应得收入份额。

从12世纪初开始，伯爵领地的城市被执政官管理。阿维尼翁、阿尔勒、贝济耶、纳博讷和蒙彼利埃都有各自的执政官。他们首先被领主任命，然后根据繁杂的选举投票方式任职一年。图卢兹的市政长官"卡比杜尔"行使集体职权。他们往往以意大利市政府的方式行使裁决权、撰写法律作品。城市民主的雏形便如此在朗格多克发展起来，跟领主并未发生激烈的冲突（除了在卡尔卡松和蒙彼利埃）。

这些城市相对的自治伴随着引人入胜的文明的发展。一所远近闻名的"物理"学校在蒙彼利埃开办。教师普拉桑旦（Placentin）在一所罗马法大学任教。就读于这所大学起草法律文书的王室官员将成文法传播到各地。在所有的城市中，"游吟诗人"用奥克语书写诗歌。这场源于利穆赞的文学运动经由图卢兹和卡尔卡松传播至蒙彼利埃。第一本对《旧约全书》做犹太人传统神秘解释的作品《光明之书》[3]在朗格多克问世，它肩负着通过西班牙把犹太人神秘的思想传播至穆斯林世界的任务。接待外来人的罗马传统再次出现在图卢兹公国的宫

081

廷中。

在这个幸福的时代,艺术珍品的兴盛装点了城市和修道院。"罗曼"艺术的雕刻家使得孔克城的三角楣熠熠生辉,圣吉尔-迪加尔与穆瓦萨克亦如此。一种新兴的独特的艺术在圣吉扬莱代塞尔、圣马丁德龙德尔以及图卢兹的圣塞尔南蓬勃发展。

法兰西王国南部经济、商业和文化的发展标志着罗马世界的风俗传统的复苏:传统路线的交通再次活跃起来,例如巴塞罗那与马赛之间的道路。意大利航行以及与伊斯兰世界商贸的恢复为下朗格多克的城市和港口提供了便利,海滨的发展却并未给内地地区带来损失。相反地,纳博讷、尼姆、圣吉尔和蒙彼利埃的繁荣带动了图卢兹的复兴。由于经济和社会超前的发展,南部领主之间的竞争最终比北部更加互相均衡:在某种程度上,城市化现象、意大利式的城市致富把土地所有以及土地耕种的问题置于次要地位。从12世纪开始,下朗格多克的农奴消失。新的社会关系建立在金钱的基础之上,且源于富足,为了给它腾出位子,封建社会的联系减弱。

尽管经商路线早已创建了联系,这个新兴的社会几乎是在领主庄园和北部王国之外发展的。然而,纯洁派的异端邪说以及由此产生的分裂,无情地提醒着奥克语居民北部法国人的存在。

天主和平运动和十字军东征

在南部致富,接待犹太人、意大利人和游吟诗人的时候,11世纪的北部人民生活在焦虑和《启示录》的纠缠之中。根据乔治·迪比所描述,千禧年之际的土地上,到处都在对基督教追捧,但最为特殊的也许是北部的王国。1009年,当人们得知开罗的哈里发下令摧毁耶路撒冷的神圣的场所时，人们预料到太阳变成了从新月到上弦月之间的月亮，根据贤者的描述，它预示着世界末日。

在这样的集体恐慌面前，教会表现不佳，因为它被社会的全面衰落牵绊住了精力。主教和修道院院长修建领主领地，而当他们掌握领地权力时，他们自己便以领主自居。教士中地位最低微的成员做些农活，任由领主派遣。教会失去的不只灵魂，还有地位。

教会在大修道院的和睦中找回了灵魂。圣徒们发起创举，最终筹划了一场大型的洗身礼运动，即克吕尼的净礼运动。在圣维克托和马赛，修道院院长坚持为了教会的益处工作，坚决与教皇的俗权划清界限。在诺曼底的修道院中，院长沃尔皮亚诺的威廉（Guillaume de Volpiano）同其他教士一起重新树立规则，建立了一种新的教士制度的基础。克吕尼修道院直接依附于罗马的圣彼得大教堂，避开了领主们的滥用职权，加入这次运动中并起了带头作用。精力充沛且坚忍不拔的院长奥迪隆（Odilon）在奥弗涅和勃艮第创建分院，在通往朝圣的路上恢复现有秩序。所有倚仗克吕尼的分院和修道院都依附着奥迪隆，而不再依附主教。

秩序的发展异常迅速，到了1079年，法兰西国王腓力一世（Philippe Ier）在首都向克吕尼移交圣马丁代尚教堂的钥匙。修道士向上帝许下了贫修、贞洁的心愿，放弃时代的争斗，布讲"天主和平"。修道士对回归神圣的传播始于南部，深入阿基坦，通过阿尔勒直达朗格多克。集体大会汇聚了教士、贵族、富人和穷人。讲道者要求和平和秩序的回归，遗忘创伤和罪过。教堂和修道院将成为懊悔的罪人的避风港湾。

不论在城市还是在乡村，教会便这样选择站在穷苦之人的一方来对抗强权之人。然而，在这方面与意大利城市相似的南部各城住着一群惹事生非的平民，佛罗伦萨和热那亚的"小手艺人"。奇怪的是，倡导真正信仰的运动首先在北部形成，但在南部立即迎来了一次深得人心的成功，城市居民深受感动。在千禧年前后，"和平主教会议"在南部城市召开，尤其是在纳博讷城、阿基坦地区和罗讷河河谷地带。每个人都保证遵守"和平条约"。这次运动试图通过里昂到达北部，然而遭到了王族和领主的反对。他们认为这场运动维护贫苦人，有碍封建战争，因此是极其危险的。通过把遵照"天主和平"的个人许诺强加到王族和领主的身上，修道士和主教不得不劝服他们明理。

因此，1025年，博韦的主教撰写誓言书，由教士强加给吵闹的贵族：他们必须爱惜教堂和教会的财产，他们必须停止对乡村的劫掠和对普通大众的勒索。1054年，人们在纳博讷宣告所有对基督徒的攻击行为都系犯罪。通过将誓言强加给激愤的北部大贵族，教会实际上是在为王子和国王的最高权威服务。教会帮助修复了社会动乱威胁下的等级制度。通过介入骑士授勋仪式（授予新骑士兵器和盔甲的仪式），教会成功地把"上帝治世"强加于骑士阶级，禁止他们在某段时间使用武力。教会因此限制了战争行动，维护了社会和平稳定。在新生的基督教社会，教会是最重要的特权阶级。

使这次行动实现的是十字军东征。具体涉及在教会协调的大型运动中，将人民的信仰和骑士的作战热情统一起来。完全取得成功。

道路被朝圣传统开辟。圣地亚哥-德孔波斯特拉、罗马的圣彼得大教堂和耶路撒冷的圣地成为同样的旅行目的地。的确，通往西班牙或者意大利的道路上散落着众多驿站，除了陷入大路上的盗贼的圈套而丢失了钱财，这条道路对朝圣者来说并不危险。然而，经由基督教的匈牙利和拜占庭帝国通向东方的道路,一旦到了穆斯林的土地变得充满荆棘。为了应付袭击,骑士通常习惯于携兵器前往。如果发生这种情况,他们就会意识到是在"为了上帝"而战。他们已然是"东征的十字军"。

通过把骑士阶级带到十字军东征的行列,使他们远离内战,教会扮演着将会引发政治后果的社会角色。它筹备了君主制国家对封建制国家的重新掌管。从此之后,贵族不能不计后果地发动任何战争。任何战争都必须符合教会的准则,都要经由教士同意。教士因此确保了他们自己掌握的宗教权力,它凌驾于自从查理曼大帝时代便失去了自身使命的俗世权力。12世纪和13世纪期间,在欧洲和法国即将受到重大动荡影响的前夕,长时间被变化不定打压得虚弱无力的教会寻回了效力。

1 《法国历史》,拉鲁斯出版,1973年,第一卷,第258页。
2 布列塔尼古称。——译者注
3 Sefer HaBahir又称《光明之书》(*Livre de la Clarté*)问世于12世纪。——译者注

第四章

卡佩王朝的大家族

1180年至1328年间，三个伟大的国王统治着法国：腓力二世·奥古斯都（Philippe Ⅱ Auguste）、圣人路易九世（Saint Louis）和美男子腓力四世（Philippe Ⅳ le Bel）。他们懂得如何让王国上下尊重他们的权威，把自己的影响带至更远的欧洲以及世界各处。然而，始于12世纪初，如果没有难以置信的腾飞来涉及法兰西的各个领域以及欧洲西北部的其他地方，他们的事业便不可能完成。

欧洲的新起点

在《启示录》预测的诸多预言之后，11世纪的欧洲逐渐地惊讶地发现，世界从未像现在这般存在过，且人民生活得更好了。接替苦难预言的是11世纪的新人类，他们是一切的创建者，还给了欧洲积极性和信任。

物质的发展

所有的历史学家在这一点上达成共识：11世纪，法兰西充满了人口。饥荒和鼠疫极少发生，死亡率下降，出生率上升。在乡下，不难看到育有10个或者15个孩子的家庭。乡村变成了重要的市镇，小村庄的数量增加，城市变大。

农业的繁盛是以上发展的原因，持续机械的进步（水磨和各类铁制工具）使得供给消费的食物的质量的提高成为可能。然而，决定性的发展来自对荒地、沼泽和森林这些新开发的土地的征服。北部"还未进入工业文明的城市"，南部"小镇"以及被称作"已清理的采伐迹地"的小村庄被分给拓荒者，他们与领主签订有利的协议，是新近安顿下来的隶农。这些"宿客"支付给领主越来越多的租金，而不再像过去的"乡巴佬"那样送交一部分收成。因此，乡村的致富是可能的，且农业产量受其影响。

至今仍埋藏在地下的货币，在各处与贸易的流通密不可分。朝圣的道路早已经促进了贸易和交流。意大利、佛兰德和加泰罗尼亚的商人在国土上来来去去，出入各个集市和市场。他们不仅售卖来自东方的产品，也有出产于欧洲、西班牙和北部的呢绒和武器。为了付账，领主熔化珠宝，铸造货币。他们在新铺设的道路上增收通行税，甚至为了取得钱财也在河道上征收此税。法兰西再次进入货币流通的时代。

在通往佛兰德的道路上，有拉尼絮马恩、圣但尼平原上、奥布河畔巴尔、特鲁瓦和普罗万的集市；商人的集会每年在领主的保护下召开一次，每次持续至少六个礼拜，被安置在城市城墙根底下。商人果断定居在城市中最活跃的地方，因为王国内的城市人口在不断增长。夏特尔、第戎、鲁昂和亚眠人满为患，必须加高城墙来庇护新到的居民。除商人和游人之外，城市实际上还消化了处于高度膨胀的乡村的过剩人口。过去的农奴生活在城市里，操持起了手工业。棚铺和店铺沿着街道林立。诺曼底的卡昂和卢瓦尔河河谷的图尔是非常活跃的商业中心。在巴黎，屠夫、面包师和营养师与缩绒艺人、锁匠、珠宝师以及其他受到保护的行会最终成为一个资产阶级团体。这些"资产阶级"从领主那里获得司法、税务和治安保障，在王国的很多城市中组成"集社"。

由于一次和平斗争，集社并不总是被承认。资产阶级反对领主的暴动时有发生，例如1112年在拉昂城，不久之后在兰斯。在北部地区，佛兰德的集社很快就取得了自治。当王权越近的时候，自治便更加虚弱，或者在面对公爵权力的时候，例如诺曼底。整个王国没有等同于奥克语地区的"执政官"的和平组织的机构。在北部，城市的自由需要时常通过武力取得，也就是说通过反抗王族的居民的暴动。

宗教的发展

法兰西教会的一切演变都把领主的世界推至十字军东征，推至基督教徒之间的全面和解。教皇乌尔班二世（Urbain Ⅱ）亲自劝说克莱蒙（Clermont）加入第一次十字军东征。的确，法兰西国王腓力一世并没有参加东征，但是他委派他的兄弟韦芒的于格（Hugues de Vermandois）为代表。当王子和领主意识到在东方他们可以取得荣耀征服领土时，他们大量加入东征。1146年在韦兹莱，圣贝尔纳（Saint

Bernard）为第二次十字军东征讲道。国王路易七世（Louis Ⅶ）手握十字架。东征的十字军完全没有取得成功吗？这不重要。事实证明了新的信仰能够把整个法兰西骑士阶级拖到十字军东征运动中。

事实上，深层次的重许誓愿紧紧伴随着克吕尼的运动。西都修道院院长莫莱斯姆的罗伯特（Robert de Molesme）完整地应用本笃会的会祖圣本笃（Saint Benoît）制定的规条和圣奥古斯丁（Saint Augustin）的教义，来取得更加纯净更加朴实的宗教生活。新的西都修道会的教条由西都修道院传播至整个基督世界。修道士的贫修成为绝对。修道院接待平民教友、"勤杂教徒"，重视体力劳动。他们修建漂亮的哥特式修道院，真正的"石制祈祷文"，没有装饰篇章，也没有"圣像"。克莱尔沃的修道院院长圣贝尔纳掌管圣会的命运，为它在世界上取得了极大的声誉。这次运动符合法兰西岛上伫立的大教堂的修建。在巴黎，圣母院的大殿需要在1180年完工。因此，新的信仰有了其坚固的、雄伟的和朴实的框架，垂直的线条被巨大的玻璃窗和透过蔷薇圆花若隐若现的光线装点，在那里掌控着一切。

文明最终抵达北部王国的大大小小的王宫。"谦恭的爱慕"、最初的骑士阶级的"传奇故事"和武功诗的受众，是那些经过百年的宗教斗争，心灵被怜悯、虔诚所充满，敬重、仰慕、倾慕友情的居民，而非被疯狂的激情所引起的复杂细腻的情感所渗透的居民。一种新的精神状态出现在城堡中——那些因远赴十字军东征而缺少了领主们的城堡中。女士们和诗人、新入会的教士使得社交生活更加轻松惬意，使得各种观点更易交流。这些思想观点与财产一样，从容地在欧洲流转。

1180年的法兰西要比其他任何国家深受宗教新的影响。卡佩王朝的王族和教皇之间的友谊、法兰西教职人员的积极性以及前几次十字军东征领主的参加，在腓力二世登基的节点，为期间受金雀花王朝统治威胁的君主政体带来了光辉。卡佩王朝的王族重新确立了秩序与和平。他们并未扼杀王国强大的封臣。

卡佩王朝与英格兰金雀花王朝的较量

一个激进的君主政体

1180年，超过一半的法兰西领土都被一个新的帝国吞并，即亨利二世的金雀花王朝。1151年，他继承了安茹、图赖讷、曼恩和诺曼底公国。从1152年开始，他掌管妻子阿基坦的埃莉诺继承的土地。1153年，他于英格兰被公认为王位继承人，而后第二年登基。亨利二世执政到1189年，掌控着法兰西王国整个西部地区和比利牛斯山的高地区。他攻占了奥弗涅、布列塔尼、普瓦图和利穆赞。在卡佩王朝王族的眼皮子底下，他在法兰西王国的地界上雕琢出一个帝国。

路易七世的继承人腓力二世被局限在一片狭窄的土地上，在他强大的敌手面前，他显得贫困交加。然而，通过联姻、占领和结盟，依附于佛兰德地区的王子们，他将王国的土地扩充到北部。他是诡诈有毅力的，成功从妻子、佛兰德伯爵的外甥女埃诺的伊莎贝拉（Isabelle de Hainaut）手里取得阿图瓦。紧接着，腓力二世对佛兰德伯爵宣战，着手征服盛产小麦的韦尔芒和亚眠地区。他再次对香槟的伯爵表明立场。有待与金雀花王朝较量。

腓力二世首先得益于亨利二世和他的儿子理查之间的家庭纠纷。腓力二世支持对他效忠的理查，发动远征军来从亨利手中夺取贝里和奥弗涅地区（公元1188年）。得到了理查的帮助后，他又夺取了卢瓦尔河河谷地带。亨利二世大败，被杀死。

被称为"狮心王"的理查成为英格兰国王理查一世（Richard Ⅰ），跟他的同谋者腓力二世共同奔赴第三次十字军东征（1190年）。在东方太阳的照耀下，他们争分夺秒成为最可怕的敌人。理查嫉妒腓力的军队在圣城阿卡取得的胜利。耶路撒冷王国的继承使他们最终决裂。腓力二世决定尽快返回法兰西（1191年12月），而此时未得到战利品瓜分的理查滞留在巴勒斯坦。然而数月之后，他不得不重新登船离开。他运气不好：他被暴风雨抛置在达尔马提亚的岸边，被一个奥地利的公爵抓获，而后被送交到神圣罗马帝国皇帝亨利六世（Henri Ⅳ）的手中。

对于腓力二世来说，这是个意外收获的运气。他与对他双手奉上诺曼王朝要塞的理查之弟约翰（Jean）秘密勾结。他向神圣罗马帝国皇帝许诺一笔巨款来尽可能长时间囚禁理查一世。然而，理查在1194年成功抽身。不久之后，他酝酿战争。

布汶战役的胜利

狮心王理查首先在塞纳河上修建雄伟险峻的"加亚尔城堡"，以此诺曼底的要害之地来阻挡敌军的通行。然后他又往贝里、图赖讷和利穆赞派遣远征军，在这些地区他始终占据有利地位。然而，他在利穆赞围攻沙吕斯堡时负伤而亡，却还在想着处罚顽固的封臣。

无地王约翰与腓力二世和解。他们签署古雷条约，将威克森的诺曼底部分、埃夫勒地区、奥弗涅和贝里的属地让与法兰西王国（1200年）。约翰的侄女卡斯蒂利亚的布兰卡（Blanche de Castille）嫁给腓力二世的儿子王位继承人路易，即未来的路易八世（Louis Ⅷ）。这代表着和平吗？

腓力的野心远不止于此：他协助狮心王理查的侄子阿尔蒂尔（Arthur）对抗约翰，正如他此前协助约翰对抗理查，协助理查对抗亨利二世。约翰恐慌，因为昂古莱姆的伯爵刚刚把女儿许婚给马尔什伯爵吕济尼昂的于格十世（Hugues de Lusignan）。如果这段婚姻最终实现，英格兰王国在诺曼底的领土将会面临与他们阿基坦的广袤土地割裂开来的状况：聚集在一起的马尔什和昂古莱姆公国威胁了安茹帝国的团结。无论如何也决不能放弃"普瓦图的门槛"。

约翰立刻向昂古莱姆伯爵表示渴望迎娶他的女儿。伯爵不得不接受。盛怒之下，于格十世求助于他的封建君主法兰西国王。对腓力二世来说，这是一次梦寐以求的介入机会。

根据封建惯例，腓力二世决定把他的英格兰封臣"传唤到法兰西王国宫廷"，剥夺其在法兰西的领地，再分封给阿尔蒂尔。阿尔蒂尔因此成为法兰西国王的封臣，领地包括布列塔尼、安茹、曼恩、图赖讷以及同样被他觊觎的普瓦图地区。腓力保留了离王国领土较近且较好掌控的诺曼底。

这些令人愉悦的兼并和转归仅仅是纸上协议，必须将它实现。腓力负责征服诺曼底。阿尔蒂尔负责剩下的地区。

然而，约翰击败阿尔蒂尔的军队，将其囚禁。他被绞死在鲁昂的塔楼上。法兰西国王失去了他年轻的同盟者。

腓力对这次事件加以政治化的应用。他召集了他的封臣，向他们展示英格兰人对法兰西土地罪恶的可耻的侵扰。他用言语攻击约翰，后者无反应。性格上不坚定的英格兰国王约翰简直是疯了，他竟然无动于衷。腓力不久夺取了一个又一个诺曼底堡垒，尤其是在1204年，攻占了令人畏惧的加亚尔城堡。然后，他征服了安茹、曼恩、图赖讷，甚至是布列塔尼。公元1206年，约翰签署休战协议，他在法兰西王国仅仅占有奎恩行省。

腓力二世奥古斯都与无地王约翰之间的对抗在几年之后的1214年有了最终的结果。准备报复的约翰在欧洲找到了一些受到腓力的辉煌困扰不能安心入眠的君王：神圣罗马帝国皇帝奥托一世（Otton Ier）、布洛涅伯爵（Comte de Boulogne）以及佛兰德伯爵（Comte des Flandres）。战争再次爆发。

无地王约翰率领的英格兰人轻易就逃跑了。然而，腓力二世这次面对的是一支位于北部边境线上的人数众多的军队。1214年7月，战役在布汶打响，被强大的步兵支队威胁的腓力把奥托打下阵来。

腓力二世的确战胜了奥托一世：他的儿子路易击溃英格兰军队，一直追击到伦敦。他毫不费力地占领了伦敦城。兵败而回的德国人承认法兰西国王的征服。佛兰德伯爵费尔南（Ferrand）成为阶下囚，被带到巴黎，正如从前高卢部落首领韦辛格托里克斯被带到罗马那样。这样的囚犯装点了国王的胜利。被囚禁到卢浮宫，费尔南不得不放弃他的国家，交由卡佩王朝的王族治理。腓力有那么一刻曾想登基成为英格兰国王。造反的男爵求助于他来对抗无地王约翰。然而，1216年约翰去世后，教皇英诺森三世（Innocent III）介入，为的是将王位传给约翰的法定继承人亨利三世（Henri III）。

腓力二世奥古斯都统治下的法兰西王国

社会的发展和战争的胜利使得卡佩王朝战胜了安茹帝国。治理有序的法兰西王国财政收入富足，且拥有一支牢靠的军队，它在欧洲大陆上建功立业，动摇神圣罗马帝国的势力。腓力二世与默朗的阿格尼丝（Agnès de Méran）缔结第三段婚姻，育有一子。他的第一段婚姻的长子、苍白的路易不需要在他父王生前就被提前加冕为王。卡佩王朝从此之后已经足够强大到不再需要这个仪式。

物产富饶的支配

从此以后，归并了北部平原的法兰西王国向西达到英格兰人放弃的富饶的诺曼底土地。面对着芒什海峡的一面是广阔的海岸，海上贸易发达。商船不停顿地在卢瓦尔河以及塞纳河上通行。被坚固的城墙包围着的巴黎和富产纺织原料的佛兰德地区，缔结定期的贸易往来。

为了商人和中产阶级的利益，腓力国王增加了他们的特权。他鼓励乡镇的自由解放而不是限制：例如普瓦图、肖蒙和蓬图瓦兹的中产阶级成为"自由资产阶级"。

国际贸易的发展促进了沿着大陆迁移的城市化：一方面是巴黎去往佛兰德和鲁昂的道路，另一方面是起自马赛、圣吉尔、阿尔勒和博凯尔的道路沿着罗讷河、索恩河以及塞纳河北上，朝向巴黎汇合。因此，法兰西的领土使得佛兰德地区和意大利的往来成为可能，成了不间断的贸易、交流的地点。到处可以看到东方的产品、西班牙的皮革、武器和香料与佛兰德地区的呢绒、北部的皮货，甚至是已经非常活跃的巴黎手工制品互易。

大量来自东方和伊斯兰世界的货币引起了所有物品的涨价,尤其是农产品,也引发了农民付给领主租金的货币的贬值。这些一锤子买卖定价的租金实际上不会被再次估价。农民因此从农产品价格的上涨中获利。他们的生活条件慢慢得到改善。为了找到能够满足自己的必需的金钱,领主从未如此不遗余力地使过去以实物支付租金的方式转换为以货币支付。农民接受了这些契约。他们从长远来看是赢家,且通过往城市里售卖农产品,他们自己也融入了资金的流动。他们中的一些人已经开始"存钱",而法国人古老的储藏金子的习惯也许来源于这些最早的富农,在腓力二世杰出的执政期间他们是"当地最受女人青睐的人"。国王设身处地地尽力鼓励农民,正如他鼓励渴望摆脱领主控制的城市中产阶级一样。基于此,王国在长期打压它的封建世界面前站稳了脚跟。国王支持商人,反之商人拥护国王,这种情形在巴黎更为常见。

作为管理者的国王

全面致富迅速为王国带来益处。卡佩王朝早期的宫廷雇用了一定数量的官吏,他们的职务很模糊。然而,他们中的一些人能够扮演一个政治角色,例如负责管理军队和地产宫廷总管,抑或掌玺大臣。

腓力二世蔑视这些"大官员",并且不再任命这些早已消失了的职位。1223年,他破例任命了一个新的掌玺大臣,但这是对一个忠心的仆人盖兰修士(Frère Guérin)的恩典。虽然他并没有明确的"掌玺大臣"的头衔,但他有更庄重的名字——"掌管王室印玺者"。宫廷总管的工作被分派给些许官员,其中最微不足道的工作是诸如王室车马总管和司酒官之类。宫廷内部的服务工作被委托给"国王宫殿"的王室成员。

国王在其"国会"行使裁决权。腓力早已决定如果被审判的诉讼案件不直接跟大领主相关，便把他们排除在司法之外，然而他们却是国会的法令成员。国王一心想要那些熟知法律的议员上交保留给自己的司法权。国会选址在巴黎的西岱岛上。国王可以对整个王国的诉讼案件上诉审理，包括大封臣领地的法庭的案件。国库栖身在丹普尔宫的城堡主塔，国王的宫廷成员每年前往一次来核对所有官员的帐目。在这样一个机构中我们可以看到现代审计法院的雏形，它具有财政预算的职能。

当地的管理被委派给腓力二世奥古斯都新创立的官员——代表国王或领主执法的大官员。他们监管国王的司法行政官吏，这些地方领地的官员负责征收赋税，并从中谋得巨大利益。他们定居在王国各行省来代表国王。不久之后，代表国王或领主执法的大法官的辖区成为真正的行政区域划分。他们需要帮助稳定依靠英格兰人征服的领土，那些位于中部和东部的行省。最为重要的是他们要与王室紧密联系。这些大官员来自北部的小封建阶层中的贵族。国王来任命和付薪劳，并且有权对他们进行解职。大官员机构标志了法兰西岛上国王的首要意愿，即建立一个中央集权王国。

这些大官员是国王在行省内真正的代表。他们拥有财政权力和司法权。对于领主领地法庭审判的诉讼案件而言，大官员的辖区是上诉司法机关。因此，国王的司法权能够声称领导了，或者说是代替了领主的司法权。当有人抱怨对公国或伯爵领地的裁决不满时，他不必前往巴黎来上诉，他只需要去觐见大法官就足够了。

法兰西国王在其领地地位低微的贵族中间找到了虔诚的仆人。然而他仍要支付酬金。文职官员、军队、治安人员和司法部门的薪资数额庞大。国王以封建君主的身份对贵族的遗产继承征收赋税（领地继承税）。每当战争爆发时，他便开始对教会和富有的犹太人团体征税，对人民征收专门的赋税，即人头税和间接税。以上税收所得的收入汇聚在国库，被看守在巴黎丹普尔宫的城堡主塔。国王最终通过政治为自己谋得了资金。

征服南方领土

纯洁派的异端邪说在近50年间拉拢了图卢兹伯爵的臣民，对法兰西国王来说是一次决定性的介入机会，以使北部大贵族被带至南方的肥沃土地，使得他们的归附成为可能。

纯洁派成员（源自希腊语中的"纯洁"一词）信奉道德、信念和宗教信仰的真正的净化。他们认为罗马教会是放荡的，其教义是罪恶的，坚持人类的救赎必须从苦行中获得，只有禁欲才能使人类摆脱恶，因为整个世界都充斥着邪恶和欲念。只有少数人能够幸免于邪恶的支配，天堂的大门为遵守教规的人敞开，为那些追随禁欲生活训诫的人而敞开。这些人由"完人"带领，后者在生前是罕见的受精神施洗的当选者，这一圣礼使善行精神进入信徒的灵魂中。这些"完人"是中产阶级、贵族，有时候是牧师，甚至是村民。他们以他们的方式组织信徒团体，到处创立纯洁派教区，不承认教皇的主教。

教区建立在阿尔比、图卢兹和卡尔卡松。人们称纯洁派信徒为阿尔比人，因为阿尔比城对他们而言是个精神中心。他们召开宗教大会，每个团体之间都保持着持久的联系。某些"完人"享有盛誉，例如图卢兹主教卡斯特尔的吉尔德贝（Guilabert de Castres）。他们认为上帝作为善行精神不会创造邪恶，因此纯洁派教徒将其归咎于撒旦的化身恶的神灵。他们因此陷入了异端的状态，与把上帝为一切之源的基督教教义相反。

教皇英诺森三世首先试图规劝这些异教徒。圣贝尔纳和西都会修士被紧急派遣到现场。不久之后，多明我（Saint Dominique）在图卢兹罗马主教富尔克的帮助下，再次试图与异教学说对抗。他为改宗的纯洁派女修士修建女修院。他建立多明我会修士的修会，他们身穿带帽黑色斗篷。这些"黑衣修士"许下贫修誓愿，献身教育。1221年，多明我去世之际已经修建起60多个修会。然而，这项创举并未能动摇受到图卢兹伯爵雷蒙六世（Raymond Ⅵ）保护的纯洁派教会。教皇特使卡斯泰尔诺的皮埃尔（Pierre de Castelnau）严厉责备雷蒙六世对异教的支援，将他驱逐出教。

人们立刻怪罪于教皇特使。皮埃尔在1208年被谋杀。教皇必须有所作为。

他把图卢兹伯爵领地"置于陷阱之中"。任何一个袭击者都有充分的理由将其攻占。这些地产被公开声明得到了公正的占领。与此同时，教皇邀请法兰西国王和北部各领主参加十字军东征，因为他深知国王对征服的贪欲。

腓力二世自愿冒险。较之于骑士军团，他更偏爱军事远征军。他厌恶骑士对敌对的全体居民发起进攻。然而，他利用这次远征来重申他在"置于陷阱之中的"图卢兹伯爵领地的封建君主权。觊觎南部土地，受到掠夺诱惑的北部的男爵和骑士收到西都修道院院长阿尔诺·阿马拉里克（Arnaud Amalric）的召唤，他们动身前往里昂。

第四章 卡佩王朝的大家族

1209年，贝济耶被围困、攻占和洗劫。全城人口遭到灭绝。北方人占领了所有他们发起攻击的城市。在围攻卡尔卡松时，西蒙·德·蒙福尔（Simon V de Montfort）由于勇猛作战而从众多将领中脱颖而出。他成为"东征十字军"的首领，带领将士洗劫一座又一座城堡。图卢兹立刻危在旦夕。

在北部大贵族的劫掠面前，南部的王族团结一致来共同抵抗敌人的侵犯。阿拉贡国王佩德罗二世（Pierre Ⅱ d'Aragon）前去帮助雷蒙六世。他们在距离图卢兹城不远的米雷城会合，奥克语地区的居民被消灭。1215年，西蒙·德·蒙福尔进入纯洁派的首府。教皇立刻奉上被驱逐出教的图卢兹伯爵的地产。

这下子蒙福尔成了大贵族！他毫不犹豫地把图卢兹和周边地区一切值钱的物件洗劫一空。然而，他担心掌管如此强盛的领地而不臣服于法兰西国王带来的隐患，当时国王的继承人路易已前往十字军东征。劫掠者西蒙向腓力二世宣誓效忠，后者却避免出现在朗格多克。

尽管如此，朗格多克居民争分夺秒地全体出动来反抗新的占领者。顽强抵抗的蒙福尔最终倒在了图卢兹的城墙底下。他的儿子亚莫里（Amaury）困守卡尔卡松，在那里向法兰西国王求救。作为回报，他承诺放弃父亲的遗产。腓力二世再一次斩钉截铁地拒绝。国王无论如何不想在朗格多克以身犯险。他不能冒险把王国留给英格兰人的新举动。

腓力二世的继承人路易八世才是那个须要集中南部土地，却不必冒巨大的风险之人。效仿腓力二世的谨慎，路易等待着雷蒙七世（Raymond Ⅶ）正式被驱逐出教（1225年），然后把封臣聚集起来商讨派遣远征军事宜。得到了封臣的同意和支持，路易经由罗讷河河谷

099

前往南部。作为阿维尼翁的主人，路易通过阿尔勒和塔拉斯孔抵达朗格多克，征服了那里的城镇。

这次远征却拖垮了路易八世。重病的路易不得不放弃围攻图卢兹，在返程的途中逝世。他的宫廷总管博热的翁贝托（Humbert V de Beaujeu）留在当地毁坏伯爵领地，迫使雷蒙七世和解。

这是一次苛刻的和解：雷蒙保留图卢兹和阿尔比，却要将阿热奈、鲁埃尔格以及凯尔西作为女儿嫁给国王的弟弟普瓦捷的阿方索（Alphonse de Poitiers）的嫁妆。假若未婚妻没有直接继承人，这些嫁妆就属于国王。教会的领地吞并了普罗旺斯大省，法兰西国王成为征服地区——博凯尔和卡尔卡松地区——的主人。雷蒙七世宣誓保证将会对纯洁派穷追不舍，捍卫罗马教会。1229年，雷蒙七世赤裸双脚身着白衬衣，在巴黎圣母院当众认罪。

从1223年开始，得益于宗教裁判所的法庭到处竖立的施火刑的柴堆，多明我会修士自由地在公国进行打压异教徒的行动。一旦王族的抵抗被镇压，剩下需要解决的是人民的抵抗，后者一直反抗到1244年蒙特塞居的火刑事件。在如此多的暴行面前，异端邪说消亡，奥克语地区的独立时代也就此完结。

当雷蒙七世在1249年去世时，他的女儿让娜（Jeanne）并无子嗣。图卢兹封地因此属于法兰西国王。伴随着南部土地的征服，腓力二世的事业完满收官：卡佩王朝成为欧洲大陆上首屈一指的强国。北部的狭小法兰西征服了南部富强的领地。

圣路易的两副面孔

神圣的国王

1226年，路易八世过早地去世，别名圣路易的路易九世（Louis Ⅸ）登基为王，由前人的征战中继承了一份更加集中管理更加完善的王室地产，却只保留了诺曼底作为自己的领地。剩余的地方分封给封臣。的确，"不取悦任何人的"法兰西国王从此之后被大大小小的封臣效忠。伦敦的人民惧怕他，罗马人景仰他，神圣罗马帝国嫉妒他。

路易九世登上王位时年仅11岁。他的叔父们手握富饶的封地：克莱蒙的菲利普·于列贝尔（Philippe Hurepel）的布洛涅公国、罗贝尔的阿图瓦公国、约翰的安茹和曼恩公国以及阿方索的普瓦捷和奥弗涅公国。非常虔诚的王太后卡斯蒂利亚的布兰卡摄政。

路易九世需要花费大量的力气来控制亲王和大贵族，他们自从国王登基以来，聚集到布洛涅伯爵的麾下，拒绝承认王太后的王权。这些领主对于受到一个女人的统治而心存不满。

王太后布兰卡让他们一个接一个泄气，打消了他们顽强抵抗的念头。她深谙在必要的时候较量，击败了跟英国人结盟反对她的香槟伯爵和布列塔尼公爵佩德罗·默克莱尔（Pierre Ier Mauclerc）。她将普罗旺斯的玛格丽特（Marguerite de Provence）指婚给路易九世。

时值成年的路易九世避免将一个展示了明显能力的女人排斥在权力之外，布兰卡继续统筹事务。与此同时，1241年，国王亲自出发镇压马尔什伯爵的暴动，后者也求助于英格兰国王。路易九世在桑特城击败了一支英格兰国王亨利三世（Henri Ⅲ）派出的军队。

在西部感染上的疟疾还未治愈的情况下，路易回到巴黎告知王太后他将要出发参加十字军东征。此次远征的目的是把耶路撒冷从土耳其人的手中夺回（1244年）。国王的军队抵达艾格莫尔特，登船前往东方。

第七次十字军东征的结果是毁灭性的：瞄准埃及的路易的军队在达米埃塔港口登陆，并于1249年占领此地。他本该等待尼罗河水位下降再出兵被曼苏拉城的要塞严密防护的开罗。在围城期间，十字军的军队遭到斑疹伤寒致命的打击。而另一方的穆斯林军队却顽强抵抗。路易不得不放下武器投降。敌军同意以50万赎金放走路易九世回到法兰西。

然而，此刻十字军并没有完全遭遇失败：路易九世动身前往叙利亚，而没有返回法兰西。他在基督教公国重新恢复秩序。如果说他并未成功夺回耶路撒冷，他却对东方的"法兰克各王国"许下了一个未来。

1252年，王太后卡斯蒂利亚的布兰卡逝世。路易九世因此成为一位真正的国王，带有十字军东征的荣耀光环，拥有神圣的别名。他难道没有逃离斑疹伤寒的感染，照料并治愈了他的同伴们？他被看作异常虔诚的君王，能够长达数小时专心研究圣书。路易严格遵守苦修，能够做到长时间的斋戒，因此他不仅因谦逊，也因爱德而闻名。人们曾亲身目睹他在主官医院为穷人擦洗双脚。他将粮食分给病人，探望麻风病患者。跟他的祖先一样，路易九世以"治愈颈淋巴结核"闻名。他为盲人创立巴黎盲人医院。许多教堂和美丽的修道院在王国各处拔地而起，例如鲁瓦尧蒙修道院。在巴黎的西岱岛上，他命人修建圣教堂。

铁手腕

国王是仁慈的,但他并不软弱。他被充满卓越智慧的人辅佐,例如鲁昂大主教倭德(Eudes),或者罗贝尔·德·索邦(Robert de Sorbon)。路易不允许封臣的任何暴动,尽管其中不乏他的亲兄弟。只有当主教受到教王权力滥用的损害时,国王才会施以援手,因为罗马教廷主张把教士俸禄分派给外国人,或者通过法国神职人员作为中间人来征收赋税。

受到公道的驱使,国王呼吁那些玩忽职守的领主遵守秩序。他并未不屑于亲自做出裁决,正如他的编年史作者儒安维尔阁下(sire de Joinville)见证的那样,"很多次",他写道,"在夏季,他(圣路易)来到万塞讷森林,背靠橡树,示意我们围着他席地而坐。然后有事务需要上报的官员上前与他交谈,不必受到传达员或者其他人的拘束。"

如果说国王坚持要亲自确定诉讼案件的决定权,是为了从领主手中剥夺此权力,为了在司法领域彰显他的最高权力,那么事实上,在路易九世执政期间,司法权趋向于使受裁决的人信服国王的公正,远超过领主的公正。正如腓力二世一样,路易九世习惯于把法律专家聚集到宫廷。1260年,国王发布敕令指定这些最早的"议会议员"以国王的名义担负起审判诉讼案件的责任。

拥有审判权的国王同样拥有立法权。他的"敕令"善于使德行处于要位。路易九世禁止卖淫、赌博、亵渎宗教、贵族携带武器以及特殊的战争。根据法律规定,司法权须要取代"上帝的审判"。国王亲自公正地监督硬币的轧制,通过他的官员向领地的大法官和钦差大臣询问管理的账目。

这个公正和良性管理的意识使国王得到了廉正和仁善的名声。

在路易九世统治时期，所有受他在信仰方面的铁腕政策所损害的人，经常诋毁他的好名声。路易九世的偏执助长了宗教裁判所的气焰，不仅是在纯洁派地区，甚至在所有被认为有必要加强宗教情感的地区。1233年之后，宗教裁判所在各处安置火堆。皈依基督教的纯洁派保加利亚人罗贝尔（Robert le Bougre）在北部和中部的村镇散布恐怖。犹太人是第一批国王劝人入教的狂热的受害者。国王严令禁止他们放高利贷。他焚毁了他们的圣书，强迫他们在外衣上佩戴特殊的标记，一个黄色的方形小片。国王的执念导致了滥用职权和社会不公。

国王一心想要让基督教信仰被尊重，为此他在王国的内部和外部都致力于维护和平。在南部，他与阿拉贡国王直接合作，解决了图卢兹伯爵领地的问题。路易九世做出了极大的让步，甚至把自己的儿子腓力（Philippe）许婚给阿拉贡国王的女儿伊莎贝拉（Isabelle）。路易放弃了在鲁西永的封建君主权和巴塞罗那的伯爵领地。而阿拉贡国王也宣布永久地放弃图卢兹伯爵领地，但是蒙彼利埃仍属于他。

路易九世与金雀花王朝的亨利三世（Henri Ⅲ）缔结了同样意愿的让与合约。亨利三世保留奎恩，被让与利穆赞、佩里戈尔德和凯尔西。作为交换，路易的权力在诺曼底、安茹和普瓦图地区被承认。奎恩的领地使得亨利成为路易的封臣。

法兰西国王的弟弟查理一世（Charles d'Anjou）成为西西里国王，他把哥哥路易九世拖入一次新的十字军东征。查理想要再次征得耶路撒冷，当然首先要确保征服地中海西岸。1270年，路易九世同随行的骑士在突尼斯登陆。军队立刻受到鼠疫的致命伤害。国王在突尼斯城墙外逝世。他被当作一个圣人，仅仅在他去世27年之后，于1297年封圣。

卡佩王朝的精神声望：大学和主教座堂

圣路易留下的是一个精神声望与政治力量相匹敌的王国。在他的统治时期，巴黎大学得到了巨大的发展。其"学院"吸引了整个欧洲的学生。脱离了主教的监控之后，巴黎大学受掌玺大臣庇护，而不受国王的警察管辖。1231年，它确立了司法上的存在。在与警察做了一系列的斗争和长达两年的罢课之后，它取得了独立。它的独立契约由教皇亲自订立。巴黎大学有义务和权利确定教学内容和形式，以及学位证书取得的方式。教皇对其行使监护权。巴黎大学设有四大"学系"，其中"艺术"系招收新生。教师们几乎到处授课，他们没有固定的授课地点。慈善机构所称的"学院"逐渐地被建立以供学生居住，例如国王指导神甫罗贝尔·德·索邦的著名学院，被人们亲切地称为"索邦"。

巴黎的学生一直处于骚动之中。正如他们否决了国王的监督，他们也反对教皇的监管。世俗间教师非常不欢迎修会的教士来授课，尤其是受到教皇支持的多明我会修士。巴黎大学常见打架事件，经常罢课。

教师和学生声称厌倦了纯粹的神学课程。他们希望阅读，且开始阅读亚里士多德（Aristote）和阿拉伯哲学家阿威罗伊（Averroès）的作品。教会采取暴力回应，禁止亵渎宗教的书籍，投入重新征服学生之中。同为多明我会修士的大阿尔博特（Albert le Grand）和多玛斯·德·阿奎那（Thomas d'Aquin）着手批注亚里士多德的著作。他们在各自的思想体系中，把希腊真理和基督教信仰巧妙结合。不久之后，他们的努力有了回报。学生们把他们当作教师，他们在欧洲赢得了巨大的声望；当他们成为上层神职人员攻击的受害者时，他们从未如此受到关注。对传统等级制度的蔑视使得他们变得可信。

不是所有的大学都在巴黎。昂热和奥尔良已经教授法律，而蒙彼利埃的大学讲授医学课程。但是从圣路易的时代开始，按照教皇亚历山大四世（Alexandre Ⅳ）所说，巴黎成为"生命之树"，它吸引着最优秀的学子，有时也吸引着外国最优秀的教师。

的确，自从12世纪开始，在整个法兰西，圣路易的时代是雄伟的哥特式主教座堂林立的时代。桑斯和布尔日、兰斯和夏尔特尔、亚眠和博韦都见证着一个时代：得益于政权的鼓励和富庶带来的便利条件，信仰的复兴向着天际竖立起"中世纪"古典时期的"石制祈祷文"。美丽的玻璃窗户、精致的尖顶拱肋以及雕塑艺术的复兴通过建筑正面田园诗般地显露无遗，还有"最后的审判"和"圣母玛利亚的加冕"，以上所有这些的装饰物中的无与伦比的美，正如马尔罗（Malraux）所言，在"兰斯的微笑"中定义了法兰西的哥特艺术。圣路易统治下的法兰西因此成为整个欧洲西部的最热烈的文明的摇篮。

美男子腓力四世，君主政体的"组织者"

圣路易之后是美男子腓力四世：另外一位"伟大的"卡佩王朝国王。他的父王腓力三世（Philippe Ⅲ）仅仅执政15年（1270—1285），幸运地得到了普瓦捷的阿方索（Alphonse de Poitiers）的采地。腓力三世将未来的腓力四世许婚给香槟省伯爵领地的继承人。腓力四世是次子。在他哥哥死后，他同时继承了法兰西王国的王位和香槟省的伯爵领地。拥有着一份完好无损的国际声誉，腓力四世在登基时面对的是一份广袤的王室领土。

王国的财富

法兰西的经济蓬勃发展。从布汶战役之后,法兰西再未经历大战。内部的和平有着令人欣慰的结果——人口增长,在腓力四世登基时大约有150万人。村镇和城市都住满了人。

城市商业中心的诱惑力加速了农业生产,吸引着农村多余人口。大量的农奴用金钱换取自由,为的是到城市中生活。大型的开垦运动和荒芜土地的垦植事业的确占据了劳动力,但是他们的增长速度却在随着时间放慢。唯独城市人口惊人地增长。

到了13世纪,波尔多、图卢兹和阿拉斯的居民数量超过3万。巴黎的人口数量超过了10万,也许逼近20万。大量的乡镇外扩,组成了拥有大约5000居民的小城市。大量可追溯于13世纪的教区见证着这个时期乡村城市化的进程。

此后,归并和遗产继承使得国王掌控着所有具有经济重要性的地区:北部的纺织原料、香槟的集市、大西洋和朗格多克的食盐有助于国王对贸易征收越来越繁重的赋税,增加了王国行动的收入和资源。

任何的进步都有弊端:城市过快的致富速度使其受到不好的收成的摆布。当农业遭遇到干旱、冰雹或晚到的冰冻天气,供给不足的城市就会面临可怕的饥荒,例如1315和1317年的巴黎饥荒。

当法兰西的路上集市为了港口的利益而被冷落时,或者当商路更情愿取道阿尔卑斯山山口和莱茵河河道时,重要的商贸城市也遭受重创。到了13世纪末,香槟省或者王室领地上的乡镇在危机面前力不从心。在普罗万,由于缺乏资金,中产阶级和织布工人拒绝任何赋税的再次增长,因此爆发了城市暴乱。

然而,尽管过程艰难,王国仍旧拥有巨大的财富。富人从未像现在如此这般富裕过。他们在北方和南方的城市炫耀引人注目的奢侈品。巴黎的女中产阶级优雅地跟宫廷贵妇一较高下。在梳妆打扮方面，纳博讷、马赛和波尔多的女士们根本无须羡慕意大利的贵妇。确切地说，真正的意大利式的大资产家族在法兰西的城市形成：杜埃的布瓦讷布洛克家族（Boinebroke）早期是织造羊毛织物的商人。他们购买了广阔的土地，在他们的作坊雇用大量的工人。他们的家族在整个地区光芒四射，摆出领主的姿态。在所有的重要的商业城市中，这样的商人家族并不罕见。他们构成了牢靠的企业有产阶级。

正如在乡村一样，在城市里这些有产阶级与被贫苦逼迫暴动的无产阶级之间时常发生争斗。在普罗万、根特、杜埃和阿拉斯，暴动的工人发动骚乱反对他们的东家。农民成立他们自己的军团，拒绝缴纳国王的税收和领主的岁贡。从圣路易执政初期开始，时代发生了改变：致富带来的过度发展的世界在一系列矛盾面前的忧虑取代了11世纪和12世纪惊人的乐观主义。这些矛盾包括人口过剩、经济活动的增加、货币减少和物价上涨、城市和乡村的社会冲突。

国家的整治

然而国家保持着警惕。君主制度继续在一个疆界大量扩张的王国保持强势。圣路易是"敷过圣油的君主"，是王国所有领主的至高无上的封建君主。美男子腓力四世希望得到更高的地位：罗马帝国皇帝的继承人、具备平均主义政府的国家的创立者，在这个国家里行为准则应用于所有人。国王因此更像是一个拥有最高权力的君主，而非仅仅是封建领主。贵族和平民都必须对法律抱持同样的敬畏之心。

为了使法律被遵守，因此需要它为所有人熟知，即毋庸置疑地，国家需要成文法。议员围坐在在国王身边来拟定法令，他们是中产阶级或贵族，是著名的"王室法律顾问"，出身于地位低微的贵族。他们的工作是把法令编入法典，使王国的所有土地都有法律保护。皮埃尔·弗洛特（Pierre Flote）、纪尧姆·德·诺加雷（Guillaume de Nogaret）、纪尧姆·德·普莱斯昂（Guillaume de Plaisians）和恩格朗·德·马里尼（Enguerrand de Marigny）是经常出入王宫的国王顾问。他们为法兰西提供了一个稳定的管理机制。

宫廷中设立"王室委员会"，其中有些机构逐渐分化，最终独立。例如，委员会的司法分会独立成为"议会"，分为四个"房间"（大会议厅、询问室、诉状审理庭和成文法庭）。议会审理行省的上诉案件。在时机允许的时候，议会亲自前往外省来庄严裁决，例如诺曼底。

成立于1320年的财务司也独立于王室委员会，它跟议会都位于西岱岛。国库最初被安置在丹普尔宫，后来被移至卢浮宫。掌管国王印玺的掌玺大臣公署和财务部门都位于王室宫。

在行省各地，国王依旧任命大法官，在南部被称为宫廷总管。在中央、地方和区域的管理层面上，国王非常谨慎地管理正式入职者，在不同的阶层和地区进行选任。大部分人来自南方，例如诺加雷是马西亚格人。这些顾问之中既有教士也有世俗人，既有贵族也有中产阶级。

为了向臣民征求意见，国王习惯于在大会上传召他们的代表，后者成为"王国的全国三级会议"。1302年，以及后来的1308年，国王在征收新的赋税之前征求人民的意见。到场的人民的代表出身于教士阶级、贵族以及城市的有产阶级。这些会议完全不会限制国王的权力。应国王的要求，这些会议被召开，为的是倾听他的决定，并为之赋予一个普遍的价值。

事实上，王国最主要的弱点在于其无能的军事管理太过相似于封建时期的机制。每年封臣只须服役40天。城市军队的应征兵额稀少，且管理不善。国王缺乏资金来支付一支正规军所需的费用，因为他的税收制度不公正且杂乱。不再满足于地产带来的收益，国王命令征收非常不得人心且分配不均的特殊税收——间接税和人头税，匆忙征收且收益不佳。

美男子腓力四世和财政

由于在财政方面缺乏固定合法的补给，腓力四世因此不断地需要钱，他尤其需要钱来重新发动战争。针对王国海岸的海盗行径的契约使得法兰西人与他们贸易上的竞争者英格兰人对抗。腓力四世不得不入侵奎恩，然而他却不想与金雀花王朝长期作战。他宁愿与之和解，归还奎恩，缔结海上联盟。

尽管腓力四世对战争感到憎恶，他却不得不介入反对其封臣弗兰德伯爵的全面暴动中。后者反抗法兰西国王，选择了投靠英格兰人一方，因为英格兰人购买他们的织物，而他们仰仗其提供的羊毛。法兰西骑士团在科特赖克被弗兰德的步兵队击败。腓力四世不得不召集一支新远征军，夺取了弗兰德地区（1304年），却未能确保征服中产阶级和纺织工人。

战争使得腓力四世不得不对教士阶级征收赋税，即"十分之一的附加税"。教皇卜尼法斯七世眼见教会的收入从他手上溜走，对此深感不满。他也需要钱。当针对帕米耶城的主教的冲突爆发时，他是英格兰人的朋友，腓力四世曾将其传讯到法庭。教皇宣布在法兰西外召见所有法兰西的主教举行会议。

腓力四世的王位将不保。1302年,他于是决定召开三级会议来通过他的政策。主张"法国教会保持行政自主性的政治学说",同时也为了不再依附教皇多于依附国王,主教们选择跟随腓力四世。他们指控教皇的异端邪说和买卖圣职罪,"他们确认教皇曾说,他宁愿做一条狗也不愿成为法国人。"

他们要求召开反对教皇的主教全体大会。教皇拒绝前往参加会议。腓力四世派遣纪尧姆·德·诺加雷来逮捕教皇。在科隆纳家族的帮助下,诺加雷在意大利的阿纳尼城抓获大祭司。不久之后,教皇去世。他的继承人克雷芒五世(Clément V)立刻承认了法兰西国王的合法权力。

作为教会的主人,腓力四世打算依靠它来增加收入。尽管想到了这样的方法,他仍未能解决自己的财政问题。事实上,财政和贸易危机席卷了整个欧洲。国王不得不寻找资金来供养军队和政府。他试图建立直接税:城市人民甚至反对缴纳间接税。1295年,巴黎爆发起义。

另一个方法是从外国商人那里收税。腓力四世对从事高利贷的犹太人和"伦巴第人"征收繁重的赋税。这等同于杀鸡取卵。伦巴第人离开了法兰西王国。国王操纵货币锻造,削减钱币中溶化的金银数量。这一伪装的货币贬值对穷人来说异常残酷,且使外国商人心存不满,他们对法国货币的价值失去了信心。

国王决定发起致命一击,到源头寻找水源:他正面攻击强大的圣殿骑士团。自从由东方撤退后,他们投靠了国际有权势的财政机构,后者在保险箱保管骑士团的私有资金,便于将资产从一个国家转移到另一个国家。

腓力四世命人控告骑士团非法买卖和巫术惑众。他们其中的52人被烧死，包括他们伟大的首领雅克·德·莫莱（Jacques de Molay）。不但他们的存款和保险柜被没收，地产的收益也被充公。腓力四世跟他的受害者雅克·德·莫莱死于同一年。

国王驾崩后，法兰西恢复了和平，管理更加完善。王国享有一片仍在继续扩大的领土。然而，人们已经能够觉察到危机的迹象。他们用言语攻击腓力四世的继承人及其顾问。

实际上，君主制中央集权的发展早已引起了王国附庸王族和所有大贵族的强烈不满。固执者路易十世（Louis X le Hutin）不得不在蒙福孔城的绞刑架上吊死他父亲最忠诚的仆人恩格朗·德·马里尼。贵族们给国王施加了如此强大的压力，以至于后者无力反抗。他将腓力四世的"顾问"丢弃给他们。

贵族并不是唯一感到不满的人，新征收的赋税使得全体有产阶级反抗王权。他们对经济萧条感到担忧，指控国王的税收阻碍了经济复苏。至于人民方面，当他们无须受到饥荒的迫害时，他们同时要忍受税收和货币管控，因此，他们对王朝并无好感。

高个子腓力五世（Philippe V le Long）和美男子查理四世（Charles IV le Bel）执政的时间太短暂，以至于无法恢复局面。1328年，两位继承者争夺法兰西王位：一个是英格兰国王爱德华三世（Édouard III），他是爱德华二世Édouard II）的儿子，迎娶腓力四世的女儿伊莎贝拉（Isabelle）为王后；另一个是瓦卢瓦的腓力（Philippe de Valois），他是无男嗣的查理四世的旁氏继承人。法兰西大贵族反对英格兰国王的自负，他们选择瓦卢瓦的腓力为王。由于英格兰人要求收回土地，新朝代的复辟引发了两个王国之间长达百年的战争。

第五章
百年战争

14世纪初期，欧洲的两大热点是大陆上最富裕的经济最活跃的地区：奎恩或者阿基坦，出产波尔多葡萄酒及食盐，且与西班牙有海上贸易往来；佛兰德地区，从英格兰乡村进口羊毛，纺织品出口意大利，从中牟利。法兰西国王控制着佛兰德地区，而英格兰国王掌控着奎恩大省。

然而，伦敦和佛兰德的有产阶级保持着极其紧密的联系，以至于伦敦不能接受法兰西的监管。与此同时，阿基坦作为法兰西不可分割的一部分，巴黎的国王决不能放弃将它收入版图。

为了得到阿基坦地区，爱德华三世宣誓效忠法兰西的新国王瓦卢瓦的腓力六世（Philippe Ⅵ de Valois）。1328年，一切都相安无事。10年之后，大战一触即发。究竟发生了什么？

法兰西的溃败

如何参战

法兰西王国和英格兰王国未曾经历过一天没有针锋相对、鹬蚌相争的日子：渔民对渔场的争夺，商人之间的小事故；争夺优先权的纠纷只会导致矛盾激化。显然，双方王国的君主不久就要就奎恩的领地问题，干戈相对。

1337年，腓力六世自认为已经强大到可以冒险。几年以来，腓力在阿基坦频繁介入，遭遇到敌方的反抗。他甚至支持苏格兰人反抗英格兰国王的阴谋。爱德华立刻回击：他发出挑战，要求收回法兰西王位。

从表面上看，对抗法兰西国王是件疯狂的事：爱德华拥有300万臣民，是法兰西人口数量的1/5到1/4，且腓力可以征用15000名战士。在地理上，英格兰的军事力量局限在英格兰南部。罗伯特一世、罗伯特·布鲁斯（Robert Bruce）是苏格兰国王，与爱尔兰各自独立。威尔士地区刚刚被征服。英格兰本身的农业和渔业很发达，但是没有工业，也没有大额贸易往来。

然而，爱德华有着所有法兰西的敌人作为盟友。首先是弗拉芒人，1328年，腓力在卡塞尔击败他们。佛兰德地区的人民发起暴动来反抗王室管理的粗暴，反抗税务机关滥用职权，反抗经济束缚。腓力六世将阿图瓦的罗伯特三世（Robert d'Artois）驱逐出伯爵领地，后者自然而然地在英格兰宫廷找到了庇护所。佛兰德地区的中产阶级受到不再供应羊毛的英格兰的威胁，他们推选出制呢商人和城市的贸易巨头雅各·阿尔特费尔德（Jacques Artevelde）为首领。阿尔特费尔德引领全面暴动，腓力六世任命的法兰西伯爵被驱逐出境。弗拉芒人拥护英格兰国王，将其视为封建君主。

在奎恩和佛兰德地区之后，第三个争端热点是布列塔尼：1341年，公爵去世后未留下直接继承人。觊觎王位者夏尔·德·沙蒂永布卢瓦（Charles de Châtillon-Blois）得到了法兰西国王的支持，英格兰国王则助力蒙福尔的约翰（Jean de Montfort）争夺公爵王位。

蒙福尔抢先下手，武力夺取了布列塔尼。沙蒂永在法兰西士兵的帮助下，很快将蒙福尔驱逐。第三条战线开启。公元1342年，充满怨恨的英格兰国王紧急派遣远征军到达布列塔尼来支援向他宣誓作为庸臣效忠的一方。

法兰西骑士团的重大失误

英格兰国王爱德华由于在北部取得的重大胜利，而越发感觉到泰然自若。的确，在动员了一些神圣罗马帝国的君王之后［其中包括巴伐利亚的路易（Louis Ⅲ de Bavière）］，爱德华并未成功攻取蒂拉歇。然而，1340年，在埃克吕兹河河口处，爱德华击溃并焚烧了一群准备突袭英格兰的法国血统的卡斯蒂利亚人。瓦卢瓦王朝在西班牙找到了盟友，他们能够指望教皇的支持。

在埃克吕兹河事件之后，爱德华使人承认其为"海上之王"。在大陆上，他的阵营得到了弗拉芒人无条件的支持。从此之后，爱德华控制了芒什海峡，为骑兵队出发侵袭法兰西打下了坚实的基础。

腓力六世非常困难地取得了新的经费来加强军队。他不得不只能采取防御手段，且在人力物力方面都已消耗殆尽。他不是刚刚才买下蒙彼利埃，确保了在多菲内大省的权力？

就在此时,第一个"灾祸"的消息传到了巴黎。1346年,威尔士弓箭手和弗拉芒步兵在克雷西击溃法兰西笨重的骑兵团。国王的同伴被上百人残杀。爱德华围困并取得了加来,羞辱了当地的中产阶级。

祸不单行:比英格兰步兵队更凶残的是侵袭了整个王国的黑死病。受害者成千上万,其中包括腓力六世。得益于教皇的调解,一份7年的停战协议中断了法兰西与英格兰之间不可调和的争端。黑死病肆无忌惮,它穿越了芒什海峡,将死亡带至伦敦。法兰西人和英格兰人都无力应对。

在法兰西王国,好人约翰二世(Jean Ⅱ le Bon)继承了腓力六世的王位。从1355年开始,他重新筹备战争。南部在这一年遭受了黑太子爱德华(Prince Noir)可怕的骑兵队侵袭。爱德华三世在加来登陆,但是由于没有敌人在场,他不得不重渡芒什海峡。

法兰西国王缺乏经费。为了筹集资金,他不得不召集奥依语地区的三级会议,接受对资金某种程度上的监管,最后承诺如数奉还。当他准备就绪来处罚再次侵扰南部的黑太子时,他仅仅能够调动一支骑兵团。约翰二世与纳瓦拉国王恶人查理二世(Charles le Mauvais)决裂,后者的父亲系勇敢者腓力三世(Philippe Ⅲ le Hardi)的后代,母亲为美男子腓力四世的后代。失去了觊觎法兰西国王王位的纳瓦拉王国的支持,好人约翰面对经受过实战训练的英格兰弓箭手愁眉苦脸,并决定做一了断:1356年,王室骑兵在普瓦图全军覆没。

约翰沦为英格兰人的俘虏。诺曼底公爵、皇太子查理(Charles)摄政。为了赎回国王,查理需要赎金。皇太子再次召集三级会议。拉昂主教罗贝尔·勒科克(Robert le Coq)传播消息称王国的整个社会舆论厌倦了战争。得到巴黎市长埃蒂安·马塞尔(Étienne Marcel)的拥护,勒科克要求三级会议对王国的财政实行永久的监管。

皇太子不得不让步。激烈的暴动在博韦地区爆发,这场大型的"农民起义"宣称反对战争、贵族和赋税。皇太子离开巴黎到贡比涅召集新的三级会议,以及征集一支军队。埃蒂安·马塞尔独自留在处于暴乱的巴黎之中,他试图掌控扎克雷起义军,将纳瓦拉国王恶人查理迎进首都巴黎。然而,纳瓦拉不接受中产阶级和"农民起义军"提供的联盟。马塞尔察觉到了贵族的恐惧,他将他们击溃,然而一位英格兰将领把摄政者的军队释放,他们在莫城受到农民起义军围困。因此,在不受控制的社会危机面前,贵族重新团结一致。

埃蒂安·马塞尔不久被王室军围困在巴黎城内。他向佛拉芒人求救,然后向近处的英格兰人敞开了巴黎的大门。这一叛敌行为激起了巴黎人民的愤慨,他们发起暴动,驱逐了英格兰人,最终在1368年的7月杀害了马塞尔。王国恢复力量。

皇太子实力太微弱,以至于不得不跟英格兰和解。谈判缓慢且艰难,却获得了成功,因为英格兰人也厌倦了无休止的战争。1380年,加来合约确保了布雷蒂尼的预备性条文:约翰二世被一笔极大的赎金赎回。爱德华三世放弃了法兰西的王位,却将普瓦图、圣通日、昂古穆瓦、利穆赞、佩里戈尔德、阿热奈、凯尔西以及鲁埃尔格收入囊中。恶人查理取得了诺曼底的一份领地,他的"服务"因此因此获得了酬劳。由于英格兰国王在法兰西的产业,他被免除一切的分封。

和平是悲惨的:回到法兰西的国王约翰无力偿还赎金。为了让英格兰人扣押的人质得到释放,他重新回到伦敦,在1364年死于狱中。摄政者英明的查理五世(Charles V le Sage)继位。新国王对各项事务已经有了粗略的经验。

查理五世立刻利用起他的经验：1361年，勃艮第公爵鲁夫勒的菲利普一世（Philippe Ier de Rouvres）死后未留下子嗣。他出身卡佩王朝的王族。公国的封建君主好人约翰二世将勃艮第赐予他的儿子腓力二世（Philippe Ⅱ）。查理五世随即把成为公爵的菲利普许婚给佛兰德伯爵的继承者，以此来驱逐英格兰人，并且重新树立法兰西监管的威信。

英明的查理的功绩

国王仍需封建政治的军事手段来稳固基业。查理五世很幸运地被一位优秀的将领辅佐：陆军统帅贝特朗·杜·盖斯克林（Bertrand du Guesclin），曾经是军团首领，因其对英格兰占领军的英勇作战而被人发现。根据国王的指令，杜·盖斯克林在诺曼底攻击恶人查理。从一座城堡追击至另一座城堡，1364年，盖斯克林最终在科谢雷击败敌军。鉴于阿维尼翁条约，纳瓦拉国王放弃了其在诺曼底的地产。

王室政策取得了另一大成功：在布列塔尼，蒙福尔的约翰最终战胜了夏尔·德·沙蒂永。从此之后，法兰西国王改变了政策。他承认蒙福尔为布列塔尼公爵，但是强制后者宣誓效忠。公爵致力于将所有的英格兰士兵从其领地上驱逐。法兰西国王在布列塔尼地区再无介入的必要。

从普瓦图开始，法兰西王国被失业的士兵团伙啃噬，在国王权威缺失的地方，他们洗劫村庄、勒索村民。为了使这些"大部队"远离王国，杜·盖斯克林有了一个想法：使他们成为卡斯蒂利亚王位觊觎者特拉斯塔马拉的恩里克二世（Henri de Trastamare）的雇佣兵。这群强盗翻越比利牛斯山，远离了法兰西王国。

不久之后，查理五世不得不重新与英格兰军队开战。黑太子的军队继续在南部进行袭击，推进至蒙彼利埃和贝济耶。

杜·盖斯克林掉头迎战英格兰军队。在黑太子的带领下，他们成为成队骑行的"骑士"。陆军统帅发动了一场充满埋伏、接连撤退的战争，一场步行者的战争。他懂得如何使他们在他本人选择的战场投入作战。1370年，在经历了一些令人疲惫不堪的作战之后，精疲力尽的英格兰人被杜·盖斯克林击溃在蓬瓦兰。

之后，杜·盖斯克林在法兰西夺回了一座又一座英格兰人的堡垒。占领军并未拥有足够多的士兵来对抗各处的法兰西军队。杜·盖斯克林的战术大获全胜。由于缺乏防卫手段，英格兰人节节败退，他们逐渐失去了布雷蒂尼条约带来的行省。1380年，在法兰西的领土上，英格兰人仅仅占有五个设防城：加来、波尔多、瑟堡、布雷斯特和巴约讷。

尽管英格兰人握有海上门户，但是法兰西的军队正在慢慢地重组。然而，杜·盖斯克林实行的"焦土政策"使得本就受到鼠疫、暴乱和饥荒侵袭的乡村变成废墟。法兰西王国的财政支出超出了它的能力。英格兰王国也是一样。百年战争的第一阶段伴随着其主要人物的死亡结束：1377年，爱德华三世去世；1380年，黑太子爱德华、查理五世和杜·盖斯克林相继离世。

在这个时候，社会和政治冲突正威胁着两个王国，他们退回去休战。然而，冲突最主要的原因并未消失：英格兰人继续出现在法兰西的海岸上，而法兰西人在佛兰德地区逗留。

最小的法兰西：从阿赞库尔到布尔日

查理五世睿智的顾问懂得让查理六世（Charles Ⅵ）规避王国各个阶级的重组和冲突带来的问题。恢复和平之后，商人和农民重拾勇气。生产活动在废墟之上重生，商品流通恢复活力。

在王国外部，国王在德国找到了盟友，而且神圣罗马帝国的皇帝查理四世（Charles Ⅳ）甚至亲自前往巴黎进行会谈。法兰西与卡斯蒂利亚结盟。它似乎准备通过盟国的力量来组织任何新的入侵。

然而，法兰西王国的再次繁荣自然而然地吸引了英格兰王国。巴黎的节庆活动络绎不绝。为了欢迎查理四世的到来，人们筹备了难以置信的奢华排场：在一场宴会期间，出现了一艘由哑角抬着的真船，象征着十字军东征。盛装打扮的演员饰演布永的戈弗雷（Godefroi de Bouillon）和隐修者彼得（Pierre l' Ermite）。根据教会的意愿，欧洲重归于好的国家会重新出征到东方去？

在法兰西国王刚刚安装在西岱岛宫殿里的新钟表的表盘上，悲剧再次敲响了警钟。在英格兰，主战派——兰开斯特王朝的王族——的主张远胜于前一个朝代，他们不再接受停战协议。理查二世（Richard Ⅱ）被废黜。不久之后，他被兰开斯特的亨利（Henri de Lancastre）杀害，后者在1399年继位，称为亨利四世（Henri Ⅳ）。他的继承人亨利五世（Henri V）加冕于1413年，作为一个称职的金雀花王朝继承人，他懂得找回欧洲大陆的道路。

从1392年开始，法兰西王国的国王查理六世发疯。在勒芒的森林里，他突然用击剑攻击周边的随从。他经历了疲惫沮丧和精神错乱的阶段。他的顾问和"查理五世的大臣"被辞退，王族取得权力，瓜分地产。

阿马尼亚克派和勃艮第派：一分为二的法兰西

奥尔良公爵野心最重。然而，其他人下定决心与他争权：安茹的路易（Louis d'Anjou）希冀以英勇的骑士之风来征服意大利。贝里的约翰需要大量的金钱来满足他的女人们、他的狩猎和城堡；至于强大的勃艮第公爵勇敢者腓力二世（Philippe II le Hardi），他希望把军队和田产归到他妻子的弗拉芒属地中，并且归并中间的地区。

奥尔良派即刻与勃艮第派开战。前者是阿维尼翁教会分立论的教皇和英格兰人的敌人。由于它的弗拉芒属地，后者不愿与伦敦发生冲突，而且它是罗马教皇的盟友。法兰西王国所有的领主选择勃艮第一方，或者奥尔良一方。

1407年11月23日，奥尔良公爵（Louis Ier）在巴黎中心被勃艮第公爵无畏者约翰（Jean sans Peur）的手下杀害。没有巴黎人提出异议。对奥尔良人的仇恨使得他们所有人成为勃艮第的支持者。人们眼见修道士在布道时赞颂杀人犯。作为勃艮第最忠心的拥护者，屠夫们传播恐怖。他们组成真正的打手团伙，在统领西蒙·卡博奇（Simon Caboche）的带领下穿街过巷。他们杀害奥尔良派，占领皇宫，清空监狱，释放赌徒和扒手。1413年，这是"屠宰场的专政"。

并不是只有屠夫支持勃艮第派。大学教员和小市民也追随他们。勃艮第派的标志是刨刀，奥尔良派是木棍。无畏者约翰得到了宫廷的宽恕。查理六世的王后巴伐利亚的伊萨博（Isabeau de Bavière）介入，施予杀人犯恩惠。

勃艮第派手持圣安德烈（Saint-André）的十字架，戴着绿色的帽子，他们占据巴黎的街道。皇太子路易在他们的看管之下。奥尔良派也找到了其保卫者。阿马尼亚克伯爵（Comte d'Armagnac），即被杀害的奥尔良公爵的岳父，率领反对派。他与两个强大的王族结盟：贝里公爵（duc de Berry）和波旁公爵（duc de Bourbon）。南部的领主们取笑阿马尼亚克派所戴的白色围巾和他们的徽章标志荨麻。他们驻扎在蓬图瓦兹，这是通向巴黎的入口处。

在巴黎，对于无畏者约翰的不满日渐加剧，因为他并未信守蛊惑人心的承诺。"卡博奇的条令"诞生初期是为了满足大众，只能许诺改革。人民并未得到任何的实质性的满足。

"卡博奇派"的劫掠行为和街道上发生的极端事件使得中产阶级担忧起来，他们与阿马尼亚克派，即奥尔良派协商。不久之后，无畏者约翰不得不仓促地离开巴黎，把位置让给他的对手。1414年，停战协议签署。双方阵营都希望自己与英格兰人结盟，来战胜对方。对封建制度的热情控制了爱国情感。是内战再次将法兰西的大门为英格兰入侵者敞开。

亨利五世的骑兵队侵袭

1415年，英格兰国王亨利五世重组军队。国王镇压了民众的反抗。他派遣远征军来处罚暴动的封臣和威尔士人。在深入了解了法兰西王国的内部形势之后，狡猾的协商人亨利五世斡旋在阿马尼亚克派和勃艮第派之间。他蔑视勃艮第派，他们的帝国通过佛兰德能够威胁到英格兰人的利益。皇太子和阿马尼亚克派这一方阵营更加虚弱，更加易于掌控。

在谈判初期，亨利五世要求迎娶查理六世的女儿凯瑟琳（Catherine）。

他同时要求收回诺曼底和金雀花王朝在法兰西的遗产，要求对佛兰德地区和布列塔尼实行封建君主权。即使是为了击溃勃艮第派，阿马尼亚克派也没有做好准备来接受这样的让步。亨利五世打错了如意算盘。他不得不诉诸于武力。

1415年8月，亨利五世在诺曼底登陆。从翁夫勒向北出发，他抵达了皮卡第大区。他与保持中立的勃艮第派秘密会晤。在阿赞库尔，亨利五世与法兰西军队开战。

与以往的克雷西会战相同，凶残的英格兰弓箭手埋伏在树栅后面，法兰西骑兵队被他们打得溃不成军。阿赞库尔的领主们并未牢记杜·盖斯克林的经验教训。他们像十字军东征那般猛冲。在几个小时之间，胜负即见分晓。英格兰国王打开了通往巴黎的道路。

摇摆不定的巴黎人民便投靠了勃艮第派。阿马尼亚克派被围追堵截，被杀害，他们四处逃窜。他们随着皇太子查理渡过卢瓦尔河，带着辎重。在英格兰人抵达之前，无畏者约翰到达巴黎。他最终会与英格兰军队作战吗？

没有皇太子的权力，约翰不能谈判。约翰建议在蒙特罗的桥上会面。阿马尼亚克派设下埋伏。1419年9月20日，无畏者约翰被刺杀。奥尔良派报仇雪恨。但是巴黎落入了英格兰人的手中。

亨利五世小心翼翼进入巴黎。他是个谨慎的国王。蒙特罗的刺杀行动让他很满意，该行动为他取得了无畏者约翰的继承者好人菲利普三世（Philippe le Bon）的盟约。为了避免以自己的军队为代价重建法兰西的统一，亨利五世返回英格兰。

1417年，当亨利五世带领军队重渡芒什海峡时，他有着明确的目标：重新征服诺曼底。他了解到皇太子查理作为王国的中将，是一位手下无军队的首领。他的亲生母亲伊萨博逃到勃艮第派，她甚至公开声明皇太子不是国王的亲生儿子。当英格兰国王攻取了诺曼底的一座又一座要塞，当他在一次长时间的围困之后逼迫鲁昂居民为他打开城市的大门时，他知道自己是法兰西事实上的主人：通过勃艮第派，亨利五世了解到国王和王后不承认皇太子查理，并且剥夺了他的继承权。亨利五世迎娶查理六世的女儿凯瑟琳。他被公认为法兰西王位的继承人。《特鲁瓦条约》签订（1420年5月24日）。

三个法兰西

双重的君主国恐怕会在芒什海峡的两岸建立。征服者威廉一世（Guillaume le Conquérant）的愿望再次实现。巴黎大学和国会接收到条约。三级会议召开，通过了条约。相较于回到阿马尼亚克派的劫掠时期，巴黎愿意付出一切。它尽心地迎接完婚后定居在卢浮宫的亨利五世，而疯了的国王则移居圣波勒宫。

两个国王几乎同时走到了生命的尽头：亨利在1422年8月驾崩，而查理在两个月之后逝世。两个王国的王位落到了亨利五世刚刚年满一岁的继承者手里，他的名字也是亨利，由他的叔父摄政者贝德福德的公爵（duc de Bedford）抚养。

从此之后，出现了三个法兰西：英格兰人的法兰西，从奎恩到加来的地区，包括诺曼底、威克森、曼恩、皮卡第、香槟和法兰西岛；勃艮第的法兰西，包括勃艮第公国、讷韦尔伯爵领地、佛兰德、阿图瓦北部，以及即将被巴伐利亚的雅各琳（Jacqueline de Bavière）让与的弗里斯和布拉班特；第三个法兰西，是皇太子查理的法兰西，在布尔日周围，一个被限制在如尾巴大小的王国。

对英格兰人的仇恨确实使得奥尔良派、波旁人和南部的领主对查理保持忠诚。迪努瓦伯爵约翰（Jean de Dunois）是被囚禁在英格兰的奥尔良公爵查理的同父异母兄弟，他效忠查理七世（Charles Ⅶ）。富瓦和阿马尼亚克伯爵是他的拥护者。迪努瓦伯爵嘲笑朗格多克和里昂地区。加斯科涅军队首领的支援，例如人称拉海尔（La Hire）的艾蒂安·德·维尼奥勒（Étienne de Vignolles）和塞韦拉克的亚莫里（Amaury de Sévérac），对皇太子人数稀少的军队来说的确是弥足珍贵的。

1422年，查理年满20岁。他有一天会成为法兰西国王吗？热衷于守卫自身利益的法兰西的中部和南部对此深信不疑。然而，为了把梦想变成现实，必须把英格兰人驱逐出境，并且击败勃艮第派。这对"布尔日的小国王"来说是个大工程。

重新夺回王国

战争带来的灾难

战争并未能动员人数众多的兵力。英格兰人最大规模的远征军也远远不足一万人。这些远征军仅仅对行军路线上的人口带来损伤。相当大数量的法兰西村庄从未见到过一个英格兰人。

然而，有一支英格兰军队的目的则是征服整片行省。战争因此变得致命凶残，造成了多数人的死亡，因为它导致了城市被围困和周边乡村被劫掠。整个法兰西的西部地区，尤其是诺曼底，经受了严峻的考验。被称为结队抢劫的士兵的盗贼团伙的蹂躏，甚至王室军队从杜·盖斯克林那里继承的"焦土政策"，都使乡村资源枯竭。皇家和王族的税务机关从一开始就加剧了城市中产阶级的敌视。在内战期间，交通道路的不安全使得城市人口的食品供给出现问题。对大多数法兰西人来说，战争带来了数不尽的悲惨和灾祸，即使他们并没有大量应征加入王室或领主的军队。

自然而然地，战争和不安定加重了欧洲的经济危机，在公元13世纪末尤为明显：意大利商人越来越少使用陆路，他们不敢为城市内部供给食物；商业和工业痛苦地感受到这些影响；北部的制呢商宣告破产；糟糕的收成使得城市没有足够的粮食供给，远处也不能提供物资帮助。

在整个14世纪期间，黑死病在整个欧洲肆虐。在世纪中叶，被黑死病侵袭的地区达到了最大数量。然而，1375年、1380年、1399年和1431年越发变本加厉。鼠疫比战争带来了更多的伤亡：一个城市的人口数量往往会减少一半，例如阿尔比。甚至勃艮第、巴黎和伦敦也受到影响。人们估算每三个法国人中就有一个被鼠疫感染。

战争和鼠疫带走了国家发展中的城市和乡村的必要劳动力。稀有物品物价成比例地上涨，货币的价值下跌。在货币明显贬值的情况下，各个领主免去了农民的苦役和实物田租。农夫被鼠疫消灭殆尽，而消费者的境遇更加悲惨。

在某些西北部的地区，如此接连不断的灾祸必然会导致耸人听闻的后果：乡村暴乱、村庄废弃、领主地产充公、血腥盲目的镇压等。由于贵族的收益明显下降以及农民起义引发的忧虑，他们变得异常冷酷无情。

在这样的情况下，越来越多的农民趋向于离开村庄。在一些村庄，整个人口销声匿迹：死亡、遗弃以及投奔到劫掠大军中。社会骚乱由村庄波及城市，在那里收入受到影响的中产阶级拒绝交纳国王或领主的税收。蒙彼利埃、奥尔良、兰斯、鲁昂和根特都爆发了中产阶级的起义。从1413年至1418年，巴黎几乎每天都在经历骚乱。好多次，王族都不得不介入城市来镇压暴动和纠纷。

一贫如洗的法兰西国王

城市和乡村爆发的社会运动阻碍了国王确立稳定的税收系统，因此阻碍了用于招募专业部队的资金的征收，使得认真应对敌军变得困难。国王只能用一些权宜之计来筹集资金，如货币的操纵、特殊的税收。食盐税和间接税非常不得人心，而且需要严格的管理。战争引发的动乱使得民众轻易从国王或者蛊惑人心的王族那里取得这些赋税取消的可能。这些税收因此是不固定的、效益极差的，根据战争的局势和需要，它们时而被加强，时而被取消。好多次，国王不得不着手在三级会议面前证明支出的合理使用，议员在某种程度上同意征收赋税。通过这个间接的方法，尽管三级会议的确并未取得，甚至并未致力于实行对王国的监管，但是王国不得不在很多情况下倾尽全力来取得三级会议的许可。权力的丧失展露无遗。

除了税收问题，还有其他因素使王国变得虚弱。国王权力的边界并不仅仅存在于臣民的暴动或缄默中，也存在于一种无能为力中，即当国王无力使自己的法令被遵守，无力使自己的军官和税收官员在王族的封地上树立威信。国王威望的衰退在这个范围内很令人担忧。尽管在英格兰人的入侵之前，"王国"拥有强大的改制的封地，王族对内可以行使属于王室的司法权、治安管理和财政权，但对波旁和勃艮第来说，法兰西国王并不是一个真正的国王，他没有国家可掌管。

尽管英格兰人尽可能地不愿意改变"当地人"的社会习惯，但是英格兰和勃艮第派权力在广袤的法国土地上的树立导致了多个政治体制并存。在15世纪初期，王国的政体并不仅仅被战败和入侵所危害，社会动乱、饥荒、无秩序以及王室官员的无能都使得政体失去平衡。英格兰战争的延长恐怕导致了法兰西王国的分崩离析，导致了卡佩王朝的王族继续实行土地集中和中央集权的想法的失败。

圣女贞德（Jeanne d'Arc）和民族情感

被外国人占领的法兰西岛并不是重新开始的统一运动的发源地，统一运动是在自由的南方由一位民族女英雄引导的，她出生在香槟伯爵领地的边界处。

反抗北方领主的朗格多克三级会议代表表决通过为布尔日的法兰西国王征收御用金，甚至是在得知"女郎"[1]的存在之前。基于此，查理七世能够招募一支军队。南部的所有外省三级会议代表回应了国王的召唤。维持宫廷、议会和国会的皇太子能够使王国运转。基于对英格兰人的仇恨，南部的领主和贵族向国王提供援助。

从另一方来说，英格兰占领者在领土上面临着管理不善的困难。民众必须一直处于监管之下，然而英格兰人也同样缺少人力和物力。在巴黎、诺曼底，甚至在佛兰德地区，人们热情迎接英格兰人的到来，因为他们许诺了秩序和繁荣。然而，占领者带来的只有持续的战乱、饥荒和赋税。

四处爆发动乱，甚至在诺曼底的鲁昂和卡昂爆发了反抗占领者的激烈的暴动。鲁昂的居民甚至前去向皇太子求救。

英格兰人反应强烈。在鲁昂，带头闹事者被处决。占领者在暴乱的城市大肆实行恐怖镇压。然而，兵力的缺乏不足以来维持秩序。必须孤注一掷，去攻击驻扎在布尔日的国王。贝德福德公爵召集一支军队到了奥尔良城墙底下。

皇太子自觉毫无希望。他性格软弱，犹豫不决，并不具备对强权嗤之以鼻以及发动收复失地的强势运动的能力。幸运的是，圣女贞德前去拜访了他。

这位来自栋雷米的小农女听到了来自上帝的声音，并接收到一项神圣的使命：拜见皇太子，让他在兰斯加冕为王。她不得不说服村庄迷茫的领主来提供一支护卫队。她不得不克服宫廷的偏见和阴谋，最终得以见到年轻的皇太子。

当贞德带领一支由迪努瓦伯爵指挥的人数稀少的军队出现在奥尔良城门前时，她重新燃起被围困之人的希望，她打乱了英格兰人的部署。1429年5月8日，奥尔良被解放。贞德立刻与皇太子取道前往兰斯。7月17日，查理七世接受了加冕礼的敷圣油。

这是决定性的政治行为：从此之后，北部的法国人不能无视他们再度有了一个国王。加冕仪式宣告虚弱的"善良的皇太子"为王。纵观整个被占领的法兰西王国，有缘由抱怨的人们仰望着被一名"女郎"神奇地引领的新登基的君主。贞德的信仰传播至整个王国。她难道没有从上帝那里得到使命"把英格兰人驱逐出法兰西王国"？从此之后，领土的解放不再仅仅是一群争夺领地的王族们的事务，而成为在神秘的感情中被上帝的使者聚集起来的国家的一个责任。

当民众信仰的精神被灾祸打击的时候，贞德出现，人民在寻找新的理由来相信神明，她的启示在所有的村庄流传。英格兰人有着相同的反应：贞德，她是圣徒吗？恐怕是个女巫！此外，英格兰人的宣传秘密地流传，由修道士和修道院院长广为传播。因为北部的神职人员大都对侵占者忠心耿耿。贞德是无法战胜的吗？英格兰人给出了否定的答案：当贞德试图夺回巴黎的时候，她彻底失败，因为人民对她厌恶之至。

与英格兰人一样，勃艮第派有理由厌恶贞德。她不是刚刚颠覆了民众对查理七世的意见吗？勃艮第派下了一招好棋：他们捉住了贞德。她即刻被遣送给英格兰人。

勃艮第派在构思一项恢宏的政治行动。通过贞德，必须使皇太子查理，一个受人嘲笑的国王名誉扫地。需要破除他的神圣权威。

在英格兰军旗下，人们汇集了教会和大学的通告和征召诏书。人们起诉贞德为女巫。人们选择法国的法官，确保审讯的绝对公开。索邦神学院最杰出的神学家前往鲁昂来给贞德定罪。1431年5月30日，贞德被活活烧死，像女巫那样被处以火刑。

在中世纪，消息传播迅速。针对英格兰占领军，贞德的胜利唤醒了民族情感。该情感的殉道者为法兰西人民的和解提供了便利条件。

贝德福德公爵或者查理七世都无力支付战争的物资。衰弱的、被伤害勒索的民众也不能再给予额外的财政支持。领地未收到侵袭的勃艮第公爵本人亦厌倦了战争状态，战争对他的财产造成了严重的后果。他希望以有利的方式走出战争。

好人菲利普三世首先召唤双方交战国，提议调停来重建和平。双方却装聋作哑。他便单独向法兰西国王提议和解。后者一下子抓住机会。与勃艮第结盟需要付出沉重的代价：他不得不放弃奥克塞尔、滨海布洛涅以及索姆河上的堡垒。然而，好人菲利普把蒙特罗刺杀事件一笔勾销。这是两个法兰西之间的和解：阿马尼亚克派拥抱了勃艮第派。

在阿拉斯条约（1435年）之后，重夺巴黎变得容易。勃艮第派一向很强大。对英军的占领感到厌倦的巴黎人欢迎陆军统帅阿尔蒂尔三世阿尔蒂尔·德·里什蒙（Richemont）作为救星入城。英格兰人停留在蓬图瓦兹。然而，得益于勃艮第派，布尔日国王收复了王国的首府。

长达百年的灾祸

内部的麻烦促使兰开斯特王朝的王族向法兰西国王请求停战协议。从1444到1449年，双方的战斗停止。查理七世借此重新恢复王国的秩序，组建一支牢靠的军队。当英格兰人再次开战，进攻富热尔，查理能够毫不费力解救整个诺曼底地区。风水轮流转。

1449年，法国人进入鲁昂，那个贞德殉道的城市。第二年，他们乘胜追击，在福尔米尼消灭了英格兰军队。

这次轮到英国人四分五裂。在英格兰，玫瑰战争猛烈发作：约克家族和兰开斯特家族对立。除了他们不可调和的战争，英国人无暇顾及其他。查理七世借此夺回奎恩，该地区被英格兰人占领长达3个世纪。任务是艰巨的，因为波尔多和伦敦之间的经济贸易在数个世纪间早已有了千丝万缕的关联。波尔多的中产阶级与教会都是亲英派。一旦城市被夺取，民众起义反抗法国人，同时求助于英国人。约翰·塔尔波特（John Talbot）率领一支小军队重新夺回了城市。然而，1453年，法国人重整旗鼓。在波尔多附近的卡斯蒂隆，两军相遇。法国人自从阿赞库尔战役之后大为改变。凭借轻型长炮的武装、丝毫不畏惧骑士团作战的指挥将领，法国人毫不费力地击败英军。塔尔波特在作战中身亡。

由于缺乏战士,百年战争结束。英格兰军并未签署和平协议。他们立誓卷土重来。对于茂绿青葱的诺曼底地区,他们不放弃在富庶的奎恩的权力。然而,他们被驱逐出境。对法兰西而言,和平到来:占领者重渡芒什海峡,他们在法兰西只保留加来城。

接下来需要重建。非正规军由离开三支大军的外国雇佣兵组成,为了使王国摆脱他们,查理七世打算把他们归并入自己的军队。这些"流窜在法国的强盗"走遍各个村镇,劫掠、勒索以及夺取他们占领的城堡。他们与骁勇的士兵一起加入王室军队。拒绝加入的雇佣兵被旧时的同僚攻击和杀害。

战争对西部地区造成了巨大影响。黑太子的骑兵队侵袭给整个南部留下了灾难性的印象。法兰西岛、皮卡第和诺曼底不断经受灾祸。人们估算诺曼底在近百年间人口减少了1/3。大量的堂区遭到遗弃,土地变得荒芜。整座整座的城市变成废墟。巴黎的历史从未如此多灾多难。据说有人看到狼在围墙周围游荡。巴黎城不断地遭受占领、骚乱、围困和暴动。兰斯的人口减少了一半。从前像普罗万那般非常富庶的城市变成废墟,商人和手工业者纷纷弃城而逃。港口不再驶入船只:意大利人不敢冒险出现在作战区域。蒙彼利埃和鲁昂处于险境。波尔多也经历了长期的衰落。

战争的受益者

并不是王国所有的地区都成为废墟。只有那些爆发战争和被占领的区域真正地遭受到创伤。中部、东部和南部受到的影响寥寥无几,而布列塔尼这一"百年战争中似瑞士一般的中立公国"完全不参与其中。新的贸易潮在截止到目前尚未在经济活动展现光芒的城市中产生。安置在布尔日的国王的宫廷订购来自东方的奇珍异宝。能干的布尔日商人雅克·柯尔（Jacques Cœur）的财富便以满足王室的需要为依靠。为了找寻意大利人不愿交付的商品，他决意给马赛港和朗格多克港口的船只配备武器。赚到的利润促使雅克·柯尔开办纺织作坊、银行和商行。他从布列塔尼人那里购买小麦，从意大利人那里购得东方物品，在里昂地区开发铅矿和银矿。为了自身的利益，他重建罗讷河河道，从勃艮第地区出发直至北部佛兰德地区。

雅克·柯尔并非唯一的范例，图尔的约翰·布雷（Jean Bourré）和皮埃尔·贝拉德（Pierre Gérard）是企业强大的创办者，他们可以和里昂或者马赛的大有产阶级相媲美。战争使王国变成废墟，但是却为某些商人提供了便利，他们能够缔结新的商贸往来，这些对复兴来说都是必不可少的。意大利人停留在里昂，佛罗伦萨的美第奇家族（Médicis）在那里创立分行。他们也在佛兰德地区出现。需要重新在通往意大利门口处开放经济流通线路。

和平时期恢复之后，由于意大利人的流动性，地中海沿岸港口是最先恢复生机的通商地点。此外，活力的恢复为这些新晋企业中产阶级的经商提供了便利，他们大量地借钱给国王和领主，推进了战争后期的作战。从此之后，王室不得不对他们予以重视。

王权从未如此明显地有别于封地亲王的权力。这两种权力共同对抗英格兰军队，一旦获得胜利，它们又相互对立。在查理七世统治时期，作为国王顾问的中产阶级，例如比埃的约翰（Jean de Bueil）或者纪尧姆·茹沃内尔·德·于尔森（Guillaume Jouvenel des Ursins），他们一步一步地对抗领主的侵犯，而后者无所不用其极地在各处安置国王的官员。与陆军统帅里什蒙、迪努瓦伯爵、皮埃尔·德·布雷泽（Pierre de Brézé）和埃斯图特维尔的纪尧姆（Guillaume d'Estouteville）一起，查理七世懂得创立自己的政府团队。一旦英国人被驱逐出境，路易十一有责任沿着他父王事业的方向来继续前进，真正地在王国上恢复国王的威望。

路易十一，领土统一者

"资产阶级国王"

路易十一是一位资产阶级国王，既无威望也无骑士风度，他懂得如何使外貌与个性相符。尖下巴、身形弯驼、深邃的眼睛，时而奸诈时而凶残、巧言令色又或能言善辩，步伐跳脱不坚定，穿着朴素，但还不至于滑稽可笑，头戴一顶奇妙的带有长长帽舌的尖帽子，所有这些特征勾画出一个以自己的方式执政的国王，却不是那些"拥有骑士风度的国王"应该具备的风格。

路易十一是真正意义上的英法百年战争的清算者，他懂得尽可能地使赃物退还给勃艮第。查理七世为勃艮第的同盟支付了可以承受的最大额度的资金。为了取得王族和领主的支持，国王不得不确保和增加他们的特权。该路易十一来恢复王权了。

为了加强统治，路易十一首先打算恢复政府部门的秩序。深刻意识到自己作为独裁君主的责任，他懂得忠诚可靠的优秀官员是权力最锋利的武器。路易十一由使明显表现出亲英的官员缴械开始。他不得不重新把英格兰人占领的土地以及共同治理的布尔日和勃艮第重新粘合起来。国王希望最大限度地集权力于一身。他把议会限制在一个荣誉性的或者咨询性的角色中。他在忠诚的友人中挑选议员，不计较他们出身贵族与否，他只要求他们能够胜任职位。菲利普·德·科米纳（Philippe de Commines）与精通财政问题的中产阶级约翰·布雷共事。法兰西国王仅仅授予其头衔和满足其虚荣心而已。他要的是能够给予意见的顾问，而不是能够下命令的领主。他要成为主人。

然而在行省，他需要能够严厉操纵一切的管理者。秩序亟待恢复。行省内有大约有50多位前几任国王任命的大法官和司法总管。然而他们都已年迈，而且大部分已无威望。路易十一任命了88名官员。他创立了11个军政府来把各个行省紧握在手中。1445年的改革建立了一支由8000名骑兵（"符合规定的"部队）以及1万名教区提供的"真正的弓箭手"组成的常驻军队。让·布罗（Jean Bureau）和加斯帕·布罗（Gaspard Bureau）建立起一支强大的王室炮兵部队，他们配备射石炮和轻型长炮。国王能够无须求助于领主和骑士就可以做到威慑四方。战争成了他的个人事务。

国王的独立自主得益于稳定的税收制度的建立。在查理七世统治期间，永久税已经有了初步的发展。1439年，为了保证王室军队的日常用度，"间接税"设立。国王与他自己的官员亲自征收赋税（间接税和人头税），而不再通过领主来进行。通过对食盐征税或者建立盐税局，路易十一完善税收系统。

从此之后，国王不再需要召开法兰西或者朗格多克的三级会议来征收赋税。在1439年之后，三级议会不再以这样的目的召开。审理间接税案件的最高法院被设立来监督税务机关。该法院把法兰西划分为四大"财政区"，这些区域再细分为若干个小财政区。在最高法院的监督之下，赋税的征收在这些区域划分的框架下进行。

司法事务的复杂性迫使国王实行地方分权。图卢兹、波尔多、第戎和格勒诺布尔纷纷设立议会。路易十一对待巴黎议会的方式异常粗暴。他把任何还未付诸于行动的独立意图扼杀在摇篮里,根据自己的意愿任命议员。他依靠在外省增加机构的设立或者积累威望来相应地压制他不信任的巴黎议会的力量。因此,国王承认鲁昂的"诺曼底最高法院"和蒙彼利埃议会。

路易十一与勃艮第的斗争

能力出众的官员、健全的财政、忠诚的司法部门和一支正规军,以上这些使得路易十一能够重新夺回王国。即使是在查理七世统治时期,领主们也表现得无纪律,有时很反动。1440年至1441年的"布拉格里起义"由夏尔一世·德·波旁(Charles Ier de Bourbon)、迪努瓦伯爵和皇太子路易(Louis)发起来反抗查理七世。国王的军队最终镇压了叛乱。

对于拥有采地的亲王,成为国王的皇太子路易与他的父亲背道而驰。1465年,"公共财产联盟"联合了贝里公爵、布列塔尼公爵和迪努瓦伯爵来反抗路易十一。勃艮第公爵也加入了其中。幸运的是,路易十一在蒙雷里击败了勃艮第公爵。就在那时,国王意识到,要想成为真正的法兰西国王,必须收服勃艮第。

这并不是一件容易的事:百年战争末期,勃艮第成为法兰西最富庶的地区。它不仅幸免于战争,甚至鼠疫也没能击垮它。它地处地中海与北海的商路之上。沙隆的集市代替了普罗万的集市,公国变得繁荣起来。勃艮第公国拥有高效的政府、公爵议会、审计法院、若干官员和一支正规军。作为富有的文艺或科学事业的资助者,勃艮第公爵修建宫殿和城堡。他举办盛大的节日，以君主的身份接见来访者。

作为法兰西亲王，好人菲利普三世（Philippe Ⅲ le Bon）不愿影响国王，他把后者当作自己的君主。在1467年继承勃艮第公国的菲利普三世的儿子勇士查理（Charles le Téméraire）并不抱持这样的观点：他是洛泰尔家族的成员，希冀建立一个独立的国家，与法兰西王国分道扬镳。

不久之后，由于勇士查理将要与英格兰国王爱德华四世（Édouard Ⅳ）的妹妹成婚，形势变得越发危急。从前的英格兰-勃艮第联盟恐怕要再次缔结来反抗法兰西王国。

路易十一不能正面直击强大的勃艮第公爵。他在佛兰德地区开始进行外交的大动作，致力于在那里挑起反抗他的对手的暴乱。他大获成功。勇士查理不久便处于临战状态。查理速速结束战斗，镇压了动乱，强制国王路易丢脸地抵达烈日。在佩罗讷城，他不得不无力地目睹烈日人遭受严酷的惩罚，因为他们发动暴动攻击他的议会。

勃艮第的公爵们长久以来一直垂涎香槟地区，该地区即将吞并佛兰德。勇士查理支持他的朋友贝里的查理（Charles de Berry）要求收回公国。路易十一介入，成功地使安顿在奎恩的贝里公爵放弃了他的计划。勃艮第公爵失败。与此同时，爱德华四世失去王位。

不久之后，勇士查理再次遭受失败，勃艮第联盟也受挫。神圣罗马帝国的皇帝拒绝授予勇士查理勃艮第国王的称号，他对此感到非常失望。皇帝不原谅查理对阿尔萨斯地区的抢夺。查理向东部寻求补偿，并且成功说服爱德华四世入侵法兰西北部地区。百年战争将会重新上演吗？路易十一更愿意协商。他收买了英军，他们在签署了皮基尼条约（1475年）之后，走海路撤退。

勇士查理随即陷入困难境地。阿尔萨斯人起义。瑞士人入侵弗朗什孔泰。查理不得不占领洛林，并在南锡城前包围它。洛林公爵勒内二世（René Ⅱ de Lorraine）顽强防守。勇士查理在城墙之下被杀害，（据说）他的尸体被狼群啃噬。

路易十一幸运地摆脱了一位致命的对手。他立刻从中牟取利益。他入侵勃艮第，计划使自己的儿子与勇士查理的女儿玛丽（Marie）成婚。他打错了如意算盘，玛丽嫁给了神圣罗马帝国皇帝的儿子马克西米利安一世（Maximilien Iᵉʳ de Habsbourg）。从此之后，法兰西王国的主要敌人不再是在芒什海峡之外的英格兰，而是莱茵河彼岸的神圣罗马帝国。

路易十一再一次商谈议和。1482年，他在阿拉斯城宣告放弃勇士查理的弗拉芒遗产。然而，他强占勃艮第和皮卡第公国。得益于皇太子和玛丽及马克西米利安女儿的婚事，路易十一预见了阿图瓦和弗朗什孔泰地区归并到法兰西王国的版图之中。

伟大的"领土统一者"、路易十一不满足于仅仅收回勃艮第领土。该项事业有了进一步的进展，他收回了一些封邑：阿朗松公爵去世后的封地；阿马尼亚克亲王在1473年被杀害于莱克图尔的封地。路易十一把一个女儿贞德（Jeanne）许婚给奥尔良的路易（Louis d'Orléans），另一个女儿安娜（Anne）嫁给波旁家族的博热的皮埃尔（Pierre de Beaujeu）。同时让普罗旺斯伯爵和曼恩伯爵的国王安茹的勒内（René d'Anjou）在其死后将所有的地产赠予法兰西国王（1481年）。慢慢地，甚至是无声无息地，路易十一描绘出了如今法国的版图。仅有一些领土在此版图之外，例如布列塔尼和东部的行省。

在皮基尼条约之后，百年战争的确接近了尾声，尤其是在勇士查理去世之后。总的来说，路易十一在封建制度的基础之上，通过攻占和遗赠重组了领土，然而却充满一种现代的精神：他提醒着后人在如此勾勒的统一的基础上建立一个国家。

1 | 奥尔良女郎（La Pucelle d'Orléans）是百年战争末期圣女贞德的称号。——译者注

第六章
在意大利的冒险

在"资产阶级国王"路易十一之后,法兰西依次经历了"骑士国王"。在意大利的冒险于他们而言更像是一场骑行探险。在阿尔卑斯山以远,他们发现了一片新大陆,一种从未体验过的生活方式以及大量的财富。意大利15世纪的柔雅,城市的欣欣向荣在法兰西粗糙的领主心里唤起了一个梦想,一个与英雄史诗无关的幻境。他们到意大利不是为了赢得战争的胜利,而是因为他们被意大利15世纪的文艺复兴的无与伦比的幻景所打动。

对阿尔卑斯山那一边的幻想

新欧洲

在意大利,一切都是与众不同的,并不仅仅在城市布景方面,而

第六章 在意大利的冒险

且权力的形式也大不相同：围绕着银行家、船主和企业家，新的权力在城市形成。佛罗伦萨、锡耶纳或者费拉拉的亲王，以及威尼斯的总督由银行家或者有钱人担任，而非由领主继承，对他们来说战争同时是工业产业和美术的一种。

美第奇家族通过银行来掌控欧洲，他们的势力远比通过武力统治欧洲的西北部国王要强大得多。在这个黄金和白银奇缺的时代，跟货币打交道的人就成了真正的国王。如果说德国金融业望族富格尔家族（Fugger）借钱给德国皇帝，发展更快的意大利城市直接将权力授予他们的银行家。

这些银行家决不会白白以身犯险。由于欧洲西部连年战乱，他们与富有矿藏的德国建立新的通商线路，而通过德国与佛兰德地区通商。阿尔卑斯山路日渐拥堵，而奥地利的哈布斯堡王朝的权势与美第奇家族在同一时期显示。

然而，德国和意大利都还不曾拥有政治影响。德国皇帝统治着众多王国、公国、自由城和领主庄园。意大利被各个城市和其敌对势力分割。从那时起，在路易十一统治下日渐强盛统一的法兰西王国必然会被欧洲中部国家的财富所吸引，这些国家无力抵抗。意大利人惊人的财富在骑兵的能力范围内。那里有着引诱"北方野蛮人"的东西。

教皇生活在意大利，而野蛮人都是基督徒。然而，教皇无力使他们恢复理智。在14世纪末期，在欧洲存在着三个有竞争关系的教皇：罗马教皇、阿维尼翁教皇和比萨教皇。尽管康斯坦茨大公会议终结了教会分裂，对罗马教皇的崇敬并未受到影响。对法兰西教会和巴黎大学来说，主教会议凌驾于教皇之上。

至于法兰西国王，他从这次冲突的形势中牟取各种利益：因为他的教会不愿受制于教皇，那么便须要听命于国王本人。通过公元1438年颁发的"布尔日国事诏书"，原则上通过在教士会议上宣读的教规章节选举产生主教，国王保留了对选举施加影响的权力。法兰西的国王和教会在一件事情上保持一致：他们不愿承认教皇的绝对权威。罗马的普遍性是虚构的，教皇不过是和其他人一样的意大利领主罢了。

那么，如何对抗意大利的威望呢？法国游人见识到了意大利城市的富丽堂皇，它们由各种颜色的大理石建造，由辉煌的广场、与东方相媲美的宫殿和黄金穹顶的教堂组成。他们惊叹这样的城市文明，而西欧仅仅能描绘出它形象的冰山一角。意大利因着西欧的艺术家而闻名，他们与意大利掌权者保持密切联系，尤其是通过作为中间人的勃艮第宫廷：如第戎一样，普罗旺斯地区艾克斯、穆兰和阿维尼翁是艺术以及意大利或者弗拉芒艺术的传播中心。荷兰人克劳斯·斯吕特（Claus Sluter）为勃艮第公爵们的陵墓雕刻。扬·范·艾克（Jan Van Eyck）和罗希尔·范德魏登（Rogier Van der Weyden）在宫廷与意大利艺术家相遇。艺术不再局限于本国，而是变成了国际性的盛宴，所有的宫廷都有其御用画师：卢瓦尔河地区的约翰·富凯（Jean Fouquet）、波旁王族宫廷的穆兰的大师（Le Maître de Moulins，即约翰·海Jean Hey）、阿维尼翁的恩格朗·夏龙通（Enguerrand Charonton）以及艾克斯的尼古拉斯·弗罗芒（Nicolas Froment）。然而，对于所有的画家来说，不管他们是法国人还是荷兰人，大师中的大师是意大利人。

到了15世纪末期，对意大利炽烈的好奇心同样体现在了人们称为"人文主义者"的身上。他们从古老的罗马或希腊文献中寻找智慧、科学和信仰的根源。公元1470年，最早的印刷作坊在索邦神学院设立。它们发展到所有的行省，尤其是里昂。纪尧姆·菲谢（Guillaume Fichet）、雅克·勒菲弗·戴塔普勒（Jacques Lefèvre d'Étaples）以及其他的"人文主义者"发掘、提炼、翻译并印刷古代人的作品。这一规模宏大的研究运动以发展为己任，自然而然地将研究者带至意大利，在那里的王族宫廷中住着希腊和东方的最伟大的学者。

科学、美人、奢侈、权力和金钱，这些对智者路易十一的挥霍的继承人有着足够多的吸引力：由于一切都来源于意大利，必须追根溯源，到青春之泉的源头处一醉方休。

那不勒斯骑行

当西班牙人即将在拉丁美洲展开探险的时候，法国人发现了那不勒斯。

仅从表面上看，这个发现是微不足道的。然而它带给法兰西王国的却不只是单一的利益。此次发现是路易十一的继承人查理八世（Charles Ⅷ）的功绩。

查理八世刚刚与布列塔尼的安妮（Anne de Bretagne）完婚，将布列塔尼公国纳入版图。然而，他并不想做一位仅仅拥有地产的国王。他希望通过赫赫战功、彪壮战马以及骁勇骑士来让同时代人惊叹。他是一位有着骑士风度的国王，阅读了大量的"骑士小说"，那些那个时代的侦探小说。

他动了意大利的念头？这位"高卢的阿玛迪斯"[1]更希望经由意大利抵达他的祖先们到过的遥远的东方，抵达他们进驻的耶路撒冷。于查理八世而言，十字军东征的道路须要经过那不勒斯。

为什么是那不勒斯呢？查理八世听他的父王讲起过这个城市，

后者从安茹那里继承了对那不勒斯的管治权力。阿拉贡的阿方索五世（Alphonse V d'Aragon）的私生子那不勒斯的斐迪南一世（Ferdinand Ier de Naples）艰难地统治着那不勒斯王国。人们可以不费吹灰之力将他赶下王位。没有人喜欢他，包括教皇在内。

查理八世在其宫殿里接见来自意大利北部的密使，他们为法国人筹划上场。绰号为"摩尔人路易斯（Lewis the Moor）"的米兰公爵卢多维科·斯福尔扎（Ludovic Marie Sforza）请求与法国人结盟，正如从前阿里奥维斯特求助于恺撒，而使得罗马人挺进高卢一样。卢多维科是个篡权的私生子，米兰公国的主人。就在翻越阿尔卑斯山之前，可怜的国王查理还是半岛"联合"的受害者。

此外，查理八世不得不从他的欧洲问题中脱身。他与布列塔尼的安妮的婚事对奥地利的马克西米利安（Maximilien d'Autriche或Maximilien Ier）来说是个双重意义上的侮辱。马克西米利安一世本该迎娶安妮，并且他为自己的女儿和法兰西国王缔结婚约！还未等到婚礼举行，路易十一迫不及待地吞并查理八世年轻的未婚妻的玛格丽特（Marguerite）的产业，包括阿图瓦和弗朗什孔泰。婚约中断。

马克西米利安一世亲自夺回受争议的土地。他跟英国人结盟，后者在布洛涅登陆。在比利牛斯山脉以外更远的地方，与国王阿拉贡的费尔南多二世（Ferdinand d'Aragon）缔结的联盟建立。法兰西成为各个同盟的受害者。

幸运的是，国王查理八世继承了路易十一的全部财产。他能够收买所有人：英国人在埃达普勒条约（1492年）中获得75万埃居金币，而阿拉贡收回了鲁西永和塞尔达尼亚，并得到20万埃居金币。通过桑利条约，马克西米利安一世夺回了阿图瓦和弗朗什孔泰，还有额外的沙罗莱地区。查理八世做出了一切让步。

一无所有的国王并未泄气，他从里昂的银行家那里筹借资金来发动远征军。他与热那亚人结盟，后者为其提供船只。从公元1494年开始，奥尔良公爵在热那亚准备好一切。在拉巴洛，他击溃了一支前来迎接的那不勒斯军队。他军中最强大的部分和炮兵部队以及合并为"符合规定的部队"的骑兵部队即将进驻意大利，沿途攻取所有的要塞。

当法国人铁骑的步伐越来越近时，意大利的政治地图正在急速改变：长期被佛罗伦萨控制的比萨发生暴动。美第奇家族放弃了他们的首府，在那里受到神灵启示的修道士萨伏那洛拉（Savonarole）通过恐怖统治，以图建立"美德独裁"。教皇波吉亚家族的亚历山大六世被萨伏那洛拉指控生活放荡等罪行后销声匿迹。

法兰西人的骑兵队突袭过程中并未遇到重大的阻碍。查理八世进入那不勒斯，宣称自己是"法兰西、那不勒斯和君士坦丁堡的国王"。编年史家布朗托姆（Brantôme）写道："他（查理八世）身着冕服，穿着鲜红色倒置大翻领的上等花斑白鼬皮外套，右手握着圆环形的金苹果，左手手持庄严的国王权杖……而所有的臣民敬畏地大声呼喊他为皇帝。"

这份荣耀却稍纵即逝。教皇、威尼斯王国、米兰王国、马克西米利安一世、阿拉贡以及卡斯蒂利亚的国王齐聚亚平宁山脉。通往法兰西王国的退路被切断，查理八世被囚禁在亚平宁半岛南部。

这算不上是"法兰西的狂热"。排成两纵阵战队形的骑兵在福尔努开出通路。那不勒斯民众杀死了滞留下来的些许法国人。然而，军队的主力部分被保留下来。法兰西国王在意大利的首次探险就这样结束了。

意大利，欧洲战争的中心

路易十二（Louis XII）不幸的遭遇

公元1498年，正当查理八世激昂地筹划复仇之时，他突然驾崩。他的侄子奥尔良的路易（Louis d'Orléans）继承王位，迎娶了查理八世的遗孀布列塔尼的安妮，同时继承的还有对那不勒斯的狂热。他同样要求收回米兰地区。作为米兰维斯孔蒂家族的继承人，他利用自己在米兰公国的权力来对抗篡位者卢多维科。路易十二立刻筹备意大利远征军。

这一次不再是十字军东征那样的性质。正如从前英国人意图占领法兰西西部地区那样，法国人想要征服意大利。从这时起，冲突的范围从两个国家扩大到整个欧洲。神圣罗马帝国皇帝是卢多维科·斯福尔扎的封建君主。瑞士人支持斯福尔扎，为的是避免法国人出现在阿尔卑斯山脉两侧。阿拉贡的费尔南多二世意图在地中海西海岸建立霸权，介入纷争中来防卫那不勒斯。大战一触即发。

路易十二有几个同盟。威尼斯人使他有可能击败他们共同的敌人斯福尔扎，以及夺取米兰。斯福尔扎围攻、占领了自己的城市米兰，后来却再次失守。斯福尔扎最终在费拉拉被俘，押解到法国。路易十二成为米兰人的主人。

为了夺取那不勒斯，路易十二跟阿拉贡国王签署和平协议。他们共同出征，共同瓜分领土。双方达成一致。然而，战胜者在分赃问题上发生纠纷，法国人占下风。就这样，西班牙将统治那不勒斯数世纪。

那不勒斯并未给法兰西国王带来好运。还剩下米兰地区。在伦巴第，路易十二处于意大利的混乱局面之中，这是教皇儒略二世的拿手把戏。法兰西国王忽视了自己的王国，多数法国人开始指责他对冒险有无节制的热情。儒略二世利用路易十二发动对威尼斯人的战争，一旦获胜即与威尼斯、瑞士人和西班牙人缔结联盟攻打法国人。

充满悔恨的路易十二希冀在比萨召开主教会议来罢黜儒略二世。后者在拉特朗宫召开主教会议，宣布法国人是教会分立者。除了法国人，基督教欧洲的所有主教出席了会议。这对路易十二来说是个侮辱。

然而，得益于1512年因在拉韦纳击败同盟军而令人钦佩的富瓦的加斯东（Gaston de Foix），路易十二获胜。然而，加斯东在作战中身亡，法国人无法在意大利北部保全自己。同盟军穿越边境线。英国人和神圣罗马帝国再次驻军在北部平原；瑞士人翻越汝拉山脉，阿拉贡人穿越比利牛斯山。1514年，路易十二不得不急切地接受新教皇利奥十世提出的和约。路易十二把米兰让与马克西米利安一世，为英国人的撤退支付金币，接受阿拉贡国王对纳瓦拉王国的管辖权。跟查理八世一样，路易十二一无所有。1515年，在他临死之际，意大利探险再次遭遇失败，极其严重的失败：这一次，法国人四面受敌。

弗朗索瓦一世（François Ier）和查理五世（Charles Quint）

法兰西的新国王弗朗索瓦一世不是一个会放弃大型骑兵侵袭之人。从1515年的夏天开始，他召集了一支装备完善的炮兵部队，一窝蜂涌入瑞士。

瑞士人在马里尼亚诺大败，遂于1516年与法王签订"永久中立"条约，使得弗朗索瓦一世能够招募瑞士各州令人生畏的步兵，他们的军饷丰厚。

作为米兰人的主人和威尼斯人的朋友，弗朗索瓦一世与教皇和解。根据1516年的和解协议，法兰西的主教经由国王同意，由教皇任命。教皇与法兰西教会之间不再发生摩擦，他为国王担保。

同一年，阿拉贡的费尔南多二世骤然离世，弗朗索瓦一世利用这次契机来跟西班牙人达成一致：后者答允以西班牙年轻的国王与弗朗索瓦一世的女儿法兰西的路易丝（Louise de France）的婚事来交换纳瓦拉王国的领土（努瓦永条约）。意大利战争结束了？

查理五世出身奥地利、卡斯蒂利亚、勃艮第和阿拉贡王室。他改变了欧洲的游戏规则和格局。从此之后，哈布斯堡王朝惊人的势力将与法兰西王国争夺欧洲的霸权。意大利的问题早已过时，现在的关键是谁掌控着能为国家带来财富的商路、矿场和港口。1519年至1559年，法兰西和奥地利王室不得不无情地展开战斗。

他们之间的较量始于1517年，当马克西米利安一世生前向帝国开放王位继承之时：弗朗索瓦一世是候选人，同时还有英格兰国王亨利八世（Henri Ⅷ）、年轻的查理五世和另外一位德国王子萨克森的腓特烈三世（Frédéric Ⅲ de Saxe）。帝位由出价最高之人获得，而世界上最富有的银行家鼎力支持王子们的拍卖。雅各·富格尔（Jacob Fugger）在天平上倾尽所有：他用80万弗罗林金币为哈布斯堡家族赢得了帝位，同时胁迫禁止里昂、佛罗伦萨和热那亚的意大利银行家借钱给法兰西国王。

这下子查理五世成为诺大帝国的主人：他的管辖范围包括西班牙及其美洲领地、西班牙统治的意大利和西西里岛领土、奥地利、卢森堡以及莱茵河地区领土。他还控制荷兰、阿图瓦、弗朗什孔泰和沙罗莱地区。他的弟弟斐迪南一世（Ferdinand）则是波希米亚和匈牙利国王。

　　弗朗索瓦一世名下的领土和拥有的臣民数量远远不及查理五世。然而，法兰西王国更加集中，更加统一，管理更加完善。路易十一使得王权摆脱了大封建领主的敌对。法兰西人民习惯于按时缴纳税款，在查理八世和路易十二统治时期赋税并未上涨。王国拥有固定的收入来源，因此有信用。它可以向银行家筹借款项，通过税务准备来管理预算。在1516年的和解协议之后，即使弗朗索瓦一世承认教皇的教会授职，他还是掌握了教会的财产。教会财产（占据王国收入的2/5）的分配对王室的政治来说是一张王牌。为了获得利益，大领主往往自愿阿谀奉承。

　　得益于王室高级官员、司法长官、大法官以及宫廷总管，国王在他的行省被周到地服侍。公元1539年颁发的维莱科特雷国王敕令强制王国所有的法庭在法令撰写和审讯过程中使用法语。国王不得不跟某些地方主义抗争，尤其是布列塔尼地区。他有时不得不迎击终日苦心侵越君权的议会议员。然而，在国王执政期间，他面临的唯一的严峻的对立是波旁陆军统帅夏尔三世·德·波旁（Charles Ⅲ de Bourbon），在一次使之与皇太后对立的诉讼案件中，这位暴动的公爵向其封建领主神圣罗马帝国皇帝求助来对抗国王。波旁一旦失败，他的领地将和他一起消失，他的财产将归国王所有。正如威尼斯大使所写："法国人完全把自由和意志交到国王手中。"

　　逐日递增的王国财富给弗朗索瓦一世提供了保障，他自以为能够接受查理五世提议的决斗。从1519年起，为了确保能够战胜对方，他们各自寻求与英格兰国王亨利八世结盟。1520年，弗朗索瓦一世在

"金地毯营地"以奢华的排场迎接亨利八世。然而,亨利八世的条件在查理五世那里得到了满足,他最终站到了法兰西国王敌对的阵营。

战争爆发在各个阵线:西班牙、荷兰,尤其是在意大利,查理五世在那里侵袭米兰,并把斯福尔扎家族继承人安置在米兰。作为神圣罗马帝国的同盟军,英国人再次侵袭阿图瓦地区。弗朗索瓦一世急忙赶去防守米兰地区,然而却惨遭战败,并于1525年在帕维亚沦为战俘,与此同时波旁陆军统帅带领西班牙和德国军队威胁着马赛的安全。

法兰西国王成为阶下囚。幸运的是,土耳其人在欧洲东部作威作福。查理五世不得不在西欧寻求和解。他要求弗朗索瓦一世放弃勃艮第公国及其意大利领地。为了获得自由,国王签署条约。一经回到法兰西,国王立刻召集勃艮第三级会议。勃艮第人民宣称他们意愿归属法兰西王国。为了鼓励查理五世,弗朗索瓦一世在"科尼亚克联盟"联合威尼斯、佛罗伦萨、教皇和米兰。然而,他却并未取得军事胜利。1529年,他不得不签署康布雷条约,该条约的确对法兰西更有利:王国保留了勃艮第地区。

放弃意大利探险的弗朗索瓦一世迎娶了查理五世的姐姐奥地利的埃莉诺(Éléonore de Habsbourg)。法兰西王国迎来了7年的和平时期。然而国王并未放弃米兰地区。他抓住扰乱查理五世的西班牙宗教动乱的机会来支持马丁·路德(Martin Luther)教派的城市和村镇。弗朗索瓦一世与奥斯曼帝国土耳其人结盟,派遣大使抵达君士坦丁堡的黄金大门,取得奥斯曼帝国海军的支持。

这个有效的外交政策未能使弗朗索瓦一世重新占领米兰(1535年,他再次战败),然而却使法兰西王国与神圣罗马帝国度过了10年相安无事的和平岁月。1540年,法兰西国王在巴黎庄重迎接查理五世。

1542年,由于查理五世将米兰赠予他的儿子西班牙的腓力二世(Philippe II, roi d'Espagne),战争再度爆发。这次超出了法兰西国王的承受能力。他再次翻越阿尔卑斯山,而帝国军队再次得到了英国人的帮助,他们挺进北部平原。弗朗索瓦一世尽全力阻击,最终于1544年在克雷皮签署空白的和平协议。1547年,法兰西国王直到弥留之际都不曾放弃意大利。他留给世人的是富有骑士精神的国王的形象,胜不骄败不馁,他是一个对"冒险"不知疲倦的英雄,然而意大利探险最终却演变为欧洲争夺霸权的冲突。

亨利二世(Henri II),最后的骑士国王

亨利二世继承了弗朗索瓦一世的王位,任命蒙莫朗西公爵(duc de Montmorency)为顾问,后者曾跟随已故国王出战神圣罗马帝国军队。蒙莫朗西太过了解他的对手们,以至于不能冒险再开战。他希望与老仇人和解,让意大利幻想成为过去。

然而,论其出身,身兼法兰西王国陆军统帅和元帅的蒙莫朗西公爵,面对吉斯家族只是一个微不足道的领主。在亨利二世统治期间,吉斯家族在宫廷权势盛极一时,尤其通过国王美丽的情妇迪亚娜·德·波迪耶(Diane de Poitiers)的斡旋。在亨利二世统治期间,阴谋和谋杀时有发生的法兰西宫廷与意大利王室有几分相像。洛林枢机主教夏尔·德·吉斯(Charles de Guise)是一位精明的大领主,他积聚教士俸禄,支持教皇设立的新修会"耶稣会会士团体"。他的长兄弗朗索瓦·德·吉斯(François de Guise)是法兰西最优秀的将领之一。被视为信仰的守卫者和教皇的朋友,吉斯家族推动国王再次陷入

意大利探险之中。王后凯瑟琳·德·美第奇（Catherine de Médicis）和她的意大利友人，那些"外国人"支持政治介入。

亨利二世不慌不忙。他想要重建王国的秩序，法兰西在长年累月的战争中遭到重创。他实现了决定性的改革：设立初等法院，例如在代表国王或领主执法的大法官的辖区和议会之间的中间法庭。通过向中产阶级售卖议会议员和政府官员的职务，亨利二世懂得敛财。他镇压了一些爆发在边境省，尤其是在奎恩的反抗税务机构的暴动。他从英格兰国王爱德华六世（Édouard VI）手中用40万埃居金币收复布洛涅。

尽管法兰西国王梦想介入意大利，神圣罗马帝国的士兵却不给其喘息之机，后者在莱茵河齐集军队。亨利二世先下手为强，控制住梅斯、图勒和凡尔登的三个主教辖区，在边境处设防备战。公元1557年，亨利二世被萨瓦公爵（duc de Savoie）于圣康坦击败。蒙莫朗西公爵被俘。通往巴黎的道路畅通无阻。

查理五世明智地在其胜利期间离世。他的继承人西班牙的腓力二世拦住了萨瓦公爵。巴黎获救。

被吉斯家族重新聚首的法国人却希望追击撤退的帝国士兵。1558年，法兰西军队攻取卢森堡、敦刻尔克和加来。第二年在勒卡托康布雷西签署了和平协议，法兰西获得索姆省的各个城市以及此后对神圣罗马帝国关闭的边境线的三个主教辖区。法兰西再次放弃对意大利领土的要求，让与萨瓦，并将科西嘉归还给热那亚人。西班牙国王迎娶亨利二世的女儿，萨瓦公爵与弗朗索瓦一世的女儿法兰西的玛格丽特（Marguerite de France）成婚。在婚庆期间，亨利二世进行一场盛大的骑士比武，负伤身亡。

第六章 在意大利的冒险

意大利冒险就这样悲惨地结束了。在阿尔卑斯山另一侧，法兰西国王再不曾成功打开如此重要的缺口。从此之后，法兰西王国和神圣罗马帝国之间的冲突被限定在东部各省。

意大利战争末期的法兰西

白费力气的战争？

法国人在意大利丢尽所有？在连续四位国王执政期间，顽固的军事介入、数额惊人的无谓花费、未得显著成果的无休止的阴谋算计，著名的"意大利战争"是否不得不卷入各个王子之间王位继承争端的灾难性的旋涡之中？这些纠纷使得欧洲自百年战争起便笼罩在血雨腥风里？

事实上，在这个并无输赢的旷日持久的冲突中，它的真面目立刻显现：这是一场两个王国之间对欧洲霸权的争夺战，一方是集中的国家，它依靠在国内斗争中越战越勇的王国的道德优越性，另一方是一个广阔无垠的日尔曼-西班牙帝国，它依靠的是英国人建立在利益基础之上的联盟。

对法兰西王国来说，现实情况是，该争夺战除了有助于在东北部采取防卫安全措施这一确定的好处，还有其他的益处。从百年战争末期开始，法兰西就在英国身上取得了决定性的政治利益。从此之后，得益于意大利战争，法兰西王国具备大陆强权，在实践上，它有能力独自对抗查理五世的帝国，能够成功地顶住后者的多次进攻。如果说战争由于缺乏将领而结束，这足以说明法兰西王国抵抗住了冲突，在整个欧洲成为一个强国。

战争、美洲和金钱

意大利冒险的主要好处在于经济方面。早在路易十二统治时期，尤其是到了弗朗索瓦一世执政期间，显而易见的是战争是一项重要事务。需要供养酬报一支大型步兵部队，购买和组建炮兵部队，征募有才干的将领和以战争为事业的士兵，而不仅仅是招募骑士，这些另一个时代的无私心的英雄。战争引发了太多的财政问题，以至于不能由业余之人操控。战争需要专业人士。

为了给军队提供需要，国王必须以财政政策来支撑。一个政治上更加强大的国家比一个无法向臣民收取定期赋税的广阔帝国更有决定性的优势。经由国王之手，赋税为消除特权等级提供了基础，也促进了王国的统一。国王时常要求助的借款支撑了与大银行家的合作，而不再是向匿名出借者和宫廷放高利贷者筹款。专业人士发动的战争要求银行行业的专业人员。

从此之后，国王与银行家相交甚密。公爵和伯爵不能将查理五世推上帝位，但是富格尔家族的金子能够做到。如果没有富格尔家族和美第奇家族，那么没有一场战争在欧洲打得起来。对银行家来说，他们深刻洞察到自己的权力，战争是获得无与伦比利率的将本图利以及发展工业最有把握的方式之一。银行家在商业、海运、矿产以及工业中寻得资本。欧洲中部有着丰富的矿藏，尤其是金子。当白银在市场上短缺时，银行家使用新的技术工艺，例如汇票，来用于国际典押，而不必受限于货币的操控。白银的稀少使得拥有大量储备和操控利率之人发财。一个类似于出身商贩的企业家雅克·柯尔（Jacques Coeur）很快便可成为银行家。

从1530年起，欧洲不再面临货币短缺的问题。西班牙找到了美洲，同时找到的还有看起来取之不尽的金矿和银矿。西班牙国王的小铜钱大量地流入法国、奥地利、弗拉芒和意大利人的钱包。物价飞速上涨，刺激生产。田地的固定佃租降低，贵族破产，然而却减轻了农民的负担。即使薪酬上涨的速度低于物价，白银的汇集也帮助了企业和劳动阶层。在欧洲，新的社会阶层正以迅猛的速度冲击着封建阶级。地位低微的贵族落魄到撰写农事书籍的境地，他们教授有同样遭遇的人如何耕作或者如何亲自耕种仅存的田地。

  与美洲关系的正常化给经济流通注了一剂强心剂。并未参与新大陆发现的法国人致力于加入到经营事业。巴斯克、拉罗谢尔、诺曼底和布列塔尼的水手涌向西部。他们与英国人及荷兰人一起在岛屿上安家，当他们不再依靠由西班牙和葡萄牙国王负担沉重费用的船只出海时，他们指导栽种。这些私掠船并不依靠他们的君主。但是，各国君主并不反感看到私掠船满载战利品抵达他们国家的港口。法兰西王国有殖民地、劫掠船，甚至一些勘探者，例如发现圣洛朗的雅克·卡尔捷（Jacques Cartier），或者迪耶普船主约翰·安哥（Jean Ango），认出了马达加斯加和苏门答腊之后，又发现了巴西的海岸。

  然而需要强调的是，如果说美洲的金子给整个欧洲带来了利益，那么它首先加强了查理五世的实力。不过，在传统商路通过里昂控制意大利市场的范围内，它更多地有利于法兰西王国。王国的第二大城市里昂地处勃艮第通向地中海、瑞士通向大西洋以及法兰西通向意大利的十字路口上，它有着欧洲最丰富的集市。集市每年举办四次，聚集了最富有的德国、瑞士、意大利和西班牙商人。外国人长期居住在里昂。他们聚集在"居住区"，建造宫殿和教堂，定期进口他们本国的物品：德国人的武器、钟表和工具，意大利人的东方产品。里昂的银行从这样不中断的买卖中获益。瑞士人、德国人和意大利人效仿在里昂开办商行的美第奇家族。他们不顾教会的禁止，开办有息贷款业务，收取15%的利息。16世纪，里昂的银行家在王国内最富有，他们直接借钱给国王，之后再从税收中收回。

如果说由于与意大利的临近和战争引发的贸易加强，资金汇入里昂，那么法兰西王国致富主要来源于工业。16世纪，传统工业现代化，尤其是纺织业。新型工业出现，如冶金工业（例如大炮的制造）、造船厂和印刷厂。印刷和冶金的工艺来自德国，例如丝绸一类的新型纺织原料的技术来源于意大利。对这些新兴工业来说，战争是发展的毋庸置疑的要素。此外，国王给予制造商特权，以使他们能够制造生产武器和军需以及制造船只的必要制成品。工艺师越来越多，而他们的名声远称不上良好。这些新富不能在城市中任职，他们被排除在由传统手工业者主导的政府的"职业工艺"之外。如果没有国王的保护，这些新工业很难站稳脚跟。

社会关系的缓和

16世纪面临长期的社会动乱：首先是在城市中，新兴产业使得一个令人生畏的阶层应运而生——"工人阶级"。尤其是在里昂，印刷厂爆发了反抗厂主的暴乱。而且，由于农业薪金停滞不前，而生活成本持续提高，乡间也爆发了动乱。那些能够想尽办法囤积居奇的富有农民从形势中获益。地位低微的领主和收入颇少的农民成了受害者，他们组成了不满者队伍，经过动员即可投入战争。这些战争是所有战争中最血腥的，即使得世纪末陷入血雨腥风之中的宗教战争。

毫无疑问，新兴经济体系的获益者是资产阶级。既不是议会议员，也非年迈的原先行会的领导者，而是银行、大宗买卖或者工业产业的资产阶级。银行家仕途的晋升令人叹为观止。有钱者可以称王称霸，甚至是在宫廷中。美第奇家族成员成了法兰西王后。在意大利，商人生活已经如王族一般，他们把这种风尚推广至巴黎，在那里被最好的家族接待。宫廷的恩典将他们封为贵族，如今他们成了大领主，出行乘坐豪华马车，建城堡，供养艺术家和诗人。

意大利人不是唯一的受到法兰西宫廷优待而得到社会阶层晋升的人。法国人也极大地受惠于此。当他们并未以在政府或王室会议做的工作、以对国王或者宫廷要人提供的服务为理由受封贵族时，中产阶级可以随心意购买带有贵族头衔的职务（例如王室司法部门）或者购入贵族地产。资产阶级的目的是为子嗣购买职位，把女儿嫁给贵族。因此，嫁妆和遗产继承问题具有重要的意义，即将到来的世纪的喜剧作家乐于以此为题。

只要拥有资产，一切的晋升方式都合理。人们需要金钱来受封贵族，来购买地产和"庄园"，来端庄地或者有时气派地接待重要之人，事业和财富有时都取决于他们。基于此，资产阶级不仅需要贵族头衔，他们也需要文化素养，以此来出入一个从一开始不属于他们的世界。

新生文化

通过大量购买书籍，资产阶级尽一切能力获取知识，确保出版社和印刷厂的资产。他们在家中收藏拉丁语和希腊语作家精装文集，甚至还有法国作家。例如在16世纪期间，拉伯雷（Rabelais）的作品出版42次，印刷量达到1000到2000册。除了有教养的贵族，资产阶级也阅读拉伯雷。他们同样阅读伊拉斯谟（Érasme）和法国人文主义者的作品。他们构成了一个重要的读者群，构成了称之为"人文主义"的对古典作品探索的新运动的读者。

得益于印刷术，思想的光芒惠及大众。在欧洲各处，大出版商在好地段开店。威尼斯的印刷家阿尔多·马努齐奥（Alde Manucce）、巴黎的埃蒂安纳（Estienne）、里昂的约翰·德·万格勒（Jean de Vingle）和塞巴斯蒂安·格里夫（Sébastien Gryphe），这些出版商是令人惊叹的文化推动者。作家、人文主义者和诗人聚集在他们周围。他们在整个欧洲的学者之间传播知识，在他们之间建立永久的联系。得益于在意大利避难的希腊学者，此时人们在原著中发现了伟大的古代作家。出版商与学者一起确保了复兴事业。

法国出版商运用并深入了这场诞生于意大利的运动。获得中产阶级蒙田（Montaigne）赏识的"文献学"由劳伦蒂乌斯·瓦拉（Laurentius Valla）创造。威尼斯人达尼埃莱·巴尔巴罗（Daniele Barbaro）使亚里士多德作品的阅读焕然一新，正如佛罗伦萨人马尔西利奥·费奇诺（Marsile Ficin）对柏拉图（Platon）著作的翻译标准做出了卓越的贡献。在法兰西，著名拉丁语作家的手稿被纪尧姆·菲谢（Guillaume Fichet）出版，他在意大利找回了这些原稿。1507年，法国人史无前例地印刷了古代希腊语原著。

通过意大利大师，荷兰修道士伊拉斯谟是在巴黎了解到文学的文艺复兴的丰富吗？正如那个时代大多数的中产阶级，伊拉斯谟是个大旅行家。他的足迹遍布荷兰至巴黎，巴黎到威尼斯或者日内瓦的各个地方。他使用拉丁语写作来拥有广泛的读者大众，而他是在意大利成名，1508年他在威尼斯出版了《格言集》。的确，1511年，他的著作

第六章 在意大利的冒险

《愚人礼赞》是在巴黎出版的。教皇利奥十世和弗朗索瓦一世闹得不可开交，因此伊拉斯谟被亨利八世吸引到伦敦。然而，这位伟大的人文学家却不固定于任何一个地方。他在整个欧洲出版文章、书籍、论著和校勘本。他是文艺复兴的"王子"之一，到处受到迎接和款待。想要出席上流社会的中产阶级需要了解伊拉斯谟的思想。

同时还需要了解其他宫廷感兴趣的人文主义者。亚里士多德著作的批注者勒菲弗尔·戴塔普尔（Lefèvre d'Étaples）和文献学的创始人之一纪尧姆·比代（Guillaume Budé）是国王的亲信。1529年，弗朗索瓦一世命比代建立国王文告宣读者学院，即未来的法兰西学院。国王不喜欢索邦神学院，那里的教会人士发展错误的神学知识。新的学院向人文主义者开放，传播新生文化，开展外国教育。学院立刻获得极大成功。

文化流行起来。对于古典作品的编注，弗朗索瓦一世的个人影响不容小觑。他命克劳德·德·塞塞勒（Claude de Seyssel）翻译出版了修昔底德（Thucydide）和色诺芬（Xénophon）的著作。他命阿米欧（Amyot）翻译普卢塔克（Plutarque）的作品，命于格·塞勒尔（Hugues Salel）翻译荷马。以国王为榜样，大领主和富有的中产阶级纷纷成为文学艺术事业的资助人。他们召集并领导"人文主义者"，红衣主教约翰·杜·贝莱（Jean du Bellay）保护和资助拉伯雷。

这个"新生文化"大部分来源于意大利，在塞纳河畔使得一种新的语言绽放其魅力，即最终成为文学语言的法语。出版和普及优秀作家的作品同样会触动新的法国作家，他们通常是写给中产阶级的资产家，而非为了亲王工作的外国人。在拉伯雷反抗"索邦人士"的斗争中，他是倡导文学为开启新世界大门之钥匙的学派的先驱。《巨人传》中有着比查理八世的那不勒斯行纪更多的发现。《巨人传》表明了其对有生命的文化的需要、对知识的无限渴望、了解理性规则的意愿，正是古代赋予的承载文明的使命。书中年轻的庞大固埃（Pantagruel）不仅需要学习拉丁希腊语，"还要学习闪语和迦勒底语"，因为他要致力于掌握人类知识的全部，如"文艺复兴"所标榜的那样。如果说索邦——也就是教会——反对新发现，那么需要改变索邦。由于教会禁止解剖，医者拉伯雷只能在夜里解剖人们从墓地偷运来的尸体。作者拉伯雷想要解剖柏拉图、亚里士多德以及所有古代的对索邦来说为魔鬼作家的作品，尤其希望探明囚禁在圣多马（Saint-Thomas）的巴士底狱中受到这些作品启示的人们的内心。

在蒙田和拉伯雷的作品中，为表达对古代作家的热爱，他们采取一种方式，即"令人愉悦的知识"，将人类从自身的时代里解放出来回到知识的源泉中去，蒙田的《随笔集》表达了对同时作为思想和行动的语言的尊重，因为语言是思想的载体。对语言的关心和注重体现在诗歌和散文中。1544年，一位对事物感知能力极强的里昂诗人莫里斯·塞维（Maurice Scève）写就 *Délie*。这是一个重视彼特拉克（Pétrarque）的里昂诗人，而莫里斯·塞维在其观察入微的雅致中，在某种程度上是里昂的彼特拉克。16世纪，里昂诗人们在成为资助者的富有银行家那里阅读柏拉图经典，类似于15世纪末期佛罗伦萨文人。银行家和诗人都翻过了阿尔卑斯山。

16世纪，法语是通过诗歌取得了决定性的发展。它是罗曼语族的主要语种之一，由几部才华横溢的作品衬托出来。以意大利语为榜样，法语成为一种文学语言。1549年，约阿希姆·杜·贝莱（Joachim du Bellay）发表《保卫与发扬法兰西语言》。七星诗社的所有诗人立刻表明愿意创造一种能够与拉丁语、希腊语以及意大利语媲美的法兰西语言。在这样一种充满了大量对古代语言以及对但丁（Dante）和彼特拉克借鉴的新生语言中，他们创作出大量价值不一的作品，但毋庸置疑地构成文学。

生活的布景

还剩下艺术有待革新。在所有的艺术领域中，意大利也同样占据主导地位。正如布鲁内莱斯基（Brunelleschi）时期的佛罗伦萨，法兰西王国厌倦了"德国的泥瓦工"这些大教堂的建造者。法兰西也将有自己的布鲁内莱斯基吗？

在一个国家创立建筑艺术反常地难于创立文学。曾经在意大利使查理八世率领的"粗糙的骑行军"惊叹的正是城市文明的奢华、装饰富丽堂皇的大理石广场和教堂以及安有数量众多窗户和怪诞楼梯的宫殿。意大利风格在建筑上很难与法兰西传统的素淡调和，在社会生活上就更难彼此适应。宫殿与其他建筑物共同构成了生活的布景。相反地，法兰西亲王们在数个世纪之前就开始隐退到乡间广阔的土地上。他们的"城堡"被树林、猎场和农民的村庄包围，往往与城市有一定的距离。那是些为了防御或者监督而建的建筑物。当中产阶级抬头望向天际时，他们看到的是领主的城堡，高耸入云且坚不可摧。

在法兰西，意大利建筑师能够在大型商贸城市修建一定数量的意大利式的宫殿。里昂意大利街区上的加达涅城堡现在仍是城市的一抹风景。卢浮宫的侧翼是意大利风格。不仅巴黎有很多意大利宫殿，鲁昂和第戎也有，自然而然地，阿维尼翁和南部城市也修建了意大利风格建筑。

尽管如此，意大利文艺复兴的创造性贡献尤其在城堡的构建上更为明显，因为法兰西的城市资产者足够富裕，以至于可以快速改变城市的布景。此外，他们自己也梦想在人迹罕至的地方购买或者修建意大利式的城堡，像那些大领主和国王一样。通过奢华和装饰物，卢瓦尔河的各个城堡因此构成了一个范例。尚博尔、阿宰勒里多、舍农索、枫丹白露和巴黎地区的圣日耳曼的建筑构思为法式，装饰为意式，尤其是体现在楼梯、窗户和天花板上。古罗马建筑师马尔库斯·维特鲁威·波利奥（Marcus Vitruvius Pollio）的作品直到1547年才在法兰西出版。在这种情况下，只有法兰西建筑师开始使用从古代艺术中借鉴的因素，即立柱、柱上楣构、藻井拱门以及三角楣，尤其用于教堂的修建中。在卢浮宫的正面，皮埃尔·莱斯科（Pierre Lescot）增加了立柱的数量，而菲利贝尔·德洛尔姆（Philibert Delorme）用意大利风格浓重的传统建造弗朗索瓦一世的陵寝。

文艺复兴时期的城堡保留了中世纪坚固的圆形钟楼，尤其是异常倾斜的石制顶尖，它们继承了过去的传统，也顺应多雨天气的要求。意大利风格对雕刻家和画家的影响甚于建筑家，后者需要重视他们顾客的传统审美口味。在巴黎，约翰·古戎（Jean Goujon）使得古代裸体像被重新发现，他大量雕刻狄安娜（Diane）和维纳斯（Vénus），他在巴黎中心卢浮宫的附近修建令人赞美的圣婴喷泉，泉中的仙女和精灵使出浑身解数比美。皮埃尔·邦唐（Pierre Bontemps）和日耳曼·皮隆（Germain Pilon）同样赶意大利时髦，为弗朗索瓦一世和亨利二世的陵墓做装饰。

的确，传统主义的法兰西画家和肖像画派（克卢埃Clouet）仍有美丽的画作传世。然而，国王越来越倾向于招引意大利著名画家到他们的城堡中：他们经常亲自购买画作。弗朗索瓦一世曾经购得达·芬奇（Léonard de Vinci）的《蒙娜丽莎》。他同样收买了画家，达·芬奇在法兰西宫廷度过余生。普利马蒂乔（Primatice）和罗索（Rosso）为枫丹白露宫作画。佛罗伦萨的本韦努托·切利尼（Benvenuto Cellini）为弗朗索瓦一世雕刻用于阿内城堡的《枫丹白露的仙女》。他的大部分由国王订购的金银器制品如今被保存在卢浮宫。

得益于财团的资助，意大利人的功绩在于为艺术家提供了某种社会地位。艺术家不再被认为是一个卑微的手艺人，他们被迎进宫廷，受到极力奉承，得到富人丰厚的画稿费用。因此，独特的绘画学派蓬勃发展，展现出天赋。某些法国人在绘画和建筑风格上的抵抗和固执证明了意大利的影响更多的是激励和风向标，而不仅仅是一个真正的占领。巴黎从不需要效仿佛罗伦萨，然而法兰西艺术家在国王和亲王的宫廷中生活，正如桑德罗·波提切利（Sandro Botticelli）定居在洛朗·德·美第奇（Laurent de Médicis）的宫廷。

对意大利城市繁荣丰富的文明的发现同样改变了宫廷和有产阶级的生活方式。风尚传播精致的华服、考究的发型、华丽的车马随从和富丽堂皇的府邸。最显而易见的发展要数那些在人类关系中缓慢实现的进步，人们的相处变得越发柔和、彬彬有礼和融洽。出版、新的教学、文学和艺术的蓬勃发展使得文化成为社会生活的需求。那些贵族和有产阶级中用诗人发明的新生语言交流的精英，在意大利风格中发现了生活的甘甜之处。在人文主义者出版的作品中，伴随着古希腊的欢乐，这些精英同样找寻到的，还有德国改革的毒药。

1 《高卢的阿玛迪斯》(*Amadís de Gaula*)是中世纪最著名的骑士小说,16世纪初,西班牙人加西亚·罗德里格斯·德·蒙塔尔沃(Garci Rodríguez de Montalvo)以卡斯蒂利亚语(古代西班牙语)将大约创作于14世纪的原文(年代、作者均不详)进行改编,并增加了四、五两册,于1508年出版。——译者注

第二部分

从亨利四世（Henri Ⅳ）到拿破仑（Napoléon）

第七章
宗教动乱

在法兰西历史中极少的境况下，王国被一分为二，被两个时刻准备着鱼死网破的敌对阵营撕扯。曾经有纯洁派和西蒙·德·蒙福尔率领的东征十字军。然而，纯洁派教义并未分裂公国、城市和家庭。它仅限于一个地区。宗教战争引发了首个大型的全国性的对抗，两个法兰西所受到的精神重创的冲击后来在法国大革命期间重演，很久之后在德军占领期间再次上演。

在文艺复兴的时代，改革是一个新生概念。毫无疑问，这是那个时代唯一的与意大利人无关的想法。该观点诞生于法兰西，在对教会的深恶痛绝中，对纯净的渴望中，也在新教徒的意愿中诞生，他们希望建立一个新的富强和自由的国家，一个不需要受制于教皇、西班牙国王或者佛罗伦萨银行家的国家。

教会分裂

人文主义者先驱

在国王亲自设立固定税收机构的时候,教皇对欧洲政治事务的介入体现在税收数额的提高上。教皇征收的赋税招致了法兰西王国信徒和教士日益增长的不满。入修会的教士尤其感到惴惴不安。在佛罗伦萨,萨伏那洛拉难道不是早已经控诉教皇的万恶,以及教皇身后的整个宗教和世俗社会?更严重的是,教会的失败掩盖了道德败坏团体的失败。正如纯洁派教义,修道制度呼唤回归纯粹。弗拉·安吉利科(Fra Angelico)为佛罗伦萨圣玛尔谷修道院所作壁画以其简单流畅的笔触与人数众多的画派的画家作品形成鲜明对比,诸如保罗·乌切洛(Paolo Uccello)和多米尼哥·基兰达奥(Domenico Ghirlandaio)画派的作品,他们的透视画法在教堂或者私人小礼拜堂的墙壁上栩栩如生,展现出了一个回归到某种信奉神秘异教,回归到完全跟基督教无关的柏拉图主义的世界中。

在法兰西王国,意大利风尚并未使拉谢兹迪约城"死神之舞"[1]的画家们忘却15世纪大师们对纯粹的需求。对生命尽头的感知——在那个世界主教比盗贼先行入地狱——伴随着在一个新社会里对新宗教的期待。通过修复文献资料,痴迷于古代作品且关注神圣福音书的"人文主义者"能够为复兴信仰做出贡献。

事实上,通晓希腊语和希伯来语促使神学家在走样的拉丁文副本之外重新找到宗教文献。"拉丁文《圣经》",即罗马版本的《圣经》,使得《圣经》面目全非,需要进行语文文献学的真正探查来找回它原来所昭示的真理。勒菲弗·戴塔普勒和伊拉斯谟以此为己任。并且,他们走得更远。1509年，伊拉斯谟在《愚人赞礼》中揭穿教会人士滥用职权，直接抨击负责人、教皇和主教。必须把这些"王子"从教会驱逐出去，因为他们"罪恶的放荡行为"使得教会蒙羞。

在文艺复兴时期文人们狭小的欧洲世界里，伴随着印刷术，新兴观念传播速度很快。尤其是因为随着全新的文献问世，译者们不会忘记想象一个更加纯粹的教会，一个摆脱了"走样作品"和圣礼魅惑的教会。

莫城的一个主教纪尧姆·布里松内（Guillaume Briçonnet）被这个魅力所触动，在他的主教辖区找来勒菲弗·戴塔普勒和其他一些友人，尤其是纪尧姆·法雷尔（Guillaume Farel），在国王弗朗索瓦一世的妹妹昂古莱姆的玛格丽特（Marguerite d'Angoulême）的支持下，主教布里松内实现了最大胆的改革：他移出了教堂里的圣徒雕像和画像，将圣母玛利亚的祭礼压缩至适度的范围内，使信徒用法语做祷告，派遣牧师到乡村布道福音书。结果超过了预期：人们看到主教的忠实追随者到莫城大教堂的广场上示威，他们要求立刻完全毁坏所有的"偶像"，他们在大教堂的门上张贴"揭帖"，其中称之为"伪基督者"的教皇受到审判。

因此在1524年，一个以主教为首的法兰西小团体公然分裂教会。

马丁·路德的到来

此时，路德的宗教改革已经席卷德国。像莫城的"狂热之人"一样，德国农民以新的信仰为名摧毁了"偶像"。诚如路德所言，唯有信仰重要，"艺术作品"是无用的。中产阶级不会比其他人更早地上天堂。从1520年开始，路德的这些教义抵达巴黎，秘密地流传开来。

同年，路德在罗马被定罪，"教皇利奥十世和索邦神学院公开宣称他为异教徒，并驱逐出教。"正如《一个巴黎中产阶级的日志》中写道的，"路德的一些作品在德国的所有城市和整个法兰西王国印刷出版。"

马丁·路德的《与教皇信》始于1518年。主教布里松内同年定居到莫城。我们可以认为路德的思想很快就在整个法兰西王国不胫而走，因为这些观点恰好遇到有力的生长土壤，即数量众多的思想团体，他们由出版者、印刷工以及教士阶层里有教养的信徒聚集而成。

不久之后，法兰西讲道者使得路德的作品得到传播。他们在众多地区传播福音教义：皮卡第、诺曼底、巴黎地区。同巴黎和莫城一样，里昂和布尔日这类大城市设立福音传教士团体。在各地，呈现圣母玛利亚和圣徒的"图像"、绘画和雕塑被撕碎和损毁。在布里众多教堂的正面，我们能看到被削去头部的圣徒和圣母玛利亚被捶打的头部。新教徒到处歌唱圣诗以及标志着团结的赞美歌。

他们很快变得谨慎，因为教会不会坐以待毙，开始镇压。新教徒被逮捕之后，先被割去舌头再施行处决，为的是防止他们在行刑时唱诗。印刷厂秘密地印刷反动作品。尤其是在里昂，人们印刷书籍和短文，流动商贩到处散布。这个危险暴力的文学以法文书写，可供所有人读懂。小册子或"短文"和歌曲一样，通常是很受欢迎的方式，能够立刻取得广泛大众的关注。

从1525年开始，教会对莫城新教徒的迫害使他们四分五裂。勒菲弗和法雷尔不得不逃到斯特拉斯堡。主教布里松内停止了一切行动。莫城的组织不受巴黎的中产阶级欢迎，后者在这场运动中看到了"智

第七章 宗教动乱

力至上"的骚乱。"相传有个名为法布里（Fabry）的神学院教士，毫无疑问他就是勒菲弗本人，"1525年的《一个巴黎中产阶级的日志》中这样记录道："和其他因素并列为这场混乱的始作俑者，他们声称在教堂不应当摆放任何的图像，不为罪孽施圣水消除，亦不为亡者祈祷，因为即使纵欲，他们死后也会上天堂或入地狱，而无炼狱。"

在这个可悲或者说可耻的观点中，即使得到了小有产阶级寻找天堂的支持，非法买卖赦罪法令也足以让人瞠目结舌或者义愤填膺。况且，福音传教士受到很好的关照，即使是在宫廷。弗朗索瓦一世对他们宽容备至。他任命勒菲弗·戴塔普勒为王室子嗣的家庭教师。路德教教徒不顾教会人士严厉斥责国王的软弱，利用这个有利氛围来展开宣传。

对于那些读过伊拉斯谟著作的主教，此次运动激起了他们的同感。宫廷贵妇和有学问的有产阶级欣赏路德的观点。然而不久之后，运动获得了一些人的反对，例如乡村的穷苦人民和神甫、学生和他们的教师以及托钵修士和他们的民众。相较于正统的索邦神学院，王室学院（或者法兰西学院）只拥有异教徒。对这些新思想最为敏感的是城市中的手工业者，例如里昂的印刷工人。莫城的羊毛梳理工人和鲁昂的纺织手艺人构成了一个渴望在教会和信仰中改变的群体。

1534年，一起丑闻爆发：在巴黎、图尔和布卢瓦的墙上，张贴着布告，其上写有揭发"教皇弥撒不可忍受之滥用"。国王在他自己房间的门上也发现了其中一张布告。这一次，必须严厉惩罚：火刑的柴堆在整个法兰西王国燃起熊熊烈火。

约翰·加尔文（Jean Calvin）登上历史舞台

针对宗教迫害，一个无名者提出异议。他撰写了一本书，于1536年出版：《基督教要义》。原文以拉丁文写就。作者是莫城团体的崇拜者，他的名字是约翰·加尔文。

法语国家的改革者第一次掌握了话语权。伊拉斯谟和人文主义者是随笔作家，是自由行动者。加尔文从一开始就是教会的领导者。由于跑到斯特拉斯堡和巴塞尔避难，他躲开了宗教迫害。如果说《基督教要义》的首版没有取得传播的巨大成功，1541年的法文版本得到了广泛传播，立刻在改革者的圈子里得到接受和评论。从此之后，法兰西新教徒有了首领和教义：加尔文主义在1537年出版，他注释的《圣经》在1550年出版。

从1541年开始，加尔文定居在日内瓦，在那里受到了纪尧姆·法雷尔的接待。他的定居并没有那么容易。日内瓦的有产阶级对他的"美德之共和国"计划并未表现出多大的同感。然而，加尔文和他的朋友们成功夺取了权力。

法语国家的改革有了首府。加尔文立刻着手创建和安排相关机构：新教牧师的教务会议不久便监督城市的风尚，实行彻底的宗教专制。1553年，加尔文命人将被指控为异端的米格尔·塞尔韦特（Miguel Servet）当众处以火刑。

日内瓦成为法兰西新教徒的大本营。到处兴办印刷厂。钱财从欧洲各处汇集于此。被迫害的教徒到日内瓦寻求庇护，城市人口不断上升。由泰奥多尔·德·贝兹（Théodore de Bèze）主持的学会培养传教士，秘密地抵达临近王国来维持反抗。

从1550年到1560年的10年间，改革的发展令人震惊。新的观点从

第七章 宗教动乱

大大小小的城市出发，抵达乡村和社会所有的阶层。在法兰西王国，超过2000个宗教改革会被设立。1559年，在约翰·加尔文的煽动下，首个"法兰西宗教改革教务会议"召开。该教务会议是开创性的：它建立了一个平行的教会，具备教会人员、教义、教堂和运行机制。从此之后，新教在日内瓦的领导下，整个法兰西王国找到了根基。

法兰西王国和新教徒

法兰西的镇压

正如英格兰和德国，法兰西王国本该"投入宗教改革运动中去"。然而，王国却无意尝试，因为1516年签订的和解协议使得国王从教皇那里取得的好处让一切抗争徒劳无功。

君主国已经多次被新教徒的鲜血染红：1529年，巴黎国会判处并执行一个名为路易·贝尔干（Louis Berquin）的贵族死刑，他的罪名是藏匿反动书籍；紧接着1534年的布告事件出现的宗教迫害活动使众多新教徒牺牲。国王打击有力。

在普罗旺斯，人们竟然追捕被视为异教徒的沃州人，他们被指控与加尔文主义者勾结。1545年，这些悲惨的沃州人被无情地屠杀。

到了弗朗索瓦一世执政的末期，尽管国王生性慈悲，他仍然选择大肆镇压。亨利二世不愿在内部树敌。他与奥地利家族的决斗并未能缓解宗教动乱，抑或政治分裂。宗教改革运动有可能很快演变成贵族们反抗王权的暴动。从政治方面考虑，亨利二世与弗朗索瓦一世一样，决不妥协。

相较于法兰西的国王们，教皇行动更加迅猛。1540年，保禄三世（Paul Ⅲ）已经掌控着由依纳爵·德·罗耀拉（Ignace de Loyola）创立的著名的"耶稣会"。他设立宗教裁判所的法庭，它们从前曾是纯洁派的噩梦。罗耀拉判处所有的新教徒作品有罪，并举行火刑判决仪式。

教皇的态度是明确的，毫无模棱两可之说。同作为战士的耶稣会会士一起，教皇保留了信条。1545年，特利腾大公会议第一次召开。在18年间，该主教会议缓慢却稳定地进行教会的深入改革工作。

主教会议的作品中最惊人的方面要数重申罗马天主教的正统性，主教会议对教皇的臣服，以及赋予神职人员教育和道德作品的优先权。从此之后，只有教皇一人有权力来细致地驳斥异端邪说，他是信仰万能的守卫者。在福音传教士面前，教会以团结一致作为其战争机器。

教皇的这一态度在镇压"错误教义"的行动中是最高效的。然而，它在本质上却得罪了极力主张法国教会保持行政自主性的法兰西教士。各个主教确实并未准备好接受异教徒来挫伤教王权力，他们却决定采取一定的反抗罗马教廷纯粹霸权主义的举措。

国王成了这次反抗的同谋者。他拒绝命人出版主教会议颁布的法令，对以培养新教士的"神学院"的设立漠不关心。作为法兰西教会的保护人，国王期望在王国内部独自对抗异端邪说。不顾王室的缄默，耶稣会会士在各地成功开办他们的学院，他们最杰出的教师着手重新培养杰出人物，在教学中将罗马正教和人文科学，将新旧世界的知识结合。

如果国王希望能够摆脱教皇的操纵，那么他必须证明他可以独自镇压异端邪说。1540年的法令和1545年的敕令使得建立"烙刑法庭"

成为可能，成果显著。1557年，当国王敕令规定任何被确认为异端的行为都将判处死刑的时候，镇压急速蔓延开来。

然而，在镇压的意愿方面，王国未能表现出凝聚力。与神圣罗马帝国的皇帝相反，国王本人与德国的新教徒结盟。他如何能够认为在法兰西王国的判处对德国也适用？在敕令的实施中存在不可避免的不稳定因素。从最高的层面上来说，镇压的意愿并未表现出持之以恒或坚定有力。

在议会议员和宫廷其他官员对国王法令原文的解读中，他们的态度更加变化不定。这些贵族或者法官中的大部分人站到了宗教改革人士的阵营。其他人秘密地表示同感。

尽管面临迫害，也许是因为在法令的实施中存在着犹豫不决和不均等，新教徒的发展却日复一日更加稳定；奇怪的是，边境线上的行省通常完全接受宗教改革运动，就好像宗教动乱能够加强和确保相较于巴黎政权的祖传的独立意志。

如果说布列塔尼和普罗旺斯保持站在基督教一边，那么诺曼底和多菲内、圣通日、环境恶劣的塞文山脉以及朗格多克地区成为胡格诺派[2]。纳瓦拉王后胡安娜·达尔布雷（Jeanne d'Albert）是胡格诺派。天主教徒在中部地区占据牢固的地位，如奥弗涅、中央高原北部、贝里、巴黎盆地、北部和东部等地区。

即使是在天主教国家，大部分的大城市也都被宗教改革运动征服，例如奥尔良或者普瓦捷。南部的城市效仿日内瓦，希望建立独立的共和国，例如蒙托邦、阿让和波尔多。

新教徒的发展

相较于天主教,新教教会并不集中,既无可以抗争的教皇,也无可以依靠的国王,却独立自主地骤然发展壮大。在1559年的主教会议之后,新教教会在大规模联邦制的基础之上再次集中,每一个宗教团体在其管理和决策上都保持自由。

胡格诺派迅速增加新成员。在城市的工匠中,有他们众多忠实的追随者。这些人成为新生信仰的布道者。知识分子、艺术家和作家加入其中,有些人已声名大噪:约翰·古戎和贝尔纳·帕利西(Bernard Palissy)和外科医生安布鲁瓦兹·帕雷(Ambroise Paré)以及农学家奥利维耶·德·塞尔(Olivier de Serres)一样有名。诗人阿格里帕·德·奥比涅(Agrippa d'Aubigné)可称为宗教改革运动的荷马。

企业的有产阶级也加入运动中来,他们有时是新思想传播的主力军。在一些地区,所有的工人和雇员都被新教思想说服,本身成为狂热的宣传者,那么如何抵抗风向的驱使?至于说官员、法官和王室公务人员,他们通常是宗教最杰出的招收新成员的中间人,是时代先进思想的响应者。

1559年,在卡托-康布雷齐和约签署之后,新事件是贵族阶级中的很大一部人人在福音事业的感化下,由反对转为赞成:首先是地位低微的贵族。小贵族地主从战争中获益。当他们最终返回到自己的领地上,映入眼帘的是毫无生气的农民和贬值的田租。在司法冲突中,小贵族的臣民习惯于向王室法庭提交案件,甚至于他们从中世纪开始就享有的司法收益,也从他们的手中溜走。作为贵族,他们不能经商。他们既无收入也无工作。宗教战争发现他们大有用处。这些人懂得把他们的臣民拖入战争。

通过野心勃勃的大领主，小贵族自己也卷入战争，前者在宗教改革中找到了控制王国和战胜对手的方法。科利尼兄弟（Odet de Coligny和Gaspard de Coligny）和波旁家族成员是强大的军队首领。胡安娜·达尔布雷的丈夫安托万·德·波旁（Antoine de Bourbon）是纳瓦拉王国的国王。他的弟弟路易一世·德·波旁（Louis Ier de Bourbon）自诩为"法兰西王国新教徒的总守护人"。众多首领中最公正无私的是加斯帕尔·德·科利尼（Gaspard de Coligny），他的弟弟弗朗索瓦·德·科利尼（François d'Andelot de Coligny）被亨利二世作为胡格诺派逮捕。

亲王战争

从路易十一开始，法兰西所有的国王为了终结贵族的野心所作的一切努力，在天主教和新教的对抗中全盘瓦解。在一些地区，亲王的宗教效仿德国，试图成为其所在行省的宗教。民众信仰的运动和知识分子的激情被各派首领利用和收买，他们重新激起古老的亲王之间的冲突，后者在亨利二世突然离世之后，渴望继承处于空位的王权。

事实上，1559年，王位继承人年方十五。与玛丽·斯图亚特（Marie Stuart）结婚的年轻的弗朗索瓦二世（François Ⅱ）完全生活在王后的亲属吉斯家族的影响之下。吉斯公爵弗朗索瓦（François）是王国的少将。他的弟弟洛林的枢机主教夏尔·德·吉斯（Charles de Lorraine）是宫廷最有权势的贵族之一。吉斯家族憎恨享有前几位国王圣宠的科利尼家族。掌握权力之后，吉斯家族从科利尼兄弟的伯父，即年迈的陆军统帅安内·德·蒙莫朗西（Anne de Montmorency）

手中夺权。陆军统帅不再是王室议会的成员。吉斯家族遣散军队，他们认为士兵并不可靠，且对胡格诺派有好感。吉斯家族从年轻的国王那里得到权限，判处议会议员中最重要的人物安内·杜·布尔（Anne du Bourg）火刑。迫害继续。

血流成河。被权力排斥的新教徒不再有合法的方式来保护他们的教友。孔代亲王于是决定策划一场谋反。拉雷诺迪耶的领主约翰·杜·巴里（Jean du Barry）作为打手，负责招募一伙人来除掉吉斯家族。收到警告的吉斯家族反应迅速。谋反者被逮捕，受拷问，然后立即吊死。孔代亲王未受到殃及。他申明自己无辜，然而却被驱逐出宫廷。吉斯家族成为主角。

这次漂亮的胜利引发了王太后凯瑟琳·德·美第奇的忧虑，她的政策是使天主教和新教势均力敌。她从吉斯家族获得同意，终止迫害。忠诚于王太后的米歇尔·德·洛皮塔尔（Michel de L'Hospital）被任命为掌玺大臣。惧怕看到整个法兰西笼罩在内战之下，王太后颁布罗莫朗坦敕令来缓和追捕，减轻刑罚。真险哪：在各个行省，反抗频繁发生。在普罗旺斯和多菲内省，天主教徒和胡格诺派互相残杀。由于孔代亲王是天主教徒动乱的始作俑者，人们不得不逮捕他，并判处其有罪。王太后凯瑟琳·德·美第奇在最后时刻赦免了他，换来的是亲王发誓放弃摄政。为了使王国恢复和平，王太后宣布召开三级会议。

王太后无力终止战争。然而，执着于权力平衡政策，她依靠科利尼家族来对抗宗教恐怖政策支持着的吉斯家族过度的影响力。米歇尔·德·洛皮塔尔身体力行劝诫宗教和解。然而，吉斯家族打算进行到底。加尔文主义发展惊人，尤其是在城市里。他们与圣安德烈的元帅建立"三头联盟",以此来组织反抗活动,拒绝任何的让步。

在这样的情况之下,即便弗朗索瓦二世的离世造就了新形势,1560年召开的三级会议仍不能安抚圣灵。米歇尔·德·洛皮塔尔劝诫和谐是徒劳的。"刀剑对灵性几无用处,"他说道,"对新教徒来说,只有仁慈、祈祷、劝解和上帝的话语能够让他们投降。"

三级会议命人扣押他的财产,以此来做出宽容的表率。他们根本油盐不进。

天主教徒初具规模

三级会议的行动扰乱了天主教一方,使得王太后确信推行缓和的政策从未像现在这样紧迫。脱离了三级会议的教士接受普瓦西合约(1561年),投票通过新赋税的征收。教士保证与加尔文主义者会面来寻求和解。包括泰奥多尔·德·贝兹在内的12名新教徒的确前往教堂来阐明他们的教义。没有任何一方作出必要的相互接近的努力。

凯瑟琳·德·美第奇和米歇尔·德·洛皮塔尔从中得出了一个结论:使宽容制度化的重任只能落在王权之上。1562年一月颁布的敕令首次赋予新教徒在城市之外的礼拜自由。允许召开教务会议和教区会议。在城市中,新教徒可以自由地私下集会。

这些缓和的举措不再符合政治形势:天主教徒已经初具规模。在所有的加尔文主义不占据主要地位的地区,反改革运动也在社会的各个阶层中发展壮大,拥有追随者。重新控制住形势的神甫和修道士使民众变得狂热,后者自主地驱逐胡格诺派。"一月敕令"颁布之后,人们以武力反对新教徒的礼拜活动。在瓦西镇,从洛林返回的吉斯公爵命人攻击聚集起来做礼拜的胡格诺派,伤亡74人。类似的屠杀使得各个行省血流成河：人们在图尔、安茹和桑斯大开杀戒。巴黎的"三头联盟"制服王室成员。

凯瑟琳·德·美第奇立刻转帆调向，与教皇、萨瓦公爵和西班牙国王通过协议达成一致。她为极端军队招募外国雇佣兵。

新教徒早已拿起武器。孔代亲王占领奥尔良。许多大城市落到新教首领的手中。1562年，孔代亲王与英格兰的伊丽莎白（Élisabeth d'Angleterre）在汉普郡公签署同盟协议，将勒阿弗尔让与英格兰人。战争在亲王之间打响，而法兰西王国再一次落入外国人之手。

长达36年的内战

从1562年到1598年，内战和外战在法兰西王国全面爆发。宗教战争远比百年战争造成了更多的伤亡，因为后者仅仅局限在一些行省内部，宗教战争却蔓延至每个村镇。

天主教和新教的领导者在各地征集军队来相互对抗，双方都经历了失败和灾难。安托万·德·波旁在鲁昂围困战中身亡，吉斯公爵在奥尔良围困期间被杀害。元帅雅克·德伯恩·德·圣安德烈（Jacques d'Albon de Saint-André）在作战中亡故。安内·德·蒙莫朗西和孔代亲王两人双双被俘。第一次宗教战争以和解结束：天主教徒接受了凯瑟琳·德·美第奇起草的昂布瓦斯敕令，新教徒的礼拜自由得到批准，但受到局限（每个代表国王或领主执法的大法官的辖区只有一座城市可以进行礼拜，且只能在郊区进行）。得到王太后命令被释放的孔代亲王与科利尼一起加入与英军作战中，夺取勒阿弗尔。1563年，王太后凯瑟琳·德·美第奇宣告摄政结束，国王查理九世（Charles IX）成年。

第七章　宗教动乱

王太后的下野未能平息天主教徒和新教徒的情绪。新教徒的自由受到限制且对法令感到不满，天主教徒不接受昂布瓦斯敕令。宗教迫害继续，信奉新教的亲王追随孔代亲王拿起武器。昂布瓦斯敕令未能把和平带给法兰西王国。

为了让各个行省认识年轻的查理九世，王太后着手进行漫长的环法旅游，却是徒劳的。胡格诺派立刻计划制服王室成员。在瑞士雇佣兵的保护下，王太后逃到莫城，成功回到不久之后被新教徒围困的巴黎。约翰·卡兹米日·杜·巴拉丁（Jean-Casimir du Palatinat）率领的德国军队前来支援新教徒。天主教徒和王室不得不妥协：公元1568年签署的隆瑞莫合约继续执行昂布瓦斯敕令。新教徒重新取得他们受限的自由。

然而，王太后不能原谅信奉新教的亲王们的暴动动机。她重新夺回权力，细心听取宣称复仇的天主教徒的建议，米歇尔·德·洛皮塔尔失宠。她最宠爱的儿子安茹公爵（duc d'Anjou）被任命带领天主教徒，正如洛林元帅所希望的那样。吉斯家族再次进入宫廷的视野。

"联盟"在外省成立，它们使得随时动员天主教徒成为可能。新教徒也以同样的方式行动。在这样的形势之下，城市和各个行省重新开始激烈的对抗。

1568年，在极端领导者的压力之下，查理九世决定禁止胡格诺派某些形式的礼拜活动，无论它们涉及什么内容。所有的官员和议员都不得不宣誓效忠基督教派。新教牧师须要在15天内离开法兰西王国。宽容的时代已然成为过去。

新教的领导者对危险深谙于心。他们选择港口拉罗歇尔作为避难所，来躲避打手。孔代亲王、科利尼，所有的首领将南部的胡格诺派聚集到拉罗歇尔。一支人数众多的军队就这样集结，他们通过海路跟英国联络。

基督教徒猛攻雅纳克和蒙孔图尔，成为战胜者（1569年）。安茹公爵寸土不让。孔代亲王在其中一场战役中牺牲。科利尼成功逃走。他抵达南部，召集另一支军队。失败并未使胡格诺派气馁。科利尼在民众中看到了取之不尽的资源。

在巴黎，吉斯家族控制住了形势。他们从王室获得支持来发动毁灭性的战争。王太后凯瑟琳·德·美第奇惊恐。吉斯家族是不是意图毁灭王国，使国王卷入毫无国家利益可言的政治中去？该政治再一次靠近新教徒。由于联姻安茹公爵和英格兰女王伊丽莎白的计划破产，该政策失败。然而，它的成功之处在于1570年，与新教徒签订的圣日耳曼和平协议。正如昂布瓦斯敕令一样，该协议允许新教徒有限制地进行礼拜活动，此外还有四个"安全地点"：蒙托邦、拉罗歇尔、科尼亚克和卢瓦尔河畔拉沙里泰。法兰西王国正在被拍卖。

圣巴托罗缪惨案

王太后凯瑟琳·德·美第奇筹划的联姻的灵感毫无疑问来自意大利占星家，使她越来越靠近新教徒的阵营。她想要联合安茹和英格兰，想要把女儿玛格丽特（Marguerite）许婚给年轻的纳瓦拉的亨利（Henri de Navarre），即未来的亨利四世（Henri Ⅳ）。为了促使有利的联姻成功，她重新为新教徒打开了王室议会的大门。科利尼争分夺秒地向年轻的国王查理九世指出，王国的利益在于法兰西打压西班牙势力。必须支持弗拉芒起义者，与英格兰和德国的信奉新教的亲王寻求联盟。

第七章 宗教动乱

王太后接近新教徒来寻求和平，而非将外国战争加入内战中来。看到科利尼在蒙斯招募军队来支持弗拉芒造反者，王太后深感不安。英格兰人和德国人都没有派出一兵一卒。令人生畏的西班牙步兵队击溃科利尼的军队。作为勒班陀战役中奥斯曼土耳其人的征服者，西班牙帝国从未如此强大，主宰欧洲。

必须除掉科利尼。作为新教徒一派无可争议的领导者，王太后将科利尼引入死亡的位置上。她必须以意大利的方式将他除掉，借由阴谋：1572年8月22日，海军司令科利尼被火枪击中。射击手笨手笨脚。

所有的新教贵族正齐聚卢浮宫来庆祝纳瓦拉的亨利和瓦卢瓦的玛格丽特（Marguerite de Valois）的婚姻。对刺杀事件并不知情的查理九世彻底惊呆。他宣称要严惩恐怖袭击的凶手。王太后玩火自焚。

王太后反应迅速，恐吓国王，大发脾气向他坦白一切。她是阴谋的主使，安茹公爵也参与其中。如果国王不立刻下令屠杀聚集在卢浮宫里的信奉新教的亲王，法兰西王室就毫无希望了。

懦弱的查理九世妥协。他下令屠杀。在8月23日至24日的晚上，这个圣巴托罗缪惨案阴暗的夜晚，3000名胡格诺派信徒被杀害，他们的尸体被扔进塞纳河。国王强迫各行省的神圣联盟成员接受命令：莫城、奥尔良、鲁昂、里昂、图卢兹和波尔多血流成河。在罗马，教皇燃起篝火。

所有的胡格诺派领导者都被杀害。唯一逃过一劫的纳瓦拉的亨利和孔代亲王发誓弃绝原来的宗教信仰。在巴黎和外省的城市，大量的中产阶级和贵族发誓弃绝原来的宗教信仰。新教徒的阵营并不仅仅是失去了首领，而是受到了灭绝的威胁。天主教的恐怖政策正中要害。罪行受到了应有的惩罚。

四分五裂的法兰西

破碎的王国

绝大多数精英的脱离使得南部的新教徒大军灰心丧气。由于北部的贵族和中产阶级叛变,朗格多克地区的城市闹分裂,再次从王国独立出去。与中央集中的专制主义决裂的机会再一次出现。人们立刻抓住了这次机会。

"政治大会"在朗格多克的各个城市召开,尤其是尼姆和米约。西部和西南部的大城市响应运动。一个新教徒联盟正在自发形成,使得王国的统一成为问题。奇怪的是,被新教徒占领的各城市的天主教徒加入"政治大会",就像他们共同的敌人是王权,从来就只有王权。

这次运动迅速被各个亲王利用。阿朗松公爵(duc d'Alençon)嫉妒他的哥哥安茹公爵(未来的亨利三世)成为即将被称为"不满之人派别"联盟的首领,他们共同的目标只有一个,剥夺吉斯家族的权力和天主派奸党。"不满之人派别"的诉求并非涉及教派和信仰。在共同反抗推行恐怖政策的极端人士之下,他们使得天主教徒和新教徒和解。联盟煽动拉罗歇尔造反,与闹分裂的南部城市结盟。安茹公爵在城前发起围攻,抵抗长达数月。得益于王太后高明的计谋,安茹公爵当选为波兰王国的国王,他最终放弃作战:1573年缔结的和平条约允许拉罗歇尔、尼姆和蒙托邦的礼拜活动自由。

南部处于武装争斗。当查理九世在1574年5月驾崩时,"不满之人派别"再次组织暴动,拉罗歇尔打头阵。朗格多克在其曾经的王室高级官员的领导下,正式闹分裂。一个来自蒙哥马利家族(Montgomery)的胡格诺统帅煽动诺曼底发生暴动。

第七章 宗教动乱

法兰西在等待一位国王。放弃了波兰王国的安茹公爵在兰斯接受加冕仪式，成为亨利三世（Henri Ⅲ）。他立刻筹备战争。

孔代亲王和约翰·卡兹米日·杜·巴拉丁的军队从德国出发，急行军抵达。纳瓦拉的亨利重新皈依新教。阿朗松公爵指挥起义者。拿起武器准备战斗的新教徒动员了所有的胡格诺派，他们要做的是为圣巴托罗缪惨案报仇雪恨。

亨利三世立刻放弃作战。敌对阵营太过强大，人数过于众多。他想要重掌破碎的王国。1576年5月，国王同意为圣巴托罗缪惨案的受害者平反昭雪（博里厄敕令），批准新教徒在除巴黎和王室府邸之外的法兰西王国的所有城市进行礼拜活动。从此之后，新教徒在王国内部拥有八处安全地点。城市的司法部门变成组合性质：在每个议会中创立特殊的议院，来确保审讯的公平。在这个君主制国家中，亨利三世刚刚给胡格诺派政权腾出位子。

天主教亲王大举回归

受辱的天主教阵营用力把国王推到复仇的道路上。一个新的"联盟"在佩罗讷成立，亨利三世为首领。国王被要求召集三级会议。

新教徒抵制在三级会议上选举，他们害怕仅获得少数支持。1576年，聚集在布卢瓦的唯一的议员代表是天主教徒。在三级会议面前，国王承诺恢复王国的宗教统一。与此同时，行省的王室高级官员接到命令，武装天主教徒组成军团。

发动大型作战的资金不足。三级议会并未给予国王政策需要的财政手段。城市和村庄变为废墟。对那些厌倦了战争的人们来说，宗教或者拥护的激情无法被点燃。不管中产阶级信奉什么宗教，他们都痛恨杀戮。国王不得不缔结类似于停战协议的书面形式：1577年颁布的贝尔热拉克和平协议。在代表国王或领主执法的大法官的辖区和要塞，新教徒的礼拜自由得到了保障。这些地点仅仅供他们使用6年。混合法庭继续存在，天主教联盟解散。

在所有王权虚弱的城市，新教徒愉快地抵制贝尔热拉克和平协议，例如朗格多克地区。奎恩的总督纳瓦拉的亨利与其中尉比隆元帅（Charles de Gontaut-Biron）打仗，后者意图施行国王颁发的和平协议。新教徒不仅控制了南部地区，还有西部和多菲内大省。1579年，在皮卡第，孔代亲王通过武力控制住行省的政府部门。在无人迫使作决定的情况之下，双方阵营再一次针锋相对。

国王活在一个不真实的世界中，他并未意识到自己的无能为力。对于结束了新教徒发展的进程和挽救了王国正面的统一，他感到很满意。国王在宫廷排场阔绰，强制矫揉造作的礼仪、华丽的服装，连续举行宴会。然而，他鼓励宗教修行和壮观的仪式队伍。他被一群古怪的谄媚者包围，察觉不到威胁王位的危险。

国王没有继承人，也不能拥有继承人。成了安茹公爵的阿朗松公爵一直觊觎王位，却于1584年在国王之前离世。亨利三世被刺杀，王位空缺。不再有瓦卢瓦王朝的王族来继承王位，纳瓦拉王国的国王亨利·德·波旁（Henri de Bourbon）为指定继承人。王位将回到一个胡格诺派手中？

尽管亨利三世要求，纳瓦拉的亨利却拒绝发誓弃绝原来的宗教信仰。从此刻起，王朝未来的不确定再次激起波澜。天主教的亲王们拥护竞争王位者枢机主教查理·德·波旁（Charles de Bourbon）。吉斯家族成立派别，和西班牙国王勾结。联盟军再次集结，从佩罗讷城发布声明，再度宣称他们意图通过武力来恢复王国的宗教统一（1585年）。他们立刻招募军队。

这一次，国王避免露面。他指责联盟。天主教徒亲王煽动北部和中部发生暴动来反对国王。整个法兰西王国处于叛乱之中：极端的天主教徒掌控的核心区域准备袭击新教徒掌控的市郊。完全无法控制局面的国王满足了离他最近的敌人即天主教徒的要求，内穆尔和约废除了之前的和平敕令，强制胡格诺派流放或改宗。极端天主教徒要求并获得了亨利·德·波旁王位的废黜。教皇的一道谕旨从纳瓦拉的亨利手中夺走了他的王国。

纳瓦拉的亨利登上王位的漫长路程

一场激烈的战争即将爆发。从最初的混乱至今，这已经是第8次。吉斯家族的宣传猛烈发作直到传播至乡村领主的土地上。他们大手笔花费西班牙国王的金钱来招募兵士，置办武器。"天主教徒神圣联盟"在巴黎、里昂、波尔多、马赛、第戎和鲁昂掌控局面。在马赛，市长查理·德·卡佐（Charles de Casaulx）通过恐怖政策强制遵守天主教和罗马信仰。

面对吉斯公爵，纳瓦拉的亨利是不信奉国教的胡格诺派中最强大的一名信徒。他也征集军队，在蒙托邦的城市大会上召集宗教改革运动的法兰西和外国首领，来中断一项共同政策。德国人和英国人加入。人们甚至注意到在流放的西班牙人也加入其中。英国供应资金，德国的亲王提供士兵。整个欧洲成为舞台。

亨利三世也曾召集一支军队。1587年，纳瓦拉的亨利在库特拉城击败了亨利三世的军队。之后，新教徒接连战败，并不是败给法兰西国王，而是被吉斯家族打败。吉斯家族在维莫里和欧诺击败纳瓦拉王国的德国人。

国王拒绝陷入他们的势力中。他想要跟纳瓦拉王国协商。巴黎得知了国王的行动。受到联盟宣传困扰的巴黎人起义。1588年5月，亨利三世不得不离开王宫，将首府巴黎遗留给联盟军。他们散播风声，称国王希望纳瓦拉进驻。

因此，边境线上的获胜者吉斯家族成了巴黎的主人。国王该如何抗衡呢？在吉斯家族的要求下，他不得不接受召开三级会议，议员当然会同意吉斯家族提出的任何条件。这场诡计的结果是国王在鲁昂签署联盟协议，满足了天主教阵营的一切要求。

国王违心地签署一项促使受辱的新教徒恢复信心的敕令。他迫不得已。他不再拥有国王的权力。为了重新夺回政权，他效仿王太后的佛罗伦萨做法：1588年12月23日，国王的警卫队暗杀吉斯公爵。所有的天主教首领被囚禁。洛林枢机主教夏尔·德·吉斯在狱中被杀害。他与亨利·德·吉斯的尸体被焚烧。

国王刚刚主导了一场天主教徒的圣巴托罗缪惨案。1589年，王太后薨逝。国王独自面对他所肩负的责任。得益于他所诉诸的武力，他希望在没有被宗教改革运动波及的行省夺回权力。

国王低估了同盟军的民众的支持。天主教城市在突然爆发的革命中燃烧。在巴黎，国王的画像被烧毁，王室雕像被打碎。巴黎大学加入暴动的阵营。极端分子控制着巴黎的各个街区，恐怖笼罩整座城市。国王所有的支持者入狱。"联盟军省议会"夺权，派遣代表到外省。极端分子的其中一个首领马耶讷公爵（duc de Mayenne）被任命为王国的少将。

国王不再拥有军队或者支持者。他只能指望卢瓦尔河和波尔多地区。他没有资金来召集军队。1589年,他作出了一个决定,前往与纳瓦拉的亨利面对面来提出和解的建议。

纳瓦拉的亨利接受这项方针,但是拒绝发誓放弃原来的宗教信仰。国王与纳瓦拉的亨利围困巴黎。一个狂热的修士成功刺杀亨利三世。这一次,混乱达到了顶点。

王国的状态值得怜悯:在商业场所,货币遭到损坏;外国人逃走;乡村变为废墟,道路充斥着强盗;城市人口痛苦地遭受粮食和资金的短缺。在巴黎,人民展示出了他们时刻准备着造反的一面,来反对王室的任何决策,例如征收赋税或者招募士兵。外省纷纷效仿巴黎,王室威信全无。国王驾崩,王位空缺。

在一直受到同盟军控制的巴黎的城墙前面,纳瓦拉的亨利在思考:王位的确有待继承,但是王权不复存在。他的一方和吉斯家族,双方阵营将法兰西撕碎,在长达36年的战争中,他们充分地认识到任何一方都不足以独自掌权。对于血肉模糊伤痕累累的法兰西来说,必须要一剂强有力的政治药剂。为了执政,作为信徒的国王亨利四世成为一个伟大的调解人。"巴黎强于任何弥撒",而纳瓦拉的亨利根本不想发誓放弃原来的宗教信仰。他以天主教国王的姿态进入巴黎,身后是他忠诚的胡格诺派追随者。他让巴黎人尽皆知。

1　14世纪、15世纪,教堂和公墓的墙上常常绘有这类民间舞蹈的场面,以昭示世人死神面前人人平等。——译者注
2　16—18世纪法国天主教徒对加尔文派教徒的贬低称呼。——译者注

第八章

王国的重建

从1589年到1661年,一个国王和两个枢机主教不得不百折不挠地共同致力于法兰西人民的和解,国家的重建。需要由贝亚恩人亨利四世通过一项与路易十一才干相符的异常英明的决策,来重建和平,让新鲜血液波旁王朝为王国谋福利。须要由枢机主教黎塞留(Richelieu)以及后来的马萨林(Mazarin)在王国复兴国王的威望,建立专制主义的方针。在内战的狂风暴雨之后,向着筹备一个专制、集中和富强的国家前进是不可避免的。南部不受控制的城市和周围的行省动荡不安,重新回归行列。

调停人亨利四世

有待夺回的王国

对于王国的夺回来说，纳瓦拉的亨利的个性是最重要的政治因素。事实上，仅仅作为一名战争的获胜者是不够的，必须安抚和征服人心。

这位勇敢的贝亚恩人有能力完成此事。在战争方面，他经受住了考验：数月以来，亨利四世历尽艰险，也享受快乐，同时经历了贵族及其不安分的加斯科涅打手团的生活。他从未害怕骑上战马来冲向热忱的事业。这是一位有魄力、威风凛凛、穿着靴子的勇敢国王，像弗朗索瓦一世那般的文雅绅士。

然而，纳瓦拉的亨利性格中却保留了来自大山之人的粗犷。与瓦卢瓦王朝最后几任国王稍微带有些许女性气质的过分讲究相比，亨利四世个性中有比利牛斯山农民的粗暴好斗和"心地善良"的特质。他的书信集使得人物特征被恢复原貌，坚定有力且洞察入微。

从1572年开始，亨利四世与不安分的"玛戈皇后"（瓦卢瓦的玛格丽特Marguerite de Valois）结为夫妇。王后于1584年在国王的土地上招募军队来反抗王权。相较于宫廷贵妇令人不安的魅力，纳瓦拉的亨利偏爱军事出征的冒险。国王被狂热的同伴围绕，他们骑马追随亨利到他要求前往之地。

受到拥护者的尊敬和爱戴，"饰有白色羽毛"的国王是一位调解人，一位潜在的和解人。当亨利四世出现在巴黎城墙之下的时候，他已经两次宣誓放弃原来的宗教信仰。宗教的迟疑向来不是他的作风：他拥有政治头脑，而非擅长形而上学的抽象之事。从小在母亲胡安娜·达尔布雷的新教信仰的教育下成长，亨利四世相比原则更看重现实，相比教义更看重权力。行动派而非狂热派，辨别力强意识清晰。1589年8月2日，当地位最高的贵族们向奄奄一息的亨利三世宣誓承认纳瓦拉的亨利，亨利四世已经做好了准备，他已准备好去做弥撒来迅速夺下巴黎和政权。

从8月4日开始，不顾胡格诺派首领的反对，亨利四世签署一项声明，宣称他致力于尊重国家的天主教惯例和仪式。对于安抚亨利三世召集的天主教徒军队的一部人是足够的，然而对于平息马耶讷伯爵（duc de Mayenne）率领的极端分子是显然不起作用的，后者刚刚宣告年迈的波旁枢机主教为国王，成为查理十世（Charles X）。

亨利四世不得不再退一步：他承诺召开主教会议。1593年，他接受天主教的"教育"。1593年7月25日，布尔日大主教在圣德尼大教堂接纳了国王宣誓弃绝原来的宗教信仰的庄严仪式。

神圣联盟成员在这次宣誓弃绝宗教信仰的仪式中看到了满满的犬儒主义，他们确实不相信国王的真诚。他们反对国王在兰斯举行加冕典礼，取得王权。亨利逃到夏尔特尔，在那里接受了敷圣油和王位。巴黎最终和平地向他敞开了大门，巴黎人同样憎恨勾结西班牙腓力二世（Philippe Ⅱ）军队的同盟军。

1594年3月22日，亨利四世神气地进入巴黎。他迅速意识到必须在首府找寻政治决心，拥有巴黎便等于控制住整个法兰西王国。退居到忠诚的南部是错误的。他必须在北部占上风。

极端分子未能够恫吓亨利四世。他的弃绝原来的宗教信仰的宣誓不能使他折服。在皮卡第、诺曼底和香槟，国王击败同盟军。1590年，马耶讷公爵在伊夫里遭受大败。在各个行省中，拥护纳瓦拉人亨利四世的运动出现,甚至在天主教阵营也有其拥护者。例如伊苏瓦尔,整个奥弗涅省立刻承认亨利四世的权威。

与此同时,法兰西的确危机四伏,茹瓦约斯公爵安内·德·茹瓦约斯(Anne de Joyeuse)率领一支西班牙军队入侵朗格多克,萨瓦公爵(duc de Savoie)进攻普罗旺斯和多菲内省,洛林公爵(duc de Lorraine)攻占阿登高原和香槟省的一部分土地,梅尔格尔公爵(duc de Mercœur)最终在布列塔尼取得一片独立的领地,他在当地煽动一场类似于朱安党叛乱[1]的骚动。

1592年,亨利四世不得不面对西班牙人、萨瓦公爵,以及亲自发兵讨伐国王的教皇。毫无疑问,他能够指望英国人、德国人和荷兰人的帮助。然而,寻找军事决定导致在法兰西领土上"无限期地"延长的不仅仅是内战,还有对外战争。

1593年的宣誓弃绝原来的宗教信仰表明了国王向往寻求政治上而非仅仅是军事上的解决办法,以及在王国内部解决问题。国家已经厌倦了外国军队驻扎在国土上的情形。一旦天主教徒归顺,亨利四世准备亲自对付外国人。

天主教徒的归顺是板上钉钉之事:国王宣誓弃绝原来的宗教信仰的仪式使得同盟成员分裂。其中最温和的诸如维特里(Vitry)、马耶讷公爵的顾问和手握费康的布瓦罗兹统帅(capitaine de Bois-Rosé)立刻归顺。如果说强硬派一直等待西班牙国王的救援,大量的神圣联盟城市投降,如里昂、艾克斯以及整个普罗旺斯大省。此外,国王的政策促使归顺,他分发给信奉天主教的大领主抚恤金,赋予他们指挥权,且为城市带去特权和保障。总的来说,国王必须局限于将一些顽固分子驱逐出王国或者巴黎,赶走策划阴谋反抗的耶稣会会士。在对待敌人的方面，国王展现出了极大的稳重和慷慨，以至于在1595年9月，教皇本人决定宽恕他的胡格诺派成员的过往。基于此，所有人都应该清晰地看到重新夺回王国是确定之事。在这个日子里，所有的天主教大领主承认国王的威信。

仍旧需要三年来把外国人赶出法兰西王国。在法兰西方丹市，王室军队击败强大的西班牙步兵部队，顷刻间重新夺回了勃艮第地区。1598年，教皇促使和平协定在韦尔万市签订。西班牙在对英海战中失败，它已无力控制荷兰，刚刚又在法兰西作战失败。西班牙顷刻间放弃了在欧洲争夺霸权的野心。宗教战争的结束使得法兰西王国重新位居欧洲强国的行列。国王的权威由此得到了助长。亨利四世独自解救了他的王国，未求助于任何外国军队。

有待整顿的王国

在重新夺回的王国内部，需要让国家恢复元气。亨利四世需要有效地努力整顿法兰西王国。

国王的同伴胡格诺派对他最近的一次宣誓弃绝原来的宗教信仰充满敌意。他们成立一个派别，将王国划分为9大区域，在"大会"的框架下加强联邦制和平均主义组织的管理。他们不愿成为"归顺"的牺牲品。布永和拉特雷穆瓦耶家族以及新教徒首领，要求在隶属于国家的所有职业中与基督徒受到平等的对待。亨利四世会妥协，建立两个法兰西吗？他能做到对自己的朋友毫不妥协吗？

1598年4月13日，国王妥协，颁布公然宣称"永久生效"的南特敕令。信仰自由成为国王臣民的一项权利。宗教礼拜自由得到了明显的延伸。世俗事务上的平等被确立。在四大行省议会中设立混合新教徒和基督徒的议院。在8年之内，新教徒接受了100个要塞，配备驻军和来自他们阵营的总督。他们有权供养一支25000人的常驻军队。

天主教会和各个议会立刻提出抗议，巴黎议会拒绝记载敕令。亨利四世对聚集的议会议员这样说道："我希望为王且以君主的身份发号施令。我要求被顺从。事实上，司法人员是我的右臂；但是，如果右臂遭受溃疡，那便必须用左臂切掉它。"

威胁奏效，敕令被记录在案。天主教徒的反对未起到任何作用。

不久之后，国王安抚了天主教会：1603年，允许耶稣会会士返回王国。在宗教艺术作品方面，亨利四世展现出了慷慨的一面，他经常去望弥撒。他深入展开和解的精神，选择了耶稣会会士皮埃尔·科东为忏悔神甫。在巴黎，克莱蒙中学重新敞开了大门。

国王却竭尽全力来加强他的权力。他决定不再召开三级会议，因为它使得前几任国王遭到羞辱，留下了悲惨的回忆。巴黎议会在战乱期间表现出了试图控制王权的野心，亨利四世任命了忠诚的阿尔莱（Harlay）为会长。为了强制议会议员记录他们反对的敕令，国王毫不犹豫粗暴对待他们。

在外省，面对议会议员国王同样毫不妥协。他要求外省三级会议代表完全服从，他们重新在布列塔尼、诺曼底、多菲内和朗格多克集会。国王禁止他们谈论税收，他们仅有权力分放。当波尔多发生叛乱时，亨利四世的言辞有些尖锐，"我是您的合法国王，您的首领，"他对谢萨克会长（président de Cheyssac）这样说道，"我的王国是身体，您很荣幸成为这身体的一部分，服从它，向它输送血肉骨骼，以及把您所有的一切献给它。"

在整治了三级会议之后，国王开始整治市政议会：在战争后期，市政当局获得了大量的特权。为了受到尊敬，国王必须介入市议会选举中。他通过支持王室市政长官，驱逐其他人，减少官员的人数来确保更好地控制他们。在可疑的城市中，国王保留了卫戍部队来让他们感受来自身边的王权的震慑。

行政本身成为国王所有的关注所在。为了使别人服从自己，国王增加政府下设机构，减少了中央机构的数量。掌玺大臣蓬波纳·德·贝利埃弗尔（Pompone de Bellièvre）和絮里（Sully）部长必须迎接新同伴：国王的四大秘书中的任何一个在议会接受明确的职权。在议会向总督下达命令的外省，王室高级官员，这些国王狂热的仆人展示出了某种程度上微弱的独立意图。总督被安置在财政区首府的住所。

大领主对王国的集中进程深表不满。1600年，他们聚集起来来夺取政权。图雷讷（Turenne）、布永公爵（duc de Bouillon）、色当亲王（prince de Sedan）、埃佩尔农公爵（duc d'Épernon）、昂古穆瓦军政长官（gouverneur d'Angoumois）、萨瓦公爵、比隆公爵（duc de Biron）以及英格兰的亨丽埃塔（Henriette d'Angleterre）是这场密谋的领导者。不满于盐税的西部各省酝酿起义。

国王反应迅速。比隆公爵被逮捕、审判、判处死刑，1602年被判处斩首。1606年，强大的王室军队猛攻布永公爵，后者投降。大领主的谋反彻底失败。在法兰西王国，国王控制一切。

絮里阁下的账目

如果谋反活动没有利用好民众反对国王税收机构的不满情绪，那么就不会取得成功。作为王国的财政部长，絮里却必须依靠纳税人来重建国家的财政清单，必须致力于偿清国家债务，仅它的利息就占据了国库收入的1/4。必须同时支付敌我双方士兵的劳资，支付全面裁军的费用。

让谁来买单？被长达40年的战争、动乱和危难挤垮的农民？那些人们希望最终归顺的特权阶级？通过一次性向国王支付一部分款项，购买了免税权的那些城市？絮里掌管的国库似乎只能通过创立新的间接税来找到进款。

为了使法兰西人民掏出腰包，絮里明白必须首先让民众松口气。他解释道："我为整个王国免除1596年有待上缴的税收，这一举动同时出于必要性、仁慈心和公正性的考虑。这项福利政策一开始是为了减轻民众的负担，却让国王损失了2000万的财政进账。然而，这项政策却也促进了1597年在税收以外的御用金的征收，若是没有免税政策的支撑想必是不可能的。"

絮里正确的见解产生奇效。作为纳瓦拉的亨利的老战友，这位财政总监异常狡诘，以至于他不会贸然创立新的间接税和盐税。通过谨慎对待法兰西人民，絮里能够满足于自己的政策，延伸和推广现存的系统，在任何有可能的地方组织税务征收。通过这些方法，很快事半功倍。

然而，絮里为王权的未来创立了一种新的冒失的办法："官职税"。这是一项关于有爵位的财政官和司法官的税收。他们必须向国王缴纳"官职税"来获得担任职务的权利。国王规定数额，每年缴纳一次，任职者无须在去世前40天宣告职位的空缺。事实上，"官职税"的设立导致王室官员世袭社会等级的创立，作为交换官职，他们不惜每年向国王上交买官费用的60%。王国就这样被"零售"。

从目前看来，这些新设立的税收促进了国库的再生。絮里利用新措施来重新掌控财政机关的官员，来使贪赃受贿之人吐赃。得益于国家账目，官员管理的监督得到加强。絮里同样设法以极低的利息来偿还国债持有者。从1600年到1610年，他的坚持使得国库变得宽裕。

从宗教战争末期开始，如果没有经济活动的飞速向前发展，国库的充裕就不可能实现。战场被肃清，土匪和狼群被清除。人们有时以巨款来镇压农民起义，例如1580年多菲内省的叛乱，以及1594年在佩里戈尔德和利穆赞大区爆发的南部农民起义。必须发动一场真正意义上的战役来对抗怒气冲冲的农民。为了安抚乡村，絮里慷慨地允许他们延迟缴纳人头税。此外，1599年，他还降低了人头税，以此来促使村镇休养生息。总体上来说，人头税从1800万降到1400万古斤（Livre）。

与此同时，国王鼓励连续参战的地位低微的贵族回到乡村。奥利维耶·德·塞尔恰好出版了他的著作《农业的舞台》，在书中他研究了能够使农田出产的方法。国王令荷兰的专家在法兰西王国教授沼泽地的排水技术。在加龙河两岸的波尔多地区、塞纳河下游、普瓦图的沼泽地以及利马涅平原，农业产量都取得了可喜的成果。为了预防饥荒，禁止与外国人非法交易小麦。作为"法兰西伟大的路政官"，絮里努力改善王国内部交通线，促进小麦和其他农产品以优异的价格流通到各个市场。人们着手开凿运河：开工于1610年的米迪运河和布里亚尔大运河。

这些措施取得了良好的成绩。农民的生活条件日趋改善。农业收成稳步增长，小麦的价格却不曾下跌。持续的货币贬值加强了村民相对于领主的财政状况。"如果上帝延长我的寿命，"国王说道，"我将做到在我的王国内部，所有耕作者的炖锅里都能找到一只鸡。"

亨利四世的这段话比他所说过的任何一句话都更振聋发聩，使得他在村庄大受欢迎。

虽然90%的法兰西人民以农业为生，但是在某些工业生产部门，16世纪的法兰西王国取得了巨大的进步。然而，新兴职业的东家和伙计通常都是卡尔文主义信徒。他们远走他乡。絮里非常重视工业生产，它能将金子保留在王国内部，避免在国外购买。絮里试图把前几任国王在手工制造业方面的政策系统化。从一开始，国家为企业家提供帮助，允许他们垄断某种产品的生产。到了亨利四世去世之前在法兰西地界上运营的手工工场，絮里兴办了40个。

国王的顾问经济学家巴泰勒米·德·拉弗马斯（Barthélemy de Laffemas）极大地推动了丝绸工业的发展，原料自路易十一执政时期开始被引进法兰西。新的养蚕室在里昂和图尔建立；在罗讷河河谷，人们发展桑树种植来避免进口丝线。朗格多克、普瓦图和维瓦赖在桑树的种植上取得了巨大的成功，以至于法兰西王国成为出口国，不仅仅是在织物方面，还有丝线。

印刷厂、火药厂、兵工厂、毯子厂和造船厂也被鼓励发展。得益于这些创举，国内经济飞速发展，马赛和大西洋沿岸港口生机勃勃。法兰西王国重新成为经济强国。

在欧洲重振雄风

亨利四世并不好战，他希望看到的是"永久的和平"。然而他却是法兰西王国的国王。他的对外政策从路易十一的实际精神中获得灵感。

1600年，通过巴黎条约，亨利四世收回了萨瓦公爵查理埃马纽埃尔一世（Charles-Emmanuel Ier）在法兰西占领的土地，包括布雷斯地区。此外，1601年，里昂条约使得国王收回布杰、瓦勒罗迈以及吉克斯地区。第二年，国王续签弗朗索瓦一世和瑞士各州的和平协定。在东方，国王与土耳其人保持友好关系。

然而，哈布斯堡王朝的王族仍旧充满威胁。对于亨利四世对佛兰德地区的新教徒提供的保护，或者他在意大利北部调停教皇和威尼斯人的争端，哈布斯堡王族感到不满。此外，1608年，亨利四世难道没有在德国新教徒的支持之下，建立一个"福音联盟"，尤其以对抗哈布斯堡王朝、西班牙王国和奥地利王国为己任？

克莱维公爵（duc de Clèves）和于利希公爵（duc de Juliers）死后，当他们的领地被信奉新教的亲王要求收回的时候，冲突再次爆发。哈布斯堡王朝的皇帝介入。神圣联盟集结了所有信奉天主教的亲王。亨利四世迷恋年轻的夏洛特·德·蒙莫朗西（Charlotte de Montmorency），追随她到西班牙王国的荷兰领地，她的丈夫年轻的第三代孔代亲王亨利二世·德·波旁（Henri II de Bourbon）在那里避难。臣民也一样要为了一个国王的情妇战斗？

欧洲受到战争的威胁。微不足道的借口都能够引起冲突。法兰西国王召集军队。信奉新教的欧洲决不会支援亨利四世与哈布斯堡王族的对抗，人们认为它属于非常私人的范围，福音联盟的各个亲王只愿为克莱维而战，他们对西班牙王国和亨利四世的情妇毫不在意。"国王的放荡和不忠贞"也引起了巴黎人民的愤怒，他们威胁不再缴纳赋税。

1610年5月16日，国王不得不出战。14日，他在马车中被一个名为拉瓦西亚（Ravaillac）的疯子用匕首刺杀。

第八章 王国的重建

从孔奇尼（Concini）到黎塞留

巴黎的意大利人

亨利四世驾崩后，由王后玛丽·德·美第奇（Marie de Médicis）代为摄政，她曾为维也纳大公公主。她将掌管国家事务长达7年。从亨利四世到路易十四（Louis XIV）期间，法兰西王国不再有像样的国王执政。平庸的路易十三（Louis XIII）不能作数。这期间有两位摄政王后和两位枢机主教。

第一段摄政时期是漫长艰难、充满荆棘的。亨利四世留下的遗产的继承比想象中更加棘手。通过对两方阵营合理的恩威并施，国王重新洗牌。在亨利四世组建的由忠诚者和敌人组成的巧妙的集合中，他是唯一一个获得承认之人。

亨利四世去世之际，特权阶级和对立的伙伴互相打量。强大之人的野心再次涌现，宗派集团重生。孔代亲王亨利二世·德·波旁在米兰，苏瓦松伯爵查理·德·波旁远离巴黎。埃佩尔农公爵时任步兵部队上校。得到了吉斯家族的拥护，是埃佩尔农公爵帮助玛丽·德·美第奇坐上了摄政王后的宝座。巴黎议会议员追随其左右。

新政权上台的第一件事就是摒弃亨利四世推行的对外政策。不能以战争来冒险。法兰西王国与神圣罗马帝国皇帝和解，阻止萨瓦公爵来犯。路易十三迎娶西班牙王国的公主，他的妹妹法兰西的伊丽莎白（Élisabeth de France）嫁给了阿斯图里亚斯亲王腓力四世（Philippe IV）。

南特敕令被确认下来，谋杀国王的刺客遭到残酷处决，对内政策却丝毫未变。絮里最初的措施加快了王室抚恤金的发展，大领主在这方面出类拔萃，通过这个方式筹集了令人难以置信的财富。摄政王后书面收买贵族行政部门，安插自己的宠臣：意大利人孔奇尼（任三个要塞的总督）、阿尔贝侯爵、皮卡第少将以及国王宫内首席侍从。孔奇尼的妻子是摄政王后的乳姐妹莱奥诺拉·多里·加利盖（Leonora Dori Galigai）。得益于王后的恩宠，孔奇尼官阶至高。

孔奇尼立刻能在争夺权力的两个阵营之间扮演政治角色。一方正当权，是摄政王后的阵营：吉斯家族和埃佩尔农公爵。另一方想要夺位，他们在孔蒂（Conti）、讷韦尔（Nevers）、马耶讷、布永、隆格维尔（Longueville）和孔代亲王身后聚集。1614年，这些"亲王"决定跟摄政王后决裂，回到各自的领地。他们召集军队，宣称召开三级会议。法兰西王国退回到了亨利三世的时代。摄政王后立刻妥协：签署圣默努尔德和平协定。

1614年，路易十三成年。他请求母亲继续代为掌权。三级会议中拥护玛丽·德·美第奇的议员对国王表示信任。他们要求废除职位捐纳，加强王权。第三等级的代表从他们自身的利益出发，要求废除为贵族阶级带来利益的抚恤金。这一要求激起了特权阶级、佩剑贵族和市民出身贵族组成统一阵线，来反抗任何改革的意图。摄政王后因此能够与之协商：她向议员和特权阶级保证在三年之内维持官员职位的买卖政策；作为交换，巴黎议会承认其至高无上的权力。

沮丧的亲王们不得不妥协。他们之前要求聚集三级议会来将其操纵，而现在却要转向对抗他们。出于对孔代亲王的归顺，亲王鲜有人来参加路易十三与西班牙公主的结婚典礼。相较于出现在议会议员的集会上，各个亲王在战场上更为欢快自如。

的确，孔代亲王回到巴黎在民众之间激起了一阵强烈的好感，他们聚集起来拥护他。孔代亲王的名望让孔奇尼夜不能寐。万能的意大利顾问从王后那里取得了逮捕亲王的指令，遣返亨利四世的老派大臣。他组建了一个政府，由忠诚于其事业的无名氏组成，其中一个是名为黎塞留（Plessis de Richelieu）的主教，他被任命为国防部和外事部的国务部长。在各亲王动乱最激烈的时期，黎塞留就这样登上权力宝座。

事实上，讷韦尔公爵率领着一支同盟，他们建议释放孔代亲王。内战恐怕要再度爆发。一出可以跟刺杀亨利四世相媲美的戏剧性的变化改变了时势：1617年，在路易十三的指使下，孔奇尼被暗杀。这一次，国王决定亲自运用权力。

吕伊纳侯爵（Marquis de Luynes）和反新教改革运动

国王远离了他的母后玛丽·德·美第奇，却迷恋一个在四年间代替国王执政的顾问。实事求是地说，阿尔贝·德·吕伊纳（Albert de Luynes）不仅仅是一个顾问。他是国王的朋友、知己和宠臣。同时作为公爵、法兰西重臣、皮卡第陆军统帅和总督，吕伊纳侯爵掌权初期便将意大利人驱逐出宫廷。被孔奇尼任命的大臣被辞退，莱奥诺拉·多里·加利盖被判决为女巫。出于性命担忧，玛丽·德·美第奇离开宫廷前往布卢瓦。黎塞留在阿维尼翁这片教皇的土地上找到了避难所。他难道不是吕松城的主教？

吕伊纳的圣宠立刻招致嫉妒。所有的领主自以为能够辅佐国王。埃佩尔农公爵退居到自己梅斯领地的管辖区，之后到昂古莱姆，在那里与玛丽·德·美第奇重聚。玛丽·德·美第奇抵达昂热来与所有的亲王结成联盟。她对国王提供的和平安稳不屑一顾。她身后是埃佩尔农、马耶讷、隆格维尔、内穆尔、苏瓦松和雷斯各地的亲王。法兰西西部地区支援叛乱。亲王们再次召集军队，然而却在1620年被国王于诺曼底击败。玛丽·德·美第奇不得不接受和解，重新踏上前往宫廷的道路。

刚刚摆脱了亲王威胁的吕伊纳，又面临着摄政未解决的宗教问题。亨利四世通过交还给新教徒他们所在城市的要害之地，允许他们在国家内建立某种形式上的自治国，为整个王国带来了和平。路易十三统治期间，欧洲的形势发生了转变：除了新教徒牢牢守住的地区，反新教改革运动席卷整个欧洲。不同于胡格诺派出身的亨利四世，路易十三没有足够的理由来宽容对待胡格诺派，此外，身边亲近的人都成了耶稣会会士思想的拥护者，吕伊纳就是第一个被感化的人。通过反对新教徒，国王达到了双重的目的：收回君权，加入在欧洲占统治地位的天主教徒的反宗教改革运动之中。

自1615年开始，从深渊重生的天主教在局部实现了重新占领世俗社会信仰的工作。奇怪的是，此时教会怂恿教皇对抗国王。1615年，教士大会召开，该会议决定在无须征求国王意见的情况下，在法兰西王国执行特利腾大公会议的条款，限制法国教会的自由。

得益于一些人表现出的生气，福音传教的力度加强：贝鲁勒枢机主教皮埃尔·德·贝鲁勒（Pierre de Bérulle）创立善会来向教士传达他们职务的内容。在贝鲁勒的培养下，突击教士任由主教派遣。他们必须重新征服欧洲社会。在巴黎乡村，一个贝鲁勒修会神甫，名为文生·德·保禄（Vincent de Paul），很快使得栋卜地区的农民改变宗教信仰。另一个枢机主教拉罗什富科（La Rochefoucauld）改变了入修会的教士。他鼓励一些女修道院院长将信仰置于惯例之上，离开静修之地来把福音事业带给城镇居民。来自巴黎的大中产阶级昂热丽娜·阿尔诺（Angélique Arnauld）就是这些无畏执着的女修道院院长其中的一员。另一个巴黎的中产阶级阿卡丽院长（Mme Acarie）大量吸收西班牙卡罗默罗会修女来到法兰西王国首府。嘉布遣会修女也感知到了天命。耶稣会会士增加学院。而意大利的圣于尔絮勒会修女在巴黎开办第一所专供年轻女子受教育的机构，负责人是圣伯夫夫人（Mme de Sainte-Beuve）。

在知识分子中间，天主教会的回归取得了极大的胜利。两部著作因此得到了广泛普及，甚至一跃成为教义典籍：耶稣会创始人圣依纳爵·罗耀拉的《神操》，以及圣法兰西斯·沙里士（François de Sales）的《成圣入门》。一个"笃信宗教者团体"在巴黎成立，这个高效的压力集团的行动在路易十四执政期间仍有行动。该团体促进了基督教国家的不妥协和对异教徒的驱逐。

对新教徒发动战争

从1620年开始，"笃信宗教者"鼓励国王推行重新征服政策。作为战胜亲王的国王，路易十三不可能对贝鲁勒的提议无动于衷。他前往父亲的领地贝阿恩，那里的新教徒不愿归还教会的财产。天主教礼拜仪式被确立，行省回归王国。

这是在重燃宗教战争的战火。新教徒立刻秣马厉兵，在拉罗歇尔做好战斗准备。与此同时，朗格多克地区发生暴动。在9年间，天主教徒和新教徒再次互相厮杀。

和贝鲁勒善会修士不同的是，路易十三并未打算审查极端邪说，而只是把叛乱分子重新带回到服从普遍法令的状态上来。新教徒认为国王单方面废除了亨利四世定下的协议。

胡格诺派亲王再一次在外省发动起义：苏比斯（Benjaminde Roban Soubise）、罗昂将军（Henri Rohan）和拉福尔斯公爵（Duc de La Force）率领起义军。南部和中西部爆发内战。

1621年，由国王和吕伊纳侯爵攻取的乡村为天主教阵营取得了极大的胜利。战败的苏比斯不得不到布列塔尼避难。朗格多克和加龙河河谷地区被重新占领。然而，诸如蒙彼利埃或蒙托邦城的一些城市仍旧由新教徒掌控，吕伊纳侯爵在蒙托邦保卫战中战亡。为了避免德籍雇佣骑兵团伙伺机入侵法兰西王国，国王不得不放弃围困。国王确信在哈布斯堡家族的势力苏醒的时候，欧洲的局势使得王国内迫切需要重建和平，他于1621年签署了和平协议。新教徒拆毁了除去蒙彼利埃和蒙托邦之外的要塞。南特敕令得到确认。

1618年，"布拉格抛窗事件"将战火带至神圣罗马帝国。皇帝在白山山地占领敌军，使其领土中的波希米亚王国的王位可世袭，在整个欧洲中部建立霸权。路易十三假装对这次正统基督教的胜利感到欣喜。事实上，他明白自从亨利四世去世之后，法兰西王国的声望在欧洲日益衰弱。对于亨利四世的传统政策，即拥护所有的小部分新教徒团体来对抗哈布斯堡家族的天主教势力，路易十三冒失地认为最好是用十字军东征的政策来代替它，然而新政策对哈布斯堡的皇帝有利，对法兰西王国有害。到了开倒车的时刻。

黎塞留的掌权

黎塞留与军士阶级的对抗

1624年，吕伊纳侯爵离世后的第三年，王太后继续对其衰弱的儿

第八章 王国的重建

子产生影响力,她成功地将孔奇尼的一个心腹带到政务中:黎塞留。

这位枢机主教出人意料地继承了孔奇尼持久的焦虑,即打压有权势之人来复兴国家。年轻的黎塞留被指定担负军队的事务。出于家庭原因,并非出身于大贵族的黎塞留接受任职吕松主教时受到了阻挠。然而,伴随着文人的认知,黎塞留保留了兵士做事的勇气和面貌。他的内心同样保留了对军士阶级的蔑视,因为他们只要出身足够好便可以立刻率领军队。通过意大利阵营有争议的不太值得称道的撮合,黎塞留很早便踏入仕途,他最终有机会接近国王并赢取其信任来实现宏图大业:在法兰西建立一个称霸欧洲的君主专制政体。

黎塞留对一向厌恶孔奇尼的亲王所表现出的反抗有着恶劣的印象。然而在打压他们之前,他必须首先恢复再次被战争损害的经济形势。1626年,黎塞留召开贵族大会来着手进行国家的改革:税收、预算、偿还国王的债务,他试图同时解决所有的事情。为了能够把节省下来的资金用于实施现代管理,用于建立海军、商船和一支高效的军队,必须取消或者缩减大贵族的年金。这是在对抗特权阶级,他们不愿看到自己的生活排场受到限制。

特权阶级先发制人。1626年,在黎塞留进入仕途两年之后,宫廷中最显赫的人物成立了一个团体。王后奥地利的安娜(Anne d'Autriche)与谢弗勒兹公爵夫人、昂古莱姆公爵、埃佩尔农公爵、孔代和苏瓦松家族亲王为该团体成员。阴谋的目的很简单明了:杀害黎塞留。人们将摆脱这个野心勃勃的枢机主教,就像之前除掉他的主人孔奇尼那样。

阴谋失败了。枢机主教黎塞留的警卫队表现很出色。然而是通过什么手段来偿还这些如此位居高位的人物被出卖的罪孽?人们找到了一个替罪羊：可怜的沙莱伯爵（Henri de Chalais）被一斧头砍下了头颅。

1630年，新的阴谋出现。王太后这次是煽动者，加入策反的还有索镇和掌玺大臣马里亚克（Marillac）卫队。人们不再想杀害黎塞留，主要将其驱逐即可。这就是著名的"愚人日"。那一天米歇尔·德·马里亚克认为战胜了黎塞留，而且后者自己也认为一切将完结。在夜晚即将来临之前，通过类似戏剧一般的形势逆转，是黎塞留赢得了胜利，马里亚克完结。第二年，阴谋的主导者王太后和奥尔良公爵（Gaston d'Orléans）逃到西班牙王国。黎塞留成为战场的主人。

然而在国外，奥尔良公爵发动多个阴谋。这位国王的弟弟想要组建一个强大的集团来罢黜黎塞留。1632年，奥尔良公爵成功取得一位大领主的青睐，他是朗格多克的总督蒙莫朗西元帅（Henri Ier Montmorency）。谋反触及了国王最亲近的人，其中的代表人物是桑马尔斯侯爵（Cinq-Mars），国王的新宠臣。

枢机主教黎塞留再一次在能量耗尽之时镇压了阴谋。他从国王那里取得许可来审判以及处决蒙莫朗西元帅、桑马尔斯侯爵和其友人弗朗索瓦·奥古斯都·德·图（François-Auguste de Thou）。他们难道没有秘密地与西班牙国王签订协议？

佩剑贵族的这次态度大转变彻底激怒了枢机主教，黎塞留指责他们完全不顾法兰西王国的利益，将敌人引到领土上来满足对权力罪恶的欲望和对金钱的贪得无厌。通过快速有力的打压，黎塞留想要将他们打回原形。必须对贵族阶级反复灌输臣服和服从于国家的概念，他们必须是王国的首批仆人。为了制服巴黎年轻贵族中最反动之人，黎塞留做出了榜样。他禁止决斗。为了对抗黎塞留，蒙莫朗西侯爵（François de Montmorency）在巴黎正中心王室广场被击败。他在沙滩广场（今市府广场）被处决。王国强制推行黎塞留的法令，他不愿再承认军士阶级。

除去胡格诺派

黎塞留消灭了贵族阶级。在同一时期，他同样必须与时常爆发的新教徒起义做斗争。

起初，黎塞留的意图并不符合笃信宗教一派的需要，尽管他巧妙地给他们留下了这样的期待。他不愿将胡格诺派赶出法兰西王国，抑或强迫他们改变宗教信仰。1626年，黎塞留在拉罗歇尔跟新教徒签署一份尚可接受的和解协议。然而，得益于海军力量的建立，罗昂将军的阴谋与英国人对黎塞留称霸海洋的恐惧不谋而合，导致了外国人支援的暴乱卷土重来。对英国人来说，再没有比援助拉罗歇尔的起义者更容易的事情了。

黎塞留将英国人从他们登陆的雷岛驱逐出去，并包围拉罗歇尔城。在经历了一年以上的战争的摧残，拉罗歇尔居民不得不投降。城市的防御工事被拆毁。

在朗格多克大省，罗昂将军煽动民众造反，黎塞留耐心地作战，夺回了一座又一座起义的城市。1629年6月，国王签署阿莱斯特赦令，新教徒的危机解除。国王不再跟胡格诺派首领平等商谈。通过在所有新教徒行省恢复天主教礼拜，国王很乐意赋予新教徒自由。新教徒不再握有军队。他们不得不拆毁所有的防御工事。最终，"要塞"的政策终结。阿莱斯特赦令标志着宗教战争结束。新教徒保留了他们的宗教信仰，但却完全承认天主教国王的权威，承认在兰斯受加冕仪式的国王之权威。

黎塞留和欧洲

枢机主教对外与对内的方案一样野心勃勃。他看到了法兰西王国海事的使命。他创办了法兰西海军，分为两个舰队——勒旺岛和波南舰队。黎塞留促进了首批殖民贸易公司的建立，在塞内加尔、加勒比海、圭亚那和马达加斯加建立法国殖民地。他的计划之一是开通经由俄罗斯通往中国的商道。

就目前来看，需要像亨利四世那样对抗哈布斯堡家族，吕伊纳侯爵的政策使其恢复元气，再次产生威胁。黎塞留发起创举，促使国王介入意大利，支援讷韦尔公爵（Duc de Nevers）与神圣罗马帝国皇帝和西班牙国王对抗，来争夺曼图亚公国的继承权。这是一个单纯的声誉问题，法兰西王国显然在曼图亚得不到切身利益。

1629年，像瓦卢瓦王朝的祖先一样，路易十三召集军队，深入意大利。他并未得到决定性的好处，需要在第二年重新出征。这一次，黎塞留亲自指挥作战。他夺取了皮埃蒙特大区的要塞比内罗尔城，然而却未能建立和平。1630年，路易十三征服萨瓦地区，鼠疫却袭击了他的军队。对意大利战争将再次拖垮法兰西吗？

然而，通过教皇的帮助，黎塞留赢得了一场对神圣罗马帝国皇帝的外交胜利。1631年，皇帝承认讷韦尔公爵对曼图亚的权力，并未放弃亲自介入德国事务中。威望的成功毋庸置疑。

在德国，黎塞留重新采取法兰西王国传统的政策：不论帝国皇帝的敌人是否为新教徒，黎塞留一律支持。就这样，他依次成为丹麦国

第八章 王国的重建

王克里斯蒂安四世（Christian Ⅳ）以及瑞典国王的同盟者。

在对德作战期间，黎塞留异常谨慎地在神圣帝国的阿尔萨斯和洛林地区保持良好的战略立场。洛林公爵查理四世（Charles Ⅳ）的妹妹嫁给了黎塞留的大仇人奥尔良公爵。多好的介入理由！1634年，法兰西军队占领巴尔区和洛林省。军队同样包围了阿尔萨斯省的城市，美其名曰为护城。作为东行军的首领，黎塞留最终介入德国。

在瑞典、荷兰、萨瓦和曼图亚的支援下，黎塞留不是向神圣帝国皇帝宣战，而是向西班牙国王宣战。1635年，法国人攻占所属西班牙王国的荷兰，在那里与奥兰治的威廉（Guillaume d'Orange）相遇。然而不久之后，由于缺乏补给，这支军队就派不上用场了。西班牙人朝向莱兰诸岛，在南部登陆，洛林爆发暴动反抗法国人。神圣帝国皇帝攻占孔代守卫的勃艮第。西班牙人也在北部肆虐，他们夺取科比城，威胁巴黎。在西南部边境处，他们攻占圣让-德吕兹。尽管枢机主教做了预防措施，但是法兰西王国再次被侵占。

由于缺乏资金，黎塞留也无能为力。由城市蔓延开来，整个法兰西都爆发动乱。没有人愿意再缴纳赋税来发动战争。宫廷弥漫着背叛的气息。王后奥地利的安娜与英国人通信，苏瓦松伯爵（Comte de Soissons）同西班牙人勾结发动阴谋。洛林公爵叛变。

由于西班牙人面临的困难处境（葡萄牙和加泰罗尼亚闹分裂），法兰西王国的复兴是惊人的：夺回北部的阿拉斯城和意大利的图灵城。1642年，当黎塞留去世之际，法兰西王国取得了胜利。如果说黎塞留未实现和平，那么他相信等待带来的好处。时机成熟时，他忠诚的合作人马萨林（Mazarin）将完成这项和平事业。马萨林致力于对黎塞留的遗嘱保持忠诚，后者给国王留下了建议："那些以无视国家的法律和条令为荣的特殊之人，对他们严厉，就是造福于民众。"

在主人黎塞留去世之际，马萨林艰难地控制"特殊之人"的联盟，他们希冀再次包围法兰西王国。

马萨林和投石党运动

新的枢机主教

马萨林最初历尽艰险来集中权力。黎塞留于1642年去世，路易十三于1643年去世。在离世之前，国王组建政府委员会，成员有王后安娜、国王大弟、国王的哥哥、孔代亲王以及黎塞留的所有心腹：马萨林、掌玺大臣皮埃尔·塞吉埃（Pierre Séguier）、莱昂·布蒂利耶（Léon Bouthillier）和沙维尼（Chavigny）。国王甚至考虑到任命马萨林为首相。

该宣告并不合王后的胃口，也更无法使亲王们满意，他们使其在巴黎议会上被取消。王后摄政，国王大弟成为王国的少将。权力被共享。黎塞留的敌人掌权。

法兰西王国的政治将要改变？让人大跌眼镜的是，王后任命马萨林为首相。对此，枢机主教雷斯（Retz）这样写道："相较于黎塞留以王者的姿态压垮而非统治人民，他的继任者性情温和、厚道宽容、无所希冀，由于受到枢机主教身份的限制，不能如其所愿在所有人面前表现谦逊，他对此感到失望。"

马萨林这个意大利人是如何做到颠倒形势的？需要以他的"闺中事"和引诱为理由吗？是否需要想象为因为王后被重任惊吓，恐惧看到大贵族飞奔而回来争夺王位？

第八章 王国的重建

马萨林掌权！亲王们首先肆无忌惮地大笑。然后，他们再次策划阴谋。获得王后身边贵妇人的服务人员的好感，窥伺、拟订计划尽快除掉马萨林。"大人物的阴谋集团"聚集了谢弗勒兹公爵夫人，博福尔公爵（duc de Beaufort）——自命不凡的贵族，扬言要在王后的床上代替"马扎里诺"——旺多姆公爵（duc de Vendôme）和梅尔格尔公爵。希望和虔诚的天主教徒奥地利的安娜和解的教会支持阴谋，尤其拥护王后的宫廷神甫以及笃信宗教派的大部分领导者，其中包括著名的"文生先生"。

然而，宫廷是个狭小的地方，秘密不胫而走。得到消息的马萨林毫不犹豫地依靠其他大贵族——孔代亲王和国王大弟，前任国王的弟弟——来粉碎阴谋。败露形迹的密谋者被驱逐或被收押。马萨林作为小国王的教父，也许跟王后珠胎暗结，他掌握绝对权威。他与王后一起居住在王室宫。他在宫殿里建立了一个藏书丰富的图书馆，可视为法国国家图书馆的雏形。为了讨王后欢心，马萨林将意大利音乐家引入宫廷，他们表演最早的歌剧。他同样鼓励戏剧演员，他们在宫廷前面表演例如高乃依（Corneille）和罗特鲁（Rotrou）的作品。作为慷慨的文学和科学事业的资助者，新任枢机主教拥有巨额财富和众多荣誉，他将继续完成黎塞留未竟的事业。

与奥地利和解

尽管黎塞留实现了复兴，但是对外战争的卷土重来是不可避免的。为了缔结和平协定，法兰西人民需要继续他们的胜利。

他们足够幸运，赢得了几场辉煌的胜利。在国王去世不久之前，大孔代亲王昂基安公爵（duc d'Enghien）在罗克鲁瓦城出色地战胜了西班牙人。从此刻起,神圣罗马帝国的士兵力图缔结和平条约。

1644年,和平协议的预备性条约出现。然而,谈判是漫长的,而且敌对双方继续试图掌握主动权。因此,昂基安公爵和蒂雷纳公爵(Turenne)在阿尔萨斯作战,从巴伐利亚人那里抢夺城池。在佛兰德地区,国王大弟攻取科特赖克城,而不知疲惫的昂基安公爵占领敦刻尔克和菲尔讷。

1648年,法国人和瑞典人最终获得了决定性胜利。蒂雷纳公爵渡过莱茵河,侵占整个巴伐利亚州。他向哈布斯堡家族的首府维也纳进军。大孔代亲王战胜西班牙人,夺取朗斯。瑞典人进入布拉格。

腹背受敌的哈布斯堡家族不得不妥协。1648年10月,威斯特伐利亚和约承认法兰西王国拥有梅斯、图勒和凡尔登主教辖区来涵盖其边境。法兰西同样取得了阿尔卑斯山中通向意大利的比罗内尔城的堡垒。法兰西王国有权对蒂雷纳公爵攻占的阿尔萨斯省的各个城市行使封建君主的权力。毫无疑问,最终的和平尚未到来,西班牙人并没有解除武装。然而,和约为法兰西王国带来了相当可观的利益。

贵族阶级的暴动:革命的前夕?

对立于马萨林的法兰西舆论不愿看到成功。人们看到的只有与西班牙缔结的和平失败。的确,王国内部的局势是灾难性的:战争、朝臣、王后的排场、马萨林及其奉承者的欲念掏空了国库。

为了筹集资金,人们委托包税人来征收人头税。包税人定期搜刮民脂民膏,从人民那里征收所得却并未如数上交给国王,他们至少扣留了15%的税收。为了取得大量的税收来满足王国的日常开支,马

第八章 王国的重建

萨林不得不提高人头税，10年间从4400万上涨至5500万古斤。人头税的征收导致发生事端，有时引发骚乱。一支由一万名农民组成的军队占据奎恩省的乡村。在曾被黎塞留猛烈打压的普罗旺斯、多菲内和朗格多克这些边境线上的大省内，人们拿起武器，伺机报复，利用被税收激怒的农民。对进入巴黎城门的商品征收的入城税同样招致了叛乱。1646年，据估算整个王国至少有一半人口处于公开或潜在起义的状态。

议会议员支持被税收压垮的臣民。他们因此相信面对"首相专制"，能够扮演一个政治角色。在巴黎，他们采取的对抗税收的态度使他们在地位卑微的人民面前大受欢迎。鉴于马萨林施行的税收政策，他们组建起一支强大的不容小觑的舆论大军。

议会议员、大领主、农民和小民众，社会所有的阶级都对政体和其施行者不满。一场内战再次满足了爆发的条件，又或者如英国那样是一场革命。对于这场由不同的社会阶层组成的反抗马萨林行使王权的起义，人们称之为"投石党运动"。

投石党运动最初是巴黎议会的一场反抗。1648年5月，议会议员的特权突然受到威胁。在亨利四世创立的"官职税"更新之际，当局要求王室官员提前上交4年的担保金。议员们立刻反抗，即为同盟终止。他们决定共同对抗枢机主教。

政府逮捕领头暴乱之人，却无法制止已经波及外省的运动。议会议员要求监管国库的预算、进款和支出，要求取消包税人制度（人们称其为"收租官"），要求召回各个行省总督，后者被视为权力狂热的仆人。

朗斯胜利之后，马萨林感到自己已经足够强大可以予以反击。8

月26日，马萨林命人在巴黎市中心逮捕了议员布鲁塞尔（Broussel）。当天晚上，巴黎全城戒严。根据枢机主教雷斯的描述，巴黎城设置了1260个路障。直到28日，这些路障都纹丝不动。是手持武器的人民从摄政王太后那里得到许可，释放了布鲁塞尔和其他被关押的议会议员。

重新恢复了平静的奥地利的安娜并未返回巴黎这个让她心生恐惧的地方。她定居在吕伊，在那里受到孔代亲王的接待。焦虑的巴黎议会议员要求巴黎市长组织安排来应对有可能被围困的局面。另一方的马萨林犹豫不决。他没有奥地利的安娜具备的不妥协之个性。他决定协商，允诺在10月份向议会提交预算的监管权。然后他说服摄政王太后跟年幼的国王回到巴黎。

巴黎议会被王室模糊地承认之后，立刻滥用权力。11月，召开会议来改革王室的财政。12月，巴黎议会试图追捕市长，禁止任何的赋税征收。法兰西议员知晓英格兰爆发的革命猛烈发作。法兰西君主国将变成立宪政体吗？

1649年1月5日至6日的夜里，马萨林和全体朝臣迅速再次离开巴黎。王室军队包围巴黎。依附着市政当局和人民的支持，巴黎议会带头发起叛乱。

大领主赶来巴黎支援起义者。所有曾经受到黎塞留羞辱的领主坚信找到了毫不费力的复仇之法，相信自己再次参与到国家事务中来。某个埃尔伯夫公爵（duc d'Elbeuf）指挥起义者。孔蒂亲王带领其他亲王加入战斗，与他们蔑视的法官并肩作战。亲王们不愿任由君主国毁灭，就像在英国发生的那样。当隆格维尔公爵、博福尔公爵和布永公爵，努瓦尔穆捷侯爵（marquis de Noirmoutiers）以及马里亚克亲王停止煽动各自的行省发生暴动，他们朝着路障进军。在德国指挥的图雷讷亲王宣誓支援投石党运动。在议会议员尤其是亲王的鼓动下，诺曼底、奎恩和普罗旺斯爆发起义，亲王担负起人民和中产阶级发起暴动的开支。

需要巴黎作出决定。议会议员在巴黎作出裁决，使"扰乱王国和国王公共秩序"的马萨林成了亡命之徒。人们听说查理一世（Charles Ier）在伦敦被处决。巴黎议会利用这个处决来向国王表明忠心。他们坚称只是怨恨马萨林，他们不想发动革命。

2月27日，手持武器的人民加快了事件的进程。他们从议会的主要法庭破门而入。带头闹事者要求既要驱逐马萨林，也要辞退征税官。他们想要劫掠税务机关不法牟利者的公馆。他们做好了发动内战的准备。

同亲王一样，议会议员产生恐惧。巴黎的民众太过强硬。此外，边境线再度受到威胁。在距离巴黎数千米之地，西班牙人深入皮卡第。3月11日，议会急忙跟马萨林签署吕伊和平协定。亲王放弃了归顺的巴黎。

然而，外省继续暴乱：诺曼底总督隆格维尔在鲁昂起义反抗马萨林；昂热的小民众拿起武器反抗市政当局，拉特雷穆瓦耶公爵（Henri Ier de La Trémoïlle）是运动的领头人；在奎恩和普罗旺斯省，议会继续暴动。马萨林不得不到处妥协来重建秩序。

事实上，在巴黎，马萨林承认投石党其中一个团体的存在，因为他们曾在吕伊一同缔结条约。人们想要强加给马萨林一个"保护者"。他在孔代亲王和巴黎动乱助理孔蒂亲王之间犹豫不决。他最终选择了阴谋家孔蒂（未来的枢机主教雷斯），因为孔代亲王的荣耀和名望很让马萨林忧心。与孔蒂达成一致，囚禁大孔代亲王。

孔代亲王的友人立刻在外省煽动起义。在马萨林前往王国各处安抚民众，与议员和亲王协商的时候，孔蒂尽力守卫巴黎。在诺曼底和勃艮第大省，马萨林轻而易举恢复了秩序。对于奎恩这个传统的易于发生暴乱的省份，马萨林遇到了巨大的困难。布永公爵和拉罗什富科公爵守卫波尔多。为了夺回城市重建和平，马萨林不得不签署一份对波尔多人极其有利的合约。

1650年11月，全体朝臣最终回到巴黎。西班牙人抵达香槟省。马萨林从他们手中夺回勒泰勒，击败了在这个节骨眼上反抗自己的图雷讷的军队。马萨林的胜利阻挡不住他的垮台：由于野心失败，孔蒂放弃了马萨林，转而支持孔代亲王。奥尔良公爵策划的谋反强迫马萨林下台。巴黎议会向马萨林送达解职判决书。在释放了被囚禁的亲王之后，马萨林开始了流放生涯。

无王国的年轻国王

马萨林的离开使得年轻的国王茫然窘迫之至：孔蒂并未付出背叛马萨林的代价。他接近王太后，远离亲王。

亲王们支持孔代亲王，后者依附着从未如此反动的奎恩省。孔代亲王召集军队，准备发动战争。

国王路易十四已经成年，"拿起武器"的孔代亲王对他来说是在发动背叛。国王毫不犹豫与西班牙结盟，需要将孔代亲王以叛乱者定罪。

在此期间，马萨林在德国召集军队，出现在边境线上，他对抗的是所有的亲王。1552年，孔代亲王同时击败了马萨林和国王的军队。

第八章 王国的重建

他立刻进入巴黎，受到了人民的欢呼拥护。

法兰西王国的首府陷入一片沸腾。军团穿街过巷，要求惩处马萨林一派。"不要国王！不要亲王！自由万岁！"他们在大街上这样喊道。孔代亲王却陷入焦虑之中，中产阶级对他弃之不管，亲王离弃他。重返王室军队首领岗位的图雷讷包围了孔代亲王。到了10月份，孔代亲王不得不逃走。21日，国王回到巴黎。亲王们发动的投石党运动宣告结束。

年轻的国王成了战场的主人。巴黎的路障被清除。孔代亲王逃窜。马萨林再次被流放。普罗旺斯和奎恩省恢复和平。还剩下西班牙人。

西班牙人收留孔代亲王，任命他为类似于雇佣兵头目，带领西班牙军队。通过佛兰德地区的边境线，西班牙军队从意大利和加泰罗尼亚出发，急行军前往巴黎。

战争持续了10年。在荒芜的北部战场上，孔代亲王和图雷讷依次经历过胜利的喜悦和战败的痛苦。孔代亲王放弃了阿拉斯城，却攻取瓦朗谢讷。这是因为国王实行积极的对外政策，克伦威尔（Cromwelle）和德国的新教徒亲王提供了支援。马萨林走遍意大利为国王路易十四寻求支援。

1657年，在沙丘战役中，图雷讷最终取得了胜利。西班牙国王腓力四世（Philippe Ⅳ）不得不放弃征战。比利牛斯条约在比达索阿岛上签署，满足了法兰西王国的要求。路易十四承诺迎娶西班牙公主腓力四世的女儿玛丽-特雷莎（Marie-Thérèse d'Autriche）。法兰西取得了众多领土：南部的鲁西永和塞尔达尼亚地区、北部的阿图瓦省、烈日公国的菲利普维尔和马尔堡城，以及卢森堡的蒙梅迪和蒂永维尔城。洛林的查理四世保留其公爵领地，但不得不拆毁堡垒。巴尔公国纳入法兰西版图。对西班牙国王唯一的让步是赦免了孔代亲王。

马萨林重返宫廷，路易十四视其为最忠诚的仆人。1660年，国王隆重庆祝婚礼。大领主归顺，议员沉默，西班牙人战败，民众庆祝年轻国王的胜利。

路易十四是一个没有王国的国王：法兰西王国再次成为废墟。17世纪的士兵驻扎于乡村，寄住在当地村民家里。所有的法兰西村庄都被经过的军队洗劫一空，他们带去了鼠疫以及其他传染性疾病。西班牙、德国、意大利和瑞士雇佣军，以及法兰西亲王自己的军队为城市和村庄带来战争和毁灭。

在普罗旺斯和奎恩省爆发动乱的防御据点，亲王散布恐怖政策，以鲜血为代价征收人头税，破坏田地，敲诈"农民"。拥有法兰西王国最富庶土地的北部地区，经受了所有大战的蹂躏，遭遇大型入侵。

农民痛苦不堪，然而贵族也如此：除了领取枢机主教年金之人，贵族阶级破产，遭到遗弃，被判处有罪。唯一能从战争中牟取利益的人是金融家，他们从王国的衰退中获利。他们利用军队来征收赋税。他们向国王或亲王做抵押贷款，使得后者能够召集军队，供养信徒。某个财政总监尼古拉斯·富凯（Nicolas Fouquet）的令人瞠目结舌的财富却并不难理解，它是这个时代民风民俗的见证。"冉森主义者"远离了堕落的社会，隐居在波尔罗亚尔修道院，他们被当作一群怪人。当帕斯卡（Pascal）的《致外省人书》于1657年问世时，在上流社会中引起巨大反响，忧虑的马萨林命人将该书烧毁。在这样的学说里，难道不是具备了控诉马萨林成功的两大核心要素——阴谋和金钱吗？

马萨林收回了全部的财富：政治财富和短暂的成就。他利用生命最后的日子对年轻的国王进行政治教育。这也许是他最成功的一件事。1661年3月9日，在马萨林撒手人寰之际，他将王国留给了一个成熟的君主。在其遗书中，马萨林向国王传达了黎塞留的忠告：独自管理，加强王权。

1 | 1793年在让·朱安（Jean Chouan）影响下爆发的叛乱，起义者占领了诺曼底和布列塔尼。——译者注

第九章
君主专制制度

在枢机主教马萨林指出的道路上,年轻的路易十四能够认识到王权所面临的艰难的处境。伴随着异常剧烈的情感,他回忆起在那个凶险的夜晚,他不得不和母亲到圣日耳曼城堡避难。年迈的枢机主教黎塞留使他父亲摆脱了新教徒。在与奥地利和西班牙的哈布斯堡家族的对立中,枢机主教马萨林为法兰西王国赢得了决定性的胜利。面对大人物和特权阶级的同盟,两位枢机主教维护了国王的权威。

发现"国王的职业"

王国的处境

在法兰西,国家百废待兴。在路易十四所继承的大量的行省中,仅由于历史连续的偶然,才使得他成为国王。由于通过前任国王的联姻使得路易十四继承了布列塔尼公国，因此受到臣民爱戴。由于另一个国王勒内（René）将伯爵领地让与法兰西，因此路易十四成为普罗旺斯的国王。不论在普罗旺斯还是在布列塔尼，人们臣服于领主，而非效忠于国王。称为"国家"的各个行省由当地的三个等级大会管理：贵族、教士和第三等级（平民）。例如纳瓦尔王国、上文中提到的普罗旺斯和布列塔尼，还有朗格多克、多菲内、诺曼底和勃艮第。其他称为"财政区"的区域直接由国王的人马管理，他们无须经过代表大会，可以亲自分派直接税收。

即使是在财政区，国王的权力也要被分享。这些城市及其自治权通常继承于中世纪时期，最近的一次也是在宗教战争时期。正如在投石党运动中多次出现的那样，大领主和行省总督总是做好了召集军队反抗国王的准备。这些地位崇高的贵族视国王为领主，一有机会便毫不犹豫勾结外国亲王来拥立自己人为新国王。

最终出现了王室官员。这些官职的所有者，通常在一种行会利益的基准中办理公务，相对于国王权威，他们要求收回一个特权团体的权力，例如巴黎议会。投石党运动难道不正是始于议会议员的暴乱吗？

马萨林未能复兴国家，以及在这方面继续黎塞留的事业。他既无时间，也无资金。面对着城门口的神圣罗马帝国士兵，到街上发动暴乱的贵族以及路障之上的议会议员，如何着手从事不得人心的改革？马萨林必须不择手段，逮捕一些人，收买另一些人，无须太过忧心君主权力的原则和制定。为了生存下去，为了挽救核心的部分，他不得不把王国的资源零售。如富凯一样的金融家帮助马萨林支付战争的费用。对于当路易十四开始行使个人权力之时微薄不稳定的国库，他们也同样掠夺不放过。

在一个处于解体状态的封建社会中，唯一保持稳若泰山的是教会。在法兰西王国或者在整个欧洲，17世纪的前半叶对教会有益。救助乞丐修会的增加、圣文生·德·保禄的遣使会的布道和劳动促进教会再次深入地赢得了世俗社会。冉森派成员对这个不公正社会的傲慢与不满并未引起波澜。冉森主义者在政治上有勾结亲王的嫌疑，教会判处他们有罪。国王路易十四初掌事务时带着一种信念，他坚信依靠教会对抗异端分子，支持在王国陷入困难时期没有落井下石的入修会和在俗教士是自己的责任和意愿所在。当英国哲学家托马斯·霍布斯（Thomas Hobbes）在不言明的社会契约概念的基础之上，建立斯图亚特王朝的詹姆斯一世（Jacques Ier Stuart）绝对君主制的学说之际，路易十四在为王位寻找神权政治的基础。基于教会的威望和效力，路易十四需要它来彰显自己是一位国王，一位独裁国王，赋予神圣权力的国王。

"朕即国家！"

路易十四很快便懂得用自己的个性在宫廷树立威望。他从马萨林一派中任命大臣。富凯仍为财政总监，米歇尔·勒泰利耶（Michel Le Tellier）出任陆军大臣，于格·德·利奥纳（Hugues de Lionne）任外交大臣。除了政府的精神，万事按部就班皆未改变。国王用计划来表明立场，长久地掂量自己的决定，一旦众所周知，决不后退。亲自治理国家的忧虑使得国王没有任命首相。在这方面，路易十四听从了马萨林的忠告：在议会里，没有人能代替他做决定。

不久之后，由国王亲自任命的大臣走马上任。从前任马萨林个人财产总管的柯尔贝尔（Colbert）负责核实王室财政状况，也就是严格审查富凯的账目。1661年，国王下令，富凯被捕，召开特殊法庭展开审讯。柯尔贝尔要求判处他死刑，国王则判处流放。国王意识到惩罚不够严厉，他判处富凯终身监禁。

柯尔贝尔面临的是百废待兴的巨大任务。在马萨林离世之际，王国的财政问题极其糟糕。国家已经提前偿还了两年的本息债款。1661年，需要依靠提前兑付（通过包税人，异常昂贵）1663年的进账来过活。王国将需要一笔巨额来偿还这些债务的本金和利息。法兰西王国从未面临如此的财政窘境。

柯尔贝尔开始搜集情况。他下令调查国家的货币管理和收入的支出。一个司法分庭成立，其唯一的使命是查处金融家滥用、欺诈和侵吞公款的行为。人们强制要求4000多名金融家归还与1亿古斤相当的财物。

这些整顿还远远不够。人们必须缩减被其他头衔"巩固"的年金的支付，这些称号仅需要支付的是过去贵族称号年金的1/3！当然，方法欠缺优雅。尽管如此，那些先例并未引发对王室政府部门的强烈抗议。如果政府的确想要富人拿出钱款，这总是不难办到的。富人的人数毕竟不多。

因此，需要为王国的未来建造一个稳固的财政结构，免去国王求助于那些不适当的权宜之计。柯尔贝尔赋予财政部的王室委员会来监督王国的所有政策。委员会首先拟定进账一览表，尽可能做到清晰无误；在其他方面，他们拟定支出一览表，每一项都详细指出资金的来源，基于此各项支出能够被监管。最后，国王需要掌握一份按照规定当天清讫的综合单据，里面标明每项支出都与相关的收入关联。柯尔贝尔因此实现了国家的第一笔预算。

关于国库的进账方面，柯尔贝尔打算改革税收系统。然而，他首先关注的是王室地产的收入。作为自己不动产的领主，国王拥有一定数量的税收。在马萨林离世之际，这些地产的收益是8万古斤。柯尔贝尔将收益提高至550万古斤。重新对王室大森林的组织管理促使了柯尔贝尔将收入增加到10倍。

还剩下税收待处理：由于税务系统存在的不公正弊端，它不能带来收益。税收尤其压垮了农民。此外，收取赋税的中间人侵吞的收入的一大部分。因为在仅仅一年的税收中，那些"征税官"和"包税人"拿走了5400多万古斤，而只上交了3100万古斤。柯尔贝尔对此进行了检验，王国被正规"采伐"。

若想突然改革这样一个几乎完全依附于特权的税收系统是不可能的。事实上，贵族和教士阶级被免除了直接税中人头税的缴纳。一定数量的市镇是人头税的"订户"，他们以非常优惠的价格只支付一次便可。富有的中产阶级因此能够逃税。

在不激怒"特权"系统的前提下，唯一增加收入的方法是提高间接税，由于间接税涉及消费方面，因此它不合常理地更加公正。柯尔贝尔效仿絮里降低了人头税（从4200万降至3500万古斤），增加了间接税（从500万上涨至2200万古斤）。柯尔贝尔成功平衡了1675年的预算，使得王国重回絮里阁下时代良好管理所带来的繁荣。

柯尔贝尔和扩张

对柯尔贝尔和路易十四来说，黎塞留的忠告仍不绝于耳。在账目方面，中产阶级柯尔贝尔同时展现出了严厉和灵巧。然而，他并非只是个预算家。一项合时宜的财政政策不仅使好的经济政策可行，前者也是后者的必要条件。如果希望确保王国的繁荣，必须保证法兰西的扩张。

如果法兰西王国的货币不得不受到外部商贸的不平衡而贬值，增加王国的资金有什么用呢？需要带领法兰西人民增加生产，以此来确保资金流入而非流出王国。"柯尔贝尔主义"是一门生产的学说，被引导走向满足内需的道路上，如果可能的话，将走向出口。

柯尔贝尔很懂得若不是得益于农产品的出售，他便不能吸引外国货币流进法兰西王国。法国的农业产量刚刚好满足2000万人口的消费。农产品很少被商业化，而且王国内数不清的村庄都是自给自足地生活。只有工业能够使对外有利的销售成为可能，尤其是奢侈品产业。人们称为"重商主义"的柯尔贝尔的"体系"在于绝对鼓励那些能够使资金流入法兰西的生产。

基于此，"手工制造业"成为王国的宠儿。不断增长的产量使法国人打消了用黄金购进威尼斯彩色玻璃珠、意大利丝织品、西班牙武器和佛兰德地区的纺织品的念头。柯尔贝尔吸引了大量的外国手工业者来到法国，向承办人出借资金，免去他们的税收。这些承办人有责任遵守异常严格的生产规则，生产出无可挑剔的高质量产品。

为了给这些新兴的企业保障本地市场，柯尔贝尔下令竞争行业的外国产品进入法国后，对其征收高税。英国人和荷兰人公开抗议是徒劳的，法兰西用尽一切方法来组织金子流向国外。

制皂厂、铁匠铺、造船厂、武器厂、制炮厂、火药厂、纺织厂、类似于戈贝林花毯厂的制毯厂、珍贵瓷器制造业、工具制造业以及马车制造业，等等，这些产业使法国人在法兰西地界上以稳定的价格买到优质产品成为可能。

柯尔贝尔想要把法兰西制造的产品卖到边境线以外的地区。通过建立取得了国王特许专利垄断的大型商社，柯尔贝尔发展海上贸易：东印度公司、西印度公司、北欧公司（波罗的海）和勒旺公司。波尔多、南特和拉罗歇尔等大的海上港口完全得益于这些政府颁布的有利措施。新起公司在全世界建立的殖民地促进了贸易往来：加拿大、阿卡迪亚、纽芬兰、密西西比和路易斯安那；安的列斯群岛和圭亚那；非洲的塞内加尔、留尼汪岛和马达加斯加；印度的本地治里和金德讷格尔。的确，由于缺乏资金，这些早期建立的殖民地通常都遭遇失败。然而，它们却毋庸置疑地刺激了受到国王建立的强大海军保护的商业活动。

威信政治

柯尔贝尔不是一个伟大政治的狂热信徒。然而，国王希望支配强大的手段，能让他在整个欧洲树立威望。柯尔贝尔不得不允许国王武装和供养一支强大的舰队和现代化军队。

不久之后，276艘战列舰升起绘有法国王室标志百合花徽的战旗，向全世界的海域进发。海军军籍登记局提供新兵。西海岸线上的敦刻尔克、瑟堡和布雷斯特，以及地中海岸的土伦迎接这批巨大的舰队。诸如约翰·巴尔这一类私掠船从国王那里接到"劫掠敌国商船特许状"来"奔走购物"，夺取西班牙国王或者荷兰殖民公司的金银珠宝。

至于陆军方面，勒泰利耶和卢瓦侯爵（marquis de Louvois）必须调整好一支强大的王室军队，它的编制人数持续上升：1667年

72000名士兵，到了1703年上升至40万人。骑兵部队有47000名骑兵，还有专业学校毕业的军官指挥人数众多且受过训练的炮兵部队。

在所有的军团里，士兵从此之后穿着军服，行军时将军团旗帜置于队伍前方。在边境线上，沃邦元帅（Vauban）构思并实现了威慑力十足的基于全新概念的城市防卫系统：堡垒的修建为炮兵部队提供了最大限度的安全，且保证了它能够有效射击。从此之后，"战斗力"成了完美军官的必修课。33个新建堡垒和22个可治理的旧要塞在边境线上组成了一条"铁腰带"，为法兰西王国保驾护航。

凡尔赛的伟大国王

位于王国中心的国王

拥有如此的军事机构，国王能够在欧洲推行翻云覆雨的政治。然而，尤其要归功于国王掌握的资金确保了法兰西的秩序。在国王的四周，少数几个人掌握着决定的权力：柯尔贝尔、于格·德·利奥纳和勒泰利耶，1672年之后勒泰利耶的儿子卢瓦侯爵以及利奥纳的继任者阿尔诺·德·蓬波纳（Arnaud de Pomponne）。该"最高行政法院"每两天在国王的住所召开一次，是专制政体杰出的左膀右臂。它的决议无可挽回。其他的委员会（财政、调度和内部委员会）更加专业化，不定期召开。他们确保了税收政策、和各个总督之间的联络以及王室司法权。

在外省，各个总督组成了专制制度的左膀右臂，享有特权。他们必须集中所有的特权来损害王室高级官员的利益，因为这些大领主终日意图独立。人们执拗地刁难这些高级官员。他们生来就是国王的敌人,潜在的敌人。不久之后,人们决定将这些官员的任期缩短至3年,他们必须定居在宫廷,并且放弃各自的军事力量,上交给国王的少将。

"司法、治安和财政"总督由国王任命,可解职。他们首先带着提供情报的任务被派遣到外省,最终将所有的权力揽在手中,定居在外省。1680年,总督管辖区系统在各地建立。该系统是君主制度中央集权的核心体系,对于始终处于爆发动乱威胁的边境省份内部,该系统使得中央权力能够立刻阻断任何解放或独立运动的苗头。

外省受到了动乱的影响,国王抓住借口在各地永久地树立威望。这些暴乱是真实发生的。在路易十四执政初期,为了在某些地区重建秩序,各个总督有很多头绪有待厘清:需要把盗贼团伙从奥弗涅大省清除出去。1665年,在奥弗涅大省,法官前往偏远地区召开的特设法庭在此整顿。国王一箭双雕:在打压剥削农民的贵族的同时,他也获得了民众的好感。然而与此同时,国王将公道带给所有人,使"起义的农民"泄气。作为盗匪同谋的王室官员以相同的罪名惩处,他们受到严厉处决。沦落为盗匪的贵族被惩罚。在其他行省内设立法官前往偏远山区召开的特设法庭。秩序最终属于法律。

在某些地区,必须要直面穷苦人民真正的暴乱。农民被苛捐杂税压弯了腰,在连年的战乱和勒索中变得一无所有,他们拒绝臣服于王权。在布洛涅、奎恩省、贝阿恩、维瓦赖,甚至是布列塔尼,起义者烧毁城堡,杀害税务员。

王室军队开战来剿灭这些"无赖乞丐"。在展开的武力面前,暴乱被平息。在流浪人群众多的城市中,人们修建医院和收容所来关押这些不幸之人。正如米歇尔·福柯(Michel Foucault)指出的,早期的医院在修建时作为穷人的监狱使用，而且疯子和流浪之人、病人以及失业者混乱地被关押在一处。在巴黎，柯尔贝尔创立警察总局局长职位，任命尼古拉斯·德·拉·雷尼（Nicolas de La Reynie）出任局长一职，目的是确保公共道路的安全，逮捕人数众多的盗匪、拦路抢劫的强盗、诈骗者和无赖，他们使得巴黎的某些街区成为可怕的危险场所。因此，800名"巡逻员"确保了对公共场所的爱惜、对藏污纳垢之地和演出场所的风化以及路人的安全。中产阶级对此感到欢欣鼓舞。

恢复传统意义上易于叛乱的城市和行省内部的秩序是远远不够的。同样需要将那些还未属于法兰西王国的新地区纳入王国版图，例如阿尔萨斯、鲁西永、阿尔图、弗朗什孔泰或者讲法语的佛兰德地区。法兰西国王毫不费力地取代了以往的君主。毫无疑问，根据君主国传统习惯，他还未触及现有的机构。然而，他需要让这些新地区感受到法兰西王国的法令，并将它们纳入版图。

负责以上这些事务的总监并非简单的官吏，他们肩负着政治使命，并且能够出色地完成它。在阿尔萨斯，人们避免在学校取消德语的教学。人们并不禁止德语作为官方语言来使用。在鲁西永这片长期臣服于极其虔诚的天主教徒西班牙国王的土地上，人们避免应用南特敕令，尽管新教徒受到了奥格斯堡和威斯特伐利亚条约的保护，阿尔萨斯地区仍旧避免使用南特敕令。的确，阿尔萨斯的拉格朗日（La Grange）或者之后的弗朗什孔泰地区的肖夫兰（Chauvelin）是卓越的官员，他们灵活机敏，是世俗的传教士。而挑选出来任职这些行省的王室官员通常是当地人，一些年轻的领主和中产阶级须要在国王的政府或者军队服务，为的是如果国王"忘记"召集阴谋反对巴黎的君主制度的边境线上行省的三级会议，那么他能够悉心召集阿尔萨斯会议或者纳入版图的行省的传统的机构。归并的政策虽不能立即引起法兰西法令的同化，抑或不情愿地尊重王室的专制制度，但是凡尔赛宫和"伟大国王"的威望足够招致自愿的归顺。

伟大的路易力图在欧洲建立法兰西霸权

长久以来，欧洲的秩序被哈布斯堡王朝控制。从弗朗索瓦一世时期开始，王国所有的努力都在于驱除威胁法兰西的敌人，在于分解西班牙和德国地区。在这个传统政治的基础之上，路易十四在其对荷兰发动的战争中，加入了他在商业方面的顾虑。

西班牙是路易十四的首个牺牲品，内部秩序的保障、良好财政的支持以及强有力的军队使得国王能够盛气凌人。如果说他迎娶了一位西班牙公主，是为了得到一笔巨额嫁妆的承诺，那么西班牙王国则变得身无分文，被长达百年的战争和债务拖垮。路易十四将通过他的王后要求收回西班牙王位吗？

1665年，西班牙国王腓力四世驾崩。年轻的查理二世（Charles Ⅱ）体弱多病。路易十四立刻写信给奥地利的哈布斯堡王朝的利奥波德一世（Léopold Iᵉʳ），内容非常简单，建议分享西班牙的遗产。法兰西王国得到弗朗什孔泰、佛兰德地区、纳瓦拉王国、那不勒斯王国和菲律宾。最令人诧异的是利奥波德接受了这个提议，使得路易十四成为小查理五世。然而，路易十四早已声名远播，西班牙王国却声名狼藉。

路易十四不再等待，着手稳固自己的产业。1667年，他和图雷讷进入比利时的布拉班特省，围困并夺取里尔城，与此同时，孔代亲王攻取弗朗什孔泰。作为下一个目标,国王盯住西班牙王国在荷兰的领地。

路易十四面临的是欧洲北部最强大的贸易国——荷兰。由于殖民产业、强大的舰队以及将海外的商品重新分配给莱茵河地区而富足的荷兰,向其他贸易国求助,例如同样属于新教徒国家的瑞典和英国。这些国家都惧怕将法兰西王国引到海上来,惧怕柯尔贝尔令人毛骨悚然的舰队。

法兰西国王接受商谈:1668年,他归还弗朗什孔泰地区,却保留了佛兰德和埃诺的堡垒,沃邦元帅立刻在那里着手防御工事的修建(埃克斯拉沙佩勒条约)。

自此之后,在北海的海岸线边上,权力与财富共聚。已无必要再到意大利发动战争。西班牙的金子和往返于东西印度的船只使阿姆斯特丹成为北部的威尼斯,伦敦已然成为一个强大的海港。斯德哥尔摩掠夺波罗的海。谁成为欧洲西北部的主人,谁就掌控了整个欧洲。

自然而然地,柯尔贝尔促使国王发动战争。这甚至是唯一的一场他从未期待过的战争。通过海上强国荷兰的衰落,柯尔贝尔盘算着或有的利润。天主教徒和"笃信宗教教徒派"眼见国王最终要对新教徒开战,他们并未感到恼火。在英国,权力格局改变。得益于路易十四的援助,斯图亚特王朝恢复元气。国王英格兰的查理二世(Charles Ⅱ d'Angleterre)承诺支持法兰西王国,并与之结盟。外交部长利奥纳作安排来遏制大多数的德国亲王。外交上的准备一丝不苟。

出征的准备也无懈怠。尤其是卢瓦侯爵,他确保了在整个行军途中的军需供给,这在当时属于革新举措。1672年,在英国舰队的帮助下,国王的军队进入荷兰。军队的人数为12万人,由图雷讷和孔代带领。

士气低迷的荷兰军队并未立刻反抗。当他们恢复镇静的时候,他们驱逐了"荷兰首相"约翰·德·维特(Jean de Witt),建立由"省督"纳索的威廉(Guillaume de Nassau)即奥兰治亲王威廉一世领导的共和国。中产阶级中的大部分人都是法兰西王国的盟友,他们离开权力中心,由独裁者代替,推行截然相反的依靠人民大众的政策。狂热的新教徒威廉一世作战到底。

这位"寡言少语"的领导人刚刚掌权就命人决堤来阻挠法兰西军队的入侵。他的决心触动了日耳曼民族神圣罗马帝国的皇帝,后者施以援手。一个反法联盟聚集了西班牙国王、丹麦国王和若干神圣罗马帝国的亲王。1674年,英格兰的查理放弃了法兰西联盟。独自战斗的路易十四不得不从荷兰撤离。

路易十四遭遇了老敌手,日耳曼民族神圣罗马帝国的皇帝。日耳曼民族神圣罗马帝国的士兵再次全副武装,威胁边境地区。路易十四先下手为强。他再次攻占弗朗什孔泰地区,侵袭西班牙占领的荷兰地界。孔代亲王辉煌地战胜了奥兰治亲王的军队。在阿尔萨斯平原,图雷讷击败日耳曼民族神圣罗马帝国士兵,在萨尔察赫河前被远炮弹击中而死。柯尔贝尔的舰队创造奇迹:1676年,迪凯纳(Duquesne)将荷兰海军元帅米希尔·德·鲁伊特(Michiel de Ruyter)击溃。

在荷兰的奈梅亨城,荷兰签署合约。荷兰并未损失一寸领土,甚至得到了法兰西关税降低的让步。路易十四在西班牙得到了补偿。西班牙王国最终放弃了弗朗什孔泰地区、佛兰德和埃诺的一大部分领土。对路易十四和柯尔贝尔来说,战争带来了利益。恢复和平之后,国王吞并蒙贝利亚特伯爵领地、萨尔州的一些城市、斯特拉斯堡以及卢森堡的一半领土，抗议者（日耳曼民族神圣罗马帝国、西班牙、瑞典和荷兰）未作反应。1683年，土耳其人的确出现在维也纳城门口。西班牙人是唯一的拿起武器反抗的人，他们被击败，而法兰西军队攻占了整个卢森堡。1684年，日耳曼民族神圣罗马帝国皇帝和西班牙国王承认了路易十四的所有吞并领土。

异常虔诚的基督徒国王

此时，路易十四登上了荣誉的顶峰。作为拥有"神圣权力"的国王，他亲自任命主教，以自身的利益复兴古老的加尔文主义的宗教仪式，没有遭到教皇的反对。博絮埃（Bossuet）批注神圣权力的学说，将其变成某种程度上的信条：在兰斯举行加冕仪式的国王是以色列国王的继承人。国王只受惠于上帝。国王的权力不是专断的，该权力不属于暴君。国王是神圣意志的传达人。

以如此的头衔，路易十四应当竭尽所能确立基督教的辉煌。他必须无情地追击敌人。在这种意义上，路易十四将忠诚地服务于反新教改革运动。作为耶稣会会士的保护者，在神权政治国家独裁君主的地位范围内，国王毫不犹豫地与法兰西王国内部一切否认天主教的人和物作斗争。

教士阶级的大会不时地催促国王介入反抗"所谓的新教"。新教徒受到阿莱斯特赦敕令和南特敕令的保护，国王对这些敕令的应用极其受限。与此同时，教会一方面则加强了改宗的战斗，例如图雷讷元帅曾被博絮埃改宗，他离世时是一个天主教徒。受到国王威胁和教士紧逼的信奉新教的大领主，他们之中大部分人发誓弃绝原来的新教信仰。天主教重新占领上层社会完全成功。在下层阶层中，教士使用其他武器：每一个"改宗之人"可以拿到6古斤。如何经得住上帝这样的号召？

关于冉森教派信徒方面，国王表现出了同样严厉的态度。他们不受到任何法令的保护。这个由贵族和大中产阶级组成的小团体防碍了耶稣会会士，牵连了教会，激起了国王的愤怒。1664年，国王命人关闭波尔罗亚尔女隐修院。修女躲避到谢夫勒斯河谷。公元1668年，为了重新过上平静的日子，冉森教派信徒"在精神方面有所保留地"接受签署控诉堪称冉森主义的教皇詹森（Jansenius）教义的五大主张调查表。

在如同新教徒一般的冉森主义教徒的伴随下，伟大的国王未走到最后。尽管如此，路易十四还是表现出坚决认定天主教是王国的唯一宗教。此外，在国王全力以赴支持天主教信仰的日子里，他留心确保其对法兰西教会的掌控：1682年，在国王忠实的仆人博絮埃的鼓动下，教士阶级大会投票通过了《四条教规宣言》，将教会置于国王之下，尽管从1516年的和解协议开始国王已经掌管主教职位的分派。

贵族成为国王的仆人

法兰西国王是上帝的首要信徒，他也是王国的首要封建君主。以如此的头衔，贵族阶级不得不臣服于他。难以对付的地位低微的贵族轻易地被设置在各个行省内部的特设法庭打压下去。大贵族从军政府中抽身，他们却在凡尔赛宫找到了令人满意的军队指挥权（孔代、图雷讷）和有益的职位。特权的分配政策并未被国王重新提上议程，他毫无疑问对枢机主教马萨林留下的忠告了然于心。

路易十四吸引贵族来到宫廷，将他们变成自己的朝臣。异常精确的礼节的创立（国王起床、小憩、就寝、用餐，等等）使得将终日受到哄抢的职位分派给最高的大领主成为可能，因为这些职位可以接近国王本人。国王的一个眼神、一句话足以意味着失宠或晋升。而且令人钦佩的是，国王懂得使用他的言语。拉罗什富科城的一个公爵幸运地成为国王衣橱的负责人，布永的一个公爵成为王室侍从长，孔代亲王接受成为膳食总管。大领主被彻底制服。失宠意味着远离宫廷。需要出现在宫廷来发迹，来取得头衔、年金和职位。在法兰西王国，除了生活在国王的万丈光芒下，还有其他更好的选择吗？当一切勋章、才华和权力都在巴黎时，如何接受生活在外省？圣西门（Saint-Simon）在他的《回忆录》中讲述道："国王左顾右盼，在他起床时、就寝时、用膳时，在起身前往卧室时，在他的凡尔赛宫花园里，这些地方只有廷臣能够随意跟进跟出。国王看到和注意到所有人。没有人能逃过他的眼睛。未能把宫廷简单用作日常生活的场所是错误的，而对于那些从不曾出现或者几乎未曾出现在宫廷的领主来说，失宠是必然的。当谈论起这些领主的时候，国王高傲地回答：'我完全不认识他。'对于那些很少出现在宫廷中的贵族：'我从未见过这个人。'而这些判决不可撤销。"

"官方的"艺术

宫廷里不是只有谄媚的廷臣，那里也有作家和艺术家。对他们而言，国王的恩宠是最为重要的。宫廷生活是巴黎优越于外省的其中之一的表现。尤其是在路易十四执政时期，人们在外省不可能取得成就，有才华的人献身于宫廷。

在主人黎塞留的要求下，柯尔贝尔创立围绕国王而聚的"文学共和国"。黎塞留的作品《法兰西学院》容纳所有的作家,他们像廷臣一样被巨额王室年金吸引到此。人们看到某个让·拉辛(Jean Racine)伴随国王到战场来记录出征。国王这位文学艺术事业的资助人从未如此这般取得公认地位。路易十四自称庇护艺术家。他难道未曾支持《伪君子》的作者莫里哀(Molière)来反对假仁假义之人的小集团?得益于君主的保护,古典文学中绝大多数的杰作出现在17世纪的六七十年代,即1660—1670年。莫里哀为宫廷提供消遣,而博絮埃则负责说教。拉封丹(La Fontaine)是富凯的朋友。谁因为这件事对拉封丹不满?布瓦洛(Boileau)或者拉布吕耶尔在他们的讽刺作品中都未放过宫廷中的大人物。国王对他们实行审查了吗?毫无疑问,国王的恩宠变化多端,有时是不公正的。某一个作家一时抱怨、咕哝、提出异议,然而,一旦重新得到圣宠是多么愉快!

对于服务于统治的荣耀的艺术家,他们所享受的恩宠远远大于作家。路易十四赏识勒布朗(Le Brun),后者领导巴黎和罗马的绘画科学院。他同样是戈贝林王室花毯厂的负责人。应柯尔贝尔的要求,克洛德·佩罗(Claude Perrault)修建了著名的卢浮宫列柱。然而,不喜欢巴黎的国王已经打算命人在凡尔赛修建传奇的宫殿。1671年,国王作出决定。10年之后,梦想成为现实。

"太阳王"的陨落

宗教问题毫不妥协

两个危机威胁着处于顶峰的太阳王。意图称霸欧洲为他招致了死敌,而他的宗教政策正马不停蹄地在法兰西王国引发最严重的动乱。

在伟大的国王周围，忠诚的仆人逐渐消失：1671年，外交大臣利奥纳去世，1683年柯尔贝尔去世，勒泰利耶在1685年去世，卢瓦侯爵去世于1691年。他们的继承者与国王不那么亲近，后者独自执政。

46岁的国王改变巨大。他不再奔跑于各个城堡之间，也不再痴迷于狩猎和情人。定居在凡尔赛，戴着国王标签，作为官僚主义的俘虏，路易十四秘密地迎娶笃信宗教的曼特农夫人（Mme de Maintenon），这位法兰西王后将对他的政治产生不合时宜的影响。始于1686年，一次作战损耗了国王的体力。他成为笃信宗教一派的猎物。耶稣会会士弗朗索瓦·德·拉雪兹（François de la Chaise）是国王的忏悔神甫，他与曼特农夫人联合起来对国王施加影响力，促使国王走上宗教不妥协的道路。

路易十四首先与教皇发生冲突，后者刚刚严厉斥责《四条教规宣言》。路易十四将越过教皇，重申"王室法国教会保持行政自主性学说"。在11年间，国王任命那些认可声明的主教，而教皇在11年间拒绝给这些主教行授职式。1688年，35名主教因此处于一种几乎被教会分立的境地。

为了使罗马教廷让步，国王甚至占领了维奈桑伯爵领地。然而，国王并未得到教皇英诺森十一（Innocent XI）或其继承者对《四条教规宣言》的承认。在一段长期的对抗之后，国王不得不妥协。

如果说在教会的敌人方面，国王未曾表现出强烈的毫不妥协的话，那么法兰西的教士阶级可能不会追随国王与教皇的纠纷到如此程度。王国内部的新教徒大约有100万人，他们定居在南部、西部、巴黎和阿尔萨斯。新教仍旧稳固，尤其是在城市的中产阶级和小市民中。工业家和金融家常常是胡格诺派信徒，伙计和艺术家亦如此。

直到1685年，宗教迫害的措施仅限于妨碍宗教仪式，将新教徒排除在终生职务和自由职业之外。由南特敕令建立的混合法庭被取消。从1681年起，"龙骑兵对新教徒的迫害"在普瓦图开始。普瓦图总督由修道士跟随，受到国王龙骑兵的保护，走遍该省以武力强迫改宗。总督马里亚克（Marillac）因此成功使3万人改宗，他在宫廷炫耀此事。国王对他的狂热感到担忧，将其召回。然而，马里亚克受到卢瓦侯爵，尤其是受到曼特农夫人的保护。在尽全力保护胡格诺手工工场厂主的柯尔贝尔离世之际，龙骑兵蔓延至其他行省：特别是朗格多克和贝阿恩。

"改宗"令人震惊的结果是否使得路易十四相信新教问题正在被解决？毫无疑问，国王强迫法兰西王国的所有新教徒改宗这一决定是以对外政治的原因为根基的。面对教皇和神圣罗马帝国的皇帝，他不是必须以虔诚的天主教徒国王示人吗？1685年，枫丹白露敕令撤销南特敕令，对于胡格诺派信徒丝毫不留余地：他们的圣堂被摧毁，牧师被放逐，宗教仪式被禁止，他们的儿女被强制在天主教受洗。胡格诺派信徒被禁止走出王国，违者罚做苦役。

社会舆论在这样的镇压政策中追随国王，因为教士阶级对不论是官廷贵族还是街井市民的精神都有着很大的影响。赛维尼侯爵夫人（Mme de Sévigné）为之倾倒，拉布吕耶尔为之喝彩。信奉新教的金融家难道没有长期利用国家的财政？

然而，20万名新教徒逃走了。他们逃到瑞士、德国、英国、爱尔兰和荷兰，其中有些人甚至逃到了莫斯科。得益于他们的才干和知识，他们在各地受到欢迎。这便是路易十四宗教政策的结果？熟练的劳动力、金融家、工厂厂主的全部损失；欧洲新教权力的公愤，其中有些强国在传统上是法兰西王国的盟友；开明阶级的惊愕，例如沃邦元帅，他竟敢建议国王取消南特敕令的撤销。

然而，国王的严厉不可逆转。此外，他的严厉不需要仅局限于新教徒。悲惨的冉森教派信徒再次遭到迫害。他们躲避到波尔罗亚尔修道院，在未曾寻求扩大影响力的前提下，通过一些著名改宗的威望而享有声誉，他们接收改宗者。某些主教难道没有被冉森主义这一恩惠和宿命的教义所感化？作为罗马正统教派的守护者，耶稣会会士对此颇为反感。由于对路易十四怀有忌恨，教皇巧妙地避免严厉斥责冉森主义。尽管如此，1703年，当教皇和国王的纠纷平息，法兰西耶稣会会士和例如费奈隆（Fénelon）在内的主教从教皇克雷芒十一世（Clément XI）那里取得如此热切盼望的宣判。从此之后，国王的司法权能够震撼人心。凯内尔神父（Quesnel）被逮捕。1709年，路易十四驱逐了波尔罗亚尔女隐修院的修女，并将修道院夷为平地。1715年，国王驾崩之际，各个监狱挤满了冉森教派信徒。

欧洲反抗

国王的宗教不妥协政策使得他和欧洲信奉新教的敌人之间的矛盾不可缓和。自从撤销南特敕令开始，荷兰人和瑞典人与勃兰登堡大选侯结盟。对法兰西王国心存怨恨的天主教徒亲王结成同盟。西班牙国王和最终摆脱了土耳其人的哈布斯堡王朝皇帝与新教徒组成了"奥格斯堡同盟"，甚至教皇也加入了该联盟。法兰西王国独自与集结的欧洲抗衡。

路易十四打算收回弟媳普法尔茨公主（Princess Palatine）的权力，命令军队占领莱茵河地区的巴拉丁领地。20万士兵由卢森堡元帅

（maréchal de Luxembourg）和卡蒂纳元帅（Catinat）在莱茵河上击败哈布斯堡皇帝。英格兰王国的奥兰治的威廉三世（Guillaume Ⅲ d'Orange）代替了詹姆斯二世·斯图亚特（Jacques Ⅱ Stuart），英国成为狂热的反法国家。

法国人取得了胜利，尤其在荷兰（弗勒吕斯、斯滕凯尔克和内尔温登战役的胜利）和萨瓦地区。在莱茵河平原地区，法兰西军团将该地区夷为平地，疏散居民来安置防御的前沿带，以对抗日耳曼民族神圣罗马帝国的士兵。在海上，法兰西舰队于拉乌格被英国人和荷兰人击败。

从1689年到1697年，战争持续了9年。签署的雷斯威克条约，是一项倦怠的条约，既无获利者，也无失利者。萨尔路易和斯特拉斯堡归法兰西所有。作为回报，路易十四归还洛林给洛林公爵，放弃卢森堡和意大利边境线上的要塞，其中包括比内罗尔。路易十四失去了对海上的控制。

这场旷日持久的战争拖垮了法兰西王国。柯尔贝尔卓越的努力化为泡影。为了解决预算问题，必须求助于金融家以及被拉布吕耶尔检举的"拥护者"；必须再次设想权宜之计，例如柯尔贝尔创立的"约定票据"，对于那些将金子托付给国王的人支付5%的利息。1694年，收入仍旧不够，人们任由沃邦元帅建立"按照人口和财产收税"的系统，该税收直接关联到所有的收入。人口被划分为22个等级，他们根据各自的收入缴税。不幸的是，特权阶级想办法来避免支付一毫一厘，而该税种仅仅压在了贫苦阶层的肩上，并未取得收益。1701年，财政大臣德马雷（Desmarets）设立了同样类型的"什一税"，也未获得更大的成功。农业和工业产量的下降、通商贸易的衰退同时导致了间接税税收的下降。国王辉煌的政治将财政引向了更艰难的处境。

在某些行省内部，饥荒、贫困以及生产活动的下降招致了叛乱，但受到严酷的镇压。1703年，朗格多克大省遭到破坏和焚烧。1709年，轮到卡奥尔城所在地区。1702到1705年，在塞文山脉爆发了不接受和解的新教徒发动的"卡米扎尔"之战。维拉尔公爵（Villars）不得不派出整个军队来镇压起义者，后者成为真正的"游击队员"。直到路易十四统治后期，不顾维拉尔公爵的龙骑兵，新教徒召开他们的"沙漠会议"。

1700年，法兰西与欧洲的战争将重新爆发。通过西班牙的查理二世的遗嘱，安茹公爵成为王位继承人。查理二世驾崩之际，日耳曼民族神圣罗马帝国皇帝率领同盟，其中包括英格兰的威廉三世、荷兰、德国各亲王、勃兰登堡和丹麦。法兰西王国这一次拥有几个同盟国，尤其是西班牙，以及在某段时期结盟的葡萄牙和萨瓦公国。

具备重商主义特点的战争同一时间在海上和陆上各地爆发。对所有的参战国来说，涉及最大限度地损害敌人来使自身富足。同盟由伟大的将领指挥：萨瓦公国的欧根亲王（Eugène de Savoie）、第一代马尔博罗公爵约翰·丘吉尔（John Churchill, Ier duc de Marlborough）以及荷兰首相海因修斯（Heinsius）。法兰西王国的将领中无人能与他们的敌军将领抗衡，即便是维拉尔公爵。法兰西王国的军队拥有30万到40万士兵，武装战备简陋，草率地征兵和训练，他们不得不防卫广阔的边境。

从1704年到1709年间，法兰西不断遭受失败。军队不得不从意大利和莱茵河右岸撤离，在那里遭受了引起轰动的失败之后，他们冒险撤退。英国人在西班牙的直布罗陀海峡和巴利阿里群岛登陆。奥地利人在葡萄牙站稳脚跟,向马德里进军。1708年,在法兰西王国北部,第一代马尔博罗公爵夺取里尔城。边境再一次开放。

和解无望,因为敌军的要求无法承受。他们要求路易十四向其孙子安茹公爵开战。国王回答道:"我更愿意向敌人开战,而非我的子嗣。"在王国里,教士阶级开展一场宏大的解说运动。所有的神甫在讲道台对战争的延长做出了解释。爱国的爆发给予国家活力。年轻的农民成群结队地入伍。在马尔普拉凯,维拉尔元帅在马尔博罗公爵和欧根亲王面前集结6万名士兵。

维拉尔公爵获胜,然而这是一次"皮洛士(Pyrrhus)式胜利"[1],最终以撤退为终结。旺多姆公爵路易·约瑟夫·德·波旁(Louis Joseph de Bourbon, duc de Vendôme)在西班牙稍显幸运,他在比利亚维西奥萨击败了日耳曼民族神圣罗马帝国和大不列颠王国的士兵。西班牙国王腓力五世(Philippe V)退回马德里。1711年,厌倦了这场不明确且开销大的战争,英国人签署了伦敦协议的预备性条文。维也纳的王位空缺:神圣罗马帝国皇帝约瑟夫一世(Joseph Ier)刚刚离世。即将和解吗?

在路易十四的死敌荷兰的帮助下,刚刚被任命为皇帝的查理大公爵重新开战。欧根亲王率领人数众多的大军侵袭北部地区。他被维拉尔公爵阻挡在德南城。这一次,轮到日耳曼民族神圣罗马帝国士兵对战争产生厌倦。

最长时间统治的结束

1713年,首先在荷兰的乌德勒支,法国与荷兰、英国、萨瓦公国、勃兰登堡和葡萄牙签署和平协定。第二年,为了强迫神圣罗马帝

第九章　君主专制制度

国皇帝签署拉施塔特和约,再次发动战争是有必要的。腓力五世保留了西班牙王位,却放弃了法兰西王位的遗产。路易十四承认汉诺威选帝侯乔治一世(George de Hanovre)为英国国王,从法兰西驱逐觊觎王位的天主教徒斯图亚特(Jacques François Édouard Stuart)。勃兰登堡的腓特烈(Frédéric Ier de Brandebourg)被承认为"普鲁士国王",称号为腓特烈一世。萨瓦公爵成为西西里王国的国王。

欧洲亲王的此次晋升伴随着王国的改变:萨瓦公国与西西里王国合并,西班牙失去了西西里;奥地利掌控米兰公国、那不勒斯和撒丁岛,成为地中海强国。奥地利继承了西班牙在荷兰的权力,与荷兰竞争。

法兰西王国确保了英国人经商和航海的财富:它将敦刻尔克夷为平地,该地为劫掠船的大本营;法兰西王国向英国让与其在北美的商行——纽芬兰、阿卡迪亚和哈得逊湾;与英国的关税被取消;英国海船同样可以在西班牙各个港口免税进口,尤其是在加的斯,前往富庶的殖民地的船队从该港口出发。

古老的强国垮台(西班牙和荷兰),其他的全新的国家出现在欧洲版图:年轻的普鲁士以及英国。奥地利展现出了海事的一面。欧洲地图被弄乱,而法兰西王国并未找到应得的部分,尽管最终的爆发几乎将路易十四的所有的战利品保存下来。

在"伟大的国王"去世之前,他打算建立天主教强国的联盟,包括法国、西班牙、奥地利来对抗经商和信奉新教的欧洲国家。邻国荷兰难道没有从很久以来就接待所有王位的反对者——胡格诺派、知识分子、哲学家和抨击文章作者,这些增加论战反对路易十四之人?西部港口的商人、批发商和船主难道没有推动国王对英国进行经济报复？最后，在内部方面，经由对外方面的称心如意，国王难道不应该平息再次被诸如圣西门的大领主和费奈隆的大主教控制的具有破坏性的公众舆论？1715年9月1日，国王的离世开启了新一阶段的摄政，王位继承者年仅5岁。最长时间的统治以一个未知结束：法兰西王国有办法重新在欧洲占据一席之地吗？

1 | "皮洛士式胜利"是一句西方谚语，意思以高昂的代价获取胜利。出处为：公元前279年，伊庇鲁斯国王皮洛士（Pyrrhus Ier）与罗马人之间的阿斯库路姆战役，虽取得胜利，却付出了惨重的代价，且为后来的失败埋下伏笔。

第十章
受人拥戴的路易时期的法兰西王国

路易十五（Louis XV）初登王位时很受欢迎。他是一位深孚众望的国王。人民称之为"受人拥戴之王"。然而，放眼后世，没有任何一位国王遭遇如此的失去信誉。人们将君主制度的持续堕落、外部祸患以及财政危机归咎于他。他最杰出的传记作者皮埃尔·加索特（Pierre Gaxotte）使人们确信路易十五是一位好国王，毋宁相信流传在宫廷中的流言蜚语。

事实上，路易十五的统治时期占据了18世纪的很大一部分。同已故的路易十四相同，路易十五无力地参与奥尔良公爵（duc d'Orléans）从1715到1723年的摄政中。国王的亲自执政时期持续到1774年，在法国大革命爆发之前的15年结束，即美国革命爆发的前夜。法兰西王国的"受人拥戴之王"身处一个被动乱所折磨却带着启蒙时代的希望的欧洲。路易十五不是单枪匹马行事。

专制制度的没落

摄政王,王国的主人

根据已故国王的遗嘱,"摄政时期的议会"必须由奥尔良公爵菲利普(Philippe d'Orléans)主持,由王室宗亲组成,其中两人是国王的合法子嗣,以才智和脾性而得到公认;而这些都是奥尔良公爵所不具备的。

这份遗嘱完全不合奥尔良公爵的心意,他希望凭借个人意愿任命议会的议员,并且在王国里以主人的身份摄政。为了获得所希冀的权力,奥尔良公爵向议会议员许诺归还"谏诤权"。各位议员不再要求更多,因为他们对路易十四的怨恨要比他们对摄政王的急躁所付出的代价大得多。

为了在议会占有席位,奥尔良公爵任命以圣西门为首的贵族为议员,他们大都是前一任统治时期的反对者。这位怀恨在心的编年史作者和他的同事以撤销路易十四创立的国家的部长和秘书的职位为己任,并且遣返正式任职者。集体参与投票的"议会"代替了各部大臣,由宫廷的贵族组成。在这个被称为"各部会议制"的系统中,凡尔赛宫从前的"仆人"重新出现在事务中,围绕在权力的周围。

身为摄政王的友人,大贵族自然而然地成为议会议员这些路易十四其余的受害者的同盟军。反抗前一任执政时期的"内阁的专制",新上任的官员筹划一场"贵族革命",用于向其交付国家的要害部门。他们希望在所有的政府部门、在陆军和海军中为自己保留职位,希望通过以重新确定的利率恢复他们从前对民众征收的税收,以此来找回他们的社会权势。他们希望将真实的特权交还给贵族阶级。

除了形势异常迅速地发展，没有什么能够阻止这次"改革"。欧洲各处物价上涨，而由贵族阶级组成的政府却增加开支，无力对抗该"通货膨胀"。公元1716年的财政预算中，收入为7000万古斤，而支出却为2.3亿古斤！支出中的一大部分用于偿还王室贷款的巨额利息：20.5亿多古斤。伟大的国王留下了沉重的遗产。

这需要大贵族和议会议员找到直接的解决办法和权宜之计。他们决定再次制造假币，追捕金融家和渎职者，取消政府和军队中的职位。以上这些所有的举措不足以解决燃眉之急。于是出现了一个名为约翰·劳（John Law）的精明的苏格兰人，带着满腹锦囊妙计来解救处于贫困中的大领主。

操控者约翰·劳和投机买卖的意外出现

从原则上来看，劳的计划并非变革：计划在于把英国或者荷兰的财政制度应用到法兰西王国，一种类似于英格兰银行的发行银行需要发行以一定的流通券储备金作为借款的纸币。这些纸币将会增加货币的流通，因此刺激消费和生产。发行银行能够接收客户的商业票据作为利息。因此，该银行与其利润有利害关系，通过借贷盈利，发行银行便能够迅速偿清国家的债务。过去的柯尔贝尔式制度把希望寄托在生产发展中的平衡和谨慎，相较于此，"劳的财政体系"以荷兰式的商贸快速发展和持续扩张为前提。

议会未赋予劳行事的全权。然而，他被允许创办一间银行。这间"总行"是私人机构，接收国债为其资产的3/4。从该银行的建立开始，它便对殖民事务兴致勃勃，资助由劳本人主持的"西方公司"，以开发路易斯安那州和密西西比为目的。

1716到1718年间，该制度取得了极大的成功，以至于政府决定允许劳将他的私人银行发展成为"王室银行"。1720年，劳成为财政总监。他成功地购回先前创立的主要殖民公司的特权：东印度、塞内加尔、几内亚和圣多明各。通过将所有的贸易公司合并到一起，劳掌握了资本雄厚的外部贸易工具："东西印度公司"。

该殖民公司面向大众发行股票，取得的成就令人难以置信：发行价格为500古斤，股票立刻被商谈为18000古斤。劳竟然向股东承诺40%的股息！

为了找到流动资金，在王室银行的管理上，劳的做法非常冒失。他需要满足生活奢靡的摄政王以及他的友人各个领主的要求。劳发行了30亿的纸币，得到5亿的流通券准备金。灾难不可避免。

财政灾难像洪水一般，突然的、全面的、不可避免的。劳的"系统"全面崩溃：1720年12月，殖民公司股票暴跌：信用危机。顷刻间，国家债券失去所有价值，东西印度公司失去了所有办法。劳潜逃了。他实现了一次振聋发聩的破产。

民众惊愕不已。相对于某些迅速致富，并立刻将所得用于可靠的资产的谨慎之人，大部分的"股东"被骗取钱财，他们上当受骗，好像遭遇了拦路抢劫一般。国家突然还清了大部分的债务。然而，这项操作使得法国人长期远离银行的股票和证券。在欧洲资本发展的前夕，这项操作引发了某种形式的精神创伤，一次精神上深层的打击，对法兰西未来的经济造成了很大的损失。由于未能想出一项合时宜的财政和商业政策，沉溺于劳的光鲜亮丽却危机重重的即兴作品，所以在西欧商业动态中，法兰西王国的加入迟到了数十年之久。

因为欧洲处于和平，所以法兰西王国本该全面地加入复兴中。

摄政王的外交大臣杜布瓦（Dubois）原为修道院院长，后被任命为枢机主教，及时地与海上强国荷兰和英国和解。他甚至推翻了联盟，成为英国人和荷兰人，甚至是奥地利的哈布斯堡家族的盟友，对抗西班牙。他挫败了曼恩公爵夫人（duchesse du Maine）的阴谋，她想要回归到西班牙同盟并除掉摄政王。公爵夫人被逮捕，交由西班牙大使带回到她的国家。1719年，杜布瓦促使摄政王支持英国人与西班牙开战。西班牙国王签署和平协议：路易十五与西班牙公主玛丽-维多利亚（Marie-Victoire）订婚。

关于大西洋上的殖民港口，法兰西王国与英国和荷兰的和解归根结底是个好消息，西班牙阴谋的结束带来了巨大的解脱。不再有任何一个贵族站到南特或者波尔多的中产阶级身边，将资产投资到海事贸易中。人们等待摄政王确认劳的意图，等待他支持法兰西海外事业，使法兰西站在新同盟者的一边，投入海洋的和平征服中。

70岁的年轻男人：枢机主教弗勒里（Fleury）

这一政策将找到其捍卫者，即枢机主教弗勒里，由国王指定，1726年上任。尽管路易十五于1723年成年，他却不愿亲自执政。他相当于英国体制内的首相。

此时，摄政王离世。枢机主教杜布瓦已然强烈地表现出对宫廷大领主的不满，并将他们驱逐出议会；他任命那些关怀公共利益之人出任国家的部长和秘书。骚动的议会议员被流放至蓬图瓦兹。杜布瓦为弗勒里铺平道路。

此时，大领主的阴谋算计导致了战争的动乱。由于放弃了与西班牙王国的公主联姻，路易十五使得某些贵族的算计失败，他们在这段联姻关系中看到了重回路易十四与西班牙不幸同盟的媒介。1725年，国王迎娶了一位波兰公主玛丽·莱什琴斯卡（Marie Leczinska）。鼓动重新发动欧洲战争的拥护者不得不感到失望。相反地，弗勒里初上任便确定了与英国和解。

1726年，皇太子从前的家庭教师已经是一位七旬老人。这位年迈的贤者将统治法兰西王国15年。弗勒里的决策都英明神武：促进经济发展。为此平息内部争端，复兴摄政王的宠臣败坏的朝纲，以及不惜一切代价保持欧洲的和平稳定。

在18世纪初期，法兰西王国既富且贫。子嗣兴旺：出生率上升。1697年，王国共计1900万人口；到了1789年，人口的数量为2600万。商业活动和企业同样繁荣：法兰西人民放眼外部，放眼海外。在欧洲的市场上，巴西和墨西哥的金块大量出现。物价上涨，消费品的质量同样得到了提高。在这个即将经历半个世纪的辉煌文明的繁荣的法兰西王国里，国家被找不到出路的财政困难压制。

为了使王国恢复元气，人们不能无限度地使用财政的权宜之计和诀窍，人们更不能着手进行特权社会的深层变革。在弗勒里掌权时期，人们仍旧认为这样的计划没有必要实施。通过全面鼓励生产和通商，人们能够掩盖国家财政危机。

弗勒里对接受打赌感到忧心忡忡。他首先在商行内恢复秩序，恢复对货币的信任：银埃居币和金路易币重新获得价值。从此之后，"图尔城铸古斤"相当于6埃居和24金路易币。尽管物价持续上涨，货币的稳定在整个执政时期得到了保持。

物价的提高支撑住了企业，而非妨碍其发展。来源于工业生产或殖民地的大量的产品被投放到市场上供于消费。法国人收入增多，

第十章　受人拥戴的路易时期的法兰西王国

然而他们的支出也随之增多。海域上的和平使得开发第一批殖民地成为可能：法属安的列斯群岛（包括圣多明各）、路易斯安那州、加拿大、法属印度五大贸易站、印度洋上的法兰西岛和波旁岛（现今的毛里求斯和留尼汪岛），还有从塞内加尔到"奴隶海岸"（西非贝宁湾）的非洲贸易站。最富庶的殖民地位于美洲，安的列斯群岛的糖和咖啡，路易斯安那州的大米和烟草，加拿大的皮草和沥青。建立在东方的贸易站确保了从马赛港口的再次出航，然而南特、拉罗歇尔和波尔多这些大西洋上的港口却投入"贩运黑人"事业中。

惊人的非法买卖！船主将黑奴贩运船塞满了"运销海外的小商品"、假首饰、厨房用品、火药和步枪、酒精和烟草。在非洲海岸上，船长将货物换成被海岸的黑人"国王"在内地抓获的"黑奴"。以惊人的人力损耗为代价，这些船只向海岛和路易斯安那州南部发运这些使人忧伤的货物。人们购买奴隶来进行种植。船长用贩卖奴隶的收益来购买糖、可可粉、烟草和所有的"殖民产品"，他们将其以高昂的价格卖到法兰西。三角贸易的东家因此迅速致富。

甚至于国家也在这类贸易中取得利益，因为对外贸易的税收和官价提高来平衡财政预算。在18世纪30年代初期，王国的财政恢复了稳定。枢机主教弗勒里的财政总管奥里（Orry）使得特权阶级缴纳沃邦元帅创立的"按人口和财产征收的税"和"什一税"。这是走向改革的第一步。

由于特权阶级感到宫廷鲜有支持，他们完全没有提出异议。枢机主教获得国王的信任，维持王国内部的和平，打压冉森教派信徒，使"狂热的冉森派教徒"恢复理智，后者前往圣梅达尔墓地参加集体神秘主义的奇怪的集会。似乎没什么能扰乱内部和谐。仍需要提防边境地区。

253

弗勒里的欧洲智慧

在18世纪,对于欧洲新出现的国家来说,战争是致富的一个方法。因此,要想避开这个方法是很困难的。普鲁士和瑞典国王花重金投资到军队中,他们认为投入会得到回报。

尽管枢机主教深深地渴望保持和平,他两次被某种权力强制拖拽到战争中。第一次不合时宜的军事冲突是"波兰王位继承战争"。1733年,法兰西国王的岳父斯塔尼斯拉斯·莱什琴斯卡(Stanislas Leczinska)被国会选举为波兰国王。俄罗斯人立刻侵袭波兰,斯塔尼斯拉斯躲避到但泽市的港口,向路易十五求助。

尽管法兰西有西班牙和撒丁岛国王作为同盟来对抗奥地利人,然而攻击俄罗斯人并非易事。反奥派在宫廷立刻获胜。尽管奥地利人被驱逐出意大利,但是派往俄罗斯的远征军行动仍旧失败。弗勒里签署的和平协定避免了最坏的情况,即欧洲大陆上法兰西和奥地利的敌对重新爆发。维也纳和平协定使得斯塔尼斯拉斯以波兰为交换得到了洛林公国和巴尔公国,这些是皇帝女婿洛林的弗朗索瓦(François de Lorraine)的领地。后者在意大利得到了补偿。斯塔尼斯拉斯离世之际,洛林和巴尔无条件归顺法兰西王国。枢机主教凭心而治。他将那不勒斯王国和西西里王国让与西班牙王子查理(Charles)。

在这次巧妙地缔结和平协议之后,弗勒里与一场新的令人苦恼的事件做斗争:神圣罗马帝国皇帝查理六世的王位继承,他将所有的财产遗赠给女儿玛丽亚·特蕾西亚(Marie-Thérèse)。1740年,当查理六世驾崩之时,没什么能阻止普鲁士国王腓特烈大帝(Frédéric le Grand)的贪婪之心,他手握一支出色的军队,并打算用其开战。腓特烈大帝派遣军队前往西里西亚,不费吹灰之力将其征服。奥地利人无力将普鲁士军队赶出西里西亚。对法兰西王国来说，这难道不是一次长久以来都在寻找的击败哈布斯堡王朝的机会吗？哈布斯堡王朝的敌人在凡尔赛宫摩拳擦掌。

与普鲁士、巴伐利亚和萨克森的结盟似乎预示着胜利。贪婪的西班牙人重返同盟。弗勒里无力抵抗战争的脚步。法兰西王国的军士同样迫不及待想要征服欧洲。法兰西元帅贝尔岛公爵（Charles Fouquet de Belle-Isle）马不停蹄地带领法军直到布拉格，在那里巴伐利亚公国的选侯（électeur de Bavière）[1]查理七世（Charles Albert de Bavière）使自己被选为神圣罗马帝国皇帝。

玛丽亚·特蕾西亚懂得如何用腓特烈大帝的语言与之对话：她以土地支付这场对话，腓特烈大帝从同盟中撤离。这位感到灼烧般的奥地利女皇重组军队，与忠诚的匈牙利人于1743年将法兰西人从德国驱逐出去。

弗勒里最恐惧的事情变得无可避免：法兰西王国海外的劲敌英国人和荷兰人认为这是一次支援奥地利王国的千载难逢的机会。由于法兰西人民遭到失败，是时候投入战斗、瓜分猎物了。战争扩展到地球上的所有海域。

在加拿大，英国舰队有着明显的优势。舰队攻占海岸线上的贸易站。英国人在印度就不这么幸运，在那里杜布雷（Dupleix）在欧洲国家驻印度殖民军中的印度士兵的帮助下攻占马德拉斯。法国海军司令拉布尔多内（La Bourdonnais）的舰队向杜布雷提供支援。是在欧洲的土地上，法兰西王国才取得了最终的战争决定权。1750年，萨克森伯爵莫里斯（Maurice de Saxe）在丰特诺瓦（1745年）和罗库尔击败英国和德国汉诺威王朝的军队。法军夺取比利时，在洛菲尔德战胜荷兰军队，强迫敌人进行商谈。

路易十五遵照弗勒里在1743年于临终前留下的明智的建议。他将对奥地利作战最凶猛的拥护者、外交部国务秘书第二代阿尔让松侯爵（René Louis de Voyer de Paulmy, 2e marquis d'Argenson）解职。1748年，路易十五签署艾克斯拉沙佩勒和平协议，放弃征战，甚至将马德拉斯归还给英国。他承认玛丽亚·特蕾西亚的夫君洛林的弗朗索瓦被选举为神圣罗马帝国皇帝。从此之后，法兰西王国政府唯一的领导者路易十五"为了普鲁士国王"战斗。

欧洲"启蒙时代"的法兰西

国家的无能为力

1750年，路易十五统治下的法兰西爱戴国王。他遵从弗勒里的遗愿建立和平。他将好战的阿尔让松侯爵解职。如果说在欧洲，人们将艾克斯拉沙佩勒和平协议视作懦弱的象征，该合约在法兰西颇受欢迎。

33岁的年轻国王在战争中表现出英勇，在和平时期表现出稳重。人们对他的了解是酷爱狩猎，耽于女色。从亨利四世的时代起，没有任何一个君主如此的得民心。大量的人群涌入教堂关注国王染病的宣告。人们为国王的健康祈祷。人们认为国王忧心于子民的福利。在数年的战争、饥荒、苦难、宗教迫害和税收的搜刮之后，法兰西人民更愿意看到一个忧心于人民利益的国王，而非沉迷于荣誉的君主。

然而，路易十五不得不渐渐地为国家财政的长期困难负责。枢机主教弗勒里去世后，在与奥地利的战争结束之后，法兰西再次记账：

账目惨不忍睹。的确，货币保持稳定，但国家却日益贫困，人口日益增多。国王为了改革财政管理机构，需要向特权阶级征收赋税，损害上流社会以及对既得权力质疑。确切地说，这些行动正是在贵族阶级用力加强这些既得权力之际发动的。

毋庸置疑，年轻的国王不久之后便成为公共舆论的目标，巴黎沙龙和被雇用的诽谤短文作者的攻击目标。人们传播歌曲和抨击文章。人们描绘出一个无动于衷的国王，将国家事务交付于诸如蓬巴杜侯爵夫人（la Pompadour）和之后的巴里伯爵夫人（Du Barry）等情妇之手。人们确信国王以一己私欲挥霍了国库，他从不挂心金融破产，只要人们放任他与情妇厮混。人们诽谤路易十五统治期的大宠臣：马舍·达努维尔（Machault d'Arnouville）和舒瓦瑟尔（Étienne-François de Choiseul）。谁在维持这场战斗？特权阶级，那些担忧自身资产和地位受损害之人。

事实上，马舍·达努维尔被国王任命负责财政改革，新建一种赋税"二十分之一税"，不论出身阶层，不论是否贵族，该税种对所有人征收。他消除赤字，偿清再次被战争提高的债务的利息。特权阶级揭露丑闻。他们煽动同样身为特权阶级的议会议员。在一场名为"审判会议"的特设会议上，国王不得不强制议会来登记颁布"二十分之一税"的敕令。外省的三级会议和教士大会拒绝支付该税收。国王无法强迫教士阶级，然而他却解散了教士大会。1751年，教会取得了其财政特权的全面维护。教会掌握王国不动产的绝大部分。

如何厚此薄彼，拒绝一部分人，却给予其他人？愤怒的议会议员、忧虑的贵族阶级和最终独自承受新一轮税收上涨的平民，使得一场新的反抗威胁着王国。1757年，达米安（Damiens）用匕首恐怖袭击路易十五事件，象征着这场应该不会持久的内部危机的顶峰。法兰西王国再次迎战，因为它的切身利益受到了威胁。

在这个时代，法兰西王国的未来广泛地受到它能够在欧洲产生何种威望的影响，但尤其取决于王国的敌人放任其在世界上扮演的经济角色。因为自路易十四离世之后，世界、欧洲以及法兰西自身发生了重大变化。

大西洋强国的竞争

权力的轴线改变：一个野心放眼世界的国家此后不能满足于在欧洲建立霸权，与奥地利王室殊死决斗。年迈的弗勒里明智地理解到法兰西王国的未来在欧洲西部，在与海上强国的和平对抗中。

欧洲对新大陆的发现和后来的殖民开始。在对新大陆的开发利用中，只有西班牙人和葡萄牙人垄断的时代已经成为老生常谈。在17世纪，荷兰和英国接班，而法兰西紧随其后。

在贸易站的竞争中，英国把荷兰甩在身后：1750年，主要的经济竞争不再存在于荷兰和英国之间，却存在于英国和法兰西之间。

在世界财富的开发事业中，相较于法兰西，英国确保了大陆上兵力的一定平衡，不愿被落在后面，甚至不愿被竞争。

然而，法兰西海上贸易的增长惊人：从1716年到1787年间，贸易翻五番。在1780年，仅仅一支商船舰队便包含2000多艘大船。从各方面来看，最迅猛的发展发生于1730年至1740年间。肯定无疑地，法兰西批发商得益于来自巴西和墨西哥的大量金币，以及弗勒里珍视的海洋和平。法国人出现在非洲西海岸的贸易站，他们参与到收益颇丰却不光彩的非法"贩卖奴隶"中。一个兴旺的蔗糖种植公司在"岛屿"上建立，它拥有大量的奴隶。这类公司的主人是布列塔尼人、诺曼底和巴斯克人。通过西海岸富有的船主，他们的产品流向法兰西的市场。

这些富有的船主在杜布雷征服的印度也有分部。他们进口香料和茶叶。路易斯安那州、加拿大和印度洋岛屿所产产品在法兰西销路顺畅。在农收萧条的时期，人们甚至从美洲进口小麦。咖啡（被一个极其明智的人引入巴黎）、茶和可可的风尚为时髦的咖啡馆带来财富，例如普罗可布咖啡馆（Procope），也为贵族沙龙带来盈利，在那里对异域风情的好奇心永远受到欢迎且能赚到好价钱。

大西洋的交通和新贸易站的发现再次推动了地中海的活动。得益于马赛人在勒旺岛的活动，马赛港口重获生机。马赛出口加工制品，再出口来自"新印度"（安的列斯群岛）的货物。总体来说，法兰西港口在欧洲和美洲出口工业产品、奢侈纺织品、普通棉织品、手工制品、武器、工具，以及在法兰西精炼的酒和蔗糖。南特和波尔多的财富变得可观。

法兰西的工业停滞

尽管得到发展，但法兰西的工业仍未能跟大型海事贸易保持同一水平。法兰西工业不能满足日益增长的需求。它受到资本不足、信贷缺乏以及将重货运输到内陆广阔的国土之上的困难限制。在这方面，英国更加有利：它将沿海贸易普及海岸沿线，并且以微小的代价开凿一系列的运河。因此，英国很早就开始一项大胆的工业政策，以蒸汽和钢铁工业的使用为基础。

在法兰西，人们也开凿运河，例如中部运河和勃艮第运河。一个桥梁公路工程局团体负责向国家提供整个现代化道路的修建。然而，在这些铺满石块而后刷沥青的道路之上，仍旧安设关税和通行税！由于工业货物需要长途跋涉，陆上距离使得运输成本本就高昂，却又要被中世纪的遗存制度不正常地加重负担。

资本主义的传统还未渗透到民风民俗中。在古老的天主教国家，赚钱和借钱几乎被看作是毁坏名誉之事。如果说出现了大量以私人名义投入海事甚至是工业的探险之中的贵族，整个贵族阶级蔑视这项事业，而且与大不列颠的"英国贵族"相反的是，法兰西的贵族不愿"降低身份"来从事一门职业。对于资产者来说，在商业场所，是在不动产或者房产上下赌注，还是在被认为是有风险的贸易中下赌注，他们有着长久以来养成的投资习惯。法兰西的扩张是一小部分企业家所做之事，他们几乎被认为是冒险家。

然而，"手工制造业"和手工业工厂发展迅猛。阿尔萨斯的彩色花布、印花织物以及里昂的丝织品在世界各地的行情见涨。这些产品被当作奢侈品，售价极高。克里斯朵夫-菲利普·欧贝尔康夫（Christophe-Philippe Oberkampf）在茹伊的手工工场里，成功制造印制花布的机器。阿尔萨斯和诺曼底的棉纺织工人使用从英国进口的新式"机器"。毛织品主要集中在兰斯周围的香槟省，丝织品则在里昂。

在重型工业领域，昂赞城的公司早已对北部的煤炭进行开采。它拥有成千上万的矿工。阿莱斯和卡尔莫设有烧煤炭的锻炉。鉴于具备巨大的高炉，勒克勒索城镇得到了专业人士的喜爱。以蒸汽运转的"火泵"在矿场流行起来。1779年，在法兰西依照瓦特（Watt）图纸制造的第一台机器投入使用。然而，在例如尼韦奈大省和桑塞鲁瓦地区，这些盛产天然盐矿的地区，法兰西主要的铁制和铸造产品几乎仍在乡间的小型铁匠铺以木炭进料。小型冶金工业和在作坊或者在家里工作的纺织行业大大地占据主要地位。劳动者大量集中实属罕见。尽管在柯尔贝尔之后行会的规章制度非常严格，法兰西的工业发展仍旧进步显著。与英国不同，法兰西并未进入"制造"时代。

农民的王国

在路易十四离世之际，法兰西王国的农民数量为1900万，占据人口的很大一部分。在路易十六统治期间，他们的人数为700多万。的确，在这些人中间，不是所有人都是"在当地最受女人青睐的"。这不重要！城市的逐渐膨胀引发了对农产品的新需求，农民利用这次机会来尽所能地开发土地。因为"英国式"变革尚未成为法兰西乡村的命运，还差得远：村庄的乡村惯例和集体实践与轮作的引入以及休耕的取消对立。人们无法忍受最富有的人在他们的田地周围竖起栅栏。人们期望乡镇的羊群能够到处吃草，不论在富人还是穷人家里。唯独地域广阔的地产能够允许自己进行尝试，通常是在巴黎盆地淤泥形成的土地上。此外，人们不愿改变古老的方法，即使用休耕、天然肥料和简单轮作的方法。

农民的农产品销量更大，售价更高。当他距离一座城市或者一个大乡镇并不那么遥远的时候，如果他所拥有的土地也不是那么狭小，他便能够变富。在大多数情况下，当封建权力有利可图的时候，它则仅仅是过去的时代的遗留物，在几个世纪以来并未被重新估价。农民强占乡镇土地，相应地增加收入。得益于医学、疫苗、卫生保健的发展以及饥荒的减少，乡村人口和牲畜的死亡率明显下降。出生率显著上升，家庭成员众多。40%的土地是农民自己的地产，但是那些小块土地通常都过于狭小，它们不断地被遗产继承的游戏分成块。

剩余的土地在特权阶级手中，他们或富有金钱或位居高位：如果教士阶级掌握着王国可耕种土地的10%，由此产生的收益归封地所有者高级教士所有。占有法兰西人口总数2%的贵族阶级仍旧掌握着可耕种土地的1/4，但富有的地产拥有者是那些生活在宫廷或城市里的领主，而绝大多数的地位低微的小贵族收入相当不乐观，他们生活艰难。依靠土地的有产阶级形成，因为巴黎、波尔多或者里昂的有产者更愿意购买土地，而非工业股票。"在当地受女人青睐的农民"在农业歉收年囤积居奇，倒卖给拥有广袤地产的富有的金融家，所有的资金反映在乡村结构中，而这些乡村提供了国家的主要收入。

如果在乡下不那么冒险，致富的速度远比在贸易或者工业工场慢。因此，时代真正的受益者是那些拥有企业、港口和手工业制造业的资产阶级，是那些同时关心变革政体和社会法令之人。

生活的背景：法式城市

富人的财富使得法兰西的城市成为整个欧洲的范例，即便在今天也是如此，南特、南希和第戎拥有建于18世纪的街区。以一种宏伟的、通透的、自由的、和谐和实用的风格，各地的城市发展起来。巴黎的人口达到60万，国王命人开辟美丽的林荫道，给大广场铺路并加以装点，例如路易十五广场，即如今的协和广场。军事学校给位于附近的荣军院广场的战神广场提供了辉煌的气派。凡尔赛宫被小特里亚农宫点缀。诸如里永和南希这些次要的城市，修建宏伟的建筑群。例如勒杜（Ledoux）的建筑家已为城市设计人员，他们并非将城市视作供居住的简单建筑群，而是当作能够提供自由幸福生活的空间。一批杰出的艺术家为宫殿、教堂和私人公馆增加装饰。雕刻家乌东（Houdon）和库斯图（Coustou）、画家夏尔丹（Chardin）、布歇（Boucher）和后期的胡贝尔·罗贝尔（Hubert Robert）以及大卫（David）为富有的买主创作了大量的画作，也为大量的主顾提供雕刻，因而使得平民的住所洋溢着风雅。艺术品进入法国人的生活中。家具本身也有所改变：它变得更加美观、更加舒适、更加适合私人府邸。布料也同样被普及，在室内装饰中起到了重要作用。茹伊的印花布料被售卖至整个欧洲，同样出口的还有那个时代的发明"彩色糊墙纸"。在巴黎这个时尚与艺术之都，服装业产生。银制餐具或者水晶器皿从法国制造中汲取灵感，尽管它们是在莱茵河地区被制造的。一种"生活的艺术"在塞纳河畔被定义，且或多或少地被欧洲各地模仿，直到施普雷河起雾的河畔。

文化变革

诚然，风尚不是文化唯一的要素；然而，不论它是被出口、被普及或被平民化，它都包含某种品味和精神好奇的深层觉醒。不论在外省还是在巴黎，通常被称为"科学院"的有思想的团体将有智识之人汇聚在一起。大资产阶级和小资产阶级在那里相遇，创办文学或科学奖项来促进研究和创造。在18世纪的法兰西，思想的传播快于商品的流通。城市中设有美丽的图书馆、阅览室，无论如何，咖啡馆里都有人阅读报纸。在巴黎的文学沙龙里，知名的或者无名的作家炫耀自己，例如狄德罗（Diderot）的《拉莫的侄子》，他是上流社会的逗乐者，天赋异禀的吃白食的哲学家，尤以嘲讽世界万物见长。朗贝尔侯爵夫人（Mme de Lambert）、唐森男爵夫人（Mme de Tencin）、德劳侯爵夫人（Mme de Deffand）、若弗兰夫人（Mme de Geoffrin）或者莱斯皮纳斯小姐（Mlle de Lespinasse）吸引了文人智士，并为作家和艺术家提供午餐。对于此，马蒙泰尔（Marmontel）说道："在见到若弗兰夫人之后，任何国家的亲王、部长，有名的男人或女人，没有人不愿被她邀请到她的午餐之一就餐。"

在富有的保尔-亨利·提利·霍尔巴赫男爵（Paul-Henri Thiry, baron d'Holbach）家里，人们可以见到意大利修道院院长伽利尼（Galiani），一位谈话充满幽默风趣的修道院院长，一位名为鲁（Roux）的化学家以及哲学家狄德罗。欧洲的亲王争夺被邀请到男爵家中，排场比凡尔赛宫更盛大。

外省的科学院、科学社团以及效仿英国风尚的共济会会员集会处更加简朴，它们在传播新思想方面并不逊色。1789年，法兰西的外省设立超过30个科学院，大部分位于东部和南部的城市中。这些科学院为卓越的作家授奖，有时甚至在他们生涯的初期：孟德斯鸠（Montesquieu）在波尔多科学院，卢梭（Rousseau）在第戎科学院，罗伯斯庇尔（Robespierre）在阿拉斯。在18世纪的下半叶，外省的文人活动异常活跃，以至于国王的政府不得不采取措施来审查破坏性思想。

因为理智的复兴损害了社会的旧模板：去世于1755年的孟德斯鸠和1778年的伏尔泰因对君主秩序质疑而出名。他们有自己的门徒：伏尔泰的《哲学书简》于1734年问世。1746年，受宠的伏尔泰担任国王的史官，该官职受人嫉妒，收入颇丰。然而，其他人继续战斗：从1751年开始，狄德罗和数学家达朗贝尔（d'Alembert）出版《百科全书》各卷，这部崇高的宏伟巨著涉及新科学和工艺、自由的思想和批判的精髓。王室总审查官马尔塞布（Malesherbes）使得《百科全书》前两卷免遭焚毁，因为他有着宽容的思想。尽管遭到耶稣会会士的反对，马尔塞布对《百科全书》之后卷本的出版表现宽容。尽管最终遭到禁止，作品仍在1772年结稿：全书包含17册正文，更不必说还有数不清的插图……

《百科全书》的出版相当于一种近代思想的《圣经》。它处处鼓励"哲学的"精神，该精神想要推翻陈规和偏见，将人类从旧秩序中解救出来。伏尔泰放弃了官方作家的身份，也加入战斗中，退隐到好客的瑞士附近的费内，增加出版抨击文章。伏尔泰为新教徒伽拉（Calas）辩护，为死于拒绝向宗教仪式队伍致意的拉巴尔骑士（François-Jean Lefebvre de La Barre）辩护。他为驻印度醒悟的英雄拉利伯爵（Thomas-Arthur, Comte de Lally）辩护。1778年，行至巴黎的伏尔泰引起了类似于游行的自发活动，受到了成千上万人的热烈欢迎。哲学家成为受欢迎的人物，而且"伏尔泰国王"生前一直承担着某种意义上的世俗大祭司的职责。

卢梭的成功较之更晚，不那么惊天动地：是在1750年，他的《论科学与艺术》获得第戎科学院授奖。他的《论人类不平等的起源》是在1755年。这部作品未获奖，院士认为其太过煽动。卢梭不仅提议君主政体的改变或自由化，而且提议社会生活的整体改变，谈论范围直到儿童的全新的教育问题。如果说《新爱洛伊丝》提出了爱情全新的方式，那么《爱弥儿》便指出了新式教育，《社会契约论》提出了筛选和控制执政者的新方法。基于此，卢梭以法国大革命真正的科学家示人，他启发了山岳派雅各宾党人的精彩演说。

哲学家自身及其思想的成功使得他们能够无护照穿行各国。在法兰西，通过大量的科学、工艺以及百科全书派及其友人主编或撰写的哲学出版物，出版业已经取得革新。属于世俗文体的小说吸引了越来越多的读者。在法兰西之外直至俄罗斯，人们在上流社会的场所中阅读这些法语作品，这些作品获得了巨大的成功以至于其作者被邀请到东欧专制君主的宫廷中：伏尔泰受到普鲁士国王腓德烈大帝（Frédéric II de Prusse, dit Frédéric le Grand）的喜爱，狄德罗得到了俄国女沙皇叶卡捷琳娜二世（Catherine II la Grande）的欢心。与这些哲学家一起，某种"法式"生活和思考的方式在欧洲蔓延开来。

法兰西君主政体的衰落

特权阶级的反抗

哲学家及其友人的躁动和宣传归根结底走向两个方向：诸如孟德斯鸠和伏尔泰的一些人赞成对民众自由的宽容和整治。通过使君主政体适应新的社会，即贸易和利益的社会，这些哲学家希望维持现有制度。

同卢梭和狄德罗一道的其他哲学家，他们希望击中旧制度的命脉，并且首先改变生活方式。他们为剧作家博马舍（Beaumarchais）的肆无忌惮喝彩，并不期待从社会和政治的改革中看到多大成果。他们了解社会不会在其自身上找到改变的力量。改变需要由外界施加。

第一个趋势符合绝大多数的特权阶级的要求，尤其是披袍贵族（法官、议员等）。议会议员终日企图控制王室专制制度及其代言人"内阁的专制"。对议会议员来说，意识形态战的各个不同的部队的大规模的部署难道不是一次轮到他们作战的机会？

舒瓦瑟尔（Choiseul）希望通过向议员提供一个重量级的替罪羊耶稣会，来轻易地平息这场骚乱。议会议员通常都是加尔文信徒，甚至是冉森教派信徒，他们厌恶耶稣会会士。看到自己的后代在欧洲最优秀的中学受到这些好神父的毒害，他们感到愤怒。他们希望通过设立符合百科全书派主张的近代教育，与古老的语言和神学割裂开来，以科学和有生命的语言为方向的教育，把年轻人从了不起的耶稣会中脱离出来。

他们有机会介入马赛：一位耶稣会会士领导的贸易公司即将破产。议会议员抓住这次机会来策划指控耶稣会会士意图不良，充分地煽动舆论。议员们声称耶稣会的章程"违背了王国的法令"。据他们所说，法兰西的宗教人士应该臣服于国王，而非教皇。如同从前的新教徒一样，耶稣会会士是某种形式的国中国。1761年，议员发起关闭著名的初级中学：战争爆发。

舒瓦瑟尔避免支持耶稣会会士。他忙于对外目标，为不满于重见战争爆发的公共舆论抓住这个矛盾的中心点。此外，王室的加尔文主义比议员的加尔文主义表现得更为激烈。国王同样厌恶教皇和耶稣会会士。如果说路易十四对他们采取接纳态度，那么他需要同时对抗新教徒和冉森教派教徒。为了克服这些阻碍，路易十四需要教皇和耶稣会的令人生畏的军队。伟大的国王的接纳理由如今已经不再顺应时代的发展。愤慨的笃信宗教派活该倒霉：蓬巴杜夫人支持舒瓦瑟尔。1764年，国王下了极大的决心，各个议会等待多时的决定终于来了：解散耶稣会，耶稣会会士不得不离开王国。

然而，与各级议会一道，国王的权力并未摆脱困境：1764年，布列塔尼爆发新事件。布列塔尼的三级会议对繁重的赋税提出抗议。

德吉荣公爵（Emmanuel-Armand de Vignerot du Plessis-Richelieu, duc d'Aiguillon）激动地站到政府的行列。雷恩市的总检察官拉夏洛泰（Louis-René de Caradeuc de La Chalotais）保护外省的利益。舒瓦瑟尔不愿任由争端恶化，命人将拉夏洛泰关进监狱。这一举动引起冲突：法兰西和纳瓦拉的所有议员提出辞职。

在这次事件中，路易十五不支持他的总督，后者太过激烈。他屈服于贵族阶级的压力，让德吉荣公爵回到凡尔赛宫，恢复雷恩议会的特权。

然而，议会议员坚决希望开战。雷恩的议会希望跟随德吉荣公爵到巴黎议会滥用权力。国王禁止诉讼。议会坚持。议员们要的是明确的最终的战斗，而且时机恰当：蓬巴杜夫人刚刚离世，而舒瓦瑟尔失势。

国家的重要官员一派因此对这次形势负责：充满活力的莫普（Maupeou）被任命为掌玺大臣，而修道院院长泰雷（Terray）任职财政总监。人们返回到君主政体的传统中去，回到那个希望彻底铲除特权改革社会的黎塞留主张的传统。德吉荣公爵的晋升是辉煌的，他被任命为外交部部长。这是特权阶级的末日吗？

特权阶级很恐惧，他们了解敌人的执着和严厉。1770年，得益于职位继承和依靠捐纳制度得到职位的议员，公开爆发叛乱。国王将会宽容对待他的司法官员吗？这些国王的仆人与部长拥有同样的地位，或者说他们展示出了同样的头衔，他们代表了反对"部长的专制"的王国的利益吗？

1770年，由掌玺大臣颁布的规章和条例敕令旨在将众议员引导至他们的义务中去，即严格效忠于作为一切公正来源的国王。巴黎议会的四大议院无法再聚集在公共议会上,敕令严禁他们负责政务或者与外省议会联系。这是一道命令。

众议员拒绝服从命令,国王通过审判会议强制执行。议员罢工。莫普命令他们重回岗位。不知悔改的罢工者被撤职。巴黎议会被取消,由国王重要议会代替,其议员终身制,由国王支付薪酬,禁止他们从当事人那里收取养活了数代法官的"礼品"。巴黎议会的本土管辖区异常广大,如今被分为六大区域。改革摧毁了特权体系最坚固的支柱。

因重新上演的战争而搁浅的改革

从理论上来说,王室的专制主义获胜。然而从此之后,文人的反对、哲学家的反抗与议会议员紧密结合,后者成为立宪政体和区域自由的某种理论的守护者。

为了占据上风,王国应当根据枢机主教弗勒里的方案抢先出击,应当通过发展经济来镇压内部反抗势力,取消社会等级制度体系。因此,新的社会准则自然而然地战胜了旧标准。

然而,如果想要真正地进入进步和致富的轨道上,必须战胜英国人。在印度和美洲实现的征服难道不是一个强大的殖民帝国的开端,难道对于一个欧洲人口最多的国家,殖民征服难道不是一个重要的解决超量人口的手段吗?从已经安置在当地的五个贸易站开始,杜布雷在印度征服了广袤的领土。不论政治还是贸易方面,德干高原的一半领土都归顺于法兰西王国。的确,东西印度公司不同意杜布雷的看法。它恐怕法国人的大量膨胀会引发英国人强烈的反对。杜布雷被召回法兰西。他的继任者查理·罗贝尔·戈德(Charles Robert

Godeheu）放弃了征战事业。

在美洲，法籍殖民者聚集在巨大湖泊的岸边，在那里修建要塞。从极北之地到墨西哥湾，法国人征服了大面积的领土。然而，由于没有足够的占用，这些殖民者无法掌控他们所占领的所有领土。在朝向美洲西部扩张时，英国人对法国人的存在感到局促不安。在俄亥俄州，冲突爆发。英国殖民者求助于王室。出乎意料地，法兰西舰队在美洲的港口顷刻间被制服。

战争不可避免。然而，这场"七年战争"如同所有18世纪的冲突一样，将逐渐演变成整个欧洲强国的全面对抗，而不是局限于英法两国的决斗。为了夺回腓特烈大帝占领的西里西亚地区，奥地利王国与法兰西结盟，而普鲁士王国则加入大不列颠的阵营。瑞典、萨克森和俄国加入奥地利王国同盟。法兰西王国在其同盟体系中耍手腕。数个世纪以来，法兰西王国首次没有将奥地利王族作为敌人。

腓特烈大帝拥有最优秀的军队，他侵袭萨克森。然而，他却在欧洲被孤立。他不得不从波希米亚撤退，经历胜败交替的局面。1760年，俄国人成功占领柏林。对腓特烈大帝来说幸运的是，叶卡捷琳娜二世在1796年驾崩。她的继承者彼得三世（Pierre III）[2]是普鲁士王国国王的崇拜者。他与普鲁士订立攻守同盟，独自订立。

在内陆集结一支大军的法国人犯了一个错误，他们忽视了海上局势。英国人轻而易举地占据上风，逐渐击败法兰西舰队的所有分舰队。没有了海事支撑的海外的法兰西殖民者变得不堪一击。英国从容不迫地继续重商主义之战。英国人任由欧洲东部的国家自相残杀，而有条不紊地进攻法兰西的殖民地和贸易站。大不列颠王国的首相老威廉·皮特（William Pitt l' Ancien）是个讲究实际的人，他厌恶冒险。

第十章　受人拥戴的路易时期的法兰西王国

尽管英勇抵抗，但是由蒙卡尔姆侯爵（marquis de Montcalm）率领的加拿大的1万名法国士兵未能抵挡装备精良的6万英国大军潮。1760年，魁北克和蒙特利尔陷落。同年，英国海军攻占法兰西海外省瓜德罗普，不久又占领马提尼克岛。

在印度，指挥官拉利伯爵不像杜布雷那样灵活敏锐。他使得印度的亲王与之为敌。基于此，英国人攻占孟加拉，而后占领德干高原，将法国人从他们在印度的贸易站驱逐出去。1761年，拉利伯爵在本地治里投降。这位不幸之人一回到巴黎便于1766年被判处死刑。

因此，法兰西王国在海外的殖民地几乎全部落入英国人手中。1761年，舒瓦瑟尔被任命为国防部国务秘书，他必然应当逆转形势：他与西班牙王国、那不勒斯王国和奥地利王国签署"家族公约"，将整个欧洲的波旁家族成员结盟来阻止英国的膨胀。相较于继续徒劳无益地作战，英国人更愿意和解。1763年，他们在巴黎取得了巨大的好处：加拿大、俄亥俄州的山谷、密西西比河左岸的整个路易斯安那州、塞内加尔的法兰西贸易站以及西班牙占领的佛罗里达州尽归英国所有。印度和安的列斯群岛的贸易站被还给法兰西。在那个时代，这是殖民地中最富庶的地区。公众舆论轻松愉快地放弃了其他战利品。

舒瓦瑟尔立刻尽力重建法兰西舰队以便在海上寻求报复。不到10年的时间，他成功组建百余艘装备精良的军舰。此外，他努力为军队配置卓越的炮兵部队。1768年，为了阻止英国人在地中海的扩张，舒瓦瑟尔在意大利港口热那亚购入科西嘉岛。到舒瓦瑟尔于1770年失宠时，法兰西王国已找回了战斗的良好工具。

法兰西王国再一次未能好好地利用自身的军备。大领主德吉荣公爵不太熟悉外交问题。奥地利加入普鲁士和俄国的阵营。1772年，对波兰的瓜分在完全排除法兰西王国之中进行。英国人和在东北海岸定居的法国殖民者之间发生了冲突，这一从美洲传来的消息未被公之于众。人们放弃了复仇。在那个恰巧适合出剑的时刻，人们把剑插回鞘中。不久之后后悔。

在与英国的大规模冲突中，1770年的法兰西王国早已输得精光。由于没有将主要兵力用在海上作战，通过巴黎和约，法兰西王国放弃了世界经济强国的使命，而是任由自己沉溺于无利可图的欧洲的内部争斗中。的确，战争再一次掏空国库。重大贸易的终止引起了经商和开办工厂的有产者的不满。在物价上涨的形势下，泰雷征收的新税导致了一系列的破产。这位"扒手"修道院院长因而失去民心，同从前的蓬巴杜夫人或者同国王的新情妇巴里伯爵夫人一样。随着民众的怨气加重，在某个时间迫使沉默的议会议员重新提出反对。1774年5月10日，"受人爱戴之王"路易十五离世，同莫里哀一样在晚上下葬。对外命运多舛，在内同时被特权阶级和变革者弄得名誉扫地的法兰西君主国将有机会继续生存下来吗？

1　从6世纪中叶直到1918年，巴伐利亚先后被公爵、选侯和国王统治。——译者注

2　俄国女沙皇叶卡捷琳娜二世（1729—1796）为沙皇彼得三世（1728—1762）的妻子和帝位继承人，虽然彼得三世的确崇拜普鲁士国王腓特烈大帝并与之建立同盟从而停止了对俄国人有利的七年战争，但是法文原文有误，望读者知悉。——译者注

第十一章
大革命到来

在18世纪的80年代,大西洋上的国家等待欧洲大陆上的重大事件,该事件回应了北美殖民地反抗英国的独立运动。如果说波士顿或者费城的殖民者通过实行法国哲学家提出的方针而生活得自由幸福,为什么在欧洲保留君主制度和贵族制度的古老的偶像却不行呢?

所有看到美国节庆燃起的灯火之人,都迫不及待想在巴黎点燃灯火。他们很快便如愿以偿:1789年7月14日,预料之内的事件发生。这一天,巴黎人民攻占并拆毁巴士底狱,拆毁这个古老君主政体的监狱要塞。象征性的事件——攻占巴士底狱,受到全世界的欢呼喝彩,并被认为划时代之时刻,即便是在今日,它的影响力丝毫未减弱。在俄国的柯尼堡,批判思想哲学家埃马纽埃尔·康德(Emmanuel Kant)终止了每日像钟表一样规律的户外散步。他刚刚确认了一个世界历史上的重要时刻。路易十六(Louis XVI)统治下的法兰西是怎样如此迅速地翻倒在暴乱中？

锁匠王的美丽的法兰西

国王的臣民

法兰西王国的人口数量达到2600万，由于失去了殖民地，他们无法向海外转移过剩人口。当国王的百合花徽旗帜飘扬在加拿大或者印度的土地上时，国王的臣民的确并未自愿移居国外。法国人不具备垦荒人的精神面貌，而是或多或少地满足于自己的微小开发，他们通常很少对土地保持热忱。

得益于极高的出生率，路易十六统治下的法兰西人口众多，尤其是富有肥沃的土地和丰饶的农业资源。以至于被称为"重农论者"的整个经济学家学派主张，唯有土地才能带来真正的财富。在18世纪期间，金子的大量流入使得所有物价上涨，尤其是农产品的价格。由于谷物的囤积居奇使得土地众多的"耕种者"变富，在粮食歉收时期，物价同样上涨。

王国不再遭遇重大饥荒，但是由于缺乏经商自由以及农业工艺的姗姗来迟，国王的臣民仍旧未能达到酒足饭饱的程度。英国的旅行者杨格（Young）与1787年走遍法兰西，他惊异地看到过时的耕作和畜牧业的落后；在整个或者几乎整个王国，大面积的"休耕"使得土地在两年中或者三年中有一年持续荒芜。尽管有些醉心于农学的大贵族主动发起创举，例如拉罗什富科-利扬库尔公爵（duc de la Rochefoucauld-Liancourt），使法兰西的农业在总体产量上昌盛，但是当时法兰西农业装备不良，难以适应工艺方法运动和国际市场的惯例。

第十一章　大革命到来

实际上，在同一片土地上通常同时存在两种类型的农业：一种是异常陈旧的供给农业，另一种为使用古老农业过量劳动力的大面积的谷类作物。最贫穷的农民为富人出卖劳动力来取得额外收入，他们贫瘠的"小块"土地不足以养活他们的家庭。正如1780年大量的乡镇档案所证明，悲惨的乡村无产阶级对现状感到不满，这些"农村短工"既无合适的薪酬，也无工作的保障；并且数不尽的小有产者感到愤怒，因为他们的土地不足以养家糊口，他们在农业歉收的年份忍饥挨饿。

这些愤怒的农民以家庭为单位在贫瘠的土地上辛勤劳作。在北部地区，杨格注意到"贫瘠、泛黄长满杂草的麦田"。在亚眠城附近，杨格看到妇女"用两匹马耕作来播种大麦"。他看到其他妇女"负责施肥"。在诺曼底，"农业并不比北美印第安的休伦人更先进"。而在孔堡城的城堡前面，杨格描绘出了一幅旧制度社会的乡村剪影。他说道："究竟谁是这位夏多布里昂先生（Chateaubriand），这位城堡主人的神经要有多结实，才能够在充满肮脏和不幸之地居住？"

这些愤怒的农民，这些肮脏的"休伦人"中的妇女用大车运输粪肥，他们很快将怒火蔓延至城堡四周，为的是焚烧贵族的档案。法国大革命发起于乡间土地，也同样起于城市高墙。这并非它的独特之处。

人们称为巴黎的"小市民"的人与公元19世纪的工业无产阶级不可混为一谈。称为"伙计"的工人结识雇主，并与之一同工作和生活。因此并不存在富人街区和穷人街区。所有的阶级混居在网状巷子里和楼房里。经营小作坊的老百姓、商店的雇员、洗衣工、制椅工、"小手工业"、理发伙计、马夫、长期失业者以及依靠服务和乞讨过活之人，这群小市民按照街区分组，在法国大革命期间被庄严地称为人民。

中产阶级而非贵族使得城市里的市民有所生计。首先是小资产阶级，人们每天都能在街上的商店见到他们——农民工和理发匠，在圣奥诺雷路或者圣雅各路上，在首都街道上所有活跃的批发交易上。这些小资产阶级将他们的后代送入拉丁区学习。他们毕业后成为医生、教师、律师、法官以及"法院书记团等"。法国大革命的主力军应当来源于这些法院书记团和商店的后代，他们代表了人民且出身于此。革命大会的大部分代表，甚至三级会议的代表大都出身于从事自由职业的小资产阶级，他们知书达理、能说会道。

为了从事重要的职业，需要拥有资产并且购买官职。这唯独大资产阶级的子嗣能够做到。从事国际商贸的批发商积聚万贯家财。"港口的资产阶级"关注时代的思想观点，他们对王国的停滞不前、发展的迟缓以及巴黎政府部门的繁缛感到愤慨。然而，他们为子嗣购买官职，使之成为国家官员，有时能够使之获得爵位晋升为贵族。

经商的资产阶级更加富有，更有权势，他们包含巴黎或者外省大城市的银行家、工厂主或者对内贸易的企业主，尤其是"金融家"这些前几任统治时期存活下来的包税人，他们继续以在国王的税收中取得的收益为生。

很多资产者不再需要通过承办来致富。在上个世纪做了精明的投资之人的后代从中获益，因为城市的房租和土地的租金持续上涨。这些"食利者"必然不会在工业企业中冒险下赌注。他们的收益已经远远足够日常开支。

相比经商的资产阶级，更注重在政府部门、重大事务以及社会和精神生活方面体现重要性的，享有终生官职的资产阶级同样对于无法取得社会威望感到气愤。他们每一次有机会表达的时候，都是为了抨击"等级"社会，"特权"社会，即便他们私底下希望有朝一日能够成为这些人的一分子，或者使他们的后代成为特权阶级的一员。所有人要求资产阶级更活跃地加入国家事务中，要求政府部门和税收制度的安排更加高效更加公正，取消对内贸易和工业生产的阻碍，控制君主制制度以及政府决策的地方分权。的确，大资产阶级中的多数人希望牺牲国家利益来增加个人的经济和社会特权。在这方面，他们迎头赶上贵族和教士中的特权阶级。

等级社会的受益者和受害者

特权阶级互相之间远远未达到平等：在教士人员内部，高级神职人员的亲王和地位低微的贫苦神甫之间，不存在一个公用的标准，高级神职人员一年的收入高于10万古斤。然而，修会中的10万信徒团结一致来保卫基本的特权：教士不缴纳赋税，他们给予国王"无偿赠予"。

这是一种充满悖论的状况：法兰西王国最富有的阶级却是缴纳赋税最少的一个群体。因为教会拥有地产，所以产生收益：教会掌握着法兰西土地的10%，向农民征收什一税，即所有地产收益的10%。教会设立自己的管理部门、法庭和财政预算，是一个真正意义上的国中国。

在城市甚至是乡村，抛弃基督教信仰使得这些特权显得过分。神职人员自以为不能够引领法兰西人民的精神生活。一些教会之长为不信教做出了榜样。红衣主教罗昂（Édouard Rohan）引起流言蜚语。主教尤其是多数牧师在共济会会员集合处进行登记,在那里人们崇拜伏尔泰的"钟表匠上帝"。路易十六某日愤怒地说道:"巴黎大主教信仰上帝应当是合乎礼仪的。"大众深厚的虔诚转向迷信和巫术。从瑞典人伊曼纽·斯威登堡(Emanuel Swedenborg)那里取得灵感的光明异端派在上流社会盛行;各类占星家、医病者和冒险家获得成功。巴黎的东方礼拜仪式令人匪夷所思地突然涌现。信仰危机使得教会的特权变得难以接受。

相较于神职人员,贵族阶级也未收到更多的尊敬。博马舍的《费加罗》系列嘲笑了"费心出生的那些人"。然而,在这些人中间,一开始的运气远远未曾达到公平:对于40万的"贵族"来说,其中只有4000个家族"出现在"官廷,且后者也只是领取年金、获得特权而已。大领主获得巨额收入:奥尔良公爵的收入是5000万古斤,相当于30亿旧法郎!这份巨额收益中的一大部分是以年金的形式发放,剩余部分为地产和不动产的定期租金。事实上,贵族手握王国可耕种土地的25%,他们仍旧企图对这部分土地征收"封建"税。

实际上,贵族的特权在于税收方面。他们无须缴纳直接税。然而,他们享有其他优势。在18世纪末期,他们在教会、政府部门、军队和海事为自己预留高级职位。他们不从事工业和商业类职业,却在一些例如海洋贸易或大型工业企业的生产活动中取得"自降身份"的权利。当大贵族维护特权的时候,他们不仅仅希望避免缴税,实际上,他们维护的是在社会中的统治地位。

在这场战斗中,披袍贵族表现得同样激烈。他们依靠终生官职为生,这些官职在司法职能中通常是过度的。尽管他们易接受新思想、有教养且赞成时代的新思想,但是大法官和议会议员过度地重视维护自身的特权。为了自由而战，反对"内阁专制统治"导致了披袍贵族特权被承认和扩大，尤其是在政治领域。

富有的大法官和宫廷贵族以其收入为生，生活宽裕。乡村小贵族却并非如此，他们在普遍致富中为自己的贫穷感到愤恨。他们施加压力来加强特权，恢复"权利"。他们招募古老文献的专家——"封建法律专家"，这些专家搜寻记载领主和农民之间协议的领主档案和古老的羊皮纸。这些贵族意图使协议重新生效，使得不再使用的权利重生，总而言之，增加特权来适应物价的要求。

这一"贵族的反应"必然在乡村引起强烈的仇恨。从动乱爆发开始，农民努力在城堡中烧毁档案。人民大众对特权阶级的不满与后者对王权的不满不可同日而语。如同贵族和教士阶级一样，富有的有产者要求限制巴黎的权力，限制衍变为官僚主义的王室专制主义。然而，农民和城市的小市民却要同时对抗王权和特权。对于国王而言，两种反对势力却结合在一起：一些人起而反抗王权因为它保留了特权，另一些人反抗王权因为他们怀疑王权要取消特权。

王权和社会的对抗

国王能做什么？

事实上，对于旧制度面临的困境及政体矛盾导致的对抗，除了变革，君主国无其他的路可走。然而，国王是否有办法来强制推行变革？

从理论上来说，国王的权力无限制。国王任命和解职部长、掌玺大臣、财政总监以及四大国务秘书。通过向外省的政府部门（总督管辖区和财政区）传达中央权力的指示，辅助国王的四个议会为其权威服务。

从原则上来说，君主国既被集中领导（所有的决定出自巴黎）也为中央集权：国王手握一切权力，包括司法权。

没有过去的封建制度的残存，专制制度的理论堪称完美。如果国王并非完全为国王，是因为特权的残留。他不能在朗格多克或贝里省征收赋税。诸如朗格多克这类王国的地区负责分派人头税。国王因此不得不承认外省三级议会的某些权限，也必须对其祖先赋予特权的外省的某些惹是生非的市政当局予以重视。国王的司法部门决不能驳回教会法庭，而领主的法庭继续存在。国王创立总督这些执行中央权力的官员，他却未取缔地方高级官员、执法大法官或司法总管。管理难以置信的复杂，它由重叠的结构、零件和碎片组成，由中央集权的新官员和旧秩序的维护者并列组成……在区域、传统和管理的网状结构中，敏锐的纳税人和执着的诉讼人找到了一个擅长埋伏、打手和偷闲的游击队。管理不公正因为它的处境太过复杂。

同样地，管理相对无效力。君主国的变革意愿将走向损害特权、加强专制制度的道路。君主国致力于在法兰西实现存在于欧洲其他国家——普鲁士、奥地利和俄国——的独裁的专制主义。然而，在法兰西这个古老的国家，外省的有产阶级、享有特权的阶级在欧洲中部发起从未发生过的抵抗。

例如，外省的议会与巴黎议会一同有组织地抵抗由内阁发起的改革。显而易见，内阁制度是特权的主要敌人。它希望一个全新的君主政体，无须中间的机构，国王的所有臣民在君主面前人人平等。在政府高层受教育的年轻人越来越受到部长的青睐，被看作外省的总督一般。他们为各地区的首府带去合理化的建议和巴黎集权的心愿，引起了强烈的反对。对地方上的贵族来说，提倡改革的内阁主义亟待被打倒。特权万岁！

为了强制推行改革，国王本该依靠大众的一致同意来针对特权阶级；然而，人民并不比贵族多一点喜爱巴黎的各个部长，因为由后者来决定税收、食物供应、薪酬和生活必需品的价格。人民将议会议员甚至特权阶级当作是他们天然的守卫者。相较于巴黎的部长或者巴黎派出的总督，布列塔尼纳税人更喜欢雷恩的法官。巴黎纳税人也许记得投石党运动和顾问布鲁塞尔。1788年，巴黎纳税人厌恶各个亲王和宫廷的枢机主教。他们更加厌恶各个部长。

内阁改革：杜尔哥（Turgot）和内克尔（Necker）

君主国连续的改革使得内阁更加不受欢迎。1774年，当路易十六继承王位的时候，他任命了新的部长，所有人都很出色：伟大的韦尔热讷公爵（Comte de Vergennes）出任外交大臣，马尔塞布出任王室总审查官，圣日耳曼伯爵（Comte de Saint-Germain）出任陆军大臣，莫尔帕伯爵（Comte de Maurepas）为首相，为《百科全书》撰写文章的杜尔哥出任财政总管。政府部门由受过教育之人组成，他们易接受新派思想，发自内心地希望在改革的道路上获得成功。所有新派的经济学家内穆尔的杜邦（Dupont de Nemours）和孔多塞（Condorcet）围绕在杜尔哥身边并对其给予鼓励。精明的有产阶级大为惊叹：总算出现了清醒的内阁！

在《与国王书》中，杜尔哥阐明其计划："不再有破产，不再提高赋税，不再借款。"但要对经济、市场和新的生产组织采取严厉措施。他补充道:"我预测到我将会独自一人对抗所有形式的流弊,对抗所有从该滥用取得好处之人的力量。宫廷里面的绝大部分人将会惧怕我,甚至怨恨我。"

事实上,在一开始的时候,国王完全信任杜尔哥。后者作为利穆赞总督成功的经历以及其廉正和高效的名声早已在巴黎街知巷闻。政府实现的节省开支使得他能够改善王室财政的管理。1774年,杜尔哥确立王国内部谷物流通的自由。目的在于创建一个谷物的广阔市场,来阻止饥荒,消除当地市场的囤积居奇。相似的措施应用到其他农产品之上。

杜尔哥很不幸运。改革也许本该在完善的规划中获得成功。1774年至1775年的变革成效不佳。从1766年开始,谷物的收成持续走低。小麦价格上涨,城市不再正常供给食物。几乎到处都爆发骚乱,那是一场"面粉大战"。一支25000人的军队集结来到巴黎、凡尔赛、第戎和蓬图瓦兹恢复秩序。双方互有伤亡。为了使民众忽视改革引发的可能的后果,杜尔哥激起大众的情绪,挑动公共舆论将矛头指向改革者。

杜尔哥在失败之前至少获得了一系列用于使法国人的税收负担平衡的改革:杂役被取消,取而代之的是对拥有房产者征收的赋税。行会管事会和行会师傅的职位被取消。杜尔哥打算在各处设立当选的市政官员,他们负责设置税收的基础和征收赋税。这是直接与特权阶级为敌。特权阶级为他的垮台欢欣鼓舞。

1776年,上台的内克尔清算杜尔哥留下的烂摊子。他恢复杜尔哥取消的王室杂役和行业行会。作为专业银行家和蛊惑人心的政客,内克尔首先挂心于避免动乱,他通过借贷找到了必需的资金来平衡预算,建立心理冲击。

拉法耶特侯爵（La Fayette）在此！

得益于这个热气球，法兰西君主国能够着手筹备舒瓦瑟尔梦想的复仇大战。韦尔热讷伯爵曾在欧洲实现了有利于法兰西人民的平衡，他全身心渴望击败英国的海事和殖民统治。当他在巴黎看到代表起义者利益的富兰克林（Franklin）先生到来，他决定与之谈判。弗朗索瓦一世能够与土耳其人和平共处，为什么不跟美国反叛者好好相处呢？韦尔热讷伯爵跟富兰克林签订协议来对抗英国人。一支分舰队和远征军被派遣至大西洋彼岸。韦尔热讷希望"给英国人猛烈的一击来对其权力有所限制"。就在拉法耶特率领的皇家远征队出发之前，公元1777年，志愿兵秘密地与叛乱者聚合。1779年，罗尚博元帅（Rochambeau）率领7500名士兵登陆。1781年，法国与美国联军在约克郡获胜。

在海上，海军元帅格拉斯伯爵（François Joseph Paul de Grasse）、德斯坦伯爵（Jean-Baptiste Comte d'Estaing）、拉莫特·皮凯伯爵（La Motte-Picquet）和吉尚伯爵（Luc Urbain du Bouexic, Comte de Guichen）赢得了荣誉，与此同时大法官絮弗朗（Suffren）消灭了英国分舰队，穿过印度洋，系统地组织对抗英国商船。在地中海，梅诺卡岛被占领，300艘法国船只从此以后出现在世界上的所有海域。

1783年，英国人不得不在凡尔赛签署和平协定。美国独立。法兰西收回塞内加尔以及圣皮埃尔和密克隆。法兰西有权在私掠船的老巢敦刻尔克设防。巴黎和约的耻辱被洗清。诚然，相对于15亿的花费，法兰西王国既未找回印度，也未找回加拿大。但是，在德干高原、波旁岛、盛产橡胶的塞内加尔，尤其是安的列斯群岛（圣卢西亚和多巴哥岛），收回的贸易站使得海上贸易得到了满足。

然而，内克尔却对这个不堪一击的政治感到担忧。人们既看不到荣耀，也看不到威望。需要通过缩减大人物的年金和增加税收来稳定长期因战争而负债累累的预算。然而，如何做到不直接与特权阶级相抵触呢？

了解如何掌控公众舆论的内克尔想要按步骤进行。他试图将新上任的外省议会与其税收政策结合，这些议会以试验的方式被安置在两个省份。最初举行的议会失败。它们的要求不可接受：税收系统的全面改造。此外，它们希望其成员当选。国王不能接受一个如此快速的发展。

特权阶级集结来反抗内克尔，正如他们曾经动员起来反对杜尔哥。领取年金的宫廷大人物不能原谅他公开了他们的年金收入额。议会议员突然害怕这些外省议会的竞争，后者如果当选则比他们更能以人民的名义表达。包税人惧怕著名的新教徒金融家的花招，后者在金融的操纵方面太过高明。出人意料地，内克尔的起步获得了成功：被国王解职，他设法为人所知。在人民和有产阶级中间，人们对国王解职一位如此卓越的部长感到气愤，因为内克尔站到了国王的"臣民"的阵营来对抗凡尔赛的特权阶级。内克尔难道没有取消领土上的农奴制？因为他的新教徒身份，国王难道没有拒绝让他进入议会？

卡罗纳（Calonne）和布里安（Brienne）

内克尔的继任者卡罗纳受到了王后的保护。自从项链事件以来，玛丽-安托瓦内特（Marie-Antoinette）失去了民心。人们将财政赤字归咎于王后的铺张浪费。有教养的大贵族卡罗纳决心来逆转预算问题的局势：由于无法在不妨害政治的情况下缩减支出，需要通过刺激生产来增加间接税。卡罗纳鼓励道路网施工工程、开凿运河以及修建港口。他鼓励与邻国缔结贸易协议,创办新的东西印度公司。

卡罗纳仍需消除变得异常多疑的特权阶级的不满。到处支付赌博债务、增加某些年金、操纵证券市场来支援国王的债券,卡罗纳充满了乐观。然而,大众与之背道而驰。1786年,卡罗纳不得不承认其"便利条件"无法修复信任。如杜尔哥一样,他不得不大肆改造税收系统,向富人征税。

"土地特征税"是不动产税,不论贵族或平民,所有人都要缴纳。需要取消纳税特权。针对谷物的自由流通,卡罗纳通过取消内部关税,同时重新采取杜尔哥的计划。由纳税公民选举产生的外省会议加入各个行省的政府中。

谁接受这些变革?卡罗纳早已预料到会遭到议会议员的反对。因此,他召开"贵族会议"来使自己的计划被接受。本身即为特权阶级的贵族拒绝任何的改革,要求召开三级会议。1787年4月,忧心忡忡的国王辞退卡罗纳。

王后再次让她的候选人——图卢兹大主教艾蒂安·夏尔·德·洛梅尼·德·布里安(Étienne-Charles de Loménie de Brienne)树立威信。他未能使再次拒绝任何有损于特权的税收计划的贵族妥协。1787年5月,"贵族会议"解散。布里安决定通过议会来推行计划。

首先,布里安毫不费力地强制推行一系列改革措施:议会同意为新教徒和犹太人颁发户籍。在王室司法部门,刑讯(也就是严刑拷打)被取消。服役被取消。

议会议员坚决反对"土地特征税",却轮到他们要求召开三级会议。通过8月份召开的审判会议,路易十六强制议会接受所有的改革措施。

法官的反对异常强烈，国王将他们流放到特鲁瓦。巴黎爆发骚乱。人们谴责王后。国王下令实施逮捕。担忧愈演愈烈的动乱且囊中羞涩，国王命人召回议会议员。国王妥协。从此之后，巴黎议会成为形势的主宰、特权阶级反抗改革的支柱。

事实上，11月，国王不得不求助于审判会议来通过一项借贷和新税收计划。"陛下，这不合法！"奥尔良公爵高喊。路易十六在会议正席间说道："这是合法的，因为是我的要求。"

暴力行动之下的特权阶级

5月3日，巴黎议会发布一项庄严声明，即"君主政体的国家权和基本法权"。该声明确保了国家应该"自由地"将税收上交给国王，三级议会作为中间人成为合法的基础。该声明为法兰西人民谋求《人身保护法》[1]。在未被法院合法裁决的情况下，任何人不得被逮捕。国会声明对王权做出了限制。

王权回应强烈：两位巴黎的议员埃勒佩梅尼（Eprémesnil）和蒙萨贝尔（Montsabert）入狱。布里安从议会将登记王室敕令的权力撤销。一个"全体法庭"负责该项事务。巴黎议会宣告休会。

一场强烈的团结一致的运动立刻在外省发展开来。广大民众不仅反对王室及其部长，他们同样对地方议会的议员感到不满。波城和格勒诺布尔的议会议员处于暴力行动之下。

国王打算驱逐这些乱党分子，但是人民站在后者的一边。在格勒诺布尔的"砖瓦之日"期间，国王的士兵被从屋顶扔下的各类投掷物袭击。当地权力机关不得不丢卒保车，他们恐怕革命爆发。议员被允许留在城市。各处的贵族加入他们的阵营，要求召开三级会议。1788年7月，在维济伊市，三个等级的600名代表聚集在一起来起草号召王国的各个行省对抗巴黎专权。教士大会拒绝支付税收，同样要求召开三级会议。全部特权阶级处于暴动的状态，这就是"贵族革命"。

布里安和国王不得不妥协，再一次妥协。如何面对外省狂热的贵族？布里安宣告于1789年5月1日召开三级会议。国王因此拥有8个月的期限，布里安能够辞职，在破产之后撤离。

人们找回内克尔，这是一次凯旋。在特权面前，君主制度难道没有妥协吗？面对巴黎的专权，那些好议员难道没有保卫人民的权利和外省的自由？内克尔的回归难道不意味着，在改革和特权之间，国王选择了变革？此次事件的这一方面并未立刻被察觉。在毫无思虑的情况下，人们对流放之人的回归感到高兴。

内克尔成功借贷7500万。这就是立刻召回他的原因：王室已捉襟见肘。1788年，内克尔成功将未来三级会议中的第三等级人数翻一番。因此，非特权阶级在数量或者势力上与特权阶级平起平坐；为了安抚后者，内克尔向他们保证以等级表决，而非以人数。

很快地，内克尔无法应对人民大众深入反抗君主政体的起义运动。1788年至1789年的冬天对穷人来说着实严酷。各地收成颇为不理想，物价迅速上涨。城市的工业停产引发了暴乱。工人的工资降低20%到30%，而面包的价格则上涨了一半。人们将面包店洗劫一空。在乡下，农民发动起义反抗人头税、反抗贵族、反抗贫苦。[2]2月份在边境省份，爆发了激烈的暴动，例如在布列塔尼和朗格多克。在布列塔尼贵族引领的反抗巴黎驻当地总督的战斗中，他们事实上使得人民和小资产阶级身上的反抗精神觉醒。在朗格多克大省亦如此。各地自发的人民起义代替了贵族口头上的对抗。

用生硬的经济词汇来说,各危机的混合剧烈地引发了特权阶级和非特权阶级之间的不平等。贵族和富有的有产阶级从物价上涨中获益,他们尽可能地投机谷物、葡萄酒、皮草和家畜。相反地,贫苦的城市居民和农民成为受害者。由于此后将独自承担赋税重任,他们越发不满。对此,全国的改革大辩论为他们提供了足够的信息。

非特权阶级并未直接引发法国大革命。在革命的效力和司法意愿中,君主政体首先向贵族阶级要求付出改革的代价。贵族顽固地拒绝。在两年间,贵族阶级与内阁权威的抗争才真正是大革命的导火索。1789年的春天,毫无疑问,贵族阶级似乎能够获胜。内克尔的回归、其税收计划方面的谨慎、按照等级选举三级会议代表的决定,所有这些似乎是个好预兆。然而,在大法官、贵族、教士和有产阶级身后,是城乡的人民,尤其是在外省的人民大众已经处于暴力行动之下。从1789年春天开始,马高奈地区的城堡燃于熊熊烈火之中,农民暴动在诺曼底、布列塔尼、阿尔萨斯和弗朗什孔泰大省的村庄极迅速地传播。农民等不及巴黎的信号来揭竿而起。

取消特权和合法革命

5—7月:不寻常的三级会议

1789年5月5日,在三级会议庄严召开之际,在凡尔赛宫"王室娱乐处"的房间内,人们从议员代表身上感受到国家深深的焦虑的回音。在法兰西历史上,首次召开了一个相对具有代表性的大会。当着国王的面,1139名代表齐聚凡尔赛。国王在传唤时这样说道:"在财政相对不乐观的时候,我们需要忠诚臣民的帮助来协助我们战胜一切困难。"选举的筹备安抚了村庄。在协商、说明和表达方面所作出的努力在各地被完成。由于国王给了国家承诺,应当给予时间和精力来对其进行回应。因此,国王也许从他忽视的臣民的不幸中学到了一些东西。

所有的一切表明人们对待由代表递交国王的"陈情书"的起草异常严谨,尤其是在第三等级中间。在整个法兰西有超过6万份陈情书,由神甫、公证人、律师以及行会成员撰写。这些"陈情书"要求限制专制的王权,加强王国的"结构",以及在乡间取消贵族特权。

有些由农民和村庄神甫笨拙地起草的"陈情书"要求立刻进行改革。人们抱怨税收、人头税征税员以及"脑满肠肥的什一税征收者";人们要求在歉收年设立救济所。人们要求收回(几乎在所有的农民的陈情书中)狩猎权这一专留给贵族的特权!

1789年1月,有产阶级要求的语气基调被由修道院院长埃马纽埃尔-约瑟夫·西哀士(Emmanuel-Joseph Sieyès,l'abbé Sieyès)编写的名为《什么是第三等级?》的小册子所界定。修道院院长说道:"一切!事到如今,第三等级在政治秩序里为何物?虚无!第三等级要什么?在政治等级中占有一席之地!"

为了第三等级最终"占有一席之地",需要打压旧制度的两个支柱:排斥国民代表概念的专制制度,使第三等级排除在三级会议之外的特权。"第三等级是什么?一切,但是一个被束缚被压迫的一切。如果没有特权阶级,第三等级将成为什么?一切,但是一个自由蓬勃的一切。"

基于此,根据修道院院长西哀士的观点,应当把寄生部分从国家分离出去，让第三等级参与到国家事务的决策中。

对于聚集在凡尔赛宫的代表，路易十六并未给予太多的希望。内克尔关于财政问题的演说太过机械生硬，让人失望。人们期待的是一位政客，等来的却是一个会计。很快，冲突在第三等级和特权阶级的代表之间爆发。当人们验证三级会议代表的权力时，人们重提投票时按人数还是按照等级计算的问题。

第三等级的分裂

6月10日，第三等级决定独自确认其代表的权限。一些教士等级的代表加入其中。6月17日，自称"代表了全国96%的人"的第三等级组成国民议会。合法的大革命呼之欲出。

国王打算反抗。6月20日，国王关闭了第三等级的会议大厅。第三等级代表聚集到网球场，并宣誓在给国家带来宪法之前决不分裂。此后，两股势力相互对抗：声称代表"国家"的第三等级和国王。23日，根据传统，米拉博（Mirabeau）如此回应劝说第三等级离开现场的大司仪德勒-布雷泽侯爵（marquis de Dreux-Brézé）："请转告您的主人，我们到此代表了人民的意愿，唯有刺刀的力量能够让我们离去。"

路易十六妥协。自由主义的贵族和教士阶级的新代表加入第三等级。在6月23日的王室会议上，刚刚掌控局势的代表巴伊（Bailly）回答国王："国民议会不接受命令。"

然而27日，通过国王的命令，特权阶级的所有代表在人数上赶上第三等级。国民议会宣称自己为制宪会议。路易十六承认革命事实。革命尚未流血。

暴力的开端

王室却做了蠢事：国王妥协，但是王后或其身边的人都未接受这一投降。人们筹划军事和治安报复。外国军队聚集到巴黎周围。

从巴黎人那里得到消息的国民议会要求国王做出解释。国王拒绝并于7月10日将内克尔解职。巴黎民众过度兴奋，他们被一个高物价和失业的春天，被一个缺粮的冬天压垮。面包店的面包仍旧供不应求。国王的决策点燃了战火。自发的煽动者在大街上鼓动民众：国王一派希望不惜一切代价守卫特权，他们希望阻碍民众发动和平革命。在王室宫，卡米尔·德穆兰（Camille Desmoulins）表现出色。一支由有产者组成的军队简单地武装起来。7月14日，"民众"前往巴士底狱，为的是在那里找寻武器。

巴士底狱的卫戍部队为32名卫兵、少量的囚犯。然而，它确是政体的象征。人民攻占巴士底狱。监狱长洛奈侯爵（Bernard René Jourdan, marquis de Launay）被斩首，长矛枪底端刺穿其头颅。暴力笼罩在街道上。

惊异于巴士底狱屠杀的国王路易十六立刻采取安抚政策。国王召回内克尔，抵达首都巴黎，承认第三等级的首领之一巴伊作为巴黎市长。美国独立战争的英雄和自由主义贵族拉法耶特侯爵被任命为"国民警卫队"司令。国王接受"三色标志"，王室颜色白色被传统上代表巴黎城市的蓝色和红色围绕。三色标志立刻成为窗户和阳台的装饰物。

自从7月14日的消息传遍了欧洲，它引起了惊人的热忱。德国哲学家、英国诗人以及整个西欧的资产阶级将这一象征性的日子视为近代思想的胜利。巴黎的贵族已经出发前往国外。这是第一轮"贵族流亡", 亲王移居国外: 阿图瓦与其子嗣、昂古莱姆、贝里、孔代亲王、波旁公爵、当甘公爵（duc d'Enghien）。全部贵族逃至莱茵河河畔或者欧洲各个宫廷。

在外省, 最大规模的暴乱盛行。无人再缴纳赋税。各个城市以巴黎为模板设立市政府。各处的总督被驱逐, 有时被讥笑。一时被三级议会的召开平息的农民起义再度爆发, 慢慢地蔓延至整个法兰西的领土。这便是乡村的"大恐慌": 30万个无家可归和失业者穿行在道路上, 拦路抢劫富有的农民。在村庄里, 人们害怕国王召集军队来镇压革命, 害怕流亡国外寻找救援的宫廷贵族, 亦害怕大路上数量激增的匪徒。农民首先拿起武器来确保乡村的自卫。他们以此来占领城堡, 谨慎地烧毁领主档案。在城市中, 同样拥有土地和租金的资产阶级受到惊吓。

需要结束无政府状态。第三等级的代表是自由主义者, 他们尊重并保卫所有权。在"8月4日之夜", 诺阿耶子爵（vicomte de Noailles）和艾吉永两位自由主义贵族庄严要求取消封建权力。

随之出台的法令十分明确地表达唯有涉及个人的权力（例如奴役和徭役）应当坚决废除。涉及土地的权益（年贡、租金等）应当被保留, 除非农民能够证明这些权益不合法, 但是在绝大多数情况下, 他们无力给出证明。因此, 第三等级中的资产阶级废除了妨碍他们的特权, 同时小心翼翼地保留了他们从中获益的土地的年金。

的确, 资产阶级中的某些人不得不成为反特权措施和废除官职买卖制度的受害者。整个司法机关有待整治, 需要任命或选举法官、司法官员, 这些人不再是官职的所有者。尽管赔偿可预见, 但是那些通过买官来获得权力之人失去了赌注。

然而，国王需要接受一切改革，迅速且热情地做出决定。在数日之内，整个旧制度崩塌。路易十六不愿正面直击第三等级。然而，他却不得不再次确信唯独暴力能够使他走出革命的陷阱。10月，路易十六在凡尔赛宫召来被认为忠诚的佛兰德军队。

巴黎民众立刻予以反击：10月5日和6日，妇女率众由巴黎徒步至凡尔赛宫，队伍浩浩荡荡十分壮观。宫殿被包围，守卫不敢轻举妄动。国王不得不接受前往巴黎居住。从此之后，路易十六成为大革命的囚犯。

社会制度的问题：一个可笑的国王

毫无疑问，巴黎为大革命的中心。政治"俱乐部"高调安置于首都：右侧为"贵族"，左侧为"爱国者"。后者并不全是极端的大革命分子。"三执政"的巴纳夫（Barnave）、杜波尔（Duport）和拉梅特（Lameth）厌恶暴力，却和"民主人士"罗伯斯庇尔（Robespierre）、佩蒂翁（Pétion）和格列高利修道院院长（Henri Jean-Baptiste Grégoire）一样，希望将大革命进行到底。大多数人如同修道院院长西哀士一样为温和主义者，例如拉法耶特侯爵、米拉博、前主教塔列朗（Talleyrand）和牧师拉博·圣艾蒂安（Rabaut Saint-Étienne）。相较于由煽动者，例如医生马拉（Marat），领导的"科尔得列俱乐部"，会费高昂的"雅各宾俱乐部"的主张更温和一些。各个俱乐部和报纸的增加，给了外省一个全面暴乱的印象。谁负责在外省实施巴黎革命的决策？

的确，无论是在城市还是乡村，人们并未等待巴黎的时间来安排自己的生活。伴随着"大恐慌"，乡村的堂区被组成自卫的小单位。根据一个与巴黎毫不相干的范例，外省的城市设立自由的市政府。当卡佩王朝王族对掠夺的大贵族宣战时，朗格多克和奎恩省已拥有自己的市镇文明。长达数个世纪的经历给了乡镇革命一个历史的意义：外省最终从中央集权体系中脱离出来。

引领运动的多菲内大省拥有充分理由自认为是严守法规革命的带头者。因此，该省的各个市镇积极地施行制宪议会的决策，其中多数的代表为外省人士。其他的行省同样发动民众，人们最初自发地参加运动，不久之后便形成协调一致的有组织的活动，各个市镇组成"联盟"。1790年7月14日，战神广场上一个"全国联盟"宣告成立。仅仅一年，得益于城市和村镇的积极性，大革命的法兰西寻回其团结统一。古老风格的庄严盛大的纪念日将团结深深地封印在法兰西人民的思想深处。于"国家的祭台"之上，在"主教"塔列朗做弥撒之后，路易十六宣誓效忠宪法。然而，国王能够接受一种只存在国家意愿的执行者的政体？尤其是他能够放弃天主教保护者这一身份，保护一个君主国唯一承认的宗教？当他勉强宣誓效忠宪法之时，人们真切地感受到对于法兰西国王来说，政体成为问题。

于路易十六而言，宪法本身是不可接受的。从1789年8月22日开始，《人权和公民权宣言》为宪法引起轰动的前奏：自由？自由就是"能够做一切无损于他们的事"。"平等"废除了特权。专制主义同样遭到控诉，唯独国家至高无上："任何个人，任何公民的部分大会都不能取得最高权力。"最高权力的表现是法律，这一"由大多数公民或其代表表达的普遍意志"。人民制定法律，指定能够依照法律来审判之人，信赖国王执行。这位"否决票先生"只享有暂停议会表决通过的措施的权力。

国王仅仅勉强为执行权的主人。在巴黎，国王在议会之外任命部长。在外省，新兴的"行省"被划分为行政区和大区，由当选公民的"政府"管理，而非由执政权的代表来领导。巴黎包含48个设有行政管理的区划。巴黎市长负责城市选定的大会。国王仅仅在理论上执政。地方权力机构能够随时起来反抗国王任命的各个部长。国王无权发动战争或签订合约，无法征收赋税。甚至于"捐税"这个词汇已经不复存在，被"税"代替。国王支配自由公民愿意赋予他的权力。

被嘲笑的宗教

比宪法更不能被接受的是教士公民组织法，该法令尤其激怒路易十六，因为国王极其虔诚重视守卫宗教。为了筹得实施改革的必要资金，制宪会议决定把教士产业收归国有，截至1789年11月2日资产总数为30亿。以该资产为担保的4亿国库券的借贷（被称作"纸币"）发行。需偿还的国库券承诺利息为5%。1790年4月，纸币合法流通，代替货币使用。不久之后，教会的田产被公开拍卖，在此期间增加发行纸币。一方面，国家放弃了以抵押品作担保的货币，将其卖给资产阶级和富农，然而另一方面国家大胆地继续发行纸币，引发了大规模的通货膨胀。

教会的财产一旦充公，随后就被转卖给老练的"国家财产"买主，如果人们想要为国家保留宗教使命，便需要供养教士。第三等级中的伏尔泰的资产阶级既不能摆脱国王，也更无可能摒弃宗教。1790年，制宪议会取消了所有的不扮演社会角色的修道会。然而，他们无意放弃教士。潮流为无宗教信仰，并非政教分离。1790年7月12日，公民组织法设立83个主教辖区（每个行省一个），集中在10个中心城市，划分为堂区。神甫、主教和大主教同其他所有的国家官员相同，他们由公民选举产生。教皇仅仅知晓选举。各个主教的神圣受职式由中心的大主教施礼。

国王不能接受如此的"筹划"，神职人员亦无法接受。非天主教徒、新教徒、犹太人和无神论者本该参与到主教的选举中！这些人发动暴乱，每135个人之中就有131个人叛离宗教。由于原属教皇国的维奈桑伯爵领地（在人民的要求下）被法兰西吞并，盛怒的教皇于1791年3月严厉控诉制宪议会。制宪议会强迫教士宣誓效忠政体。其中一半教士以及大部分主教拒绝宣誓。教会分裂初现，在整个革命时期持续发展。此后，"宣过誓的"教士被打压，遭到"未曾宣誓"教士的蔑视。唯独塔列朗接受为首要的主教祝圣。国王内心的信仰被刺中。

路易十六并非独自战斗：在实施宗教措施和发生贵族流亡之后，反革命势力在国内和国外拥有一定的支持者。光明时代结束。不论从哪一方来说，人们已做好对抗的准备。

在边境地区内部，神职人员集中抵抗军队。未宣誓的地区相对保持一致：西部、东北部、南部和中央高原。事实上，合法的大革命仅仅在巴黎俘获人心。在外省，无论怎么说，对冒险的恐惧战胜了立宪政体的既得成果。因为宪法未能扰乱贵族阶级，立法议会不得不由小范围的限定于富人的选举人团选定。

显要人物在针对所有人的征税（不动产、动产和特许权）中取得明确的"税收"。他们将个人的企业从旧制度的枷锁中解救出来。与此同时，得益于禁止"工人组织"罢工运动的"制帽业法律"，他们保护自由企业。

坦白地说，显要人物忧心于革命的法兰西的宗教决裂，忧心于巴黎的各个政治俱乐部和领导者的冒险主义。他们意图停止法国大革命。从此以后，于所有人而言，明确的是反革命势力的发展预示着内战的爆发。

这是君主政体一派的机会和希望。从1790年开始，在"王党"掌权的南部，军队在阿尔代什省、加尔省和洛泽尔省之间的"雅利斯阵营"集结。在所有的法兰西南部城市中，动乱爆发，新兴政体的拥护者和反对者相互对抗。在布列塔尼大省，宗教问题点燃战火。布列塔尼人同样烧毁城堡、废除特权，尤其是在即将到来的发生朱安党叛乱的地区。未来的雅各宾俱乐部最初名为布列塔尼俱乐部。他们支持"年轻人"，后者是蠢蠢欲动的南特和雷恩的法学学生，是资产阶级大革命的拥护者。然而，他们立刻回应了未宣誓教士的号召：1791年2月13日，3000名愤怒的农民包围了瓦讷城来要求召回他们的神甫。

1791年6月，国王因此能够合理地认为如果自己叛离，将会拥有国家的一大部分领土。在莱茵河边境线上，流亡国外的贵族组成了著名的"孔代大军"，他们唯独等待重新征服领土的机会。在一系列不正当的秘密商谈之后，6月20日，国王决定同王室一同离开法兰西。国王乔装成资产阶级逃出来，与在东部率军的布耶侯爵（François Claude Amour du Chariol, marquis de Bouillé）会合。国王在圣默努尔德被承认为警卫队的主人。在瓦雷讷被捕，随即被押解到巴黎，在那里为难的议会决定"架空国王"。人们在巴黎的城墙上看到这样的话语："谁赞许国王将被毒打，谁辱骂国王将遭绞刑。"

革命者产生了分裂，民主人士和柯尔得列俱乐部人士打算宣告成立共和国。国王难道没有在舆论面前丧失信誉？他难道没有加入反革命的阵营中？相反地，温和主义者害怕左派的推力、资产阶级革命的

"偏差"加速，他们惧怕突然走到未知的境地。出于对最糟糕情况的恐惧，他们继续维持已被外国打破的国王无辜的谎言。拉法耶特侯爵在巴纳夫的帮助下，以君主国的保护者示人。二人双双离开雅各宾派俱乐部来建立王室斐扬派俱乐部。

巴黎发生的暴力行为再一次使得解决问题成为必要。7月17日，极端的科尔得列俱乐部策划重大日子，煽动巴黎地区的国民自卫军。"民众"聚集在战神广场要求罢黜国王。拉法耶特侯爵派出皇家卫队。50人死亡。资产阶级革命的内部出现了反对革命分子。议会立刻出动追捕以马拉为首的科尔得列俱乐部的闹事者。这就是"意外事故"的结局？

然而，路易十六于9月14日接受宪法。他公开认错。这一谎言的解除最终被绝大多数的制宪会议议员牢牢抓住，他们迫不及待为新立法议会的当选者让出位子，后者首次于1791年10月1日集会。在这一日，比国王叛逃更严重的话题占据了公众舆论：战争的威胁。

法国大革命与战争

关于参战的争论

1791年10月的回归处于一个可怕的社会环境中：货币-纸币危机、价格暴涨以及面粉的投机买卖引发了各地的骚乱。冬天远比秋天更加难熬。在各处，人们要求重新对谷物征收捐税。在埃唐普市，市长雅各·纪尧姆·西莫诺（Jacques Guillaume Simonneau）拒绝对谷物征税，因此市民指责他玩弄"囤积居奇者"把戏，被刺杀。安的列斯群岛的奴隶起义使得殖民地的物品变得稀有昂贵：没有蔗糖和烟草。

民众攻击面包店和杂货店。蔗糖的价格上涨十倍。在整个东南地区，劫掠不断。

"密谋"的风声开始传遍城市的大街小巷，在那里"无套裤的激进共和主义"猛烈发作。1791年8月，奥地利皇帝利奥波德二世和普鲁士国王腓特烈·威廉二世在皮尔尼茨村发起一种类似于十字军东征的号召，呼吁欧洲各国反对法国大革命。在德国科布伦茨，流亡贵族在孔代亲王周围摩拳擦掌。一个法国人——布罗格力公爵（duc de Broglie），扬言要摧毁巴黎。在西部，未宣誓的神甫率领农民起义。

立法议会迅速做出反应：它要求流亡亲王返回法兰西，叛乱的神职人员在一周之内宣誓效忠宪法。路易十六对这一最后的敕令投否决票。

国王的这一态度引起冲突，使得右派充满革命活力。"吉伦特派"展开猛烈作战，这些吉伦特派的革命人士由雅克·皮埃尔·布里索（Jacques Pierre Brissot）和罗兰（Roland de la Platière）率领，向"否决票先生"发脾气。巴黎的街区充斥着由无套裤汉组成的危险人群，他们手持长矛，按照"区划"集合，做好了迎接新的暴力"日子"的准备：反对君主制度。

阴谋的风声不胫而走，人们直接进入战争的毒害中。拉法耶特侯爵和斐扬派参与到作战中去，为的是重新控制进行中的大革命，再次扮演一个角色。国王和王后任由政治走向万劫不复之地，希望大革命在边境上引发的外行士兵的作战迅速失败。一旦胜利，他们想到也许就如拉法耶特侯爵建议的那样，他们可以依靠军队来反对大革命。布里索、罗兰及其"吉伦特派"友人提出一种"整个欧洲的自由运动"的想法。如果说拉法耶特侯爵想要从胜利的战争中获益来再一次阻止

"意外事故",那么,相反地,布里索寄希望于战争来彻底创立新政体,摆脱君主制度。唯独激进的左派罗伯斯庇尔和马拉强调一次军事冒险的危害。然而无人听取他们的意见。

1792年3月,宣扬布里索政策的政府成立,准备迎战。迪穆里埃(Dumouriez)将军任职外交部,罗兰在内政部。4月20日,根据国王路易十六的提议,议会宣布战争爆发,向"波希米亚和匈牙利王国"开战。

越位犯规的君主政体

正如王后所预见的那样,在奥地利和普鲁士的职业士兵面前,大革命的军队立刻表现得愁眉苦脸。旧制度的官员并未尽全力。新征募的军官在作战方面一窍不通。军事指挥的缺陷、部队官员的踌躇、士兵对战争必要法令的无知,使得边境线上的前几次战役失败。普鲁士人最终与奥地利人会合(对毫无还击之力的法兰西作战也许是个好差事),他们出现在法兰西国土上。

1792年5月,议会决定收押叛乱的教士——这些在西部地区制造动乱的罪魁祸首,决定解散不牢靠的皇家卫队,以及在巴黎周边修建广阔的"联盟派"营地来抵抗颠覆。国王露出真面目,他给三个敕令其中的两个投否决票,遣散布里索的内阁政府。

经过无套裤汉的动员,街道立刻回应。6月20日,为了庆祝"网球场宣誓"三周年,一个"重大日子"在狂热中筹划。武装长矛的民众前往议会来上交反对国王的请愿。人群随后在杜勒丽宫退回,要求国王头戴红色无边软帽,举红酒杯祝愿国家万事顺遂。国王接受这出闹剧,却拒绝撤销否决票。

这个迟来的力量毫无疑问受到了宗教动机的启发,在国家引发了无法控制的反抗:来自外省源源不断的请愿要求罢黜国王。如果"督政府"的显要人物意图保留君主政体,更得民心的各个市政府则将怨气发泄到国王身上。君主政体时日无多。

外部威胁加速了君主政体的末日。7月,人们得到普鲁士军队快速前进的消息。在巴黎,200个由无套裤汉组成的自愿部队加入作战,议会宣布"国家处于危机"。7月25日,人们得知指挥普鲁士军队的不伦瑞克公爵(duc de Brunswick)发表宣言,以"军事处决"威胁巴黎。该宣言再度引发8月10日的民众聚集,君主国岌岌可危。

从6月20日开始,这一"重大日子"由围绕着巴黎市长佩蒂翁和雅各宾俱乐部的成员丹东(Danton)秘密召开的反动会议谨慎地筹备。从此以后,这项创举与吉伦特派和"布里索派"毫不相干。它属于极右俱乐部雅各宾派尤其是科尔得列俱乐部,失败和威胁为他们转交话语权。为了纪念联盟节的周年,来到巴黎的马赛人被起义委员会连同联盟阵营的自愿军一同招募。

行动的目的是迫使仍在犹豫投票通过罢黜国王的议会做出决定。8月10日上午,一个起义乡镇在丹东、鞋商西蒙(Simon)、珠宝商让-安托尼・罗西涅罗(Jean-Antoine Rossignol)和"发怒者"埃贝尔(Hébert)的领导下夺取政权。啤酒商安托尼-约瑟夫・桑泰尔(Antoine-Joseph Santerre)指挥皇家卫队。

起义军向杜勒丽宫发起进攻,上千名瑞士人防守。国王躲到议会。杜勒丽宫被攻占。执行权不复存在。从此刻起,难道不应该解散议会,信赖"拥有至高权力"的民众?人们决定由普选任命新的议会,其使命是为国家提供新宪法,将议会置于反革命的庇护之下。国王被"架空",软禁于卢森堡宫殿。由丹东和罗兰领导的执行议会行使权力。君主政体成为过去。

大恐怖时代

战争继续。不伦瑞克公爵进军香槟省。敌军前进缓慢,然而却信誓旦旦向着巴黎会军。

巴黎的公社[2]抓住国王,将其同王室成员一起关押至丹普尔宫的监狱。一个刑事法庭立刻成立,来审判所有的"密谋人士"。"阴谋"和被判的风声传遍大街小巷。事实上,人们以为拉法耶特侯爵从军队潜逃。普鲁士大军攻占隆维和凡尔登。人们能够相信那些将军吗?

惊慌失措的巴黎人民受到马拉的复仇式宣传作品《人民的朋友》的影响,该书推动"民主人士"直接行动。最为躁动的团体冲进监狱,屠杀所有囚犯。"在巴黎,九月大恐怖"因此造成1200人受害,其中多数为教士。沃日拉尔路上的卡尔默修道院曾作为监狱来收押160名未宣誓的教士,其中包括阿尔勒大主教、博韦主教和桑特主教。全部囚犯于9月2日、3日和4日被杀害。巴黎的监狱陆续发生屠杀事件。在外省的城市中,同样发生了行刑。

作为罗兰和布里索朋友的吉伦特派谴责这些暴力行为。然而,人们称为"山岳派"的雅各宾俱乐部的极端主义者追随丹东、马拉和罗伯斯庇尔其后。丹东的权威沾满了屠杀的鲜血,被保守地称为"九月大屠杀参与者"。在巴黎的选举中,恐怖主义分子极大地占居上风。的确,吉伦特派在外省取得了胜利。也许仍有人未下赌注。不久之后,人们得知一个令人难以置信的消息:9月20日,将军迪穆里埃和克勒曼(Kellermann)在瓦尔米击退普鲁士大军。

第十一章 大革命到来

1792年9月21日，首次召开的议会一直存在到公元1795年10月，名为"国民公会"。其政治组成毫无意外：吉伦特派在外省占有35%的席位，中部的温和派或者"沼泽派"占据25%。剩余席位属于山岳派这些右派雅各宾派。后者人数不多，却包括了当时最有影响力的人物：罗伯斯庇尔、丹东和马拉，宣扬恐怖政策的三头政治。追随他们左右的是一群古怪的大革命分子：歌曲《大雨将至，牧羊女》的作者、诗人法布尔·德各朗蒂讷（Fabre d'Églantine），魅力模糊的年轻英雄勇敢的圣茹斯特（Saint-Just），演员科洛·德布瓦（Collot d'Herbois），原为修道士的富歇（Joseph Fouché）和夏博（Chabot），将大革命场景搬上画作和素描的画家大卫（David），曾为奥尔良公爵以及旧制度的领取年金者路易-菲利普二世（Philippe Égalité），以科学和道德著称的伟大的卡诺（Carnot），等等。

山岳派的拥护者更加得民心，却远远未能达到平均主义者的标准。罗伯斯庇尔信徒十分关注私人所有权和自由主义。追随丹东的手工业者和商店主是企业自由愤世的拥护者。然而，也存在一些他们的反对者，如街上的行人、国民自卫军兵士，以及得人心的社团和他们短暂的首领、组织者和煽动者。瓦尔莱（Varlet）、雅各·鲁（Jacques Roux）、肖梅特（Chaumette），尤其是埃贝尔，他们维持随时可动员的民众的政治化，对公民工会，尤其是对右翼山岳派持续施加政治压力。

巴黎的恐怖主义取得了首个成功：清算吉伦特派。数月间，吉伦特派和山岳派猛烈对峙。吉伦特派支持贸易、市价和人身自由。山岳派和巴黎的极端分子一道，以"革命先行于行为准则"为纲领。不论山岳派对自由和所有权的重视如何，他们首先希望开战以及拯救大革命。他们拥护一切直接的甚至不得人心的措施，拥护那些能够适用于重要方面的目的：拯救大革命。他们强制为食物征税，强制规定征用和独裁政权。他们了解到能够依靠巴黎民众的力量，然而吉伦特派却希望"将巴黎的影响缩减83%"。

吉伦特派被迅速排除在游戏之外。他们希望在外省组建能够与巴黎恐怖主义相抗衡的军事力量。这条方案并未得到国民公会的支持。希望拯救国王的吉伦特派的中立言论被山岳派指控，在国民公会议员的耳边奇怪地回响，提醒着他们从前布里索和罗兰曾是君主政体激烈的敌人。

在杜勒丽宫发现的著名的"铁匣子"装有国王的私人信件和宫廷双重把戏的证据，激起极左势力。正如罗伯斯庇尔所说，控诉国王等于"保障公共安全措施"。通过718票中的707票表决，公开宣称国王有罪——"谋反公共自由和侵犯国家安全"。吉伦特派无力为无罪的论点辩护。然而，他们宣称反对死刑，这一刑罚得到了387票支持，334票反对。路易-菲利普二世赞成死刑。1793年1月21日，路易十六在如今的协和广场走上断头台。负责行刑的刽子手参孙（Samson）表明："为了向真理表示敬意，国王在行刑过程中表现出的冷静和坚定让所有人大吃一惊。"

山岳派与大革命之胜利

国王的死亡并未给法兰西的政治问题带来任何解决办法，却引发了君主制欧洲对法兰西的敌对。从此之后，"共和国"为"弑君者"，应当被处罚。在运动中，外国了解到能够依靠起义的法兰西行省的一部分，尤其是西部的各省。

第十一章 大革命到来

"对城堡开战,还茅屋和平",这便是大革命的将军在外国的土地上的规划;他们以救星示人。在瓦尔米战役紧随的进攻之后,法国人取得了些许胜利(杰玛佩斯战役),英国、西班牙以及荷兰共和国再次加入反革命联盟。1793年3月,迪穆里埃将军在内尔温登被击败。屈斯蒂纳不得不从莱茵河左岸撤离。经此挫败之后,再度发生背叛事件:迪穆里埃、奥尔良公爵之子、夏尔特尔公爵(duc de Chartres)即未来的路易-菲力普(Louis-Philippe),放弃军队,投奔敌军。

国民公会决定立刻召集30万人马。西部行省拒绝征兵。从3月份开始,在永不妥协的教士的鼓励下,西部保皇党人、布列塔尼人和安茹暴乱的朱安党人开始集结。其首领最初出身于民间,例如卡特利诺(Cathelineau)和斯德弗雷(Stofflet),随后争取到贵族的支持和加入,例如莫里斯·德尔贝(Maurice d'Elbée)、夏雷特·德·拉孔特里(Charette de la Contrie)以及拉罗什雅克兰(La Rochejaquelein)伯爵。6月,"朱安党人"包围南特。

巴黎的动乱达到顶峰:"亲英保皇阴谋"的风声激怒了极度贫困的民众。饥荒和纸币的贬值引起一系列的暴乱,波及外省,尤其是里昂。瓦尔莱和雅各·鲁率领的"怒不可遏者"要求再度采取恐怖措施。从3月末开始,被视为叛敌和军事失败罪魁祸首的吉伦特派,在国民公会遭到控诉。一个革命法庭被设立,使命为审判"可疑之人"。国民公会议员为"使命代表",他们被派遣至各个行省来推行恐怖政策。强制向富人借贷10亿资金的决策被投票通过。政令确保了纸币的流通。一个"国家安全委员会"专制地行使行政权。

吉伦特派试图以维护自由的名义提出异议,但是他们运气不好。

罗伯斯庇尔立刻控诉布里索与迪穆里埃将军同谋。巴黎人民宣告被吉伦特派追捕的马拉无罪，将其举起欢呼胜利。

5月31日，再度反对吉伦特派的"重大日子"被筹划。所有的教堂鸣响警钟，召集自卫军士兵。罗伯斯庇尔的朋友昂里奥（Hanriot）任巴黎国民警卫队司令。6月2日，手握武器的民众包围议会，强制要求放逐吉伦特派。国民公会无力抵抗10万民众的压力，不得不妥协。再一次，市井之人主导了大革命的命运。

在一年间，山岳派的独裁将国家引向战争。1793年6月，形势令人绝望。西南部加入西部的叛乱中。英国人的盟友西班牙人在比利牛斯山山口之外召集军队。吉伦特派成功在诺曼底征集一支军队向着巴黎进军。他们与朱安党人结盟。一个芳龄25岁的年轻姑娘夏洛特·德·科黛（Charlotte de Corday）将正在沐浴的马拉刺杀。科西嘉岛在帕斯卡·保利（Pascal Paoli）的带领下起义。普鲁士人集中在马耶讷省，奥地利大军在瓦朗斯大省。英国人在敦刻尔克和土伦登陆。不久之后，西班牙人占领鲁西永省。

国民公会议员做了什么？他们出台了一部宪法。历史上首次，这是一部千真万确的民主宪法。该宪法由埃罗·德·赛谢尔（Hérault de Séchelles）在6日内起草完成，宣告起义合理，共和国"统一不可分割"。代表由直接普选选定，联邦制被控诉。任期一年的议会负责"执行会议"。法律由公民投票批准。6月24日，宪法被迅速果断地表决通过，却从未被执行。

应当开战，或者应战。罗伯斯庇尔制定"道德独裁"。为了让穷苦人民获益，国家财产被以小份额售卖。流亡贵族充公的家产被派分给收入低微的农民。城市中组织安排穷人的救助。向富人强制的借贷确保了政府的收入。

国民公会指定负责确保秩序和带领军队取得胜利的委员会成员。公共安全委员会是一个真正意义上的政府。它任命将领、官员以及大使。该委员会创立于4月6日，至7月间由丹东领导，而后由库东（Couthon）、圣茹斯特、卡诺、罗伯斯庇尔、俾约-瓦伦（Billaud-Varenne）和科洛·德布瓦指挥。12位领导人决心不惜任何代价拯救大革命，集体承担起责任。他们将委员会设于杜勒丽宫，在行军床上就寝。大炮瞄准王后卧室的入口。

"全面安全委员会"负责政治治安，侦查叛徒和热情不高者，由罗伯斯庇尔的友人掌管。丹东创立的"革命法庭"由5名法官的陪审团、检察官富基埃-坦维尔及其助理组成。其裁决不可挽回。在外省，执行任务的代表以及军队中的共和国特派员通过实施恐怖政策来使得委员会的决策受到遵从。

该特殊政体为极端中央集权，是真正的"直到和平"的独裁统治。埃贝尔率领的"怒不可遏者"的压力、《迪歇纳神父报》巧言惑众的记者同公共安全委员会一道决定创办一支革命军来重建秩序，来迅速逮捕一切反革命可疑分子。俾约-瓦伦说道："我们需要深入敌人的巢穴。"1793年9月出台的"反革命嫌疑分子法"允许委员会逮捕政府的所有敌人，从联邦主义者到朱安党人到教士的所有反革命分子。负责监管的委员会在每个行政区编制可疑分子清单。恐怖政策已被提上议事日程。

自圣巴托罗缪惨案之后，法兰西再无经历如此血腥的政治。在处决犯人的协和广场上，每日流血不止。人们不仅处罚"有前科之人"，也不放过任何的掮客。从1793年5月之后，谷物和面粉贸易受到约束。

"谷物限购令"被张贴在各个市场上,违规者、"囤粮者"和投机者判处死刑。1793年9月出台的上限法令把食品价格稳定在1790年的定价,伴随着1/3的额外利率。偷税漏税者列入反革命可疑分子的名单,如若发生这种情况便上断头台。

经济上的恐怖政策伴随着宗教恐怖。拉卡纳尔(Lakanal)、吉尔伯特·罗默(Gilbert Romme)和法布尔·德各朗蒂讷设想共和神话。人们创立"共和历"、国庆节目单、新礼拜仪式、新神灵以及诸如"理性女神"一类。强烈的反教权运动鼓舞了对教堂的毁坏和劫掠、对主教的逮捕和行刑以及驱逐未宣誓的教士。同宗教战争时期一样,大教堂的神像被毁坏。王室墓地被亵渎。兰斯的国王加冕仪式所用的圣油瓶被打碎。巴黎圣母院变成理性圣殿。人们在圣母院以古典形式举行共和纪念日,场景由画家大卫描绘。

从1793年10月开始,人们开始混杂地处决山岳派的敌人。唱着挽歌的囚车将吉伦特派及其友人送上断头台。随后的10月16日,王后玛丽-安托瓦内特也被行刑。尽管奥尔良公爵投票通过处死国王,他也未幸免于难。罗兰夫人(Mme Roland)以及曾经的巴黎市长巴伊相继被送上断头台处决。

恐怖并不仅仅笼罩在巴黎的上空。国民公会议员在外省同样杀戮无数。富歇将恐怖带至里昂,塔利安将恐怖带至波尔多。为了处决南特人,卡里埃(Carrier)设想出一种底部可移动的船只:受刑者被淹死在卢瓦尔河。各处,人头落地。

在北部和东部边境线上战败的将领被送上断头台。年轻人指挥作战:儒尔当伯爵(Comte de Jourdan)指挥北部军队,皮什格吕(Charles Pichegru)在莱茵河上作战,奥什(Lazare Hoche)在摩泽尔河之上迎敌。他们年仅30岁，有时甚至更年轻些。

恐怖政策的收益：12月，迪戈米耶将军（Dugommier）从英国人手中夺回土伦城；在绍莱城，朱安党人被克莱贝尔将军（Kléber）击败，一整支"王党"军队被克莱贝尔和马尔梭将军（Marceau）的"共和国士兵"在勒芒和萨沃奈歼灭；"共和国士兵"的"魔鬼般的派遣队"将恐怖政策推行至西部地区；在北部地区，儒尔当伯爵在瓦蒂尼城击败奥地利人。奥什成为共和国军队的统帅。得益于在维桑堡城取得的胜利，他清除了边境的敌人。

军事指挥的独裁取得成果。"胜利的组织者"卡诺在公共安全委员会采取必要的措施来动员新的志愿军。不久之后，共和国的军队拥有70万名战士，他们个个嫉恶如仇。各"军团"深入特遣队进行突击，相较于专业士兵猛烈的火力而言，那些训练不精的新兵在数量和冲劲上更胜一筹。1794年的春天是胜利的时刻：皮什格吕在比利时的科特赖克和图尔宽大获全胜；比利时纳入法兰西版图；儒尔当伯爵在弗勒吕斯战胜比利时军队，他与皮什格吕同时进入布鲁塞尔；西班牙人被驱逐出鲁西永大省；边境恢复和平。如果说共和国被保全，恐怖政策还有何用？

厌倦了流血的民众

埃贝尔派占据了巴黎的街道，强烈要求继续推行恐怖政策。其煽动者在经常供不应求的面包房门口挑唆民众。3月，公共安全委员会在夜间命人逮捕了埃贝尔和肖梅特，两人立刻被送上断头台。支持其行动的科尔得列俱乐部被解散。

委员会同样打压右派势力：丹东及其友人被控诉腐败和通敌，其中包括德穆兰。他们难道未曾要求结束恐怖统治？4月，轮到他们被清算。罗伯斯庇尔继续征调军队，增强并支援战争的力量。1794年6月10日，当边境的胜利几乎成定局之时，罗伯斯庇尔出示了一份新的"人民的敌人"的名单。"获月大恐怖"再度造成流血事件：学者拉瓦锡（Lavoisier）和诗人安得列·谢尼埃（André Chénier）不幸遇难。

在7月取得的胜利使得恐怖主义的任何新行动徒劳无用。然而，罗伯斯庇尔从未像现在这样希望维持"道德的独裁"。为了对上帝表示敬意，他铺张地组织庆祝活动。在委员会中，卡诺和俾约-瓦伦指控罗伯斯庇尔的暴君统治和毫无节制。从前的丹东主义者，诸如塔利安、富歇和巴拉斯（Barras）等懊悔的恐怖主义者密谋反对罗伯斯庇尔。他们觉察到法兰西渴望和平与自由，厌倦了流血。

热月的8日（公历7月26日），罗伯斯庇尔觉察到危险，打算先下手为强。在国民公会面前，他控诉敌人。然而，一年以来的头一次，他未得到支持。感受到宽容之风吹来的"沼泽派"放弃了恐怖主义者。热月9日，罗伯斯庇尔忠诚的朋友圣茹斯特试图在议会为其辩护，他的努力却徒劳无功。罗伯斯庇尔被控诉，被逮捕。

罗伯斯庇尔在巴黎公社中的拥护者通过武力，成功阻止了其监禁。他被排除在国民公会的权力之外，却在市政厅找到了避难所。巴拉斯动员军队，在被动的人民面前包围了市政厅。罗伯斯庇尔一派最终被监禁。罗伯斯庇尔的颌上被枪击中。他及其拥护者被送上断头台。在行刑时，巴黎人民欢呼喝彩，高喊"彻底完蛋"。这是恐怖政策的结束，同样也是大革命的终结。从此之后，市井之人不再因"重要日子"而对正在发生的事件产生影响。话语权归为将领和"政变"所有。罗伯斯庇尔的行刑和卡诺的胜利宣告秩序的回归。

1 英国议会1679年通过的最著名的文件之一,人身保护法规定,任何被监禁者都有权利求见法官,并要求其裁定逮捕的有效性。——译者注
2 莫与1871年的巴黎公社混淆,此处指资产阶级从封建主手中取得自治权的城市。——译者注

第十二章
法兰西的欧洲：1795—1815年

英国加入反革命运动，更多的是出于经济方面的考量，而非信念问题。它封锁法兰西各港口，阻止法国商品出口，却不禁止本国商品深入法兰西境内。英国实行贸易封锁。如同普鲁士，英国希望此次十字军东征带来利益。它加强海上控制，利用重大事件来最大限度地劫掠法国殖民地或贸易站。

海洋的控制权越来越被英国占有，然而欧洲的土地却越来越归属法兰西：在20年间的法国大革命和第一帝国时期，法兰西人民将实现君主国曾经的霸权梦：打压普鲁士、消灭奥地利家族，甚至进攻遥远的俄国。战争暂时拯救了大革命。然而，罗伯斯庇尔所预料到的"得胜将军""军刀"即将在法兰西恢复秩序，并试图在欧洲树立威望。这一"秩序"为自由主义资产阶级的秩序，是成就法国大革命的秩序。

第十二章　法兰西的欧洲：1795—1815 年

从独裁者罗伯斯庇尔到执政官拿破仑（Bonaparte）

热月：战争归来

罗伯斯庇尔的独裁统治被战争的胜利击垮。法国人掌控整个欧洲西北部。儒尔当伯爵进入比利时，其军队占领莱茵河左岸。皮什格吕大军推进到荷兰，俘获被冰冻住的军舰。卡诺与罗伯斯庇尔曾希望发动一场无兼并的战争，一场解放各国人民的战争。罗伯斯庇尔的后继者另有打算：他们希望发动一场普鲁士式的能带来收益的战争。继山岳派之后，热月党议员运用其"共和国姐妹"的理论，使法兰西完全地卷入欧洲大陆的事务中。

尽管英国保持联盟的意愿，持久的和平难以实现。与普鲁士、西班牙和荷兰的和解是在白费力气，一个联盟在朝夕之间能够重生，在英国国王的金矿中找到其财源。放弃了任何的理想主义，法兰西命该以战争为生。

从罗伯斯庇尔到拿破仑的政治体制无一例外地被迫使参战，且遭受战乱之苦。"热月党人"的协议本应迅速了结战争，却无不伴随着巨大的混乱局面。山岳派和吉伦特派被除名，留下了"沼泽地的癞蛤蟆"，他们与某些诸如巴拉斯和塔利安等主张恐怖政策的人士一起夺取政权。其统统为幸存者。康巴塞雷斯（Jean-Jacques-Régis de Cambacérès）、西哀士和布瓦西·当格拉斯（Boissy d'Anglas）一派清算了恐怖政策以及主张恐怖政策的人士。他们按照自己的意愿重新整顿革命政府，把公共安全委员的权力限制在战争和外交方面。富基埃-坦维尔与卡里埃被送上断头台。科洛·德布瓦和俾约-瓦伦被流放，卡诺被罢免。雅各宾俱乐部被遣散。唯独平庸之人和唯利是图的商人继续生活在巴黎。最优秀之人不在人世，或出发参战。

然而巴黎被热月党人控制。吉伦特派曾经的梦想被具体化：市井之人不再掌握话语权。48个区划集中为12个行政区。支持热月党人的资产阶级"纨绔子弟"[1]以短木棍袭击共和派的咖啡馆，"白色恐怖"侵袭外省。1794年12月，最大权限的取消在各地赢得了喝彩。

归咎于糟糕的收成和英国施行的经济封锁，物价上涨、纸币迅速贬值，使得法国人灰心丧气。"纨绔子弟"聚集在舞厅，然而人民却无意跳舞。不久之后，每天只有一斤半面包的巴黎人怀念课税。冬季期间异常受限的食物分发情况引发了春天爆发的人民起义。1795年4月1日，在古老的革命街区里，一个"重大日子"被策划。在议会面前，从前的区划居民高喊着"要面包，要面包！" 5月20日，国民公会再次涌入浩浩荡荡的饥饿的起义者。人们在国民公会门口砍下了议员让·贝特朗·菲罗（Jean Bertrand Féraud）的头颅。

需要不惜任何代价再度发动战争。若不能够控制国家，如何补给战争？热月党人的国民公会废除了恐怖政策。它不再指望市井之人来重建秩序，因为后者持敌对态度。显然需要依靠军队。

大街小巷中的军队

国民公会议员毫不犹豫求助于军人：莫罗（Jean Victor Moreau）镇压了5月的暴乱，在圣安东尼市郊命人向民众开火。街道革命结束，无套裤汉和"重大日子"的时代同样成为过去。人民能做的唯有起义。他们不再能够通过武力向政府施加压力，因为热月党人此后手握一支时刻准备着的后备部队。

的确，时时刻刻打压左派的热月党人饱受政体滑向右派的风险，后者在各个行省制造流血冲突。然而，军队蓄势待发来镇压不论来自哪一方的敌人。时机已到：保王党人的团伙［以色列国王耶户（Jéhu）和太阳王的同伴］在罗讷河河谷散布恐怖政策。1795年6月，普罗旺斯伯爵（Comte de Provence）称王，在其维罗纳宣言中控诉弑君和掠夺的大革命，谴责主张革命的新群体。英国人在基伯龙城使流亡贵族登陆来支援布列塔尼和旺代人的起义。奥什将军艰难地镇压起义者。

为了提防保王党人，刚刚投票通过《共和历3年宪法》的国民公会议员于8月30日宣布下一届议会的2/3的议员需要从国民公会成员中选任以确保有效。这是禁止保王党人对政权的任何合法取得。

保王党人一方企图通过起义掌控全局。10月5日（葡月13日），保王党在巴黎筹划"重大日子"，得到了勒·普勒蒂埃（Le Peletier）一方的支持。治安首领巴拉斯召唤失宠的炮兵将领，后者曾协助迪戈米耶解放土伦。这位名为拿破仑的将领动员缪拉（Joachim Murat），迅速找到几门大炮，用霰弹近距离朝着圣洛克堂台阶上的身着"黑衣领"的保王党射击。因此，通过保全共和国，拿破仑进入历史。

接下来的政体称为督政府，无法免去将领的支持。在终日准备起义的巴黎人民和外省的"王党"之间，唯有军队能保护政体。罗伯斯庇尔的预言显示准确：革命党人的权力受到政变的支配。

然而，这支军队同大革命的军队相差无几；其将领不足30岁，其最优异的官员是通过炮枪实弹而非军事学院成名，其士兵既无军饷也无职业。他们脚穿木鞋，衣着褴褛。他们是共和历2年的志愿军。没有任何一个历史学家重视到这一奇怪的突变，除非是在提及将领个人野心的时候。

1795年，共和国的军队交战已长达3年之久。他们多次挽救国家，不论是在内部还是外部。于年轻的军团志愿军而言，军队是个温暖刺激的场所，他们分享30岁将领的胜利带来的喜悦，后者通过战功赢得所有官阶。缪拉为西南地区一个农夫之子。奥热罗元帅（Pierre Augereau）的父亲是一个佣人，母亲为街头流动摊贩主。17岁参军的贝纳多特（Bernadotte）在王室军队中任中士，拿破仑在该军队幸运地成为统帅。至于莫罗，在旧制度下曾为律师。

任何士兵都能够梦想有朝一日成为军官。在旧制度下的"封闭式社会"中，如此的晋升几乎为天方夜谭。他们在胜利与荣耀的时刻与其统领团结一心，厌恶巴黎的代表未能提供军需来掌控欧洲或击败英国。政权的优柔寡断、议会议员的动乱、政体和政府的换届、热月党人的无能以及维持秩序的"首领"都让他们感到可耻。不论士兵或将领，他们都准备好尽所能来介入每一次的维护政体的行动中，维护使他们感觉到团结一致的政体；巴黎的无政府主义或外省的反抗都不能损害共和国的未来，为了这一信念已经牺牲了足够多的同志。从此以后，军队成为最重要的政治力量。

在起草新宪法之时，热月党人觉察到一个军事独裁的万般危险。因此，他们尽可能采取一切防御措施：一个议院增加到两个——五百人院和元老院，由建立在纳税基础上的两个阶段的选举制度任命。每年，1/3的代表能够连任。立法权因此免受舆论"潮流"的影响。该权力保留在显贵手中，正如1789年的资产阶级所希望的那样。

行政权由集体行使，委任给任期为5年的"领导者"，按照情况每年可连任。各省都有当选的人员，权力却保留给由政府任命的特派员。人们不仅蔑视外省的保王党，也厌恶巴黎的雅各宾派。

国民公会的启发人巴拉斯，尤其是西哀士，意图在自由的道路上结束大革命，将正式分开的权力交给富裕的资产阶级的代表手中。他们并未预测到执政人与两个议院之间可能出现的冲突。他们忧心于确保平衡，却忽略了稳定。

为了阻止大革命，新兴权力的领导者懂得需要赢得战争，需要满足厌倦了饥荒和特殊法的人民的需求。然而，这些首领并未意识到危险的不断变化的现实。督政府阻止了纸币的伪造，却是徒劳的。6亿金法郎的借款并未被填上缺口，储户不再信任国家。人们向市场投放"土地汇票"，以国家财产作抵押，却比纸币贬值的速度更快。解决2/3借款的唯一的办法是于1796年宣告破产。

财政不稳定使得民众的不满达到顶峰。城市再次经历饥荒。如巴贝夫（Gracchus Babeuf）所提出的极端主义理论要求社会公平、投票选举"共产主义的"土地法以及穷人之间共享广阔的地产。雅各宾派欢迎巴贝夫主义者，共同酝酿一场起义。这场"平等之人的密谋"被政权扼杀在摇篮里。巴贝夫主义者及其雅各宾同谋被逮捕，于1797年5月被送上断头台。

右派和极左势力一样焦躁不安，试图以自己的利益为出发点利用民众的不满。保王党策划颠覆活动，争取到了军队的一些将领，例如皮什格吕将军。他们在领土上创立特务网，例如修道院院长布罗蒂尔（Brottier）的"保王党社"。他们致力于将自己党派的候选人推荐至议会。由于保王党社社员在国家进行深入的心理上的构建行动，所以通过合法渠道夺取政权似乎可行。

为了避免这个比被奥什将军击败的西部保王党起义更真实的危机，巴拉斯先下手为强；果月18日（1797年9月4日）巴拉斯策划政变，向拿破仑将军求助，后者委派奥热罗元帅。皮什格吕将军与保王党人同30多名代表被军队逮捕。他们被流放至法属圭亚那。拿破仑和军队再一次拯救共和国。

督政府与战争

10月18日，坎波福尔米奥条约暂时中止了战争。儒尔当与莫罗在向着维也纳行军途中被大公爵查理（Charles-Louis d'Autriche）捕获。由拿破仑指挥的意大利军队相比而言更加幸运，然而这支军队在一开始被指定在波河平原阻止一支奥地利大军。

在经历了一系列例如阿尔科莱战役和里沃利战役卓越的胜利之后，拿破仑率领37000名士兵攻占皮埃蒙特大区和伦巴第大区。为了迅速缔结和平协议，拿破仑从维也纳的王族手中取得比利时以及爱奥尼亚岛的让与，以此为交换向奥地利承诺放弃威尼斯共和国。

还剩下英国。拿破仑仍旧能够选择：大陆上的和平好过海域的放弃。势力被内部和平增强的督政府能够在国家建立一种以秩序和经济发展为基础的政体。拉梅尔·诺加雷（Ramel Nogaret）早已改革了"征税"系统，赋予赋税更多的效力。弗朗索瓦·德·讷沙托（François de Neufchâteau）发展经济，在此期间政府将"共和国姐妹"的市场交给法兰西工业家，禁止英国商品流通。相较于英国工业的竞争，法兰西能够期望在欧洲西部为自己保留市场。

基于此，与英国的协商再无必要。英国决不同意大陆上的和平是建立在向其关闭欧洲市场的基础之上。经济战不得不继续下去，而督政府汲取资金来迎战。通过儒尔当律令，督政府将年龄为20到22岁之间的所有法国人招募到军队。义务征兵第一次被制度化。督政府越发成长为一个军事共和国,仅仅依赖战争来获取成功。通过武力,所有的反对被镇压:花月22日(1798年5月11日),刚刚进入议会的雅各宾派议员被宣告选举无效。一条针对流亡贵族的异常严厉的法令被投票通过。得益于军队持久的支持,督政府完全将政治局势掌握于手。

为了开战,需要再次对抗英国。在哪里攻击?想要煽动爱尔兰人的奥什未能成功渡过芒什海峡。为了切断通往印度的道路,人们便有了派遣拿破仑前往埃及的想法。也许某些人想要以此来阻拦一位此后为公众所熟知的野心勃勃的将军前行的道路。拿破仑接受派遣。他率领300支船舶和4万名士兵登陆,与其同行的还有埃及学家和其他学者,例如数学家蒙日(Monge)与化学家贝托莱(Berthollet)伯爵。

在金字塔下获取胜利的拿破仑并未能阻止英国人在埃及的阿布吉尔摧毁其舰队。他无力夺取圣城阿卡,为了返回法国,于1799年8月22日放弃军队。他想要见证督政府的末日。

拿破仑,法兰西共和国的首席执政官

雾月18日政变

在1799年的夏季期间,法兰西的内部局势恶化。内战在西部和南部猛烈地席卷而来。"匪盗"团伙再次出没在国土上,整个国家陷入不安全状态。当督政府决定占领罗马、收押教皇以及在各个地区建立"罗马共和国"之时,宗教混乱达到顶峰。宁死不屈的教士继续进行抵抗活动,而国家越来越重视众议员的意见,议员检举督政府的对外政策及其继续一场耗尽资财和暴虐的战争。为了保持"共和国姐妹"的附庸国家对督政府的依附,需要在德国、意大利、比利时和瑞士供养一支真正的占领军。

在战争的支配下，战利品补偿了国库长久以来的财政赤字，督政府似乎忘却了大革命的风险：很可能任由获胜将领发动革命，抑或促使波旁王族的归来。自由主义的资产阶级忧心于牢牢地建立一个符合其利益的政体，赞同以独裁的方式修正国民公会。此为西哀士、斯塔尔夫人以及所有巴黎"改革者"的观点。为了达成这一目标，西哀士需要一把"军刀"。拿破仑的军刀恰好可用。

西哀士制订谋反计划，也已经做好准备，一旦成功，就摆脱"军刀"。在议会议员和商业界[例如银行家乌弗拉（Ouvrard）]的帮助下，西哀士制订行动计划：雾月17—18日的深夜，元老院逃到圣克卢城，声称在巴黎遭到雅各宾派的威胁。他们将巴黎军队的指挥权交付给拿破仑。

雾月19日，被五百人院冷淡迎接的拿破仑得到其哥哥议会议长吕西安（Lucien）的保全。军队被征调来疏散自称被英国人收买的"尖刀代表"威胁的"好"议员。缪拉和勒克莱尔（Leclerc）疏散议会。密谋的众议员借此机会来立刻发动政变：督政府不复存在。以西哀士、皮埃尔·罗歇·迪科（Roger Ducos）和拿破仑为首的"执政执法委员会"代替了领导者。他们承诺遵守1789年的方针，重建内部和外部和平。截止到目前为止，拿破仑参与西哀士的计谋，完成了自己的使命。

阿尔科莱和圣城阿卡的获胜者此刻在法兰西声名鹊起。他深受士兵爱戴，这些追随者散布拿破仑不可战胜的神话。在人民对督政府无边的蔑视中，拿破仑的工作能力、威严的性格以及惊人的记忆力（使其在军队前线能够认出任何一个士兵），身体的干劲、地中海式的敏感及运气（这一运气使得他在重返埃及时避开了英军舰队），以上这些特征使拿破仑出人意料地被指定为救世主。

不久之后，这位军队统帅成为军队的主心骨：人们忘记了莫罗将军和儒尔当元帅，只谈论拿破仑。他成为巴黎的红人。人们忘记了圣女贞德以及沙漠不幸的同行者。从埃及糟糕的一幕中，留在大众印象中的仅为慰问雅法港口的鼠疫患者以及在金字塔前的讲话。

显而易见的是，这位科西嘉将领打算立刻夺取政权，而非共享之。曾为炮兵部队军官的拿破仑看重秩序和纪律。他从前极其蔑视路易十六任由自己被民众控制，而赞赏罗伯斯庇尔的勇气和执着。纯粹的犬儒主义使拿破仑接受了其认为被收买之人的巴拉斯的建议。在1799年忧心于革命事业命运的法兰西，拿破仑的出现等同于一个有力的调停人，能够在无政府主义者和反动分子之间树立威望，"既无红色软帽，也无红色高跟"。他说道："我是国家公民。"

此话意味着拿破仑已经做好准备来枪杀雅各宾派和保王派。在这一方面，他难道没有给出足够充分的证明吗？

人们从他身上期望的是严峻的法令、严格执行的律法。成为军事法兰西的乡村法兰西想要得到大革命"战利品"的尊重，尤其是"国家财产"。如果说拿破仑尊重1789年主要的行为准则，他能够无所不能。拿破仑毫不妥协。

拿破仑制定法典

通过向多努（Daunou）口述新宪法的95条条目，拿破仑表明不会在司法争论上浪费时间。在进入游戏之时，他已将西哀士排除在权力之外。由参议院任命的三位执政官将任职10年。他们由宪法指定。首席执政官拿破仑有权发动战争和签订合约。他任命民事和军事职位，拥有立法创议权。

立法权力机构被分派给四大机构：行政法院的成员由执政官任命，审定法律草案，该草案由法案评议委员会讨论，议会无异议投票。参议院指定执政官，保存宪法。议员本身由首席执政官在当选的显要人物中任命。宪法并未涉及有关公共自由的具体内容。然而，宪法却确保了仍为所有者合法所有的国家财产。该专制制度以压倒多数的票数通过，得到了300万票的"支持"以及1000票的"反对"。

一个极端的中央集权制立刻形成：2月17日，沙普塔尔（Chaptal）以首席执政官的名义组织省级行政机关。拿破仑任命"省议会"带头辅助各省"行政长官"。他同样任命专区区长协助行政区议会。他甚至任命市长，而人口数量少于5000的市镇的市长则由行政长官任命。巴黎警察局长和塞纳行政长官统治巴黎。

司法改革安置一系列所谓的终身制法官，他们服从于政权：各区的初审法庭审判员、行政区的民事法庭和轻罪法庭，各省的刑事法庭，以及29个上诉法庭，全部依附于执政府。撤销原判的法庭位于巴黎。

如此被限定的行政框架同样可服务于征收赋税。每一个乡镇都有其收税官，各个行政区和大省有其收税员。直接税的负责人在行省内部确立税收的职责，高效有序。

教会受到冷落。在改革之前，在教会地产的范围内，需要安抚和稳定圣灵。从1800年开始，西部地区的起义再次被控制。拿破仑将尚未售卖的地产归还给流亡贵族。他们中的多数人选择回到法兰西居住。

为了结束法兰西教会的分裂，与被督政府慢待的教皇之间的谈判

第十二章 法兰西的欧洲：1795—1815 年

艰难进行：法兰西一方的修道院院长贝尔尼埃（Bernier）成功与枢机主教康萨尔维（Consalvi）和解。《1801年7月15日和解协议》确认一致：天主教在法兰西被承认为"大多数法国人"的宗教。其宗教活动被确保，信徒得到了国家的报酬。法兰西被分割为60个教区，10个总主教教区。通过康萨尔维大人，教皇允许售卖教士的田产。法国政府指定主教，他们从教皇那里受封。主教宣誓对政体保持忠诚，任命所有的神甫。

从完全加尔文主义的意义上来说，1802年4月8日的"基本条款"补充了和解协议的条文。政府不得不允许教士大会召开和教皇谕旨的发布。教会的组织和教义的出版依附于政府。宗教和平被确立。世俗社会得到了教会的接纳，而教会在世俗社会中占据重要地位。

在主教的任命方面，一个恰当的分配比例有利于考虑到新旧制度下的最好的因素。他们在多数情况下接受由教皇推荐的公断，虽然并非愉快接受：国家承认教皇对遭到抛弃的主教的免职权。教皇要求流亡国外的主教辞去职务。拿破仑对拥护组织法的主教作出同样的要求。在新任命的60位主教中，仅有28位为年长之人：其中16位未宣誓者，12位宣誓者。曾任拥护《教士的公民组织法》的主教勒·科兹（Le Coz）在贝桑松被任命。曾任路易十六掌玺大臣的尚比翁·德·西塞（Champion de Cicé）任职埃克斯大主教。在职位分配中，宣誓教士的比例很可观。其中极少数教士的数量不能减少，尽管他们在基督徒身边未取得较大成功。然而，35名主教却倔强不从，被一些教士和信徒追随，建立反抗"小教会"。

礼拜仪式的整治并未忘却新教徒、犹太人，甚至那些共济会会员。所有人得到其身份和与之匹配的权力。

与英国和解

督政府的归并在欧洲创造了围绕着英国的新联盟集会的条件。尤其是，英国仅接受法兰西控制比利时。在伦敦的迫使下，俄国和奥地利拒绝了拿破仑提出的和解协议。

拿破仑不得不开战。1800年6月14日，在翻越阿尔卑斯山的途中，他在马伦哥遇到奥地利军队。胜利虽不如莫罗将军在霍恩林登大捷那般显著，却是决定性的：公元1801年2月奥地利投降，莱茵河左岸的四个大省归属法兰西。人们不再谈论"共和国姐妹"，人们吞并领土。奥地利保留了威尼斯，由此经由亚得里亚海可进入地中海。

1802年3月26日，与英国人签署的亚眠条约使得任何联盟化为泡影。英国对战争感到倦怠。它经历了一系列的糟糕的粮食收成，首相皮特（Pitt）不得不在不满的民众面前退隐。同样地，法兰西迫不及待重建和平。人们互让了结。英国向法兰西归还从大革命初期便一直被强占的殖民地。英国开始撤离马耳他岛。作为回报，法兰西放弃那不勒斯。在芒什海峡的两岸，是一场久违的喜悦。

个人权力

1800年12月24日，在普天同欢之时，拿破仑遭到恐怖袭击。"地狱机关"本该在圣尼凯斯路上阻止马伦哥胜利者重建和平。拿破仑立刻回应，需要加强专制制度，却不走君主制的老路。拿破仑在与路易十八（Louis XⅧ）的通信中这样写道："您不该期望回到法兰西，您的回归需要踩在500万尸体上。"

在1802年的初期，首席执政官拿破仑决定摆脱执着的自由主义者，他们在巴黎的沙龙中嘲笑他，在法兰西学院讥讽他妨碍了立法事业。通过控告评议委员的雅各宾主义，拿破仑肃清最为动乱的法案评议委员会。

任何妨碍首席执政官的人都将被冠以"雅各宾党人"的名号。例如那些将军：勒克莱尔和里什庞斯（Richepanse）被调遣至国外。与拿破仑有竞争关系的将领莫罗和皮什格吕遭到了警察局积极地监视。1802年5月，挤满了首席执政官心腹的参议院要求拿破仑连任10年。行政法院认为需要将其任命为终身执政官。全民表决以压倒性的票数通过这一提案。拿破仑于8月口述的宪法中悉心挑选同僚、其继任者以及所有的官员。按照宪法，此为极权。

1803年8月，被发现的保王党策划的阴谋加速了个人权力的前进。朱安党人卡杜达尔（Cadoudal）与其同谋莫罗和皮什格吕计划刺杀拿破仑。三人被逮捕。在此次阴谋中未扮演角色的当甘公爵流亡至巴登公爵领地。他于深夜被劫持，关押至万塞讷城堡，秘密审判并于清晨在城堡的壕沟中被枪决。

从此以后，显而易见的是不需要指望拿破仑来重建君主国。他将王室后嗣赶尽杀绝。法案评议委员会的一名议员提议将拿破仑称为法国人的皇帝。数学家拉扎尔·卡诺以被嘲弄的共和国名义的反对白费力气。当甘公爵的鲜血促使拿破仑体面地身着恺撒的红袍。

法兰西"帝国"

通过1804年5月18日的"元老院法令"，共和国的政府被托付给皇帝拿破仑。再次通过全民投票批准了参议院的决策。

共和国完结，然而却不是大革命的终点：制度法规保持原样，而新法令在其憧憬和征战中加固了新社会。这个时期创办的某些机构的确是现代法兰西的根基，今日仍可看到它们的存在。

于1804年颁布的《拿破仑法典》为帝国社会合法组织的主要部件。它直接继承了大革命时期法学家们的工作成果。法典保护家庭。非婚生子女遭到异常粗暴的对待，妇女顺从拥有绝对权力的"家庭首领"。在未取得后者许可的情况下，女子不可在21岁前嫁人，男子不可在25岁前娶亲。父亲随心所欲地使用其财产，随自己的心意设立遗嘱。然而，他必须赋予子女平均的遗产。作为大革命战利品的离婚权被确立，却需要严格遵守规章制度。通过宣称所有权为"不可侵犯和神圣的"，法典加强了资产阶级的社会权力。大革命期间取得的兼并得到确保。伴随着所有权，人们保护企业：工人既无权罢工，也无权结盟。他们需要向其雇主上交登记着债务细节的"小册子"。尽管拿破仑创立了新的贵族，法典确认废除封建制度。

这一"帝国的"贵族涉及职位，而非封地。帝国的"富人"由拿破仑任命，他们不享有封建权力，也无特权。帝国的男爵、公爵和亲王仅接收名号和田产。在这些土地上劳作的农民仅仅上交地租或收益分成，即土地的租金，定期收益。

帝国的机构在表面上确认了前任政体的机构，却是在专制和中央集权的意义上被皇帝运用。拿破仑是唯一的立法权的主人。他在议会的帮助下执政，任命和解职部长：塔列朗任外交部部长，沙普塔尔为内政部部长，富歇任职治安部部长。各个部长主管各自的部门，他们的决策被各个行政长官忠实地实行，后者亲自指挥专区区长和市长。外省任何微弱的独立意愿都将被判处有罪。这一极端中央集权趋势证实了雅各宾派的政策，他们曾向吉伦特派强制实施中央集权。

出自执政府的议会被确立，但它们的权力却微不足道。行政法院的建议越来越不受到皇帝的重视。然而，拿破仑却赋予了法院一项非常自由的使命：它应当成为被治理者反抗政府部门滥用权力的依靠。审计法院被设立，用来控制国家所有的官员的预算。立法机关和参议院继续存在，其身份多为装饰性的或荣誉性的。公元1807年，内部呈现出反对声音的法案评议委员会被取缔。在这一刻，立法管制实际上便消失殆尽，即便它在宪法中占有一席之地。

教育界垄断

为了深入地控制社会，拿破仑将教育垄断赋予国家大学。1806年、1808年以及1811年，法律和敕令明确了这所大学的职权及其运行模式。该大学被指定用于培养出身于资产阶级的年轻人的常见类型。巴黎大学校长路易·德·丰塔纳（Louis de Fontanes）主持赋予教师教书许可的委员会。该委员会的代表得到审查所有教学机构的授权。

在第一帝国后期，法兰西设立了超过一百所中学。中学生服从军事纪律。他们伴随着鼓声进入教室。遭到警察局严密监视的中学生，任何微不足道的失误都会使他们被开除。整齐划一的教育成为现代纪律的重要部分。具备长期中等教育经验的教会由修道院院长埃默利（Émery）与强硬的天主教徒博纳尔子爵（vicomte de Bonald）引介到委员会内部。

对确保工程师、教师、科学家以及技术专家教育的忧虑更多地对高等教育产生了影响。专业学校通常在大革命时期建立，确保了这一教育：巴黎的高等师范学校、综合工科学院、中央高等工艺制造学校、矿物学校、医学院以及法学院。

唯独初等教育被教会忽视。拿破仑想要现代精英，对大众的扫盲一事却不挂心。基督教学校的教友继续他们的基础教育使命，教儿童阅读教理。然而，最初的师范学校却在第一帝国时期开放。这些学校的数量不足以确保法国年轻人的教育。教会应当对此负起责任。

为了成为资产阶级社会未来干部的一部分，需要拥有认可的中等学习，即中学毕业会考的证书。帝国每年培养大约2000名专业人士。这些人成为律师、教师、工程师、医生、法官、军官以及公务员。他们将组成19世纪的新资产阶级，正如拿破仑乐于说的那样，组成一个"有长处的资产阶级"。对于这些未来的显贵来说，令之称心如意的事必不可少：政府部门和军队中的职位，市镇议会、省级议会和国家大会中的席位；最后为勋章。官员都能够得到拿破仑创立的"荣誉勋位"，不仅是为了奖励军事人才。

在第一帝国时期，职业培训工作者通常为杰出的教师。数学和科学从未如此的迅猛发展：数学家拉扎尔·卡诺、综合工科学院的创办人蒙日、发明了数学当代教育尤其是在画法几何领域贡献突击的拉普拉斯（Laplace）侯爵。工程师勒邦（Lebon）和安培（Ampère）为优异的物理学家，前者实现了气体照明，后者开垦了新的科学领域——电磁学。盖·吕萨克（Gay-Lussac）、贝托莱伯爵（Berthollet）、富克鲁瓦（Fourcroy）以及沃克兰（Vauquelin）使化学发生了巨大变革。而在自然科学领域，拉塞佩德伯爵（Comte de Lacépède）追随布丰的研究，拉马克（Lamarck）和居维叶（Cuvier）对生物种类及其进化感兴趣。即便是在医学领域，也可以找到显赫的人物：拿破仑的御医科维萨尔（Corvisart）和著名的外科医生拉雷男爵（Larrey）。

整顿教会

于拿破仑而言，教会是"社会秩序的奥秘"，特别用于在神灵缺席的情况下，通过安抚灵魂协助维持公共和平。至于精神方面，富歇的警察局全权负责。教士的职责完全为社会方面：赋予穷苦之人以希望，使得他们能适应艰难的处境。

拿破仑时常说道："教士比那些康德主义者以及德国的空想家强太多。"不需要向年轻人教授哲学，却要讲授宗教的使人安心的奥秘。在这一点上，皇帝与教皇达成一致。然而，他们在教会的领导方面发生分歧。

从此以后，奉行教皇绝对权力主义的法兰西教士执着于与政体保持距离，因而他们趋向于靠近罗马教廷。此为法兰西教会中的新趋势，在过去表现出的是拥护法兰西教会自主主义。教士阶级在教皇的权力中寻找与世俗权力的要求所能抗衡的有力支撑。

动荡和分裂的年月加剧了教士精神上的不安。从此以后，唯一的希望是重建独立于各国政权的普遍性的教会。然而，相反地，和解协议和组织条款建立起如同其他政府一样的法兰西教会：酬劳颇丰的"身着紫色衣物的行政长官"不得不保证向孩童教授"帝国的基本原则"，它定义了法国人应对皇帝所尽的义务。"人们应该如何看待违背了应对皇帝所尽的义务之人？答案是：根据使徒圣保罗（saint Paul），他们反抗上帝本人设立的秩序，应受永世地狱之罪。"

教会被置于严密的监管之下，与教皇之间的冲突不可避免。成为公务员的教士臣服于政权的监管。他们不得不宣誓效忠。受教规约束的修会遭到禁止，除非是某些在医院或慈善机构从事社会职能的女修士的修会。

基于此，政体应当使得天主教徒完全臣服于政权。修道院院长埃默利讲授的课程培养了年轻教士忠于教皇绝对权力的思想，却忽略了帝国基本原则的传授。设立了伪装的传教士修会的耶稣会会士，几乎秘密地网罗其教友及教义。1809年，第一帝国吞并教皇的独立王国，拿破仑与教皇之间的冲突越发激烈，将对教士阶级产生严重的影响：在27位枢机主教中，仅有14位参加了拿破仑与玛丽-路易丝（Marie-Louise）的婚礼。遭到流放的"黑衣枢机主教"将迫不及待地筹划教会对帝国的报复。

知识分子与第一帝国

如果说拿破仑尚未成功做到或完全或持久地控制教会，他同样未得到其意图专制统治的精英知识分子一致的赞同。

在美术领域盛行的学院式风格在本质上的确并未危及既成社会准则。罗伯斯庇尔的御用画家大卫成为拿破仑加冕礼的描绘者，在其画作中为了顾及皇帝亲属的敏感性，大卫对布局略作修改。他难道没有把未到场的皇帝的母亲（Madame Mère）安置在画作中的一个包厢内的重要位置上？对希腊和罗马歌颂英雄的准则的理解将大卫及其学生推至拿破仑一世的怀抱。

建筑师效仿这一新生的潮流。柏西埃（Charles Percier）和方丹（Pierre François Léonard Fontaine）增建凯旋门（卡鲁索凯旋门）、神殿式的教堂（玛德莱娜教堂、光荣圣殿）、纪念柱（旺多姆广场纪念柱）。查尔格林（Chalgrin）设计星形广场上的凯旋门，此门将在40年之后迎接拿破仑遗骸的回归。家具和装饰艺术似乎专用于极力奉承帝国统治时期，为该时期留下了一个几乎完全从罗马艺术中汲取灵感的风格印记。蜜蜂图案、鹰饰勋章以及金王冠蔓延至资产阶级的家中。

在文学方面，拿破仑引起了坚决的反对。他本人厌恶学院的"空想理论家"和18世纪"哲学家"蹩脚的追随者。德斯蒂·德·特拉西（Destutt de Tracy）、卡巴尼斯（Cabanis）和沃尔内伯爵（Comte de Volney）同小说家本杰明·康斯坦（Henri-Benjamin Constant）和斯塔尔夫人批判讥讽第一帝国与拿破仑。该时代的文学天才夏多布里昂自1811年起便当选为法兰西学院院士，但必须等到滑铁卢之后方能进入学院。拿破仑厌恶作家。

作家对此以牙还牙。约翰·图拉尔（Jean Tulard）在《拿破仑的神话》中揭示了作家的反对主题。于所有的作家而言，拿破仑是个"吃人妖魔"；左派人士将其视为"篡位者"和"东方专制君主"，右派人士认为他是弑君者和犬儒主义谋杀犯。图拉尔说道："夏多布里昂笔下的拿破仑，是诡计多端的司卡潘（Scapin）和极富牺牲精神的摩洛（Moloch）的结合体。"

如果说拿破仑对作家和哲学家并未表现出宽容之心，那么他更加厌恶记者。从1805年开始，报刊机构处于警察局严密的监管之下。原有的措施得到进一步加强，执政府时期的部署卷土重来。政府公布允许发行的报刊名单。如果这些报刊印刷刊登"损害由社会契约建立的尊重、违反人民至高无上的权力或军队获得的荣誉"，将被威胁停刊。1810年，内政部总督公开施行报刊审查，由报刊负责人承担。印刷厂宣誓效忠。这一天法国市场上存在四大报刊：《法兰西报》《箴言报》《帝国报》以及《巴黎日报》。在行政长官的监控之下，每个行省仅有一种获批报刊。报刊自由不复存在。奋起反击这一压迫的人文科学和政治科学院被取缔。

显贵的舆论

由于生活在持续的战争状态之中,法兰西社会容许这一损害自由主义的措施。军队由义务征兵的新成员组成。每个20岁到25岁的法国人都应当服兵役。大约40%的应征入伍者为退役军人,或为免除服务的兵士。在执政初期,拿破仑一世不使用全部新兵。通过抽签,仅有一部分人分摊到"糟糕的数字"。(1804年,30%的新兵被承认为合格,10年之后全部合格!)通过支付1900法郎到3600法郎,人们能够免除勤务,受益者为出身较好的应征入伍者中的10%。尽管执政初期合理的要求,人们估算到从1800年到1814年间,军队的人数递增了300万。在滑铁卢之后,乡村地区众多的参战人数解释了拿破仑的"帝国神话"在乡下的广泛流传,其中多数为老兵。军队在资产阶级和行伍出身的士官的阶层中提供的快速晋升完全解释了政体受到了战士的欢迎,这些人能够从中获取一切所期望之物。赋予年轻资产阶级避免入伍的可能性同样解释了为什么战争的延长并未妨害显贵家族的生活。

非作战国家应当长期满足于有序政体产生的经济益处。工业和农业应当受惠于欧洲受保护的市场。法兰西的工业产值在第一帝国时期翻一番。作坊和手工工场的生产增加了70%。战争滋养了工业。纺织原料,尤其是棉花和羊毛,从此以后大量使用雅卡尔(Jacquard)的提花织机、欧贝尔康夫发明的印花滚筒以及凯什兰(Koechlin)发明的化学染料。得益于洛林大省的文德尔家族(Wendel)的炼焦炉、在帝国末期每年出产的80万吨煤炭以及勃艮第和桑塞鲁瓦的活跃的炼铁厂,钢铁工业蓬勃发展。机械工厂使得雅皮家族(Japy)、标致家族(Peugeot)和科克雷尔家族(Cockerill)变富。贝托莱伯爵发明漂白水,在巴黎市中心建立化学工厂。第一帝国有条件举办最早的工业博览会。然而，拿破仑既不信任铁路，也不重视蒸汽机。

法兰西的农业同样从欧洲市场的开放和海外进口的中断中获益。南部土地生长菘蓝和茜草来染制制服。专家学者设想本地能够生产殖民地匮乏的产品，以便代替殖民地的物资。甜菜中提炼的蔗糖代替了殖民地的蔗糖，为北部和巴黎盆地的大产业主带来丰厚收益；菊苣根磨制的粉末代替了咖啡。

道路和交通运输的改善以及新运河的开凿为小麦和牲畜的大型贸易提供了便利。能够贮存货物的大农场主从持续上涨的物价中获益。政体唯一的经济受害者是收入微薄的工薪阶级和城市工人，他们遭受上涨的物价，工资却并未随之调整。乡村、城市和工业部门的富有之人是战争带来的扩张的最大受益者。他们对第一帝国支持到底。

欧洲冒险和与英国的对抗

对英战争再次爆发

战争仅仅在执政初期的几年为帝国带来了利益。拿破仑并未放弃攻击英国这个首要敌人，这个联盟的中心人物。他不能忍受自己在埃及的失败。由于拿破仑无法在海外领地中触碰埃及，他计划将其从内部击垮。

亚眠合约仅仅是一个停战协议。拿破仑从西班牙人手中夺回路易斯安那州。着手从马耳他撤军的英国人却留在了该地。公元1803年3月，拿破仑要求英军立刻撤兵。与此同时，他向圣多明各派出远征军，与图森·路维杜尔（Toussaint Louverture）作战。两国之间的往来恶化。

在伦敦，和平不再得人心：法国实行的海关高昂的关税妨碍了英国制造的商品进入欧洲大陆的市场。法兰西在欧洲的贸易野心将成为一种威胁。一场有利的战争好过一段糟糕的和平时期。对于拿破仑在马耳他撤军方面的最后通牒，英国人以决裂回应。5月17日，法兰西舰队在王国的独立港口被控制，甚至于在宣战之前，"背信弃义的阿尔比恩"夺取了超过1000艘船只的货物。

拿破仑反击：立刻占领德国汉诺威这一英国国王的私人领地，在滨海布洛涅集结军队来筹划入侵岛屿。

不幸的是，海军并未跟上拿破仑的步伐：海军上将维尔纳夫（Villeneuve）既未成功牵制安的列斯群岛的敌人，也未能排除布雷斯特的封锁。1805年10月，维尔纳夫在特拉法尔加海角的海面上遭遇纳尔逊（Nelson）男爵。纳尔逊战胜法军，却也因此失去性命。芒什海峡归英国人所有。

法国需要再次在大陆上寻找解决办法。英国人成功与沙皇亚历山大一世（Alexandre Ier）和神圣罗马帝国奥地利皇帝弗朗茨二世（François II）结盟。拿破仑的同盟仅为西班牙人和巴伐利亚人。自从得知维尔纳夫的难处之后，拿破仑率急行军从布洛涅抵达莱茵河。奥地利将军卡尔·马克·冯·莱贝里希男爵（Karl Freiherr Mack von Leiberich）占领巴伐利亚州。在与俄国人进行会战之前，拿破仑赶上男爵，在埃尔兴根市将其挫败，关押其至乌尔姆市，男爵在那里投降。

在这次胜利之后，法国人于11月14日进入维也纳。他们立刻发起追击奥地利大军，后者在奥洛莫乌茨市与俄国人会军。在奥斯特利茨周边，拿破仑在此大胜奥俄联军，该战役成为帝国最辉煌的一次胜利。1805年12月2日，由库图佐夫（Koutousov）率领的奥俄联军的中路部队被打败。俄国人逃窜，而大炮对着躲避着逃跑大军的结冰的沼泽地发射空炮。45支军队和2万名士兵被俘。这是"奥斯特利茨之阳"。

"国民"之欧洲

1805年12月26日，签署的普雷斯堡合约深深地改变了亲王统治的德国的版图。奥地利失去了威尼斯共和国和通往地中海的出口。威尼斯共和国酷似一个"意大利的王国"，对半岛来说是一个独一性的草图。法兰西的友好国巴伐利亚接收奥地利的蒂罗尔州、福拉尔贝格州和意大利特伦蒂诺地区。另一个友好国符腾堡接收德国的施瓦本。巴伐利亚和符腾堡曾为神圣罗马帝国选帝侯的领地。它们成为完全独立的王国。拿破仑成为独立于逐渐消失的神圣罗马帝国的"莱茵河同盟"的保护人。该联盟由南部和西部的16个公国组成，包括巴伐利亚和符腾堡。一支6万人的联盟军由法兰西调配。同盟的首府定为美因河畔法兰克福。弗朗茨二世以弗朗茨一世的名号，继续保持奥地利皇帝的头衔。

拿破仑由此认为创立了一个国家。在意大利和整个欧洲西部，拿破仑建立各个王国。他将波旁王朝王族从那不勒斯王国的宝座上驱逐，以此来扶植哥哥约瑟夫·波拿巴（Joseph Bonaparte）为那不勒斯国王。拿破仑从意大利北部的伦巴第国王手中夺取王位，为自己封王。他成为瑞士联邦的"中介"。他为路易·波拿巴（Louis Bonaparte）创建荷兰王国（从前的巴塔维共和国）。当督政府时期的"共和国姐妹"不再和帝国的土地相连时，它们因此变成拿破仑家族的王国。

在德国还剩下普鲁士王国。拿破仑不愿对其发动战争。他建议国王腓特烈·威廉三世（Frédéric-Guillaume Ⅲ）成为德国北部联盟的主席。在普鲁士首相哈登贝格（Hardenberg）和王后路易丝（Louise）的影响下，普鲁士国王拒绝了拿破仑的提议，而接受了伦敦提供的援助：第"四个联盟"因此在柏林战争的喧闹中形成。普鲁士官兵在法国大使的行进中磨亮军刀。

1806年10月8日，俄国人立刻与普鲁士人会合，普鲁士国王自认为强大到能够勒令拿破仑从莱茵河右岸撤军。

法国人蓄势待发：16万名士兵等待行进的命令。10月14日，他们在耶拿和奥尔施泰特突击普鲁士大军。对后者而言，这是一次灾难性的失败：3万多名士兵被俘。腓特烈大军的不败神话破灭。格里布瓦尔（Gribeauval）设计的装备创造奇迹：法兰西骑兵一出现，要塞便陷落。10月27日，在长达两周的作战之后，拿破仑以获胜者的姿态进入柏林。普鲁士王国不复存在。

俄国人不再急于作战。拿破仑对其进行突然袭击：11月，在将法国人视为解救者而夹道欢迎的波兰民族主义者的帮助下，拿破仑进入波兰，12万名俄国士兵被阻滞在维斯图拉河。然而，冬季的到来阻碍了满足于攻占但泽的法军的前行。相反地，冬季使得俄国军队振奋，他们于公元1807年2月在埃劳发起攻击。这是一场浴血之战：在暴风雪中，缪拉元帅派出骑兵连，在43000具尸体中间，拿破仑仍为战地统帅。俄国人成功撤离。

1807年的春天，俄国人在俄罗斯弗里德兰战败。6月，缪拉元帅及其骑兵团进入苏维埃茨克。在此期间，拿破仑成功对奥地利的中立

第十二章　法兰西的欧洲：1795—1815年

和土耳其人的同盟进行协商。6月25日，在苏维埃茨克的渡船上，拿破仑背着普鲁士国王与沙皇达成协议：俄国彻底失去易北河西部的全部领土，放弃波兰的全部战利品，接受欧洲上的法兰西版图，筹备反对英国的法俄联盟；拿破仑承诺帮助沙皇对抗土耳其人。从普鲁士王国手中抢夺的领土碎片在西部形成了威斯特伐利亚王国，由约瑟夫·波拿巴管理。萨克森的神圣罗马帝国选帝侯的领地同样成为一个王国。"华沙的大公国"最终赋予波兰人独立，波兰从普鲁士王国的奴役中解脱出来。两位皇帝共同瓜分欧洲领土。

战争封锁

除了普鲁士王国，这一瓜分的最大受害者是英国。英国的新生工业和贸易需要欧洲市场。苏维埃茨克的条约对英国来说属巨大灾难。英国顽强的反对使得拿破仑不得不将战争推及整个欧洲大陆。

1806年5月16日，当伦敦宣称对法兰西各个港口进行封锁时，拿破仑早已在11月21日的敕令中迅速反击，将英国全部的港口封锁。法兰西陆上同盟与英国之间的贸易被禁止。出产自英国的商品被严厉禁止销售。欧洲各个港口拒绝接受英国船只停泊。

"内陆封锁"的政策立刻引起对海洋实行绝对权力的英国海军部的反击。英国人决定使所有的同盟国或中立国的船只臣服于其"对商船的检查权"之下。这些船只不得不停靠在英国港口来购买贸易许可证。

在苏维埃茨克战役之后，拿破仑自认为能够以既完全又可能的大陆的封闭来反击英国对海洋的控制。1807年12月17日，《米兰敕令》为绝对有力的反驳：不论出自同盟国或中立国，任何服从海军部指令的船只将被宣告为"敌船或非法船只"。因此，船舱不再装满货物。封锁由重商主义走向好战。中立国身不由己地陷入英国和欧洲大陆的殊死搏斗中。

的确，对法兰西的封锁刺激了其工业和农业生产，广阔的欧洲出口市场确保了其商品的输出，然而在其他地方招致了许多不满。殖民地货物的消失使得荷兰和德国的专用港口的贸易瘫痪，尤其是汉堡的港口。俄国人不再能够将谷物和木材销往英国。面对大西洋的封闭，法国各港口也同样反对战争封锁。

的确，在英国，困难加剧。滞销的库存引起失业，愤怒的工人毁坏"机器"，纸币通货膨胀。走私是唯一的出路。英国人在汉堡港附近的黑尔戈兰岛、在那不勒斯的港湾中、在亚得里亚海岸边、在罗马和葡萄牙设立仓库。拿破仑本人也苦恼于贸易通商的中断。他售卖许可证来批准某些进口，即用于发动战争的必需品。然而，他不能放弃对欧洲各港口完全关闭的计划。他因此被拖入介入政策中。在意大利，拿破仑吞并帕尔马、普莱桑斯和教皇国。1807年10月，拿破仑不得不派遣一支远征军前往葡萄牙，也不得不命其军队占领属瑞典的波美拉尼亚地区，需要阻止英国人在此经商。

1808年2月，拿破仑决定入侵西班牙。西班牙的王位正摇摇欲坠：国王卡洛斯四世（Charles IV）被其首相曼努埃尔·德·戈多伊（Manuel de Godoy）操控。阿斯图里亚斯省的亲王费迪南（Ferdinand）向拿破仑求助来夺取王位。事实上，在法军抵达马德里之际，西班牙人强迫卡洛斯四世放弃王位，让位与费迪南。

为了以"裁判员"的身份介入西班牙王位争夺中，拿破仑立刻将费迪南软禁到法国瓦朗赛的塔列朗的城堡中，并批准国王卡洛斯四世的让位，使得王位唾手可得。卡洛斯四世同戈多伊一同被关押至贡比涅。1808年5月，约瑟夫·波拿巴成为西班牙国王，将那不勒斯王位让与缪拉元帅。拿破仑将国王像行政长官一样调任。

一场不可预见的运动引起了整个欧洲的骚动，最终侵袭欧洲：拿破仑想要创建国家，激起了反对法国占领者的民族情感。对于执政王室的驱逐，西班牙人感到莫大耻辱。在一切政治和经济的考量之外，胆大妄为的西班牙人不惜发起反抗。在抗争的初期，他们甚至不确定能够得到英国人的支持。他们的反对既猛烈，也是自发行为。

拿破仑的政策在欧洲其他国家点燃了民族主义的火炬。在拿破仑建立王国的意大利、德国以及荷兰，人们纷纷奋起反抗。

"5月2日大起义"（1808年5月2日），马德里人民奋起反抗法国占领者。缪拉元帅不得不命令骑兵队屠杀起义者。法国人在欧洲不再是解放者，而是占领者。

上层社会有利的援助与人民的自发起义保持一致。贵族恐怕随着法国人的占领，大革命会深入西班牙。教会誓与教皇的敌人做殊死搏斗。超过20万名教士和修道士致力于鼓动西班牙人民，展开反对大国占领者的深入布道。

起义者组成的愤怒的军队成功将暴乱扩展至各地："委员会"（西班牙行政组织）在外省建立，以自由的西班牙为名义来向法国人宣战。

法国元帅拉纳公爵（Lannes）论及西班牙时说："为了征服一个王位，首先要在那里杀死一个国家。"

这是在欧洲第一次，法国人面对的不是一支军队，而是一个全副武装的国家训练有素地发动游击战。

拜朗战役惨败，法军一个师在无防御工事的地区投降，拿破仑不得不介入。杜邦元帅（Dupont）遭到安达卢西亚地区游击队的突然袭击。杜邦未作抵抗被抓获。约瑟夫立刻离开马德里躲避到比利牛斯山。英国人在葡萄牙登陆，在那里朱诺将军（Junot）签署辛特拉条约投降。

在介入之前，拿破仑于德国爱尔福特市再次会见沙皇。沙皇拒绝彻底卷入欧洲反抗拿破仑的斗争之中，却承诺牵制再次筹备应战的奥地利大军。在短时间内，拿破仑自愿迎战。

拿破仑急行军抵达马德里，在其卫队的波兰人的帮助下，打通了索莫谢拉市镇的通道。12月4日，拿破仑进入西班牙首都。英国人遭到内伊元帅（Michel Ney）的袭击，在拉科鲁尼亚省投降。拉纳公爵历时一个月来攻取萨拉戈萨，人民在此英勇抵抗，4万人牺牲。敌对双方的残暴愈演愈烈。

最终获胜的拿破仑迫不及待打压封建制度，没收入修会教士的财产，取消宗教裁判所。然而，他无法长期留在西班牙：奥地利蓄势待发。甚至在巴黎，富歇和塔列朗策划阴谋。拿破仑命约瑟夫进入马德里，命其顶住。随后，拿破仑火速返回巴黎，撤销不忠诚的部长的职务。

法兰西大帝国

为了反对拿破仑，英国在"第五大联盟"中仅能鼓动奥地利作为盟友。沙皇在表面上对其盟约保持忠诚。施泰因（Stein）男爵和沙恩霍斯特（Schanhorst）正在进行改组的普鲁士王国尚未做好介入的准备。

第十二章 法兰西的欧洲：1795—1815 年

1809年4月，得到英国丰厚援助的奥地利向第一帝国宣战，并且立刻入侵巴伐利亚。蒂罗尔地区爆发起义，安德利亚·霍非尔（Andreas Hofer）同其伙伴一同反抗法兰西占领者。西班牙人的狂热蔓延至整个德国。威斯特伐利亚人同上校多尔贝格（Dörnberg）一起阴谋策反"国王"约瑟夫。

4月22日，拿破仑和达武（Davout）将军在德国的埃克米尔村庄战胜大公爵卡尔大公（Charles-Louis d' Autriche）的军队。第二天，他们攻取雷根斯堡。5月13日，拿破仑在此进入维也纳。在多瑙河外，卡尔大公仍手握重兵。为了赶上并消灭卡尔大公，拿破仑命人在洛波岛上修建浮桥。该桥多次被上涨的多瑙河毁坏。在奥地利村庄瓦格拉姆，战役久久未分胜负。被包围在岛中的法军遭到致命射击。然而他们的炮兵却更胜一筹。拿破仑集结一支人数众多的炮兵连，为步兵纵队杀出一条血路。3万名奥地利士兵牺牲。卡尔大公要求停战。

1809年10月14日，维也纳合约签订，瓜分奥地利帝国。波兰人染指加利西北部。东加利西地区收买沙皇来获取合作。巴伐利亚夺取萨尔茨堡和因河河谷。为了自身的利益，法兰西与克罗地亚、卡林西亚以及卡尼奥拉共同创立伊利里亚行省。

欧洲的主人拿破仑建立"庞大的法兰西帝国"：在荷兰，他接受其认为无能的路易的让位。他难道没有对英国的走私表示宽容，与富歇一起策划阴谋反对其兄长？被吞并的荷兰被划分为9大省。在不来梅、汉堡、吕贝克、奥尔登堡和威斯特伐利亚的海岸上，帝国的行政长官被任命。通过增加法兰西行省，拿破仑希望海岸和港口的监管依附于其任命的行政长官的直接管理。他从未如此希望严格实行封锁。

拿破仑以同样的方式吞并瓦莱州，将提契诺州让与意大利来防止通过瑞士的走私贸易。1809年5月，教皇国也依次变成行省。基于此，在欧洲的130个行省中，"法国人"的数量为4300万。拿破仑离婚，与奥地利的弗朗茨二世之女玛丽-路易丝成婚，罗马国王的出生，以上这些似乎指明第一帝国的皇帝为查理曼大帝的继承人。然而，但凡拿破仑未能将英国完全消灭，其权势就是徒有空壳。

帝国陷落，1812—1814年

俄国的广阔平原

在两年之内，"大帝国"不得不停止存在。它最终被攻击，并被海上霸主英国的联盟和欧洲的民族运动击垮。

陆地封锁越来越难以保持。该封锁本该能够持续看管住上千千米的海岸线。英国人巧妙地利用所有的突破口来将自己的货物卖出。波罗的海的商人强烈反对法国的封锁政策，因为这些举措被凡尔赛和枫丹白露宫的敕令加剧，后者针对走私者建立起一个名符其实的裁判所。这些走私贩冒着被打上红色烙印的风险，正如在旧制度时期那般……

拿破仑建立起的民族越来越觉察到法兰西统治枷锁的繁重。1809年10月，一个德国学生试图谋杀拿破仑。费希特（Fichte）的《告德国民族书》在知识分子阶层广为流传，尤其是在普鲁士的改革者中，他们早已成为德国民族运动的带头人。西班牙仍旧处于暴乱之中。英国人的精锐部队在葡萄牙登陆，由未来的威灵顿（Wellington）公爵、现在的威灵顿元帅统帅。马塞纳元帅（André Masséna）未能阻止威灵顿元帅，后者取得了托里什韦德拉什战役的胜利。

俄国人自己也苦于封锁，对其感到愤怒。在俄国，人们谴责作为拿破仑的荒唐的同盟者沙皇的"实际精神"。所谓的法俄联盟并未带来足够的利益。人们不能为了波兰的一小块土地而放弃收益丰厚的小麦和木材的贸易。

在瑞典，曾为革命者和拿破仑麾下将领的贝纳多特元帅，即将继承瑞典王位。恐怕法国人对波罗的海的通商贸易野心勃勃。不论从哪一方面来说，俄国人都感到忧心忡忡。

沙皇在封锁下毫无利益可图。他不再能够进口殖民地物品。其大贵族在对英出口中感到为难。1810年，背着拿破仑，沙皇突然决定向中立国的船只开放拉脱维亚里加的港口。该措施立刻引起了一系列后果。法国制品遭遇重税，成吨的英国货物涌入俄国。

拿破仑意识到风刮向东部：显而易见，沙皇正在筹备一场新的战争。拿破仑不得不亲自参战。他为其军队从普鲁士那里取得过路权。与奥地利一样，普鲁士承诺结盟：最终集结一支大军，该"民族军队"包含30万法国人和35万外国人。这是一支不可忽视的军队。超过20个国家出现在深入东部的战斗中：数量众多的德国人，波兰人、意大利人、荷兰人和瑞士人等也加入其中。

1812年6月24日，俄国的边境线失守，但为时已晚。俄国的冬季即将到来，拿破仑仅仅剩下几周的好天气。率领如此强大的军队，他预计将会取得一场快速且决定性的胜利。大军逐渐朝向莫斯科行进，与其军需品渐行渐远。俄国将军退后，拒绝应战。6月28日，维尔纽斯陷落，8月19日，斯摩棱斯克被攻占。

在莫斯科河上，反抗的俄国人被击败，却成功撤退。9月7日，5万名俄国士兵牺牲。8日之后，拿破仑进入莫斯科。在他抵达的第二天，在总督指令下燃起的熊熊烈火摧毁了莫斯科。

拿破仑滞留在被毁掉的莫斯科。10月19日，当他最终下令撤退时，沙皇知晓胜利即将到来。一股巨大的喜悦将俄国人聚集在亚历山大一世周围，他被神秘地看作神圣俄罗斯帝国的救世主。在零下35度的恶劣天气里，拿破仑的大军撤退。在其撤退的路上，无一有人烟的村庄，无粮食，无军需品。俄军骚扰后卫部队，而冬季摧毁了部队；2万名士兵勉强按序列来横渡别列津纳河。多亏埃布雷（Éblé）将军的架桥兵的努力，他们成功渡河。

气数尽断的欧洲

12月5日，在撤离路上最艰难的一段路程上，拿破仑听闻巴黎阴谋反对他：马莱（Malet）将军试图夺取政权。拿破仑将军队甩在身后，正如当初离开埃及那样放弃俄国斯帝国。缪拉元帅负责将残兵败将带至德国。

当拿破仑火速赶回巴黎之时，他在俄罗斯帝国遭遇惨败的消息传遍整个欧洲。在英国金子的支持下，各国首相府狂热地活跃起来。威灵顿元帅在西班牙占领马德里。法兰西帝国摇摇欲坠。

是时候进行角逐了。普鲁士王国的腓特烈·威廉三世与沙皇结盟，向法国人宣战，寻求自从耶拿被拿破仑打败便筹谋的报复，带领恢复元气的国家和决心取胜的军队迎战。在整个德国，一场猛烈的民族运动使得人民奋起反抗法国人。

拿破仑十万火急地集结一支25万应征入伍者的军队。30万20岁的年轻士兵大量聚集在莱茵河上。他们对军事和武器一无所知。军队匮乏马匹和大炮。在如此匮乏的境况下，1813年开战。在莱茵河的另一侧，拿破仑将看到聚集起来的整个欧洲。

幸运的是在吕岑市和包岑市迎击普鲁士大军时，拿破仑招入萨克森人。他此刻得知贝纳多特掌管下的奥地利和瑞典向其宣战。在此期间，拿破仑与大军的残兵败将会合。他率领将近40万名士兵至莱比锡参加"民族之战"，迎击47万奥地利、普鲁士和瑞典士兵。莫罗将军和贝纳多特指挥部队反抗拿破仑。8月27日，莫罗在德累斯顿被法兰西子弹击中战亡。遭到萨克森人背叛的拿破仑即将遭遇失败。他不得不放弃征战德国，通过哈瑙战役来打通莱茵河的道路。

在美因茨，拿破仑的大军遭到斑疹伤寒侵袭。不幸的时刻到来了。11月，荷兰解放，驱逐占领者，荷兰召回奥朗日亲王。瑞士联邦宣称独立。缪拉元帅不得不重新夺取奥地利人占领的意大利。为了继续成为那不勒斯国王，他对英国人开放口岸，提议在维也纳结盟，背叛拿破仑。在西班牙，威灵顿元帅在维多利亚省获胜。法军加速撤退。英国人横渡比达索阿河。费尔南多七世登上王位，成为西班牙国王。法兰西的疆界被缩回到大革命时期的领土。

王权欧洲的十字军东征

古老的欧洲最终能够实施报复：它能够同时为路易十六雪耻和清算拿破仑。伴随着"法兰西战场"的80万应征入伍者，拿破仑耗尽能量和军事才能。在法兰克福，欧洲所有的君主宣誓，只要拿破仑一日在其位，他们便一日不放弃。他们反抗的是拿破仑本人，而非法兰西。

1813年12月，贝纳多特进军比利时，普鲁士元帅布吕歇尔（Blücher）和奥地利将军施瓦岑贝格（Schwarzenberg）抵达塞纳河河谷。拿破仑在尚坡贝尔、蒙米赖伊、蒂耶里堡和沃尚击败布吕歇尔。他将施瓦岑贝格阻止在蒙特罗。1814年3月1日，俄国人、英国人、奥地利人和普鲁士人宣誓不再缔结分开的联盟，此为《肖蒙契约》。3月29日，同盟大军抵达巴黎城门口。马尔蒙（Marmont）元帅与40万人共同防卫巴黎。30日，布吕歇尔夺取蒙马特尔高地，轰炸巴黎。人们决定投降。31日，同盟大军进入巴黎。

与此同时，里昂被攻占，威灵顿元帅抵达图卢兹，波尔多爆发起义反抗第一帝国。拿破仑在瑞维西得知马尔蒙元帅投降的消息。

从此刻起，背叛拿破仑成为普遍法则：各处的元帅拒绝应战，劝说拿破仑放弃。4月6日，拿破仑不得不宣布无条件投降。

通过枫丹白露条约（4月11日），拿破仑保留皇帝的名号，但领地仅为厄尔巴岛。从4月6日开始，帝国的参议员宣布路易十八为法国人的国王。延续性得到了保障：通过巴黎条约（5月30日），法兰西保留其1792年的疆界，包括萨瓦公国的一部分、维奈桑伯爵领地、米卢斯、蒙贝利亚特、兰道、萨尔州的萨尔路易以及法国与比利时边境的菲利普维尔和马尔堡。法兰西既无须支付赔款，也无须经受占领。基于此，同盟军信守其承诺：他们的作战对象是"篡权者"拿破仑，并非法兰西。

百日的三色旗惊现

为了成为神话，拿破仑的冒险还应当有一个辉煌的结语。"百日"将为其提供该结局。

在法兰西，波旁王朝的王族进入"外国人的军用货车中"。同盟军声称他们仅对皇帝作战。伴随着法国王朝复辟时期的到来，突然表明其真正的敌人并非拿破仑，而是大革命。在路易十八回到法兰西之际，紧接着参与到政务中的国王天才般的反应使得整个法兰西的政治转变方向，在眨眼间翻倒在三色旗织周边。人们立刻忘却第一帝国的苦难而紧紧铭记其光辉时刻。在同样的热忱中，人们分不清楚识别国旗的标志和荣誉勋位，分不清大革命的颜色和胜利的旗帜。同时作为法兰西爱国志士的革命者，立即成群结队地热烈赞成拿破仑从厄尔巴岛的回归。

1815年2月26日，拿破仑离开其流放地厄尔巴岛，随之一同离开的还有700名士兵。不到一个月之后，他出现在杜勒丽宫。此次回归是辉煌的。唯独旺代省、波尔多和图卢兹发起反抗。重新手舞足蹈地规划欧洲版图的维也纳大会立刻使拿破仑处于革除教籍的状态。肖蒙条约被重新制定。人们希望这次能够彻底击败拿破仑。

5月12日，整个欧洲向拿破仑宣战。法兰西人民意识到大革命在战争中受到牵连，唯独拿破仑能够保卫大革命的胜利果实。使帝国自由化并任命年迈的卡诺为部长的拿破仑拥有30万名士兵，他们热忱高涨。威灵顿将军蓄势待发的军队有10万人，布吕歇尔为125000人。然而，60万名同盟军士兵等待迎战。

拿破仑不得不迅速出击：他命令军队向比利时行进，在大革命中心的杰玛佩斯附近的利尼击败布吕歇尔。命令晋升为元帅的骑兵队将军格鲁希（Grouchy）侯爵追击布吕歇尔，拿破仑召集全部部队与威灵顿元帅作战，后者撤退到圣让山的高原上。被英国人起名为滑铁卢战役的圣让山战役是失去理智且壮烈的。拿破仑一如既往地不幸。他未能攻占英军牢固的阵地，而不得不从右翼与避开格鲁希侯爵追捕的布吕歇尔对抗。法兰西军队表现出的英雄主义的奇迹未能对抗英国人的坚决，也非由年迈的布吕歇尔鼓动的普鲁士士兵的民族信念的对手。

6月21日，再度被击败的拿破仑返回巴黎，准备召集一支新的军队。6月22日，富歇劝他将王位让与自己的儿子。1790年，第二个巴黎和约将边境归还给法兰西。萨尔州归普鲁士所有，兰道归属巴伐利亚，北部要塞隶属荷兰。法兰西不得不经受5年的占领期，支付7亿战争赔款。不久之后，拿破仑被流放至圣赫勒拿岛。波旁王朝王族同哥萨克骑兵重新登台。该时期以屈辱告终。

1 | Muscadin特指1794年热月政变后的雅各宾派死敌，这些年轻的保皇派都使用麝香型香水，以此得名，该词另有"麝香糖"之含义。——译者注

第三部分

19世纪

第十三章
三十年的倒退：1815—1848年

　　同英国的决斗加倍失败：法兰西不仅未能在古老的欧洲建立霸权，也未能赶上英国工业的发展。30年的后退，却是50年的迟到，法兰西在征服世界的活动中将被其对手牵着鼻子走，在此期间因其引发的欧洲民族主义在大陆上将与之对抗。

　　接近1750年之际，由于本该使法兰西完全成为除英国以外的海上和贸易强国的转折未能及时出现，领土被缩减至本土的法兰西将陷入内部争斗中，即旧制度拥护者和所有希望能够对大革命的理想再度重视之人之间的冲突。

回归法兰西本土

过去的残留

1815年，突然地，法兰西起草一份总结：在长达25年的动荡之后，近期和遥远的过去都留下些什么？在一个有限的空间内，且在各个强国吹毛求疵的监管之下，旧制度和大革命时期的两个法兰西如何能够共同生存？

1815年的法兰西几乎为一个六边形，它仅拥有昔日帝国的残存碎片。昔日帝国奠定于18世纪，实际上在大革命和第一帝国时期的持续战争中消失殆尽。

至少战争后期的状态使得法兰西能够作总结：波旁王朝的旗帜飘拂在印度的贸易站上、飘拂在打捞鳕鱼的圣皮埃尔和密克隆的小岛上。法国殖民地位于塞内加尔、圭亚那、马提尼克岛、瓜德罗普以及"波旁"岛（留尼汪岛）。与各个岛屿之间的贸易即将再次开展。该贸易往往使船主致富，尽管维也纳条约禁止贩运奴隶。它从未像在18世纪这般繁荣。

在特拉法尔加战役之后，海军并未得到重建。事实上，海军不复存在。法兰西的全部商船是英国全部船只的1/10。长达10年的贸易封锁和几乎未中断的长达20年的贸易战使得港口成为废墟。马赛或者波尔多的人口数量减少了1/3。这些城市为保王分子不足为奇：长久以来，他们都希望英国战争的终结。

在这种情况下，形势令人绝望以至于某些极端人士建议纯粹简单地放弃海军和殖民地，回归到农业生产中，开展法兰西的自给自足。作为唯一的或者说也许是唯一的人，时任海军部部长且曾为波尔多船

第十三章 三十年的倒退：1815—1848年

主的波塔尔男爵（baron Portal），与悲观主义潮流抗争，为未来艰难地保留可能性。

战后，法兰西从未变得如此乡村气息浓重：75%的法国人生活在乡下，而退伍军人重新回到他们的村庄。在法兰西，各个家庭花费其收入的70%用于购买食物，这些支出的一半用于购买日常膳食基础的面包。国家几乎能够依靠其土地的产物生活。乡村的财富在一小部分大产业主和一大部分小业主的手中。

新的政体未对国家财产的售卖提出疑问，这一活动使得乡村财富改变基础。教士阶级为波旁王朝王族的退让买单。通过傀儡的中间人，贵族设法购回自己的地产，一部分财产失而复得。例如在西部地区，贵族的地产完好无损，土地由农场主和佃农耕种。与英国贵族不同的是，法兰西贵族极少从事"自己经营农田"。

尤其在大城市周围，在北部和巴黎盆地最富有的地区，资产阶级产业发展迅猛。在王朝复辟时期，第一帝国的官员通常留在原地，他们取得广阔地产：塔列朗首先是一个大产业主。以弑君罪流放的富歇在布里地区取得教会的财产，获得丰厚收益。他将其位于费里耶尔的城堡卖给罗思柴尔德男爵（James de Rothschild）。

巴黎的银行家购入大量的产业。在巴黎地区，拉菲特（Laffitte）拥有数千公顷的地产。大资产阶级命人科学地耕种土地，致力于实现英国式的农业革命。他们在农田周围竖起栅栏，进行机械化生产，不让农田休闲。此外，小农民尝试扩大土地，然而在新取得的土地上，拥有平均数量地产的富有的农场主则亲自推广投机农业的实践。不论大小或贫富，农民不开垦新的土地。他们满足于要求政府通过保护性的海关政策维持物价稳定。公元1819年，他们使众议院对《底薪制法令》进行投票，当物价在内部市场趋向于下降时，该法令自动提高关税。法兰西农业走上自给自足和保护贸易制之路。

工厂和金融业的巨贾

法兰西经济的整体气候奉行马尔萨斯（Malthus）主义：人们担忧金融冒险将会置"社会"于危险之中。巴尔扎克（Balzac）和司汤达（Stendhal）小说中完美描绘的王朝复辟时期的小世界是一个等级社会，异常封闭。银行家为外省的微不足道的高利贷者，或为靠"定期利息"和国家的投资囤积居奇的巴黎的大资产阶级。"圣日耳曼区"的贵族决不在其沙龙中接待"圣托诺雷区"的帝国贵族，更不要说接待"绍塞-昂坦区"的新近暴富的银行家。巴尔扎克作品中多次出现的《德·钮沁根（Nucingen）男爵系列》事实上指代的是拉菲特、代尔诺（Ternaux）男爵以及罗思柴尔德男爵（从1811年起定居在法国）。"绍塞-昂坦区"无视商人中的小资产阶级和中资产阶级，他们定居在"玛黑区"或"圣德尼区"。

在各自的商业中，小资产阶级和大资产阶级展现出了同样的谨慎，同样惧怕投机冒险。在缺乏一个真正的金融市场的情况下，商业活动局限在过时的事务中，巴黎证交所出奇地冷清。由于缺乏一个足够的销路，银行家警惕在工业企业冒险投资。无人鼓励生产，惧怕亏本的商人，抑或不愿增加劳工人数的公共权力机构。得益于海关保护政策，人们尽可能地以少量生产来满足有限的国内需求。在这样的情况之下，工业发展异常缓慢。机械化在最为集中的纺织业取得了合理的发展。纺棉线应使用大量的机器，而织造厂拥有的机器数量相对较少。在家工作的人数众多。诺曼底1/3的棉花为手工纺织！直到1825

年，蒸汽机才开始被投入纺织业使用，尤其是在阿尔萨斯的棉纺织工厂。1830年，在棉花织造厂，人力行业比机械行业仍旧多出10倍之多，大大地落后于英国工业。唯一一个真正蓬勃发展的行业是里昂的丝织工业：在数十年间，织丝行业的数量翻了10倍。

钢铁工业毫无发展：该工业过度分散。在家族企业中，人们仍使用木炭炼铁。在森林地区，锻铁炉自然而然以木材驱动。在劳动力和资金的集中以及安排运输重材料要求较高的焦炭铸造为例外。然而，一些位于煤矿附近的冶金中心却发展起来：勒克勒索、德卡兹维尔和蒂永维尔市。化学工业和食品工业处于发展中，却极度依附于市场行情。如果没有海关的庇护，这些行业便无法生存下去。

从法国本土的方面看，道路改善和运河的开凿为内部贸易的腾飞提供便利。勃艮第运河、尼韦奈运河、罗讷河至莱茵河河段的运河、马恩河至莱茵河的运河以及贝里运河在这一时期投入使用。20年之后，这些运河为工业革命做出贡献。在公元1830年之前，法兰西仅仅修建了30千米的铁路：法国人以拿破仑为榜样，他们不相信铁路。

"上层社会"与"苦难阶级"

经济和政治领导人深信不疑的马尔萨斯主义仅仅有利于稳定物价，却使得经济紧紧地屈服于农业行情的反复无常。一旦经历歉收年，工厂就会倒闭，商业就会破产，失业者就会很快流落街头。没什么可用来进行社会培训，更不要说来进行社会救济。

农民大多数都不识字，他们组成一支流动大军，毫无造反的意图。他们仍记得共和国时期的"大恐慌"。他们普遍厌恶波旁王朝王族。如果说他们在对拿破仑的记忆中保留了与日俱增的崇拜，那么他们不信任共和主义者。人们在沙龙中称为"危险阶级"的工人往往分散在小作坊中，他们却在某些地区构成了重要的集中群体：在北部地区，有超过40万名工人。在里昂、米卢斯和巴黎，他们的数量已经异常庞大，互相组成勒沙普里安法严厉禁止的秘密机构。

薪酬的降低、职业的危险性、极坏的工作和住宿条件使得工人阶级维持在一种危险的冷漠和停滞状态。少数的工人被承认有能力胜任兵役。其恶劣的工作和生活条件迅速损耗了他们的健康。他们年轻时便同母亲一起在车间工作。极少数的负责人会关心这些"苦难阶级"的不幸。苦难也许是无可避免的。然而，他们中的一些人已然对这一苦难的深层原因以及能够带来的解决办法进行了思考。

大多数自学成才的学者从经济和社会方面对工人遭受的苦难和剥削提出怀疑。于西斯蒙迪（Sismondi）而言，机器是一切苦难的罪魁祸首，鼓励工业集中是一个错误和过失。圣西门伯爵（Comte Henri de Saint-Simon）对此给出不同的观点：不应当诅咒工业，它能够改变世界，迅速改善地球上的生存条件，只要我们任其发挥。

然而，社会的权力部门遏制机器的普及，而非进行鼓励。应当为发展扫除这些障碍，将决策权交给"有才干之人"、工程师和银行家，而非让低效的显要人物、将军、行政长官、主教等人来做决定。圣西门的"隐讳言论"引起广大反响，让寄生的领导者在一夜之间消失，立刻被新的领导者取而代之，这些人后来被称为"工厂和铁路巨贾"。"法兰西的繁荣昌盛"，圣西门出色地总结道，"是科学、艺术和工艺美术发展的结果和表现，从真正意义上来说，如今的社会是一个颠倒的世界。"

对"有才干之人"赋予权力，其必须以生来为了马尔萨斯主义者

第十三章 三十年的倒退：1815—1848 年

的旧秩序的消灭为基础，以向着工业冒险出发为条件。另一位作家查理·傅立叶（Charles Fourier）揭示了商业组织的罪行。对于这位曾为贸易职员之人来说，社会问题的解决办法不在生产组织中，正如圣西门主义者所肯定的那样，而存在于消费的改革中。他梦想设立"法伦斯泰尔"，在那里人们和谐地共同生活在团体中，根据需求取得福利。

在工人阶级中，这一社会思想尚未取得巨大反响，却在作家和记者的世界中得到了普及，后者往往易于接受新鲜事物。王朝复辟时期政体秩序唯一的反对来自巴黎高等师范学校以及巴黎综合工科学院的文学和科学界。法兰西因此拥有其一流的学者，忠诚的共和主义者。在司汤达的小说《吕西安·勒汶》（Lucien Leuwen）中，南锡的几何学家为共和主义者，正如年轻的吕西安毕业于巴黎综合工科学院，任枪骑兵团中尉，父亲为巴黎富有的银行家。柯西（Cauchy）、代数学的发现者伽罗瓦（Évariste Galois）、光学奠基人菲涅尔（Fresnel）以及动力热学的创始人卡诺均为共和主义者。化学家谢夫勒尔、历史学家梯也尔（Augustin Thierry）和基佐（Guizot）都至少为"自由主义者"，正如所有索邦大学的哲学家那般。

在文学作品中，这一情感并未得到分享。最初的浪漫主义作家，例如夏多布里昂、维尼（Vigny）、年轻的雨果和巴尔扎克均为君主主义者，甚至为波旁王朝长系的正统拥护者。然而不久之后，在"文科共和国中"，缪塞（Musset）、司汤达、拉马丁（Lamartine）、乔治·桑（George Sand）以及《爱尔那尼》时期的雨果引起了一场旋涡式的预兆保王党的国家机器发作的运动。当工业革命伴随着其所有对人类和社会产生的结果无法躲避的猛烈发作之时，正如帕潘（Papin）设计的压力锅一样，在古老大陆戴着假发的贵族的眼镜之下，文学世界不能长期保持对传统和压迫社会的不合时宜的残留无动于衷。

路易十八和王朝复辟时期的政体

政治反抗

法国王朝复辟时期谋求一种反抗的政体，正如查理·莫拉斯（Charles Maurras）所说，在这种反抗中首先存在"行动"。极端分子，如德·迈斯特尔（de Maistre）和德·博纳尔（Bonald），这些毫不妥协的思想家为返回到法兰西的波旁王朝的流亡贵族，他们极力追寻找回其特权和财产。他们是"复辟时期政权圣会"的信徒，将走出大革命的法兰西当作应传教的土地。对于他们来说，借由路易十八颁布的《法国宪章》中记录的特许权，应当"复辟"旧制度下的法兰西，应当"恢复"使"王权和神权"成为社会建设基础零件的"神权政治"。一言以蔽之，在于否定和消灭来自大革命和《拿破仑法典》的世俗社会。

1815年的法国人丝毫不愿意法国本土生活在和平之中，也不向往家庭之间和谐共处。生活在飘着王朝复辟时期白色旗帜下的法国人，那些希望控制并减少共和国三色旗帜的法国"极端分子"，这两种法国人相互对抗。

不论精明细腻的路易十八有多节制，他都果断满足极端分子占统治地位的意识形态。1815年毫无生气的法兰西做好了一切准备，迎接任何的让步。1814年错过的复兴，随之而来的是成功的复辟。困难地坐在自己宝座上的这位六旬老人任由"白色恐怖"在南部和西部肆虐。马赛的共和主义者和尼姆的新教徒被杀害。布律

第十三章 三十年的倒退：1815—1848 年

纳元帅（Guillaume Brune）在阿维尼翁被枪杀，拉贝德瓦耶尔（La Bédoyère）伯爵和内伊元帅在巴黎被诛杀。康士坦丁·德·福谢（Constantin de Faucher）在波尔多被枪杀。富歇和塔列朗被撤职。而根据《法国宪章》确立的原则当选的众议院的402名代表中，极端分子包括350人。"无双议院"的极端"尖刻的"议员一旦当选，便同拉布尔多内伯爵（La Bourdonnaye）一道，要求"镣铐、刽子手和酷刑"来对付旧制度的一切敌人。

路易十八作为一个机智的政客决不会任由长时间的打击报复肆虐。他不愿使两个法兰西分裂：1814年，《法国宪章》证实了国王在多数的条文中维持出自1789年的社会的意愿。宪章使得尊重公共自由成为可能，不对国家财产的兼并提出诉讼。国王掌握行政权和立法创议权；"贵族院"的议员由国王任命，席位终身制或世袭制，与之并存的"众议院"议员任期为5年，他们表决通过法令和赋税；建立在纳税额基础上的选举仅由持有一张至少为300法郎的税单之选民来进行投票。需要缴纳1000法郎的赋税来具备选举资格。基于此，该举措将"危险阶层"的代表与议员席位分离！

在路易十八"执政的第19年"，"颁发"宪章的国王的政治智慧在于，得益于众议院，资产阶级拥有参与权力的可能性。然而，蓄意的不透明的选举方式和选举界限实际上促使了敏捷的内政部部长在必要时设立其中意的议院。宪章中的另一个模糊不清的政策为报刊条例：言论自由的原则得到确立，然而实施该原则的章程却不存在。令人钦佩的是，国王懂得利用条文的模糊性。于他而言，核心难道不是使得法国人之间和解吗？国王说道："我们内心最珍贵的愿望，是所有的法国人如兄弟般和谐共处，无论如何痛苦的过去都不能干扰安全感，安全保障机制应当遵从我们今日赋予其的庄严的法令。"

路易十八抵抗极端分子

尽管国王表现出安抚的意图，极端分子却立刻要求所有席位以及所有职位。人们为其创立600个将军岗位，而王室军队的军官被辞退，被安置领取半饷。教会过度地恢复其权威，在某些情况下拒绝宽恕国家财产的获得者，重建公共仪式队伍以及受教规约束的修会。

直到将大革命和第一帝国的事业全部摧毁，极端分子才会停止。他们要求国王的首相黎塞留公爵（Armand Emmanuel Richelieu）取消拿破仑签署的和解协议，要求放弃巴黎大学的垄断。谨慎的黎塞留仅仅在一件事上满足了教会：废除离婚。

为了取得权力，为了使其为之叹息的自由主义的机构转向，极端分子想要降低为取得选举权的纳税额，以此来使得相较于资产阶级更易控制的农民能够参与投票。黎塞留坚持纳税额不变。1816年9月，众议院解散。新的选举为巴黎带去了政府的多数票，"尖刻之人"遭到打压。这些人行动过快，国家跟不上其步伐。

随后被新议院投票通过的选举法明确表示，选举将在各省的首府进行，而非像极端分子希望的那样于行政区的首府进行。该举措依靠乡村的人民大众使城市资产阶级受惠。此外，资产阶级在其他方面也得到了满足：1818年投票通过的古维翁-圣西尔法使其子女在抽签之后，能够被代替服兵役。于军官而言，资历成为晋升的原则。贵族无法找回其统率的特权。军队保持"国有"。

在宗教方面，拥护法国教会自主的资产阶级最终战胜极端分子：新的和解协议的失败促使国王继续执行拿破仑签署的配有基本条款的

第十三章 三十年的倒退：1815—1848年

和解协议。教皇对法兰西教会仅仅享有受限的影响力。"圣会"一派失败。

黎塞留进一步进行针对报刊的自由主义的投票，通过提前偿清最后两年的战争赔款将法兰西从占领中解救出来。1818年末期，当黎塞留下野之时，法兰西再次以公平的标准得到强国联合的接纳。1815年的耻辱似乎被遗忘。同盟国对路易十八"理智的"政府表示信任。

然而，如果说国王是理智的，法国人却并非如此。他们将慷慨的让步视为软弱的表现，而资产阶级提出异议。然而，在德卡兹（Decazes）公爵、古维翁-圣西尔（Gouvion-Saint-Cyr）侯爵、波塔尔以及路易男爵（Joseph-Dominique Louis）的共同管理下，由德索勒侯爵（Jean Joseph Dessolles）为首的政府是审慎和平衡的。曾任第一帝国大法官的德卡兹公爵完全享有国王信任，他将以自己的方式组建一个异常宽容的政府。

如同在英国一样，资产阶级迫不及待想要夺取政权，从宫廷中驱逐不再计划复仇的"尖刻之人"。在"自由主义者"中，共和主义者占少数。资产阶级极善于将就君主立宪政体。随着本杰明·康斯坦一道，资产阶级一方拥有文人支持。从大革命中死里逃生的拉法耶特侯爵成为资产阶级的象征。年轻的资产阶级聆听民歌作家贝朗瑞的反动歌曲，阅读保罗-路易·库利耶（Paul-Louis Courier）的抨击文章，到众议院为能言善辩的议员曼努埃尔（Jacques Antoine Manuel）喝彩。他们阅读反抗报《立宪党人报》。因为怨恨波旁王朝王族和教士阶级，他们有所保留地迎接加入其行列的共和主义者和拿破仑主义者。

自由主义者盛行。他们赢得了年轻人的青睐、人才的迷恋以及也许处于荣耀自由时期的回忆。1817年,他们中的25个人当选议员。这并非大动荡,对"尖刻之人"来说,这是个令人担忧的结果。1818年,以银行家拉斐特和工业家佩里埃(Casimir Perier)为首,当选议员的自由主义者达到45个!第二年,同在伊泽尔省当选的曾任国民公会议员的修道院院长格里高利(Grégoire)一道的90个自由主义者当选。而由共和主义者组成的秘密组织,例如烧炭党和联合党,他们开始进入公众视野。1820年2月13日,光明异端派卢维尔(Louvel)用匕首刺杀贝里公爵(duc de Berry)。这是极端分子等待已久的机会。德卡兹公爵立刻辞职。"他的一只脚滑到血泊中",夏多布里昂如是说。

极端分子掌权

忧心忡忡的路易十八召回黎塞留公爵。然而,黎塞留无力牵制极端分子的迅猛推进。对他们提出的特殊举措应当投票通过。

根据1820年3月的法律,任何被指控危害国家安全的犯人都将被处以三个月监禁,而无须经过法院判决。报刊审查被加强。选举法过度地为乡村居民提供惠利。最富有的选民可对代表的选派进行两次投票。

在此情况下,1820年11月当选的众议院只能成为反对派。在1821年10月的选举中,他们更加反动。对局势了如指掌的黎塞留宁愿在极端分子的大动荡面前辞退官职。根据众议院的建议,著名的图卢兹"尖刻之人"维莱尔伯爵(Joseph de Villèle)被任命为首相。他任命夏多布里昂为外交部长。

维莱尔伯爵的第一个忧虑在于为自己确保无可争论的选举多数票。1824年"恢复的"众议院超过了维莱尔伯爵的预期。内政部部长科比埃尔（Comte de Corbière）出色完成工作。仅仅剩下15个自由主义者，其中最显赫的为：佩里埃、康斯坦和罗耶尔-科拉尔（Royer-Collard）。在这次胜利之后，维莱尔伯爵使一项确立议会任期为7年的法律被投票通过。

基于此，维莱尔伯爵能够专心从事镇压，警察局活跃地寻找秘密组织的成员。各地的"阴谋"被挫败，科尔玛的卡隆（Caron）上校以及拉罗歇尔的四名中士的处决轰动一时，这些"范例"使舆论震惊。

而且，同样需要将邪恶扼杀在摇篮里，将世俗社会的无信仰连根拔除：大学校长弗雷西努斯（Frayssinous）找到大学和高等学府，亲自组织镇压。巴黎高等师范学校被关闭，历史学家基佐的课程被取消，11名医学教授被除名。法学院被严密监管，某些教授遭到解职。人们任命信教的中学校长为初中和高中的带头人。人们增加设立宗教学校。小学教师本人必须出示由神甫签字的品行端正的证书。在白色恐怖之后，此为"黑色恐怖"。

对野心勃勃之人来说，宗教职业比军职更加诱人。在司汤达的小说《红与黑》中，年轻的于连·索雷尔（Julien Sorel）为了自己的事业，最终决定到粗野的修道院院长皮拉尔（Pirard）那里修业。的确，尽管路易十八为了给王朝复辟的白色旗帜重新镀金而派遣西班牙远征军，但是军职不再享有盛誉。西班牙国王费尔南多七世请求"神圣联盟"的帮助来对抗西班牙的自由主义人士。应同盟国的要求，路易十八派遣昂古莱姆公爵出征，公爵在特罗卡代罗战役中轻而易举取得胜利。夏多布里昂诙谐地自我吹嘘，称这是一次"在拿破仑失败之地取得的胜利"。夏多布里昂是唯一一个提起这次胜利而不戏谑之人。

1824年9月16日，当路易十八驾崩之际，公共舆论感受到法兰西在欧洲遭到了遗忘，而在法兰西，君主政体被忘记。

主教国王与"光荣的3天"

"重新征服"

新登基的国王阿图瓦伯爵查理十世（Charles X）为路易十六的另一个弟弟。作为昂古莱姆公爵和贝里公爵的父亲，他在外国作为流亡贵族度过了人生中的一部分岁月，在路易十八统治时期，他成为极端分子或"尖刻之人"一派的首领。在其居住的位于卢浮宫的马尔桑的阁楼中，毫不妥协的保王党人始终陪伴在旁。君主立宪政体使他感到反感。当阿图瓦伯爵掌权之时，他立刻被其反对的王党围住。"宁愿锯掉木头，也不像英国国王那样执政"，他这样说道。

为了给大众留下深刻印象，为了轰动地为旧制度的回归做标记，国王坚持在兰斯排场盛大地行加冕礼。加冕朝服为紫色。据已经对加冕仪式的惯例失去习惯的巴黎人称，国王行加冕仪式"身着主教服装"的消息不胫而走。贝朗瑞立刻作曲《简朴的查理的加冕仪式》："以华丽却俗气的旧衣物装扮，这位贪食赋税的国王，昂首阔步，身边围着忠诚之人。"

查理十世执政的最初几项政策立刻激起了自由主义舆论的愤怒。1825年4月，关于亵渎圣物的法律规定亵渎圣体判处死刑，盗窃宗教物品判处永久服劳役。根据其意愿，国王下令开办修会。最后，法律对某些"数十亿的流亡贵族"慷慨地补偿在大革命时期被征用的财产。某个流亡贵族获得其大革命之前所领取的年金的10倍。

第十三章 三十年的倒退：1815—1848 年

得益于国王的完全支持，极端分子尝试再次征服世俗社会。1826年，他们尝试为最富有的家族设立"长子继承权"。1827年4月颁布的"司法和情感"条令以重税打压报刊业，使得报纸在实际上变得无法发行。这两项法令被愤怒的贵族院驳回，甚至于由资产阶级组成的依附于君主国的"国家卫队"也表现出不满情绪。国王不得不将其解散。

这些过激的反应为自由主义者服务，不久之后他们对公共舆论感同身受。1827年，议员曼努埃尔的离世引起了一场重大的游行，对政权构成威胁。夏多布里昂甚至也加入了反对的行列。维莱尔伯爵在1827年11月落选。250席位对200席位，自由主义者占据上风。

自由主义者提出应当改组政府，辞退维莱尔伯爵。尽管国王对此反感，他仍召见自由主义者马尔蒂尼亚克（Martignac）子爵来处理事务。总而言之，正如其同僚英国国王一样，当选举在众议院改变动向时，查理十世不得不将政府换届，这对他来说是个屈辱。在风向转变的缝隙，一个议会制秘密地成立。马尔蒂尼亚克子爵重新赋予报刊某种程度上的自由，采取措施满足反教权的资产阶级：他禁止耶稣会会士开办新的教育机构。国王限制小修院的学生人数。这些刁难的举措引起了保守派强烈的反对，他们未真正争取到自由主义者：相较于挖苦圣会，他们更愿意做其他事！然而，马尔蒂尼亚克子爵唯独只希望缓和气氛，创造新气候。

他却未能长期掌权，查理十世秘密地筹划摆脱子爵。1829年8月，在无明显的理由的情况下，国王抓住借口摆脱马尔蒂尼亚克子爵，召见受到马尔桑阁楼上的王党欢迎的反对分子波利尼亚克亲王（Jules Auguste Armand Marie de Polignac）。曾为流亡贵族且在第一帝国的监牢中衰老的波利尼亚克亲王，任命著名的拉布尔多内为内政部部长，该部长要求"对宗教的敌人施以酷刑"。国防部部长为在滑铁卢的敌军面前叛变的布尔蒙元帅。对于"爱国的"舆论而言，内阁此举即为挑衅。"白色旗帜"上的"百合花徽"从未像现在这样令人难以忍受。1829年8月14日，代表资产阶级自由主义舆论的《辩论报》在一篇文章中突然攻击波利尼亚克亲王。"科布伦茨、滑铁卢、1815年，此为三大原则，此为内阁的三大人物。将其向您所希望的方向翻转，每一面都使人惊恐，每一面都使人愤怒。按压、扭转这个内阁，唯见令人反胃的屈辱、苦难和危险。"

自由主义的反抗与法令

不久之后，所有自由主义报刊开战：《国民报》愤怒，《全球报》和《论坛报》团结起来，《立宪报》感到愤慨。资产阶级增加"拒绝纳税同盟"。动乱在整个国家蔓延开来，对政体持有强烈敌意的抨击册子几乎自由地流传。众议院向国王递交一份221名议员签名的"请愿书"，声称应当承担起被波利尼亚克亲王的政府损坏的国家的利益。罗耶尔-科拉尔及其友人写道："根据政府的政治观点和人民的意愿，众议院将持久的竞争变为公共事务稳定前行的不可缺少的条件。"

显而易见，请愿书要求设立或者说接受议会制，代替国王及其王党想要复兴的旧制度。对罗耶尔-科拉尔来说，一个不能得到众议院大多数票的政府应当被改组。221票的请愿书是要求在法兰西建立议会制的官方声明。

国王生硬地回绝了该请愿："我的决策不可更改。"他对罗耶尔-科拉尔回答道。国王将反动的众议院架空，为7月末筹划新的选举。

波利尼亚克亲王刚刚在阿尔及利亚打了胜仗。他翘首企盼威望的回归。

1830年7月25日,查理十世签署的"法令"将修正7月选举中的令人遗憾的印象,该选举极其拥护反抗。针对资产阶级的议会制,国王最终决定诉诸暴力。其第一条敕令迫使报刊沉默,第二条解散众议院。第三条修改了选举法:从此之后,唯有产业主有权投票。商人的"营业税"不再计算到"可取得选举权的纳税额"之中。第四条敕令将下一次选举定为9月份。7月26日,法令公开。一名目击者将部长委员会7月25日的叙述留在圣克卢,在那里领导者在深知底细的情况下作出决定:他们深知巴黎将爆发动乱。"在签字之前,"其中一位部长盖尔农-朗维尔(Guernon-Ranville)说道,"国王陷入了深深的思考;长达数分钟,国王的手托着腮帮,鹅毛笔距离纸张2法寸远;然后他说'我越想越坚定地觉得除此之外,别无他法'。"

"光荣岁月"

《国民报》的记者梯也尔和阿尔芒·卡雷尔(Armand Carrel)立刻成为反对派的首领。《国民报》请愿道:"政府违反了合法性,我们不能妥协。"这是在宣布起义。印刷厂工人、学生和记者遍布大街小巷,高喊"宪章万岁"!27与28日的晚上,在戈代罗伊·卡芬雅克(Godefroy Cavaignac)和巴黎综合工科学院的年轻学生的领导下,街道上竖立起栅栏。28日,巴黎的整个东部地区被大革命蔓延。人们在巴黎圣母院的塔楼上升起三色旗帜。

拉古萨公爵马尔蒙带领皇家军队的8000名士兵,其中的2500人在28日被白白地杀害。29日,革命党人先做出行动,占领卢浮宫和杜勒丽宫。沉醉在喜悦中的儿童团伙在街上穿梭。布罗格利公爵（duc de Broglie）走在圣奥诺雷街区的街道上，亲身目睹这些巴黎街头的流浪儿在工作。他们是狂热的。布罗格利在《回忆录》中写道："一个十四五岁的年轻男孩与英国大使一般高，扛着勉强能略微托起的军用步枪，走到街道的正中间，在面对部队（王室卫队）的地方，在距离警卫队队长大约十步之远的地方，将枪对准队长，用尽全力射击却未射中。从表面上看并非有意射空，之后在既无子弹盒也无子弹的情况下，将步枪放到地面上，骄傲地望着一齐向他射击的卫队。该卫队也射空，根据所有的表象显示，他们有意这样做，随后笑着以小步伐离开，说笑的队长示意士兵调整步伐。"

在巴士底狱街区和军火库街区，人们在路障上大开杀戒。当巴黎人民最终成为街道的主人之时，他们曾有一刻迟疑：在人民运动中不再有领导者，所有一切均为自发行为。的确，自由主义者聚集到银行家拉斐特的家中，他们即将重新掌控过早地取得胜利的起义。人们会任由人民宣告成立共和国？

由五名成员组成的"市镇委员会"迅速成立。奥尔良公爵在讷伊等待时间的到来。30日，《国民报》的再次宣言为其诉讼辩护："奥尔良公爵（Louis-Philippe Ier）位于杰玛佩斯，奥尔良公爵带领三色旗帜赴汤蹈火。奥尔良公爵是唯一仍能够如此做之人。"（宣言总结道：）"他从人民手里接任王位。"

资产阶级的喜剧已经就位：30日，聚集到众议院的自由主义议员任命奥尔良公爵为王国的司法长官。当天晚上，奥尔良公爵进入巴黎。众议员立刻将其拖到市政府，在那里工人阶级笨拙地试图建立一个共和政体。公爵与拉法耶特一同上到阳台上，挥动三色旗帜。根据时代的词汇，共和国被"魔术变走"。

在杜勒丽宫被攻取之后，查理十世躲避到圣克卢，不得不在8月2日让位给波尔多公爵，称亨利五世（Henri V）。亨利五世任命奥尔良公爵为摄政王。然而，路易·菲利普二世的儿子奥尔良公爵不愿从前任国王的手中接取王位，他从巴黎派出2万名士兵强迫亨利五世流放，亨利五世立刻抵达英国。8月7日，众议院集会来宣告路易-菲利普（Louis-Philippe Ier）为国王。9日，他宣誓效忠"法国宪章"。在国会加冕。

三色七月王朝：1830—1848年

资产阶级掌权

与"路障之王"路易-菲利普一道，某些资产阶级刚刚取得权力。1830年，在3000万法国人中，大约有100万人缴纳营业税，其中仅有10万人拥有投票权。小资产阶级和中资产阶级被排除在投票之外。这种情况无法持久。致富速度缓慢，却是持续的，"平等之国"极其有限的模型应当从资产阶级中显现出来。然而，新兴政体并不能将选举者和当选者的小圈子加以充分的扩大。1831年4月的选举法是谨慎和不信任的范例：该法令规定需要缴纳200法郎的赋税（包含营业税）来取得选举权，缴纳500法郎来取得被选举资格。选举人数勉强翻了一番：从10万人上升至168000人。法令使得城市中资产阶级进入国家权力机构，却排除了小资产阶级。

为了保护其政治战利品，即将掌权的大资产阶级调遣国家卫队来进行严密的社会防御。为了加入卫队，需要支付武器和装备的费用。

卫队选举其军官。他们不得不对国王表现出巨大的忠诚。任何的小资产阶级都梦想成为国民卫队的一员，正如《吕西安·勒汶》中的南锡食杂店店主那样。法律规定："国民卫兵队的职责为保卫君主立宪政体、法国宪章以及由此产生的权力。"

因此，人们在星期日看到小资产阶级在自卫队操演，保卫其无权投票的政体。

大资产阶级最初留心国王和各个议院各自的权力："法国人"的国王不再强制规定天主教为国教。《国民报》的伏尔泰式的资产阶级对此态度强硬，而国王路易-菲利普将不会提出异议。在这些基本的原则中，世俗社会被再次肯定：人们能够成为法国人和犹太人、法国人和新教徒、法国人和无信仰人士。根据伏尔泰的说法，每个法国人都能够"由各自中意的道路上天堂"。新政体企图创立一个真正的世俗社会。宗教平等得到确立。唯有国家承诺深入地夺回学校的教育制度才能平息1830年革命中激烈的反教权主义。历史学家基佐担负起责任。左右政权的圣会的统治结束。在教会和国家之间本不该再有不和谐的因子，而两者的关系却再次恢复原状，如同在拿破仑统治时期。

资产阶级了解宪法的应用。从某种意义上来说，他们同样受其困扰。英国人从未起草他们的宪法。相反的是，法国的资产阶级通过清单在纸上处理行政权与立法权的关系：各议院拥有立法创议权。贵族院被清洗。"贵族院议员"的职位不再世袭。由国王任命终身任职的议员。通过"为取得选举权所缴的纳税额"，资产阶级因此对"贵族院"的顺从有所把握，最终根据自己的意愿建立了一个政体，一个甚至在大革命之时便渴望拥有的政体。资产阶级能够取消对报刊的审查：记者受其雇用。

第十三章 三十年的倒退：1815—1848 年

打着伞的国王

通过其行为举止，国王似乎成为新政体的象征。头戴帽子打着伞的资产阶级国王继承了主教国王的王位。国王与那不勒斯国王之女忧郁的玛丽-阿梅利（Marie-Amélie）成婚，婚后育有八名子女，他们均在亨利四世中学的长椅上接受教育，国王路易-菲利普在前一段执政时期，专注于保持低调。他巧妙地管理自己的财富。作为《时代》的忠实读者，他对来自英国的所有经济信息了如指掌。

同基佐一样，国王非常欣赏英国的议会制。在未曾诉诸于暴力的情况下，他接受一个真正的君主立宪政体。他花费心思任命资产雄厚或经验丰富之人为政府的带头人，这些人有能力更好地管理法兰西的国库，有能力使得起义者、焦虑者、空想者以及闹事者恢复理智，例如银行家拉斐特或者工业家佩里埃。

政体所有的意识形态都来自英国，尤其是在良好的社会意识方面。基佐和梯也尔以各自的方式支持秩序和进步。对他们来说，社会问题的解决办法只有一个：谨慎和逐渐地致富，使得所有法国人成为享受全部公民权益之人。该"中产阶级之理论"直接继承于英国，使得金钱成为社会和人类发展的动力，无伪善，带着清教徒似的崇敬之心。

对于梯也尔和基佐来说，七月王朝类似于坐上王位的1789年的大革命。因此，他们希望三色旗织不仅仅是个无用的象征。法兰西资产阶级牢牢地依附于这三种颜色，而新兴君主国期望具备国民属性。政治秩序的负责人致力于与"复辟"思想作斗争，它在军中盛行超过15年之久。他们同样希望通过打破"神圣联盟"的因遁守旧和正统主义的框架，为法兰西谋求一个国际的角色。然而，在这一方面，打着伞的国王的谨小慎微时常使得梯也尔的稀里糊涂和丰富的冲动得到克制，带着对拿破仑时代满满的回忆。

国王陛下的反对者

奥尔良的资产阶级深知他们应当依靠一个由不可调和因素构成的双重对立：首先是正统论者团体的对抗，他们通过武力脱离政权，始终梦想复仇。贝里耶（Berryer）与夏多布里昂在《日报》《法兰西报》和沙龙中动员圣日耳曼街区的公爵夫人们发动展开激烈无效力的战斗来反抗"路障之王"。然而，在乡村地区和外省的城市中，拥护正统论的贵族和教士阶级的影响力仍旧很大。奥尔良人在选举中便洞察到这一点。与"经营商店"的参选人相比，来自城堡的候选人往往占据上风。

政体其他的敌人更加积极更加忧心忡忡，他们是共和主义者。的确，共和国的概念并未被小资产阶级所接受。这一概念令人心生恐惧，因为它是动荡和社会战争的同义词。它却拥有信徒，这些人来自知识分子、自由职业者、记者、技术人员和某些军事人员的阶层。共和主义者一派的领导者是像卡雷尔和马拉斯特（Armand Marrast）一样的记者，像加尼埃–佩埃斯（Garnier-Pagès）一样的律师，如同拉斯帕伊（Raspail）一样的学者，或者类似卡芬雅克（Cavaignac）那样的资产阶级显贵。出身于新政体时期的《国民报》迫不及待地掉转马头，为了共和观念而战斗。秘密组织形成，为即将到来的革命做准备。《人民之友》或《公民之权利》致力于吸引工人阶级加入战斗。这些团体为普选和民众的扫盲发起战斗。如果说工人阶级不识字，如何让他们参与选举？

自由主义

在这两大对立之间，政体在两种政治中间摇摆：一种趋势为自由主义，提出在发展的理念中执行宪章，尽可能快地扩大享有政治权利之人的范围，让最多的法国人参与到公共事务中。该派别以银行家拉斐特为代表，未能长期占据领导地位：1830年的危机首先是在经济领域爆发。企业不得不解雇职员。失业的工人阶级在城市中发动起义。1830年12月，巴黎爆发了三日的骚乱。反对教会的动乱表现为洗劫某些教堂，例如圣日耳曼奥塞尔教堂，正统派的上流社会人士经常出入该教堂，并在此地虔诚地举办路易十六的忌辰活动。1831年3月13日，在弥漫着社会战争和地方暴乱的氛围中，拉菲特辞官。

第二个派别以佩里埃为代表，在这种形势下掌权。他们坚决拥护自由主义。宪章一次性地确立了社会的法规。政体的义务在于坚定不移地维护秩序，唯有秩序能够确保自由的运用。罢工或起义的工人阶级损害了工作的自由。唯有在社会规范中，他们才能够改善境遇："应当让工人阶级深刻了解到，"佩里埃在专席上声称，"唯有耐心和顺从才能够解决他们的苦难。"

在里昂，丝织工人要求行政长官援助来对抗工厂主，因为工厂主不愿意为这些"里昂丝绸工人"涨工资。"行政长官万岁，我们的父亲万岁！"他们喊道。然而，根据佩里埃的说法，国家不具备帮助一个阶层反抗另一个阶层的职能。它必须确保合同的自由。36000名卫兵被派往爆发起义的城市。行政长官允诺的薪酬被取消，他本人遭到解职。自由主义秩序占优势。

在里昂，超过600名工厂发生死伤。在工人阶级的记忆中，里昂丝绸工人的起义将始终成为令人印象深刻的最初的抗争实例。1834年4月，在佩里埃去世之后，另一场由政客和共和主义者引导的暴动在里昂爆发。领导政府部门的尼古拉斯·让·德迪乌·苏尔特（Jean-de-Dieu Soult）以极端严厉的手段将其镇压。

然而，在秘密组织的传播下，暴乱蔓延至巴黎。内政部部长梯也尔派遣4万名卫兵前往镇压，由比若（Bugeaud）元帅带领。起义者在圣马丁街区被包围并被消灭。通过特朗诺南街道的特遣队遭受了起义者的射击，他们对一所房屋中的所有居民发动屠杀。画家杜米埃（Dumier）为目击者，他的石板画为这场屠杀留下了一个令人悲伤的形象。

1834年的起义并不是法兰西首次经历这一类型的运动：两年前，拉马克（Lamarque）将军的葬礼引发了巴黎的共和主义者的暴乱。他们在圣梅里教堂被消灭。梯也尔利用恐怖主义来加强镇压。1835年7月28日，菲埃希（Fieschi）的"爆炸装置"被安置在圣殿大道来刺杀国王，却使得护卫队中的28人因此丧生。

关于这些镇压行动、无处不在的警察局、致力于持续监控国家的各个部长的犬儒主义，报刊对此绝口不提。梯也尔盯住记者。的确，审查制度并未得到确立，但记者被阴险的招数迫使保持沉默。如果他们的文章被验证为"煽动民众对国王的敌对情绪"，他们将遭受严厉的惩罚。报刊负责人不得不行使新闻自我检查，总好过眼见报纸被停刊。诸如《嘈杂报》一类的讽刺漫画报刊服从于报刊审查和提前授权。

共和主义报刊完全不需要遵守这些措施。它无法做到不抨击政权。尽管正统派也同样对王位策划阴谋，但是他们能更好地维持原状。1832年，当整个王室成员在杜勒丽宫举办舞会时，正统派尝试将他们全体绑架。不久之后，贝里公爵夫人在马赛登陆且在南部发动起义。公爵夫人在马赛失败，由此地出发抵达南特和旺代。她不得不投降，而其冒险也以荒唐结束。贝里公爵夫人是一个时代的象征，在这个时代中，政权受到任何取得胜利的政变的摆布，不论是共和主义者还是拿破仑，甚至是正统派。这是阴谋和逃避的时代：清晨5点，梯也尔偷偷摸摸地为凯旋门举行落成仪式，国王未到场参加典礼，数不尽的退伍军人和"鼓吹民主的青年"（共和主义者如此称呼之）在星形广场附近不怀好意地转来转去。

的确，政体掌控在无普选权的地区享有政治权利的人。它定期"组织"选举。忠诚的行政长官毫不犹豫以权力运用一切手段来"准确地"选出公民——国王的"良民"。由于警察局和行政长官拥护国王，国王仅仅招致了极左和极右的动荡。致富和普遍安逸久而久之消除了浅薄的反抗。

为了威望政治

然而，国王及其各部长深知为了巩固政体，还需要某种威望。在官方建筑物上张贴三色标志已经远远不够：伴随着波旁王朝王族在外国人面前的卑躬屈膝，整个舆论希望不再遭受屈辱。

通过对第一帝国赋予荣誉和地位，路易-菲利普灵敏地将拿破仑统治时期的古老荣耀吸引到自身：在其统治时期的14名首相中，其中3名曾任拿破仑的高级军官——苏尔特、热拉尔伯爵（Étienne Maurice, Comte Gérard）以及莫蒂埃（Adolphe Mortier）。国王从曾任第一帝国的官员中任命行政长官。他命人将拿破仑的雕像重新安置在旺多姆纪念柱上。1840年12月,他派遣儒安维尔亲王(prince de Joinville)前往圣赫勒拿岛寻找拿破仑的遗骸。从星形广场到荣军院,遗骸的回归引起了一场盛大的仪式。这并未能阻止拿破仑主义者发动"阴谋",例如1836年路易-拿破仑(Louis-Napoléon)在斯特拉斯堡法发动起义,或其于公元1840年在布洛涅的"登陆"。显示出国王对拿破仑伟业的崇敬之情的政体将拿破仑的侄子关押在哈姆堡。

在对外政策方面,七月王朝的制度也同样模糊不清。它四处宣扬对和平的尊崇,却不错过任何机会在世界上展现拥有效力的法兰西的存在:在路易-菲利普统治期间,才真正地着手进行对阿尔及利亚的征服。比若元帅战胜阿卜杜卡迪尔(Abd-el-Kader),10万法国殖民者着手开发事宜。勒内·卡耶埃(René Caillié)在南部勘察沙漠。法兰西探险家在各个纬度享盛誉:迪蒙·迪维尔(Dumont d'Urville)在极地发起勘探,神父古伯察(Huc)发现了中国西藏。

法兰西在世界的各个角落建立起商业贸易。塞内加尔总督布埃-威洛梅(Bouët-Willaumez)增建贸易站。在远东地区,公元1844年的拉萼尼(Théodore de Lagrené)考察团取得商贸利益。在东方,法兰西支持奥斯曼帝国在埃及的帕夏(即总督)穆罕默德·阿里(Méhémet Ali),里昂人在利比亚和叙利亚建立贸易往来。英国人对于法兰西在这一地区的安置建立不屑一顾。的确,当英国皱眉时,法国国王便妥协。诸如梯也尔一类的想要督促国王与外国对抗之人终日感到失望:路易-菲利普渴望和平以及经济发展。如同利物浦和曼彻斯特的资产阶级,国王认为战争绝非一项有利的事业。

第十三章 三十年的倒退：1815—1848 年

基佐与秩序中的发展

铁路缓慢的开始

使得法国舆论对工业革命改变主张并非易事：大资产阶级恐怕受损失，小资产阶级惧怕竞争，而总体来说，公众认为新事物是无用和危险的。生活方式未改变，也并未丰富，甚至诗人作诗来反对火车的投入使用。法兰西排斥机械。

基佐尽可能地鼓励发展，深知一场过快的发展将损害"社会和谐"，对于社会的进化，他赞成梯也尔的马尔萨斯式的观点。正如梯也尔所说，过多的人"毫无理由地"过快变富是不恰当的。

同"工业革命"一样，蒸汽革命和铁路革命需要等待另一段统治期来蓬勃发展。七月王朝的大人们避免加速运动。

毫无疑问，他们援助铁路的修建，却异常明智地继续将国库投资到运河或航道中。在七月王朝期间，埃纳河与马恩河的运河将被开凿。对于铁路，1842年颁布的基佐法令赋予重大开端：国家负责修建铁路线的底层结构的费用，为那些通过股票负责机车车辆和开发费用的公司授予特许权。

金融家将其视为一项危险的创举：法令引起一阵短暂的投机买卖。大量的真实或虚假的企业放出股票，在1847年引发了一场严重的金融危机。这场"铁路狂躁症"使人们认为马尔萨斯主义者有其道理：对铁路的狂热引发了金融市场的混乱，并未真正促进经济的发展。

在修建铁路方面，七月王朝多数的领导人表现出巨大的不屑。最早几次发生的灾难（1842年巴黎至凡尔赛宫路段）为反对铁路的论战提供素材，梯也尔公开宣称反对。铁路修建的费用（1千米375000法郎）过于高昂。人们断言铁路将永远不会盈利。

在这种情况下，铁路的修建异常缓慢。唯独最易修建以及能立刻取得回报的路段才能够吸引到资金，例如罗思柴尔德投资修建的巴黎—北部路段，巴黎—鲁昂路段以及巴黎—奥尔良路段。

的确，在尚未存在的金融市场上，动员大量的资金投入是艰难的。如同银行，大型的工业公司均为家族产业。从1830年开始，巴黎证交所的确取得了发展，然而相较于伦敦证交所与阿姆斯特丹证交所，巴黎的交易量显得微不足道。银行继续向国家出借款项，谨慎地投机倒卖数量有限的证券。法郎的稳定以及定期利息的稳固持续成为一种信条。人们恐怕工业证券的增加会破坏这一金融稳定，并由此破坏社会平衡。梯也尔公开宣称反对信贷操控，它将引发新兴企业的激增，与"建立超过50年的"古老企业家族陷入一种野蛮的竞争之中。总而言之，工业竞争遭到了诅咒。

自此，无须对工业扩张的缓慢发展感到惊异。毫无疑问，得益于炼焦炉的修建，铁制品的生产翻了三番。铁路修建的开端引起了冶金工业和机械工业的发展。然而，1847年，法兰西仅仅拥有5000台蒸汽机。生产的发展仅仅在纺织业取得了真正显著的进步，该行业的机械化加速。然而，即便是在纺织领域，在家里工作与手工劳动仍占据较大比例。得益于大陆的封锁，法兰西在本土上发展了甜菜的种植，食品工业取得了飞速的发展，却应当注意到在1847年，甜菜的蔗糖仅仅占据法兰西整个蔗糖消费的13%。工业企业持续缓慢发展，并非像英国那样发展惊人。

第十三章 三十年的倒退：1815—1848年

工人阶级的愤怒

尽管工业化发展缓慢，但是法兰西的工人数量激增：1847年达到600万，其中130万人在"作坊"工作。人数的集中足以使一些人关心工人的境遇。

出于好奇或社会宽容心，最早的针对工人阶级境况的"调查研究"展开：1834年，维尔纳夫-巴热蒙（Villeneuve-Bargemont）子爵出版了对于贫困研究的论著，医生盖班（Guépin）在南特指出了生活在肮脏的小屋中的工人体力的衰退。医生维勒梅（Villermé）开展一项关于纺织业工人重大的研究，他们的行业机械化最为集中。相较于前几位学者，他取得了更为震撼的结果：恶劣生活环境导致工人阶级死亡。男性每天至少工作16小时获得2法郎的酬劳，女性20苏[1]，儿童10苏。1千克面包价值30生丁，一套男士西装价值80法郎。60%的年轻工人为退役军人，他们被新兵体格检查委员会认定为生理机能减退。一名工厂的工人，其期望寿命不超过30年。

工业少得可怜的报酬并未受到保护，发生危机时会遭到削减。工人不享有任何保障，不论是在合法方面还是在物质方面。朝夕之间，便可一无所有。自从爆发了遭到一个步兵师镇压的里昂丝绸工人的起义，工人阶级便深知他们无法依靠国家来自卫。

在这种情况下，工人阶级的愤怒不可避免地变成威胁。知识分子继续对造成工人阶级苦难的原因感兴趣。然而，他们的语气改变。最早的"社会主义者"的出版物不再是对经济法令抽象的思考。"所有权，即为盗窃。"曾为印刷工头的蒲鲁东（Proudhon）喊道。在其《欧洲人》期刊中，比歇（Buchez）希望消灭所有工厂老板。比奥纳罗蒂（Buonarroti）传播巴贝夫主义者1793年的革命和平等思想。记者皮埃尔·勒鲁（Pierre Leroux）在拥护共和主义的资产阶级中宣传"社会主义"。他开办《社会杂志》，刊登乔治·桑的文章。路易·勃朗（Louis Blanc）要求建立社会工坊来确保工人的工作。在卡贝（Cabet）的《民众》中，人们吹嘘集体生活的愉悦。与比歇和奥扎南（Ozanam）一道，基督教本身也成为"社会的"。拉梅内（Lamennais）、拉科代尔（Lacordaire）和蒙塔朗贝尔（Montalembert）再次发动宗教行动，却从"自由主义"的意义上而非"社会的"意义上开展。他们要求教会从国家政体中分离，要求报刊的自由以及教育的自由。在《一名信徒的讲话》中，拉梅内热情地支持工人阶级反抗"剥削者"。"在埃及的土地上，"作者说道，"你们在法老的权杖及敲诈者的鞭子之下卑躬屈膝。向着君主呼喊上帝，然后站起来，一同走开！"

战斗的天主教徒挂虑教会与与之不合的政体分离，将自由归还给"信徒"。因此，基督教徒同样能够出现在未来的路障之上。社会的基督主义的行动具有一定的效力，因为在1847年，"圣文生·德·保禄"团体由奥扎南创立，聚集起一万名信徒。

由于反抗运动在工人阶级中间形成，社会主义思想的行动越发有效力。最初，与共和主义团体有联系的工人阶级并未将其要求与政治规划联系在一起。然而，始于1834年，对共和主义者的镇压不加区别地触及工人的互助团体，这些团体同样为秘密组织，因为法律对此并不容许。基于此，工人阶级和共和主义者团结起来，警察将他们推向对方的怀抱。

工人团体迅速政治化，它们变成"家族团体"或"季节团体"。与此同时，共和主义者对社会行动产生强烈反应，以不同党派的结盟作为基础。宣扬革命的共和主义者的带头人布朗基（Louis Auguste

第十三章 三十年的倒退：1815—1848年

Blanqui）和巴尔贝斯（Armand Barbès）将工人阶级团体视为最有力的支撑。在领导阶层中，尚未发起什么举措来改善工人的生存条件，除此之外还能做什么呢？在1840年暴力的罢工行动之下，众议院不得不审定一项关于儿童工作的规章制度的草案。众议院无力结束异常令人不快的剥削形式：对于8至12岁的儿童，白天的工作时间缩减到8小时！由于缺乏有力的监察，该措施因此成为一纸空文。

共和主义者与改革

从1840年开始，掌权之人为尼姆的加尔文主义者，曾任索邦大学教授，其父于法国大革命期间被送上断头台。基佐确信发展应当在秩序下进行，国家应当施以援手，而非设立障碍。例如，不应不惜代价站在工人阶级一方反对雇主，应当仅仅通过给予工人阶级以武器，来帮助他们在社会中提升自己。

以此为思路，基佐着手从事一部学校教育作品，它将挖掉共和主义者的墙角。共和主义者长久以来一直要求对法兰西人民扫盲，基佐将负责此事。其1833年颁布的法令提出了初等教育发展的原则：乡镇必须修建和维护学校。在每个区的首府中，国家开办高层次的小学。每个省都有其培养小学教师的师范学校。基于此，基佐为小学带来了生源，1830年20万名学生，1848年上升至350万名。该结果令人备受鼓舞。然而，由于缺乏场所和经费，教育并未能够成为义务免费的。缺乏足够的世俗的小学教师来使得教育一致且普遍。有些地区整体仍处于不识字状态。

人们从各方面指责基佐维持一个政治体制的地位，该体制保护由拥护马尔萨斯主义的大资产阶级组成的一成不变的社会。科学或文学思想的运动反对这一"体系"。人们认为权力是暴虐和过时的，充满因循守旧和犬儒主义。安培、阿拉戈（Arago）以及奥古斯都·孔德（Auguste Comte）为"实证主义"思想一派的领导人，该思想为共产主义党派的指明灯。雕刻家吕德（Rude）在凯旋门上，将共和国表现为一名冲破枷锁强壮且坚定的女子。诗人特奥菲尔·戈蒂埃（Théophile Gautier）和邦维勒（Banville）厌恶"资产阶级"。缪塞在其《一个世纪儿的忏悔》中给出了一个厌世的青年一代的形象，在戏剧《洛朗佐西奥》中描绘出一幅政治暗杀的图景，毫无理由，它仅仅停留在空想的层面上：人类应当在荒诞中重寻意义，在平淡中寻找模板。"如果共和主义者是男人"，洛朗佐（Lorenzo）幻想着。

德拉克鲁瓦（Delacroix）、雨果和大仲马（Dumas）预料到路易-菲利普统治下的法兰西会在能量上有所保留。他们期望并等待起义。德拉克鲁瓦绘制《路障之上的自由》。雨果将大革命带到剧场的前台。1846年，米什莱出版《人民》，描写了为了取得人类的尊严，"危险阶级"有待通过的道路。40年代创作的运动使得反对权威成为风尚。所有在舞台上上演或出版的作品都引起议论：柏辽兹（Berlioz）的歌剧在空旷的舞台前面上演。库尔贝（Courbet）和杜米埃的画作对当代问题表态，用现实主义丰满的黑暗的场景来描绘出人类的苦难，来反抗社会。

反抗一成不变的社会的浪潮并未局限在艺术家和作家的范畴内。在商贸界，同样爆发叛乱。年轻的银行职员和大工厂雇员阅读圣西门和傅立叶（Fourier）的著作。看到工业革命在一条狭窄的道路上开动并陷入唯利是图和犹豫不决中，他们对此感到愤怒。1847年，圣西门的寓言不再有如此的回应："有才干之人"要求掌权。

第十三章 三十年的倒退:1815—1848 年

基佐毫不懈怠。沉着的他对产生的一切后果表示反对。他对呐喊、对杂乱以及对浪漫主义者的公愤充耳不闻。由于选举"改革"增加了为取得选举权的纳税额,他对此表示反对。因此,基佐抛掉自由主义者,他们在拥护普选的共和主义者身边要求"征收100法郎的纳税额"。

在整个1847年期间,反对运动得到扩大。宴会、演说以及游行纷纷要求"改革"。赖德律-洛兰(Ledru-Rollin)创办报纸,维护自由主义国家的纲领。基佐错误地认为维持"国家合法"便足以继续在秩序中执政,以及不需要在政治上重视巴黎沙龙的"风尚"。正如在《吕西安·勒汶》中描述的选举腐败行为,习惯于此的政体固执地拒绝"改革"。它将突然面对一场革命。

---

1 | 法国大革命至1959年的辅币,相当于1/20法郎,即5生丁。——译者注

第十四章
1848年的政治暴动

在法兰西的历史上,食品的缺乏扮演着重要角色。需要经历不断的苦难和贫穷以此来使男人、女人甚至儿童掀开街石、对抗子弹。此为1789年的境况,到了1848年亦如此。

欧洲遭遇饥荒。1847年的收成异常糟糕。在1847—1848年的冬季期间,许多人饿死:至少有100万爱尔兰人死于饥荒;在柏林,工人大批地死去,由于饥肠辘辘,他们难以抵抗潮湿和严酷的寒冷。

在法兰西,从1846年开始,人们缺少粮食,尤其是土豆。一种奇怪的疾病腐蚀了土地中的根茎。法兰西人口中的大多数仍居住在乡村。如果说乡村人民挨饿,工厂便遭遇停业。工人首先失业,其次接受救济。甚至于金融家也受到殃及。富人的资产减少,对其金子感到担忧。囤积居奇者破产。法兰西银行突然上调贴现率。20%的矿工以及40%的纺织工人失业。由于缺乏资金,铁路施工场地暂停工作。

危机强烈地震动着整个欧洲。在法兰西引发了最为轰动的后果，同时提出了改变政体的政治问题和在欧洲也许是首次的阶级斗争的社会问题。

2月的暴乱

如同1789年一样，暴乱首先爆发在乡村。乡村从未如此拥挤，只能对饥荒表现得更加敏感。在工业城市中，遭受失业的工人砸毁"机器"。"烦请您看看在工人阶层中都发生了什么，"阿莱克西·德·托克维尔（Alexis de Tocqueville）在议会中说道，"你们看不到他们的热情由政治层面发展为社会层面？你们看不到所发生之事逐渐地占据他们的言论，他们的观点？而这些思想不仅试图颠覆某些法律条款，某个部长，甚至于某个政府，而且试图反转社会？"

事实上，1848年2月的革命以呐喊"改革万岁！"为开端，在共和主义者和社会主义者的行动之下，迅速演变为对抗金钱社会的革命。

由改革派组织的宴会运动将于2月22日在巴黎举行。它将作为国民运动结束的标志，由自由主义者和共和主义者发起。发起反对的所有议员承诺参加。敌视政权的报刊很久以来一直报道此次运动。

22日，军队守卫街道，工人团体游行。他们着手堆砌街垒。圣德尼门的街垒由3000人防守。反对派首领下令避免任何的挑衅。于23日安置在巴黎的用于维持秩序的军队拥有3万名士兵。逐渐地，民众走到街道上，迫不及待地找寻战利品。

在杜勒丽宫，国王要求基佐下野，任命莫莱伯爵（Comte Louis-Mathieu Molé）取而代之。自发形成的暴乱得到平息，因为基佐并不受欢迎。国王承诺进行"改革"。对自由主义的资产阶级来说，超过这些就变得危险。

一场意外事件成为冲突的导火索。突然地，曾为基佐提供避难所的国防部的看守士兵遭到枪击。军队迅速反击。在几秒钟之内，36人死亡，其尸体被运上马车在整个巴黎穿街过巷。24日，巴黎的所有街道被堆砌街垒。工人阶级要求建立共和国。

通过要求莫莱伯爵下野，路易-菲利普再次试图平息暴乱。他召回梯也尔和巴罗（Odilon Barrot）。梯也尔赞成从巴黎撤退。巴罗无力阻止巴黎人民围攻杜勒丽宫。撤退已经为时已晚。巴罗错误地剥夺了深受士兵爱戴的精力充沛的比若元帅的指挥权。从此刻起，没什么能够阻挡反抗暴动。两个兵团投靠起义军。国王让位于其孙子巴黎伯爵腓力七世（Louis Philippe Albert d'Orléans），并立刻前往英国。奥尔良公爵夫人（duchesse d'Orléans）坚持在波旁宫宣布摄政是徒然的。起义军出现在波旁宫，为共和国欢呼。临时政府成立，成员为拉马丁、阿拉戈、赖德律-洛兰、加尼埃-佩埃斯、杜邦（Dupont de l'Eure）、马力（Pierre Marie de Saint-Georges）、克雷米厄（Adolphe Crémieux）、记者马拉斯特、社会主义者路易·勃朗以及工人阿尔贝特（Alexandre-Albert Martin）。共和国宣告成立。

"最壮丽的诗篇"

在法兰西的历史上，1848年为美好事物到来的一年。普选、工作的合法以及免费教育是武装的人民粗暴的战利品，尽管在资产阶级夺回权力之后再次被质疑，却取得了比法国大革命更为决定性的胜利。如果说人们在普选上作弊，那么却不得不承认它的某些影响。如果说

第十四章　1848年的政治暴动

人们在1848年6月取消了工作的合法，那么人们即刻赋予工人罢工权以及合法保护。1848年2月，革命取得了超过其预期的效果。一条条新的道路被开辟，例如在工厂和矿场工作的尊严之路，姗姗来迟的公民平等的选举权之路。得益于社会恐惧，一个新的阶层以其本来的面目被接受和承认。在政治专业词汇中，"工人阶级"代替了"苦难阶级"或"危险阶级"。

共和国的宣告成立并未使任何人产生惧怕。教会鼓掌喝彩，教士为人们种植的表示幸运降临的树木祝圣。胜利之后令人喜悦的游乐会在巴黎临时组织的俱乐部中举办，在一种不可思议的氛围中，人们能够畅所欲言。在《情感教育》中，福楼拜（Flaubert）花费笔墨描述了一个变身为巨大的海德公园的巴黎，在这数日的变身中，人们在其中发表言论，甚至疯子也能占有一席之地。人们欢快地庆祝"拿撒勒的无产者"，神甫为其祝圣。世俗社会和宗教团体在一种无政府主义中取得和解。

临时政府成员拉马丁对聚集在市政厅前面的市民说道："我们将共同谱写最壮丽的诗篇。"新政府亲自指任成员，人们根据自己的能力选择职位。马拉斯特负责报刊，路易·勃朗负责工人阶级，加尼埃-佩埃斯负责金融事务，马力掌管公共工程。临时政府的成员由各个阶级的代表组成，从自由主义的共和主义者到社会主义者。赖德律-洛兰出任内政部长，他为乔治·桑和社会主义者的朋友，同时也是自由主义者的同盟者，是一切暴力行为的敌人。另一位温和派拉马丁接受一切的慷慨以及政治操纵，任职外交部，代表了政府的灵魂。

一个政府在数日间完成了一项无章法却巨大的事业。在政治方面，诗人拉马丁立刻下令废除死刑。王朝复辟时期的产物——强制劳工也同样被取缔，殖民地奴隶制遭到废除（在维克多·舍尔歇的建议下）。报刊自由无条件地得到确立。宣告集会自由。所有的法国公民能够根据自己的意愿来加入国家护卫队。任何成年的法国人在某地区生活超过6个月即可成为选民。当选者得到适当的议会补偿。法兰西的全部选民由24万上升至900万。

令人痛苦的社会问题

诗篇到此应当暂时结束。武装的人民要求工作合法以及生存权利。财政、经济、工业和农业的危机如此的剧烈，以至于可流动资金被隐匿。银行关闭窗口。法兰西银行的储备金化为乌有。证交所的流通崩溃。神圣不可侵犯的定期利息本身也失去了其价值的2/3。3%的定期利息由73法郎降低为32法郎。

资产阶级在金融恐慌的整治中找到了一件高效的武器。通过从流通中抽回可流动资金，他们将临时政府置于极度为难的境地。得益于该混乱的组织活动，国家的深谋远虑的阶层将期望，并于不久之后强求秩序的回归。

部长加尼埃-佩埃斯已经强制要求纸币流通，该措施让舆论的面前浮现出法国大革命留下的糟糕回忆。与此同时，他将税收上调45%。乡村地区对共和国的税收变得异常反感。在外省，共和国的特派员行使权力，地方事端增加。马赛的奥利维耶（Ollivier）和里尔的德勒克吕泽（Delescluze）千方百计来消除民众的不满，然而该情绪在不安和贫困的氛围中四散开来。

在巴黎，超过一半的工人失业。外省的失业比例相同。武装的失业者是危险人群。他们其中一个名为马尔什（Marche）的工人于2

月25日向政府递交一份要求"劳动权利"的请愿。该权利立刻得到承认。26日,政府决定举办"国家工厂"来为失业者提供工作。土方工程的施工现场开放来修建克拉马的铁路、西站火车站以及奥赛—索镇路段。

对此,工人并未感到称心。28日,他们入侵市政厅,要求创立劳工部以及将每日的工作量限制为10小时。由路易·勃朗主持的"政府对劳动者开设的委员会"立刻成立。委员会位于卢森堡宫。

这些在狂热中实行的措施并未取得具体的成果。根据时代冷漠的词汇,"卢森堡委员会"变成了"在饥饿之人面前的饥饿研讨会"。由政府果断地组建的国家工厂在数日之间向失业者提供补助金,却并未解决实际问题。

事实上,政府由两个派别共同领导:一个为由拉马丁和阿拉戈带领的信奉自由主义的资产阶级,另一个为由路易·勃朗和阿尔贝特领导的社会主义派别。社会主义者希望用尽一切办法来立刻建立社会民主;信奉自由主义的资产阶级想要停留在人道主义秩序的措施上,仅仅实现政治民主。双方都不愿过度改变社会秩序。

1848年3月17日的一天

政府既无资金也无治安。赖德律-洛兰意识到共和国有必要尽快建立一支有组织的军事力量,他下令建立24个由1000个年轻人组成的营队,其军饷每日领取。工人阶级害怕遭到镇压,他们于3月17日走上街头,其游行的目的是尽可能地使选举延后。实际上,共和主义领导者深知巴黎人民已成为其主要战利品的俘虏,即普选。大多数的法国人事实上并不支持社会民主。在乡村,人们害怕数量众多的反对共和制的参选者会当选。需要阻止资产阶级以及达官显贵利用作为巴黎人民战利品的普选来反对政府。需要时间来大众进行政治教育,来发展宣传。

在选举问题方面,临时政府本身内部的意见也处于分裂,正如拉马丁所写:"社会主义一派的领导者和工人阶级的民权保卫者害怕看到各自的论坛被颠覆,害怕看到自己的帝国被由外省到巴黎的事端摧毁。"路易·勃朗和阿尔贝特想要将选举延期,然而临时政府的大多数成员希望尽快结束:他们决定尽早选举。由布朗基及其友人组织的3月17日的失败开启了投票的大门。国民护卫队大喊:"打倒共产主义者!"权力最终属于温和的共和主义一派。选举于4月23日举行,即复活节那一天。

普选的首次选举

人民参与投票!30年以来,共和主义者都在等待这一天。900万选民被召集到各区的首府。在乡村地区,有时需要步行两个小时到达选区。像在战时一样,男人们一同前往。通过选举名单,人们以省份为范围进行投票。仅仅只有16%的法国人弃权。民意测验立刻取得成效。除了在某些例如利摩日的城市,选举安静地进行。人们用马车运输残疾人和病人。显贵和教士四处强调投票的重要性,使人投票给温和派的候选人。相反地,社会主义者仅能在一些工业城市扩大宣传。自然而然地,显要人物中的候选人,这些"温和的共和主义者"大量地占上风。

马拉斯特的报纸《国民报》组织温和派的竞选。在880个席位中,他们占据550个席位。保守派惨遭失败:他们仅仅占有200个席位，其中包括130个正统派。些许奥尔良党人使自己当选，此外聚集在蒙塔朗贝尔身后的50多名信奉自由主义的天主教徒也使自己当选：以上这些当选者组成了右派。尽管惨败，社会主义者中仍有些许当选者；候选人巴尔贝斯、布朗基和卡贝（Cabet）落选。的确，身为保守派的梯也尔成为普选的其中一个受害人。拉马丁和临时政府的成员在塞纳省是自己当选。拉马丁大获全胜。

工人暴动

社会主义者深知他们遭到了操控，因此，5月15日，他们尝试筹划一个新的"重大日子"，以1793年的传统为例。5月4日，首次召开的制宪会议庄严宣称共和国。拉马丁使得临时政府做出决定来设立"执行委员会"，由阿拉戈主持。拉马丁、加尼埃-佩埃斯、马力以及赖德律-洛兰加入其中，然而路易·勃朗和机械专家阿尔贝特被除名。资产阶级通过合法渠道夺回权力。社会主义者唯有通过走上街头来解决困境。

在5月15日不久之前，布朗基的宣言在受欢迎的街区流传，召集闹事者。在巴士底广场，游行示威者高喊："波兰万岁！"1848年的革命蔓延至整个欧洲，波兰因此成为象征。15日清晨游行队列以布朗基为首，朝向协和广场前进。游行队列抵达众议院，占领3小时。赖德律-洛兰率领的手拿武器的"年轻人"留在原地，等待命令。

游行的领导者"以人民的名义"宣布国民议会解散。他们任命一个几乎包含了所有社会主义者首领的临时政府：路易·勃朗、阿尔贝特、布朗基、拉斯帕伊、巴尔贝斯，等等。从此之后，民众的反政府组织与资产阶级政府对立。军事冲突不可避免。

7月的反革命运动

5月17日,出任国防部部长的卡芬雅克确保了重新掌控治安武装力量。他命人逮捕布朗基与其他策划5月15日阴谋的共犯。外省中的绝大部分民众赞成镇压。带头闹事者难道不愿对普选的结果提出异议?

巴黎的失业者并未全部追随布朗基的演说,然而对于社会主义者的宣传,他们却易于接受,甚至于在骚乱的失败之后。资产阶级证券、定期利息以及租金暴跌,引起了有产者的强烈不满。社会阶级的对抗恐怕将再次爆发,在一个异常危险的氛围中,巴黎的工人阶级极度烦躁。由卡芬雅克完全掌控的军队做好了介入的准备。出于对混乱的仇恨,外省再次拥护镇压行动。

6月,国家工厂加速破产。国家无力支付12万失业者的补助金,他们的救济金为每天1法郎。游手好闲的人异常容易感到气馁,他们很可能被收编,不加区别地加入任何一方,成为内战的推手。

劳工委员会此刻由一个异常保守的天主教徒法卢(Falloux)领导。对失业的工人大军感到担忧,法卢决定关闭国家工厂。人们向被解雇的工人提供军职。拒绝在军队效力的工人可以在外省国家重大施工场地找到工作,例如铁路修建工地。

国家工厂关闭的消息引起了工人的强烈不满。在整整一个月期间,革命的宣传指出他们为"财政秘密权力"的受害者。6月21日,当解散国家工厂的计划在议会提上讨论日程时,社会党派领导人策划一场新的起义。

实际上,6月22日,上千的游行者聚集到卢森堡宫。其他的集会自发地在受欢迎的街区举行。卡芬雅克下令驱散。

第十四章 1848年的政治暴动

6月23日清晨，第一道街垒在圣德尼大街垒起。逐渐地，不久之后整个巴黎的东部地区处于暴乱状态。失业者构成了新革命大军的主力军。其全部人数为2万人，无真正的首领，他们在一个默默无闻的记者和一个六旬鞋匠身后。卡芬雅克拥有防线的护卫兵、宪兵以及联队士兵。双方阵营从一开始便不处于势均力敌的状态。来自乡村的宪兵希望同巴黎革命军决斗。警卫队从资产阶级街区出动，迫不及待重建秩序。东部街区的国民护卫队站到了起义者的阵营。

卡芬雅克不愿重蹈比若元帅的覆辙。他保留自己集结的军队，放弃遭到起义者威胁的地区。如指挥作战那般，他将军队划分为三个部队：拉摩里西尔（Lamoricière）负责林荫大道、比多（Marie-Alphonse Bedeau）在市政厅、达梅莫（Damesme）负责塞纳河右岸。24日，当卡芬雅克对其军队坚信不疑时，他发动进攻。他首先攻击渔船街区，为市政厅和先贤祠畅通道路。战斗异常激烈，400多个街垒被竖立在巴黎街头。一些将军战亡，将军布雷亚（Bréa）被枪击。

卡芬雅克调遣支援，即外省的国民护卫队。他包围圣安托南街区。试图介入的巴黎大主教在混乱的形势下离世。温和主义者声称阿弗乐大主教（Affre）遭到起义者枪杀。无论如何，该消息都使街区的战士变得温和，他们害怕引发更多的暴力冲突。他们想要制造一个"重大日子"，而非想要引发内战，而此时卡芬雅克恰好承诺宽恕放下武器的起义者。

在26日的这一天，圣安托南街区被治安武装力量夺回。这是起义最重要的部分。在拉维莱特镇的第二个起义中心轻而易举被消灭。双方共有1000人死亡。超过15000个巴黎人被逮捕，其中4000人被流放至阿尔及利亚。巴黎持续处于军事守卫之下。在外省，唯独马赛发起反抗，而起义者被轻易镇压。

共和主义秩序

自从起义结束之际，财政趋势奇迹般地反转。信贷机构浴火重生，重新开门的巴黎证交所恢复生机。法兰西银行重新找回可流动资金，恢复了发生事端之时的最低定期利息。托克维尔说道："起义并非为政治斗争，却是阶级斗争，是内战的一种。"

从整体上来说，法兰西的社会主义者并未直接加入广泛自发形成的起义中，也并非被激发的起义，正如亨利·吉耶曼（Henri Guillemin）所说。拉马丁本人控诉卡芬雅克任由起义发展，以此在镇压时取得成就。为了稍后重新夺回巴黎，梯也尔意图将首都留给起义者。起义军既无首领，也无有效力的组织或任何指令。他们对其即兴作品、对过去成功的重大日子所取得的神话感到自豪。马克思（Marx）在伦敦发起著名的共产主义宣言。这位对法兰西来说的陌生人完全不知晓法国爆发的这场由饥饿引发的起义，它推动"悲惨阶级"反抗社会阶级。马克思不久之后便从该事件中得到忠告。"这是一场为了维持或消灭资产阶级的抗争"，他说道，"法兰西民主的政府代表如此地成为共和国意识形态的俘虏，以至于他们需要数个礼拜来开始怀疑6月抗争的意义。在使之变得迟钝的火药中，其想象中的共和国幻灭。"

事实上，卡芬雅克的枪炮不仅并未摧毁乌托邦的社会主义者的梦想，也没能破坏拉马丁和赖德律-洛兰的计划：一旦起义结束，充满活力、善良正直的卡芬雅克不得不向人民大众缴枪投降，自认为维护了一个政体，却挽回了秩序。6月的暴力镇压否定了对于资产阶级来说验证了无能力的2月的共和国。

甚至于，工人阶级不再承认一个迫使他们沉默的共和国。他们依次经历了2月的胜利、3月的警棍和6月的镇压，此后任由不可避免的民主革命强势地走向个人权力。至于农民们，他们对"代表着秩序的派别"的宣传异常敏感，此派别将巴黎的工人阶级视为"均分财产之人"，渴望成为土地和财产的所有者，渴望建立一个共产主义国家。他们以选票和实际力量支持任何有秩序作为财产保护者的政体。

6月镇压的胜利者是信奉共和主义的显贵，这些"温和主义者"既不懂得预测，也不懂得镇压。他们擅长火中取栗。与这些显贵极其接近的奥尔良党的资产阶级潜伏在黑暗中，等待时机报仇。卡芬雅克向其开通道路。奥尔良党的资产阶级准备好好利用这次机会。

权威显贵之共和国

过境的共和国

合法镇压几乎是伴随着治安党派间歇的胜利。某些数量的立法政策匆忙被投票通过，目的是阻止任何新爆发的民众起义：报刊自由被轻易地废除，在必要的时间维持戒严以便在绝对安静中实行强制肃清；秘密集会遭到禁止，秘密组织被解散；白天的工作量被提高至12小时，人们想要让工人阶级为6月事件付出代价。

托克维尔、巴罗和法学家科尔墨南（Cormenin）大张旗鼓地起草宪法。他们认为不应当任由2月事件的不合法延续下去，应当使共和国从不稳定和非正式中脱离出来。11月12日，在狂热中工作的立宪委员会使决定性的文案被投票通过，第二共和国成立。由普选选举出任期为四年的总统，其职责为指挥军队和外交，任命部长和其他官员，签署条约和发动战争。任期不可更新。

这一拥护总统制的根本法并不符合所有显贵的预期。共和主义者对此事提出保留意见。例如儒勒·格雷维（Jules Grévy）对普选感到担忧：一位出身于君主国或帝国的亲王在扼杀共和国之前，不能够通过合法渠道夺权吗？"有些事情应当交由上帝来处理"，拉马丁田园诗般地回答道。

一旦总统和立法权之间发生冲突，形势将不可掌控。立法权归属独一无二的议会，由普选选举，任期3年。议会对法令进行投票表决，不能被解散。它不能推翻由总统负责的政府。唯有政变能够结束持续的冲突。

宪法的思想体系与共和主义显贵的自由主义和民主启发保持一致。一项法令的序言宣称人民的至高无上，因此指明普选是2月共和国的决定性和最终的战利品。作为1789年古老方针的三权分立被庄严地再次确立，被加以威胁新生政体存在的严厉。事实上，该方针使得建立强大的总统权力成为可能，此权力在法国大革命期间从未存在过。

宪法本身也照顾到了工人阶级：宪法并未重新重视"劳动权利"，宪法仅仅提到了"救济权利"；然而，宪法竭尽全力重新确认工作的"自由"，使得控诉工人联盟成为可能。宪法的起草保留了6月斗争的痕迹。为了将其推行，需要立刻选举一位主席。

共和国从不缺少候选人："6月的屠夫"卡芬雅克即为一名候选人，参与竞选临时政府行政权的领导人。他的弱点在于认为资产阶级理应对他的坚定有力表示感谢。事实上，资产阶级对其镇压的粗暴感到恐惧，对共和国的将军完全没有好感。唯独《国民报》的温和派支持卡芬雅克以候选人身份参加竞选，他承诺"将赋税降低一半""取消对饮料的征税"。

民主人士拥护赖德律-洛兰。奥尔良党人设立选举委员会，绰号为"普瓦捷街之委员会"，由曾任路易·菲利普时期部长的梯也尔动员。异常聪慧的奥尔良党人并未在七月王朝的已成名者中寻找候选人，而是选择了亲王路易-拿破仑·波拿巴（Louis-Napoléon Bonaparte），对此梯也尔表示蔑视："人们找来了一个傻瓜。"

继承人

路易-拿破仑从哈姆堡出逃，生活在伦敦。在2月革命之后，他乘船离开英国，秘密定居在巴黎，等待时机。临时政府并未宽容其在首都定居，他不得不消失。然而，6月之后，万事皆为其而改变：路易-拿破仑的两个远亲当选为议会议员。在起义的几个星期之前，他本人在外省和巴黎拉拢选票。

迷失方向的资产阶级接受了梯也尔的建议。他们资助亲王的竞选，该候选人花费大量资金来做宣传。其心腹工程师佩尔希尼（Persigny）努力将拿破仑的神话唤醒。人们铸造以路易-拿破仑为头像的用于在贸易中无偿派发的纪念章，在火柴盒以及版画中均可找到其肖像。人们创办波拿巴主义的报刊、小册子以及歌曲。

补充选举促使路易-拿破仑于9月在巴黎以及四个行省成为候选人。实际上，宪法并不禁止多重竞选的候选人。路易-拿破仑为了民主参加竞选，绝非为了夺取政权。当奥尔良党人不为亲王拉选票来反对共和主义者时，后者有时拥护路易-拿破仑来反抗其老敌手奥尔良党人。

得益于其以可靠的人品示人，路易-拿破仑获得参与竞选的成功，在权威阶层中，人们越来越对他感兴趣。艾米利亚·德·吉拉尔丹（Émile de Girardin）在其创办的《拉派斯报》中表明立场。《自由报》成为路易-拿破仑的官方报刊。《法兰西报》的拥护君主政体者支持亲王反抗共和主义者。

路易-拿破仑在议会上发表了一篇尽显机智的演说："本人并非一个忽而渴望帝国与战争，忽而梦想实施颠覆性理论的野心勃勃之人。在自由国度的苦难学校中成长起来，本人将永远对你们的选票所树立的威信之责任保持忠诚。"

路易-拿破仑的竞选方案使资产阶级安心，他表明赞成守卫秩序和所有制，赞成报刊自由和外部和平。普瓦捷街之委员会为亲王强大的选举筹备服务。人们拉拢外省的权贵、乡村的贵族及其阶层为路易-拿破仑投票。对1848年的事件感到愤慨、反应激烈的整个法兰西在路易-拿破仑的身上看到了救世主。工人阶级对6月镇压中的共和主义者感到厌倦，出于恼恨将选票投给该亲王，而非如世人所传，是因阅读了《消除贫困》。农民阶层将选票投给伟大的拿破仑的继承人，为的是拿破仑传奇神圣化的姓氏。

1848年12月10日，在750万选票中，亲王取得540万票。卡芬雅克和共和党人的选票不足150万；赖德律-洛兰拥有37万票，拉斯帕伊手握36000票。"红色的革命"省份将选票投给路易-拿破仑，例如克勒兹大省和上维埃纳省。出于对普瓦捷街之委员会议员的仇恨，唯独西部地区的正统派选择了卡芬雅克。卡尔·马克思以自己的方式解读该事件：对他而言，12月10日的选举是一种大型农民起义，是农民阶级对奥尔良主义的"大人们"的报复,然而后者为路易-拿破仑拉拢选票。马克思说道:"拿破仑本人并非与农民站在统一阵线,而是为了其竞选计划。"人们手举国旗,伴随着音乐向投票箱前进,高喊"不再纳税,打倒富豪,打倒共和国,皇帝万岁"!在皇帝身后为农民起义军。12月10日,爆发了农民阶级的政变。工人阶级同样要实施报复,因为"拿破仑的选举于无产阶级而言,是卡芬雅克的革职,是对6月革命胜利的否定"。事实上,选民革除的是第二共和国整个的领导团体。"在不同的阶层眼中,拿破仑这个名字的意义是不尽相同的,每一个阶层都在其选票上书写这个名字,是为了'打倒《国民报》党派,打倒卡芬雅克,打倒制宪会议,打倒资产阶级共和国'。"(卡尔·马克思)

信奉秩序的党派与权力

12月20日,一个名为拿破仑的人正式成为第二共和国的总统。"拿破仑这个名字本身就为一套规划,能够向议会宣告亲王-总统的存在。对内这个名字意味着秩序、权威、宗教,或许也意味着来自人民;对外则代表着民族尊严。"

政府的组成使得普瓦捷街之委员会感到满意:巴罗为该委员会首领,梯也尔与莫莱伯爵任部长。为了不忽视任何党派,路易-拿破仑任命正统派法卢和共和主义者比克修(Bixio)出任部长。深得人心的尚加尼耶将军(Changarnier)指挥巴黎的划分。一旦内阁成立,路易-拿破仑就迫不及待准备立法选举,将于1849年5月13日举行。

这些选举证实了温和的共和主义者的溃败:在670万选票中(其中32%弃权),他们仅得到50万选票,80人当选。拉马丁、加尼埃-佩埃斯与马力惨败。获胜者为秩序党派，他们集中了所有的右派：490人当选议员，取得330万票！西部、中部、北部以及西南地区的一部分将选票投给秩序党派。社会主义民主人士积极参选：阿格里科尔·佩尔狄吉尔（Agricol Perdiguier）和欧仁·苏（Eugène Sue）撰写小册子及选举新闻。他们成功筹得230万票。180名极左议员因此进入国会，坚决维护共和国的发展。对于社会主义者和"超前的共和主义者"来说，此为显著的成功。

这一敌对使秩序党派感到不安，他们抓住机会铲除其首脑。在马志尼（Mazzini）的鼓动下，一个共和国不久之前在罗马宣告成立。教皇遭到流放。绝不对教皇说"不"的法国政府决定派遣乌迪诺将军（Oudinot）和7000名士兵前往罗马。7月初，法国人将教皇安置在"永恒之城"。

共和主义者将此视为侮辱。赖德律-洛兰得到社会主义者以及人们称为"山岳派"的支持，要求在议会发言来宣告乌迪诺将军的出征"违背宪法"。此次出征与人民的自由背道而驰。在议会中的山岳派，通常是来自巴黎街区的当选人，他们曾反抗卡芬雅克。他们会有一刻抱有"走上街头"重夺权力的念头吗？1849年6月13日，他们终究引发了民众聚集于巴士底狱。他们公开宣称将共和国的政府与总统"排除于权力之外"。他们求助于国民护卫队和军队来维护宪法。

最后一日

由巴士底狱出发的游行大军被尚加尼耶将军的来自乡村的士兵驱散，而游行队伍则走向香榭丽舍大街。赖德律-洛兰试图与1848年6月混乱的首领一样，在巴黎工艺美术馆地区建立一个通过起义成立的政府。工人们担心卷入一场新的起义运动中。由于缺乏军队,位于巴黎工艺美术馆的山岳派放弃战斗。10名议员立刻被捕。赖德律-洛兰成功逃到英国。36名山岳派成员从议会除名,左派群龙无首。

从此刻起,巴黎不再能够于法国的政治角逐中占有一席之地,并且直到1871年的巴黎公社一直保持如此。左派议员或逃跑或入狱,全体选民犹豫不决,军队无力再次设置街垒,不再拥有武器来反抗猛烈袭击巴黎的镇压。此后,山岳派幸存者的首领都为默默无名者,例如泥瓦工马丁·纳多(Martin Nadaud)或来自布尔日的律师米歇尔(Michel)。然而,此次巴黎的游行在外省的工业城市中引发了回应:里昂爆发了流血街头冲突;大量城市甚至乡村爆发了动乱,尤其在阿列省。

反动派的法令

镇压手段的法令此后为总统和政府提供了帮助。问题并不在于触及普选的原则,却在于避免选举令人厌烦的右派议员:1850年4月,《巴黎的奥秘》的作者、大获成功的连载小说作家欧仁·苏,击败秩序党派的候选人在巴黎当选为议员。时间起了作用,左派恐怕有朝一日将通过合法渠道夺取政权。5月31日的法令将至少在3年之内不居住于乡镇的选民排除在投票之外。经常更换工作和住所的工人阶级因此失去了投票权。300万的选民被排除在投票之外。在巴黎,1/3的选民被迫保持沉默。北部城市的比例为50%,鲁昂为40%。然而,乡村区划保留了全部的人数。

全体选民遭到如此清洗,反抗势力将进攻被指控抱持邪恶计划的报刊。倾向于社会主义的报刊难道不该为右派在选举中获胜负责?需要迫使其沉默。鲁埃（Rouher）对此负责，由他促使通过的法令重新确立了印花票税，增加出版的保证金和费用。需要成为富人来开办报纸，同样需要资金来购买报纸。人们抨击资金不足的报刊，那些通过义务合作来存活的报刊。在街上张贴报纸需要获得行政长官的许可。为了在法庭上追捕到负责人，报刊中出版的文章需要全部署名。同样地，一部镇压的法律打压俱乐部，使之不得不关门；遏制剧院，为了演出，他们不得不得到内政部长的许可。

由正统派法卢筹备的有关教学的法令为反抗手段提供了补充，它使年轻人远离右派所有思想的影响。在议会，蒙塔朗贝尔解释了为什么法卢的法令"将使宗教进入教学中"，并非为了扼杀理性，而是为了控制、训练、阐明和净化理性。蒙塔朗贝尔说道："需要帮助'神甫捍卫秩序'，通过传播社会主义党派的学说，反对试图混乱秩序的教员。"

小学教师的确是秩序党派的靶子。梯也尔希望将其解职，他声称做好了在基础教育中放弃教会的准备，而不愿将年轻人交由"危害社会秩序之人"。与蒙塔朗贝尔和迪邦卢（Dupanloup）大人一道，信奉自由主义的天主教徒为"教育自由"，即为国家放弃教育垄断而战。他们不愿仅仅为了教会的利益而利用垄断。1850年3月15日，法卢的法令赋予行政长官任命小学教师的权力。宗教人士能够成为教员。教育事业应当受到行省的政府官员和宗教人士的管控。任何能够证明自身能力之人都可以开办小学。任何专业人士都可以开办初中。国民教育委员会以及科学院委员会向教士阶级的代表开放。

法令应当向教士阶级交还教育支配权。基督教学校的教友在初等教育中重新取得特权，基佐的法令曾经对其产生了威胁。短时间内，教会开办超过250所初中。超过600名世俗的小学教师被解职。公元1850年，教会的小学接收法国儿童的15%，15年之后接收率达到21%。对于年轻女子来说，入学率为55%。在初中教育阶段，大约一半的年轻男孩接受宗教教育。尽管资产阶级仍旧不信教，但是他们大量地把自己的子女送到耶稣会会士所办的初中。出于对阶级的惧怕，他们忘记了曾经的反教权主义。唯独高等教育幸免于教士的感染。

总统与议员的冲突

三大右派

　　统治阶级对自己及其对社会深层的控制坚信不疑，对政治氛围的不确定性感到非常不满。一旦左派被推倒，右派从未如此分裂：出于反对奥尔良党人的情绪，正统派右派将选票投给共和主义者。他们厌恶社会主义者以及铁路，厌恶路易-菲利普时期的银行家以及反教权的公证人。他们维护"这个"社会，却保卫"他们的"社会，维护上帝的秩序，并非社会秩序。如果说他们最终违心地归附秩序党派，是出于符合自身意愿的复辟的愿望的话，那么他们同样憎恨梯也尔和亲王-总统。他们远离犬儒主义和"实证主义"。他们希望完美的政治。

　　奥尔良党人被迫处于梯也尔的视野，注重实际且是马尔萨斯主义的视野。这位野心勃勃的矮个子男人并未放弃重建君主制。然而，他感到需要争取时间，并且暂时任由这个拿破仑炫耀自己。奥尔良党人被过分指责为动乱的始作俑者，以至于他们不能忍受被迫保持沉默。他们应当支持秩序党派的解决办法，即便其为暂时的。右派中唯一毫无顾虑地支持拿破仑的一派提倡独裁者，他们梦想着全民表决、专制以及重新掌控议会。异常重视自由和控制议员的秩序党派的显贵们必定与拿破仑及其友人发生冲突，因为后者开始打算发动政变。

拥护君主政体者不能与王位的唯一候选人达成一致。正统派坚决拥护亨利五世（Henri V），尚博尔伯爵，查理十世的继承人。奥尔良党人未从尚博尔伯爵的拥护者那里得到任何保障，打算推举茹安维尔亲王（prince de Joinville）为下一届总统选举的候选人。路易-拿破仑对此采取行动：意识到在这个国家内部，任何的复辟意图都不得人心，他改组内阁，发展自身的宣传。他将戏剧般被称为"城堡指挥官"的奥尔良党派的部长排除在政府之外，取而代之可靠的友人鲁埃、比诺（Bineau）以及阿基里斯·富尔德（Achille Fould）。路易-拿破仑巡游法兰西，出现在所有的城市，尤其是那些工业城市，他希望将其拉拢到自己的阵营。他在村镇重新布置，抓住一切机会来发表公开声明，重申在民众中取得的信任以及对秩序的诚意，绝非反革命右派的许诺，而是推动发展的承诺。在外省的巡游使得路易-拿破仑有条理地探访了整个国家。他在各地展示了自己在政治未来方面的抱负。他表示赞成强有力的行政权，唯其有能力结束分裂，赞成议会的权力的限制，将把握任何使议会丧失威信的机会。路易-拿破仑表示，应当修改宪法，而且应该由全民投票来征求意见。拿破仑说道："法兰西既不愿重回旧制度，不论其为何种形式，也不愿尝试致命的难以实施的乌托邦。因为本人是以上两者任何一方的敌人，所以法兰西赋予本人以信任。"

12月2日的政变

路易-拿破仑关注军队的忠诚。1850年10月，在萨托里高地巡查时，军队高喊："皇帝万岁！"指挥官尚加尼耶感到害怕，他不得不试图抵制"军事政变"如此明显的迹象。亲王-总统立刻将其免职，得到了军官的欢呼鼓掌。君主政体拥护者自此明白军队已经准备就绪发动政变。梯也尔说道："帝国成立。"

一些煽动人心的举措加速了事件的进展。1851年11月，亲王-总统向众议员提议恢复由选举法取消的普选。为了不再赋予工人阶级选举权，议员们拒绝了该提议。议会因此失去威望，它拒绝改变宪法来使得拿破仑拥有再次被选举的资格。为了对抗一场政变的威胁，议会试图取得依法直接征用军队的权力，却未遂。该计划能够挽救议会制，然而大部分的议员对其投否决票。人们完全疯了。

由拿破仑信徒组成的委员会在亲王身边筹划政变：路易-拿破仑同母异父的兄弟莫尔尼公爵（duc de Morny）、非洲统帅圣阿尔诺（Saint-Arnaud）将军以及巴黎行政长官莫帕斯（Maupas）。时间定在12月2日，拿破仑一世的奥斯特利茨大捷纪念日。计划为一下子逮捕反对派的所有议员，使国民护卫队和印刷厂保持中立，向军队和人民分别发表公告。

12月1日，人们在爱丽舍宫举办大型舞会。夜晚，3万名士兵在巴黎，尤其在众议院附近整装待发。梯也尔、拉摩里西尔、卡芬雅克以及尚加尼耶被捕。亲王的告示四处张贴，宣称普选被"确立"，宣布戒严。政变如同一场军事行动，它对准的是秩序党的众议员。有人建议民众要求亲王-总统筹备新的宪法。

国家爆发的反抗

共和党派未能组织反抗：250名议员勉强能够在第十区区政府集

会来宣称"废黜"共和国总统。他们立刻被捕。12月3日，共和党派议员试图煽动东部各区。街垒筑起，议员博丹（Baudin）身亡。然而，圣阿尔诺将军消灭了一切反抗。4日晚上，巴黎归顺。

在工业地区以及诸如下阿尔卑斯省、克勒兹省以及阿列省的"红色"农业地区，外省爆发零散的反抗：32个大省被围攻。这一反抗为镇压提供了合理借口。工人阶级投票支持拿破仑：他命人逮捕共和主义者。设立在各省的委员会负责列出可疑分子的清单。26000名反对派被捕，1万名被流放，其中大部分人流亡到阿尔及利亚。在法兰西，不再存在共和主义者。维克多·雨果反抗政变而无果，开始了长达19年的流放生涯。

通过全民公决，12月20日，路易-拿破仑得到所有权力来改变宪法。将近750万票赞成政变，64万反对票。第二共和国成为过去。

新政体

在公共舆论的所有阶层里，全民公决的结果被欣慰地接受。1848年2月的革命并非如同1830年的革命一样为一场简单的政治动乱。它严肃地对社会秩序提出怀疑，即便1789年的大革命也不曾敢于作为，甚至于1793年也不曾如此。所有制、自由以及自由主义为民众暴动所指定的受害者。基于此，1848年的革命可被视为第一次工人暴动，作为巴黎公社的排演。因为这次革命的主阵地在巴黎，其在外省的回应很薄弱，在那里维护秩序更加容易，使得钟情于社会和平的外省反抗巴黎的动乱相对容易，这一工作由普瓦捷街的资产阶级显贵完成。

当亲王-总统打算摆脱那些"城堡指挥官"之时，他同样依靠外省的力量。他深知奥尔良党人对其而言为无军队的敌人，因为相较于失去威望的议员不堪一击的权力，奥尔良党人的军队宁可追随得民心的首领拥有的真实的权力。亲王的一系列手段在于结束这一威信的丧失，将其同时散布在右派的工人领域和古老法兰西的乡村。他因此成为市郊和村庄的当选者。法兰西厌倦了多嘴多舌的议会议员，厌倦了古老家族和近来的争端，已经准备好迎接帝国的到来。

然而，帝国将其颜色现代化。与王朝建立者的希腊罗马式建筑风格的纪念碑大相径庭。的确，亲王以继承于伟大的拿破仑一世为荣，这份继承为他在乡村和军队带来威望。然而，同样需要征服新生阶层——商人、批发商这些30年来被大资产阶级排除在投票箱之外的选民。需要争取到在职人员，甚至工业企业的团队。他们为待命拥护者。他们与共和派的年迈的显贵无牢固的联系。他们不希望复兴，厌恶混乱。对于所有这些"注重现实的"法国人来说，帝国不是过去的重新显现，而是一场深入革命的誓言，是在1830年由一位古怪的预言家所昭示，即圣西门伯爵的工业革命。

最终，帝国能够以在城市地区争取到共和主义者的拥护者为荣。社会主义对工人领导相当于苦役犯监狱。共和国带来的是毁灭、失业以及暂时的救济。帝国许诺的是繁荣、生机以及不久之后的罢工权。帝国趋向于社会事务。

帝国同样自称民主。路易-拿破仑强调新政体的民众的起点。共和主义显贵在选举全民表决上弄虚作假。奥尔良党人意图为了自己的利益使用民主制度。通过全民公决，帝国以实现了毫无弄虚作假的真正的普选为荣。

在显示出的意愿与选举现实之间，必然存在一个巨大差别。帝国的行政长官比七月王朝的官员更懂得如何操控异常扩大的全体选民。

帝国制造方法来控制普选。对于民主政体，路易-拿破仑的表现与从前拿破仑一世对宗教表现出的犬儒主义如出一辙。法兰西寻回马基雅维利掌权。

"12月2日的政变"所展现出来的暧昧是显而易见的，它并未满足任何一个政党，却给每个政党以其敌对阵营有更加多的不满理由的印象。的确，共和主义者遭到打压，但政变首先使得君主制拥护者丧失信誉。君主制拥护者的首领入狱，官员流亡，然其军队满意地看到共和主义者被判处流放阿尔及利亚。

敌对阵营的中立在新政体下得到实现。同样还有工业发展跃进和法兰西在国际舞台上势力回归的许诺。在超过35年的起伏之后，这并不是微小的安慰。

第十五章
第二帝国的革命

在1848年爆发的革命之后,接踵而来的是长达20年的事物深入的革新。1852年,身置滑稽装饰的古老帝国式的穹顶之下,顶上置有一只毛色发亮的健壮的老鹰,除去统治时期的外部环境之外,如今掌权之人与其叔父拿破仑一世截然不同:他从第一帝国继承了某种形式上的动产。他不愿骑俄国皇帝亚历山大的战马,也不愿前往莫斯科。如同路易-菲利普,放眼全世界他最中意的国家是英国。

因为路易-拿破仑·波拿巴是一个无偏见之人,却并非一个无教养之人。继承了拿破仑一世军事的残暴的是在杜勒丽宫的一位继承了巨额遗产的优雅的翩翩公子,他不再需要拔枪射箭来争夺地位。他留有山羊胡子,细小的胡子,偏爱英国式发型,花费时间来追逐女色,正如人们所说,这些并非"伟大的"拿破仑的习惯。

在政治方面,路易-拿破仑拥有两种经验:一种来源于书本,另一种来自密谋。曾为烧炭党党员的拿破仑使用生活秘方,在秘密组织友人的帮助下取得权力。在男人身上,他将忠诚与能力看得同等重要。他仅仅培养显要人物和"政治家",偏爱打手成为其同伙。

皇帝的阅读是奇特的、有预见性的和具有哲理性的。长期被路易-菲利普关押在哈姆堡,如他个人所言的"哈姆堡大学",路易-拿破仑阅读圣西门、"社会的"文学以及实证主义作品。"拿破仑的脑袋如同一片放养兔子的树林,在那里其主意像兔子一样层出不穷",帕默斯顿(Palmerston)说道。他的启蒙老师并非孟德斯鸠或卢梭,却为奥古斯都·孔德和圣西门。他相信科学和整治,因为他相信未来。在这方面,他的确如同这一代人。路易-拿破仑刚刚掌权,还未过多地关心政治环境,他便专心于实现基佐所梦想的:经济和社会的扩张。然而一开始,他便将古老的法兰西资产阶级的恐惧和偏见抛诸脑后。

秩序下的发展:1852—1860年

政治环境

在民主制方面,路易-拿破仑仅仅保留其形式,即普选制度。在12月2日的政变之后,1852年1月14日颁布的宪法将一场持久的奥尔良党的复兴的愿望打破。在普选中,一位共和国的总统的任期被选举为10年。他是唯一拥有行政权和立法创议权之人。

三个按部就班的议会为古老帝国的纪念碑。"立法团"投票通过法律,"参议院"审查,将宣布该法令是否是符合宪法的条令。150名终身制参议员由共和国总统任命。他们中的一些人是右派成员。赋予参议员客观的收入以确保政体免受任何微弱的抨击和反对意愿的损害。他们是领取年金之人。

"立法团"的议员由普选选任，任期为6年。他们投票通过税收，讨论总统的法律草案，总统亲自任命"立法团"的议长。总统同样确立开会的时长和日期。某些立法措施、参议院法令不由国民议会掌控，它们由参议院直接许可。递交到立法团的法律草案不接受任何修正案。讨论既不公开，也不会被出版。政府仅仅对共和国总统负责。

第三个议会，行政法院的角色纯粹为技术员：40或50位参事筹备需要得到总统许可的法令草案，并且在另外两个议会上维护该草案。

事实上，此为帝国的结构。只需将总统转变为"皇帝"来建立新政体。一些多多少少出于自发的由省议会签发的游行足以使全民投票的组织合法化；一场在波尔多发表的演说应当能够使欧洲安心。"帝国，即和平"，拿破仑说道。

帝国，即秩序

1852年11月21日，通过780万赞成，25万反对以及200万弃权，帝国得到了法国民众的认可。12月2日，帝国庄严宣告成立来纪念政变。拿破仑三世如同其叔父一样，成为"法国人的皇帝"。

在法兰西内部，拿破仑三世所表明的政治目的为秩序中的和解："同拿破仑一世一样，"他在波尔多说道，"本人有太多之事有待征服。本人希望同他一样使得分裂的政党和解，将走向毫无价值的自我迷失的敌对的偏离引回到人民大众的大洪流之中。"

帝国因此在某种得人心的合法性中安置下来，即全民投票和普选赋予的合法性。反对派被视为生活在社会边缘之人，为了特殊的利益，他们致力于对和谐与国民的一致提出怀疑。

正式使用的普选因此成为新秩序的托辞。政体不再对为取得选取权的纳税额而怀有负罪感。它无须保护显贵这些敌人。为了打压显贵，政体以人民的意愿作为参照。为什么维护显贵的报刊的自由，只因他们对皇帝说尽坏话？由于监督和异常严格镇压的制度（1852年2月17日颁布的敕令），报刊被迫保持沉默。议会不再拥有控制预算的权力，他们本该全部一个接一个进行投票。内政部部长佩尔希尼制定了"官方候选人"系统，因为需要保护人民免受显贵阴险的宣传之害，需要使人民立刻认出谁才是"合适的"候选人。

佩尔希尼说道："800万选民如何能够在如此多的各方面都值得称道的候选人中达成一致来挑选？在这一方面，政府必须给予选民启发。"

行政长官因此接收到指令来专门推动候选人的竞选。他们持有空白的竞选广告，拥有最有希望的候选人，他们的竞选费用另有人负责。官方报纸为法兰西唯一的首要报刊，它支持这些条件姣好的候选者。

得益于这些手段，选举结果并不会出乎人们的意料。内政部部长在一份著名的传阅文件中警告行政长官：政府仅仅培养了持不同政见的议员。他说道："政府不关心候选人的政治履历，他们真诚且诚挚地接受事物的新秩序。然而，与此同时，政府要求你们不要怀疑和提防民众，提防其显而易见的倾向并不符合新法规的精神。"

在如此的情况之下，选举仅能使绝大多数人满意：反对派泄气。在右派中，正统派建议弃权。西部地区的各个伯爵与侯爵隐退到各自的城堡，放弃了市长或省议会的公共事务。正如勒内·雷蒙（René Rémond）所言，此为"第三次贵族流亡"。躲过连续镇压的共和主义战士被流放至阿尔及利亚。1852年的选举中，仅有3名反对派当选，他们拒绝宣誓。1857年，包括儒勒·法夫尔（Jules Favre）、恩斯特·皮卡（Ernest Picard）以及奥利维耶在内的5名反对派当选。仅有65%的法国人参与投票，但是这些人却听从行政长官的建议。

这一普选的观念便导致议会事实上的中立：议会不仅很少保留权力，其立法权力的核心部分被剥夺，而且其议员在可怕的选举压力之下被招募。政治秩序不能承受任何微小的威胁。路易-拿破仑熟悉阴谋与秘密组织：除了取得政府许可的团体，他下令禁止秘密组织。1858年1月，奥尔西尼发起的恐怖袭击促使强硬派拥护者进一步加强镇压手段的强度：一条"全面安全"的法令赋予政府逮捕反对派的权力，并将其不经审判流放。

因此，秩序便伴随着强大的魄力得到保障，正如基佐曾经不敢想象的那样。的确，基佐并非民主人士。自由主义的古老原则被轻快地存放起来。这些原则过度服务于社会集团的系统，以至于人民大众对它不会深感怀念。但愿希望成为完全权威的帝国能够使大众满意：不论为工人或农民，法国人不会对加于梯也尔友人身上的侮辱表示同情，而如果他们曾经拥有如圣西门所说的"敏感的心灵"，在1860年，他们已经完全忘记了于1851年流亡异乡之人。

帝国，即战争

拿破仑执政时期的最初几年，其军事威望足以使人忘记昔日的镇压，而且赋予法兰西及其军队某种荣耀。在这一方面，拿破仑并未吝啬：军队找回鼓乐队，发放毛皮高帽，而"百人卫队"的新制服使得"古老卫队"的服装相形见绌：即便军官都拥有其使人联想起往日荣耀之名。

胜利却难以取得。在克里米亚半岛，拿破仑三世争取到英国作为同盟。从法国一方来说，混合远征军以保护受到沙皇威胁的神圣联盟为由着手进行。战争持续了两年，1856年，麦克-马洪（Mac-Mahon）夺取塞瓦斯托波尔，促使签署巴黎和约：黑海中立，土耳其奥斯曼帝国取得了欧洲强国的担保。新执政期从苦难中成长。

意大利战争更加艰难，更加引人注目。同从前一样，法国人并不具备合理的理由前往意大利，但是拿破仑三世继承了波拿巴家族对意大利的偏爱。此外，他坚信欧洲的未来在于建立新的国家。他阅读《圣赫勒拿岛回忆录》。

再一次，法国人劝阻这场阿尔卑斯山那边的冒险。狡黠的皮埃蒙特人加富尔（Cavour）懂得说服，并且找到方法来动员皇帝。意大利的统一性值得一场军事介入。在加富尔与拿破仑在普隆比耶尔的会面之后，法兰西与皮埃蒙特-撒丁岛王国的同盟缔结。他们向占领意大利的奥地利帝国宣战。

战争很快结束（1859年4—6月），却异常血腥。麦克-马洪在索尔费里诺艰难地攻占马真塔：17000名法国士兵阵亡。结束了战争的苏黎世和约将皮埃蒙特让与米兰王国，然而奥地利保留的威尼斯共和国使其在意大利留有权力。的确，不久之后，一个意大利北部的王国将与托斯卡纳和艾米利亚一起围绕着皮埃卡蒙成立。经得加富尔的同意，法国在尼斯公国与萨瓦公国组织一场全民公选。意大利尚未实现其统一，法兰西却改善了本土。帝国的威望从未如此盛极一时。

在官方报刊中，人们对于法兰西最终抹除了1815年的"耻辱"感到满意。事实上，法国外交位于欧洲和平的中心，在巴黎会议中，如同在苏黎世和约中。40年来，只要新国家还未成立，人们就会忘记法兰西仍为欧洲大陆上的主要强国。矛盾之处在于，伴随着其民族政策，帝国展示出的却是反面。

事物的变革

圣西门主义者将银行洗劫一空

在经济和商贸领域实现的变革使得皇帝成为同谋。克里米亚半岛战争，在意大利的短暂介入下造成了人力的巨大损失，虽带来了威望，却并未介入国家深处。相反地，铁路将在10年之内修建，立刻调动了国家的全部兵力，彻底将法国人的日常生活扰乱。

为了实现这场变革，据佩雷尔（Pereire）所言，需要银行实现"资金的普选"。从1848年以来，储蓄瘫痪。银行定期利息的短暂下降使得小额证券持有人产生恐惧。然而，帝国将从澳大利亚和加利福尼亚的金子的定期和大量汇入中获益。流通中的大量金属数量持续上升，引发了物价持续上涨，长期激励企业发展。为了使储蓄金失去有利地位，通过建立新的用于投资的银行系统的方法足矣，而不需如同古老的奥尔良党人的银行那样为了家庭风险而支付有限的利益。佩雷尔家族曾为罗思柴尔德的雇员，是圣西门的读者。与罗德里格斯（Olindes Rodriguez）、昂方坦（Enfantin）和"父亲圣西门"的其他信徒一道，佩雷尔家族坚信为了谋求发展，工业革命不得不将古老银行洗劫一空。

得益于拿破仑三世的帮助，创办于1852年的"以有价证券作担保的贷款银行"将为该世纪从小型投资到大型商贸带来巨额资金：铁路、蒸汽航行以及新兴工业企业。对于圣西门主义者来说，不流动的资金应当受到谴责，储蓄者相当于小偷，唯有流动的资金是合法的，它创造活力、工作和生活。金钱应当不仅仅带来利益，需要同时带来积极性。应当推翻中世纪对有息贷款的诅咒。利润不应当遭到诅咒，如若其帮助人类更好地生活的话。

无须经政府许可便可以建立有限责任公司的法令使得里昂商人亨利·热尔曼（Henri Germain）在1863年创办"里昂信贷银行"，它将大大地走出省级的框架成为大型国家商业银行。从1852年12月开始，"不动产信贷银行"同意针对早期的抵押作长期贷款，以便为城市大型作业区提供资金，而对农业活动的资助相对少些。其他的银行创办于混乱中，渴望在惊人的商业扩张中分一杯羹，如"不动产公司""工业信贷总公司"，等等。

的确，奥尔良党人的高等银行保留了其势力和威望。例如罗思柴尔德银行在铁路方面、富尔德（Achille Fould）银行以及马莱（Mallet）银行都对佩雷尔家族发动了残酷的战争。始终处于国家银行地位的"法兰西银行"的特权于1857年得到更新，其使命为使货币市场合法化。自从克里米亚半岛战争开始，国家纸币直接投放给大众，不经由高等银行的柜台作为中间人。这远远不是法国人最常用的投资方式。1860年，据估算，200亿的投资中，绝大部分被投放在收益为5%的（90亿）国家证券上、铁路上（65亿）以及工业证券上。此为国民性格的其中一个特征：与盎格鲁-撒克逊人不同的是，比起工业股票，法国储户更信任国家的定期利息。佩雷尔家族与其他的圣西门主义者无力改变这一国民性格特征。

法兰西的西部

在线路修建之际,铁路将以一种惊人的方式表现出各个银行团体之间不为人知的猛烈的对抗。皇帝在其波尔多的讲话中承诺扩张:"我们拥有广阔的未耕作土地有待开垦,道路有待开放,港口有待开凿,河流有待通航,铁路网有待竣工。"

事实上,这一铁路网将成为国家审慎的专注的承载物,并引起新旧银行之间无情的敌对。

作为忠实的圣西门主义者,皇帝同样希望通过在山中开凿隧道以及在河道上铸造桥梁来"整顿版图"。他了解到法国的网状系统十分贫乏,1848年仅有4000千米的铁路。应当在5年之内将其翻一番,18年之内翻五番。一开始缓慢且无保障的车头迅速蜕变成时速100千米的机器。在巴黎,卡耶工厂在某个时期每天出产一台火车头!在帝国初期,法兰西拥有不足1000台火车头;到了末期,其数量增长了5倍。为了从巴黎抵达地中海沿岸,需要16个小时的火车车程,而乘马车则需要一周的时间。

这些成果在一种猛烈敌对的氛围中得到实现,发生敌对的罗思柴尔德家族在七月王朝期间开发了收益最显著的线路:加莱—里尔—巴黎线,而佩雷尔家族不得不满足于获益较少的线路。在争夺PLM线路(巴黎—里昂—马赛)控制权的战争中,罗思柴尔德家族在铁路工程师塔腊博(Paulin Talabot)的帮助下获胜。佩雷尔兄弟成功"劫走"巴黎—图卢兹线路,他们将其以异于美国的方式举行落成仪式:佩雷尔两兄弟每人站在火车头的高处,各完成一半路程。报刊在接合点处被接待，在喧杂声中，他们在那里互相拥抱。"大型交换局"的创办使得巴黎—里昂—马赛线路经过中央高地"翻倍"，引起了一场巨大的广告运动。佩雷尔兄弟在整个巴黎签发股票。然而，工艺技术方面的困难使得企业将面临异常糟糕的麻烦。

为了调动储蓄、筹集必要的资金，各个企业为小持票人发放大量的债券。1859年，政府促使铁路公司合并成六大公司：北方公司（由罗思柴尔德掌管）、奥尔良公司、巴黎—里昂—马赛公司、西部公司、东部公司以及南部公司。巴黎周围的星形运行线将在执政末期竣工。皇帝亲自为巴黎—斯特拉斯堡线举行奠基仪式。巴黎—巴约讷线与巴黎—马赛线在帝国末期得到开发。英国人能够乘坐火车由加莱抵达马赛。

从此之后，被称为"站台"的火车站将在城市扩张中扮演重要角色。这些火车站通常建立在城市周边，它们迅速成为新城市的中心。铁路增加了就业：在公司的中枢岗位上、火车站内以及车辆生产线上，需要招募新员工，对其进行培训，将其留在岗位上。线路和器材的修建使得赋予冶金工业决定性的推动力。然而，公共工程同样向前跃进。某些艺术作业促使了工艺技术决定性的革新。例如由萨瓦的工程师索迈耶尔（Sommeiller）修建的蒙思尼隧道，发明了风动凿岩机。得益于火车站和高架铁路的修建，大型铸造作业工艺取得了显著的发展。最终，铁路轨道需要越来越多的钢材，而非生铁，这促使钢铁冶炼朝着新的方向发展。

新工业地图

蒸汽机在各个领域的发展迅速：在工业上，在20年之内，蒸汽机

第十五章 第二帝国的革命

器由5000台增加至28000台。由于北大西洋航线的大型帆船和赛艇之间终日激烈的竞争，由于缺少海洋之间的运河，以蒸汽驱动的船舶数量增长一倍。由雷赛布（Ferdinand de Lesseps）创建的苏伊士运河的落成仪式仅仅于1869年举行。然而，两大航运公司在法兰西成立：一个为由佩雷尔兄弟建立的"大西洋轮船公司"，与驶向美洲西部的冠达邮轮和驶向波罗的海国家的汉堡公司竞争；另一个为"法国邮船公司"，由马赛和波尔多发船开往东方和远东地区。

各个港口成为大宗投资的对象，此为新建铁路线路的结果。港口为新式大型蒸汽船的起点，其吨位迅速上涨，与此同时吃水深度也快速增加：1820年，平均吨位为148登记吨，到了1870年则达到317登记吨。北大西洋的大型客轮重量超过3000吨。所有的大型港口实现现代化，具有更加深邃的盆地、更加绵长的码头以及常常由蒸汽驱动的高效的起重设备。马赛、波尔多，尤其是勒阿弗尔、敦刻尔克和圣纳泽尔被投入国际使命之中，在执政末期，其使命完成。

蒸汽的发展使得所有老式工业动荡不安。1848年，纺织业为经济活动的主要部分。尽管手工传统仍然存在，尽管在乡村地区住所工作仍旧维持，但是在阿尔萨斯和诺曼底的棉纺织中心，在里昂的丝织厂，甚至于羊毛厂，机械化在纺织行业持续发展。

1870年，不论法兰西的棉纺织集团多么强大，他们并非工业活动中最为活跃的部门。1854年，圣克莱尔·德维尔（Sainte-Claire Deville）发明了加工铝土矿的技艺——铝工业。人们懂得如何大量生产钠。人们在电力领域的开发速度越来越快。电报机已经对公众开放使用。1856年，贝塞麦（Bessemer）程序的发明使得钢材生产迅速翻四番，生铁生产翻三番。

即使是在农业部门,工业的发展也能够被感知:得益于铁路的修建,乡村多余的农民轻而易举抵达城市。

在乡村,价值增长的土地趋于合并。农业工人数量不多,其薪酬增长将近一半。面对持续增长的农产品的价格,大产业主能够允许自己进行投资。他们购买现代化设备、全铁质的福勒(Fowler)式耕犁、蒸汽打谷机、麦考密克(Mc·Cormick)收割机以及类似于秘鲁硝石的天然肥料,或者磷酸钙这类人工肥料。

拿破仑三世关心增加有用耕作面积,将索罗涅进行排水,排干东布池塘和布雷讷池塘。国家级的农业从未达到如此的规模。在朗德地区,人们固定沙丘来种植美丽的松树林。人们渐渐地可以看到目前法兰西的样子。独特的革命同样波及风景。

铁路的发展促进了单一作物大片种植的趋势。朗格多克大省种满葡萄树。整个北部平原种满甜菜,而蔗糖工业从未如此繁荣。各个城市的四周种满蔬菜。诺曼底、沙罗莱地区以及莫尔旺,其整个地区都专门从事畜牧业。在北部平原和巴黎盆地,农作物的种植变得工业化。为了种植小麦或优良品种的小麦,人们放弃种植黑麦。

在乡村地区,村庄不再为零散生产的中心,人民的生活得到改善。得益于邻近的火车站、村际道路和公路的发展,大宗贸易的商品能够由此流通。在乡村,四处可见的茅屋开始被修建成砖瓦房。人们购买家具,平衡膳食,消费更少的谷物、更多的肉类,饮用葡萄酒。农民开始成为消费者,他们购买城市的纺织品和手工制品。

女士们的幸福之事

贸易全面增长,然而一项新事物将深深地在人们的精神状态上打下印记:"百货商店的革新"。在《女士们的幸福之商店》中,左拉(Zola)描写了吞噬了"小商店"的大型建筑群不可抵抗的林立。春天百货、卢浮宫、莎玛丽丹百货公司、乐蓬马歇百货公司以及美丽花坛百货公司是第二帝国的创造物。一个令人印象深刻的汽车公园、一支真正的车夫大军、马夫、销售者以及调度员每日出入这些繁忙的场所。在新开的"柜台"上,雇员站立整齐,顾客能够以最合算的价格买到几乎整个法兰西制造的商品。

通过在巴黎举办"世界博览会",拿破仑三世亲自将法兰西制造的商品介绍给外国民众。1855年的世界博览会接待了超过500万游客,向公众展示了圣克莱尔·德维尔的铝钢锭。1867年在战神广场上举办的博览会迎接了超过1100万游客,展出了最新发明的工艺,例如空气压缩机。

在商贸方面,皇帝是一个自由主义者。他认为边境关税的取消能够加速促进工业发展,并且完善企业的集中运动。在这样的精神指导下,1860年与英国签署的自由贸易协议得到了圣西门主义者的强烈支持,后者希望竞争爆发,希望看到优异者获胜。法国人米歇尔·谢瓦利埃(Michel Chevalier)与代表英国的理查德·科布登(Richard Cobden)达成一致:法兰西不再禁止英国商品;依据随着时间逐渐下降的价格,仅对其征税;法兰西商品尤其是葡萄酒,能够在英国的各个港口免税进口。与该自由主义精神相应的其他协议将与比利时、德国、意大利和其他的欧洲国家缔结。殖民条约被取消。法兰西赤手空拳接近工业时代。

不动产的黄金时代

法兰西的社会运动与经济相比行进较为缓慢：乡村人口的稳定引人注目。尽管铁路发展，在帝国末期，69%的法国人仍生活在乡村。从数字上来说，工业仅仅涉及国家的一小部分人，并非像在英国涉及人口的绝大部分。中产阶级的致富尚未爆发。

的确，投机买卖吸引了所有的资产阶级，不论其为大资产阶级或小资产阶级，尤其是大资产阶级从中获益。然而，第二帝国是新人类——煽动者、证券所、铁路公司和不动产的暴发户的黄金时代。

不动产的投机买卖促使财富快速累积。人们在城市中大兴土木，里昂、马赛和里尔这些城市至今仍保留着当时的特征。如同巴黎的福煦（Foch）大街，马赛的天堂街均始于第二帝国。

尤其是奥斯曼男爵（baron Haussmann）重建的巴黎，在土地信贷银行的资助下，即将成为一个巨大的施工场地。双轴线被创建：一条为南北线，经由塞瓦斯托波尔大道和圣米歇尔大道，由巴黎东站到巴黎天文台；一条为东西线，经由圣安托尼街区、里沃利街以及香榭丽舍大街，从民族广场到星形广场，在经由圣日耳曼大街的塞纳河右岸增加一倍长度。宽阔的大街和宽敞的十字路口将巴黎围起，如同歌剧院大街，在必要时能够使得军队轻而易举被调遣至巴黎。在环城市郊各区修建树林，例如布洛涅林和万塞讷林。修建巴黎歌剧院，清空如巴黎圣母院这类古老的建筑物，在维奥莱-勒-杜克（Viollet-le-Duc）的鼓动下将其修复。

在巴黎城市中，"大家族"习惯于居住于西部的"美丽街区"，奥特伊街区、帕西区以及特罗卡代周边得到全速兴建。工人阶级的遮风挡雨之地为美丽城高地和梅尼尔蒙当街区，在所有的东部街区，在巴黎北部的巴提诺勒街区，在西南部的格勒内勒街区。巴黎的艺术家始终居住在古老的街区和从前的市郊，从此之后与新街区对立而望。

苦难阶级与胜利集团

在第二帝国期间，工人阶级的生活条件得到了局部的改善：巴黎的专业工人的工资上涨将近25%。的确，物价的全面上涨使得工人工资的上涨变得完全有名无实。巴黎中心房租价格的提高使得工人阶级不得不居住到远离工作地点的地方。社会不平等初现端倪。

相较于七月王朝时期的"前人们"，第二帝国全职工作并且赚取加班费的工人吃穿用度更加舒适，生活更加幸福。生活方式改变，巴黎人享有更多的娱乐活动，交通更加便利。然而，开销却无限增加。

资产阶级社会几乎将古老的贵族社会全部吸收。银行家的女儿们开始嫁给公爵。利益使上层社会平等，将穷人驱逐出去。巴黎的"宴会"在左拉笔下被称为"上层的狂欢"，它们的排场展现在从歌剧院到杜勒丽宫，从"新雅典"（从前的毕加尔街区，居住着银行家和艺术家）的私人府邸到树林大道的豪华敞篷马车，到"交际花"的小宫殿。拉巴伊瓦（La Païva）的私人府邸难道不是位于香榭丽舍大街上的有名气的小宫殿？特奥菲尔·戈蒂埃以及所有算得上巴黎的显赫人物难道没有冲向这位高级妓女的会客厅，在那里的天花板上由博德利（Baudry）绘上其裸像？杰出人物从前奔赴贵妇人的府邸，在第二帝国期间，他们冲向交际花的住处。

在共和国时期，左拉大肆攻击帝国的上层社会，后者激烈地抨击波德莱尔（Baudelaire）的《恶之花》以及福楼拜的《包法利夫人》，要求损害赔偿。通过其伤风败俗的虚构作品，两位作者难道没有给社会造成损失？巴黎狂乱的狂欢不阻挡检察官控诉艺术家，也不阻止路上看热闹的巴黎人群给马奈（Manet）的画作喝倒彩。通过《奥林匹娅》这幅画，难道马奈不曾大胆地以一个赤裸的女神来展示某类猥琐的用人？在其《草地上的早餐》中，他难道没有使得其中一个客人赤身裸体，而其他人则身着服饰？如此的场景意味着什么，难道是教唆花天酒地？库尔贝（Courbet）的"活着的艺术"在评论界面前并未得到幸免。人们认为其画作过于"大众"，过于"通俗"。《奥尔南的葬礼》展现出了一幅悲伤的画面，"其友人"蒲鲁东面现忧虑。在火车站附近为工人阶级修建起铸铁大教堂，这个时代对此喜闻乐见。时代不愿见到艺术扰乱人心。艺术应当安抚人心，例如米勒（Millet）略微带有忧愁的画作，或者君士坦丁·盖（Constantin Guys）勾勒上层社会生活的油画。

希望看到和平的帝国同样希望社会稳定。它对教会寄予厚望来安抚工人阶级。拿破仑三世在波尔多的演说中说道："本人意愿为这个人口众多的国家赢得宗教、道德以及富裕，在这个有信仰和信念的国家中间，人民勉强了解耶稣的训诫。"

拿破仑将感到失望：在60年代，他缺乏教会的支持，其对意大利的政策在民族主义的一位论派教徒面前孤立了教皇，使得天主教徒深感不满。渐渐地，皮埃蒙特地区吞并了整个意大利，包括教皇国。皇帝以笔名书写辩护通知是徒劳无功的，没有人愿意听他讲话。"国土面积越小，"他说，"回忆越多。"然而教皇不希望拿破仑介入其事务中。法国的教皇绝对权力主义者拥护教皇反对皇帝。路易·韦耶奥（Louis Veuillot）在《宇宙报》中强烈批评政体的罗马式政策。

天主教保护主的身份使其对工人阶级实行父道主义社会政策，对自由经商协议嗤之以鼻，该协议迫使法兰西在竞争者英国面前寻找更大的竞争性。教会或保护主都不再支持第二帝国，他们在寻找另一条政治出路，来同时确保秩序及其利益。拿破仑三世需要再次在自发反抗教权的新阶级中寻找同盟：工人阶级、官员、商人以及雇员。为了争取到这些人，拿破仑不得不使政体自由化。

朝向议会制帝国：1860—1870年

当权者与反对派的对话

　　帝国不能长久在独裁基础上存活。它应当寻找一个稳固的政治基础，或者通过向工业社会的"新兴阶层"推心置腹，或者通过使自己自由化来接受"自由主义的"反对派，即资产阶级反对派，长期被监禁或被迫保持沉默的显贵。

　　1860年11月，"自由主义的"帝国被皇帝本人以一句简短的句子作为开始，他允许参议院和立法团每年能够对政府的整体政策提交请愿书。这一向皇帝递交的请愿书很可能引起大事件，因为其使得议会能够表达自己的主张。此外，议会取得修正权。

　　此举为将威望交还给议会，朝着议会制帝国迈出了第一步。《官方报》应当公布议会会议报告的全文。1861年，人们决定以选区为单位使得每个部长的预算被投票通过，而非整体提交。基于此，众议员能够更加容易地掌控，并介入政府的草案中。他们有权高效地对国家的支出进行监控。

　　一个反对派政党立刻成立，其名为"自由主义联盟"。过去的奥尔良党显贵以及通常从事自由职业的年轻的共和主义者，将政府的法令汇编并审慎地批评。在1863年的选举中,自由主义联盟的32名议员当选,得到了200万选票,与得到500万选票的"官方候选人"形成对立。这不是一个微小的成功。在数月之间,显贵组成的反对派证明了其在国家内的存在。在32名当选议员之间,一半人数为温和的共产主义者,其他人如同梯也尔和贝里耶为保王党人。

一经当选,梯也尔能言善辩地要求"必要的自由":"个人的"自由、报刊自由、"选举"自由。据其所言,政府不应当"能够支配选择,并将其意愿强加到选举上"。他要求在议会中向部长提出质询的权力,希望随着政府赋予议会的责任,建立一个真正的议会制政体。

梯也尔的演说引起了巨大的反响。然而,建立一个自由主义帝国的时机尚未成熟。权力机关继续在右派中寻找扩大的拥护者。在这样的目的之下,由奥利维耶领导的"第三党派"致力于争取不满者的选票,后者想要改变政治而非政体。该第三党派同样信奉自由主义,在议会中占据63个议员席位,要求革新。他们与自由主义联盟的当选者形成竞争,1865年,后者在南锡采纳了一项地方分权和自由的共同纲领。该纲领得到了诸如卡诺或儒勒·西蒙(Jules Simon)等共和主义权贵,以及例如法卢、贝里耶和蒙塔朗贝尔等拥护君主政体者的支持。右派的反对派重聚来反对政体。

政权把赌注押在工会

拿破仑三世并不忧心于过快地满足自由主义显贵。相反地,他想尽一切办法来联合工人阶级。早在1862年,拿破仑三世已经为183名参加工业展览的巴黎行业代表前往伦敦的旅行提供便利。他们其中的一些人,例如多兰(Tolain),在工业斗争方面经验丰富。他们对蒲鲁东和其他的社会主义作家的作品了然于心。其伦敦之行促使他们实地学习英式自由工会主义的运行，学习他们希望应用于法国的工联主义。

拿破仑三世同样了解英国及其政治风俗。1863年，他注意到工人阶级在法兰西使帝国的反对派被投票通过。他明白应当尽快将自由主义权贵脱离工人阶级，否则将会看到反对派的全体选民在下一届选举中膨胀。一场比拼速度的战役打响。

1864年2月，从前的代表在伦敦出版《六十年代宣言》，要求取得工会自由。1864年5月24日的法令通过了局部的工会自由：工人们有权罢工。他们尚未取得结盟的权力。

这一局部的举措足够使得工人阶级在选举中由反对变为赞成吗？第一国际于1864年成立。得益于与伦敦设立的常务委员会的联络，在卡尔·马克思的影响之下，各国的分部纷纷成立。多兰组织法兰西分部。该分部迅速得到3000名会员的拥护，其中包括诸如儒勒·西门等资产阶级：共和主义者渗透到工会。然而，共和主义者遭遇到异常严厉的领导者，例如瓦莱斯（Jules Vallès）和隆盖（Longuet），他们厌恶资产阶级改良主义。处于这一"严厉"派别之下的法兰西分会在政治领域立刻采取态度，同时打压共和主义改良者和奉行开放政策的官方政策：工会干部控诉军事法令以及常驻军。他们批评法国对意大利的介入。工人阶级的联盟并非明日之事。1868年，第一国际的法兰西分会遭到解散。

内部的严重困难

对外的冒险政策将阻碍自由主义显贵的归附。在此方面，梯也尔是帝国最严厉的批评者。

在意大利，对于皮埃蒙特人对教皇国的侵袭，拿破仑三世无法坐视不管。1867年，他派遣一支远征军前往蒙塔拿击垮加里波第式的志愿军。他便因此与意大利民族主义者失去和睦，亦未更多地与天主教徒和解，后者将其视为意大利混乱的罪魁祸首。梯也尔和各个显要人物借此机会强调意大利政治中明显的矛盾之处。

伴随着在主席台取得的良好效果，他们同样谴责对墨西哥的军事介入政策，即皇帝轻率的决定。这一决策使得法兰西亏损了3亿法郎，损失了6000名士兵来将一个奥地利人马克西米连（Maximilien）扶植为墨西哥国王。以将巨额法国债券强加于墨西哥为目的的远征军，依照该国的风尚，险些发起军事政变。马克西米连最终死于墨西哥民族主义者胡亚雷斯（Juarez）率领的军队的枪弹之下。法国人不得不重新陷入窘境。

皇帝在世界上的威望不停地降低。1866年，他任由普鲁士于萨多瓦击败奥地利而未曾介入。强大的普鲁士出现在莱茵河上，成为法兰西的威胁。普鲁士军队很可能成为法国人的敌人。根据《圣赫勒拿岛回忆录》，拿破仑三世在欧洲支持民族方针，而如今这些刚刚成立的国家变成了敌人。

这些失败为政权招致了越来越多的批评，使得皇帝意识到，为了消除内部的反对，需要在改革的道路上走得更远一些。帝国因此趋向于在失败、失望和沮丧的压力之下使自己自由化。

然而，对外政策并不缺乏使人满意的动机，却被政权误用，同时这些失败被反对派鼓动者天才般地突出利用。在老练的鲁埃的推动之下，帝国重新建立了一个不容忽视的殖民地。法德埃布（Faidherbe）

第十五章 第二帝国的革命

为1854—1865年的塞内加尔总督,他征服了整个国家,在那里建立了未来扩张的坚实基础。一支派往中国的远征军使得库赞-蒙托邦(Cousin-Montauban)强迫中国签订《天津条约》成为可能,对法国开放七大通关海岸。1867年,海军政府印度支那,从柬埔寨国王那里取得保护国制度协议。

在埃及实行的政策促使费迪南·德·雷赛布顺利开凿苏伊士运河,1869年举行落成仪式。法国人握有殖民公司超过一半的股票。随着埃及、被艰难掌控的阿尔及利亚以及圣地作为军事据点,法兰西在地中海树立权威的可能性变得明确。经由苏伊士,法兰西为自己打开通往远东的道路,与英国一起在那里取得有利的通商地位。皇帝在墨西哥的失败,在地中海得到补偿,马赛成为该政策的大受益者。

一系列新改革

1868年,与其他地方遭遇的明显的失败相比,这些利益似乎显得微小。1867年1月,当皇帝允许赋予议会质询权之时,该举措遭到不满,被视为无能的证据。1868年颁布的对报刊实施的法令取消了预先授权的要求,缩减印花票税,却并未受到更好的欢迎。反对派从中仅仅看到发展其政治宣传的机会。最终,于同年颁布的针对公共集会的法令实际上使得各党派能够重组,使得显要人物在其党派中恢复威望。再一次,金钱掌控报刊,城堡控制政治。帝国已经沦落至此?

事实上,政体的希望和盘算存在于享有福利和财富的"新生社会阶层"的态度之中。在正常情况下,这些新生阶层应当拥护帝国。他们忠于发展和社会和平的政策。事实上,他们能够既拥护自由主义帝国,也支持秩序共和国。他们为待命的拥护者。

共和主义者的反对在本质上为一项报刊事务：1869年，整个共和主义报刊的发行量为10万份，这在那个时代是一个巨大的数字。雨果兄弟发行日报《集结号》，律师儒勒·费里（Jules Ferry）主持《尖兵报》，德勒克吕泽负责《觉醒报》；论战者罗什福尔（Rochefort）的《灯塔报》读者众多，因为其风格粗暴。《觉醒报》敢于发起签名来竖立议员博丹（Baudin）的纪念雕像，后者于12月2日在路障上"为了25法郎"身亡。《觉醒报》的捍卫者名为遭到轻罪法庭追捕的甘必大（Gambetta）。新一代的所有性情的文学家和政客在帝国末期的共和主义抨击文章中重逢。所有这些年轻人采用罗什福尔的俏皮话："作为一名拿破仑拥戴者，我更喜欢拿破仑二世，这是我的权利！"

于1869年的选举之前，共和主义者提出著名的《美丽城纲要》，该纲领异常敏锐地混合了纯粹自由主义的要求：个人自由、出版的绝对自由、普选的公正实行、结社与集会自由、免费教育、教权分离，以及来源于工人运动的年轻的领导人的要求，例如常驻军队的取消和社会税收制度的制定。第一国际的法国分会权力机构颁布的纲领禁止将工人阶级推到共和主义者的阵营。相反地，左拉在《萌芽》中描写的大量增加的血腥的罢工活动将年轻的共和主义律师变成罢工者的纯粹的保卫者。因此，共和主义者担负起争取工会权力的责任。帝国对显要人物的推心置腹失败，同样失败的还有争取工人阶级的尝试。

政体最后的成就

1869年的选举于帝国有利：政体的拥护者减少50万人（由500万降低至450万），反对派拥有330万选票，当选议员包括30多名共和主

第十五章 第二帝国的革命

义者和40名反对派的自由主义者,帝国的"无条件支持者"仍被称为"马穆鲁克骑兵",仅为100多人,第三党派的王朝的自由主义者组成了另外的100多人的队伍。共和主义者本质上为大城市的当选者,例如巴黎、马赛和里尔。竞选再次投票支持秩序。

在这次选举之后,帝国的创建者预计到他们不得不妥协;佩尔希尼说道:"对于12月2日的人来说,他们同我一样,职责已经结束。"1870年1月2日,皇帝将第三党派的首领奥利维耶召回掌权。

在奥利维耶的掌管之下,政体在其内部寻找到一个说得过去的改革人士。鲁埃的政府结束。一系列新改革将自由化推向更远处:议会取得任命其领导机构和议长的权力。它拥有立法创议权,以章节为单位对预算进行投票,修正案的权力得到扩展。政府能够由众议员中选出的部长组成。奥利维耶希望政府直接在议会面前成为负责人。拿破仑三世拒绝这一通向真正的议会制政体的最高程度的步骤,却任由奥利维耶凭借自己的意愿组建内阁,仅仅保留了国防部和海军部部长的任命。

1870年4月,整体自由化道路的新阶段到来:通过参议院法令,拿破仑三世将参议院变成了真正的议会制议会,失去了其制宪权力。他明确指出:"对于皇帝的建议,制宪议会只能由人民改变。"

参议院仅仅剩下一个简单的立法监督权,不再是政体命运的守护人。

通过全民公投,拿破仑三世开始征求国家对自由化的整个措施的意见。事实上,这一符合民意的道路的选择意味着拿破仑想要通过选举找回其正统性。

共和主义者不受其蒙骗,他们激烈地投入反抗政体的刚劲的战斗中。1870年初期，自由主义显要人物不再追随共和主义者，他们极其惧怕看到革命的推进。问询结束之后，帝国取得胜利，拥有730万票赞成，157万反对票以及200万弃权票。再一次，反对派仅仅争取到大城市的选票。忠诚的乡村地区以压倒性票数拥护帝国。根据甘必大所说，帝国"再次得到奠定"。失败将占据上风。

引起战争的政体

法兰西并未做好迎接真正的欧洲战争的准备。得益于克虏伯家族（Krupp）的大炮和铁路的发展，普鲁士王国成为军事强国。在萨多瓦，普鲁士轻而易举战胜了奥地利。普鲁士国王拥有80万训练有素的士兵组成的常备军，能够凌驾于欧洲的任何军队之上。

法兰西仅仅能够排列30万士兵。立法议会于公元1868年投票通过的尼埃尔法令伴随着敏感的减弱，致力于建立通过抽签决定的9年兵役以及4年预备役。每年招募8万士兵，在和平时期为法兰西提供了一支由50万士兵组成的理论上的军队以及30万人的后备役部队。在必要时，这些"好数字"能够在流动护卫队中得到增加。该护卫队从未严肃地组织起来。

法兰西军队中唯一有利的因素是武器装备：新式机枪由枪栓、步枪和机关枪负载。然而，炮兵部队的战斗力低于普鲁士王国炮兵队，且其后勤不足。

尤其是普鲁士王国斗志昂扬，其他与之连接进入战斗的德意志联邦国家意识到，这是以建立一个团结的国家为目的而进行的一场"国家的"战斗。

在德国舆论中，俾斯麦（Bismarck）敏锐地利用拿破仑三世在其

第十五章　第二帝国的革命

与奥地利的作战中表达出的沉思的要求。法国人的皇帝希望以德国领土的取得来交换其中立；他想要在莱茵河左岸得到归属巴伐利亚的巴拉丁领地。拿破仑三世垂涎卢森堡，承诺以宽容德国北部国家的吞并来与俾斯麦作交换。这些国家得知该消息，迅速与普鲁士王国重归于好。俾斯麦出色地唤醒了反抗法国人的爱国主义情绪。

自此之后，冲突时机已经不再重要：不论是军事计划还是政治土壤方面，普鲁士王国都已准备就绪。霍亨索伦亲王利奥波德（Léopold de Hohenzollern）为空闲的西班牙王位的候选人。1870年7月3日，尽管厌恶法兰西，但是俾斯麦还是使得欧洲对这一候选人身份得到官方的承认。这下轮到法国报刊找回了好战的口吻。然而，奥利维耶的政府完全估算出一场军事冒险的危险。法国大使被派往德国的埃姆斯市，巴黎要求普鲁士国王以寻找安抚为使命乘船前往该市，要求国王否认这一候选人身份。7月11日，普鲁士国王对外宣称霍亨索伦亲王的候选人身份被取消。

自此，一个真正的侵占派在杜勒丽宫皇后的周围露出真面目。他们过去指责皇帝未帮助天主教奥地利对抗普鲁士王国。外交部长戈拉蒙（Gramont）在皇后的影响下，给法国大使贝内代提（Benedetti）伯爵发电报向普鲁士国王要求未来的保障。国王再次接受进行安抚，"无条件"同意霍亨索伦亲王放弃西班牙王位的争夺。他同样给俾斯麦发电报告知该消息。

为了结束德国对法兰西的依附，俾斯麦坚决希望发动战争。他在皇家电报的文章上弄虚作假，将其作为突然拒绝召见的叙述示人。法国大使对普鲁士王国提出损害其名誉的建议。普鲁士王国傲慢地拒绝。这是同时在巴黎和柏林点燃民族主义的烽火。

法国人的溃败

法国立刻进行部署。国防部部长勒伯夫将军试图集结35万名士兵。外交官致力于与意大利、奥地利以及南部的德意志联邦中立国结盟。不顾梯也尔和法夫尔德反对，立法议会于7月17日通过宣战。

8月2日，在边境线上，勒伯夫将军仅仅集结到265000名士兵。得益于对铁路合理的应用，普鲁士人及其同盟军已经在莱茵河上集结50万名士兵，随行的还有一支强大的炮兵部队。

法国军队被划分为几个团队：麦克马洪指挥的阿尔萨斯军队由67000名士兵组成，巴赞（Bazaine）带领的洛林军队有13万士兵，剩下的军队集中在巴黎周边。皇帝希望亲自率兵。

从8月4日开始，普鲁士人给麦克马洪以重创，其军队的军官甚至没有作战地区参谋部驻地的地图。在维桑堡被击败之后，6日在弗勒什维莱尔溃败，麦克马洪徒劳地接受"阿尔及利亚步兵"和重骑兵的牺牲。雷什奥芬镇英勇的冲锋徒劳且无效，在巴伐利亚射击手可怕的射击之下，装备繁重的骑兵陷入阿尔萨斯平原的果园中。然而，这次冲锋长久地萦绕在大众的想象中。

军队撤离，将阿尔萨斯留给敌人，后者能够随意渡过莱茵河。唯独斯特拉斯堡和贝尔福仍作抵抗。巴赞的军队已经遭遇迅速前进的普鲁士士兵。在阿尔萨斯溃逃之后，麦克马洪打算将所有的军队撤退至梅斯市。他接到皇帝的指令前往沙隆与剩下的兵力会合。事实上，在沙隆战场上，撤退的军队与在此地已集结数日的兵力组成了一支拥有至少400门大炮的145000名士兵的军队。如何处置这一军队？

麦克马洪知道到自己被普鲁士人追击，打算向巴黎撤退来守卫首都，将命运留给巴赞。后者在波尔尼、勒宗维尔、格拉弗洛特和圣普

第十五章　第二帝国的革命

里瓦投入战斗。然而，巴赞并未自此得益，任由自己被围困在梅斯。麦克马洪应当前往梅斯与之会合？

皇后对战争同样有自己的见解：与代替了奥利维耶成为内阁首脑的库赞-蒙托邦一道，她懂得说服软弱多病的皇帝与麦克马洪一同营救巴赞。战败的拿破仑三世回归巴黎，成为一场政治灾难。

普鲁士大军在色当镇打败救援军。24万名士兵与500门大炮夺取了包含11万名士兵的迷茫的法国纵队。在作战初期，麦克马洪负伤，使其慌乱之至。皇帝从不懂得如何控制形势。普鲁士大炮无休止地轰炸色当盆地。马尔戈利特（Margueritte）和加利费（Galliffet）将军轻装兵的炮兵部队出色的任务未能解救军队，其陷入普鲁士的围困之中。拿破仑三世决定收起佩剑，在老毛奇（Moltke）面前无条件投降。法兰西军队中死伤士兵25000人。德国人将长久地追念"色当战役"，这场他们以速度与猛烈取得的前所未有的胜利。在数个小时之内，双方展现出的英雄主义注定成为传奇。从法国一方来看，最后几颗子弹的插曲成了色当记忆的代表，在1870年的公众心中是失败的令人绝望的战役。

1870年9月2日，拿破仑三世因此成为普鲁士国王的俘虏。然而，战争仍在继续：同塞莱斯塔、法尔斯堡和罗克鲁瓦一样，斯特拉斯堡终日抵抗。巴赞将军与17万名士兵和1600门大炮始终在梅斯坚持。难道一切真的没有希望？

帝国覆灭

9月4日，民众侵占巴黎立法议会。他们要求罢黜被囚禁的皇帝，后者应当为法兰西经受的灾难负责。甘必大和儒勒·法夫尔将人群引导至市政厅。他们立刻成立起一个"国防政府",由立法议会的十一名议员组成:儒勒·西蒙、罗什福尔、克雷米厄(Crémieux)、加尼埃-佩埃斯以及1848年的幸存者。在巴黎深得人心的路易·朱尔·特罗胥(Louis Jules Trochu)任职国防政府主席。皇后早已逃往英国。"色当之日"被获胜的德国军队大肆庆祝,同样为新共和国的诞生之日,第二帝国的覆灭之日。

帝国是否确实被战争压垮?如果政体能够维持和平,它是否有可能长期存在?我们能够注意到政体在征服"新兴社会阶层"方面遭遇到明显的失败。政体在城市中失去了立足点,各个城市拥护共和主义者的秩序口号。在帝国末期,其拥护者最终为乡村地区的显要人物和居民,即使是在1870年,相较于共和主义者的冒险或奥尔良党人的无能,他们仍旧宁愿投票给拿破仑的政府。

帝国的势力源于反对派的软弱:昔日的反对派为年迈的共和主义者、梯也尔的友人或保王党人,其共同点为怀念过去的政治,而法国人中的绝大部分不再愿意看到该政治重生,因为它是分裂的写照。至于未来的反对派,他们某日有可能掌权,而在1870年,其仅仅为未来承诺。在9月的临时政府中,未来的反对派仅仅处于混乱之中。如甘必大派的野心勃勃的年轻人在该反对派中与1848年的老顽固打交道。

尽管如此,帝国的年轻反对者的立场十分模糊:如果他们向社会主义者伸出橄榄枝,其在社会民主的拟订中将走向何处?甘必大一派和《美丽城纲领》的其他起草者绝非社会主义者,他们是自由主义民主人士。他们迫不及待建立临时政府,因为确切地说,如果他们迟迟无动作,恐怕社会主义者会先入为主。

在这些年轻的未来的显要人物和黑暗中涌现出的革命者首领之

第十五章 第二帝国的革命

间，存在着明显争端的风险，后者将引领巴黎公社的起义。共和国在成立之前应当消除社会主义者的假设。因此，共和国并不具备政治手段来代替帝国，因为对于1869年的公共舆论来说，其等同于社会民主。

年迈的显要人物并不比年轻人拥有更多的打压政体的手段。梯也尔将培养一位国王？在正统派和奥尔良党人之间，君主政体拥护者从未如此分裂。他们既不认同政治形式，也不赞同社会的观念。所有的反对派仅就反抗帝国一事达成一致。国王遭到监禁，反对派走出废墟，进入混乱，进入权力的焦急等待之中。

9月4日成立的共和国软弱无力：作为一个早产儿，它此外还受到威胁，面对普鲁士人的炮火，此并非微小的危险。难道应当将签署投降合约的顾虑留给共和国的政体？共和主义者及其敌对势力对此进行讨论。然而，为了远离这一带来苦难的可能性，他们偏向于认为一场类似于1793年的人民起义能够在一场新的解放战争中将所有的法国人团结起来。在最糟糕的情况之下，刚刚诞生的共和国准备开战。

第十六章
带来耻辱的共和国

外省对帝国的支持几乎坚持到最后,且仍为来自乡村的年轻人,他们为帝国在阿尔萨斯、洛林和阿登高原的战场上殊死拼搏。然而,拿破仑三世统治下的法兰西完全继承于拿破仑一世的中央集权体制。各个行政长官从未如此地颁布法令,而外省通常不得不通过反对派显要人物的途径来表达主张。

合法的利益长期受到一个过于鲁埃领导的官僚主义和巴黎式的政府的威胁,为了赋予其话语权,皇帝曾接受自由化,促使奥利维耶的政体主义的反对派出现。1870—1871年的大事件将对巴黎的中央集权制带来可怕的一击。拿破仑拥护者的国家未能在失败后存活下来,而拥护共和的激进民主主义也未能在巴黎公社中生存。"耻辱的共和国"将被外省的显要人物在其模糊的命运中掌管。根据历史学家阿莱维(Halévy)所言,此为"公爵之共和国"。

普鲁士战争与内战

甘必大的军队

儒勒·法夫尔说道:"我们决不让出法兰西的一寸领土,或要塞的一片砖瓦。"

1871年1月28日,同一位儒勒·法夫尔将与俾斯麦秘密地在费里耶尔城堡协商投降的条件。共和主义者难以使人们忘记他们延长了战争,却徒劳无功。

因为整个外省无法理解这一延长。显要人物说道,当葡萄酒被取出,应当一饮而尽,失败的酒是苦涩的,拖的时间越长,该酒越无法下咽。

然而,巴黎醉心于复仇。在共和主义者的带领下,巴黎寻回启程之歌的神话。从1870年9月19日开始,巴黎被普鲁士人围困。它将经历一段长期的占领带来的痛苦。甘必大与其他两位临时政府成员不得不乘坐热气球离开,前往外省寻求帮助。在卢瓦尔河上,他们与尚齐(Chanzy)将军和多雷尔(Aurelle de Paladines)将军成功组建了几支军队;与法德埃布将军在北部建立军队,与尼古拉·布尔巴基(Nicolas Bourbaki)在东部建立军队。军队总人数接近50万人。然而,10月27日,巴赞带领全部士兵在梅斯投降。

共和国的军队未能长时间阻挡普鲁士大军的突然袭击:12月8日,"卢瓦尔河"的第一支军队溃败;1月,尚齐将军带领的军队在勒芒战败;法德埃布将军未能解救巴黎;而放弃解放贝尔福镇的布尔巴基命令其军队前往瑞士,后者在那里被俘。在巴黎,任何突围的尝试均以失败告终。法国不得不要求停战。爱国主义热情不能弥补军队的训练不足。

秩序党派与投降

俾斯麦意图与责任政府协商。因而需要立刻举行选举。选举于1月8日举行。为了将所有在帝国时期行使职权的官员排除在候选人之外，甘必大所采取的措施不被例如儒勒·西蒙的温和的共和主义者所接受，后者希望合法的全民公决。共和主义者仅仅有时间来换届行政长官，并且迅速开展宣传。

2月2日，发出召告；8日，投票开放；一日之内，所有的议员被任命。事情的进展已经不能更快。阿莱维标注："可怜的人民因此被召集，手工业者、农民和樵夫从森林深处，渔夫从大海上被召回，所有人被催促回答数不清的问题，而这些问题对他们来说难以领会，和平、战争、过去的清算、未来的创立、君主国、共和国、帝国，等等。20年来，他们行使投票权，而他们长期习惯于追随行政长官、市长和神甫的指示。不过，在此紧急情况下，行政长官毫无威望可言，政府部门瘫痪。"

将选票投给谁？拿破仑拥护者为灾难的始作俑者。无人愿意投选票。共和主义者刚刚战败，而在1870年瘫痪的法兰西，谁能够期望国王的回归？

阿莱维笔下的"可怜的人民"在那一天，将选票投给其主人：并非他们不甚了解的出色的巴黎演说家，而是城堡、工厂、矿场和林场的所有者，那些能够保护穷人并为其提供衣食住行的"雇主们"。在资财耗尽和被侵占的法兰西，小人物重新看到下帝国的"罗马下层人民"的投射。他们互相寻找理智的保卫者。

因此，人们看到法兰西的大人物回到众议院：拉罗什富科家族、诺阿耶家族（Noailles）、布罗格利家族、阿尔古家族（Harcourt）、诸如佩里埃或埃尔努（Ernoul）的大企业家、其他政体的亲王、奥马尔公爵（duc d'Aumale）和儒安维尔亲王。由法国人的焦虑聚集在议会桌周围的传统的右派重新出现。

其中大部分人实际上为保王党人。唯独巴黎人和大城市的居民将选票投给共和主义者。后者仅为200人，与之对抗的是200名奥尔良党人、200名正统派以及30多名拿破仑拥护者。保王党人的胜利大大地取决于其对和平的承诺，所有的候选人均作此承诺。人们拒绝投票给共和主义者，因为他们想要继续发动战争。保王党人趁有利时机证明了共和主义者的反抗无效，也指出巴黎的雅各宾派的狂热带来的危险。秩序的意愿再次得到确立，却从未如此强烈。

成为和平党派的新秩序党派对政治和道德方面的大决策全体一致同意，却并未对有待建立的政体形式达成一致。正统派是反动势力的狂热信徒。他们渴望不惜一切代价除掉过去，忠诚于白色旗帜，仍旧希望复辟过去的神权政治社会。他们支持尚博尔伯爵回归权力。这些"轻骑兵"厌恶资本主义体系，认为其为"无上帝社会"和革命动乱的始作俑者。他们控诉巴黎伯爵（Comte de Paris）的拥护者奥尔良党人与大型工商企业勾结，将自己的利益先行于道德和宗教的利益。

共和主义者仅仅在表面上团结一致。这些极左派，这些"激进分子"对"美丽城纲领"保持忠诚：甘必大和克列孟梭希望彻底与宗教决裂，建立一个真正的世俗社会。他们前往征服"新兴社会阶层"，希望实现大胆的改革，争取到工人阶级，使其远离危险的共产主义之梦。

温和的共和主义者人数更多。他们追随"儒勒"、费里、格雷维和法夫尔,相较于激进分子,他们更加接近于奥尔良党人。两者均希望和平与社会秩序。他们指责激进分子沉迷于大胆的冒险及其雅各宾党人的独裁。他们是来自外省的显要人物,痴迷于公正、自由和法定社会。他们是法国大革命伟大的法学家的继承者,而蠢蠢欲动的激进分子自愿参照蛊惑人心的拿破仑时期的评议委员和1793年的革命党人。

梯也尔由26个行省推举,是该议会的强大之人:曾为奥尔良党人,其对帝国的持续反抗使其对共和主义者心生好感。因此,梯也尔避免对政体的未来表态。说到底,立宪君主制或显贵的共和国,这对他并不重要。他仅仅希望新政体为保守的。

从激进的共和主义者来看,新议会显然可憎。年轻的记者嘲笑坐在凡尔赛宫的"剧院背景中间"的"乡村之人",左拉在《鸣钟》里写道:"右派十分危险,这些先生们匆忙赶来争夺权力。然而,相较于来自乡村的头顶空空如也之人,身着红色外套,头戴大毡帽,如士兵一般态度生硬、面容镇静的加里波第(Garibaldi)激起了强烈的好奇心。"

"乡村之人"迫不及待投票通过和平的预备性条文的批准:他们任命梯也尔为"法兰西共和国的行政权首领"。他们要求梯也尔在确保国家立宪制未来之事上不作为,只要和平和秩序尚未确立。此为"波尔多协议",使共和国搁置。掌控这个议会的250名大不动产主希望争取到时间来依照其意愿组织政体。他们不希望所期待的新君主国的首要责任为在法兰克福合约原件下面签署可耻的签名。

巴黎起义

然而在巴黎，选举的结果被视为屈辱。乡村之人对即时和平的投票的热忱不顾及巴黎人的苦难及其绝望的抗争。国民护卫队260个全副武装的营队组成了一支不容小觑的政治力量。护卫队在巴黎的各个街区设置"警戒委员会"。"中央委员会"代替政府之职。9月4日成立的临时政府中留在巴黎的成员，使该委员会在事实上行使权力。一个"公共安全委员会"在市政厅成立。巴黎做好起义的准备。

波尔多议会在凡尔赛宫的安置引发冲突：外省蓄意忽视巴黎。外省信任梯也尔，后者遭到巴黎人的厌恶，因为他曾为普瓦捷街之委员会首领、1848年6月屠杀者的同谋。

该议会采取的举措立刻激起民愤。议会废除缓期支付房租的措施，房东可要求立即索还。在一个刚刚走出一段长期围困的城市，经济活动尚未恢复元气，成千上万的商人和手工业者将面临破产。国民护卫队微薄的军饷的取消使得35万名士兵毫无收入。气氛变得紧张。

梯也尔似乎有意识地煽动决裂，寻找事端。一场快速的冲击好过一个充满混乱与威胁的氛围。梯也尔决定派遣军队来收回国民护卫队在巴黎的美丽城和蒙马特尔聚集起来的大炮。在停战之后，这些大炮应当交由普鲁士人处置。然而，巴黎不愿交出这些大炮。

在1871年3月17至18日的夜晚，梯也尔派遣的士兵与人民重归于好。军队的将领被逮捕，遭到辱骂，最后被枪杀。内战爆发。

巴黎公社

梯也尔再次组织围困巴黎。他派人将首都包围，与普鲁士人勾结实行封锁。他迅速召回战俘营的10万名士兵，将其武装，使其处于临战状态。在色当战役中表现英勇的加利费将军率领这些"凡尔赛分子"。一场新的屠杀蓄势待发。

3月26日，在巴黎当选的"公社"夺取了一切民事和军事权力。它不仅企图掌控巴黎，也希望控制整个法兰西，要求各个城市以其为榜样组建为"公社"。其标志为红色旗帜，更改历法，再次将过去的大革命日历摆到桌面上来。

毋庸置疑，最极端的派别掌控巴黎公社。梯也尔深知长久以来分裂使得共和主义者对立于所有宗派。事实上，巴黎公社的委员会甚至包含温和主义者！后者（其人数为23人）将放弃围困，并为来自各个派别的67名革命者腾出位置。诸如里哥（Rigault）和费里等布朗基主义者拥护暴力和独裁，年迈的雅各宾党人德勒克吕泽在对帝国的反抗中声名大振；第一国际的成员社会主义者，例如瓦尔兰（Varlin）和瓦扬（Vaillant），他们与其他布朗基主义者相比为温和主义者；例如儒勒·瓦莱斯等无政府主义者。各党派的分裂将迅速表现为政治分歧，尤其因为巴黎公社生活闭塞，与国家的其他地区无交集。暴动的号召传播至外省的一些城市，然而里昂、马赛和圣艾蒂安的叛乱迅速被镇压。对巴黎来说，巴黎公社这一插曲表现为如同一场围困的延长。首都曾被包围、围攻。不久之后，巴黎再次遭到围困。

"巴黎公社成员"之纲领

国民护卫队的中央委员会集结了20万名起义者，其中仅仅3万人能够作战。巴黎公社成员意识到若非纲领得到整个国家的了解，他们毫无机会将其实现。该纲领在其慷慨大度方面，展现出了野心勃勃的壮志。3月26日，通过"巴黎二十个区的委员会的宣言"，纲领得到确立。它依附于地方分权的大革命传统，反对国家权力过大，需要将自由的公社组成联邦来组建一个新的国家，一个不再暴虐的国家。据称，"巴黎公社为每个政治国家的基础，正如家庭是社会的萌芽。"

这一公社应当独立自主，并保留其自由和绝对权力。"巴黎公社的独立自主为公民确保了自由，为城市带来秩序，而通过互惠互利、威力、财富以及每个公社的前途和资源，各个公社从整体的努力中获益，所有公社组成的联合会得到壮大。"

基于此，巴黎公社表现出同主张中央集权的雅各宾主义深深的分歧，它从中世纪最遥远的暴动中寻找根源："于1871年3月18日刚刚取得胜利的，是这一追溯于12世纪的公社的思想的延续，该观念得到了道德、法律和科学的肯定。"

为了给出正确的例子，巴黎公社强调其与充满压迫的过往的决裂意愿，取消警察局和常备军，负责秩序的国民护卫队的军官由士兵选任。事实上，公社应当采取紧急措施，并非终日符合原则，却专用于在巴黎建立秩序，来取得巴黎人民的信任。缓期支付房租的政策得到保留；对于那些为了生存向"抵押贷款机构"借贷之人来说，他们有权延期来偿还债务。巴黎公社向不愿非法拥有储备金的法兰西银行申请贷款。

内战与镇压

根据加利费将军所言，凡尔赛分子向起义的巴黎宣告一场"无休战的无情的战争"。巴黎公社及其能掌握的所有兵力不得不迎战。为了对凡尔赛分子的挑衅作出应答，公社控制人质，他们中大多数人为教士。这一举措未能阻止凡尔赛分子枪杀几乎所有被抓获的起义者。

暴力引发暴力。出于对镇压的恐惧，对1848年"6月的日子"重现的恐惧，巴黎的起义者发生了暴力。暴政的象征旺多姆纪念柱遭到损坏，拿破仑雕像被推倒在地，杜勒丽宫被焚烧。人们开始拆毁私人府邸来对资产阶级的财产进行打击。位于圣乔治广场之上的梯也尔的私人府邸被夷为平地。人质遭到武器袭击，其中包括达尔博伊（Georges Darboy）大人。

恐怖政策并未给予巴黎公社成员以武器来反抗侯爵狂热的军队，公社成员被视为叛徒和小偷。4月3日，公社成员朝向凡尔赛官的突围于瓦莱里安高阜要塞遭遇失败。自此，公社沦落到防守的境地。

5月21日，在普鲁士大军的眼皮子底下开始"血腥的一周"：伊西和旺沃镇的要塞被攻占。经由无人防守的圣克卢大门，凡尔赛分子进入巴黎。他们突击除掉超过500个路障。战斗持续到5月28日星期天。最后的对抗发生在拉雪兹神父公墓的坟墓之间：2万人被无审判杀害或枪杀，13000人被判处流放至阿尔及利亚或新喀里多尼亚岛。革命运动被除去首领。社会主义从法兰西消失10年。

作为工人阶级反抗的标志，巴黎公社的出现相当于首个通过无产阶级来夺取政权的革命起义。然而马克思本人在一本批评概要的著作中，将阐明为什么巴黎公社并非纯粹无产阶级的组织：过多的派别使革命者分裂，从其行动中并未表现出足够明确的见解。对于巴黎公社的历史学家雅克·鲁日里（Jacques Rougerie），此为"19世纪的最后一场大革命，为19世纪法国革命行为的至高点。"需要补充一句：同样是巴黎行为的至高点。巴黎不再成为革命的诞生中心点。巴黎再不会像这样向法兰西发动革命的号令。查理十世尚未做到之事，路易-菲利普不愿做之事，梯也尔最终将其实现。通过夺取巴黎，梯也尔能够自满于将革命连根拔起。在一砖一瓦地重新修建梯也尔被焚毁的"新雅典"的府邸之前,感恩的共和主义者将其赞颂。

优柔寡断的共和国:1871—1877年

复兴者梯也尔

从此之后,未来无须置疑:新政体在法兰西得到确立,不论其是否是共和政体,均为保守的。

这对共和主义者来说为明显之事。1871年的获胜者梯也尔是否成为共和主义者?其奥尔良党人的过往促使他衡量困难来统一保王党阵营。如果共和主义者赞成秩序,为什么国家不把选票投给他们?

1871年7月2日,几乎在巴黎公社镇压之后立刻举行的局部选举应当证实该看法。在114名当选的议员中,国家选定了99名共和主义者。

仅仅在签署和平协议数周之后,民族情感向着有利于共和主义者的方向转变。5月10日,在全面的暴动下,俾斯麦提出的异常苛刻的条件被公之于众:在法兰克福合约中,法国失去了阿尔萨斯以及洛林省的一部分领土,向普鲁士支付50亿黄金的战争赔款!法兰西放弃了160万阿尔萨斯和洛林居民,放弃了煤矿、铁矿、盐、可耕作土地、森林以及阿尔萨斯平原蓬勃发展的棉纺织工业带来的财富。战争和巴黎公社造成的人口损失上升至14万。国家的选票明显意味着法兰西已经对政治争端厌烦之至。因为保王党人四处吹嘘俾斯麦的重返和平,其内部阵营的意见并不一致,从此之后,共和主义者显得最有资格来保障秩序,尤其是来恢复国家的尊严。

1871年8月31日投票通过的里韦法令任命梯也尔为"共和国主席"，尽管他仍旧为内阁首领。在两年间，他是国家无可指摘的主人，是将经历许多其他救难者的政体的第一个"救星"。

梯也尔的首要目标是解放法兰西：他成功筹集借款来偿还俾斯麦要求的50亿黄金的全部战争赔款。1873年9月，伴随着新历法中18个月的提前，普鲁士军队离开了法兰西领土。得益于巴黎戒备状态的延长以及严厉镇压所有社会主义行动的杜弗尔法令（Jules Dufaure），内部秩序得到维持。

梯也尔的第二目标是重新组织国家。人们将决定重建拿破仑式的中央集权国家，或相反地，采取有效措施来设立某种省级自治以满足显要人物？诚然，梯也尔得到了外省的信任。他却同样肩负赋予法兰西一个现代化国家效力的责任来对抗德意志帝国。

采取的解决办法近乎妥协：继承于帝国的省政府得到完全保留。行政长官加强其对省议会的监管。然而，除去巴黎和其他大城市的市长由权力机关决定，省议会议员的当选如同任命各自市长的市镇议会相同。因此，地方的利益拥有其守护者，不久之后，后者将在参议院推选各自的代表。然而，国家利益由各个行政长官代表，其主要使命为维持秩序与筹备选举，地方利益的守卫者不得不向其妥协。

在所有的领域中，国家的重新组织以重视占据支配地位的资产阶级的利益为启发。例如在税收机关，梯也尔赋予涉及整个消费的间接税特权，而非涉及富人或高薪阶级的直接税。军事法令同样有利于资产阶级：设立5年的兵役（1872年7月），每年应征兵额的一半编入队伍。中学毕业证书持有人的兵役缩减一年。只服一年兵役的士兵人数众多，尤其使得出身富庶家庭的应征入伍者获益，同样有益于家庭赡养者。

梯也尔关心农业和新生工业的利益:他设立海关税则,减少原材料的进口。一贯作为马尔萨斯主义者,梯也尔拥护温和的经济发展政策,使得法兰西不依附外国,使得资产阶级免受异常密集的工业集中的侵害。基于此,梯也尔引起一场将走向1892年的梅利纳(Méline)制定的通用价格的革新,将帝国的自由贸易法令完全废除。

共和主义新党派

对梯也尔来说,这一深层的复兴是在自由主义国家内进行的变革,是他奉献整个职业生涯的地方。这个国家是否被共和主义者包围对他并不重要。共和主义者在地方选举中持续发展,在一个又一个选举中,展现出了越来越保守的宣传。阿莱维说道:"看吧,这些将改变法兰西的共和国军队的士官。这些男人能够在整个领土上统一行动,他们从何处来?"

对阿莱维而言,这些人的出身确定:他们来自新成立的秘密组织。他说:"在甘必大及其友人身后出现了共济会,因为最终需要一个领导阶级来掌管政体,那个能够为政体提供人力的阶级将掌权。"

共济会会员的共和国,即"委员会"的共和国,昨日的国防委员会,朝夕之间成为选举委员会。阿莱维继续说道:"人们不再游行,人们投票,在市镇共和主义者、兽医和葡萄酒商的建议下,将委员会准备的选票投进投票箱。"

共和主义者对全体选民的掌控是缓慢的,却毋庸置疑。在城堡的候选人面前,此后各处出现了委员会的候选人,人们称之为保守派:咖啡贸易委员会。

甘必大定期为其党派显要人物创办的《法兰西共和国报》撰写文章。他前往法国各地，在共和主义者组织的大型宴会上增加发表演说，在那里演说家需要大声宣读其主张。甘必大说道："对我来说，我相信乡村和各省的共和的未来。这是一项需要一些时间和广泛传播理念的事情。"

因为在帝国时期，由维克多·迪律伊（Victor Duruy）安置的师范学校毕业的小学教师将成为共和主义思想狂热的宣传者。与文盲状态对抗的政治目的为每日将新读者带领至委员会的友人撰写的选举报和地方日报处。这些小学教师同时任职市政厅秘书以及报纸的当地通讯员。通过把对抗天主教学校、对抗教会放到首位，他们将影响政治人物的决策。如果说共和主义者能够希望某一日夺取政权，那么它需要与培养未来拥护君主政体的选民的私立学校作斗争。

为了宣传党派与政体，在70年代，出版了大量的共和思想的小册子。《民主丛书》《人民丛书》《富兰克林书店》《共和丛书》以及《共和教育协会》为通俗的薄本读物，人人能够阅读。书中讲述"法国大革命"的历史，阐明世俗社会的大梦想：公正、平等、民族。

共和国希望得到保障，共和主义者致力于通过各种各样的微小方法，与乡村和村镇生活融为一体。例如，他们为新生儿或新婚发行许愿卡和贺卡，在可供出借的图书馆的城市街区和乡村组织共和主义俱乐部或社团。深入的宣传在国家蓬勃发展。的确，该发展利用"新生社会阶级"内部越来越多的共济会支部作为渠道。

梯也尔的失败

梯也尔将为他认为越来越可以接受的共和主义的事业作保。他以自己的方式粗暴地完成。1872年11月13日，于议会主席台上，梯也尔宣称："共和国存在。它是国家的合法政府。建立其他政体的想法会再次导致大革命的爆发，最可怕的革命。"

从此刻起，梯也尔成为绝大多数拥护君主政体者的公开的敌人。

不论共和党派的发展如何，该党派尚未掌控议会。它因此无力支援梯也尔。君主政体拥护者们不赞同政体的形式，他们却完全同意否决共和国。他们聚集在布罗格利公爵（duc de Broglie）周围反对梯也尔，布罗格利成为绝大多数保守派的首领，包括两个保王党的政党和拿破仑拥护者的小团体。

3月13日，议会投票通过一项法令，禁止梯也尔在未得到许可的情况下在主席台发言。从此之后，人们不再信任梯也尔的荣耀，也不再信任共和主义左派的发展。

局部选举进一步肯定共和主义者的稳定的前进，而在该党派内部，尽管激进人士宣扬"激进的"思想，他们并未处于不利地位。在巴黎，梯也尔的友人雷米扎伯爵（Comte de Rémusat）遭到来自里昂的激进人士巴罗代（Barodet）的殴打。选举引起轰动，因为雷米扎伯爵任职外交部部长。在里昂，曾为巴黎公社成员的另一个激进人士兰卡（Ranc）轻而易举当选。从此之后，激进人士占据众议院的90个席位。

君主政体拥护者趁有利时机谴责梯也尔的政治决策使得进入众议院的并非温和的和保守的共和主义者，而是激进的极端分子。鉴于危险，为了要求议会通过一项"完全保守的政策"，布罗格利公爵登上主席台。议会立刻投票反对内阁：梯也尔被推翻。梯也尔辞职。麦克马洪元帅当选共和国总统。布罗格利公爵成为内阁首领。精神秩序得到建立。

精神道德秩序

"在上帝的帮助下,在我们军队的牺牲精神和善良的人民的支持下,我们继续领土的解放事业以及国家的精神秩序的建立。"

麦克马洪元帅的简短言语大受欢迎,人们将"精神秩序的政体"命名为"公爵的共和国"。

教会和古老的阶层再次着手征服世俗社会,而摒弃教皇庇护九世(Pie IX)正式判罪的极端主义、社会主义、反教权主义以及所有"来源于大革命的世俗社会的现代化的祸害"。此举在于将上帝立于国家、城市和家庭之中。

对于教会来说,法兰西再次成为可传教的土地。世俗的"不端行为"、连续的革命、动乱以及工人阶级的骚动使得这一深入的再征服变得必要,其在措施方面等同于复兴。由工人和农民组成的人民大众是这一复兴的主要对象,而使用现代化方法的教会扮演着最重要的角色。

因为教会完美地适应了舆论导向的新技巧。除了大型的报刊,如《费加罗报》《联合报》《全球报》以及《太阳报》,由圣母升天会成员大量发行的天主教的报纸《十字架报》《朝圣者报》以及数不尽的分册将为精神秩序运动推波助澜。

政府采取即时措施来协助"重新征服"。世俗的葬礼禁止在白天举办。饮品的销售,这些乡村激进主义的岩穴遭受严厉监管。诸如甘必大的《法兰西共和国报》、雨果兄弟的《集结号》、左派的共和主义机关刊物《世纪报》以及安德里厄(Andrieux)的《小巴黎人报》这

第十六章 带来耻辱的共和国

些共和主义报刊严禁叫卖。

圣母升天会成员与其他宗教团体轰动地组织教会的宣传活动：他们增加仪式队伍、在村镇庄严地树立十字架、开展"传教"来发展圣母玛利亚的礼拜活动，自从1870年开始梵蒂冈极力推动该礼拜活动。一些宗教活动可追溯至该世纪，例如"玛利亚之月"或"无玷始胎"的崇拜。圣迹正式编入索引，而且其真实性得到证实，这是赋予民众热诚以及新主题的机会。在帝国时期遭到忽视的卢尔德成为礼拜活动地点，同样的城镇还有蓬曼、帕莱-勒莫尼阿尔以及萨莱特。在"巴黎公社的赎罪祭礼"之上，人们为蒙马特尔高地的圣心大教堂奠基。全部拥护君主政体的议员加入帕莱-勒莫尼阿尔的仪式队伍中，高唱耶稣圣心的赞美歌。

政治措施伴随着宗教一起响应。如同在第二帝国期间，小学教师被置于行政长官的监督之下。人们肃清政府部门，尤其是司法机关。通过市镇议会任命市长的选举法令被废除。精神秩序占据法兰西。

布罗格利公爵想要迅速进行了结。伴随着宗教游行的发展，共和主义宣传变得极其反教权。一个"教育联盟"把厌恶私立学校的教员和学生家长聚集起来。共和主义者未对反抗的广泛性产生强烈感受，却组织起来与之战斗。时机站在了共和主义者一边。

君主政体拥护者意识到必须尽早实现王位候选人的统一。1873年8月5日，巴黎伯爵拜访尚博尔伯爵：以和解为目的，建议称亨利五世的尚博尔伯爵出任君主政体拥护运动的首领来防止复辟搁浅。尚博尔回答："亨利五世不能放弃亨利四世的旗帜。"

针对此荒谬的旗帜问题，君主政体拥护者的复兴不得不以失败告终。梯也尔说出："尚博尔伯爵是法国的华盛顿（Washington），共和国由他建立。"

布罗格利公爵再次试图争取时间。他使得1873年11月20日的法令投票通过，将议长任期固定为7年。国民议会委员会的成员完全从秩序党派中挑选，他们审定下一部宪法。

正统派责怪布罗格利公爵，将其视为复辟失败的负责人。他们对内阁的草案投反对票，后者将选票附加到共和主义者的选票之上。1874年5月16日，布罗格利公爵处于少数人支持的境地。

由窗户进入的共和国

唯一的多数派，即为联合起奥尔良党人和温和的共和主义者的多数派。1875年的模棱两可的宪法得到该多数派投票通过，确定了能够无区别成为立宪君主制或显要人物的共和国的政体。共和主义议员其中之一的瓦隆（Henri Wallon）成功提出一项修正案，得到其党派中的大多数人投票支持，在关于确定总统选举条件的条款中，将"共和国"一词引入文案中。

该耻辱的共和国勉强敢于说出自己的姓名为两院制法理的：一个保守的参议院聚集起由议会任命的75名终身制参议员以及间接普选中当选的对农村人有利的225名当选者。国民议会的议员在直接普选中当选。共和国总统由两个聚集到一起的议院任命。他拥有行政权，任命民事和军事职务，与各个议院共享立法创议权。在得到参议院支持的情况下，他能够解散国民议院。在议会面前，总统不须负责，而政府部门为直接担负责任者。宪法受自由主义者和奥尔良党人影响。

君主政体拥护者的议会不得不分道扬镳。1876年3月，新议院将多数票投给共和主义者。从此之后，选举委员会凌驾于行政长官之上。共和主义者当选者为360人，君主政体拥护者和拿破仑拥护者为155人。正统派被压垮。唯独参议院仍旧为拥护君主政体者掌控。

麦克马洪选择温和的共和主义者杜弗尔任职内阁首领，后者曾任路易-菲利普的部长。杜弗尔并未成功控制希望政府完全为共和主义的多数派，他不得不召回儒勒·西蒙。

儒勒·西蒙被两股火力左右夹击：一股为拥护君主政体的爱丽舍宫和参议院，另一股为希望精神秩序结束的共和党的激进派。甘必大全权掌控，要求立刻着手进行一项完全反教权的政策。各个主教难道没有组织有利于教皇回到教皇国的游行活动？儒勒·西蒙接受了甘必大的日程。5月16日，麦克马洪拒绝接受日程。他抓住首要借口来摆脱内阁。危机出现。

5月16日的危机

5月8日，麦克马洪向国民议会寄送一条咨文来阐明其态度：被迫解散国民议会。儒勒·西蒙于5月16日递交辞呈。麦克马洪要求布罗格利公爵组建内阁。共和主义者对此感到强烈不满，363名议员立刻签署一份抗议"请愿书"，写道："国家的代表不信任内阁。"

因此，对议会来说，政府首脑唯有取得多数票才能够实行掌控。然而对于麦克马洪而言，问题不在于接受一个与总统的政治眼界不符合的政府。因此，总统的方针与议会制准则相对立。议会与总统就政体未达成一致。

在其5月18日的阐明中，麦克马洪重申如果与多数派意见不和，他拥有解散国民议会的权力。他打算运用该项权力。他说道："在我看来，该重大措施如今显得十分必要。若不寻求联盟，没有内阁知道如何在这个国民议会中维持原状，或如何忍受激进党的条件。一个遭受到如此必要性压迫的政府不再是其行动的主人。这就是为什么我不愿长时间容忍。"

6月25日，他宣告国民议会解散。

"屈服或放弃"

如果国家再次将大多数共和主义者送回国民议会，那么危机无出路。因此需要总统离开。在原则方针上来看，政体必然受其影响而付出代价。

刚刚诞生的共和国遭到君主政体拥护者的质疑。后者梦想将共和国了结。相反地，共和主义者想要将总统发出的假定了结，并建立议会制。他们想要凯旋的民主政体。

双方都热切地筹备选举。精神秩序的行政长官得到命令，不惜一切代价帮助"合适的"候选者，此外，这些候选人得到天主教报刊栏目以及神甫布道的热切推荐。在此狂热中，人们撤职、调升官员。人们追随拥护共和主义的报纸。麦克马洪本人也投入战斗中，以拿破仑三世的方式，前往国家各地来支持其候选人。

甘必大不择手段。他是共和主义者反抗的灵魂人物。他彻底地利用年轻的共和主义斗士的积极性、小学教师的奉献精神以及共济会支部的狂热。"新阶级"想要将反对派驱逐出国家，甘必大对他们的急躁作出回应。他在里尔发表讲话："当国家发令，需要做的是屈服或放弃。"因此，甘必大不知疲倦地出现于各个宴会之间，抛掷出辛辣语句，使得"共和国的敌人"哑口无言。拥护共和政体的报刊引用其话语，将其命令千锤百炼，将麦克马洪比作路易-拿破仑，比作拿破仑三世。9月3日,梯也尔在巴黎的葬礼引起了一场规模庞大的共和主义者游行示威活动。人们感觉到这些选举将对政体的未来起决定性作用。

选举使得所有人感到失望:两个法兰西相互对抗,几乎势均力敌。共和主义者仅仅取得了不完全的成功,其人数为363人,323人改变主张。他们一共拥有420万票,而拥护君主政体者拥有360万票。尽管如此,共和主义者仍在国民议会占据多数席位,而这对麦克马洪来说是个严重的失败。

11月20日,布罗格利公爵不得不下野。问题再次以同样的方式提出:麦克马洪有何办法来将国民议会不认可的政府强加其身?国民议会最终接受杜弗尔,麦克马洪认识到失败:"解散权力的行使不可能被设立为政府体制。"

这一承认极其严重。它建立了议会制:从此之后,依照宪法的共和国政府仅仅在各议院面前承担责任。共和国总统的权力受到严格的限制,直到政体的末期,从未再有总统敢于行使该解散权。获胜的共和主义者使得总统职位有名无实。

共和主义者的共和国

国家的占据

5月16日的危机的确使得第三共和国成立。共和主义者仍旧需要夺取政权。

在市镇范围内,征服从基础开始展开。在面积最狭小的村镇,"市政厅的革命"为政权输送了"新兴阶级"的代表,甘必大曾提及这一阶级：小学教员、公证人、医生以及小企业主或小商贩。从此之后，乡村地区大量地投票反对来自城堡的候选人。攻占参议院大本营变得可能实现。

1879年1月5日，在参议院的首次换届中，该攻占得以实现。北部和西部的传统的保守的省份选举66名共和主义参议员，13位拥护君主政体的议员。此后，共和主义者占据参议员的多数席位，即174对抗126席位。"法兰西城镇重大委员会"新接收驻防的保守人士，依附于新政体。从此之后，参议院成为乡村共和国法令和常规的卫道者。

麦克马洪的面前存在两个共和主义议院，他不得不辞职。1879年1月30日，他抓住时机离开。儒勒·格雷维立刻当选为共和国总统。他迫不及待保证："本人诚挚地服从议会制的法令，决不与由立宪机构表达的国家意志对抗。"

今后的宪法的修改声称占统治地位的家族成员无被选举为共和国总统的资格，并且在其任期结束之时，取消参议员终身职位。基于此，共和主义者掌控全部的权力。

对共和主义者而言，还剩下包围国家、政府部门以及国家真正的操纵台。1879年，他们重新组织军事最高指挥权。1881年，甘必大任命米里贝尔（Miribel）将军为参谋长。他希望军队的高级军官不一定为共和主义者，以此来使最高职位的任职者凭借能力和功绩当选，而非依靠阴谋和政治影响力。甘必大不断打算报复德国，想要成立一支新军队来服务于法兰西。将共和党的官员安置在军队的高位是个错误。无论如何需要使军队非政治化，使之远离政治斗争。

重大团体被清洗，例如行政法院。在3个月间，人们中止法官的终身性来使之得到替换：方法不太高雅，却毋庸置疑。与军队恰恰相反,司法机关将接收一支完全拥护共和主义的卫戍部队。从1871年开始,保王党人难道没有充斥在各个法庭之上?共和国仅仅培养了信仰上帝,且将十字架置于法庭的法官。共和国希望看到为世俗社会服务的世俗法官。

共和主义者同样要为政权服务。如果说芽月法郎在整个19世纪保持稳定,省政府部门并未如此。再一次,行政长官将被"调职",职位低等的行政长官并未得到保护,以免受调任或撤职的侵袭。

各个部门被共和主义者掌控。甘必大拥护者大批地重回国民教育,筹备儒勒·费里的纸牌。在法国外交部,帝国年迈的外交官被要求退休,他们展现出了惊人的无能。出身于高等学府,尤其是巴黎高师的年轻的共和主义者的"就业"得到优待。通过征服科学院、专区政府和领事馆,新生政权结束其征战。

共和主义者的胜利是全面的,决定性的。诚然,总的来说,该胜利仅仅依靠全体选民的一小部分人的支持。为了保持持久,该胜利将被满足国家憧憬的成功政治继续延续。在将近20年期间,通过将庞加莱(Raymond Poincaré)所言的实验科学的方法应用于政治,新的共和主义团队将致力于巩固其征服。通过手头可以采用的办法,这些实证主义者想要建立一个新社会,一个相信国家发展和社会晋升的社会。实证主义者的无教条主义、思想的自由以及政治的灵活使其被称为"机会主义者"。事实上,他们为温和的共和主义者。

共和国与商业

"机会主义者"的共和国并非可耻的。在争夺权力期间,共和国证明了其力量和效力。如今还剩下在商业世界树立威望,到目前为止,该世界相继支持了奥尔良式政体,以及某种程度上的波拿巴主义。

秩序复兴的10年,经济总结并不糟糕。1880年的法兰西是繁荣昌盛的。它从第二帝国惊人的冲势中获益。始于1873年的世界危机在英国和美洲出现,梯也尔巧妙地建立起关税壁垒,因此法兰西幸免于难。人们继续修建铁路、公路以及运河。收成颇丰的年份使得供给一个扩张的内部市场成为可能。

在工业特许证的使用和发明创造的追逐中,法兰西并未落后:1878年的世界博览会大获成功。参观者人数超过1200万。贝塞麦(Bessemer)工艺使得修建跨度12米的铁路成为可能,引起轰动。人们首次展出电话、留声机和一支电烛台。安置在特罗卡代罗宫的埃都(Edoux)修建的电梯高度达到60米。

战争的吞并并未使工业遭到重创。法兰西能够开采洛林矿石的一部分,且阿尔萨斯工业家定居在孚日山脉的另一侧。在1870到1873年间,钢材的生产翻一番。托马斯(Thomas)工艺使得加工洛林矿石成为可能,法兰西出口其矿石产量的45%。

农业遭受些许挫折:根瘤蚜病害的出现和物价的全面下降使农业遭受困境,尤其是在朗格多克大省。然而,下跌却大大地在城市中农产品消费的增加中得到补偿。普遍来说,乡村的情况令人满意。

此外,法郎的稳定确保了银行免受任何危机的侵袭。银行继续其资金集中,在外省甚至在乡村继续推行"纤细如发"的政策,在那里推销员通过向农民推荐有利的投资来吸引资金。1872年,巴黎银行和荷兰银行出现,印度支那银行建于1875年,1878年联合银行和邦杜(Bontoux)的"天主教"银行建立。

第十六章 带来耻辱的共和国

总主教教区的银行

1882年，邦杜银行股票的暴跌提出了一个政治问题。人们控诉政体促进了由新教徒和犹太教徒组成的小团体的利益，人们称之为"工会"。天主教徒中的右派声称道德秩序的失败应当归咎于工会在共和主义的乡村地区的投资。自此，与邦杜银行一道，天主教徒想象按照其在欧洲天主教信仰的复兴方向，利用其财政势力，他们能够建立某种形式的信仰组织。

事实上，邦杜银行在外国实行异常严谨的投资政策。例如在奥地利，该银行将自己的命运与达夫（Taaffe）的天主教的反动内阁联系在一起。银行在巴尔干半岛的铁路修建上获得特许权，尽管铁路的收益性令人怀疑。公元1880年，由联合银行建立的奥地利国家银行，专用于为奥地利和匈牙利的所有致力于逃避维也纳犹太人银行的资金集中之人提供帮助。

甘必大未曾以自己的方式鼓励一个有可能促使维也纳贴近巴黎，有可能使得奥地利人远离德国的势力范围，人们对此感到怀疑。相反地，可以完全确认的是，邦杜不需要成为政客来做危险的贸易。邦杜的"天主教"银行由高级教士阶级中的显赫的教徒凑份子成立，于1880年向股东发放32%的红利！1880—1881年，证交所的证券价值增长20%。邦杜更甚于其他人，加入投机活动中。1882年，该银行的破产归咎于管理的不谨慎。

该银行的破产引发了整个证券交易市场的衰败。国家在弗雷西内（Freycinet）计划中支出的几十亿资金专用于省际铁路的修建，不仅仅重新推动经济发展，也鼓励了投机买卖。我们可以看到拥有广袤地产的有产者迫不及待售卖自己的地产在证交所下赌注，他们通常会失去所有。在股票暴跌之后，投机买卖瞬间中止，市价急速下跌。买主卖掉股票来购买金子或国库券。法兰西银行几乎将贴现率上涨一倍（从2%到3.8%），小中企业主无力贷款。失业迅速出现。法兰西经历了历史上首次资本主义的危机。

危机面前的政权

已经掌权的经验丰富的律师、记者以及显要人物完全应付不了财政现象的规模，这对工业活动和就业都产生了直接的影响。拥护共和主义的行政人员完全不具备经济头脑。此外，除了少数例外，他们直到第三共和国的末期也不具备这样的头脑。

财政恐慌对于储蓄的未来以及法国人的心理产生了持续的影响。通过购买国债，小投资者将希望寄托在货币的稳定、预算把控的严格以及政治制度的可靠之上。他们将选票投给温和的共和主义者。通过在公众中引起了一定程度上的恐慌，财政状况的运转因而加强了显要人物的权力，后者为秩序和稳定的担保人。在50年间，从政治方面来说，小储户对于那些承诺慷慨大方以及监管差额平衡的政客报以信任。

小储户不仅对政治人物中的一部分人表示友好，对于那些将在法兰西市场上推销数量递增的外国证券的银行家来说，他们同样成为一大批有利的劳动力。一笔巨额储蓄因此与本该直接从国家扩张中获益的投资分离开来。的确，通过在外债方面实现了盈利的交易，银行家有意识地尽可能为法兰西的对外政策服务。从此以后，财政的武器隶属于司法部的军械库。通过接受或拒绝外国证券在巴黎证交所的牌价登记，法兰西与人交友或交恶。

第十六章 带来耻辱的共和国

从公元1890年开始，共和主义者对席卷了整个欧洲成为真正国际意义上的危机无所适从。英国巴林银行的破产引起轰动，使得所有储户忧心忡忡。巴林银行是欧洲最古老的银行之一。为了使其渡过难关，法兰西银行向巴林银行出借款项，再次对信贷制约采取严厉态度。该危机使得巴拿马运河不完善的运营公司破产。某些数量的财政机构遭受重创，而政府部门未试图挽救，例如贴现银行的行长当费尔-罗什罗（Denfert-Rochereau）的自杀引起了一时轰动。

国家仅限于援助同样被危机波及的农业，却鲜少关怀财政和工业事务。在无共和主义者帮助的情况下，80年代的农业危机可以说经历了一场惊人的严重性。到了19世纪末期，农业的产值代表了几乎国民收入的一半。农民通常拥有小于1公顷的小块土地（1892年超过200万名土地主），更常见的是1到10公顷的小型地产（土地主人数为250万）。大约有3万个超过100公顷的大型地产。对农业以及农产品价格的支持因此体现了执政者一方的社会和政治选择，而非经济决策。

席卷全球的物价下跌的灾难和根瘤蚜病害使得政府支援合法化。公元1892年，梅利纳制定的物价将税费确立为20%，对外国商品造成了打压。小麦的价格被专制方法抬高来使得小农场主得以存活。儒勒·梅利纳（Jules Méline）在乡村得到了不可思议的民意支持。从此以后，同食利者一样，农民阶级毫不懈怠地将选票投给温和的共和主义者。

对工业的帮助并非直接：援助取决于国家的指令或财政支持。例如，在90年代大量的武器装备的订货刺激了化学和钢铁冶炼工业的发展。经济萧条在轻工业的消费领域达到顶峰，在纺织业或食品工业，需要解雇全部职员。相反地，钢铁工业取得了工艺技术的巨大进步

（托马工艺），促进了生产力的增长，推动了扩张。某些始于1887年的工地，弗雷西内计划工地和埃菲尔铁塔施工工地刺激了钢铁工业的发展：铸铁的生产从1885年的170万吨上涨至1895年的230万吨。一方面，由于国际价格的下降，另一方面由于生产力的提高，生铁和钢材的成本价持续下降。在重重危机之间，埃菲尔铁塔的落成仪式于1889年举办，其重量接近7000吨，其铸铁和钢制工字梁在整个世界闻名遐迩。

危机刺激了勘探事业和尖端工业，而出于军事原因，共和主义者鼓励勘探。在阿尔卑斯山的弗罗日，一个新成立的公司开办欧洲首个铝材制造业。皮西内（Pechiney）在加尔省开办工厂，从1896年开始，每年的产量为13吨。

1899年，天才修理师路易·雷诺（Louis Renault）在比扬古建造了第一个汽车工厂。1895年，贝尔利埃（Berlier）制造了其首台车辆。从1891年开始，位于博里厄的标致工厂每年出产大量汽车。邦阿尔（Panhard）和勒瓦索尔（Levassor）最早的原型实现于1891年，在全面的财政危机中问世。

为了建造工厂，路易·雷诺仅仅拥有6万法郎。他不需要吸收储蓄或上市债券来建成汽车修理厂。同时代的米其林（Michelin）兄弟在生产轮胎和内胎时并未比雷诺更富有。他们在克莱蒙-费朗城安置工厂，在法兰西的正中心。在这一时期，来自里昂的吕米埃兄弟（Auguste et Louis Lumière）制造出电影放映机，同时成立一个工艺中心和摄影馆，将放映员派遣至世界各地。吕米埃兄弟拍摄的日本的图像竟然始于1895年！创造和工艺天才难道突然成为法国人？

的确，危机仍旧阻止着这些发明大量投入生产。资金的缺乏使得这些发明家难以在商业化的道路上开展生产。在紧接着的证券市场危机时期里，发明家躲避在藏积蓄的地方或从事可靠投资。这并非一个扩张的时代。国家限制在船舶和军用产品的订货，同样限制对大型工地的援助。国家并未帮助工人和失业者。因此，这些人与之远离。

"无产者"与政权

巴黎公社之后的10年，革命思想再次在遭到危机重创的阶层缓慢游走。社会大众相对的稳定消除了工业中劳动市场的异常强烈的紧张状态。从1870年开始，农村人口大量流向城市，而城市中的出生率趋向于下降。然而，失业、合法保护和社会补助的缺失将无情地对工人阶级的生存条件产生影响。在80年代，法兰西工人发现自己为"无产者"。

同帝国时期相同，共和主义者希望将工人阶级团结起来，将他们变成政治拥护者。共和主义者并非力求将工人阶级排除在共和国之外。信奉自由主义的大资产阶级瓦尔德克-卢梭（Waldeck-Rousseau）使得1884年的法令得以投票通过，最终促使在法兰西建立得到许可的工会组织。

事实上，工人运动能够聚集起来并表达自己的主张，建立组织来反对共和主义者，反对其施恩者。在10年之内，在各个职业范围的集中促使统一工会行动，促使建立一个大规模的联合工会，即法国总工会。法兰西参加联合工会者不愿听到谈论有关政治行动之事，不论他们支持或反对政权。他们也并非改良主义者。他们想要击垮资本主义社会，认为工人行动只能是革命的行动。工人阶级的武器是全面罢工。他们应当夺取政治权力，忽略资产阶级政体的议会制的外表。"无政府工联主义"在法兰西工会中取得了日益扩大的成功。他们处于工人阶级反抗的传统中，受到蒲鲁东和巴枯宁（Bakounine）思想的影响。最初工会的拥护者在其职业领域内部缴会费。在这样的情况下建立的首个组织由制帽业发起。紧接着为煤矿工人和铁路员工，再次为图书出版业。职业联盟聚集在巴黎的劳工联合会，然后聚集在外省大城市的劳工联合会。在当地的层面上，劳工联合会汇聚了各个职业联盟。在整个国家，共有14个联合会。基于此，由维克多·格里弗埃尔（Victor Griffuelhes）组织的法国总工会水平线联盟（各个职业）和垂直线联盟（主要城市的劳工联合会），将持续掌握工业行会请愿和省际关怀的核心。年迈战士的无政府主义为整个法兰西的工会运动赋予特殊的色彩，后者希望不带有政治色彩，并非通过改良主义，而是通过国家代表对政体表现出不屑。

因此，所有相信政治行动效力之人应当在这样的社会党人的范围内表达自己。不久之后，社会党议员对国民议会产生了威慑。在1885年的选举中，社会党选民派出12名议员前往巴黎。在这些人中间，来自科芒特里的农民蒂夫里埃（Thivrier）从阿列省出发，身着工装罩衫，脚穿木底鞋，在挑唆之下，他与走廊中"说拉丁语"的同僚、主教以及侯爵们以"你"来相称。对于这些"红色的"乡村地区或工业市郊的当选者来说，与在政治蓝图上相近的极左势力的激进人士融为一体的愿望强烈。然而，他们拒绝任何的靠近，从不错过任何机会表明其革命意愿。从一开始的12人，社会主义者不久之后将达到100人。他们将会重新对资产阶级共和国的"平衡"质疑吗？

面对政治危机,中庸的共和国

古老社会与共和国的对抗

对于"温和的"共和主义者来说,1885年的选举揭示了双重危机:除了12名社会党议员,极左共和党人,即"激进分子"占据了国民议会的100多个席位。右派势力中,200多名保守党人同样占据国民议会席位。政府多数派的席位被缩减至260个,他们在危机下艰难生存。

选举的结果反映了不同阶级的法国人的深深的不满。首先,右派中有人不满足于儒勒·费里的学校教育业绩:自从公元1880年掌权的费里与保罗·贝尔(Paul Bert)一起致力于使所有阶段的教育"非宗教化",首先要将其从教会手中解脱出来。

儒勒·费里不愿开战,他希望成立"无上帝"的学校,并非反上帝。的确,1880年颁布的法令剥夺了私立大学学位授予权;然而,该法令仅仅使得形势返回到拿破仑一世曾想要实行的垄断政策。未经许可的宗教团体的成员被禁止接受教育,而他们却始终能够申请该许可。所有一切取决于法令实施的意愿。

耶稣会会士无力维持其学校。他们遭到解散,对其实施的驱逐引发了暴力游行。关闭耶稣会学校,即为损害私立学校;然而无论如何,该项举措有先例可循:儒勒·费里仅仅使得距今久远的主张法国教会保持行政自主性的传统永久留存下来。

事实上,温和派希望与教会维持和平。"宗教仪式的部长们"下指令来防止法令的实施遭遇事端。教育的许可因此得到了广泛应用。在儒勒·费里所做事业中不可原谅之事,相比对宗教人士的"迫害",

右派更加怨恨费里建立了一个高效的世俗教育体系。

1881—1886年投票通过的法令真正地在宽容的精神面貌与和平征服的思想之下，组织起免费、义务和世俗化教育。巴黎大学最杰出之人致力于为新式教育提供一个公民的典范，带来道德影响。索邦大学教授和巴黎高师校长拉维斯专注于挥洒笔墨来书写其《法兰西历史》，此书专供初级班级使用，将培养了几代法国人。巴黎高师因此成为某种共和主义熔炉。拥护君主政体的右派不能予以赞同。

如同费里所做，组织截止到目前在"教会的大腿上"成长起来的年轻女子的初级教育被当作一种挑衅。首批取得教师职衔的女性如同争取妇女参政权的英国妇女。她们无视常规和偏见。阿兰·德科（Alain Decaux）在其《法国女子历史》中关注这些妇女事业的最初阶段："迪嘉尔女士在空荡的长椅前授课。人们在街上不再与她打招呼。她遭到排斥。在1880年法令颁布之后，迪嘉尔女士立刻开始在兰斯高中授课。在香槟省批发商之间引起轰动。学生罢课。"

因此，女性不能追求任何职业。向其开放教育似乎为一种伦理革命。同样地，第一个女性律师引起公愤。费里的举措与这场摆脱成见的集体意愿密不可分，它使得大量的法国女性和男性在共和概念周围团结一致，却也使得大量国民远离这一概念。两个团体互相对抗。

由机会主义者投票通过的自由主义法令要建立一个现代化的国家，该法令同样激起古老社会追随者的反感。从此之后，报刊完全自由，公民能够自由地表达观点，享有英国式的"人身保护法"，能够自由集会。矛盾的是，立法机构这一突然对个人自由的放开政策为共和主义者招致了更多的敌人，而非朋友。法令因此先行于社会惯例。

第十六章　带来耻辱的共和国

反"体系"的布朗热主义

人们责怪甘必大、费里、弗雷西内及其机会主义友人最多的是利用政治势力为企业谋私利：危机时期危险的控诉，由于政府的过错，当如此多的清白之人处于贫困之时，以赚钱闻名是不太恰当的。1885年，费里陷入东京湾的事件中。在主席台上，克列孟梭指责费里忘记了法兰西的利益，忘记了为了促进与印度支那、突尼斯以及所有向法国讨要税费和士兵鲜血的国家的进出口贸易而制定的"孚日山脉蓝色阵线"。极左势力的攻击在极右势力中取得了专注的回应。经济危机导致了中小资产阶级的不满。证交所投机买卖愚弄的"易上当之人"、受到物价下跌和失业威胁的小商贩以及遭到极端大众有待讨论的经营激怒的食利者，这些人被矛盾的宣传所用，组建成一群体力劳动者，被推挤至危急时刻、至威胁政体的运动中去。右派的漫画将描绘出费里与罗思柴尔德在"专供鸭子划水的水池"的泥泞中同行。再没有比使得不满之人反抗"体系"更容易的事。他们已经做好了任何形式行动的准备。

布朗热（Georges Boulanger）事件完全阐明了这一精神状态。"复仇将军"对于费里的温和派之人及其友人深感厌恶，被极端分子推上高位。1886年，在克列孟梭恳切的建议之下，弗雷西内任命其为国防部部长。作为民族主义者的激进分子，例如1882年"爱国者联盟"的创建者戴鲁莱德（Paul Déroulède），拥护弗雷西内反对机会主义者，人们控诉后者将一切让与俾斯麦。

不费多少钱财，布朗热使自己在军队中大受欢迎，他命人将营房哨所漆成三色，在驻防地用盘子代替军用饭盒，允许士兵留胡须。他筹划征兵法令，促使由梯也尔创建的长期兵役向更加短期、更加"国家的"、无豁免之人的兵役发展。通过在歌曲中不朽的隆格尚镇举行大型阅兵仪式，他将威望重新赋予军队。1887年4月，通过在斯诺布列（Schnoeblé）事件之时巡视掩护部队，布朗热为大众所识。斯诺布列这位边防哨岗的警察被德国人逮捕，之后在法国外交部的压力之下释放。民族主义报刊为"复仇将军"骄傲地舞动胡须而喝彩。"直到布朗热的时期"，巴莱士说道，"我们的农民对任何部长的名字一无所知。"

然而，在弗雷西内内阁垮台之际，布朗热不得不放弃内阁。出于谨慎，温和派将其任命至克莱蒙-费朗当职。一场规模宏大的游行示威活动加速了其在巴黎的里昂火车站的出发。激进的议员爬在火车头高处。

如此得民心的布朗热遭到机会主义者的刁难！右派中的反对派并不苛求于此：他们成了联盟支点，不仅成为右派的盟友，也成为中立者和左派所有人的同盟军。由激进分子发起的暴乱，迅速争取到共和国的敌人：拿破仑拥护者和君主政体拥护者亲自资助和追随布朗热。对所有人而言，布朗热代表了希望。

然而，1888年3月，在布朗热退休之际，他在大量的行省，甚至1889年1月巴黎的大选中当选。在竞选期间，他提出根本秩序的口号：解散、制宪会议、修正。事实上，布朗热主义的主要观点为推翻议会体制复兴行政权的权威。激进分子难道没有首先表明其意愿，意愿与共和党显要人物模棱两可的在唯利是图中沉沦的政体决裂？

的确，对布朗热大量的拥护者来说，"修正"意味着复辟。得益于布朗热，共和国本该被颠覆。麦克马洪老矣，反对派最终相信找到了一把"军刀"。此为第一次，政体的反对派有机会尝试武力反抗共和党的秩序。

第十六章　带来耻辱的共和国

一个摇摆不定的将军

在布朗热的名气盛极一时之际，在他离权力的交椅一步之遥之时，他却下不定决心。其信徒在歌剧院广场上疯了似的欢呼喝彩。儒勒·费里的内阁部长们达到了慌乱的顶端。戴鲁莱德大喊："我们的将军，入主爱丽舍！"然而，布朗热同从前的拿破仑三世一样，想要由人民推选上位。他拒绝使用武力。

在合法的方面，共和党人能够尝试进行对抗，却具有风险。充满干劲的内政部部长恭思当（Ernest Constans）阻止各党派的候选人，以防布朗热将军通过全民投票表决。应当解散极其躁动不安的"爱国者联盟"。恭思当劝说遭到逮捕威胁的布朗热逃到比利时，将军照做。他立刻被大众遗忘。

1889年的世博会使得布朗热完全被抛诸脑后。抑郁难当，他于情人波讷曼夫人（Madame de Bonnemain）的墓前自杀。一项控诉使其失去选举资格。共和国出色地完成了任务，获得回报：这次大选中，共和党人以366个席位压倒性战胜了仅占居22个席位的保守党人。

残酷无情的克列孟梭提起布朗热说道："他不论活着或死亡，身份都为少尉。"左派的激进分子并非不感到悲痛万分，自从巴黎公社以来，他们垄断着雅各宾派爱国主义，多亏了布朗热，他们看到右派再次以民族绶带加身。"复仇将军"使得人们忘记了1870年的"主张投降的"显要人物。民族主义站到了右派的阵营，毫无疑问成了一股革命势力，带动了巴黎民众中的一大部分人。巴黎公社时期的巴黎卷入了对抗共和国的政变企图中？新兴事物声望重大，它既非拥护右派，也非共和党左派的信徒。

它将确保决裂的可能性及其必要性。在布朗热事件之后，显而易见的是，从整体上来说保守党的右派决不接受政体或共和社会。为了能够在保守派的政治中坚持下去，是否需要继续煽动右派的"联盟"，尤其是天主教徒的结盟？在巴黎公社的15年之后，难道不是已经到了将共和国定位在左派的时候吗？布朗热事件使得极端分子对局势有所思虑，他们此后筹划其出路。

共和国与丑闻

巴拿马运河将不会为局势提供便利：财政危机迅速衍变成政治丑闻，极端分子本身也受到波及。信奉民族主义的右派反对极端分子，也与机会主义者政见不合，他们深入地利用公众舆论的愤慨来反抗国民议会的"150名软弱无能如小牛犊之人"，后者喝了酒对陷入困境的巴拿马公司投赞成票。

巴尔贝斯（Armand Barbès）在其《他们的相貌》中使这些堕落的议员们形容枯槁，对作者而言，他们象征了共和主义秩序。然而，作者同样将会讥讽费里内阁部长们的犬儒主义："明智之人，或者干脆说白了吧，政体的主要参与者（例如某个名为卡诺的人）认为在一个自由主义受到讨价还价和敲诈勒索支配的政治体系中，当所有一切都归于对良心的价格了如指掌并已然手握库存收据的掮客之时，这将会是致命的。受到恐惧这一波旁宫殿的地方病的驱使，出于合理的社会维护，他们不曾设想撩拨藏污纳垢之地，在那里充斥着议会的堕落。脊梁骨一向单薄的极端分子梦想着勒死满肚肥油的机会主义者。"

然而，丑闻存在于各个党派之中，正如调查研究展示的那般。

巴拿马公司由雷塞布根据苏伊士运河公司的模型创立，遭遇了极度的工艺和财政麻烦。公司需要议员们的帮助来发行通过抽签可偿还

第十六章 带来耻辱的共和国

的乐透公债。1888年,该公债未能使得公司免于破产,更不必说股东们。在3年间,丑闻被压制下去。1891年,当掌玺大臣法利埃下令开办一项教育之时,丑闻爆发。

右派中的民族主义者在报刊中发表有力的反犹竞选,控诉议员们背着上当受骗的储户获取资金。银行的一个中间人雅各·德·雷纳克遭到反犹记者德吕蒙的质疑,暴卒。议会调查委员会将染指不明资金的104名议员的名单公诸于众。这些"贪污受贿者"成为新闻界引起轰动的论战的牺牲品。1893年,土木工程部前任部长承认贪污受贿。雷塞布、埃菲尔铁塔的工程师埃菲尔(Eiffel)同样遭到控诉,但他们获得赦免。共和国将丑闻"消化"。

的确,多数的共和党人难以从此次事件中抽身。在各个报纸中仅仅一次的提名会使他们长久受到影响。在众多共和党人中,此为卢贝(Loubet)和克列孟梭的境遇,也同样为前任鲁维埃时期财政部部长查理·弗洛凯(Charles Floquet)的遭遇。人们对他们的控诉过于坚持,以至于他们的声誉化为乌有。已经在国家担任重要职务的新上任的官员却在此次事件中未曾受到牵连,幸运地成为接班人。如果说共和国并未全身心沦陷到巴拿马公司中,那么第二代共和党人拥堵在权力的门口,庞加莱内阁的门口,维维亚尼(Viviani)、乔治·莱格(Georges Leygues)、巴尔都(Barthou)以及德尔卡塞(Théophile Delcassé)的门口。

经受德雷福斯危机考验的共和国

右派成功使得共和国名誉扫地,却未能将其推翻。德雷福斯(Dreyfus)事件为右派提供了一次新的颠覆政权的机会。

473

德雷福斯军官毕业于巴黎综合工科学院和巴黎最高军事学校，阿尔萨斯血统，被控诉间谍罪并遭到逮捕之时服务于参谋部。在反犹日报《自由言论报》中，德吕蒙宣布这一消息，要求彻查"犹太军官"叛变一事。在间谍活动和反犹主义的环境下，民族主义者在此爆发战斗。人们要求对叛徒施以儆戒性惩罚，并逮捕其同党。国防部部长梅西埃（Mercier）被控诉纵容属下。

根据负责预审军官的报告，内阁错误地坚信德雷福斯有罪，前者被此刻横行于军队高层中的反犹热情影响而失去理智。一份"秘密文件"被传达至军事法庭，法官判处德雷福斯终身苦役。被降职的德雷福斯于1894年12月前往魔鬼岛。确信战斗将在判刑之后平息的内阁任其发展。左派中无人对此感兴趣。饶勒斯（Jean Jaurès）本人声明不再干涉这位"犹太军官"的命运，并且只需不卷入"资产阶级的家庭纠纷中"。

德雷福斯的哥哥在记者贝尔纳·拉扎尔（Bernard Lazare）的帮助下致力于取得公正。他们得到了一个情报处官员的意外帮助，该官员为皮加尔（Picquart）上校，他发现了真正的罪魁祸首。此人为拥有匈牙利血统的贵族，负债累累的埃斯特黑齐（Esterhazy）。是他，而并非德雷福斯与德国大使馆的军事专员施瓦特科邦（Schwartzkoppen）有往来。皮加尔向其上级汇报，却被派遣至突尼斯南部。

德雷福斯的友人得知皮加尔的发现，通知了参议院前任议长舒厄尔-凯瑟内（Scheurer-Kestner）以及《世纪报》社长约瑟夫·雷纳克。修正主义报刊的战斗即将展开，而权力机关致力于打压。委员会主席儒勒·梅利纳在国民议会的主席台上喊道："并无德雷福斯事件这回事。"

第十六章 带来耻辱的共和国

对埃斯特黑齐的宣告无罪于1898年1月公布，遭到修正主义者的质疑。为了军官和政权，左拉在《曙光报》中发表《我控诉》一文，由于参谋部的坚决要求，轮到左拉本人被审判及判刑，民族主义者引发的反犹战斗再次爆发。为了安抚，国防部部长卡芬雅克（Louis Eugène Cavaignac）将军在国民议会的主席台上阅读"秘密文件"的其中一个文件。卡芬雅克的演讲被张贴在法兰西所有的市镇，确立了德雷福斯"无可置疑的"罪行。第二天，人们得知在主席台上宣读的文件是毋庸置疑的伪造品。

情报处官员亨利（Henry）上校在"爱国的目的之下"伪造了这一文件。亨利立刻被逮捕，在狱中自杀。修正正在进行。

在参谋长布阿德弗尔（Boisdeffre）将军与卡芬雅克部长辞职之后，该事件成为政治事件。法国最高法院宣称修正提议可以受理。一场新的诉讼在雷恩开庭审讯。

雷恩的判决与瓦尔德克-卢梭对事件的清算

两个敌对阵营的舆论对抗从未如此激烈。对于反修正主义者来说，共和国是一个腐败不堪的政体，无力维护军事，被宗教、家庭和社会压垮。他们坚持德雷福斯的苦役惩罚，这是为挽救秩序和推翻共和国。不久之后，法兰西国联盟、爱国者联盟和法兰西行动联盟的成员强制要求民族主义者夺取政权。

1899年2月，菲利·福尔（Félix Faure）的葬礼在巴黎引发了一场暴乱。在巴拿马事件中受牵连的卢贝经过之时，人们对其喝倒彩，高喊："巴拿马一世万岁！"戴鲁莱德致力于使罗杰（Roget）入主爱丽舍总统府。6月，卢贝于隆格尚的赛马场里，被一个年轻的保王党人的木剑击中。遭到逮捕和审判的戴鲁莱德在审讯时高喊："军队万岁！是的，军队万岁，它是我们最后的荣誉，最后的依靠，我们至高无上的保障！"

不论他们是否愿意，修正主义者因此成为共和国的守护人来反抗狂热的"同盟者"。尽管未发生屠杀，但是人们回到了宗教战争时期。左派分子中同样组成了"联盟"：教育联盟和人权联盟。各个党派将与极左派联合。警戒委员会在首都巴黎自发组建。社会党和激进党言归于好：社会战争未曾取得的东西，德雷福斯案在某一刻将其实现。6月22日，当瓦尔德克-卢梭负责组建新内阁之时，两个法兰西相互对抗。家庭内部甚至也产生了分裂。通过建立和平，拯救秩序刻不容缓。

瓦尔德克-卢梭必须以极少的代价达到这一目标。他在内阁中选择了一名中立席位的社会党人亚历山大·米勒兰（Alexandre Millerand）和右派中无可争辩的军人加利费将军，后者曾在巴黎公社时期指挥凡尔赛分子军队。加利费在军队中一场简短的通报将足以安抚士兵："突发事件已结束。"

共和国将对德雷福斯军官进行二次审判。军队不能撤销意见，它将德雷福斯定罪。内阁不能任由混乱横行，它赋予其可减轻罪行的情节。那些尽心尽力为军官辩护之人，饶勒斯、佩吉和克列孟梭对判决感到愤怒，建议被告人拒绝共和国总统向其提供的特赦。然而，德雷福斯经受过多苦难，他静静地等待平反昭雪。赦免为骚乱画上句号。

审判之后，瓦尔德克的政府立刻除去民族主义运动的首领：25个头目被传唤到特别最高法庭，被判处有罪，其中包括保罗·戴鲁莱德。反德雷福斯的报刊通常信奉天主教遭到不同处罚，不堪重负被迫部分停刊。《十字架报》《朝圣者报》得到保留，但圣母升天会成员的宗教团体作为真正的天主教报社，被解散。

1893—1894年，无政府主义的阴谋遭到温和的共和党人的镇压，使得后者的面目在社会党人看来可憎。通过持续使已经在巴拿马事件中经受苦难的温和主义的政治人物丧失威信，德雷福斯案引发的危机为极左的共和党人开启了政权的大门。社会党人和极端分子成为政治土地的主人。他们将和解来占领这片土地？

以不同方式革命的运动笼统称为社会主义运动，仅仅很晚而且局部地介入德雷福斯案中。相反地，极端分子大量地加入其中。德雷福斯案的结束似乎预告了各左派的联合。他们能够寻找到真正的统一行动吗？在何种纲领的指引之下？在政治局势之下，20年来，由机会主义者在内外创立的总体业绩将走向何地？毫无疑问，左派独自挽救了共和主义秩序。然而，他们将承担起保守党的秩序？

1899年，人们记住了共和国在狂风暴雨中存活下来：先是布朗热主义危机，紧接着是巴拿马事件的无政府主义暴动以及德雷福斯案可怕的经历。究其深处，法国社会似乎接受了政体及其展现出的价值：宽容、世俗化、经济和社会发展、无煽动的爱国主义、无冒险的殖民扩张。丑闻与危机使得共和国重返其道。旧社会的各种阴谋未曾成功利用公众不满来打压政体。保守的共和国取得成功：它将其财产移交给"激进的"共和国。

第十七章
共和党扩张

机会主义者和激进党人在本质上并无不同，却在做事方法和思想状态上大不相同。被当作激进党人的克列孟梭，在巴黎公社期间曾任蒙马特尔地区区长。被起义者指控背弃了其利益并将枪炮交给凡尔赛分子的将领，良心泯灭的克列孟梭曾放弃巴黎公社。他是被流放至新喀里多尼亚岛的路易丝·米歇尔（Louise Michel）的爱慕者，他深深感受到自己为左派之人；那个将下令军队射击德拉韦依罢工者的人，是他。

儒勒·费里来自右派。这位洛林省的权贵人物，是拥有丰富资产的宠臣，这一富饶使得"身着礼服的先生们"安心。的确，在帝国时期，费里曾为共和党记者，然而这一阿尔萨斯工业家里斯勒（Risler）的女婿、舒厄尔-凯瑟内与查理·弗洛凯的侄子与诸如甘必大之类的冒险家大相径庭。1875年，费里在共济会会员集会处被庄严接收，据他所言，他愿"建立一个无上帝无国王的世界"。他兴办世俗学校，为"运动"法兰西提供最有力的武器来对抗"秩序"法兰西。

在对外政策方面、经济政策方面，甚至于政治斗争方面，费里与克列孟梭截然不同，他们却对维护自由主义资产阶级的社会体系深表赞同。如果说克列孟梭表现出迫不及待加速社会改革，那么费里仅仅是更易冲动，其共和国更加"激进"。经验表明政治制度并无两样。

在20世纪初于法兰西掌权的激进党人找到了实质上的遗产。尽管危机重重且爆发了众多丑闻，但是70年代中期的"可耻的"共和国成了胜利者，对自己的命运更加确信。这一遗产在很大程度上是积极的。激进党人懂得使其结出果实。

机会主义者的遗产

"无上帝无国王之社会"

"无上帝之社会"为向往自由的人类而生。共和国的建立者，费里、格雷维以及瓦尔德克-卢梭一派之人，使得1881年的重大法令被投票通过，1884年的法律制定集会自由、出版的绝对自由以及联盟自由。1884年4月5日的施政管理法任命市镇议会的当选议员为市长，尽管在巴黎各区的区长仍旧由权力机关指定。

基于此，公共自由得到了保障。普选得到公正地施行，确保了政客的民主的招收。一个未来的领导者的事业通常在市镇议会中开启。围绕着市长肩带，他出现在省议会，紧接着受命于使团。一旦当选，此人到议会的其中一个"委员会"登记，在那里他的才能将引起城堡指挥官的注意。因此，在某些关系的运作之后，他变成"很有可能成为部长之人"。在部长的职位之前，人们委其以国务秘书或副国务秘书一职。最好是以设法取得一个"技术性"职务为开端，工作质量、严谨程度和耐心与否将展露无遗。唯有到了理智的年龄，当人们在其小集团中经受住了考验，他们才能够追求政务。远未能稳定混乱局势的普选因此促进了新一批政客的招募，内部延聘不仅指定最忠诚最忠心之人，也任命最具能力之人。

因为"无上帝"共和国首先看中的是才干。世俗学校的修建是为了发现并培养这些可造之材。在大方向上，机会主义者制定的普及教育纲领追随帝国时期由维克多·迪律伊构思的计划，在19世纪，表现了左派政治思想的其中一个主要观念：需要使所有法国孩子们拥有平等的机会，得益于教育，使得他们能够理智地选出自己的代表，使得他们能够监督之并且与国家的机构融为一体。初级学校培养能力说得过去的市镇议员。各个市长同样需要干部人员。法国人应当意识到此为民族集体性的缔造者。当人们不识字之时，他们断不会产生这样的意识。1880年，法兰西25%的男性和35%的女性不识字。在10年之内，在费里颁布了法令之后，仅有15%的男性和24%的女性为文盲。10年之后，该项事业事实上已经完成：文盲人数正逐步减少。在25年之内，机会主义者将在法兰西扫除文盲。

共和国黑色轻骑兵

这一成功是一个真正的世俗卫道的结果。毕业于师范学校的小学教员严谨地带有道德示范地将同样的教育传授给所有人。教员本身的培养完全符合机会主义一派政治领导者的道德模范。

后者生活在1870年的失败的痛苦中，尤其是因为他们对帝国的憎恨。他们心服于敌人的道德优势。对于共和党人来说，第二帝国象征着衰落、懈怠以及冒失，军队及外交首领都是一些无能鼠辈。国家放弃了某些基本的使命，例如教育与防卫。为了提供法兰西真正的重生的证据，需要改变精神面貌，学校和军队应当负起责任。

学校应当教会法国年轻人努力的意义、真理的判断、守时与顺从。学校应当使年轻人融入以社会所有领域的发展为目的的活跃的国家之中。自由的思想、繁荣的经济、社会的公正，这些才是各个班级的理想教育。

方法和题材与这一理想匹配。历史占据了重要地位，而"小拉维斯"帮助给予孩子们从国王到共和国的国家连续性的观念。然而，同样为他们发现现代化生活作出贡献。《两小儿的环法之行》使得在课堂上阅读这一连载小说的教师们能够为学生们展现出从圣纳泽尔到勒克勒索的现代法兰西的工地。"各种事物的课程"为教员们赞赏的发明，教给孩子们为什么水能够煮沸、粉笔能够落下、豆子能够发芽以及鳃角金龟能够飞行，每个周四的上午，学生们用火柴盒抓捕的鳃角金龟在教理课上放飞。

因为从此之后，教理的讲授在学校以外进行，通常情况下在教堂。根据总主教教区编注的带有天主教会出版许可的小人书，神甫亲自教授教理。教理的讲授为学说方面，且如同学校一样属于义务范畴。在学校里，体罚很常见。教师专横地使得三率法嵌入顽童的头脑中，如同其同事和榜样普鲁士教师那样。

在普鲁士面前，整个法兰西经受着奇怪的低人一等的情结：它将一切都投入学校里，正如从前在耶拿会战失败后，普鲁士对法兰西所做。共和党人控诉传统社会的全部罪恶和一切苦难：他们留着朝天胡须,厌恶神甫一毛不拔的脸颊以及上流社会精美的小胡子。其宠臣的易怒包含道德义务,即于民众中寻找力量、事件大概的真相、勇气和希望,也为赋予国家全部待命的势力以方法来充分发展、壮大以及团结起来复仇,而非为了复辟令人厌恶的过去。唯独科学和道德的发展能够为法兰西提供势均力敌的武器来对抗普鲁士。

如果说费里颁布的法令兴建世俗学校,且使得一大部分法国人民的复兴愿望具体化,却不曾损害宗教教育分毫,那么我们不能用笔画掉宗教教育,因为它回应了古老法兰西在其基本憧憬中的需求。1894年,其中级教育仍旧拥有52000名学生,而国家公立中学的学生人数为84000人。这说明机会主义者多么善于在和解的路线里诠释法令。大部分宗教设施曾从许可的政治体制中获益。

在巴黎和外省的"上流社会"中,世俗的卫道不能对教会的地位产生影响。首先出现在整个"上层社会"的法国舆论谴责国家的新式教育宣扬宗派主义,是挑衅的,同时教授对上帝的蔑视以及对社会的仇恨。"无政府主义者建立"的中学便如此出现在正统的资产阶级中。在与社会党的发展一同壮大的社会恐慌中,宗教"学校"从未像现在这样享有好名声。在巴黎,斯塔尼斯拉斯中学、博絮埃中学、热尔松中学以及圣让-德帕西中学培养不同于亨利四世中学、圣路易中学或者拉卡纳尔(Lakanal)中学的一批法国人。宗教教育保留其地位和影响力,在巴黎美丽的街区设址。教会从前曾将其利益与政体相连,从此以后,它将其依托于一个阶级的命运之上。

天主教徒的归顺

出于智慧的考量,教皇利奥十三世(Léon XIII)揭露危险:天主教徒不能拒绝追随社会的发展，否则将被免除对过时修会的维护。应当重拾使徒的使命，将福音书带给新兴社会阶级，带给那些仅仅被社会主义者围绕的工厂和矿场的无产者。由于兴建本堂神甫住宅，人们不与世俗共和国为难。主教们不得不离开罗马的阿文蒂诺山，踏上通往共和党人的路途。

1890年11月12日，此为枢机主教拉维日里（Lavigerie）带至阿尔及尔的祝酒词——为共和国干杯！该事件引起一时轰动，震惊的《十字架报》并未报导这一坦率意愿的进一步发展。

利奥十三世在其于1892年2月20日颁布的通谕中，对局势的天平发挥其巨大的权威：他建议法国天主教徒归顺共和主义政体。他明确指出此为战略上的"归顺"，而非教义上的。教会不放弃其社会的神权政治理念。唯有上帝能够享有权威，熟知正义的道路。然而，教会在投入敌人阵营的战斗中牟取了更多的利益，尤其是教会将在大选中推举自己的候选人，他们通过建议将选票投给保王党人，使得民众不会转而推选共和党人。

不久之后，在雅各·皮乌（Jacques Piou）和曼恩伯爵（Comte de Mun）的周围，30多位议员归顺国民议会。在大多数情况下，温和的共和党人厌恶极端分子，他们对这些"王党"变节者表示热烈欢迎，欢迎这些放弃了夏雷特（Charette）党派转而接受世俗社会新世界之人。为了顾及"归顺"，温和党人维持宗教活动的预算，支持海外的天主教徒传教，在教育法令的实施中表现出和解。机会主义者的政治希望法国人逐渐达成和解，希望通过"征服人心"来深入地建立共和主义政体。面对极端党人和社会党人，机会主义者最需要这些来自右派的选举拥护者，其选票愚蠢地转而投给好空想的候选人。归顺的候选人取得的不值一提的成果使得温和党人失望。他们的失败呈现出一种困境，在那里共和主义思想正咬噬右派。这些思想与社会和宗教的禁忌碰撞。

军事才能

为了促使两个法兰西的和解，共和党人深知需要"围绕在国旗周围的归顺"。唯独民族意识能够再次使各个右派紧密团结到一起。需要共和国证明自己为唯一的，能够为国家意识提供具体的、活跃的、充满积极性的内容。

甘必大早已密切关注新式军队。机会主义者谨防在边境地区引发战乱，对其准则保持忠诚：当人们问及甘必大为何他不再谈论"复仇"，他回答道："您们终日所想，决不要论起。"共和国应当组建一支真正的本国军队。重整军队首先是在道德层面上，通过学校，军队将制造法国人的独一无二的模子。在德国，普鲁士军队建立起"德国国家"的统一。在阿尔萨斯和洛林的战场上，巴伐利亚人战死在普鲁士人身边。在法兰西，一支人数众多的本国军队使得被内部斗争撕裂的国家团结起来。在成为帝国主义扩张的工具之前，军队应当作为建立国家统一的机构。

加利费、米里贝尔以及布阿德弗尔（Boisdeffre）均非共和党军官。甘必大了解这一情况。他拥有一份极其详尽的文件，标明了所有做弥撒或不做弥撒的军官的名字。如果说机会主义者将精英阶级中的大人物安置在高等参谋部，那么它是为了让所有的首领意识到军队是国家的财产，而并不仅仅为共和主义政体的一部分。军队的高级军官主要来自邮政大街的耶稣会学校和那些巴黎综合工科学院最好的预备

第十七章 共和党扩张

校,他们通常为保守的天主教徒,尽管自从90年代以来,他们不得不为无神论者、新教徒与犹太人腾出位置。通过将并非出身于己派之人安置在将领的职位上,共和国为军队扫除了一切政治阻碍。

他们不再与"孚日山脉蓝色阵线"来往?这支由耶稣会会士的学生们指挥的军队实际上受到了巴黎综合工科学院的精神面貌极度的浸渍:它谋求博学、符合科学规律以及高效。由布阿德弗尔在1894年设立的"二十三条"方案,迅速动员起潜在的140万人,再加上边境要塞的40万人以及后备部队的75万人。由巴黎综合工科学院毕业生组建的军队军备齐全、武装完善、供给优厚,可观的军用预算为其提供了以上这些待遇,且为研究提供了一席之地。炮兵部队拥有令人叹为观止的榴弹炮、一门优异的速射炮、"75炮"(一分钟射击20次)、异常高效的空心装药弹的炸药以及麦宁炸药。步兵部队拥有优异的勒贝尔式步枪。

的确,这支军队仍旧过于忠诚于继承于往日的情感准则:它赋予骑兵部队重要地位,不顾反对保留使得士兵易受攻击的红蓝色军服。然而,新兵的训练却异常精细。老实说,训练始于学校,在那里12到14岁的孩子接受士兵的体力和道德训练的原则。

"新兵体格检查委员会"的会期在乡村成为真正意义上的典礼,同样还有前往"兵役"的场面。对于年轻的乡村之人来说,军队为其提供了游览、更换环境和致富的机会。如果说小学教员自愿教授士兵道德准则,那么士官以其自有的方式继续对"新兵"教育,从运动的方面来说,该训练有时非常全面。法国人习惯于在军队中度过一段年少时光,未曾感觉是在浪费时间。这个时代的精神就是如此,相反地,这些年轻人坚信完成了主要的义务。即便是饶勒斯批评军事整治,相反地,他并未对年轻的法国人的自卫义务质疑。

海外省的冒险

在法兰西,殖民地并不享有好名声:人们认为殖民远征军毫无意义且花费巨大。"殖民压力集团"的政客们以堕落闻名。在殖民地闯事业的士兵被认为是无能者,而殖民者本身也被当作懒惰之人,这些人被民众认为无力在法兰西有所成就。

这就是为什么当机会主义者敢于采取更加野心勃勃的欧洲政策之时,他们得到了共和党派强有力的支持。他们长期对俾斯麦在欧洲设立的外交"体系"表现出明显的完全的敬重。然而,布阿德弗尔在圣彼得堡以武力协商的俄国同盟使得冲破包围成为可能。法兰西海员在喀琅施塔德演奏《马赛曲》。法兰西争取到了在危急时刻俄国"同时自动的"行动的保障。在数年间,协议并未被大众所知。1897年,该协议才遭到泄露。前一年,沙皇与皇后前往巴黎,受到凯旋式的欢迎,"皇后万岁",巴黎中央菜场的搬运工的血红的腰带上如此标示。

法俄联盟成为时代舆论所铭记的最引人注目的国际事件。然而,机会主义者的殖民事业却更加积极:共和国长久地使其军队趋于完善,尤其是海军通过加入由欧洲强国同时进行的征服世界之中。1900年,法兰西为一个广阔殖民帝国的中心,由碎片和块状领土组成,并得益于一些冒险家的创举。

身为奥兰的议员与甘必大的友人,在机会主义者内部,欧仁·艾蒂安(Eugène Étienne)领导一个真正的压力集团,"冒险家"因此确信在巴黎至少可以找到愿意倾听他们意见之人。1883年,突尼斯接受法兰西保护国制度的合约。从1883年至1896年,尽管遭到英国人局部的对立，但是滑稽的兵员成功征服西非洲。在1900年上下，大胆的创举使得占领撒哈拉的核心部分成为可能。因此，尽管往来的唯一途径依靠图阿雷格人[1]的骆驼，但是黑非洲与北非接连了。

1895年，出身于高等院校的军官在加列尼（Gallieni）元帅的领导下指挥战斗来征服马达加斯加。从1882年到1893年间，在"东京人"[2]费里的发起之下，尽管中国人奋起抵抗，但是印度支那被占领，还包括东京地区。儒勒·费里多次对这一殖民政府的目的作出解释：对他而言，殖民行动处于经济范畴之内。他说道："殖民政策是工业政策的衍生品。出口是公共繁荣的核心因素，而资本使用的范畴与工作的需求相同，直接关联于海外市场的广度。今日，所有人都想纺纱和织布、打铁和蒸馏。整个欧洲生产出多余的蔗糖，希望将其出口。"

这就是马尔萨斯主义者，皈依殖民统治的梯也尔的学生费里：由于人们不能阻止工业扩张，便在受保护的地区寻找"出路"。

法兰西的大型贸易通常着眼于最能取得收益的殖民地地区，而忽视其他地区。根据传统，法兰西的资本鲜有对殖民地进行投资的情况。的确，从英国富庶的殖民地这一边来说，法兰西征服的领土实在微不足道。然而，后者的广度却为移民和开发提供了无限的空间。突尼斯和印度支那是卓越的吸引资本的殖民地。银行和海运公司迅速资助港口、某些铁路线路、城市设施、种植园和矿场的修建。印度支那银行兴建东京煤炭公司。早在1900年之前，大型的殖民化已经对阿尔及利亚的土地和地下资源进行开采。50万欧洲人移居阿尔及利亚。殖民地的总督康邦（Cambon）、约纳尔（Charles Jonnart）为重要领事人员，实现了建立政府的阿尔及利亚委员会。殖民地向着有利于法国人的某种自治的方向发展。

法国的工业公司，尤其是售卖蔗糖和棉花的公司，意识到不存在无力购买些许蔗糖和棉织品的"土著人"。关于此，在曼彻斯特取得的成果是意义非凡的。相较于通过原材料，殖民地的益处更多地通过其享有特权的市场前景体现。总体而言，这就是为什么巴黎的各位内阁部长最终纷纷对征服黑非洲产生兴趣。不久之后，在非洲的赤道地区，法国进入刚果。在东部的尽头，吉布提和索马里狭小的领土归法国所有。1898年，指挥官马尔尚（Marchand）打算以刚果为基准点，将占领范围扩大到东部地区。经由乍得，马尔尚抵达尼罗河，在法绍达与基钦纳（Herbert Kitchener）率领的英国特遣队交战。1898年，外交部部长德尔卡塞（Théophile Delcassé）为了宏大的英法联盟的可能性牺牲了马尔尚。从尼罗河到刚果的轴线仍归属英国。然而，当激进党人士掌权之时，一个三方联盟（法国-英国-俄国）的基础遭到摒弃。

1900年的大法兰西

坚持不懈地寻找同盟

在10年间，激进党人士固执地继续进行扩张政策以及机会主义者追求的保障制度。法兰西在短时间内且以微小的代价征服了世界第二大殖民地，其面积为1000万平方千米，人口为6000万人。法兰西不断扩张与加固其地位。

掌权的激进党人不再抱有狭隘的复仇观点。他们意识到，为了在有可能成为世界性范围的战争中占据决定性优势，需要实行世界性政策。殖民地立刻具备战略和军事的价值。与此同时，德意志帝国的威廉二世（Guillaume Ⅱ）放弃了俾斯麦的绝对欧洲视野，也同样投身于"世界政策"中。

殖民地还不能够达到招致法国与英国之间持续敌对的程度。德尔卡塞时期的法兰西早已与俄国结成联盟，从1898年开始，法国坚持不懈地寻求与伦敦的结盟。通过"三国联盟"，德意志与意大利和奥匈帝国结盟。为了平衡制约欧洲的强国，德尔卡塞希望建立另一个可以与之抗衡的具有一定重要性的三国联盟。

1898年爆发法绍达危机。德尔卡塞于这一年至1905年出任外交部部长，将致力于使得法兰西忘记屈辱的过去。1899年至1901年，俄国联盟得到加强。1898年与意大利缔结的合约启动经济合作。1900年，法国的外交政策向意大利放宽黎波里塔尼亚，以此交换对摩洛哥的掌控。驻罗马大使巴莱尔（Camille Barrère）出色地完成了任务。

英国更加难以被劝服：德意志帝国的海军重整军备政策立刻引起英国的忧虑。针对工业商品，在全世界实行倾销政策的带有攻击性的德意志"推销员"损害了英国产品的销路，使后者感到不满。在这个时代，英国无法容忍其海军逊色于世界上两支结盟的重要海军力量。这便是他们称之为的"两权制衡"准则。

法兰西驻伦敦大使保罗·康邦（Paul Cambon）借此良机来获利。尤其是因为法国外交部自身触碰到德意志帝国的殖民意图。长久以来受到俾斯麦的拖累，德意志帝国很晚才参与到瓜分世界之中。法兰西在非洲的扩张并未使其忧虑。然而，德意志对摩洛哥的商贸利益感兴趣。1905年，法兰西与德意志之间的首场危机围绕着摩洛哥爆发。为了避免爆发战争，德尔卡塞辞职。在西班牙港口城市阿尔赫西拉斯召开的世界会议中，英国的支援使得法国避免妥协。后者自由支配摩洛哥，同时满足德意志帝国的利益。1904年，摩洛哥爆发的危机展现了伦敦和巴黎之间缔结的合约的效力，实现了以埃及交换摩洛哥。"英法协议"完美奏效。

为了建立一个高效的联盟体系，英国与俄国在远东地区的利益发生分歧，两国之间的联盟有待缔结。1907年，通过英俄海军联盟，这一愿望得以实现。1908年至1909年，巴尔干半岛爆发的危机展现出了俄国联盟的局限性。法兰西制约其同盟国，而非对其帝国主义意图进行援助。与英国缔结的联盟带有附加条件：该同盟采取防御政策，却无明确的军事牵连。各个成员保留完全的评判自由，除非其中一员成为明显的袭击目标。

然而，激进党人领导的法兰西确保其殖民帝国的建立。1898年，通过追随伟大的首领萨摩利（Samory），古洛将军（Gouraud）平定几内亚。穿过阿尔及利亚，一条从哥伦布至贝沙尔的铁路被修建。阿尔及利亚南部的绿洲被平定。1900年，三支远征军朝向乍得汇合：其中第一支来自阿尔及利亚，第二支来自苏丹，第三支来自刚果。事实上，法兰西在非洲占领地的统一得到实现。

摩洛哥有待解决从阿尔及利亚开始，利奥泰（Lyautey）组织的"和平进驻"问题。长久以来一直爆发的动乱为公开介入反对摩洛哥苏丹阿卜杜·阿兹伊（Ab del-aziz）及其继任者穆莱·哈菲德（Moulay Hafid）提供了机会。对于法兰西在摩洛哥的最终确立，唯有德意志帝国心存敌意。

在其他的殖民地区，法兰西政府组织安置妥当。由于总督出任殖民者选举的财政代表团的助理，在阿尔及利亚，同化趋于优势且当地政府在自治方面取得了进步；以此为范例，突尼斯于1907年取得商议机构。1895年，西非在行政方面得到兴建；非洲赤道地区行政方面的兴建则为1900年。从1887年开始，印度支那共同体得到确立。在所有领域，包括对天主教传教的协助方面，法兰西政策完全连续。激进党人成为"帝国"最为顽强的卫道者。

重返繁荣

激进党人将从经济行情的颠覆中获益。在1895年之后，尤其是从1900年开始，物价暴跌的全球动荡使扩张再次变得可行。由激进党人维护甚至加强的贸易保护法将在一个受保护的空间中记录这一扩张。

重型工业取得了决定性的发展。由于殖民地港口、矿场和铁路重整装备的政策，钢铁工业受益于国家的订货。1910年，法兰西的煤的产量达到4000万吨，而1895年仅为2800万吨。铁和钢的产量竟然翻了四番！冶金工业的工人数量翻一番。

毫无疑问，传统工业仍旧占据数量最多的劳动者：纺织业雇用了工业行业在职人数的40%。在欧洲，法兰西的丝织业占据首位，羊毛纺织和棉花纺织占据第二位。然而，法兰西却坚定地投入第二次工业革命的道路上，即石油和电力革命。

由于普罗旺斯出产的铝土矿，法兰西成为世界第二大铝生产国。早在1914年之前，开发于阿尔卑斯山脉的瀑布水能便为法兰西输送电。在汽车与飞机制造方面，法兰西扮演着先驱者的角色。1909年，路易·布莱里奥（Louis Blériot）实现了穿越芒什海峡的飞行。公元1913年，罗兰·加洛斯（Roland Garros）成为首位中途不着陆飞越地中海之人。法兰西每年出产45000台汽车和卡车。雷诺生产的16CV平均时速达到60千米。用于比赛的赛车迅速提高了这一平均值：1909

年,维克多·埃默里(Victor Hémery)驾驶的汽车时速达到202千米,这样的速度在那个时代是惊天动地的。

这些顶尖的活动与乡村相对停滞不前的状态形成鲜明对比。

在与乡村地区的关联之下,激进党人完全了解了温和主义者的工艺。如若人们希望共和国维持其"平衡",则需要不惜一切代价来保持乡村地区的民主。这一社会的势均力敌的概念继承于机会主义者。激进党人仔细地将这一继承物安保存下来。

全球范围内的农产品价格上涨为激进党人完成任务提供了便利条件。农民能够使用意外的回笼资金来使农业生产现代化。他们越来越多地使用化学肥料,提高产量。的确,对小有产者的保护政策的选择阻碍了决定性发展,因为这些人过于贫穷而无力购买农业设备。

尽管技术上的发展姗姗来迟,得益于合作运动的发展,小有产者能够聚集起来来共同购买种子,保护本地农产品的售卖。尤其是通过达到一定的数量,他们能够指望国家日益扩大的保护政策。基于此,他们是激进党享有特权的拥护者,因为相较于其他人,他们更加需要各个议员和参议员的支援。对农业中小地产的鼓励为新激进党派的首要原则,在该世纪初期,他们为自己谋得人力和物力。

在一个仍旧大大处于乡村经济的国家,鼓励农业的发展是合情合理的。法兰西为欧洲第一大农业生产国:葡萄酒的生产位居首位,小麦位居第二位,苹果位居第三位,甜菜的生产位居第四位。由于城市市场的膨胀,畜牧业与蔬菜种植持续发展。面积广阔的行省趋向于专业化:土质肥沃的北部和巴黎盆地种植甜菜和农作物,诺曼底和山地发展畜牧业,南法和布列塔尼地区炎热的土地上种植水果和时蔬,朗格多克地区发展葡萄种植。铁路促进了这一专业的划分,却引发了严重的问题。1907年，葡萄酒生产过剩招致了朗格多克葡萄园起义。

法国储户与俄国公债

生产体系的益处体现为储蓄惊人的发展：储蓄金由20亿金法郎上升至50亿。货币显著的稳定性促使各个领域的储蓄金增加，从农民到小资产阶级，甚至到某些工人。通过一个非常高效的银行组织吸收资金，储蓄被投资在保险的价值上，例如国债。

然而，银行越来越致力于趋向在顾客身边"推销"境外公债或股票，这为中间者带来了丰厚的收益。国债的收益却很少：其收益率为2.5%。境外公债能够带来5%的收益率，有时达到6%。这些投资因此能够吸引小储户，只要稍稍向其保证用途与牢靠即可。

应当相信银行推销员所做的工作是高效的，因为在1913年，法兰西有600亿海外投资，其中在其殖民地的投资仅仅为10%。最重要的投资地为俄国、埃及以及拉丁美洲，还有欧洲中部和巴尔干半岛，包括奥匈帝国。

向俄国发行的公债成为一个真正意义上的宣传。沙皇向法兰西发放的借款［其财政部长维特伯爵（Comte de Witte）说道："法国，即钱柜。"］局部地被再次投资到法国报刊中，后者的使命为安抚储户，并使其感受到忠诚的同盟者的力量与广阔。在俄国或其他欧洲国家，大部分的投资针对国债，然而其他的投资则流向铁路、矿场以及工业公司。法兰西金子朝向海外的大量流失对法兰西的经济造成了极其严重的损害。俄国公债无法抵挡的魅力使得储蓄从投资中分离出去，后者使得各个工业部门实现现代化成为可能，这些工业部门控诉落后于其国外竞争者，例如纺织部门。

此外，经验表明，这些国外的投资具有一定风险，甚至是冒险的行为，如果宣传起到了作用，那么储户在购买法兰西工业债券之时将遭受更少的损失。然而，法兰西主要的企业结构几乎为家庭式，甚至最重要的企业，他们对资本的增长与证券交易感到厌恶。

法国的资本主义发展缓慢，因为企业不具备冒险精神。如同农民一样，绝大多数工业家希望得到国家的保护。他们不具备竞争精神，广阔的外国市场与之失之交臂。他们满足于将货物销往本国和殖民地。法国的财富以对市场的保护以及对国外的大量投资为支撑，因此，它任凭国际形势摆布。人口的停滞不前（每年新生儿数量为80万，30年前为100万）将老龄化的责任推给变得马尔萨斯主义且热心于"独生子女"的人口。对于其工业部门而言，1900年的法兰西早已雇用了100万外国劳动力。

巴黎，欧洲的中心城市

相较于温和主义者，激进党人并不比前者更喜欢巴黎。然而，外国人却热爱这座城市。巴黎举办的盛会使得法兰西名噪一时。首先为工业盛事：1900年盛大的博览会使得超过5000万游客聚集于此；为了此次盛会，人们修建亚历山大三世桥，以此来表示对俄国联盟的敬意。沙皇命人在塞纳河沿岸建造圆屋顶宫殿。埃菲尔铁塔的五光十色的幻景宣告电力的成功，灯光从如同五彩的瀑布从塔顶倾泻而下，直至观众的脚下。上流社会的宴会、追逐以及场面验证了全世界为之倾倒的城市的国际活力。为了加强与英国的联盟，再没有什么比邀请威尔士王子（prince de Galles）前往巴黎更恰如其分的了。俄国亲王们在巴黎的马克西姆餐馆度过愉快的夜晚。全世界的巨富涌向沙龙、高档酒馆以及赛马场的看台。罗斯唐（Edmond Rostand）创作舞台剧《风流剑客》，莎拉·伯恩哈特（Sarah Bernhardt）出演《雏鹰》。库特林（Courteline）享誉大街小巷，法朗士（Anatole France）闪耀于卡娅薇夫人（Madame de Caillavet）的沙龙。"美好时代"有其头面人物：波尼·德·卡斯泰拉纳为其夫人的生日邀请3000人参加布洛涅树林的舞会；在这个舞会上，红磨坊的舞蹈皇后以及树林大街上的半上流社会的女人攒动于各个公主之间。激进党内阁部长既不避讳出现在这些盛会上，也热衷于参加政治或文学沙龙，在那里开启事业。如果说克列孟梭出于对一个女歌手的爱恋，在喜剧院谄媚地使人演奏自己所创剧作，那么大量的青年激进党人在"上流社会"耍手段来吸引一个当权的议会议长的注意。政权的基础位于外省，其首脑却在巴黎。

巴黎始终为经济活动和企业精神的中心。同样出于该原因，外国人争相来到法兰西的首都。他们到此欣赏建筑工地和首先运行的几条著名的"地下铁道"。他们注视满是轿车的街道，在马车中间，这些车辆鸣笛为自己开路。他们居住在巴黎西部的全新的"美丽街区"，住在外观雕刻奢华的房屋中。所有的大公司，甚至于外省的企业，均在巴黎设有办公地。此独一无二的消遣和活力的揉杂为"巴黎生活"注入了无法抵挡的魅力，吸引着费多笔下的外乡人或整个欧洲的贵宾。外国债券牌价以及巴黎证交所的登记依赖于外交部。所有的富国在此孜孜不倦地追求来取得登记，为此他们不惜代价。

激进党人坚不可摧的外省

政权机构，尤其是激进党人的政府决不从巴黎"上流社会"代表中招收重要部门的官员。政客中位居高位者均来自外省的中小资产阶级。克列孟梭来自旺代省，庞加莱来自"洛林"大省，为公务员之子，巴尔都（Barthou）来自"比利牛斯山脉"，白里安（Aristide Briand）为"南特人"，后两位为律师和医生。他们均为早已夺取政权的"中层阶级"的代表。1910年的法兰西拥有50万领取年金之人，60万名公务员，还有数不尽的小业主、公证人和各种各样的商人：他们是国家政治的中坚力量。根据趋势、传统和时势，他们轮流投票给激进党人或机会主义者。

乡村之人占据了国家的一半人口，在中部或南部将选票投给社会党人，然而大多数情况下，他们投票给温和党人或激进党人。同中小资产阶级一起，他们为共和政体提供了牢靠的支持。巴黎在表面上掌控一切，制定政策的则为外省。为了当选，需要首先在外省谋求出路。新近进入一个区域的巴黎人若无本地资源，则很难有机会当选。在整个19世纪期间，外省的力量来自其显要人物在潮起潮落中所保持的稳定。此后，包含了全部小资产阶级的显要阶层的扩大为激进党人的共和国提供了更加广泛、更加坚固的支撑；然而，共和国依旧更多地受到外省的摆布。

与共和国决裂的工人阶级

相较于温和主义者，激进党人也未曾成功使工人阶级融入政治生活中。的确，工人阶级的生存条件得到了改善。如果说工人阶级仍旧每天工作10小时，那么除了在工厂里，得益于机会主义者以他们的利益采取的措施，他们享有的合法保护与日俱增。然而，物质条件仍旧不稳定。在工人阶级内部，结盟的困难在于伴随着各个职业、各个企业结构以及活动地点产生的变化无常的生活条件。巴黎玛黑区的铜器生产工人在小作坊工作，领取体面的薪水，北部盆地的煤矿工人吃穿用度均不理想，遭受职业病的侵扰，忧心于钟点工作付酬制缩减以及失业问题，针对两者不能采取同样的措施。巴黎与外省的工资的不平等差异显著，男性与女性的工资也存在同样的差异性。在食品方面的支出至少占据了工人阶级预算的一半。他们有时支出薪水的40%用于住房。他们无力购置衣物。

从本质上来说，生活水平的改善取决于实发工资的增长，从1875年开始，受惠之人的工资上涨45%，也取决于老年保险与职业风险保障的设立。然而，即使是在扩张时期，也并未实施伤病保险或规避失业的风险，即便1900年失业率也达到10%。与小资产阶级相反，工人阶级完全生活在物质匮乏的不安之中。他们既无条件来确保其子女的未来，也无办法来助其晋升。

工会运动的组织是思想最先进，受教育程度最高的工人们的业绩。梅尔海姆（Merrheim）是法国总工会的领导人之一，代表了完美的工人阶级，这位铜制锅炉工是个有足够文化程度的个人主义者，易于接受新思想，为人和善。工会的招募便成为某种卫道行为。劝说来自不同阶层，拥有不同眼界之人相信进行一场团结一致的行动的必要性实属不易。法兰西工会运动的整个人数不容乐观：1911年，法国总工会拥有70万会员，也就是说每100个领薪者便有7个工会会员。在英国，同时代的比例为每100个领薪者中有25个工会会员。

在议会中，劳动者不仅由人数递增的社会党议员所代表，也由封锁大量工人阶级选票的激进党人或机会主义者所代表，他们本人极少出现在政治生活中：仅仅10%的议员出身于工人阶级，而80%则出身于资产阶级。因此，社会党运动的首领通常本身来自资产阶级，例如饶勒斯以及后来出现的莱昂·布鲁姆（Léon Blum）。

由于其代表工会主义的革命者趋势，法兰西的工人阶级难以融入共和国的社会，他们回忆起巴黎公社时期，阅读《萌芽》，并未放弃暴力与起义。

法兰西劳工立法的姗姗来迟激励了革命者的宣传：1914年，唯独煤矿工人有权享有8小时工作制。每周休假的法令始于1906年。直到1910年，退休的工人才引起议会议员的关注，并对其现状进行探讨。劳工部却于1906年成立，行动过于缓慢以至于不能收获果实。在政治上，工人阶级对过度迟来的利益无动于衷。他们感觉到唯有非常激烈的工会行动才能够使雇主丧失司法措施。在社会层面上，激进党人并未比机会主义者表现得更加果断。

"启蒙时代"的共和国

激进党人通常为共济会会员，其中有些人为无神论者，他们阅读8世纪哲学家的著作，追随孔德、泰纳以及实证主义者，正如历史学家让-托马·诺德曼（Jean-Thomas Nordmann）所指，他们的先行者可追溯至世纪初期，他们对科学发展持有某种崇拜。他们倾尽最后的能量来刺激科学与技术研究。公共广场、初级中学和高级中学以数学家亨利·庞加莱、物理学家布朗利（Branly）以及化学家贝特洛（Berthelot）的名字命名，他们成为民族骄傲，与几乎列为圣人的巴斯德齐名。狂犬病疫苗发明家巴斯德的声望如此显赫以至于吕西安·吉特里（Lucien Guitry）撰写关于该微生物学家的在林荫大道上演出的通俗喜剧！

第十七章 共和党扩张

得益于贝克勒尔（Becquerel）的研究工作，铀及其属性的发现，以及皮埃尔·居里和居里夫人发现的镭，将法兰西置于科研领域的首席地位。

此外，科学的发展并未直接引起科学万能论的发展。唯灵论闪耀在亨利·伯格森（Henri Bergson）的前几部作品中：公元1889年出版《论意识的直接材料》，1907年出版《创造进化论》。矛盾的是，获胜的激进主义使之对立面成为风尚：反实证主义、寻找"灵魂的附加"，对天主教的思想和行动给予真正的一鞭。《新事通谕》的颁发使得马克·桑尼耶（Marc Sangnier）建立《犁沟报》团队，致力于通过恢复宗教与处于不利地位之人的往来使命，使得天主教思想与时代的争斗和希望和谐共处。1910年，教皇言辞判处《犁沟报》，然而该报在人民心里播下的种子却开始萌芽。查理·佩吉（Charles Péguy）创建的《半月丛刊》灵感得益于此。他们将这一复兴天主教的理念持续到战争前夕，坦诚且宽容。

如果说思想和科学走在了时代的前列，文学则落后于该时代的精神：它颂扬官方价值观。在法国传统中，资产阶级小说因保罗·布尔热（Paul Bourget）、法朗士或皮埃尔·洛蒂（Pierre Loti）闻名。《阿梅梯斯特之环》和《鸟足皇后烤肉店》的作者法朗士为激进主义加冕。诸如普鲁斯特、瓦勒里（Paul Valéry）、阿波里耐（Apollinaire）、纪德（André Gide）和保罗·克洛岱尔（Paul Claudel）等年轻小说家或诗人，他们的声望非常有限，仅仅局限于文学圈和专业杂志。绘画方面亦如此，保罗·塞尚（Paul Cézanne）同其构图强劲有力的画作、高更（Gauguin）与其使人焦虑的图画、光彩夺目的梵高（Van Gogh）、野兽派先驱弗拉曼克（Vlaminck）和马蒂斯（Matisse）以及立体派

499

先驱布拉克（Georges Braque）和毕加索（Picasso）宣告艺术领域的革命到来，战后之人即刻迫不及待加入其中。然而，在此时，年轻人远远不及时髦。克列孟梭掌权的共和国崇拜莫奈（Monet）、雷诺阿（Auguste Renoir）、西斯莱（Sisley）和毕沙罗（Pissarro）这些印象派画家。该时期的共和国在绘画领域欣赏印象派，文学上尊崇象征主义。去世于1898年的马拉美（Mallarmé）重新成为风尚标。

然而，罗丹（Rodin）、马约尔（Maillol）和布代尔（Bourdelle）的雕像，德彪西（Debussy）、拉威尔（Ravel）、福莱（Fauré）和保罗·杜卡（Paul Dukas）的音乐在当时熠熠生辉。1909年，巴黎发现了佳吉列夫（Serge de Diaghilev）所创的俄罗斯芭蕾舞。在艺术方面，世界性的事件均与巴黎息息相关。

激进政治

激进党人

从法国生活的各个方面来看，机会主义者领导的共和国与激进党人的共和国毫无差别。定义政体新风格的，显然是对内政策及其实行条件。激进党人希望迅速并明确地使法兰西走上一个真正世俗社会的，一个脱离过往价值观，走向发展和民主的社会。在这一排他的目的中，他们将承担轰动一时的断裂——此为机会主义者所不愿——即与新社会的劲敌教会的决裂。对于20世纪而言，战斗打响。

激进党人牢牢掌握阵地。得益于小学教员这些政教分离思想的传教士，对人们精神面貌深入的征服得以实现。小学教员在乡村受到极大的敬仰，他们开展针对发展、卫生、文盲、改善生活水平和共和国

第十七章 共和党扩张

原则严格遵守的战斗。他们同时作为教师、政治宣传者和乡村活动组织者。多数情况下,他们为共济会支部的会员,是统治思想的真正意义上的熔炉,是外省激进党人的有力支撑。

因为激进党的团体主要位于外省地区。自从布朗热之后,巴黎将选票投给右派。巴黎的激进主义"激进民主主义"虽为一种趋势,却在选举中不占据强势地位。不久之后,激进党人控制了南部地区、朗格多克大省、地中海地区、西南地区、里昂地区以及中部地区。他们安居在北部地区。从1902年开始,激进党人控制全民表决,赢得了一场又一场胜利,争取到越来越多的社会党人。在1902年的选举中,激进党人拥有领先的20万选票,他们再次成为1906年大选的赢家,在国民议会中占据247个席位,社会党人则占据74个席位。得益于卡约(Caillaux)与饶勒斯的联盟,激进党人在1910年大选中仍占上风,甚至延续至1914年。

从1901年开始,激进党人组织成为一个真正的政党。他们拥有当地委员会,集结基层成员。各个省份拥有各自的"总会"。放眼全国,"瓦卢瓦街道巴黎委员会"组织年度大会,任命政党主席。

除了在议会议员与政党成员之间的联系中扮演决定性角色的选举委员会,伴随着外省报刊的加入,激进党拥有一个庞大的宣传工具。在1895年至1900年间,过去的保守党报刊消失踪影,取而代之的是销量更大、价格更低的报纸。图卢兹、里昂以及里尔的《电讯报》为激进党的机关刊物,作为省际新闻报导的报刊出现。对于每个大省,该报设有特设发行量,范围覆盖广大地区。

此外,在行政方面,激进党人拥有一定数量的重要岗位,使得"掌握"外省的乡村和城市成为可能,例如内政部和行政长官、公共教育和小学教员、农业、补助金和农业促进会。

作为法兰西共和国完全的主人，激进党既不缺乏人才，也拥有选举纪律。德雷福斯案取得的新胜利得到克列孟梭及其同伴在《曙光报》中的赞美，激进党因此与之血肉同躯。莱昂·布尔茹瓦（Léon Bourgeois）为共济会主义的教皇式人物，每次需要组建内阁甚至任命议长之时，人们都会征求他的意见。从1910年开始，爱德华·赫里欧（Édouard Herriot）与约瑟夫·卡约（Joseph Caillaux）确保精英分子的接班。

然而，激进党人均为个人主义者，他们在几种意见之间举棋不定。其中一种意见赞成不惜一切代价与社会党人合作，其行为准则为：左派之中无敌人。另一种意见更加温和，他们更倾向于中间派政府的方案。然而，这两种意见均汇聚来维护政党的基本目标。

首先为自由主义政体。如同选民一样，议员是个人产业和经济自由原则的执着的捍卫者。根据其中一位成员所言，激进党人"心系左派，身在右派。"他们与社会党人的联盟仅仅停留在选举层面上。一旦他们需要履行内政责任，便与社会党人分道扬镳。他们通常仅仅在选举的第二轮达成一致来击败右派的候选人，以"共和国纪律"为名。

的确，政策上的细微差别同样使得社会党人持有不同意见：自从1896年在圣芒德召开的代表大会，其中一些社会党人追随米勒兰（Millerand）以及"赞成职工分红者"进入"资产阶级"内阁中。米勒兰本人接受在瓦尔德克-卢梭的政府中任命部长一职。饶勒斯不得不长时间维护改良主义思想参与到政权之中，反对马克思主义者儒勒·盖德（Jules Guesde）和瓦扬。1904年，在阿姆斯特丹召开的社会党大会中，参会遭到严厉谴责。1905年，国际工人协会的法国分会成立，以米勒兰为首的分裂社会党人离开新政党成为"独立的社会党人"，招募激进内阁的部长们。

如同社会党人，激进党人面对共同的敌人同仇敌忾：教权主义右派。在南锡大会上，激进党人对一个民主行动纲领做出定义，其中的主要条目为政教分离。

激进党人与教会的对抗

从1899年至1902年，瓦尔德克-卢梭的内阁政府清算了德雷福斯案件，确保由机会主义共和国向激进党共和国的过渡。瓦尔德克本人出身于机会主义者之列，曾在1881年的甘必大的大内阁中任职内政部部长。然而，温和的瓦尔德克不得不采取措施反对民族主义同盟和圣母升天会报刊。1900年10月，他在图卢兹的演说中，谴责"结成同盟和从事商业的教士人员"。他抨击致使法兰西"青少年分裂两派"的修会成员，揭发"数十亿的修会组织"。

这是在点燃战火。瓦尔德克的目的并非摧毁修会教育，而仅仅意欲将其控制。针对各个联盟的法令于1901年7月2日被投票通过，强制要求各个修会申请许可来进行教育。这一要求被提交至议会。简单的敕令便可将未经许可的修会解散。瓦尔德克并未过度实施法令，而他于1902年刚刚赢得选举之后的提前辞职，使得人们对其真正的意图持怀疑态度：言辞激烈，却行动审慎，瓦尔德克难道致力于规避或加速"分裂"？

我们可以如此思量，如同梅利纳和庞加莱，或者甚至白里安，瓦尔德克希望的是"平静地"进行政教分离，而非"激烈地"。从1902年到1905年间，在埃米尔·孔布（Émile Combes）的内阁领导下，形势却迅速恶化。

"小老头孔布"解决难题

曾为神学院学生的"小老头孔布"是一名反教权活动分子,他将组织世俗战争来对抗修会团体。1903年,他命人关闭所有未取得或未曾申请教育许可的团体。申请许可在国民议会遭到全盘否决。1904年7月的法令违反一切公平道义,收回在前任政府执政时期取得许可的修会团体的教育许可。宗教团体的财产遭到查封,被出售。

1903年,罗马迎来了新任教皇庇护十世(Pie X),这位教皇不同于其前任莱昂十三世的生性耐心。庇护十世抓住首个出现的机会来与法兰西断绝外交往来:第三共和国总统卢贝(Loubet)前往罗马探访意大利政府。教皇佯装于"圣城"忍受意大利机关的存在,将法国总统的访问视为"侮辱",且使之知悉。1904年5月,梵蒂冈和巴黎召回各自的大使。在巴黎实行和解协议或与教皇协商任命主教成为不可能之事。教会先行发起决裂。

一定数量的政治难题迫使孔布下野。安德烈将军(André)的"机密材料"事件揭露了激进党政府的某些建立在对"信仰意识"告密和监视基础之上的手段。安德烈依照宗教、政治信仰、交际圈等,将军队所有军官"登入卡片"。军官的晋升依照其"共和国情感"执行。根据弗朗索瓦·果盖尔(François Goguel)所言,"毫无威严的波拿巴主义"建立起一个"同志"之间的政体,而"小父亲孔布"本人向其激进党友人发出警告,提醒他们应当注意为政权之友保留"共和国所掌握的恩典"。该政策并非只为他招来了朋友。

第十七章 共和党扩张

"激烈地"进行政教分离

孔布离开后，需要当机立断，因为他留下的是一个烂摊子。面对罗马教廷，为了明确解决政教之间的关系，"激烈"分裂变得不可避免。

继任于孔布的是鲁维埃（Rouvier）的内阁，他们立刻审慎估算行动的困难。在与梵蒂冈任何来往缺失的情况下，不仅面对整个教会宣称的敌对，而且面临对宗教仪式异常重视的西部、东北部和中部地区的敌意，鲁维埃独自实现分离。激进党人将不会在法兰西重燃宗教战争之火？

法令的报告人阿里斯蒂德·白里安（Aristide Briand）致力于使其最大化地适用于各个主教，他们之间保持秘密联系。《宗教与国家分离法》于1905年12月9日投票通过，确保了法国人的信仰自由，同时明确指出共和国不应资助或承认任何礼拜活动。在严格执行财产清单之后，信徒建立的文化团体接收宗教财产作为产业。国家放弃控制教会。从此之后，教会自由。

关于政教分离的法令原封不动地遭到罗马教廷粗暴的拒绝。教皇通谕《明令禁止（*Vehementer Nos*）》以及后来的《最大职责（*Gravissimo Officii*）》正式就政教分离法令提出谴责。教皇严禁建立文化机构，要求神甫以及信徒拒绝清点财产。基于此，法国教会受到顷刻间丧失全部财产的威胁，且并无交换物作为补偿。教皇受到法兰西天主教徒中最强硬之人的推动，似乎将信徒带至万劫不复之地。

教皇的差使得到回音：在布列塔尼和洛泽尔地区，在神甫的带领下，农民拿起长柄叉身体力行对抗财产清查。巴斯克地区将野生熊置于教堂门前广场之上来驱逐宪兵队。巴黎地区爆发动乱，北部村庄一人死亡，上卢瓦尔省另一人死亡。当事端爆发时，政府不得不向各地派遣军队。然而，这一舆论的全面爆发并未达到罗马的预期。在整个法国，大部分人民接受政教分离。宗教战争无滋生之土壤。

克列孟梭与社会战争

还剩下社会战争。1906年，"亚眠代表大会"赋予革命工会运动以宪章和团结。各个工会宣称独立于任何的政治权势，尤其脱离社会党，相反地，却表明改变社会和通过武力夺取权力来改变阶级关系的意愿：经济权力，并非政治权力；需要"直接行动"来反抗雇主，而非攻击资产阶级国家的议会；直接行动，即全面罢工。

从1906年至1910年间，无政府工团主义通过利用其所掌握的一切手段，致力于在法国夺取政权。然而，政权为自己预留了一位铁腕人物，后者在巴黎公社时期曾任蒙马特尔地区区长，他便是乔治·克列孟梭。他本人自称"法兰西的第一个警察"，在世纪初的疯狂岁月里，他是"梯也尔先生"。

议会议长克列孟梭对饶勒斯激烈的批评充耳不闻，以武力维护"共和国的"秩序免受革命罢工的损害。首个严重事件为朗斯爆发的矿工罢工。为了控制局面，克列孟梭毫不犹豫召集军队，后者因此成为秩序维护的主要工具。"社会战争"爆发。

在国民议会中，饶勒斯以田园诗般的语气来唤起工人阶级的勇气："您，"他对克列孟梭说道，"打断了平息人类苦难的古老歌曲，而悲惨之事同尖叫声一起苏醒。"

使人民受教育，使之从宗教束缚中解脱，使之拥有选举的权力是不够的，如同饶勒斯所言，应当赋予其"席位，在太阳之下的宽敞位子"。

激进党人与社会党人之间不再协作。在反教权的斗争中，他们曾几何时实现了"对左派的封锁"。然而，他们迅速意识到在所有其他方面，双方难以达成一致。作为自由主义政体的捍卫者，克列孟梭不顾社会党人的意愿，在任何必要之时使用武力来镇压罢工运动。

"第17团英勇的士兵"

1907年，在朗格多克地区，不得不面对一场真正的省际暴乱。由于葡萄酒产量过剩以及来自阿尔及利亚地区的竞争，酒价持续下跌引发了在所有村镇组建防御委员会；不久之后，城市中也同样组建起该委员会。天主教徒和社会党人支援运动，此次在反抗激进党人一事上达成一致。受欢迎的平民演说家马尔切林·阿尔贝（Marcelin Albert）操持奥克语，使用十字军东征的口吻来激励其拥护者。

在巴黎的克列孟梭并未立刻了解到暴乱的广泛。然而，在1907年夏季，马尔切林·阿尔贝及其友人喊出秩序口号，为的是无人再缴纳赋税，为了使市长和众议员集体辞职，为的是在巴黎城门前发动彻底破坏，该口号得到了人民的强烈支持。整个地区组织行政怠工，进入起义状态。每个城市均有其煽动者，例如别名为"浓毛之人费鲁"的纳博讷市市长费鲁（Ferroul），身着带有血红色扣眼的服饰，如同封建主一样在城市中筑建壁垒。他说道："公民们，当下需要投入心动。明天晚上八点，在悬挂黑色旗帜之后，我将关闭市政厅的大门，在丧钟想起之时，我将当着政府的面扔掉市长肩带。"

1907年6月9日，如同在路易十三统治时期，朗格多克大省处于起义状态。

克列孟梭召集军队。在纳博讷市政厅前，5人死亡。佩皮尼昂市的行政长官遭到游行者突然袭击。第17步兵团的士兵作为援军被派遣至当地，他们拒绝作战，高唱《国际歌》。克列孟梭派人逮捕头目，收买马尔切林·阿尔贝来使其丧失威信，通过采取葡萄种植者所期待的举措来安抚民众：抗击葡萄酒掺假行为，提高售价。1910年，动乱销声匿迹。

在整个巴黎地区，重大动乱爆发。全面罢工像流行病一样在各个行业中间蔓延开来。公务员甚至也加入了罢工大军，对这个时代来说是极为罕见的事件。巴黎人民惊恐地经历了史上首次电力部门罢工。

棘手的对抗发生于市郊。巴黎周边遭到工作在地铁施工场地的工人侵袭。这些工人醉心于政治活动，赞成使用暴力。在德拉韦依市和圣乔治新城，人们开采沙石和碎石料来提供给巴黎大型施工场地，以满足其大量的需求。为了破坏全面罢工，克列孟梭召来装甲团和重骑兵。1908年6月，采沙场的雇员中有两人死亡；7月，法国总工会的铁路员工在圣乔治新城竖立街垒。装甲团上弹药，造成7人死亡，200人受伤。克列孟梭命人逮捕维克多·格里弗埃尔。以异常惨烈的镇压为代价，法兰西重见和平。与众望所归的工人阶级相比，"红脸克列孟梭"败北。

白里安时期的平静

1909年，白里安继任于克列孟梭，不得不首先继续进行社会斗争。铁路员工的全面罢工对经济造成了前所未有的巨大损害。曾为律师的白里安是工团主义的捍卫者，毫不犹豫以国家利益为名颁布法令动员罢工人员。在国民议会的社会党人反对的风暴中，他敢于宣布

"罢工的违法性"。

的确,从1910年开始,政治和社会局势将变得有所不同。社会党人在大选中有100名议员当选,激进党人超过250名议员当选。然而,左派集团却存活下来。社会战争将双方派别疏远。激进党人不再与之达成一致,例如约瑟夫·卡约。某些人要求进步的税收政策,一个"针对收入的税收"政策;其他人对天主教政治思想政策的过度感到悔恨,对卡约主义者的暴力行为感到恐惧。他们揭露针对收入的税收"使人不快的"特点,此政策在激进党全体选民的广泛区域中完全失去人心。

外省的激进党人早已接受了采取暴力措施对抗教会,同时谴责在财产清算期间军队开展的暴力行为。他们震惊于罢工的革命性,坚持与维护暴乱之人的社会党人保持距离。这些激进党人被推向右派,支持白里安的社会安抚政策,支持这一以国家利益为名义的事业。他们已经做好准备来重新找到过去的机会主义者,那些未曾牵连在德雷福斯案中并且支持白里安内阁之人。在一段长期的隐没之后,庞加莱与巴尔都因此重新回到中心地带新多数派的大方向上来。为了爱国人士的意识形态再次留存下来,只需形势在内部转变就足够。在阿加迪尔港口事件之后,摩洛哥的第二次危机来的正是时候,它加速了法国对内政策的发展,剥夺了激进党人的政权垄断。

1 | 非洲撒哈拉地区的游牧民族。——译者注
2 | Tonkin,越南北部旧地区名。——译者注

第四部分

当代的法兰西

第十八章
法兰西与第一次世界大战：1914—1929年

1914年夏天的法国人同德国人一样，预计战争将会短暂停留。他们却不得不战斗4年以上。在东站月台上所有高喊"到柏林去！"的士兵中，也许只有10%毫发无损地回到法兰西。总之，发动一场19世纪的战争，人们本想为1870年雪耻，却经历了一场世界性大战。

然而，1914年的法兰西是一个完全独立自主的国家，同英国和德意志帝国一样，它似乎主宰着自己的决定和命运。欧洲三个最强大的国家此刻在世界上并无敌手。美利坚合众国在加勒比和太平洋地区为自己开辟经济道路。俄国为欧洲的一块殖民地，为后者输送铁矿和石油。日本在对俄战争中展现出了强大的一面，却不足以成为祸患。

法兰西不必再对英国在世界上的霸权地位感到担忧：的确，在殖民地方面，它取得了英国留下的残羹冷炙。在英国的漫画中，"高卢雄鸡"将其禽距埋于沙漠中。然而，通过"移民"不协调的征服、海军上将在世界各地海域建立的分散停泊点，法兰西建立了从安的列斯群岛到太平洋，以及非洲大陆上的广阔领土为殖民地。它甚至在近东和远东地区均拥有一片势力范围。

基于此，法兰西能够参与到瓜分世界的行动之中：它与英国分享同时成为最大的殖民国和大陆最大的债主之特权。1914年的法兰西富有金钱，十几万储户在俄国、南美洲直至中国投资银行。金钱是联盟的要素，是杰出的外交武器。

确切地说，由于法兰西介入世界事务中，它将被带入引发战争的权力运转机制中。长久以来，德意志帝国越过边境地区对自己的工业品牌和产品富饶的欧洲中部领域进行投资。通过其维也纳的同盟者，英国将爪牙伸向土耳其，通过伊斯坦布尔，英国企图抵达伊拉克的巴士拉和波斯人无底油井中的黑黄金。这就是为什么英国在巴格达修建铁路。在海上，德意志帝国国追随英国，而元帅阿尔弗雷德·冯·提尔皮茨（Alfred von Tirpitz）将帝国旗帜带至南美洲、非洲，甚至带到中国的海域上。

德意志帝国、英国和巴尔干半岛如同练兵场地。维也纳和圣彼得堡分别被柏林和巴黎"保护"，持续介入由克虏伯（Krupp）和施耐德（Schneider）武装的小国争端中。如何在如此狭小受制约的地区维持同盟国之间的和平，而人们任由自己围绕于此？1914年夏季的战争顷刻间将欧洲付之一炬，事实上在1910年至1911年间早已初露端倪。

第十八章　法兰西与第一次世界大战：1914—1929 年

欧洲的战火：1910—1914 年

摩洛哥港口阿加迪尔的炮舰

德意志帝国的"豹式"炮舰驶进阿加迪尔的在锚泊地，大炮瞄准摩洛哥海岸：德国人并未能在摩洛哥达成目的，决定实施恐吓，如同在中国海域那般。1910 年 7 月 1 日，威廉二世督促法国议会议长约瑟夫·卡约前往摩洛哥进行谈判，并诉诸以威胁。

卡约立刻召集参谋部。审慎的霞飞（Joffre）断言，如果法兰西开战，仅有 70% 的胜算把握。如何能够冒险？卡约选择谈判。

为了高效行动且避开对与德意志帝国进行协商这一观点抱有敌对情绪的民众和议会，卡约绕过外交部和国会，他直接与德意志帝国外交部的国务秘书基德朗-沃彻德尔（Kiderlen-Wächter）取得联系。他向一个商人求助，一个名为丰德尔（Fondère）的德意志帝国驻巴黎大使馆参赞冯·朗克恩（Fritz von der Lancken）的老朋友。与此同时，大使儒勒·康邦（Jules Cambon）带着卡约的直接指示在柏林谈判。法兰西外交部部长，即面色苍白的德·塞尔夫（Casimir de Selves），完全被排斥在"秘密交易"、国民议会和参议院的专门委员会之外。

在这些罕见的条件之下，卡约达成了 1911 年有利的协议，将摩洛哥置于法兰西的掌控中，以此交换刚果的一部分领土归于德意志帝国。该协议对长久以来在摩洛哥寻求安定的法兰西如此有利，以至于德意志帝国的民族主义者游行反抗。然而，在法兰西，狂怒的众议员对卡约并无感激，而使之倒阁。

法兰西民族主义

在多年的社会危机之后，1911年，法兰西的民族主义在重重危机中觉醒。从1908年开始，在圣女贞德雕像前、在协和广场上和斯特拉斯堡雕像之下，法兰西行动发起的运动与日俱增。同样的狂热煽动着威廉二世统治下的德意志帝国，此时这种狂热抵达巴黎，超出了传统民族主义者的范围。诸如布特卢（Boutroux）或柏格森（Bergson）这些政治思想不敏锐之人，哲学家或学院院士成为某些年轻学生崇拜的偶像，这些学生厌恶激进党的法兰西和唯美文学。对热衷于基督教和爱国信仰，关注体育成绩的学生来说，巴莱士、佩吉和普西夏里（Ernest Péguy）带有示范和指导作用。相较于希腊语教授，让·巴罗（Jean Barois）的师范学校学生更偏爱飞行员，相较于法朗士，他们更崇拜佩吉，不同于在著名的《阿加托问卷》中被马西斯（Henri Massis）和德·塔尔德（de Tarde）所提问的政治科学学生，师范学院学生并非来自右派或极右势力。爱国主义大大地超过了莫拉斯拥护者的圈子而成为一种思想力量。法国学生联合会的主席不得不庄严反对对阿加迪尔的"放弃"。

需要承认的是，巴黎报刊激烈的运动攻击由卡约谈判的协议，而诸如《日报》和《小巴黎人》这类大众传播类报刊，相比于社会党日报，它们在民众中拥有其他受众。卡尔梅特（Gaston Calmette）笔下的《费加罗报》继续进行反对卡约的刻毒攻击。卡萨尼亚克（Cassagnac）兄弟创办的《权力报》视卡约的协议为叛敌行为。汝岱（Judet）在《闪电报》中提及"垮台"，而乔治·贝尔杜拉（Georges Berthoulat）的《自由报》和右派天主教报刊《巴黎回声报》态度一致，攻击议会议员过于心急来投票通过"灾难性的协议"。

在议会的专设委员会上,庞加莱和克列孟梭攻击约瑟夫·卡约。来自洛林的议员庞加莱被召唤来继承权力。"强有力的"内阁继任于"甩手"内阁。这一页翻篇:激进党人的和平共和国成为过去。

庞加莱-战争

庞加莱迫不及待使参议院批准卡约协商的协议。他找到了令人钦佩的独特风格来维护卡约的协议。他卖弄律师的聪明才智来为自己争取激进党人的选票——卡约友人的选票,在恰当的时机使人想起世俗信念,甚至想起反教权的过往,却在左派集团大型选举的国民议会中几乎持续保持克制。

从前,这一节制和审慎及其强大的财政能力曾为庞加莱赢得了机会主义者的好感,费里、儒勒·梅利纳和杜弗尔的好感。对他们的观点感到确信,庞加莱同样是激进的雅各宾党人对抗社会党人国际主义的宣传手段。然而,对多数票以及公共舆论来说,庞加莱是那个留着山羊胡子的矮个子男人,拳头紧握——如同人们在咖啡音乐厅中唱道的"方形拳"——来对抗德意志帝国。共和国在他身上看到了甘必大的继承人,一个"复仇者"的第二代不容置疑的首领,除了对他的昔日劲敌克列孟梭而言。

庞加莱保留了外交部,感受到风雨欲来,准备尽其所能来加强同盟条约。通过实施广泛的"人员变动",肃清过于消极颓废的外交部。友人莫里斯·帕莱奥洛格(Maurice Paléologue)曾为其在路易大帝中学的同窗,任职外交部政治事务首领,之后前往圣彼得堡接替"疲劳的"大使乔治·路易(Georges Louis)的职位。帕莱奥洛格不得不保证俄国联盟在战时的高效,保证沙皇的迅速行动。

在伦敦，庞加莱进行了一次隆重的旅行，唯一的目的是使英法协议具体化。值此盛事，人们出动四轮豪华马车，敬献花环。然而，庞加莱仅仅从英国内阁得到一封承诺在面临战争危机时交换参谋部计划的文书。此为他能够从英国式传统的审慎中所能汲取的一切。相反地，公元1913年，庞加莱于圣彼得堡加强同盟联系，对俄国军队的高效深信不疑。在巡视期间，沙皇向庞加莱展示了主要部队。

庞加莱任命曾为社会党人的亚历山大·米勒兰为国防部部长。在最高指挥部，米勒兰实行了重大人事调动。霞飞将军保住了职位，却不得不任命支持进攻的高级官员担任身边的职务，进攻成为军校的新教义。"战神广场的士官"希望实行一场运动战来快速作决定。多亏了霞飞，曾参加殖民战争的资深军官深知如何指挥和作战，他们大权在握，渐渐地取代了过度注重理论的军校毕业生。共和国军队准备就绪。

其装备不容忽视：尽管从1900年以来军事预算定期增长，却难以与德意志帝国军队持平。德意志帝国军队的预算是法国的2倍。庞加莱不得不强力增加军队的装备资源。1900年的军官既不相信机关枪，也不信任重型炮或战机，他们将以上这些武器视为毫无军事价值的东西。1912年的士兵开始对此有所思虑。强力更新的努力使得开展新武器的制造成为可能：3年之内，军队接收两倍以上数量的机关枪，超过1/3的野战炮。1914年，法兰西拥有136架航线飞机。落后的部分得到弥补。

在编制人员方面，法兰西仍落在后面。德意志帝国的常备军人数刚刚达到85万人。法兰西仅仅拥有54万预备役士兵。为了缩小差距，需要在法兰西改变征兵法令，规定服兵役时间为3年。

第十八章　法兰西与第一次世界大战：1914—1929年

这一"3年服役期的法令"激起了一场激烈论战：对所有的左派成员来说，议会议长的方案无异于战争。重整军备，便是不惜一切代价放弃和平思想，使自己卷入战争中。这同样是饶勒斯和卡约的论点。然而，庞加莱维护军事将领的观点。该法令的目的使得常备军人数达到75万。除去边境卫队，必须立刻拥有一支大规模具有杀伤力的军队深入敌人腹地。

得益于庞加莱及其友人坚持不懈的行动，长期遭到攻击的三年服役期的法令最终在1913年得到通过。庞加莱未能亲自在议会的选举中介绍这一计划。当他试图着手进行争论时，有关改变选举的计划遭到推翻。相较于更加公正的比例代表制，国民议会中的绝大多数议员更偏爱维持行政区选举制度。

庞加莱被推翻，外省反对三年服役期的法令的斗争规模扩大，尤其在报刊行业。社会党人和激进党人的报刊以和平主义为名义谴责这一法令。主张进攻的观点得到参谋部及其报刊业友人的维护，左派舆论对此深感厌恶。在这个时代一份名为《军事法兰西》的日报出现，其专家强烈维护该法令。军事报刊不论为日报还是周刊，其印刊量巨大且读者众多。这些报刊均支持3年服役期的法令。

左派抨击参谋部的方案置人民生命于不顾，在道德层面应该受到严厉谴责。对于共和国而言，战争只能采取防御手段。1911年，饶勒斯出版《新式军队》，在这部作品中，他用防御战术介绍了自己"武装国家"的理论。他希望取消兵役和本国军队，主张进行分散的自卫行动。卡约主义的激进党人就一部分观点与其达成一致。他们厌恶重整军备。

总统庞加莱

人们应当对这一新"左派联盟"感到担忧——最终将庞加莱和3年服役期的法令结合在一起——担忧它将在1914年的议会选举中占上风,担忧3年服役期的法令再次遭到取缔,如果国民议会作此投票的话。因此,1913年1月的总统大选采取第一流的重要政策,而到目前为止,该类型的选举为一场令人愉悦的凡尔赛仪式,一个共和国无关紧要的重大排场。国际大环境异常紧张,以至于人们希望选举一位能够持续以国家元首为行为准则的共和国总统。眼下,在右派,人们期待当选的庞加莱掌控未来的国民议会,后者在之后的议会选举中有可能成为左派。

战争的风险在庞加莱的候选人资格周围引起了政治舆论的集中,甚至通过报刊激起了公共舆论的关注。所有的"爱国的"政治力量强烈要求维持内阁的强硬路线,以筹备战争为中心。信奉中央集权主义的激进党人同莱昂·布尔茹瓦督促庞加莱出现。

在议员集中的"左派评议会"上,社会党人和追随卡约的激进党人厌恶来自洛林的庞加莱,克列孟梭喊道"庞加莱-巴丁盖"[1]。对克列孟梭而言,共和国总统不应当能够凌驾于众议员之上来面向整个国家,性格过于强势之人恐怕会曲解制度的规则。克列孟梭大力宣传闻名遐迩的卷烟纸约伯的老板庞斯(Pams)的候选人资格。

报刊则支持庞加莱。《费加罗报》,而后的《时代报》进行激烈的斗争,攻击议员。在《费加罗报》中,曼恩伯爵(Albert de Mun)的一篇文章夺走了天主教徒的决心:需要强制尚未觉察到危机的议员保持沉默,且不再想着国旗之事;此为再次回到"归顺"的时代。

庞加莱一经当选,便致力于为通过今年服役期的法令铺平道路。

他任命友人巴尔都为议会议长,后者赞成3年服役期的法令。国民议会的反对声音强烈,饶勒斯与卡约控制了"左派评议会",强烈抨击重整军备。1913年8月,法令勉强得到投票通过,339票对283票。

通过积极地准备1914年的春季大选,左派寻求报复。"向战争发动战争",卡约与饶勒斯共同说道。他们要求取缔3年服役期的法令。他们说,拒绝该法令,即为拒绝战争。饶勒斯谈及德国社会党人的团结一致,提及1907年在斯图加特的代表大会,在那里和平主义行动真正开始。为了维持和平,他希望法兰西和德国的工人将重整军备方案强加给各自的领导人。赞成重整军备,即为使国家卷入一个不可逆转的进程。

左派的运动异常狂热,回报如此:社会党人当选人数为104人,激进党人172人,维维亚尼(Viviani)的"社会党共和主义者"为23人,这三个政党占据了国民议会的大多数席位。

因此,在庞加莱的面前为一个左派国民议会。不知疲倦地,他坚持将议会中拥护3年服役期的法令的议长引入国民议会中,例如在国民议会中获得少数支持的亚历山大·里博(Alexandre Ribot)。庞加莱最终成功说服维维亚尼认识到战争危机的临近,以及广泛政治联合的必要性。维维亚尼接受组建内阁。庞加莱赋予他完全自由地在国民议会中呈上左派纲领的一份核心条文:根据收入征收赋税。与此同时,庞加莱拯救了自己的军事法令。

神圣同盟：1914—1917年

被谋杀的大公

1914年6月28日，通讯社电报宣布奥匈帝国皇储弗朗索瓦-斐迪南大公及其妻子在萨拉热窝被刺杀。那年夏天恐怕将成为多事之秋。

奥匈帝国的态度、其对塞尔维亚侮辱性的最后通牒、俄国的不妥协、柏林对维也纳毫无保留的支援，这一切都将欧洲置于熊熊烈火之中。由于各国参谋部对其政府施加的压力，他们的坚决为这场大火加入了一剂猛药。尽管法兰西不愿发动战争，却不得不对俄国盟军过于迟来缓慢的行动感到恐惧。尽管沙皇声称他将仅仅做部分动员，他不得不遵从将领的意愿，后者预见到本次动员将是彻底全面的。尽管德意志政府仅仅希望在巴尔干半岛对奥匈帝国提供援助，但是它无法对参谋部的强烈要求坐视不管，后者首先希望解决聚集士兵数量最多的西线问题。

德意志军队在西部地区增加发起挑衅行为，在维维亚尼的命令下，法军撤退10千米。7月31日，德意志帝国发出最后通牒，询问法国在"德意志帝国与俄国爆发战争之时"是否保持中立。在此之后，8月1日，全面动员几乎自主地在法兰西和德意志开始。法兰西回答"将依照国家利益行动，8月3日，德意志大使冯·舍恩（von Schoen）将战书带给维维亚尼，以一系列的边境侵扰和所谓的遭到法军战机轰炸的纽伦堡为借口。

8月2日夜晚，甚至在向法兰西宣战之前，德意志军队入侵卢森堡。4日早上8点，轮到中立国比利时遭到侵袭。英国立刻进入战争状态。

在维也纳、圣彼得堡、柏林,甚至伦敦,民众向被匆忙动员的出征的士兵致敬。所有人等待的是一场激战,却是短暂的战争。在各地,和平主义者的游行示威未能对战争情绪的一致有所干扰。

巴黎东站

在巴黎东站,引起极大轰动的游行示威活动无疑是民族主义者联盟的事件。"到柏林去!"预备役军人向莱茵河畔外的入伍军人的"到巴黎去"回应道。然而,民众激昂的情感伴随着战士的出征,并未受到和平主义者的丝毫影响。工会主义者并未阻碍应征入伍。对工会主义者实施内政部著名的"B号本子"并非必要,它包含了在动乱期间需要监禁的"煽动者"名单。

7月31日,饶勒斯在新月咖啡馆被刺杀,社会党人缴械。归根结底,在德意志帝国的挑衅面前,无人能够断言自己的态度。社会民主人士不是也在德意志帝国国会投票通过了军用经费?在葬礼上,法国总工会领导人莱昂·儒奥(Léon Jouhaux)不得不宣告:"本人声称我们将带着击退入侵者的意愿前往战场。"

人们已经远离那个因总工会会员宣告而在动员入伍的情况下拒绝前往边境的时代。7月31日,8月1日,爆发了几场反对战争的游行,《人道报》详述:尤其在里昂和巴黎地区。然而,7月31日夜晚,法国总工会的联盟委员会发动团结一致的全面罢工;8月2日,工人阶级联合工会承认"无可挽回"。当日,在巴黎召开的社会党人大会上,瓦扬宣称:"面对侵略,社会党人将完成其一切使命。"

人们预计将有13%的逃避兵役者,最终却仅为1.5%。尽管村庄的热情并不高涨，但是狂热的参战游行充斥在各个大城市的火车站，各处的人们向士兵扔去花朵，高喊他们期待不久之后的获胜者归来。"我们向着全面解除军备和最后一场战争进发"，佩吉写道。

德意志的侵略引发了法兰西各个政党"围绕着国旗"的团结一致：8月7日，在索邦大学，拉维斯与保罗·戴鲁莱德的妹妹在一场为"民族救援"举行的游行活动中迎接了工人国际法国支部秘书迪布勒依与法国总工会秘书长儒奥。在成为国民议会讨论的议题之前，"神圣联盟"停留在民众的思想中。不久之后，维维亚尼与"马克思主义者"儒勒·盖德和社会党人马赛·桑巴（Marcel Sembat）继续维持其内阁。德尔卡塞重回外交部。唯独克列孟梭被排除在此次大集中之外。他在民事和军事权力的批判方面保持警惕。

8月末的恐慌

进攻的神秘主义首先将法兰西带向前方，加强了公共舆论。人们相信已经解放了阿尔萨斯，因为他们攻占了米卢斯；然而不久之后德国人重新夺回该城，并且粉碎了阿尔萨斯、洛林和阿登高原的进攻。法国人不得不放弃阿尔萨斯，撤退至南锡的大库罗内地区，朝向洛林前线。

万事皆仰仗于取得迅速成功的希望，巴黎记者们抱持复仇的梦想，却对来自比利时的令人不安的消息视而不见：德意志各师的精锐部队（40个师分为三支军队）涌向列日，该城的要塞被鲁登道夫（Erich Ludendorff）上校攻克，随后于8月20日进驻布鲁塞尔。第三支军队攻占迪南市和沙勒罗瓦市，横渡默兹河。法兰西的莫伯日城无条件投降。法兰西陆军指挥官朗雷扎克（Lanrezac）的第五军和弗伦奇（John French）将军率领的英国远征军撤退。8月24日至9月5日，北部地区的全部军队在司令部的命令下撤退。遭到突然袭击的霞飞将军愿意重组军队，改组指挥机关。他同样需要重新掌管英军。

巴黎陷入恐慌。的确，撤退并非溃败。然而，平民成群逃离：超过50万巴黎人放弃一切，在一周之内落荒而逃。德意志军队到达索姆河的征兆将恐慌推至顶峰，甚至波及内阁：9月2日，内阁朝向波尔多撤退，庞加莱也不得不离开。人们谈论起阴谋和背叛。以销售德意志产品著称的马吉商场遭到洗劫。民众厌恶一切日耳曼同韵的名字。人们四处寻找奸细。

马恩省

然而，霞飞将军尚未失去理智。他决定尽可能多地从东部调来援军援助西部地区。由莫努里（Maunoury）将军指挥的新军队在索姆河上集结。在中部地区，福煦（Foch）元帅的第九军筹备反攻。筋疲力尽的士兵停止前进。他们最终会重新出发吗？

在索姆河与埃纳河上，阵地难以守得住。各个部队再次收到撤退的指令。德意志军队异常强悍，而英军的士气异常低迷。9月1日，军队朝向塞纳河重新出发。萨拉伊（Sarrail）将军收到指令，任务为保卫凡尔登。加列尼元帅将守卫巴黎。在他与德意志军队之间，仅仅存在莫努里将军的军队。

德意志陶醉于取得的胜利。小毛奇（Ludwing Von Moltke）意欲朝向西部保卫巴黎，但弗伦奇将军朝向南部逃走。克卢克（Kluck）将军希望不惜一切代价追上弗伦奇将军的军队并将其歼灭，从巴黎东部走捷径，右翼部队未受到保护。

法国飞行员偶然发现其纵队延伸至塞纳—马恩省的道路上。霞飞与加列尼先后得到消息。加列尼将军立刻建议突破克卢克将军的防线。然而,需要逮捕位于默伦市且在继续推进撤退的弗伦奇将军。霞飞将军希望发动全面进攻,成功说服英国将军弗伦奇。他似乎谈及"英国的荣誉"。

霞飞最终对军队将领说道:"我们将在马恩省作战"。9月6日,黎明时分,所有同盟部队阻止撤退来反攻:英军抓获德意志骑兵部队,福煦将军的第九军在圣贡沼泽封锁德意志帝国首相比洛(Bernhard von Bülow)的去路。在西线,第五军缓慢行进。德意志军队的前进四处遭到阻挠。唯独莫努里元帅遭到克卢克的重要牵制。对克卢克大军的包抄运动经由北部地区开始,取得了完全的胜利。轮到德意志军队撤离。马恩战役取得胜利。

民间神话从本质上保留了"马恩省征用的巴利出租车"的插曲。加列尼在巴黎被视为救星,大肆庆祝。其轰动的行动尤其引发了心理层面上的效果,然而他却仍然在深夜成功将巴黎的军队带至前线。那些声称加列尼打了胜仗之人与霞飞将军产生激烈争论。人们深知将军著名的反击:"我不知道谁人赢得了马恩战役的胜利,但我知道谁战败了。"

西线的战壕

在"马恩战役奇迹"之后,英法军队追击撤退的德意志军队。他们无须跋山涉水。一旦横渡埃纳河,德国人埋藏在地下,使得任何正面攻击无济于事。法国人不得不加强进攻。堑壕战打响。

在瓦兹河西岸,无论从哪一方来说,战线都尚未存在:海域的追逐是无节制的，双方阵营均尝试朝向西边侵入敌人的阵地。刚刚接任马恩战役战败者小毛奇的法金汉将军与霞飞将军发动一系列战争：首先为9月15日至30日的皮卡第战役，紧接着为阿拉斯战役，最后为与英军和比利时军队共同参与的伊瑟河战役。比利时国王阿尔贝特一世（Albert Ier）沿着海岸线，成功带领安特卫普军队撤退至伊瑟河。洪水将德意志军队隔绝开来。在伊普尔阶战役中，霞飞将军阻止德意志军队在英军中突破前线，而法兰西军队明确表明运动战最终结束。

在香槟省和阿图瓦省的泥泞中，从海边到瑞士边境，法军期望好日子的到来。在东部地区，沙皇未占优势，不得不面对德意志军队越来越猛烈的进攻。法国与英国绝望地寻找新盟友。日本向德意志帝国宣战，它却仅仅对德意志占领的远东地区的领土感兴趣。日本拒绝向欧洲阵线派兵遣将。

唯独将土耳其卷入战争的德意志帝国似乎找到了盟友。然而，英法联军急需援军。通过多次讨价还价，他们怂恿意大利人。从意大利仅仅得到了1915年4月签署的伦敦秘密协议。他们不会立刻向德意志宣战，却仅仅向奥匈帝国宣战。

时至今日，德国人冲破俄国阵线，夺回华沙，俘虏将近100万名士兵。在长达数月试图于达达尼尔海峡建立第二条战线期间，英法联军筋疲力竭。土耳其人用远征军队胁迫敌人就范，使靠近海峡的英国舰队沉没。盟军损失惨重，加里波利半岛最终被撤空。

事实上，在西线，面对德意志大军，法国和英国军队不得不独自应对。在1915年期间，战壕里爆发了激烈战斗。英国人从加拿大和印度征集充满活力的军队。7月，他们动员了130万志愿军，对立刻赶往前线的28个师进行武装。国防部长基钦纳（Herbert Kitchener）追回了英国的落后。

　　法国人缺乏武器和弹药。人们筹备的是一场短暂战争的补给品。每日发射2000到3000炮，而军队拥有4000台75型大炮！因此不得不将专业工人从前线召回，招募妇女进工厂工作。前线战士的生活条件变得难以忍受。在多数军队中，在长达一年的过程中，他们无休假。在堑壕战中，兵士损失越发惨重。最血腥的行动计划从未如此得到果断执行。在将战场变成废墟的炮兵部队的筹划之后，以惨重的人力损失为代价，进攻部队能够攻占战壕的第一线，有时能够夺取第二线。通过横向"交通壕"抵达的充满活力的军队将其击退。消耗战和阵地战使得身陷泥泞、满身跳蚤，在大雨、寒冷、淡而无味的汤食和无用的作战中痛苦不堪的"丘八"[2]灰心丧气。这些"战壕的清扫人员"在刀山火海中发动进攻，徒然地成为残暴的牺牲品。需要做的是活下来、等待、坚持……5月至6月在阿图瓦大省以及9月至10月在香槟省发动了攻击，却仅仅导致霞飞将军宣布将进行"长期防御"。

　　人们致力于改善士兵的命运。在长达25天的攻击和轰炸之后，军队的修整或朝向更加平静的战区的转移变得必要。人们为联队设立例如十字军功章的新的奖章，制造绶带。人们决定采用定期休假的政策。应该不惜一切代价来维护战士的斗志，因为战争早已改变性质。人们为这些"丘八"分发"蓝色"新军服，搭配防护钢盔。危险的"红色裤子"在军队中销声匿迹。逃跑和擅离职守偶有发生。阵线"坚守下来"。

大后方的焦急

　　垮掉的是后方。休假的士兵受到民众精神状态的影响，返队时变得一蹶不振。他们不缺少任何用品,却不断抱怨。议员急不可耐,报刊惊异于战事的拖拉。人们要求进攻。

议员取得了永久占有席位和设立委员会的权力,以此来控制战时政府的法令。希望对一切了如指掌的内阁与只愿保持沉默的参谋部之间互相蔑视,在停滞不前的战争的漫长的岁月中愈演愈烈。通过要求议员监管军队的军需品以及在堑壕战中变得必要的新武器的制造,庞加莱使其始终保持精力充沛。在克列孟梭和一部分报刊的驱动下,人们指责霞飞将军的"专权"及其对将领的用人不善。

霞飞在国家仍旧非常受欢迎,议员无力正面迎击。因此,他们坚持不懈地攻击刚刚辞职,由白里安接任的维维亚尼。议会新到任的议长厌恶霞飞,迫不及待任命加列尼将军为国防部部长,任命社会党人阿尔贝·托马(Albert Thomas)为炮兵部队副部长。然而,加列尼忠诚,托马为爱国主义者,他们之中无一人攻击霞飞。托马激励沟壕的大炮和迫击炮制造者。他命人制造一系列的著名的"小臼炮",还有严重匮乏的机关枪和重型炮。为了反抗德意志军队的进攻,托马下令动工制造第一批窒息瓦斯弹。

同盟军或德军都未获得传达军事当局命令的文件。英法联军于希腊的萨洛尼卡登陆,使得维持桥头堡成为可能,然而保加利亚人足够阻挡远征部队的行进以及塞尔维亚的"解放"。

法金汉将军选择凡尔登来迫使对西线做出决定。为了筹划进攻,他在凡尔登城前聚集1000多门大口径火炮。1916年2月21日,进攻开始。25日,杜奥蒙要塞被攻占。

霞飞任命的贝当(Henri Philippe Pétain)元帅不得不面对此种情况。贝当掌握10个师,需要在"默兹河与弗瓦弗尔平原之间在右岸撑住场面"。在凡尔登和巴勒迪杜克之间，贝当立刻命人整修唯一能够用来运送食物和军需品的道路。不久之后，这条"神圣道路"被3000多辆车穿行而过。援助艰难到达，需要精打细算，因为最高指挥部正在筹划索姆河进攻。

在6个月期间，凡尔登如同地狱。士兵在各个战壕之间四处作战。士兵在各个炮坑弹之间跳来跳去进行攻击，时常陷入泥泞或流沙之中。日以继夜，在永不停息的战火之下，联队战斗至最后一名士兵。法国人不惜一切代价保护莫尔多姆高地，使得占据默兹河两岸成为可能。战争对双方阵营而言都激烈无比，一直持续到年末。然而，显而易见的是，从六月末开始，德意志军队开始遭遇失败。他们未曾夺取凡尔登，而该防御据点的法国阵线的抵抗使其西线的全面进攻计划失败。50万名战士被宣告死亡、消失或被俘。地狱便是这般，每五名战士阵亡便有一名无见踪影。

受争议的战争

1916年战争结束，而敌对双方均未强制作决定。7月，在索姆河上的同盟进攻勉强改变了横队，而协约国派遣40个师参战！从德意志一方来说，法金汉被兴登堡（Hindenburg）接替。人们无法原谅他在凡尔登的失败。

的确，战争波及整个欧洲，然而作战地图似乎恒久不变：罗马尼亚人站在协约国一方，却遭到德国-保加利亚的钳制。奥地利人在阿迪杰河流域攻击意大利人，然而卡尔多纳（Cardona）将军却在特伦丁地区获胜。

不论在法兰西抑或德意志，在两年的军事行动之后，民众早已厌倦了战争。在德意志帝国，人们每日每人只有170克面包可供食用。德意志士兵食用以土豆粉为原料制作的"K面包"。潜艇战的进攻使得向协约国供给粮草难上加难，同样引起了劳动力的短缺。国家进入定量分配时代。

在双方阵营中，任何的迅速脱身都显得不切实际。人们等待的仅仅是敌方的筋疲力尽。自此之后，公共舆论的某些领域首先拥护防御战的观点，越来越倾向于"白色和平"这一主题，即无战胜者无战败者的和平。冒着使战士泄气的风险，和平主义者宣传复兴。

因此，在德意志与法兰西，"少数票支持的"社会党人开始指责"神圣联盟"的政策。在意大利，所有社会党人宣称反对战争。在意大利人的带头之下，从1915年9月开始，在瑞士的伯尔尼附近，大型会议在齐美尔瓦尔德召开。在40多位与会人员之间，两个法国代表和两个德意志代表要求"欧洲无产者"向各自的政府强制推行"无兼并无赔偿战争"。1916年4月，会议再次于基埃塔尔召开。和平主义者的行动尚未波及工人阶级，却触及了各个工会和政党。基埃塔尔的宣言要求所有参战国的多数社会党议员走出战争，拒绝投票通过军事经费。这一论点最活跃的拥护者是一位名为列宁（Lénine）的俄国避难者。

少数票支持的社会党人的宣传有可能寻到一片有准备的领土：1916年年末皇帝弗朗索瓦-约瑟夫（François-Joseph）驾崩，在此之后，德意志和奥地利政府向协约国发出通知，建议"从此刻起进入协商和平的阶段"。也许涉及了专给美国总统留下深刻印象的政治手段；然而，这一手段来的恰是时候，在那个时候西方国家的公共舆论完全厌倦了战争。

使美国人卷入战争是英法两国昭然若揭的意图。然而，于1916年11月再度当选为美国总统的威尔逊（Wilson）仅仅承诺"调停"。12月，他要求参战国明确其"作战目的"。德意志帝国首先拒绝，恐怕其恐怖意图会惹恼威尔逊。协约国因此更加无拘束地共同签署了一项模棱两可的声明，恬不知耻地为威尔逊关于"无胜利之战争"的演讲喝彩。人们越来越焦急地等待美国军队的支援。

这些外交手段在巴黎新闻界取得了越来越多的反响，使得民众的精神变得脆弱。法兰西在战争中不辞辛劳，做出了巨大的努力。为了不求助于过量的工人，人们大量地招募妇女到军工厂工作。凡尔登和索姆省大屠杀延长了家庭的服丧期。农业生产和消费品的全面衰退向后延长了匮乏的环境。舆论对无用的屠杀和东方的行动失败感到愤慨。1917年将变得令人生畏。

1917年：可怕的一年

不幸的尼韦勒（Nivelle）将军

对白里安的内阁而言，1916年曾是艰难的。政府不得不将就于其厌恶的一个最高统帅，以及一个筋疲力尽即将垮掉的国防部；此外，庞加莱和克列孟梭怀疑内阁在寻求"无胜利"的和平。"霞飞老人"在国会不受欢迎，后者指责他对军事行动缄口不言，他被想要满足公共舆论的布里安悄悄地剥夺指挥权。人们向这位马恩战役的获胜者提议一个荣誉性的职位，遭到拒绝。12月2日，议会场外的宠儿尼韦勒接任，霞飞被任命为法国元帅。

从1月起，尼韦勒向国会议员和参议员宣布正在为3月的一场大型进攻作准备。得益于史无前例的人力物力的集中,尼韦勒承诺将会切断前线部队。更倾向于贝当元帅的白里安认其作为。

尼韦勒要的是快速行动,接近48小时的快速行动。他不得不将行动计划的细节告知军队的各个统帅、部队的各个首领以及小部队的各个长官,后者起着决定性的作用。俘虏口耳相传,当尼韦勒下令进攻之时,德意志军队已对法军的部署有所耳闻。为了"粉碎"进攻,敌军立刻排除了20千米的区域。

协约国仍然发动进攻,英军于朗斯和阿拉斯之间,法军于苏瓦松和兰斯之间。两方面的进攻都遭到粉碎,受到重创。5月15日,尼韦勒被降职,白里安辞职,贝当元帅成为军事统帅。

叛乱

在作战的5日之内,10万人投身协约国阵营。法军已经在1915年损失了50万兵力,第二年损失57万。不幸接踵而至,使得士气严重低迷,尤其是打压了民众的信心。

和平主义者加强宣传。白里安及其继任者里博(Alexandre Ribot)通过不同的中间人来与中立国进行协商。3月,白里安接受了波旁-帕尔马亲王(prince de Bourbon-Parme)的调解来核定和平的可能性。他于瑞士会见了时任比利时亲德政府政治部部长的冯·朗克恩男爵。最终,法兰西政府并未对教皇伯努瓦十五世(Benoît XV)的提议充耳不闻,后者在参战国之间调停来阻止屠杀的发生。这一系列的尝试并未取得成效,因为德军始终拒绝归还阿尔萨斯和洛林两省,却对协约国的真正意图种下了犹豫不决的种子。

少数派在社会党人阵营中站稳脚跟。斯德哥尔摩大会使得士兵们通过在前线的任何一方进行的某种形式的罢战，看到了阻止战斗的可能性。从1917年5月开始，工人阶级在巴黎发起骚乱，罢工接踵而至。6月，巴黎地区的罢工人数达到10万，伦敦为23万。兵工厂的工人们在香榭丽舍大街游行，高举要求和平的横幅。

的确，4月6日，美国已经宣战，威尔逊总统说道："正义比和平更加弥足珍贵。"然而，美军仅有30万人参战，而俄国在严重的军事失利之后，于3月8日爆发大革命。沙皇遭到罢黜，克伦斯基（Kerenski）无力再强制士兵作战，特别是由于德意志帝国放行从瑞士前往俄国的列宁，他乘坐一列传奇的"浅灰色车厢"。列宁赞成即刻展开和平。

尽管遭到审查，这些来自俄国的消息仍然在军队中慢慢传开。从4月开始，法兰西军队开始爆发叛乱。在敌人面前，将士擅离职守，在前线的2/3的师中爆发动乱。正如历史学家居伊·佩得翁西尼（Guy Pedroncini）所指，运动首先在参加过尼韦勒进攻的军队中展开，在包含苏瓦松和兰斯之间的地区进行。紧接着波及其他的作战区域，尤其是凡尔登。在苏瓦松，个个联队在红色旗帜的引领下游行示威。某些联队以俄国的方式任命"士兵委员会"。超过90个联队中的士兵发动叛乱。其他的联队受到和平主义游行的波及。叛乱一直持续到9月。

镇压由贝当元帅亲自指挥，被限制在最小的范围内。尽管如此，仍旧对5万名士兵进行判处，其中452人判处死刑。叛乱并未对战争本身产生影响：鲁登道夫仅仅在最后才得到消息，在秩序恢复之时。最高指挥部温和行事，仅有50多人被处决。

通过改善士兵们的物质条件，贝当元帅对其精神状态密切关注。他详细监视军人休假的进度、供应军需问题以及对前线后方战场部队的充足休息时期的调整。他鼓励军官通过解释战争路线,再次掌控各自的士兵。如果不能取得胜利,不能在将胜利置于战争之上,如此多的牺牲是为了什么呢?

当秩序得到恢复,应当留心后方的精神状态:物价的高昂、交通的困难、进口的减少以及食物的紧缩引起了深深的不满。再次爆发的罢工引发了小资产阶级和食利者的担忧,其中许多人已经为国防认购债券。

路易·马尔维(Louis Malvy)的内政部未使用武力,成功平息了运动,却未能阻止和平主义趋势,这一工团主义者的新战马。共和主义趋势此刻公开在沙龙、在一些编辑部的大厅招摇过市,依靠罗曼·罗兰(Romain Rolland)、亨利·巴比塞(Henri Barbusse)、亨利·巴塔耶(Henri Bataille)、维克多·玛格丽特(Victor Margueritte)等人的名声。和平主义存在于上流社会、各大学和资产阶级中。右派的《法兰西行动报》、中立的克列孟梭的《奴役之人》谴责和平主义者,要马尔维的命。克列孟梭控诉马尔维叛变。1917年8月31日,在整个"爱国的"报刊重新夺回的广泛运动面前,马尔维不得不辞职。社会党人立刻决定放弃政府。此为神圣联盟的决裂。

克列孟梭掌权

潘勒韦(Paul Painlevé)的内阁软弱无能,此后的组建无社会党人参与,无力对抗和平主义浪潮。少数党成员得到俄国大革命的鼓舞,掌控社会党会议,在这些会议中,列宁的言辞比饶勒斯更有力。人们希望在社会党人身上看到所有资产阶级国家的末日。

在法国,叛国的丑闻和案件与日俱增。议员路易·杜尔梅尔

（Louis Turmel）被指控在瑞士收取一笔他无力证明来源的款项。冒险家波罗·帕夏（Polo Pacha）用德国钱款购买《日报》。无政府主义者阿尔梅埃达（Almereyda）创办的《红帽子》使一些政客受到连累。是时候让都德（Daudet）在《法兰西行动报》中称之为"卡约-阿尔梅埃达一伙的背信弃义之人"接受审判了。

在这样的情况下，除了克列孟梭还有谁能够激发"民族的"能量？庞加莱不喜欢克列孟梭，迟迟不将之召唤。然而，庞加莱的爱国主义情怀战胜了个人情感。如果说他不将权力赋予克列孟梭，泄气的国民议会将有可能强制指定卡约，并追随其协商的路线，资产阶级左派对这一政策呼声极高。国民议会召回的是克列孟梭，并授之以权力："本人的对外和对内政策是一致的"，克列孟梭在主席台声称："对内政策是开战。对外政策，亦为开战。本人一贯奉行开战政策。"

曾被称为"猛虎"且即将被称为"胜利之父"之人增加巡视前线的次数，来与军队保持联系。在法军夺回的杜奥蒙要塞，克列孟梭席地而眠，度过了整夜。他头戴法国大兵的头盔前往前线。不久之后，这位不知疲倦的老人在军队享有盛誉。对后方远离火线工作的士兵的惩处并未使其局促不安。他不遗余力地使士兵感觉到他们将赢得战争的胜利，而胜利就在不远处。

内部政策方面，克列孟梭着手进行对抗和平主义。他审查或起诉有嫌疑的报刊，将被逮捕的间谍送上军事法庭。恐怖的气氛波及政治领域。马尔维和卡约被逮捕，其罪名为"通敌"。白里安保持沉默。里博也为可疑分子。

这一惊人的坚定伴随着某种强加于议会精神上的专横。唯一敢于公开反抗的，是社会党人，他们由此得到激励。公元1918年7月，"白色和平"的拥护者佛罗萨尔（Frossard）和加香（Cachin）成为政党首领：加香成为《人道》的负责人，佛罗萨尔成为工人国际法国支部的秘书。

前线的胜利

截至目前，俄国前线的覆灭使得德军新任统帅鲁登道夫集结192个师旅前往西线，而协约国仅有170个师。即使德军不在美军抵达之前向西进攻，布列斯特-立陶夫斯克和约也似乎预示着德意志帝国的胜利。

德军从西面急行军返回，美军在登陆和熟悉情况之后立刻前往前线作战，在两军之间，法兰西领土上战争的结束异常迅速。在英法军队的汇合处，德军在3月在圣康坦地区首次发动进攻。德军的65个师加入作战。为了不给协约国留出时间派遣援军，临近战线的重型炮仅仅在进攻前5个小时开始发射。英国阵线很快处于劣势，而突袭使得德军能够在半个月内前进60千米。

在维莱科特雷地区的树林中，十万火急抵达的法国援军发起对抗，德军进攻失败。西线获救。为此，福煦被任命为协约国军队的最高统帅，而警报却足够危急以至于英国人不能接受福煦元帅独自指挥。

鲁登道夫意识到时不待之。4月，他再次率领36个师进攻阿尔芒蒂耶尔；然而这一次，英军未被打败，而德军撤退。协约国间的各级指挥机关运作良好。之后的5月，在贵妇小径上，英国阵线受到打击。德军俘获5万人，抵达马恩省。然而，福煦和贝当元帅作出补救。

在遭到"贝尔塔大炮"轰击的巴黎，德国制造的大型炮能够于远在100千米之外射中其目标，人心低迷。在周日弥撒之时，炮弹投向圣热尔韦大教堂。政治阶层躁动不安，不断进行小型冲突对抗政府，再次对最高统帅质疑。

6月4日，不知疲倦的克列孟梭介入议会中，来袒护其将军。他取得了国民议员的信任，加速严厉镇压"内部敌人"。

7月，在香槟省的阵线上，德军最后一次发动攻击。然而，此时美国的援军抵达，德军再次退败。不久之后，协约国手握200万美国士兵，配备新型装备，即坦克。7月末，芒森（Charles Mangin）将军领导的第一次反攻使得德军后退40千米。获胜的福煦成为法国元帅。胜利似乎近在眼前。

在德军投降之前，仍需要漫长的数星期作战。8月，英法联军首次进攻，9月全面进攻。德军仍然毫不退让。直到10月，里尔才得到解放。11月10日，在持续的努力下，整个法兰西的领土得到解放。一场新的进攻在洛林省筹划展开，其目的是入侵德意志帝国。福煦将军拥有100支储备师，来对抗鲁登道夫仅仅握有的17个师。德军始终坚持抗争，却筋疲力竭。

使得莱茵河彼岸城市陷入熊熊烈火的大革命为德意志带来慈悲的一击。土耳其与奥匈帝国早已签订停战协议。11月9日，德国皇帝威廉二世让位，逃到荷兰。在勒东德城，德意志派出全权代表。11月11日早上11时，军号在整个西线鸣示停战的到来，德意志战败。

1919年"消失的和平"

调停人克列孟梭

由于1917年的复兴，法兰西将胜利归功于克列孟梭。多亏克列孟梭，不仅议会，就连参谋部都亲历了这次胜利。议会制民主政体在

第十八章　法兰西与第一次世界大战：1914—1929年

战争中毫发无损：共和国在其内部找到了有能力激励民族能量之人。加之克列孟梭追随雅各宾派传统，无意赋予获胜的将军以完全自由的行动。

这些将军与克列孟梭共享民心，尤其是在最后关头获胜的福煦将军，还有马恩战役的战士和圣贡沼泽的英雄。从战争尾声开始，"猛虎"克列孟梭留心向福煦显示自己的权威，明确表明独自协商和平协议的意愿。激进党人克列孟梭意图复兴一个"正义的欧洲"，一个首先证明"古老的压迫君主制"覆灭的欧洲。法国和英国民主制的模型对他而言，似乎能够启发新兴国家的新政体。

然而，克列孟梭却不失为一个"注重实际之人"。他坚决拥护古老形式的和平协议，"伴随着鼓声"缔结，以牢固的英法和美法联盟为基础。他意图使得协约国加入维护和平之中。预计到一旦和平协议签署，法兰西无力独自创造和平，也无力确保和平。如同意大利人，在面对德国人时，他不接受与英国之间的任何可能的决裂。

克列孟梭不得不即刻严厉地重申秩序，或者甚至谴责那些在德国将"被隐瞒的吞并"的"共和国"政策推至较远的将领，例如芒森将军。诚然，克列孟梭曾愉悦地看到莱茵河地区的国家要求独立自主，甚至要求追随1793年的传统重新附属于法兰西。他却拒绝任何吞并论者，或者任何帝国主义者的意愿。

尽管在"重新夺回法属莱茵河地区"的方面，克列孟梭不赞同右派的观点，他却是唯一一个能够使得"法国和平"成功之人，即一场胜利的和平，附带有赔偿和归还。因其狂热的爱国主义，克列孟梭被《法兰西行动报》极力奉承。他难道不是"卡约–马尔维之流国民议会"的清洗者？在议会，他得到多数议员支持。在整个和平时期，遇到极小的难处，他提出信任提案，由此实施某种道德专权：谁敢策反他？1919年2月，克列孟梭在富兰克林大街上遭受恐怖袭击，引发了国家不可思议的同情，使得他成为法兰西的象征。

克列孟梭与威尔逊之间的决斗

克列孟梭不曾想到过，他不得不对威尔逊予以重视。1918年12月，美利坚合众国的总统违背众望亲自来到巴黎，为的是协商和平协议。其"十四点"尤其确保了"人民的自主权利"，禁止任何的吞并行为。他们取缔了战时参战国缔结的"秘密条约"。他们对法兰西在莱茵河左岸的动机提出怀疑，这些昭然若揭的动机却多次在"战争目的"下得到证实。克列孟梭与威尔逊提出创办一个"国际联盟"的假说，这一联盟不可避免地终有一日将纳入战败国。

当克列孟梭迅速制定社会党人中多数派和少数派的官方理论之时，在这个"无战胜和战败之和平"，这个属于"人民的和平"的和解的时刻，威尔逊主义在对内政策方面成为一道阻碍。1919年的社会动乱和革命氛围使得克列孟梭不得不重视这一阻碍，威尔逊对它了如指掌。布尔什维克主义在欧洲中部和东部的发展、在德国普及的布尔什维克革命的威胁为凡尔赛和约赋予了抑制欧洲共产主义之和约的色彩，正如阿尔诺·迈尔（Arno Meyer）出色地领悟到的那样。凡尔赛和约的这一特征趋向于对战败国的某种程度上的宽容。

"德国人将买单"

尤其是因为威尔逊和劳合·乔治（Lloyd George）曾有一刻打算在损害克列孟梭的情况下，直接与布尔什维克革命者进行协商，而克列孟梭以外交部资金供养了数不尽的"俄国白人"。克列孟梭将布尔什维克看作俄国人客观的同盟军。对他而言,德国人是否被布尔什维克化并无大碍。基于此,他梦想并有千万种理由来发动西方反对布尔什维克的大运动。在土耳其召开的比于卡达大会的失败为克列孟梭带来了深深的慰藉:威尔逊未能与列宁达成一致。关于德国方面,克列孟梭能够强制推行其坚定的观点。如果说德国遭到十月革命的浸染,这对克列孟梭而言,是一条附加的理由,来对抗德国、布尔什维克以及莱茵河上的"安全"。

关于此,大部分法国舆论支持克列孟梭:他们想要一个冷酷的和约,"付出代价的"、类似于1871年俾斯麦强加给法兰西的那种和约。在谈判期间,由《日报》发起的"德国人将买单"运动表明了法国人不仅仅希望得到德国人对在作战中造成破坏的"补偿",同样要求"战争费用",因为德国是冲突的唯一始作俑者。在财政部,部长路易-吕西安·克劳兹(Louis-Lucien Klotz)企图通过恢复"征收资产税"来增加缴税人口数量,《日报》回应的"德国人将买单"几乎为传神的方案,它似乎能够顷刻间解决战后所有的问题:高昂的物价、公债和货币的耗尽、北部和东北部地区遭受的巨大损毁、人力物力以及交通的损耗等。在支持多数派的政党中,《日报》发起的这一运动有其政治和议会支撑。来自南锡的议员路易·马丁(Louis Martin)为预算的总报告人,狂热地支持"全部"赔偿政策,包含战争赔款。财政委员会主席拉乌尔·佩雷(Raoul Péret)与大量的激进党议员抱持同样观点。

当所有协约国准确无误地了解到"德国佬"一毛钱也不会支付,了解到应当讯问他们究竟能够赔偿多少时,在法国议会,反对派由专门的委员会和领事馆领事激励,例如白里安和巴尔都,其声音再次强硬，他们不曾原谅克列孟梭在战时的过度的不妥协政策。和约在国民议会遭到质疑？

阴谋反对和约

当反对派的联合于四五月份对克列孟梭形成了明确的政治威胁之时，人们在某一刻相信和约将在国民议会遭到质疑。如果说意大利人将威尔逊拒之门外，为什么法兰西的"雄虎"不作出同样的选择？人们在报刊中和福煦将军的外交部提出许多此类问题。阴谋分子寻找到的同谋并非出于爱丽舍总统府，在那里与之意见一致的庞加莱却避免相随，他们出自议会，为诸如保罗·杜梅（Paul Doumer）的一众参议员，或者如同弗兰克林·布永（Franklin-Bouillon）的国民议会议员。

克列孟梭有能力反击。5月，舆论中的绝大部分声音希望尽快与德意志做一了结，克列孟梭能够通过依靠这些人来强制推行协议。

在劳合·乔治和威尔逊之间，核心部分达成一致，克列孟梭的立场十分艰难：尽早遣散德国的士兵，并复兴欧洲的经济形势，此为牵制布尔什维克主义的唯一途径。关于这一点，英国代表团的顾问凯恩斯（Keynes）的思想异常清晰。克列孟梭未能成功挑唆劳合·乔治反对威尔逊。英国人不会冒失地拥护合约。

盎格鲁-撒克逊人苛求，克列孟梭捍卫，以这样一个两者之间的中介状态为基础，合约得以协商。法兰西从该合约中感到了不容忽视的心满意足：在"十四点"的保驾护航之下，阿尔萨斯和洛林得到收复，与德国人和某些法国社会党人所要求的相反，两省的回归未经过全民表决而得以实现。法国人对萨尔州的占领在15年间得到事先估计,直到民意测验决定了这块领土的最终命运。法兰西取得了实质的补偿,在国际联盟委托的情况下,兼并了德意志的某些殖民地(尤其是多哥和喀麦隆),修复了装备器械,恢复煤炭发货,重回商业和工业的优势地位(例如取得了化工业的某些"专利")。莱茵河左岸和50千米之内的右岸"非军事化"。在劳合·乔治的要求下,德国保留了10万人的正规军以及唯一的一支治安部队。

协约国将占领西德的一部分领土长达15年作为补偿的保障。的确,占领军的规模遭到缩减,而克列孟梭不得不进行激烈战斗来强制推行方针政策。在国际联盟执行力量全部缺失的情况下,显而易见的是,协约国不具备物质条件来使得合约条款受到遵守,德国并未遵守协约。福煦将军要求永久占领莱茵河上的桥头堡,遭到驳回。

对于所有指责克列孟梭的合约既无保障也不安全的人而言,他以承诺盎格鲁-撒克逊联盟来与之对抗。在遭到侵袭的情况下,英国和美国立刻加以军事介入。然而从1919年10月开始,美利坚合众国的参议院拒绝投票通过这一保障。《法兰西行动报》的记者雅各·班维尔(Jacques Bainville)或者南锡议员路易·马丁的评论完全得到奠定:人们为了虚幻之物而丢弃实际利益。

战争的损耗

然而人们有能力抓住猎物吗?国家元气大伤。在四年的战争中,国家在精神上和肉体上遭受双重毁灭。事实上,战后并无获胜者,却徒留被踩躏的土地。法国的生产缩减一半。在承载了主要人力的乡村,劳动力的匮乏尤其严峻。小麦生产停滞不前,畜牧业瘫痪。如同在法国大革命时期,政府不得不管控最高物价来避免投机活动。

战争损耗了人口的1/10：140万人遭到杀害或失去踪迹，将近300万人受伤！1918年横行的"西班牙流感"使得民众苦不堪言。物质方面损失巨大；德国人在侵入的领土上对工业器材有步骤地进行撤离，这一举动加剧了破坏。法兰西财富的1/4来源于"战争赔款"。国家不得不支付250万的平民和军事年金："他们对我们有支配权"，当克列孟梭谈及老兵之时，他在国民议会的主席台如是说。当对这些权利作以数字计算时，人们将花费巨大数额的资金。

财政状况糟糕透顶：1918年，预算赤字达到180亿。外部债务方面，法兰西应当偿还美国160亿，英国130亿。国库券上下浮动，内债数额巨大。"印钞票的铜版"资助了战争，引起了物价上涨以及通货膨胀。1914年以来，物价上涨3倍之多。"爱国公债"从工业储蓄中深入抽取。外部破产使得原本蓬勃发展的投资毁灭。俄国公债搁浅（因此损失了120亿1914法郎），同样搁浅的还有墨西哥公债以及中欧公债。1914年生活惬意的小食利者破产：在整个法兰西，有50多万人破产。尤其得到了右派的煽动，这些破产的小食利者组成了一支政治反抗势力。法兰西财富状况的变化，或者更普遍来说，法国生活条件的改变为重建的艰难时期的政治力量提供了条件，即1919—1929年这段时期。

疯狂年月的法兰西

"军服蓝"右派

凡尔赛和约一经签署，法国人唯一的念想便是回到战前状态。隆格尚再次开放购物成为合约签署仪式举行当日的报纸"头条"。法国人厌倦了丧事和食品定量配给。他们想要维持生活。年轻人陷入狂乱。爵士乐与小轿车、超短裙与丝袜很快战胜了所有战败者的悲观情绪。然而，与德国的谈判并未得到了结。一场直接的协商在所难免。

再次出现两个法兰西。一个想要忘记过去，信赖现代安全保障机制的形式，陶醉于现代化以至于甚至接受共产主义革命。不久之后，这个"左派的"法兰西要求"再次审查"凡尔赛和约以及与德国建立的标准化联系。

然而还存在着另一个法兰西，一个老兵的法兰西，它早已通过联盟和协会聚集起来，为战争平民和军士受害者的法兰西，破产的食利者和绝望的爱国者的法兰西。当庞加莱要求"凡尔赛和约的全面施行"，要求在发生暴力行为之时对德国采取严厉政策时，这个法兰西表示拥护。

1919年，右派的法兰西掌握话语权：它将广泛地赢得11月举行的选举。这一法兰西只要将布尔什维克展现在其"牙咬尖刀之人"的招贴之上，将其表现为一个无政府主义者便足够。"国家集团"由右派和中间派组建来反抗社会党，613名议员中有437人参与其中。

"如同在前线统一"的候选人通常为老兵，例如格扎维埃·瓦拉（Xavier Joseph Vallat）和安德烈·马其诺（André Maginot），也通常为曾经的随军神甫，诸如比奈-瓦尔梅（Binet-Valmer）"排长联盟"一类前线老兵的新组织的活跃成员。

此为道德秩序以来法兰西所经历过的右派倾向最甚的国民议会。这一"军服蓝"国民议会希望将可能的最繁重的赔偿强加于德国，运用此款项在法兰西恢复经济。事实上，社会运动成为右派新任当选者的心头之患，解除其武装成为当务之急。

新社会党

1920年，总统府经历了失败之后，克列孟梭从各项事务中抽身。三年执政之后离开所留下的空白，是其继任者米勒兰（Millerand）、乔治·莱格（Georges Leygues）以及白里安所无力填补的。克列孟梭慑服社会党运动。1919年，通过于5月1日命人向游行示威者射击，他展现出了巨大的力量。

这些继任者不得不面对狂风暴雨般的罢工运动，通货膨胀和物价高昂似乎为之提供了合理解释，却呈现出革命的特征：从1920年1月开始，运输、巴黎地铁以及电力罢工相继展开。经济的核心部门便就此瘫痪，恢复无望。愤怒情绪日益高涨，在公众内部蔓延，招致镇压行动。即使政府部门缺乏政治威望，他们也尽可能展现出力量来遏制革命浪潮，仿佛回到了1906—1910那些年的暴力中。1919年，法国人不得不镇压尤其是图卢兹和布雷斯特地区驻军部队的革命运动，这一年动乱中被制服的军队将成为反抗罢工者的有效武器。

1920年12月，社会党和工会运动的分离从一开始便使得法国的工人运动变得虚弱。图尔的政党分裂使得"多数党成员"疏远，有利于布尔什维克革命，而"少数党成员"更加冷静，后者追随布鲁姆维持从前的政党工人国际法国支部的机构。在加香和佛罗萨尔的带领下，多数党成员成立"法兰西共产党"，首先迅速吸引了成员的加入，后期成员数量被1924年选举大赢家社会党派超越。共产党人征服了《人道报》的领导机构。

1920年加入共产党的成员之中，留下的人屈指可数。出于对社会党的厌恶，无政府主义者、超现实主义者和唯美主义者加入共产党，将首先成为政治清洗的第一批受害人。由于多数怪癖的知识分子的汇集，重掌党派变得缓慢且艰难。长期以来，新的机构拒绝与社会党人的一切往来，独自献身于大选来维持其革命力量完好无损。

工会分割伴随着政治分裂：统一工作总工会从法国总工会中分裂出来。在里尔召开的大会上，统一工作总工会的少数共产党和极端自由主义者放弃了衰败的联合工会，决定成为一个"共产主义小学"。这一分裂使得工会运动大受损伤，右派渔翁得利。

疯狂的战后

该右派并未达到和睦。附加于德国的债务在协约国召开的一次又一次大会中持续缩减，许多人同庞加莱对此感到惋惜。然而，如果说"国家集团"的前几任政府实施的无新意的财政政策增加公债，进而使得货币价值受损，那么通货膨胀的实施（1919年6月，1英镑等于26法郎，一年之后等于60法郎）使得囤积居奇者从中获利，并为商业运动提供支持。人们购买一切有一定价值的物品：金器、首饰、物质财产、土地、房屋、海边的别墅，甚至艺术品。在1920—1922年，现代画作的行情持续上涨。郁特里洛（Maurice Utrillo）的作品在七八年间升值10倍。"蒙帕纳斯的温暖时刻"首先成为疯狂的囤积居奇的时刻。

赌徒与囤积居奇者在海滨浴场招摇过市，在戛纳和多维尔的赌场一掷千金，在巴黎举办狂乱的宴会，在那里源于美国的爵士乐风靡不已。那个端庄高贵的资产阶级与破产的食利者的法兰西，"排长"与曾经的"联盟成员"的法兰西，看到唯利是图之人在"周末"赢得多维尔的"船板"，或载满了在外汇交易中获益的外国人的汽车浩荡地侵入巴黎的旅馆，这个古老的法兰西愤怒不已。宴会活动同样激怒了社会党人，他们高声要求"征收资产税"。

"古老的法兰西"当权

当脾气暴躁者、受辱者和受挫者翻开报纸，在一张照片中看到劳合·乔治在给白里安"教授"高尔夫球，地点是在戛纳的场地上，也是在那里即将召开一场新的会议，其目的为再次缩减德国的债务时，白里安将交权。其继任者庞加莱是古老法兰西的复仇者。最终，他似乎将"用拳头敲打桌子"。

1922年，"军服蓝"国民议会寻到最佳人选。这位洛林人在总统府强压怒火，违背自己的性格强制自己克制，一经离职便任由报复之心肆虐，以此来警惕地审视战后法国的外部和财政政策。庞加莱重新掌权意味着对内坚定，对外在德国方面强硬。

事实上，他首先将税收提高20%，与此同时限制政府开支。为了与法郎的囤积居奇作斗争，他再次应承美国的借款。如有必要，他表明愿意前往德国煤矿"矿场的井圈"上寻找资源。

1923年1月11日，庞加莱着手德国鲁尔区的行动计划，此次没有英国人加入。那一日，德古特（Degoutte）将军占领了这一著名的工业区。许多阶层的法国年轻人混入其中来遏制德国经济巨头组织的"消极抵抗"，后者禁止任何工人为占领者工作。国民议会尽全力拥护庞加莱。法兰西运动组织欣喜若狂。在社会党人的帮助下，共产党开始进行反对"庞加莱战争"的极端暴力的战斗。

赫里欧（Herriot）及其激进党友人指责庞加莱介入鲁尔区，却一无所获。证据是什么？庞加莱不懂如何抽身。某一天，仍需要从英国人和德国人那里取得国际协议的署名。在国外，鲁尔区事件极其不得人心。英国漫画家将庞加莱描绘成头戴尖顶头盔之人。在巴黎，白里安主义者沙龙丑化庞加莱-勒邦达尔［如同吉侯杜（Giraudoux）的小说《贝拉》中所写〕，在死难者纪念碑演说中拳头始终捶打德国。

最终，10月，"专家委员会"再次召开。德国最终同意协商。人们此刻制订"道威斯（Dawes）计划"，对德国的债务而言，它有利于设立清晰的票据登记簿。对于源于如此值得商榷的行动来说，暴力、论战以及信贷都使得左派愤怒，右派失望：1924年的选举中，法兰西行动组织反对激进党和社会党共同打压的庞加莱。

1926—1928年秩序的恢复

"左派的联盟"组成了公元1924年春天大选，懂得如何赢取权力，而非将之保留。联盟政府的失败是典型的，它清晰地表现出当下左派在权力的行使方面的无能为力：左派分裂，无法胜任财政问题。

庞加莱如同一个救世主被召回，直接导致了联盟的失败。布鲁姆、赫里欧和奥里奥尔（Auriol）强力领导1924年的大选，得到《日报》和激进党及社会党报刊的支持，赢得选举胜利。小学教员和小公务员捍卫左派改革人士的观念，其宣传渗透至各个地区，争取到新兴阶层。左派联盟占据了582个议员中的329个席位。左派掌权，激进党人赫里欧成为议会议长。

赫里欧一上任就在数个星期之内，解决鲁尔区事务，启动与德国的往来，且与苏联建立外交关系，他却遭遇了财政困难。从赫里欧上台开始，右派便筹划资金外流。小证券持有人威胁要求偿还短期票证。大股权资助诸如皮埃尔·泰丁瑞（Pierre Taittinger）的"爱国青年组织"或乔治·瓦卢瓦（Georges Valois）的"法西斯组织"这一类团体。天主教徒对新政府在阿尔萨斯实行的反政教和解协议政策感到愤怒，加入卡斯特泰诺将军的"天主教联合会"。

这些压力集团在街上引发动乱,增加游行示威,引导反议会的暴力行动。激进党人因财政问题忙得不可开交,无力顾及。1925年4月,被卡约及其友人抛弃的赫里欧不得不引退。左派联盟的政府持续不到一年。

拥有大量财富的白里安继任,勉强有时间与古斯塔夫·施特雷泽曼(Gustav Stresemann)签署洛迦诺协议,承认法德往来。财政危机使之搁浅。1926年,当法国古斤达到250法郎之时,在外国市场发生的反法郎投机活动达至顶峰。联盟成员在波旁宫周围高喊:"赫里欧,小偷!赫里欧,把他扔进塞纳河!"出租车司机在账本上做手脚,妇女们从商店中抢出蔗糖和丝袜。

白里安倒台,庞加莱被当作救世主,首先受到来自左派联盟的国民议会的迎接。始于回归之时,"信赖"这一近乎不可思议的现象再次回到大众心中。囤积居奇者曾经影响法郎贬值,此刻对其升值发挥作用。在外部市场,货币逐渐恢复其价值。

庞加莱的内阁包含赫里欧和路易·马丁,外交部由白里安领导,后者确保了法德往来政策的持续性,所有的财政问题得到严肃处理。是否需要使法郎"恢复价值",恢复其战前的价值,即"芽月的法郎"之价值?是否需要以使得法国价格在海外市场获得竞争力为定价,而仅仅做出稳定价格的政策?庞加莱选择后者,这一方法未解决其无条件追随的食利者的困难。

稳定措施带来巨大益处:恢复信誉、"80%破产"[3]。如同莱昂·都德所言,使得国家轻易偿还内部与外部的债务,即使弗朗索瓦·德·温德尔(François de Wendel)和爱德华·德·罗思柴尔德(Édouard de Rothschild)两位法兰西银行的董事,以正统的货币观念反对这一解决办法。1926年"事实上确立的稳定政策",在两年后以"法律上确立的稳定政策"为延续,制造"庞加莱法郎",等价于65.5毫克纯金。政府能够调节债务、设立偿债基金来确保偿还小额持有人的债券,尽管这些债券遭到货币贬值严重的削减。税收的增加与最合理的行政管理使预算平衡。在无任何外部支援的情况下,法郎获救。

一切似乎重返秩序:1929年的农业和工业生产恢复了战前的产量水平,在某些部门甚至有所超越。1928年的议会选举将多数票投给信奉庞加莱主义的候选人。庞加莱将一直掌权到1929年7月。离职仅仅是因为疾病,在那时他使得协约国间的债务偿还法令得到议会的投票通过。人们已经忘却战后立即产生的社会斗争氛围。共产主义者的隔离及其数量上的减少似乎同样为政体的稳定提供了保障:改良主义的左派以英国人的方式与保守却自由的右派争夺权力,后者于1930年为法兰西谋求了社会保险以及中等教育免费的福利政策。

人们是否已经找到避难所?尤其遭到法国统治者轻视的全球危机、人民阵线的胜利以及共产主义者进入政治舞台的事实将使得这一平衡再次遭到质疑:人们很快便意识到,同英国一样,法兰西并不能做到似乎第一次世界大战从未发生过那般。

1 | 巴丁盖（Badinguet）为拿破仑三世的戏虐称呼。——译者注
2 | 丘八（Poilu），"一战"时对法国兵的称呼。——译者注
3 | 通常破产为100%,而此处的"80%破产"带有讽刺意味,即国家做出破产状,以此来提升货币价值,恢复经济。——译者注

第十九章
30年代的法兰西

从30年代开始，如同其他欧洲国家一样，法兰西被危机卷入战争中，无力对抗这一力量机制。法兰西的领导者自诩避免了危机，且延迟了战争：双重幻象。外部争端强力介入法兰西的政治生活中，使得任何针对国际问题的纯粹的法国式解决办法变得微不足道。30年代的法兰西对自己久违的平静和殖民"帝国"感到异常骄傲，却盲目地走向史上最严重的灾难。

从1929年至1935年间，由右派政府着手展开的对抗世界危机的斗争从未或者说几乎未曾停歇，未能避开1936年人民阵线取得的大选胜利，从1920年以来，共产党首次加入"左派联盟"之中。掌权的左派并未比右派更能强制推行清晰的解决办法：左派似乎受到制度的阻碍。

衰老的议会制似乎无力适应新形势：左派几乎持续赢得1924年、

1932年和1936年的选举；然而，由于并未掌管经济权力和舆论机构，它无力明确做出选择。因此，左派不得不将权力移交给议会中的右派。然而后者并未占据足够稳固的多数席位来强制推行一项明确的政策。此外，右派人士过于恐惧重见大革命，他们厌恶有益的混乱，反感必不可少的改革。人们害怕右派的运动和左派的激进所造成的失败。暮年的莱昂·布鲁姆试图与其"国内联盟"的内阁一道，如庞加莱一般执政。

基于此，不存在改变的能力或意愿。与对美国的"新特定政策"提出的巨大质疑相比较而言，当前局势的态度不值一提。出于保守主义和恐惧两方面因素，法兰西表现出的唯一愿望即为延续生命。领导者的这一优柔寡断完全符合大众的趋向：法国人在战争中疲惫不堪，花费10年时间来恢复其生活水平和生产能力。然而，他们却失掉了活力和乐观主义。对未来的恐惧越来越多地激励了法国家庭来培养独生子女。对于农民阶级、大小资产阶级，甚至对于类似尤里安·迪维维耶（Julien Duvivier）电影《出色团队》中渔夫的工人阶级而言，安静的退休和无须争夺分享的遗产持续成为最理想的状态。法国工人阶级将选票投给左派，却心系右派，梦想着繁荣昌盛带来的个人幸福。

议会在危机面前的无能在战争威胁之下显得越加糟糕，从1936年开始越发显现：相比于人民阵线无力将分裂的多数党的决策强加给国家，在左派的不安和对革命的恐惧更甚于法西斯主义的右派的盲目之下，达拉第（Daladier）和保罗·雷诺（Paul Reynaud）领导的内阁无力组织统一阵线来反抗希特勒（Hitler）。

法兰西右派与全球危机

新形势

如果说1929年的生产水平能够与1913年相比较,那么是以对生产力做出的明显的改变为代价的。对于经济格局新形势对社会产生深层变动,政客阶层并非终日对此有所觉悟。

1929年的4100万法国人如何能够与1914年居住在国土上的3970万法国人相比较?首先,领土本身已不同于以往,增加了"偏远省份"。算上阿尔萨斯和洛林两省,法兰西在1919年的人口数量仅为3870万,而如果战后即刻的出生率为长久恢复带来了某些希望,那么到了1928年形势使人感到泄气:相比于1914年,法国的结婚人数与出生率毫无增加,同样稀少。法国人再度信奉马尔萨斯主义。

由于劳动力资源的缺乏,需要对移民进行大量开放政策:1921年,法兰西的外国人人数为150万(1914年为100万)。1930年,有300万人来自波兰、比利时、西班牙和意大利:从此之后,那些最繁重的工作由外国人承担。

如果说在某些城郊地区,无产阶级已与今日无所区别,劳动力总人口的绝大部分却并未发生变化:1300万男人和800万女人正在工作。其中51%(原来为44%)生活在城市中。法兰西保持平衡。如同战前一样,政府鼓励通过关税政策来维持乡镇中的乡村人口数量,维护补助金以及合作制度。

得益于东北部的省份,工业生产在装备工业领域占据上风:每年生产1200多万吨煤,铁的产量由原来的2200万上升至3900万,钢材产量由500万吨上升至800万吨。某些工业发展迅猛,例如汽车业。公元

第十九章　30年代的法兰西

1929年，法国工厂每年已出产25万辆汽车。这些大型工业劳动力的集中得到加强：钢铁工业编制人数翻一番；汽车工业和铝材工业要求大量人员入职；化学工业使用德国专利，取得了惊人的发展，法国石油公司安置其精炼中心。

中小型企业数量仅为上述大型工业的1/3。在某些部门，市场已经被真正的"托拉斯"所控制：1926年，钢材联盟成立。两年后，普朗克（Poulenc）公司与罗讷河工厂合并为罗讷-普朗克。法兰西制造总工会齐集了大型企业的代表们来确立薪酬与投资的共同政策。法兰西资本主义得到建立。面对如此势力，通常情况下，不了解经济的议员组成的议会多数派是虚弱的，由之组成的议会能做什么呢？

银行完全控制住工业企业，其活力惊人："四大银行"（里昂信贷银行、兴业银行、法兰西银行和工商业信贷银行）在整个法兰西开设分行。商业银行向顶尖部门投资，例如巴黎银行与荷兰银行的石油和无线电。储蓄银行草拟中产阶级和食利者的破产契约。法兰西的财富趋向于集中在一些人手中。"二百户"的神话可追溯至30年代。

因此，战后经济发展的幸运获益者为顶尖部门的银行家和工业家（汽车、铝材、橡胶、化学、航空）。然而，纺织业举步维艰，在大型商场和分店众多的商店的竞争下，大量的商贸活动消失。然而，战后最大的受害人是农民。尽管其产量恢复到战前水平，他们仍旧苦于农产品价格的持续下降。经营者所面临的问题难以解决。小地产被出售。小于1公顷的地产（并非2公顷）仅仅剩下100万。农业信贷银行成立于1920年，其创立以及合作的增加未能阻止农业趋于集中。仅仅出于保护国家的原因，乡村得以保留。

危机在法兰西的表征

在法国，1929年大危机并未像别处那般来势汹汹或异常明显。不久之前，庞加莱恢复货币价值。它能够对抗狂风暴雨。黄金储备至关重要。绝大部分法国人在乡村从事活动，想必村镇经历了苦难，却不会遭遇失业情况。基于此，法兰西既非英国，也非德国。

从1930年开始，经济衰退波及工业，甚至汽车行业。纺织业立刻成为众矢之的。农产品价格暴跌：小麦价格下降30%，葡萄酒下降20%。然而，卢舍尔（Loucher）颁布的房屋补助法令鼓励了建筑业，与殖民地间的经济往来持续发展。直到1935年，危机的影响才变得尤为明显：钢材产量下降一半，铁的产量下降2/3。棉花和汽车的产量下降35%。建筑业甚至也遭到侵袭。法兰西的失业人数达到40万，这个数字令人惊异。失业者和农民成为第一批受害人：1929年，100千克小麦可以换得一吨煤炭；1935年，仅仅能够换得500千克煤炭。

国家对农产品价格的补助过于审慎，以至于举措并非真正产生效力。风险不容忽视。1933年，国家规定小麦的最低价格。事实上，为了确保售卖的稳定，大商家暗中为买家提供优惠。如何阻止？国家在葡萄种植地区的作为更加不具效力：在劳动力不足与遭遇经费困难的时期，如何阻止葡萄种植者拔除秧苗？

因为无经费信贷，所以商业赤字加剧。得益于黄金储备，货币在海外市场拥有效能，因此购买变得有利可图。货币趋向于规避国内市场，而游客却不再光顾法兰西。财政赤字与结算差额持续存在。无法再信任德国的赔款，税收减少。国家再次借贷来生存，来缩减经费。

自此，银行唯有跟随这一趋势。因此，面对储户的大吵大闹，一些银行暂停业务。这些储户对货币和证券交易丧失信心；他们购买黄金,积攒金钱。最富有之人将财产转移到国外。货币变得稀有昂贵。

国家将精力更多的用于保护货币,而非恢复经济。限制物品消费或货物进口,向着自给自足发展,为"帝国"营造了封闭的经济空间的氛围。1931年,巴黎举办了巨大的"殖民展览会"。经费的缩减阻碍了工业家投资,为维持货币高价而关闭了外部市场的大门。对他们而言,"立住脚"的唯一办法是裁员。

接任的几届内阁无视不得民心来维持货币契约。通过比利时与瑞士银行的协定,一个"免税区"在欧洲得到确立。需要尽全力来保护这一区域,1935年,赖伐尔(Pierre Laval)甚至启动著名的"通货紧缩",削减了国家支出的10%,包括政府官员的薪水!

这一封闭强制的体系为强势的政权打下基础,使得复兴的努力免受生产者和消费者煽动与压制的威胁。唯有虚弱的越来越失去影响力的政府才能让不满现状的法国人寻找到抵制这一体系的途径:从1929年7月到1932年春天,法兰西接替经历了八任内阁!在政治舞台上,头面人物巡回演出,如同那些马戏团的马匹一样。红毯上一如既往的熟悉面孔,赖伐尔、塔尔迪厄(Tardieu)、肖当(Chautemps)和斯梯格(Théodore Steeg)。右派的激进党人与温和的中央集权主义者火力全开来挽救越来越糟糕的局势。

各项大选并未解救政治局势于水火之中,相反地,却使之越来越混乱。1932年,由布鲁姆和赫里欧带领的激进和社会党左派占上风。情况并未比1924年有所改善,赫里欧未能确立财政政策,毫无权力可言。他不得不在右派执政,却立刻招致社会党人的反对。在这一危机时期,国民议会难以受到控制。左派毫无实施政策的方法,他们甚至不具备任何方针政策。

众议员，将他们扔进塞纳河！

新的选举未能带来解决办法：每当左派占据上风之时，商人立刻组织抵制政体。例如1924年至1926年，他们提议资助联盟，以此来对议会施加"有意的压力"。

人们使法兰西行动恢复活力，后者的态度越发辛辣，尤其在反犹主义方面，法西斯团体以及爱国青年组织的言谈举止越来越受到推崇。火十字团无须财政支持来存活。他们聚集起成百上千的老兵：所有的前线的士兵，他们绝望痛苦，对议会议员的头脑不清和经济的混乱感到愤怒，决定整顿政治习惯，取得一个更加强健的行政权。火十字团的联盟由拉罗科上校（Colonel de La Rocque）带领，最初仅由获得战争十字军功章的战士组成。然而，该联盟迅速夸大，会员遍布各个领域，包括公务员。联盟同样成为一个真正的政治现象，一支选举力量，尽管他们反对议会制，却能够轻易被动员。火十字团星期日在香榭丽舍大街游行示威，游行者身着前线战服、头盔以及勋章。在30年代的社会神话中，老兵占据重要地位。诸如法兰西团结联盟的多数团体受到化妆品制造商与《费加罗报》所有者科蒂（Coty）的资助，他们走上街头发起游行活动。然而，其中的任何一个联盟都未曾取得火十字团的成就。

1935年，意大利的法西斯倾向已经延续13年，纳粹德国持续12年。尽管法国尚未具备法西斯倾向，但是反议会制联盟足以使得各个政党担忧来发起深入人心的反省：在激进党人中间，让·扎伊（Jean Zay）、皮埃尔·孟戴斯-弗朗斯（Pierre Mendès-France）、雅各·凯泽（Jacques Kayser）、皮埃尔·儒勒·科特（Pierre Jules Cot）以及让·米斯特勒尔（Jean Mistler）要求政治决策更加透明更加果敢。当这些人物在激进党大会中要求对曾经的当选者的丑闻作出明确规划和政治路线之时，他们得到了达拉第（Daladier）的支持。在社会党中，诸如德阿（Marcel Déat）、阿德里安·马尔盖（Adrien Marquet）和皮埃尔·雷诺德尔（Pierre Renaudel）等年轻议员同样关心政党战争动机的效力和重新定义。与追随亨利·德·曼（Henri de Man）的比利时社会党人士相似，这些年轻议员脱离工人国际法国支部，建立法兰西社会党，其纲领为实现"国家社会主义"。

面对法西斯主义的蓬勃发展，政治和文人领域作出反应：一个年轻的激进党人名为加斯东·贝尔瑞里（Gaston Bergery），他成立"弗朗德勒地区知识分子党"刊物《箭头》。在天主教中，信徒自问何谓人类的权利和尊严。1932年，首个基督教民主报刊《黎明》诞生。哲学家与伦理学家穆尼埃（Emmanuel Mounier）成立刊物《精神》。左派的天主教运动找到其根基与灵感。

大宗的财政丑闻将民众的怒气推至顶点。1931年，乌斯特里克（Albert Antoine Oustric）案件长时间引起流言蜚语，却是斯塔维斯基（Stavisky）案件将冲突激化，因为该事件使得议员受到牵连。亚历山大·斯塔维斯基是一个臭名昭著的骗子，受到任法国检查官的部长会议主席肖当的亲属的庇佑。在巴约讷市长兼国民议会议员的同谋之下，斯塔维斯基市镇信贷银行的钱柜被洗劫一空。信贷银行的行长被收押，斯塔维斯基逃窜。1934年年初，该丑闻人尽皆知。海外殖民地部长达里米尔（Albert Dalimier）欺诈行径败露，不得不辞职。一个受到牵连的激进党议员被逮捕，同样入狱的还有两个报刊主编。1月27日，当人们得知斯塔维斯基在沙莫尼的山区木屋之中自杀之时，肖当的内阁陷入丑闻之中。反对派的所有报刊确信斯塔维斯基遭到一个警察的谋杀,为的是封锁消息。

在肖当垮台数日之后,爆发了2月6日重大危机。这一日,各个联盟聚集起各自的战士围绕在波旁宫周边,为的是反对作为"盗贼"同谋的国民议会议员。通过组建内阁,达拉第意欲换掉巴黎警察局长基亚佩(Chiappe),后者为极右报刊《格兰古瓦(*Gringoire*)》主编贺拉斯·德·卡尔布西亚(Horace de Carbuccia)的连襟。游行示威活动的目的是对政府施加压力,使之留任局长基亚佩。

法兰西行动联盟成员手握短棍,还有数不尽的法兰西团结联盟和火十字团联盟成员。人们得知在巴黎的"红色环城带"上,共产党人一方也召集其战士。内战即将爆发?

当达拉第于波旁宫介绍自己的内阁时,共产主义者高喊"苏维埃"。右派议员瓦拉(Vallat)离开会议并喊道:"我的位置在大街上,在我战斗的同志旁边。"多列士(Maurice Thorez)向塔尔迪厄(André Tardieu)喊道:"阴谋家!始作俑者!"后者反击:"我承认您有胡说八道的权利,我逮捕您,我能够随心所欲地再次行动。"然而,人们得知(时为晚上7点30分)游行示威者冲破了协和广场大桥别动队的阻碍。失去理智的斯卡皮尼(Georges Scapini)大喊"射击"。议员们开始战斗,他们遭到执达员的裁决。

第一批受伤的卫兵大量涌向波旁宫,后者下令射击?议员在议会上向达拉第提出该问题,后者却难以回答。短时间内已经有十几人死亡,大量人员受伤。安德烈·科尔尼(André Cornu)讲述道:"议会逐渐地排挤议员,而最胆小怕事之人并非最后离开。"

在会议结束之时仅剩下5名到场的议员,其中包括赫里欧。他们尽可能地逃离。游行示威者意图将这些议员扔进塞纳河。

奇怪的是，火十字团在当日最强盛之时，却并未发动最后的致命进攻。议会成为瓮中之鳖，联盟却有序撤离。为什么拉罗科上校作出这般决策？这是否为事先缺乏考虑的决定，是否与当权政府进行协商之下作出的决定？无论如何，达拉第本人也撤离，将内阁摒弃于混乱之中。前任共和国总统杜梅格（Gaston Doumergue）是一位深得民心的年迈的激进党人，正在图尔讷弗耶引退的时候被火速召见来组建统一的内阁。形势暂时恢复平静。

为了安抚"联盟成员"，杜梅格求助于塔尔迪厄和贝当元帅，后者是老兵的偶像。贝当接管国防部。赫里欧成为统一内阁的一员，如同左派的人质。

该残余内阁将持续9个月。通过包括共产主义者在内的所有左派的集中，法国政治的重大革新今后逐渐显现。2月6日的重大危机使得法国人相信自己濒临内战。2月9日，在杜梅格政府组建不久之后，共产主义者组织"反法西斯联盟"，12日，法国总工会下令进行全面罢工。数以万计的游行示威者走上街头，形成某种形式的自发的"人民阵线"。所有的左派组织、极左势力、工团主义者、政客以及联盟成员（例如人权联盟）加入示威活动。全面罢工以"统一行动"为主题得以实现。法西斯主义和对被金钱迷惑的右派（赖伐尔和塔尔迪厄）政府部门的厌恶成为此次罢工的根基。

人民阵线

赖伐尔，"阵线"之父

因为关于法西斯主义方面，右派完全主张不加以介入。1936年开始爆发侵袭：意大利投入埃塞俄比亚战争之中。希特勒领导的德国重新武装。这一年的三月初，德国轻而易举占领莱茵兰，在凡尔赛被宣告为"非军事化"。法国政府无回应。人们向参谋部征求意见，后者认为不能不加以动员便介入。尽管戴高乐（de Gaulle）将军于1934年在其《朝向职业军队》中给出了建议，法兰西继续保持防御策略，隐藏在马其诺防线之内，这条造价高昂的由隆吉永至莱茵河河谷的防线。"着装甲"的军队能够带领3000辆装甲车前往边境线之外的长达50千米的前线，对于戴高乐将军的这一观点，贝当元帅和维刚（Maxime Weygand）将军表示厌恶。在希特勒的挑衅面前，法兰西在这一"冒险"中未得到英国支持，因此束手无策。

基于此，希特勒能够安心地修建齐格弗里德（Siegfried）防线，并且将鲁尔区置于同盟国的保护之下；而与此同时，比利时宣告废除与法国于1920年签署的军事协议，保持中立。从此之后，不受马其诺防线保护的北部边境失守。

今日，我们了解到希特勒在虚张声势，且东北部法军的一小步前进足以使得德国国防军的阴谋失败。法国的第一次退缩影响巨大：负责人不得不寻找外交安全感，因为军事保障已经不复存在。因此，从1935年开始，赖伐尔前往莫斯科。通过法兰西与苏维埃的对话，斯大林（Staline）公开赞成法兰西的重新武装：自此，通过信奉反法西斯主义，法国的共产主义者能够被称为"爱国人士"。法兰西共产党行列的红色旗帜变成三色旗帜。作为对斯大林简单承诺的回报，赖伐尔为法国共产党"挽回声誉"。

第十九章 30年代的法兰西

左派的聚拢

人民阵线并非众议员间的和解，而首先是针对反法西斯主义的大众的聚集，共产主义者也积极投身其中。1935年7月14日，左派全部政党筹划一场巨大的示威活动，50万巴黎人参与其中，其游行路线为巴士底狱广场到共和国广场。在游行队伍中，多列士紧挨着布鲁姆与达拉第。尽管赫里欧持审慎态度，激进党人仍旧加入运动。左派各个政党的团结一致在街头得以实现。

"民众聚拢"仅仅涉及政治党派：联合工会、人权联盟、阿姆斯特丹—普莱埃尔反战和反法西斯委员会、由人种学家保罗·里韦（Paul Rivet）、哲学家阿兰（Alain）和保罗·朗之万（Paul Langevin）参与的反法西斯知识分子警戒委员会，以及聚集了左派退役军人的作战行动党。以上所有的党派增加召开会议，要求解散法西斯主义联盟。该运动得到了外省的广泛支持。联合的狂热情绪波及各个工会，1936年2月，在图卢兹大会上，法国总工会和统一劳动总工会自1921年分裂以来首次联合一致。这两个联合工会意欲对经济和社会体系进行大幅度改动，保护民主政治。

布鲁姆、多列士与达拉第

对于政体而言，最合适的保护人非左派莫属。包括塔尔迪厄或弗朗丹（Pierre-Étienne Flandin）在内的右派议员持批判态度，"联盟成员"提出怀疑，在议会上看到反对法西斯主义威胁的自由的壁垒之人维护政体。左派意欲在法制的范围内赢得选举，控制议会并夺取政权。

右派建立起"民族阵线"与狂热地备战的人民阵线相对立，集结起从法兰西行动的极右组织到以前任议会议长约瑟夫·卡约为代表的厌恶阵线的激进党人。如同西班牙右翼，法兰西右派打算通过强硬的政策来避免内战。血腥的暴乱、骚动以及恐怖袭击在西班牙层出不穷。想在法国看到同样的情况？右派强调反法西斯主义等同于内战。冒险家记者德·克瑞里（de Kérillis）与安德烈·马其诺并为战时两大英雄，坚持不懈地向人民阵线的领导人揭露动乱的始作俑者。"希特勒，"他们说道，"正在伺机扑向你们，且在一场凶残的战争中挤垮你们。"

相较于希特勒，右派更加惧怕人民阵线。

左派的口号是："面包、和平与自由。"和平？当共产主义者成为重整军备的拥护者，总之到了拥护和平武装的时候，这一古老的和平主义秩序的词汇长久以来出于左派之口（"以战治战"），模糊不清难以得到肯定。的确，共产主义者的宣传变得极其革命。在多列士著名的"伸出之手"的演讲中，他向所有人发起号召，甚至包括火十字团："国家的义勇军、加入火十字团的'一战'退伍军人，我们向你们伸出双手，因为你是人民之子，因为你同我们一样遭受动乱和腐败的痛苦，因为我们都希望国家免遭毁灭以及灾难。"多列士补充道："我们这些共产主义者，我们将前人的三色旗帜和自身的希望之红旗合而为一。"

《人道报》的口号："为了秩序，请将选票投给共产主义者。"

与同时代的西班牙一致，左派赢得大选胜利。乔治·莫内（Georges Monnet）撰写社会党纲领，向农民提出了一个明确的抵抗物价下跌的计划，对多数人来说，此举使得乡村地区转而支持第一国际法国支部的候选人。左派获得560万票，右派420万票。人民阵线中386人当选议员，而民族阵线则为222人。社会党中当选人数为149，首次引领左派党派。共产党人发展迅猛，他们占据72个席位，激进党人占据30个席位。激进党人失去40万票。获胜党派的领导人莱昂·布鲁姆是组建内阁的最合适的人选。他说道："我不知是否具备首领的能力，我不得而知。但我始终具备两个优点，那就是勇气和忠诚。"

法国的新协议？

一个社会党人组建政府，此为共和国历史上首例，称得上是一场剧变。尽管这位社会党人并未得到共产党人的加入，且需要与信奉达拉第主义的激进党人共同执政，他还是倾刻间成为右派的眼中钉肉中刺。人们难以想象布鲁姆在保守派中招致的憎恨。报刊猛烈追击，以各类叛国通敌罪控诉他。他难道并非知识分子或资产阶级？从前人们抨击饶勒斯的所有言辞被重新施加在布鲁姆身上，此外附加上仇视犹太人的侮辱之词。他就是那个想要将法兰西的命脉由资产阶级交给共产主义者的犹太人。

布鲁姆首先希望的是，走出危机并且搭建起某种法国"新协议"的基础。奥里奥尔（Vincent Auriol）与乔治·莫内负责采取必要的财政措施，实现必须的结构变革。所谓的"购买力"政策意图在不抬高物价的情况下增加薪酬，维持货币稳定。

对左派中的绝大多数人来说，此货币禁忌异常古怪，应当为纲领的经济失败负责。雷蒙·佩特诺特尔（Raymond Patenôtre）是激进党人中鲜少了解国际货币机制之人，曾对布鲁姆做出过警告，却同样表现出狂热的支持：不能以右派的货币体系来制定"新协议"。一开始就应当撬开锁扣，降低货币价值。

然而，首先应当"让法兰西恢复运转"，正如佩特诺特尔在其创办的《小巴黎人报》中所写。选举期被一系列"在工作地点"的自发罢工影响,带有手风琴和简餐,或许是在万塞讷和布洛涅森林的野餐:从此种观点出发,人民阵线是一场欢快的慈善义卖游乐会。布鲁姆刚刚被任命为议会议长,便开始依次接见所有的工会代表团,通过对决定性的利益做出承诺,努力使工人重返工厂劳作。

1936年5月和6月,在政府的动员下,一系列会议让雇主的代表与工人联合会对质。6月,这些会议达成马蒂尼翁协议,顷刻间增加12%的薪水。公务员的薪酬曾经遭到赖伐尔的削减,此时缩减工资的法令全部被废除,他们再次领取全部薪金。在探讨就业问题的会议上,雇主接受工人代表出席。在双方协商的劳资协议的框架下,工作条件将得到限定。必须遵守每周40小时的工作量。带薪休假应当允许工作者每年拥有两周的假期,由其雇主支付薪资。

这一革新的社会政策立刻遭到雇主们的反对。政府无力维持物价稳定,对工业价格的全面上涨无能为力,罢工再次爆发,薪酬再度得到调整。在某些部门,工资甚至上涨了25%。小工厂无力追随形势。在纺织工业,罢工长期横行。

农产品价格与货币

得益于政府创设的"小麦营业所",农业从物价的强制上调中大大获益。自此,农作物价格向物价总指数看齐。农民立刻取得了增长幅度巨大的可观收入。这是他们将选票投给社会党人的回报。津贴同时发放给畜牧业者和葡萄种植者。

如同工业政策一样,农业政策大大依靠国家的投资。然而,当人们首先阐明维护货币的顾虑之时,如何寻到必要的资金?显而易见,应当降低货币的价格。而布鲁姆却对此感到担忧。他更愿意增加货币风险,接受通货膨胀,向法兰西银行借贷,而非承认货币贬值的事实,因为社会舆论认为此为灾难性事件。

这项"过一天算一天"的政策立刻导致出口严重放慢速度。法国物价与国外物价有25%的差额。拒绝降低货币价值使得法兰西的价格在海外市场上难以实行。法国的黄金不断外流,法兰西银行得到人民阵线的变革(作为个人利益代表的银行"董事们"被公务员替代),眼睁睁看着自己的储备黄金以及外汇消失。很快需要求助于强制货币流通制度,且最终实施"迫切的"货币贬值政策。

政策的实施为右派推波助力。"实施"这一词汇的本身使人恐惧。庞加莱对自己的拥护者了如指掌,将货币贬值命名为"稳定措施"。人们必然会对右派透露社会党人将庞加莱从前填满的"钱柜掏空",且人民阵线再次证实左派在管理国家事务方面的无能为力。

"奥里奥尔法郎"也被称为"可变通法郎",与"庞加莱法郎"相比贬值25%到34%。外汇监管(遭到激进党人的拒绝)的缺失使得不稳定的货币严重受到外界囤积居奇的影响。临时实施的货币贬值政策并未遵循足够低的比率,因此无力大量恢复出口贸易。该政策完全无法阻止资金外流,储户对新货币毫无信任可言。人民阵线的财政政策惨败。应当放弃"新协议"。

法兰西银行的改革、小麦营业所的创立、马蒂尼翁协议的签署以及法国国营铁路公司(公私合营企业)至少为显著的变革,为未来提供保障,为经济提供了可行的道路。不久之后,这些人民阵线的成就使得该时期成为范例,引导所有致力于在法兰西建立计划统制经济之人。

人民阵线的政治矛盾

1936年7月，西班牙军队的军官在佛朗哥（Franco）将军的带领下，在摩洛哥士兵、毛里塔尼亚人和外籍宪兵团的帮助下发起武力行动。一场残酷的内战爆发。事实上，一部分陆军和海军拥护共和国，组成了武装"部队"。双方阵营的暴行、战斗的激烈造成死伤无数，自然而然地在法国舆论中引起反响。遭到右派的恐吓以及左派的摧残，惊慌失措的舆论在固定的位置上寻找一个集中点，一个能够促使安稳的有力依据。

令人感伤的是，布鲁姆倾向于支持西班牙人民阵线。然而，在不发动欧洲战争的情况下，如何介入？7月18日，德意两国的舰队和空军加入西班牙军事政变之中。从8月开始，英国将布鲁姆领导下的法国卷入无介入政策，此为"中立的闹剧"，因为如何控制独裁大国的军事援助？德国人源源不断地输送坦克和战机，意大利人派遣战士。苏维埃的援助不具效力，因为距离过远。所有法兰西能做的，便是任由反佛朗哥的"国际纵队"的志愿军及其装备通过。法兰西应当站在英国严格的不介入政策的阵营。

这一政策得到激进党人和社会党的"和平主义者"的拥护，他们鼓励布鲁姆采取谨慎态度。未能使得多数党参与到"反法西斯斗争"之中，共产党人感到愤怒。人们如此烦躁不安，以至于关于西班牙战争的论战在激烈和暴力程度上超过了战斗本身，超越了涉及社会与经济政策的战争层面。然而，在工作的前线，罢工运动再次上演，几乎是持续爆发。甚至于，左派选民和外省社会党人都对混乱、通货膨胀以及经济衰败感到憎恶。

诚然，极右势力利用这些有利情绪来加强反对布鲁姆的作战，完全意义上的种族主义的作战。在《法兰西行动报》中，莱昂·都德与查理·莫拉斯（Charles Maurras）狂怒暴击"掌权的犹太人"和"愚蠢的犹太教内阁"。联盟也许遭到解散，但设法来绕开法律。它们组建传统政党：火十字团成为法国社会党。一个秘密的组织由军人与"一战"退役老兵组成，得到工业家（有法西斯倾向的"革命行动秘密委员会"，被亲切地称为"卡古尔党"）的资助，以西班牙为范例筹划一场旷日持久的武力行动，并渗入军队、警察和政府部门。

内战似乎即将爆发：1937年盛大的展览会本该绽放在特罗卡代罗宫，却因为持续的罢工而未能开幕。人民阵线如此矛盾，以至于阵线全体遭到绝大多数报刊的抨击，这些报刊的机构由大型工商企业操控；阵线全体却并未得到左派报刊的保护，共产党人变得越来越敌对，而激进党人则越来越审慎。应激进党参议员的要求，布鲁姆不得不介入来使得塞纳–马恩省大型地产的农业工人恢复工作。

肃清

共产党人被内阁的西班牙政治严重刺伤，关于布鲁姆于1937年2月在经济和社会方面提出的"休养"一事，他们表示强烈抗议。共产党人要求政府在经济集体化上有更多作为。3月，左派走上街头游行示威，以此来反抗法国社会党的战士。警察不得不维护秩序。左派阵营中同样发生受伤事件。

该事件激化了矛盾。为了维持现状，布鲁姆不得不提出一系列经济和社会措施。紧接着约瑟夫·卡约猛烈的抨击之后，布鲁姆倒台。人民阵线便这样无疾而终。

然而，在悲喜剧般的形势之下，布鲁姆不久后被共和国总统勒布伦（Albert Lebrun）召回，重新掌权。一次异常严峻的事件颠覆欧洲大陆：1938年3月12日，德国军队占领奥地利，"德奥合并政策"（奥地利归附德国）无视法令，得以实现。奥地利纳粹分子在总理阿图尔·赛斯-英夸特（Arthur Seyss-Inquart）的带领下树立威望，失败的掌玺大臣库尔特·舒施尼格（Kurt Schuschnigg）不得不辞职。英国首相张伯伦（Chamberlain）建议奥地利放弃任何抵抗，并告知法兰西、英国将不会介入奥地利事务中去。史上首次，纳粹分子通过虚张声势兼并了一个欧洲国家，而法兰西如同曾经面对莱茵兰被占领的事件一样，一如既往地保持沉默。这一次，面对战争的威胁，法兰西公众舆论表现得异常激烈，使得正处于全面内阁危机的肖当新政府惊讶不已。人们自问：面对德奥合并无论如何也要展开哪怕是最细微的防卫，而议会议长却"踮起脚"撤退，在狂风暴雨的时刻辞职，美其名曰无力行使权力。

在这样的形势之下，布鲁姆第二次负责组建内阁。布鲁姆对法西斯的危险异常敏感，对未能援助日复一日越发不知所措的西班牙共和党人感到绝望，试图重组"国家联盟"的内阁；同时召回路易·马丁和莫里斯·多列士，两人却都未应允。法兰西尚未做好准备迎接战争的到来，而从法国的角度来看，德奥合并完全是慕尼黑的重复。

慕尼黑与"奇怪的和平"

风雨欲来

1938年4月，达拉第政府掌权，备战时间仓促，却迫在眉睫，议会新上任的议长比任何其他人都更有觉悟。首先，达拉第准备彻底清算人民阵线，通过任命保罗·雷诺（Paul Reynaud），这位无可指摘的自由主义者和阵线政策公然的敌人入驻财政部，以此来确保右派的权力。保罗·雷诺敏锐且坚定，在财政界人士的帮助下，短时间内实现了货币降值，一切都有条不紊地进行。1938年5月，"调整的"法郎使得经济复苏。每周40小时工作量的法令被"政令–法律"废除，财政赤字慢慢消失，法兰西银行的黄金储备量得到恢复。

重整军备作为复兴的核心要素，促使政府向法国总工会的罢工者提出一个有力的论据：人们会在希特勒或墨索里尼（Mussolini）的工厂里罢工？由于共产党人均为反法西斯主义者，他们如何能够鼓励罢工行为，而与此同时国防要求所有人团结合作？在马赛的激进大会上，战士表现出与共产党人决裂的意愿，从此之后，后者被视为骚乱的始作俑者。

分裂的法兰西能够直面独裁者的又一次威胁吗？毋庸置疑，希特勒的侵略政策不会受限于奥地利。超过300万讲德语的苏台德人生活在捷克斯洛伐克。"苏台德人的德国政党"遵从希特勒的指示，要求即刻独立自主，并归顺于德意志帝国。捷克斯洛伐克共和国总统贝奈斯（Edvard Beneš）向盟友法兰西和苏联请求立刻援助。

对于正式签署的联盟协议，达拉第能做的唯有批准援助。他表示一旦捷克斯洛伐克遭到侵略，法兰西必会全力相助。外交部长乔治·博内（Georges Bonnet）立刻致力于试探英国人和苏联人的意愿。

保守的张伯伦坚决奉行英国不介入欧洲事务的政策。他鼓吹"平息"，甚至为希特勒要求收回欧洲的德国领土辩护。宣称并未打算为了捷克斯洛伐克而参战。至于苏联方面，他们允诺提供军事介入，前提是波兰和罗马尼亚允许苏联红军穿越其国土。这两个国家强烈拒绝。因此，法兰西独自应对苏台德人的危机。

9月12日，于纽伦堡，希特勒大张旗鼓地要求完全纯粹地吞并备受争议的领土。18日，希特勒将该意愿告知乘飞机前往贝希特斯加登与之会见的张伯伦。达拉第不得不与张伯伦一道向贝奈斯发出最后通牒，以使捷克人接受瓜分。

9月22日，张伯伦得到贝奈斯允诺，返回哥德斯堡会见希特勒。面对希特勒再次提出的苛刻要求，张伯伦感到惊讶：如何要求捷克人撤离出苏台德领土，却不带走财产？张伯伦不能接受这样的要求。危机爆发。

捷克斯洛伐克发布全面动员令。法国与英国征集不同年龄的士兵入伍。希特勒下令集中军队。战争一触即发。

9月29日和30日，在墨索里尼的推动下，西方四大强国的政府首脑齐聚慕尼黑大会。苏联与捷克斯洛伐克被排除在外。在这个首次与纳粹首领会晤的场合中，达拉第自愿重申墨索里尼在此次会议中所扮演的调和人角色。从10月1日至10日，希特勒将逐渐占领苏台德地区，并且解决捷克居民的财产问题。张伯伦与达拉第先后与希特勒签署互不侵犯条约。法兰西放弃了盟友捷克斯洛伐克，在整个欧洲中部地区名誉扫地。法兰西同样解除了与俄国的联盟。

从慕尼黑离开回到法国后，达拉第坚信该条约并非"长达百年的和平"。然而，合约签署之后，他却在慕尼黑人的脸上看到了如此渴望和平的快乐神情，以至于不能错过接受布尔热机场的玫瑰花束与喝彩声，尽管他神奇的敏锐性提示风雨欲来。作为回应，达拉第等待的是喝倒彩。他却被极力奉承。

在危机爆发期间，法兰西的政治势力分裂：达拉第违心地接受安排等同于任由希特勒为所欲为，关于此，激进党人与社会党人意见相左。社会党中保罗·富尔（Paul Faure）派加入激进党中乔治·博内派；左派"和平主义者"古老的观念支持仅能避免即刻战争的灾难性的合约，"带着胆怯而残忍的慰藉心"，正如布鲁姆所言。共产党人、年轻的激进党人、从孟戴斯-弗朗斯到雅各·开塞尔、某些信奉布鲁姆主义的社会党人、基督徒民主人士，甚至诸如尚佩提埃·德·瑞贝斯（Champetier de Ribes）、路易·马丁和保罗·雷诺等某些右派人士，以上这些人都强烈反对慕尼黑。然而，从整体上看，衰老的右派支持慕尼黑。

达拉第备战

从1938年4月至1940年3月，达拉第将毫无懈怠地筹备战争。1939年9月宣战，1940年5月仅在西线作战。这时，达拉第已不再是议会议长。

借助一系列政令-法律，以中间派的立场统治，达拉第使得整个国家内部希望重建秩序之人感到满意。他着手进行一项大规模反击共产党人的行动，后者对慕尼黑深恶痛绝。1938年11月，达拉第挫败全面罢工的一项尝试，"征调"劳动力。

外部威胁促使达拉第大大地加强军费预算，并且推动马其诺防线投入使用的工事。在比利时重新恢复中立之后，需要快速修建通往北海的小型防御工事。一次色当地区的访查使得达拉第坚信通过现代手段，德国不可能穿越阿登高原发动袭击。

波兰事件使得战争爆发：从1939年3月末开始，希特勒要求收回但泽以及波兰的"狭长领土"。由于凡尔赛和约将普鲁士东部地区与德国割裂开来,希特勒要求与其持续往来。4月1日,希特勒作出决定:将于9月1日那一天入侵波兰。他打算发动一场残酷的战争。当希特勒于3月15日占领布拉格之时,同盟国是否提出异议?由此,希特勒能够自然而然地认为西方国家同样会对波兰袖手旁观。

然而,英国不再麻木不仁,坐视不理。3月31日,英国方面声称,不能容忍再次对波兰的侵袭,并与之展开军事联盟的对话。与法兰西一道,英国着手同苏联签署协议来对抗希特勒。莫洛托夫(Molotov)接受签署政治联盟,却要求军事联盟的明确保障:8月,英法两国的专家被派遣到莫斯科。

波兰人对于开放一切边境使苏联军队通行感到憎恶。巴黎-伦敦-莫斯科军事联盟再次无疾而终。与此同时,人们得知,莫斯科与纳粹德国外交部部长里宾特洛甫(von Ribbentrop)进行协商。8月22日傍晚,法国人惊恐又惊异地了解到德国-苏联签署的协议资料,这一互不侵犯条约将波兰置于希特勒手中,听之任之。然而,法国舆论仍旧不知斯大林与希特勒仅仅瓜分了波兰,而在此期间,苏联却合法地占领芬兰、爱沙尼亚、拉脱维亚、立陶宛以及罗马尼亚属比萨拉比亚地区。整个世界的电影戏剧般的"时事"将展现出这样一幅画面:斯大林手举香槟敬祝希特勒。

战事无可避免:在法兰西,达拉第使得共产党人成为亡命之徒。接受协约之时,共产党的众议员在议会失势,其中的许多议员被逮捕,流放至阿尔及利亚。

波兰人担心即将发生的侵袭。他们始终拒绝与德国进行协商。外交部部长约瑟夫·贝克(Józef Beck)失去判断力,幻想着一场抵抗是可能的。达拉第了解到欧洲处于战争边缘。因此,他写信给希特勒来使之做好准备。"我由衷地认为,"他写道,"任何一个好心肠之人都不能理解,在德国与波兰之间未曾作出最后和平和解尝试的前提下,一场毁灭性的战争能够爆发。"

事实上,对于波兰政府仅仅于8月31日提出的协商要求,希特勒终究还是作出拒绝。在确保得到斯大林的援助下,9月1日,希特勒按计划率领精锐部队穿越波兰边境线。法国与英国动员各自的军队。9月3日,两国向纳粹德国宣战。

"奇怪战争"

伴随着意见分歧的舆论,带着一个经受不住任何考验的道义,法兰西参战。反共产主义斗争被德国-苏联合约大大地赋予了合理性,阻碍了1914年的"神圣联盟"这类表达语的产生。社会党人对此表示反对,却拥护政府且支持对法国共产党成员采取史无前例的镇压。在极右派中,辩论直击战争本身,强调其为无所裨益之事。的确,同样在这一党派中,德苏两国的协约将牌局搅乱:反共产主义斗争的大吹大擂必须以攻击德国为前提条件。人们控诉负责之人将斯大林推向希特勒的阵营。

从整体上看,在1914年至1918年屠宰厂般血腥的"一战"之后,法国难以接受再次发动世界大战的必要性。由于西方大国的首领从一开始便未能阻止希特勒,由于英国人妨碍法国向德国强加"保障安全的和平",为什么不让他们来负责这场再次爆发的冲突呢?斯大林指明了道路:牺牲了法国的利益来耍手段,将战争推向西部。本该效仿厮人。唯一支持战争的是那些拒绝慕尼黑羞辱之人,通常都不是共产党人:年轻的激进党人、信奉布鲁姆主义的社会党人、爱国右翼中的一个小团体。

1939年至1940年冬天的"奇怪战争"长期以来使得法国人相信,不论在何时,和平都是可见的。3周之内,希特勒率领70个师;其中的7个配以铁甲,汇集500辆装甲车,这是著名的装甲师。3000架战机参与到袭击之中,歼灭国家的抵抗点和神经中枢。"闪电战"大获成功。

法国参谋部是否从中汲取经验?希特勒十万火急地命人在马其诺防线对面修建齐格弗里德防线,面对该防线上使得法兰西防线形同虚设的纳粹50个师,法国参谋部根本未曾尝试进攻。三军总司令甘末林(Maurice Gamelin)将军甚至无力夺取德国的萨尔布吕肯。直到五月份,西线将完全处于僵化状态。

在法国,3月22日,被"奇怪战争"拖垮的达拉第辞职。除了芬兰与苏联之间的敌对,欧洲一切照旧。保罗·雷诺刚刚掌权,决定早日结束战争,决定在德国与瑞典之间"切断铁路"。德军先占领丹麦和挪威,却失掉挪威北部港口纳尔维克。直到5月10日德军袭击西部,英法军队才控制纳尔维克。

入侵

当狂热地反纳粹主义的丘吉尔(Churchill)在伦敦接任胆怯的张伯伦时,德军当天袭击西线的105个师。这一次,人们能够真正感受到战争的存在。德军配备145个师,其中包括刚刚从波兰战场返回的装甲车,其战机的战斗力惊人:3500架轰炸机与1500架歼击机与西线的500架飞机作战。英国空军被留下用以防卫岛屿,完全无法参与到作战中。

德国将军古德里安（Heinz Guderian）指挥1500辆坦克穿越阿登高原狭长的道路，与此同时，一场佯攻战将英法联军的主力部队引向比利时和荷兰。同盟军无力拯救投降的荷兰，而比利时人同样放弃了阿尔贝运河。德军突破色当，横渡默兹河。装甲师经由法国城镇阿布维尔向西猛攻，以求到达海岸线。同行的步兵部队紧随其后。空军袭击陆地上的同盟国纵队，而道路早已被逃窜向南方的平民围得水泄不通。

甘末林遭到降职。5月19日，雷诺任命魏刚（Maxime Weygand）为三军总司令。这位将军曾任福煦元帅参谋部部长，通过筹划袭击古德里安纵队，试图挽救北部的军队。然而，德国空军使得任何行动变得不可行。英军早已猛攻向登陆的各个港口。在敦刻尔克，一艘杰出的军舰曾遭到德国斯图卡俯冲轰炸机袭击，这艘军舰尝试运载尽可能多的英法士兵前往英国。因此，27万名英国士兵与10万名法国士兵能够避免投降。德军却将所有留在北部战场的法国士兵俘虏。

魏刚将军尝试于埃纳省和索姆河地区站稳脚跟。法国仅剩下49个师。6月5日，德军率领100个师和10辆装甲车发动袭击。6月8日，德军抵达塞纳河。6月10日，内阁放弃巴黎逃往图尔和波尔多。

对于法国人而言，这意味着垮台。无线电广播电台不时地播报悲惨的消息："墨索里尼是'伤人的暗箭'，他选择6月10日来向我们宣战。"人们带着某种程度的惊恐失措奔走相告：意大利轰炸机袭击平民。人们不知道6个法国师足以在阿尔卑斯山脉地区制服意大利的32个师。人们不知道索米尔骑兵学校的学生奋力抵抗直到最后，赢得了敌人的赞赏。暂时离队的军官在混乱中寻找各自的军队，抱怨通敌的行径。败北的士兵衣衫褴褛，其纵队或步行或乘大车逃往南部。道路上的熙熙攘攘的平民和空军连续的袭击，使得军队的任何行进变得艰难无比。在交叉路口，人们能够看到战士烧毁旗帜，甚至焚烧保管联队经费的银行钞票。柩车和垃圾车运送被恐慌吞噬的人们。人们在道路上风餐露宿。在尽可能的情况下，医院的儿童与老人被军队的车辆疏散和运送。逃亡者在途经之处不可能得到安置：在布里亚尔城，每日途经12000名逃难者。留在村庄里的村民担心在夜晚遭到劫掠和盗窃。他们在住处筑起街垒，将粮食和财物深埋于地下。一升汽油的价钱为20法郎。在塞纳河与卢瓦尔河之间，一杯水，区区的一杯白水，有时竟然卖到10法郎的天价。

6月16日，当卢瓦尔河上的桥梁被炸毁，几十万法国人将失去到达南方的所有希望。然而，数百万的法国人却逃过一劫：阿让市的居民人数为25000人，45000逃亡者到达此地。卡奥尔市的人数由12000增加至6万人！4万名逃难者逃至卢尔德。图卢兹和波尔多的逃难者不计其数。南部市政部门马马虎虎地接收侨民。这些人睡在学校或市场里。人们筹备救济品，集体餐食。当地居民越来越少地将他们留宿在自己家中。

那些流传至法国的消息，不论真实与否，都使得这个国家仅存的风尚消失殆尽。德军抵达的消息传遍四方。当德军千真万确出现，民众辱骂开枪射击的士兵。抵抗有何用？叛敌行为四处盛行。为了知己知彼并引导敌人，共产党人佯装与第五纵队同谋。两辆德国国防军的军用摩托车足以使一个城市陷落。人们惧怕从天而降的轰炸。所有人都在等待战斗的结束。法兰西卑躬屈膝。

6月25日，马其诺防线遭到包围。德军穿过里昂，到达瓦朗斯。

在西面地区,德军进驻巴黎,然后长驱直入抵达布雷斯特和波尔多。一路上未曾遭遇有组织的抵抗活动。十几万人被俘虏。男人们大量投降,坚信不久之后将获释放。通常情况下,德军甚至不会留其性命。

面对如此溃败,保罗·雷诺犹豫不决:应当继续在北非地区作战,如同一些人的建议,还是应当与英国建立一个真正的政治联盟,一个丘吉尔提议的卓越国家?乔治·曼德尔(Georges Mandel)与旅长戴高乐(Charles de Gaulle)任职雷诺政府,推动战争的继续。然而,大多数部长赞成魏刚将军和贝当将军的观点:应当寻求停战。

停战协议与6月18日

对于迷失方向的国家而言,保罗·雷诺的辞职使得局势混乱至极。戴高乐乘飞机前往伦敦,在BBC电台上发表了著名的"6月18日呼吁":"不论发生什么,法兰西人民的抵抗之火不应熄灭,将不会熄灭。"

在当时,该演讲完全未受到重视,整个法国等待的是一份停战协议。

6月22日,在福煦元帅的火车车厢中,于勒东德签署停战协议。希特勒对此早已作出要求。贝当在无线电广播电台高声说道:"是时候结束战斗了。"法国代表团的首领查理·安齐热(Charles Huntziger)签署协议,几乎在一切问题上都作出妥协,包括耻辱条款:送交德国政治避难者,在意大利执行类似于德国人强制的议定书。

法国军队的人数被缩减至10万,在南部地区安置宿营。"自由的"法兰西被缩小至国土的2/5。"敌军占领"区从理论上来看属于法国,由日内瓦—图尔—波尔多线延长至北部地区,包括大西洋沿岸直达西班牙的条状地带。法国需要支付巨额的战争赔款。法国战俘将一直被扣押在德国直到签订和平协议。本该被德国解除武装的法国海军得到保留,其殖民"帝国"亦得到保全。通过这一灾难性的停战协议,公众舆论仅仅采纳立刻复原的措施:终于盼来了战争的结束,混乱的终结。民众将贝当元帅视为救星和国父。他竭尽所能捍卫法兰西。他谈及和谐与和平。6月23日,贝当元帅说道:"在法兰西遭受痛苦之时,没什么能够分裂法国人民。"

处于混乱之中的法兰西将这些话语看作抚慰。

7月10日,贝当元帅召集国民议会,要求掌控全权来建立一个新的政体。这意味着要求结束共和国政体。80票反对,其余所有的议员和代表投票赞成。第三共和国结束。

贝当元帅的法兰西

痛苦的法兰西

在与德国人往来之地,令人惊讶的是,他们表现得"无可指摘",对民众关怀备至。这还是那些达拉第所宣传的令人发指的侵略者吗?事实上,人们很快便意识到整个国土上的秩序的恢复取决于德国人的意志。听到贝当元帅的演讲,人们始终认为"占领"是暂时的,且法兰西保持统一。事实上,人们慢慢地发现了德国人的真正动机:从1940年夏季开始,一个法兰西已不复存在,取而代之的是4个法兰西。

首先是"封锁区"。停战协议并未涉及该区域。逃难者发现了这片区域,当他们要求取得回家的许可时,如果他们的居住地位于"绿线"的北部这片被奥斯特朗（东德的农业公司）所限定的区域，他们的请求将被拒绝。该条线路被创建于7月23日，涵盖法国的12个行省：北部省、加来海峡省、索姆省、埃纳省、阿登省、马恩省、上马恩省、科多尔省、默兹省、默尔特-摩泽尔省、孚日省以及杜省。在所有以上提到的地区，奥斯特朗公司清点了逃难者和俘虏的地产，强制合并小块土地，组织殖民化。在阿登省，11万公顷的土地以此被"占领"。农业收成自然而然被输送到德国。直到1941年末，德国人才对其避难者的回归表示欢喜。直到1943年5月，"封锁区"的边境才被取消。

停战协议中对阿尔萨斯-洛林省的吞并令法国人始料未及。然而，德国人在预先未作出通知的情况下，于8月初占领了该省。他们简单地布置1914年之前的古旧的边境哨所。维希政府对形式提出异议，事实上却在自由法兰西为德国遣返阿尔萨斯-洛林省居民回国作宣传。在斯特拉斯堡火车站，阿尔萨斯-洛林人受到唱着《霍斯特·威塞尔之歌》的年轻纳粹党人的迎接。人们庆祝"被流放之兄弟"的回归。在洛林省，人们激昂地给城市和街道改名字。在各处设立德语学校。斯特拉斯堡的共和国广场变成"俾斯麦广场"。在米卢斯，一条街道被命名为"希特勒大街"！阿尔萨斯和洛林两省再次归属德国。两省居民的男性子嗣将被应征入伍德国国防军。

尽管贝当元帅统治下的法兰西在敌占区保留了本国的官员，该区域却严格受到德国军队和警察的控制。得益于铁路的蓬勃发展，"避难者"将于相对短的时间内大量返回：10月初，350万法国人返回住地。

在那里，等待他们的将是令人意想不到的事情。为了与处于"自由区"的亲人联络,他们仅能使用固定形式的卡片,即著名的"跨地域卡片"。如若他们希望邮寄真正的信件或在无"身份证件"的情况下穿过"分界线",敌占区的法国人需要给秘密的"蛇头"支付:一封信10法郎,偷渡一个人100至500法郎不等。1943年2月之前,穿越分界线为某些法国人带来了可观的收益,为德国人提供了有效的政治和治安手段,此为维持奴役法国的方法之一。

对于那些留在自由区的人们,生活同样艰难:避难者再次出发,俘虏的远离似乎稍显残酷,尤其是在人数众多的乡村地区。复员的士兵们找不到工作,由于缺乏原材料,企业关闭。重新开门时,是为了给德国人工作。法兰西处于殖民国状态。

意见分歧

维希政府的政体承诺尽力维护和谐与和平。最开始,该政治制度在舆论中取得了毋庸置疑的成功。此为君主专政政体,完全反动,以"国父"为首脑。贝当元帅掌控全局,希望使得法兰西"远离错误与谎言"。7月12日,贝当元帅成为"法兰西的首领",印有和刻有其头像的邮票、货币和帽徽被免费发放给小学的孩子们。贝当元帅在"自由的"法兰西巡回时,这些孩子聚集在官方道路上为他喝彩。法国人对作为国家苦难的始作俑者的国民议会议员感到厌烦,他们情愿接受"将自我奉献给法兰西"之人的"牺牲"。

然而,受赠人并未做到平均分配。首先,贝当元帅把共产党人排除在外。尽管在执政初期,反共迫害稍许放松(达拉第与雷诺对此负责),但是从1941年开始,在德国入侵苏联之后,对共产党人的迫害变本加厉。3万名共产党人被捕。政党遭到解散。在城市中,2000名

第十九章　30年代的法兰西

居民在市镇议会的选举被取消。从此之后，各个市长将由维希政府任命。法兰西非政治化。共产党人与社会党人不再拥有合法地位。工会同样遭到取缔，由"行会"代替，其顾问由内阁指派。

基于此，政治左派遭到隔离，它将不复存在。不久之后，一个法庭在里永城召开来审判雷诺、布鲁姆、达拉第以及其他所有被当作战败的负责人。他们被捕，获刑，其中的一些人被保安队[1]杀害，例如乔治·曼德尔。出人意料地，达拉第曾有一段时间与火十字团的首领德·拉洛克上校关押在同一牢房。

政客之后，轮到官员。任何一个拒绝宣誓效忠元帅之人都被解除职务。省长和高级官员通常由往往更加支持维希政府的海军上将代替。反对共济会会员的斗争伴随着激烈的新闻战，报刊中共济会的形象被表现为"国家的掘墓人"。他们在教学中的形象尤为恶劣。"大学，"贝当元帅说道，"其使命为培养智力，其第一要务为保卫信徒的信仰以及向无信仰之人指明信仰缺失将在人生中付出的代价。"

信奉共济会或共产主义的小学教员遭到解职，师范学院［这些反对神学院的机构，如皮埃尔·普谢（Pierre Pucheu）所指］关闭。

政府机关与军队中的犹太裔法国人遭到驱逐。对于那些身份记录为犹太人之人，1940年10月3日的法令禁止他们从事公共职业，同样禁止在报刊业和工厂中工作。外国的犹太人将被拘禁；阿尔及利亚犹太人将失去其从1870年起加入的法籍。格扎维埃·瓦拉（Xavier Vallat）为"犹太问题的首席特派员"，表明意愿来"保卫法国组织免受使之陷入致命性危机的病毒"。

这一法律瞄准了自由区的犹太人。事实上，反犹迫害首先在其他区域进行，并且德国人作出筹划，却未遭到维希政府的介入来反对。

9月，犹太人无法再次抵达敌占区。犹太商人不得不携带写有德语与法语的告示，指出其店铺为犹太人经营。不仅所有犹太教的信徒，且拥有两个以上犹太祖父母的法国人都被认定为犹太人。

南部区的一个犹太教律师皮埃尔·马斯（Pierre Masse）说："您使我不得不思量是否应当把我兄弟的军衔拿掉，他是步兵少尉，1916年4月死于杜奥蒙"。[引自雷蒙·阿隆（Raymond Aron）的《维希政府的历史》]

不仅犹太人的反对徒劳无用，且越来越明显的是，从维希政府的方面来看，它与德国人站在同一阵线。1942年5月，在北部区佩戴黄星标志被强制推行。40万个星星标志在巴黎分发给各区特派员，他们将这些标志分发给犹太人。在大街上，"一战"的退役军人在黄星标志之上佩戴着全部勋章。甚至于儿童在上课时也要佩戴此标志。

犹太事务特派员采取积极的掠夺政策。非法籍犹太人被关进集中营，财产没收。矛头很快指向法籍犹太人，他们由于各式各样的违反规定而被捕，例如拒绝佩戴星星标志。在敌占区，第一次大逮捕发生于1941年8月20日，在巴黎的第十一街区。这些被捕的犹太人被押送至德朗西，之后抵达贡比涅，由此出发到达德国。其他的大逮捕相继展开，尤其是在1942年。在德国人的要求下，7月16和17日，超过13000名巴黎的犹太人被关押在冬季赛车场。于1939年生活在法兰西的35万犹太人之中，15万人被关进集中营，其中包括2万名儿童。

最富有之人或最幸运之人成功越过边境，抵达英国、瑞士或西班牙。逃脱者中的绝大多数人在自由区或北非避难。犹太人问题使得法国人产生分歧，并使之带有偏见。他们对越来越多的迫害感到惊慌失措，却时常思量这些犹太人是外来人，是新近的移民者，是"无国籍之人",而贝当元帅保护那些善良的犹太人,那些属于法兰西的犹太人。在这个阴暗的时代,卑鄙与检举之事伤害了大量的家庭。然而,互助、勇气与人民意志并存,通常是坚定不移地拒绝种族主义的迫害。

民族革命

无犹太人,无共济会会员,无共产党人,亦无工会主义者,维希政府能够依靠谁呢?依靠"一战"的退役军人,依靠那些曾经痛苦于1940年6月灾难,那些通过战前"联盟"的宣传将灾难的责任丢给政治的军人。他们集中在"宪兵队"这一元帅的心腹部队中。每座城市都有其"法兰西宪兵团"的"主席",与神甫共同行使"精神权力"。退役军人、荣誉勋位获得者佩戴巴斯克贝雷帽和双刃战斧标志。他们通常经营烟酒店。他们被当作是代表民族革命的新战士。老兵格扎维埃·瓦拉出任宪兵队主席,作为一名伤残军人,瓦拉仇视犹太人的警觉性众所周知。

继老兵之后,维希政府还能够依靠新兵。贝当元帅不断重复1940年的失败源自"享乐精神",应当以"牺牲精神"代替之。1940年7月,德·拉伯特·杜戴尔将军(Joseph de La Porte du Theil)得到贝当元帅的命令,率领10万20岁的男子来筹建"青年作业区"。因此,由2000人以下组成的军队身着绿色军服,驻扎在城市的远处,过着樵夫的生活。在这段经历的初期,年轻人对此表现出抗拒,他们应当领略到互相帮助与亲近大自然的乐趣,尤其是考虑到这一国家士气的重新武装,该精神由于里阿日军校毕业的军官传达,成为未来游击队基地的重要组成部分。

这些年轻人来自青年作业区、军官学校、"法兰西手工业行会"以及法兰西童子军，40年代所有"不足20岁"的年轻人无可避免地意识到自己对"民族革命"的某种责任，他们应当尽全力抗争，应当为放弃维希政府的政体的抗争付出生命的代价。通过新兵的活动，维希政府特别尝试拉拢天主教徒。

在维希政府初期，天主教与新教正式选择站在贝当元帅的一方。红衣主教热尔利尔（Pierre Gerlier）称："贝当即法兰西，法兰西即贝当。"牧师博涅尔（Marc Boegner）于1940年说道："唯一的义务是，追随贝当元帅。"维希政府放弃了政教分离。修会团体回归法国，由国家供养，在各处开设教会学校。的确，如果对大部分人而言，天主教的等级制度对维希政府保持忠诚，那么某些主教与显要的新教徒表现出疑惑与随即的愤慨。1940年，上文提到的牧师博涅尔放心地接待了贝当元帅；两年之后，在犹太人受迫害之后，他写信恳求："强制实施必要措施，以使法兰西勿自作自受，苦于代价不可计数的道德失败。"

从1941年夏季开始，公众情绪的这一发展表明了"民族革命"的局限性：它最终仅仅成功联合了最反动的天主教徒或者鬓角斑白的荣誉勋位获得者，这些人对莫拉斯关于秩序的话语易于感知。到停战协议的第二日，舆论对贝当元帅由完全尊敬到基本尊敬，渐渐地分裂开来，直到将所有的遗弃与灾难性的合作政策归咎于他。

法奸行为

对于所有重新回到维希的右派各派别而言，与德国法西斯的合作并未在合约中写明。法兰西新军队的战士，甚至海军将领都赞同与德国结盟；因为英国海军攻击法国海军在法属阿尔及利亚米尔斯克比尔港基地内的战舰，因此他们反对与英国联合。不管怎样，这些法国士兵都赞成最低限度的中立。诸如巴尔诺（Barnaud）或者勒依德（François Lehideux）等政府高层"技术官僚"，他们对趋向于杜绝金融家操控生产者的条例感同身受。他们梦想订立规划发展的条例，而无须担忧即刻的收益。与德国占领者的合作不在其计划之列。

贝当元帅身边的所有真诚之人无飞黄腾达或报仇雪恨的愿望，例如罗密尔（Lucien Romier）、卡尔科皮诺（Jérôme Carcopino）、博杜安（Marcel Baudouin）甚至贝尔瑞里一派，他们像不曾生活在占领时期，好似德国人仍旧为德意志皇帝威廉二世的子民，而非纳粹首领盲目的信徒。"蒙图瓦尔之握手"事件将使之清醒。

1940年10月，在蒙图瓦尔，在死心塌地拥护法奸行为的皮埃尔·赖伐尔的唆使下，年迈的贝当元帅与希特勒握手。事实上，该合作政策由德国人强制推行，使法兰西沦落至不得不满足德国日益苛求的人力物力的境地，毫无回报可言。希特勒拒绝释放200万俘虏。蒙图瓦尔成了一个骗局。

赖伐尔相信德国会获得战争的胜利，无时无刻不在寻找机会来安抚贝当元帅。后者被当作更加多变细腻之人：人们视之为抱持世纪精神的年迈首领，一个希望争取时间却不会使自己名誉受到影响的首领。蒙图瓦尔握手事件把这一双重形象击碎。尽管贝当曾有一刻远离赖伐尔，任命达尔朗（Darlan）上将掌管国家事务，不久便不得不根据占领者的命令再次启用赖伐尔。

1942年，这些命令变成威胁。维希政府自欺性的独立使得法国人怒不可遏。维希政府技术官僚的统制经济政策使国家管控经济生活的各个方面，而首先受控制的是银行业。黄金市场严格受到限制。证券市场和财政市场同样受到限制。没什么能够脱离国家的管辖，因此无法逃过占领者的控制。多于3000法郎的支票转帐被编入目录。薪酬受到控制，罢工绝不可能。此外，整个工业法兰西几乎处于由德国人直接管控的"禁区"，在成为"德意志帝国领土"的阿尔萨斯-洛林省，或者在敌占区内部，德国人能够随心所欲地使用钢铁、煤炭和石油，掌控大型钢铁工业或冶金工业的工厂。另外，德国人强制推行财政提取和材料扣押政策。

由于缺乏外汇，维希政府无力进口消费品。而得益于与法奸的合作，德国人对农产品的需求日益增加。而38万农民早已被俘。在各大农场，既无劳动力，也无肥料，既无足够数量的机器，也无机用燃料。已播种的田地遭到缩减，产出少得可怜。国家需要筹划来应对贫困。对于定量分配所造成的精神和肉体上的痛苦，公众舆论不会原谅维希政府。

贫困的法兰西

工业生产几乎全部归占领者所用，法兰西既无可用来取暖的煤炭，也无为汽车补给的汽油，甚至电也受到严格的定量分配。如同送货的卡车，公共汽车配备煤气发生炉。马车、马拉出租车甚至自行车重新出现在人们的视野中。巴黎的奔走依靠"出租-自行车"进行。

在巴黎，"卐"字旗帜飘扬的公共建筑之内，所有物品都定量分配：面条、面包、蔗糖、黄油、奶酪以及咖啡。肉类仅仅在某些日子出售。在餐馆和咖啡厅，葡萄酒和白酒并非每日供应。面包的颜色越来越黑。在食品商店门口，人们排起了冗长的队伍。为了在餐厅用午饭，需要携带"饭票"。衣物与鞋履同样受到定量分配。人们生产木底皮鞋，皮革被占领者占为己有。服装皆为"次品"。

含多种维生素的饼干在小学得到分发来避免结核病的侵袭。集体餐厅接济贫民。与政府组织的供应相同，当法国人有能力时，他们习惯于秘密地进食。在多数法国人未能亲自前往村庄寻找食物，并将沉重的箱子带回城市的情况下，他们接收来自乡村的"包裹"。"黑市"使得利益丰厚的交易活动得以进行：黄油的价格是其正常价格的10倍，肉类为4倍。人们在市中心饲养牲畜。在马赛拆毁旧港之时，德国人惊异地发现了地窖中饲养的猪、羊，甚至是牛。"黑市"的餐厅提供"茴香烧酒"以及战前的物产，售价堪比黄金。法兰西成为全面走私的黑窝。人们以香烟交换黄油，以黄油交换自行车轮胎，等等。直到1942年，来自非洲的船队仍旧抵达马赛港，运送巧克力、柑橘、咖啡、油等物品。的确，德国人试图尽可能多地扣押这些运到的货物，然而，马赛各个港岸找到脱身之计，整条运输线于1942年才停止。占领时期的孩子们尝不到橙子的味道。

这一食品的定量配给时期将持续在一代法国人身上留下印记。农民和食品商人无疑是形势的获益者。"黑市"的不正当交易者（被称为BOF：黄油、鸡蛋和奶酪）以惊人的速度迅速积累巨额财富。某些屠户秘密地修建屠宰场。地下非法交易确立，有时伴随着政府当局与德国人的狼狈为奸，后者同样是"黑市"的消费者。法兰西解放之时，许多不正当交易的获益者遭到秘密处决，因为他们招致了食不果腹之人的嫉妒和恼恨，这些人既无购买也无售卖的能力。

如此的生活条件使得国家的精神状态每况愈下。维希政府组织的民族革命想要重建道德武装，却遭遇重大失败。法国人终日将伤风败俗作为行为准则，而如果说他们期待解放，则是为了寻回和平的生活，为了重新过上战前平静的愉快岁月，却丝毫不以为耻。

时代的风尚传达出了年轻人的沮丧以及对维希政府虚假的随波逐流的拒绝。迷恋爵士音乐的法国青年随着美国歌曲跳起爵士乐活泼的节奏舞蹈，他们身着长款外套，留起长发。他们嘲笑"重返地球"，表达出反抗战争、贫困和耻辱的意愿。在以木桶取暖的咖啡馆中，作家们互相倾吐孤独：人们日后称作的"存在主义者"经常聚集在花神咖啡馆的取暖桶周边，因为其卧室的寒冷使之走出房门。在道德观念的全面松懈下，在法国人的难以忍受的灰心丧气下，在孤立俘虏妻子的情况下，在遭受占领者剥削的工人的绝望下，超越任何可能的抗议运动，一份越来越清晰的希望应运而生，首先是反抗的希望，慢慢演变为暴力动乱与革命的希望。占领与贫困下的整个法兰西，痛苦的法兰西，在某个夜晚打开收音机，收听来自伦敦的广播。

1 | "二战"时期的法奸组织。——译者注

第二十章
解放时期的共和国

从1942年年末开始,人们感知到法兰西的解放处于筹划之中,尽管为时尚早。这是一种新的无可抗拒的感觉。1940年,失败使得法国人丧失了任何希望。德国人似乎控制了战局,而人们能够像赖伐尔一样想象:法兰西不得不习惯于在一个德国统治下的欧洲苟延残喘。

在斯大林格勒战役和希特勒麾下元帅隆美尔(Erwin Rommel)撤退至非洲之后,德国人便失去了获胜的可能性。除非有意外发生,德国最终不得不在全世界发起的反抗纳粹的卓越的工业战争机器面前妥协。在法兰西,尽管"沉默的大多数"对于贝当元帅于1940年的角色保留着一份诚挚的感激(1944年春天,在巴黎,元帅仍旧动员了一众狂热民众),他们意识到战争格局已经改变。他们越来越多地收听英国广播电台,而各个家庭购买世界地图在上面为同盟国的前线插上彩旗。

至于维希政府方面,颜面尽失:美军于11月8日在阿尔及尔登陆,立刻遭到南部战区德国人的进攻,在土伦遭到法国海军的阻挠。从此之后,法兰西土地的一厘一寸都未能逃过敌人的魔爪。自此之后,维希政府还有何用?布尔日王国[1]失去方向。停战军队遭到解散,而英国人寻找年轻人,使之服从于STO组织(义务劳动所)。

相反地,戴高乐成为完全可以信赖之人。他于伦敦赢得了战斗,组建起一支战斗力量,坚持不懈地团结并带领法国抵抗运动的进展。在阿尔及尔,戴高乐与在伦敦时一样使人敬服。"另一个法兰西"拥有其首领。

1943年,无人明确相信未来,原因不讲自明。然而,"沉默的大多数"模糊地感觉到明日的法兰西需要一个比第三共和国更加具有效力的政体,因为前者使得法兰西战败。但愿解放会带来自由,所有人如此期望;但愿解放能够保障安全与国内和平,此为大多数人的心愿。对于那些从1940年起,公开或暗地里承担起法兰西抵抗战斗之人,他们完全知道自己不再愿意之事:再无政治集团,再无身份等级,再无"共同统治",再无宗教等级制度。人们希望的是一个有效且社会的民主制度,一个尊重人权的民主制度。

戴高乐与法兰西的抵抗运动

另一个法兰西

1940年,抵抗意味着跨越芒什海峡抵达伦敦。戴高乐的身边围绕着一小撮人:桑岛的海员、纳尔维克的外籍军团,还有一个不断壮大的被孤立的志愿者组成的人群,后者通过自己的方式"争取到"自由法兰西：信奉天主教或犹太教的知识分子、法学家、作家、记者、一些政客、各个兵种的军官，等等。戴高乐所取得的第一场胜利是被丘吉尔承认为"所有自由的法国人之首领"。

戴高乐的第二场胜利在于争取到帝国的一部分：如果说戴高乐在达喀尔遭遇失败，那么得益于勒克莱尔（Leclerc）将军，他在赤道区的非洲取得了成功。如果说戴高乐不得不放弃叙利亚和黎巴嫩，那么他能够依靠新赫布里底群岛、新喀里多尼亚岛、塔希提岛以及东西印度商业公司。从1940年开始，戴高乐创立"帝国防御委员会"。

为了促使法国志愿者能够在英国军队和空军作战，英法签署协议。某些法国飞行员，例如皮埃尔·克罗德尔曼（Pierre-Henri Clostermann）将在英国皇家空军大展身手。不久之后，一份相似的协议使得在著名的"诺曼底-尼曼歼击机中队"的红色战机中征兵成为可能。法兰西领土的解放促使了以洛林十字为号召组建作战部队——FFL部队（法国自由抵抗力量）。该军队与同盟国军队在非洲战场上并肩作战，勒克莱尔将军在库夫拉，柯尼格将军（Marie-Pierre Kœnig）在比尔阿克姆。得益于其战功，同盟国承认"法兰西国家解放委员会"；同盟国将"借贷与租约"法令惠及自由法兰西。从1941年9月开始，戴高乐得到所有参战国的承认。

在贝当元帅和吉罗（Henri Giraud）将军受欢迎的北非地区，戴高乐树立威望着实不易。吉罗将军在美国人的支持下反对戴高乐。然而，戴高乐在伦敦将形势掌控于手中。他争取到重要的政治人物的支持，布鲁姆通过书信表达了赞赏之情。戴高乐为各个政党带去了不同形式的安抚政策，表明一旦可能，便在法国重建民主法制的意愿。尽管罗斯福（Franklin Roosevelt）总统某一刻强制任命吉罗将军为"阿尔及利亚指挥官"（于卡萨布兰卡大会上），尽管戴高乐能够在阿尔及尔安置某种小型议会，"法兰西国家解放委员会"仍旧拥有对一切未被敌人占领土地的"法国主权"，在排挤吉罗将军之事上给予了戴高乐强大的支持。从法戎（Fajon）到孟戴斯·弗朗斯，从安德烈·勒·特罗克尔（André Le Troquer）到路易·雅各诺（Louis Jacquinot），该委员会的成员代表了法兰西所有政党。从政治上来看，吉罗将军不代表任何政党。

1943年6月，这一最终的胜利毋庸置疑地使得戴高乐成为"另一个法兰西"的代表，海洋那边的法兰西。然而，如果戴高乐无法争取到国内的抵抗势力，他便不能以所有法国人的名义发声。

亡灵之军

1940年，抵抗运动成员初具规模。从1941年开始，维希政府所做的蠢事和共产党人加入战争与同盟国并肩作战，抵抗运动成员人数因此越加壮大。1942年，一支秘密的、受过训练的、高效的"亡灵之军"准备就绪。第二年，这支军队横空出世，与维希政府军队的老兵和义务劳动所拒绝去德国服劳役的法国人共同组成数量巨大的国家"游击队"。

抵抗行动最初为个人行为，然后在未知中发生某种突变，反抗与德军合作带来的耻辱、卑躬屈膝，是这一意识突变的反应。抵抗运动成员来自各个阶级，各个社会阶层，男女老少皆有，有时甚至也有儿童参加。向秘密状态转变从来并非翻天覆地的：秘密活动的联络网谨慎地、缓慢地被建立起来。有时，其成员来自一个专业领域：铁路、军队。通常情况下，成员来源于个人和自发介入。

从源头上来看，法兰西过于分散以至于抵抗运动仅仅是独立运动、区域征兵入伍和鼓动的产物。在北部区、自由区、"禁区"各有一支抵抗军，甚至在阿尔萨斯-洛林省，这里德意志国防军每日的逃兵人数也在递增。不同地域之间的联系困难且具有一定风险。从宏观上来看，抵抗运动具有地域性特征——来自为法兰西重组的各行省，如萨瓦省、布列塔尼省、科西嘉省、利穆赞大区，等等。近日所写的抵抗运动之历史，其很大一部分归属于这一自发出现的省际运动，在数月不稳定的存在之后，省际运动正在寻找一个共同的目标。

法国人过于分裂，以至于抵抗运动难以寻找到一个共同的理论。招募到的第一批信奉天主教和犹太教的知识分子当中鲜少有共产党人，与在1941和1942年之间共产党建立的联络网很难找到共同语言。维希政府军队的军官如何说？军官学校的年轻人，或者铁路系统的工程师又如何说？抵抗运动是法国人的一次聚合，囊括了来自不同领域的政客和活动分子，他们活跃在运动中，对于占据领导地位的纲领却不曾达成一致。

从1940年开始，个人行动的怠工行为越演越烈。他们遭到严厉镇压，为抵抗运动的最早的殉道者。11月11日，学生们在星形广场举行游行示威活动，该事件被宣传者引作范例。因为，联络网的首要任务即为不惜动用一切手段的"秘密宣传"：口耳相传、宣传册子、墙面张贴、油印信函以及报刊登文，甚至大胆预测，诚如阿尔萨斯主保圣人圣奥迪尔（Sainte Odile）的预言所显示："接近战争第二年的第六个月中旬，征服者的荣耀便触及顶点。"

用于支援对抗抗运动表示同感之人道义的"小道消息"由转瞬即逝的《抵抗》和《幼翼》报秘密传播。一些团体出现在北部区：由知识分子组织的人类博物馆的团体,由亨利·弗雷奈(Henri Frenay)领导的《战斗报》一行人。不久之后,真正的秘密刊物诞生,例如《北方之声》和南部区的《游击队员》,后者于1941年发行6000份。在各个团体的殉道者之中,游击队员组织的历史学家马克·布洛克(Marc Bloch)位列其中,遭到德国人的拷问并被枪杀。在占领区,《解放报》诞生,此为阿斯提尔·德·拉维日里(Astier de La Vigerie)联络网的机关报。

抵抗运动的第二个任务为搜集情报。在法兰西情报局处于混乱之时,英国人鼓励戴高乐将军创立BCRA(情报与行动中央机构),应当立刻招募志愿者。"英国人",玛丽-马德琳·富尔卡德(Marie-Madeleine Fourcade)写道:"在我们这里所期待的仅为工程师小团体,却惊异地看到几乎一代人自发的爱国组织及其多样性。"

在这些自发的团体之中,人们能够看到法国圣西尔军校的前任指挥官布鲁萨尔(Broussard)上校和雷米(Rémy)上校的圣母协会这两个联络网。从1940年开始,在伦敦的良好协调之下,6个主要联络网发生作用。基于此,戴高乐掌握着持续稳定的方法与抵抗运动内部成员保持联络。

因此,需要说服这些成员相信统一行动的必要性,不仅作为合作,而且接受来自伦敦的指挥。共产党员各个独立组织的建立使得这一统一性的实现举步维艰。从1940年开始,在贝当元帅的围追堵截之下,共产党人与诸如查理·提永(Charles Tillon)的首领将地区行动的基地投入波尔多地区,哈维(Havez)投入布列塔尼大省,甘关(Guingouin)投入中部地区。从1939年开始,法国共产党便转向地下行动,各个支部被解散,由"三人集团"代替。"特设机构"的专业组织由直接行动领导。1941年,他们成为"青年部队",后期成为"游击队员"。团体的首领通常为西班牙战争的老兵,他们对游击队作战了如指掌。1941年8月,在巴尔贝斯地铁站,未来的法比安(Fabien)上校亲手杀死一名德意志海军的军官。最早的游击队成员推崇恐怖主义,控诉伦敦方面的犹豫不决,意欲尽快加入革命战争之中。1943年,行动的各个组织被纳入完全军事的等级制度中,由提永庇护。该组织由游击队员组成,配备军需品、印刷机,甚至卫生处,后者在某一时间段由著名儿科医生罗伯特·德布雷(Robert Debré)教授引领。

非共产党人同样拥有其游击队。考虑将抵抗运动团结起来,此为刻不容缓之事。停战部队进入秘密状态。它为义务劳动所拒绝去德国服劳役的法国人、逃逸老兵以及各省斗志昂扬的年轻入伍者提供军需和训练,为"复仇"之战增加武器和物资储备。有时,军事训练场地同时发挥作用:自由射击游击队和法国本土抵抗力量游击队并肩训练。

兵力的增加、宣传与情报行动的加强引起了占领者激烈的反击。在恐怖行动中,民众加入这场残酷战争之中,其表现形式为恐怖袭击、大批量逮捕、集中营、警察机构的加强、无线电台、大街上和报刊上的亲德宣传。德国人赢得战争的希望越渺茫,与之合作的法奸越歇斯底里;其结果是,在这样的威胁之下,抵抗运动更加趋向于团结其兵力。1943年,"法国保安队"创立,由约瑟夫·达尔南(Joseph Darnand)率领,加速了法西斯进程。达尔南占据事实上的政治领导地位,维希政府已今非昔比;菲利普·恩利欧(Philippe Henriot)负责宣传工作;德阿(Marcel Déat)任职劳工部部长,为德国人筹划选定劳动力。镇压与宣传相辅相成:支持维希政府的无线电台谴责抵抗运动成员，支持维希政府的警察局将这些人送交给"盖世太保"（纳粹德国秘密警察）。长期摇摆不定的维希政府由法西斯主义者的极权接替。联络网被拆毁，抵抗运动成员遭到追捕，"盖世太保"的资料收集部门的揭发和高效很可能战胜抵抗运动，如果后者未能成功团结起来。

从1942年11月开始，在南部区迈出了第一步：一个"抵抗运动联合政党"（MUR）使得多个拥护戴高乐的团体合并。一个"秘密军队"被建立，其使命为寻找立刻行动的一切可能性。秘密军队立刻与游击队员政党联系来协助此次行动。此为身处伦敦的戴高乐之所想。

然而，戴高乐同样希望从"法兰西国家解放委员会"出发，发起并控制作战行动。1942年年末，警察局长约翰·穆兰（Jean Moulin）空降法国，任务为与抵抗运动的所有机构取得联系。作为法兰西国家解放委员会的总代表，约翰·穆兰于1943年6月被捕，接着遭到拷打，最后被处决。然而在被捕之前，穆兰成功地协调起所有的联络点。1943年5月，抵抗运动全国大会（CNR）召开，得到了所有游击队的承认，包括共产党人。

抵抗运动全国大会之纲领

乔治·皮杜尔（Georges Bidault）出任抵抗运动全国大会的主席，由国内抵抗运动联络网任命，即刻与伦敦总代表亚历山大·帕罗迪（Alexandre Parodi）发生争端。戴高乐将军命令皮杜尔确保其凌驾于各个政党之上的权威，"国家高于一切政体与一切行动"，他说道。

相反的是，对于帕罗迪而言，抵抗运动有其明确的纲领，要求受到遵从，即使远在伦敦。即在帕罗迪领导之下起草的抵抗运动全国大会根本大法，确立了解放之后应当着手进行的政治行动。该大法建议与战前的财政集团作一了结，把信贷机构和基础工业部门收归国有，肃清出版业和银行业。要求社会保障机制和各个工会的独立。强烈要求摒弃建立殖民帝国的想法。希望建立一个纯粹自由的共和国，一个不受压力团体影响、从老旧的社会等级中解脱的国家。强烈要求从各方面确立人类的权利；需要的是，所有人在未来受到保护，免于纳粹主义的侵袭：蔑视人类、种族主义以及奴役道德信仰的意愿。

事实上，抵抗运动全国大会的根本大法标明了两大思想流派的和解或妥协：其一为出身于人民阵线的共产党或社会党，他们意欲使得生产方式社会化来深层地改变社会；其二为民主-基督一派，从杂志《精神》与报纸《拂晓》的"人格主义"观点中获取灵感，为一个进步的社会民主制度奋斗，在该政体中个人的权利得到保障。根本大法是第四共和国所有最初成就的根源。

抵抗运动与国家

抵抗运动将必然实现目标。首先是让民众强烈感受到为解放而战斗的必要性。抵抗运动非常需要得到伦敦无线电台以及戴高乐将军个人行动的帮助：BBC电台的法语广播节目日益增多；到了战争末期，每日的广播节目长达5小时。BBC电台成为所有法国抵抗人士的会面地点；毛里斯·舒曼（Maurice Schumann）与皮埃尔·布罗索莱特（Pierre Brossolette）、皮埃尔-奥利维耶·拉皮（Pierre-Olivier Lapie）与皮埃尔·布尔丹（Pierre Bourdan）、约翰·马兰（Jean Marin）与约翰·奥贝尔雷（Jean Oberlé）为其每日的节目主持人。"法国人与法国人之间的对话"成为BBC电台著名的广播节目，与约翰·埃罗尔德（Jean Herold）的巴黎电台以及菲利普·亨里奥（Philippe Henriot）的维希政府电台进入一场真正的无线电广播之战。英国人称戴高乐为"麦克风将军"。

事实上，对于宣传来说，无线电广播是理想的武器。德国人干扰电台，并禁止收听BBC电台的广播节目。然而，数量越来越庞大的法国人准时收听广播。得益于无线电广播，人们能够发动真正的腐蚀化运动，例如将象征胜利的"V"字母布满法兰西的墙面。通过"专用电文"，同样能够利用无线电广播来发出指令或者与行动联络网建立快速的联络。

基于此，法兰西听众每日都对斗争作出回应。从1943年开始，游击队基地的存在又为法国听众提供了日常直接的接触，使之与几乎根植于人民内部的武装组织取得联系，后者"借用"征调车辆和猎枪，需要粮食、医疗，要求持久的同谋关系。无人能够无视抵抗运动，而尽管维希政府的大力宣传，1944年，游击队投入的战斗依旧成为法兰西内部的复仇行动。

卷入其中的兵力数量巨大：在德国人以义务劳动处的名义要求招募的150万劳工之中，仅有一半人不得不踏上前往莱茵河彼岸工厂的道路，大约13万人与游击队会合，得到职业军官或临时首领的任用，入伍到法国本土抵抗力量或游击队员的军队中。1943年，已经有4000名战士于科雷兹省作战。整个地区被游击队员控制，得到了英国伞兵队的加持。1944年，德国人派遣12000人来"镇压"格里埃尔高原的游击队。德军派出装甲兵与空军来对抗韦尔科尔地区的5000名战士。德军在汝拉山脉投入三个师的兵力。

相较于军事行动，民众对日益严重的铁路员工发起的抵抗运动的消极怠工表现得更加敏感。从1944年6月的登陆开始，铁路员工实现了800起脱离轨道与3000起消极怠工行动。占领军在交通方面遭遇了极大困难。

在同盟国军队附近，游击队无隐蔽地作战，阻拦道路，炸毁桥梁，攻击德意志国防军的撤离纵队。在各个城市中，抵抗运动成员持续武装与之合作的民众：有多少设置路障的巴黎人真正参与到抵抗运动的组织中？在反抗爆发的前几个小时，巴黎人走上街头，在火药的气味中，欢欣鼓舞地加入与占领者作一了结的行动之中。

数十万的被关进集中营、数万名被枪决之人使得抵抗运动成为一个民族神话，一个殉道者带有光环的神话。德军在诸如格拉讷河畔奥拉杜尔这类村庄中所施行的屠杀，使得法奸越发显得面目可憎。解放尤其要与肃清并驾齐驱。皮埃尔·普谢在阿尔及利亚、菲利普·亨里奥在巴黎的处决宣告了这一肃清必然鲜血淋淋。

新政体的建立

解放的三角帽

1944年8月，戴高乐在民众惊人的协助之下，进入解放的巴黎。他拒绝在市政厅的阳台上宣告共和国。对他而言，共和国从未停止存在。一个新的临时政府成立，全国抵抗运动委员会主席乔治·皮杜尔出任外交部长。该政府中超过半数的成员是政客或过去的议会议员，后者来自共产党、社会党、激进党和民主基督教。法兰西破天荒地由共产党的部长任职于内阁：戴高乐承认并接纳所有政党。

戴高乐不得不立刻接手控制国内局势。在各个行省临时出任的

"共和国特派员"以独立的诡计腐蚀着法兰西内部，尤其在某些地区，打着"爱国部队"和共产党拥护的旗号的武装。

众多地区被恐怖的气氛笼罩。检举行动再一次盛行：肃清运动迅速失控地袭来。暴力行为难以估算。关于处决人数，内政部给出了粗略的数字1万，其他估算为2万到10万。巴黎的内阁对真实形势知之甚少，他们对共和国的特派员几乎无实权，后者才是共和国真正拥有无上权力之人。尽管如此，往昔仇恨并不终日归咎于政治。由于难以克制个人恩怨、家族或乡土仇恨，共产党领导者并不比戴高乐主义者更能控制局势。

形势足以引发忧虑，以至于戴高乐将军希望将其了结。1944年10月，他从共产党部长那里取得解散爱国保安队的许可。11月6日，一纸特赦使得因潜逃于1939年11月25日被判处6年监禁的莫里斯·多列士从莫斯科返回法兰西。如果我们相信多列士的传记作者菲利普·罗布里厄（Philippe Robrieux）所写："巧合并非出乎意料。需要在法兰西解除保安队的武装，由政党负责人接手。"

相反地，共产党领导者加强了自身的政治优势。在由248个议员组成的商议大会上，共产党人占据多数席位，他们将着手安置新政体。他们在内阁中占有席位，在政府部门拥有众多信徒或同情者。"只有高级官员和身居高位之人赌赢共产主义。"社会党人罗贝尔·拉科斯特（Robert Lacoste）如是说。如果相信儒勒·莫克（Jueles Moch）所言，那么其中也不乏市政长官、信奉共产党的将军，甚至警察和别动队。

共产党人与其他政党人士一同收回地方报和"法奸"报纸的装置。1944年，《人道报》的读者人数为456000，《费加罗报》为

382000。法国共产党出版月报和日报，适用于妇女、青年和儿童。共产主义报刊的地位比天主教报刊更加重要。在外省，日报拥有爱国主义的名字：《马赛曲》《爱国者》。共产党大大地掌控着"第四权力"。

肃清根据共产党人的意愿进行：3万人被逮捕，赖伐尔被判处死刑立即执行，贝当元帅同样被判处死刑，却得到戴高乐将军的赦免。直到1944年5月，支持维希政府的法兰西仍旧为贝当元帅摇旗呐喊，从此之后，却仅仅指望戴高乐来控制共产党人。右派势力遭到谴责，失去威望，分崩离析，被抛至外部黑暗之中。虽然法国民众保持沉默，却对赢得胜利的极左势力感到担忧。尽管两年以来，法国人一直收听英国无线电台的节目，但是对于贝当元帅无休止的诉讼案件，他们感到怜悯。这些人打心底里期待贝当元帅与戴高乐将军之间破天荒的和解，以此来确保两个法兰西的持久与和谐。临近1943年，3年前"国家解放"的众多拥护者转而支持抵抗运动，对共产党人的怨恨使之拥护戴高乐将军。基于此，一支保守的隐蔽的选举力量时刻准备着，等待大选来进行自我表达。

选举投票

如今，法国人不论男女都找回或发现了选举权利这一惯例。法国人的精神世界中缺失了选举的概念。他们从1936年开始便不曾选举议员。如果说法国人找回了民间的舞会与节日，他们对恢复秩序的缓慢失去了耐心，不久便开始抱怨过度投票。

法国人如此急不可待回到战前状态。由此看来，"美国人发明的柿子味口香糖"之年［乔治特·埃尔热（Georgette Elgey）语］并未带来即刻的满足感。被关押在牢房与集中营之人回到各自的家中，面对的是食品的定量配给、燃气与电力的中断以及持续存在的黑市。戴高乐将军说道："1944年，法国人面临不幸，而现在他们表达不满，这是一个进步。"

法国人并未对宪法的争论表现出极大的兴趣。1945年10月21日，民众投票反对回到第三共和国，却同样拒绝了共产党人提出的政体，在此政体下，议会拥有无限权力。对于法国共产党而言，此为失败，然而复兴的拥护者也无欢欣之事：如果说选民希望改变，这仅仅处于表面现象的层面。

唯独或者几乎只有过去的政党拥有其优待。4月份的市政选举使得人们认清了这一点：灵感来源于民主基督党派的人民共和党（MRP）成为唯一能够取得选票与席位的新政党，来源于抵抗运动的政党遭遇失败。10月份的议会选举结果相同。与过去的政党一道，选民将选票投给昔日政治舞台上的人物：制宪议会中，共产党与人民共和党分别获得152个席位，社会党142个席位。共产党人赢得了右派从前的政党的选票——"反对马克思主义的"选票。唯独激进党人失去了民众的厚爱：达拉第与赫里欧不得民心。其友人仅仅获得三十几个席位。

戴高乐将军与各个政党

戴高乐将军获得新议会一致通过，当选为共和国临时政府主席。他拒绝任命共产党人就职内阁重要部门，使之就任在重要的经济和社会部门。莫里斯·多列士出任国务部部长。戴高乐主义者也不曾被忘记：雅各·苏斯戴勒（Jacques Soustelle）和马尔罗（Malraux）任职内阁。刚刚组建的内阁与议会陷入对抗。

各个政党迫不及待在国家中找回自己的地盘：三大政党握有3/4的选票，占有4/5的席位。他们配备刊物、战士和领导人。身处伦敦与阿尔及尔之人占领机构。对他们而言，戴高乐将军为绊脚石。他们希望立刻掌权。

在战争时期，戴高乐将军需要这些人来指挥作战，来向同盟国树立一个自由法兰西的民主印象。在戴高乐与莱昂·布鲁姆的著名的来往信件中，将军承认各个政党的合法性。现在却充分衡量其危害以及弱点。"政党体系"可能会使刚刚重生的共和国陷入无力之中。6个月之后，一年之后，抵抗运动的部队将何去何从？得益于全民公决，戴高乐将军赢得了时间。然而从其观点出发，却与选举失之交臂。

由三方组成的议会无法出台一项符合戴高乐期望的宪法，抑或具有效力的行政机构、一个均势的立法机构。戴高乐后悔落入议会制的陷阱，希望置身于党派对抗之外，仅作为法兰西的依靠存在。

1946年1月，一场争论在议会中展开。安德烈·菲利普（André Philip）为伦敦一行人之一，要求缩减军事经费。这一日，戴高乐将军了解到自己并非位于内阁的领导者之位。他无力从内部来对抗各个政党人士对权力的巨大渴望。他向部长会议表明了自己的决定："我的使命已完成，各个政党的排他体制再现。我控诉。"

戴高乐并未在无线电台发表声明。他在议会上对安德烈·菲利普说道："使你我意见对立的观点，即为政府及政府与全国民选代表关系的总体观念。如果您不重视权威的绝对必要性，您终将有一日会沉痛悔恨曾经走过的道路。人们要的是一个执政的政府或一个拥有绝对权力并委派政府来满足其意愿的议会？就我个人而言，我坚信后者决不符合国家的任何需要，天时地利人和无一具备。"

此为戴高乐将军离开的深层原因。

然而，在长达4年的战争、缄默、压迫之后，对自由的向往，畅所欲言的意愿，对开放以及商谈的愿望，所有这些使得重回议会制变得不可避免。尽管法国人长期未曾面对政治斗争，但是他们渴望争辩观念、惊人的对抗和完全自由，该制度仍易走上极端。戴高乐严厉的语言看似使人难以忍受，就好像命令舞会的小提琴手休止。

1月26日，人民共和党人士通过拒绝加入一个无戴高乐领导的政府来组织他的离开，他们冲进社会党人古安（Gouin）的内阁。共和国重新落入国民议会议员的手中。

人民共和党人士强制国家通过一项依照其意愿制定的宪法，这并非无争端，并非轻而易举。唯一的且拥有无上权力的议会政体得到了马克思主义者的支持，再次遭到排斥。人们选择了双议会的议会制，如同在前一个共和国时期。总统并非来自国家的当选者，而是两个联合议院的当选人；较之前任，他勉强拥有更多的责任。在议会的多数派面前，内阁为严格意义上的负责人。关于更名为"共和国委员会"的第二议院，它作为过去参议院的缩减版重新出现。该宪法得到乔治·皮杜尔与人民共和党的维护，遭到戴高乐将军于1946年6月16日巴约演讲的强烈反对，以多数票险胜的形势获得投票通过。最终，第四共和国诞生。戴高乐将军不承认该政体。

重建与复兴

一个新经济体制

由于1944—1946年颁布的重要法令确立了未来社会的方向，承继于过去的议会政体的持续性尤其与新建立的社会经济体系格格不入。

1945年的重大敕令使得抵抗运动理事会和左派政党感到满意。社会福利制度得到安置。能源的核心部门收归国有，例如煤矿、电力和煤气。法国航空公司成为如同法国国营铁路公司一样的"国有"企业。信贷收归国有：四大储蓄银行与保险公司被国有化。从1945年12月2日开始，法兰西银行不再作为一间私人银行存在。法国信贷理事会将对所有投资进行监管，将会保护货币。唯独些许储蓄银行和工商银行（罗思柴尔德集团、巴黎国民银行、印度支那银行等）逃过了被收归国有的命运。

法兰西从未经历如此的集体化浪潮。在此次巨大的变革面前，人民阵线的经验显得苍白无力。工业企业也未能得到幸免：出于政治原因，雷诺与格诺姆和罗讷一同被置于国家的监管之下。除此之外，1945年2月22日颁布的法令设立"企业委员会"，由工人选定的代表组成，这些委员会的职责在于监控工作条件，监督企业经营，组织社会行动。法国总工会集结起550万会员，得益于共产党对其的支配，企业委员会的经费能够促使建立一个强大的压力集团，并使得共产党拥有一个忠诚的政治拥护团队。在国家社会主义的道路上，法国迈进了一大步。国家把左派安置于一个从表面上看极其稳固的政治处境之上。

抵抗运动的主要思想之一为信息资料的监控，同样依照左派的利益得以实现。人们意欲组织报刊与新闻节目陷入资本集团的控制之下。无线电广播被强制垄断。私营无线电广播电台未经许可。"法兰西报刊"办事处由国家管控，向各个报刊传达新闻，信息部则向他们分发纸张。国家协助报刊界，协助自己的报刊，即三党联合政府制的报刊。

计划工作者

复兴工作在一个计划框架内实行,由约翰·莫内(Jean Monnet)这一有经验并熟知盎格鲁-撒克逊事务之人组织,停止国际交易。在欧洲经济一体化和以及美国援助的限定性条件方面,约翰·莫内异常现代化的视野使得法国计划变得高效,因为该计划完全符合现状。目的是使1948年之后的法兰西找回其1929年的活跃程度。1950年,这一标准将超过25%。计划是指示性的,并非强制的。它向政治和经济领导者"指出"必须所做之事。并非如同在社会主义国家中那般,该计划无力强制推行其预见之事。经济为"共同协调的",而非"领导的"。

该计划促使财政机构预见到一批必不可少的投资来发展和重置核心部门,得益于这一计划,重建得以迅速实现。革新的经济结构具有效力:与1919年相比,人力财力的损耗已经大大减少。工业器材陈旧多过损毁。的确,港口与运输在轰炸中惨遭重创。然而,5年之内,战争的阴霾已经消散。从1945年开始,农业产值比1938年的上涨了80%。由于港口的闭塞,工业停滞两年。而约翰·莫内协商的美国的援助将迅速改变这一局势。

1945年,约翰·莫内与美国缔结了一项重要的借贷租约协议:价值20亿美元的储备金置于法兰西银行。从1947年开始,欧洲的政治形势将有利于加强美国的援助:冷战初期以及东欧事件使得西欧的国家受惠于不断增长的来源于"马歇尔计划"的贷款。法国企业,尤其是那些被收归国有的企业,感知到该计划的所有好处。

通货膨胀之危害

法兰西得到重建。领取工资之人取得可喜的社会优待,而得益于来自政府部门的共产党人的努力,直到1946年,薪酬的上涨才得到了控制。劳动者的购买力受到物价上涨的牵连,而无论国家抑或企业都无力控制。薪酬与物价之间的竞跑似乎不可能得到抑制。

共产党人无力长期对抗请愿的强烈势头。他们选择站在劳动者的一方,于内阁内部担任领取薪酬者的发言人。为了维持政治和工会的阵地,共产党人放弃对抗通货膨胀。不久之后,货币失去其一切价值。与战前相比,市场上的纸币流通量增长5倍。物价上涨四番。运输价格不得不上涨150%。在1946年这一年,农业价格竟上涨了70%!人们不得不将配给证延长至1947年。两年之内,食品价格上涨3倍,而工业价格仅仅提高两番。至于工资方面,仅仅提升60%。

通货膨胀不可避免地引发了社会压力。共产党人无法抗拒地与深入的运动保持休戚相关。他们鼓励罢工,并非去遏制它,而他们在社会党人的政府内部的地位越来越难以保持。社会环境的恶化使人们重新对三党联合政府制难以维持的政治平衡提出怀疑。新政成为必要。

政治激变:共产党人逼近

保罗·拉马迪埃(Paul Ramadier)的内阁将共产党的困窘终结。社会党人士异常担忧:自从1946年11月大选以来,共产党人损害社会党人利益而节节上升,不论是在政治还是工会层面上,他们都成为法国总工会的绝对领导者。共产党人士阴谋的传言不胫而走。战火弥漫至海外。刚刚在阿尔及利亚熄灭的火光[得益于社会党人拿热朗(Marcel-Edmond Naegelen)的积极行动]蔓延到印度支那,随后到达摩洛哥和马达加斯加。共产党人是否在各处摧毁古老帝国？

樊尚·奥里奥尔（Vincent Auriol）当选共和国主席，任命保罗·拉马迪埃接收莱昂·布鲁姆的烂摊子，重组内阁：于1947年4月辞退共产党部长们，而并无提前征求其意见的，正是拉马迪埃。部长们经由《官方报》得知各自需要离职。从此之后，社会党人需要在右派及共和党人中寻找盟友，也许不仅仅为这两个党派。法国政治格局将改变。然而，共产党人如何反应？人们担心他们会诉诸以武力。

面对此种混乱、暴力罢工和阴谋风声，戴高乐将军介入。1947年4月，戴高乐决定创立"法兰西人民联盟"来以一致行动的力量对抗各个政党，尤其是对抗强烈声称为"分离主义者"的共产党。斯特拉斯堡演讲让人回想起抵抗运动时期的法兰西，让人想起"自由法兰西的旗帜"。这一呼吁得到回应，于1947年10月的市镇选举中，整个反共的法兰西将选票投给了一批戴高乐主义者。

自此，戴高乐主义成为三大执政党共同的敌人。在市镇议会中，戴高乐主义刚刚证明了其当选者在人民共和党中具有发言权。社会党人士厌恶它，控诉它正在酝酿一场政变。自然而然地，戴高乐主义成为共产党人的众矢之的。

"第三支力量"

在这种形势下，新政治形势的两大受害者，即社会党人和人民共和党人，决定并肩作战，因为此为利益所趋。政体的走向趋于中和为确定之事。此外，这一走向是由美国"领导人"支配，由冷战中的最强者支配：1947年6月，法兰西对马歇尔计划的全盘接受，使其被毫无保留地被牵扯到西方阵营中，即加入反共产主义的大军中。

"第三支力量"前路艰辛，介于仇视政体的戴高乐主义与遭到体制鄙视的共产党人之间：各任内阁的多数派异常势单力薄，任凭一次会议事端的摆布。从1947年至1950年7月，法兰西至少经历了六任内阁政府。在针对殖民地的维护问题上，社会党人各自为政，教育问题使得激进党人与人民共和党人水火不容，后者意欲为宗教学校提供帮助。对于社会党人的经济政策，激进党人感到深恶痛绝。

的确，1948年2月爆发的"布拉格政变"使得法国社会党人及其新任秘书长摩勒（Guy Mollet）陷入思考。一方面，他们在法兰西组织并领导反抗社会运动，这一运动明显被共产党人政治化（1947年12月，工人力量工会离开了法国总工会，为了成为独立于共产党人的法国工人力量总工会）；另一方面，在欧亚合并政策上，他们将追随且时而超前于人民共和党。1949年7月，法兰西认可北大西洋公约，该公约建立起共同抵御东方的联盟。得益于法国方面人民共和党的舒曼（Robert Schuman）创办的煤钢联营，欧洲六国处于孕育之中，并于1950年5月签署。欧洲煤钢共同体的协议于1951年4月签署，毫不犹豫地将法国的经济带入与邻国的紧密协商之中，尤其是与德国之间。

法兰西共同体

另一纽带使各个中间派紧密联结并团结一致：他们对非殖民化深恶痛绝。舆论中的绝大多数无法理解放弃殖民地的必要性，尽管他们厌恶通过使用武力维持政策，该政治代价高昂。在非殖民化的惨剧期间，这种自相矛盾将会如影随形。

在法兰西古老的殖民帝国问题上，激进党人、人民共和党人与社会党人争论不休，异常激烈。他们各自拥有势力范围、物质利益，拥有各自的信仰与道德。第四共和国总统奥里奥尔密切关怀新生法兰西共同体的命运，亲力亲为。

然而他们无法躲避与日俱增的反抗，虽然曾经决定将其扼杀在摇篮里。从目前来看，印度支那事件最为严重。1946年，在枫丹白露宫与胡志明（Ho Chi Minh）谈判失败，导致全面冲突的爆发。4年后，越南高平市大败。在议会，唯独共产党人与少数社会党人敢于声称对这一殖民政策表示厌恶。戴高乐主义者强烈谴责政体对法兰西共同体的抛弃行为。

印度支那的远征军付出巨大努力。375000名士兵获得源源不断的增援，试图与末代皇帝保大（Bao Dai）建立一个民族主义和反共产主义的越南，该计划以失败告终。勒韦尔（Georges Revers）将军始终竭力提倡在三角洲集中法兰西兵力，其报告于巴黎越南侨民处被扣押。"将军案"使得政治环境急剧恶化。拉特尔·德塔西尼（Lattre de Tassigny）将军的任命，以及当地取得的早期胜利将起到安抚民心的作用，然而，该将军却要求大量增援。从哪里调遣呢？

在巴黎，政治力量的软弱使得向印度支那派遣部队变得难以想象。此外，公众舆论也无异于雪上加霜。需要派遣"非洲之军"，以此来使得北非士兵加入反抗战争。然而，摩洛哥的总驻扎官瑞安（Alphonse-Pierre Juin）将军及苏丹的每日汇报日益遭到损坏，突尼斯的暴力行径越演越烈，在阿尔及利亚的奥雷斯山脉，60多个暴徒参加游击队。马达加斯加的牢狱人满为患。在黑非洲地区，非洲民主联盟集结了拥护独立的人们。

该形势异常严峻。一个动荡的政体无力管控，历任政府也无力将其纳入自己的权力范围，因为他们不握有多数票，因而不具备权威性。为了找寻更加稳定的政治基础,"第三支力量"大军决定"修订"选举法;1951年,通过创立"联合竞选"体系,亨利·克耶(Henri Queuille)颁布的法令蓄意在选举中作弊。如果说一份竞选结盟名单在某个选区拥有多数票,那么它将有把握赢得所有可争取的席位。这一部署将使得中间派的政党能够在协商之时,极大地占据优势,碾压极端派。事实上,共产党人拥有1/4的选票,却仅仅拥有100名议员。戴高乐主义者拒绝联合竞选,拥有21%的选票,却仅仅占据119个席位。第三支力量拥有多数票,400票。在旧选举形式下,共产党人本该赢得181票,戴高乐主义者144票:反对派的勾结将会导致政治体制的危机。通过接受联合竞选体系,戴高乐将军本该拥有超过200名议员。他的回绝却为共和国打开了一条通往合法国家的道路,即人民在无普选地区享有政治权利,而不再为现时之道路。

右派重返政治舞台

从此之后,右派实业家不再需要戴高乐将军来抵抗来自共和党人的危害。他们拥有其议院,任君调遣。的确,中间派的多数票数量巨大(400票),分裂为四个敌对竞争的政党:失掉选票的社会党人,成为选举最大受害者的人民共和党人,大举回归的激进党派,以及"独立派",后者在右派中取得了巨大的成功。为了让多数票的获得在左派或右派成为可能,需要与之融为一体,无论是共和党派还是人民共和党派。然而,如果说戴高乐主义者渴望加入中间偏右的多数派之中,那么在欧洲一体化这个核心问题上,他们与中间派各执己见。融洽的气氛转瞬即逝。高卢部落在波旁宫驻营。

然而,商界迫不及待恢复一定程度上的货币的稳定,以此来促使扩张。该政策的前提是右派掌权，以及多数派以一个明确的行动计划得到组成。这便是1952年财政部部长皮内（Antoine Pinay）的"探索"。他被记者们邪恶地称为"穷人阶层的庞加莱"，依次扮演好好先生和粗暴之人的角色。在他的带领下，"信任"现象能够有利于法郎，再一次奏效。物价得到稳定；在薪资和物价的竞逐中，国际市场物价下跌使得各个方面都乐于看到的休整成为可能。皮内治理下的法兰西重新找回了战前的生活节奏。刚刚走出匮乏的法兰西，现在物产富饶。

的确，法国早已完全感觉到第三次工业革命的效应，塑料、电子、计算机以及原子的革命，在一个适度的通货膨胀的环境支撑下，在1952年至1960年间广泛地传播开来。在商贸稳定运营之时，右派实业家重新掌握权力。他们相对的成功并不使人惊讶。

"商品革命"

从1960年开始，在依次经历了两次货币贬值（1948年与1949年）之后，某种程度上的稳定得以实现。工业生产取得了突飞猛进的成果，每年增加7%~8%。农业生产的产值超越了战前的数量。莫内计划大获成功。

从1950年至1958年间，法国的生产产值提高了50%！皮内的稳定计划的成果一直延续到1955年。从1954年到1957年间，第二个装配图促进了农业生产的现代化，使得加工工业迅速发展。化学发展跃进，生产翻一番。塑料、人造纺织原料和碳氢化合物都极大地促进了这一"飞跃"。公元1956年，人们在比利牛斯省的拉克镇勘探出天然气，在帕朗蒂地区甚至是在撒哈拉沙漠开采石油。1958年，工业生产指标是1939年的两倍。"法国奇迹"惠及各个领域：电子、汽车甚至1957年伴随着快帆式喷气机发射的航空工业。

法国社会被工业化扰乱，首先出现在人口统计学。自"二战"以来，法国人对女生子的崇尚消失。社会法令与税收措施为大家庭提供了有利条件。由于对劳动力的需求日益增加，工业鼓励外国劳工移居与农村人口移向城市。每年至少有80万新生儿稳定地出生，年增长量为25万，换言之，每10年的数量为250万。

巴黎地区是内部迁移的最大获益者。每一年，超过10万居民在一种难以言说的混乱之下涌入，而装备和生产难以负荷。在很大程度上，巴黎与外省之间的工资差距是这一迁移的主要原因。1958年，巴黎及其周边地区的人口数量超过800万，即法兰西总人口数量的18%。这些移居者中大多数为年轻人，他们将居住在阴森的"宿舍城"或者郊区的"居民点"。

继巴黎之后，法国北部的一半地区——北部雷恩—瓦朗斯线—得到工业化的恩惠，而地处该线南部的地区，除非极其特殊的情况，却均陷入落后的处境。北部、洛林、阿尔萨斯、上诺曼底以及罗讷-阿尔卑斯地区得到了工业化的青睐，而南部却遭到"遗忘"。图卢兹与尼斯的人口数量增加，而在马赛和波尔多地区，尽管碳氢化合物取得发展，人口却处于衰败状态。经济荒漠地带位于西部、中部以及西南部。法国的发展异常不均衡，然而得益于北部的过度发达，国家最终摇摇摆摆地进入工业时代。1960年，10个法国人中有7个居住在城市中。

发展的遗忘之地

农村人口移向城市并不能缓和农业的问题，现实却恰恰相反；经过了一段强势上涨之后，农产品价格趋于稳定，而工业价格却持续稳定上涨。农民并未体会到他们对现代化投资政策的益处。他们使得工业运转却并未从中得到收益。

从1953年开始，激烈的请愿运动在乡村地区爆发，尽管人口外流入城市，该地区却始终人口过剩。农耕者被信贷和现代化拖入到工业生活中，他们的需求比收入上涨得更快。中小经营者成为富足社会的抗议人，而其抗议也迅速发展成为地区运动，有时主张自治。法国国家年轻耕作者中心与米歇尔·德巴蒂斯（Michel Debatisse）一道，组织共同的协调行动，以此对当局施加压力，来获得物价的调整。与此同时，年轻耕作者要求对生产结构进行深入的改革，尤其是在商品流通渠道。他们强烈要求国家组织主要的市场，兴建地产介入公司来筹划更加大规模的农场经营。

1958年，在工业世界内部，大型企业和小型作坊并存的现象成为法国社会的一个特征。的确，集中达到了以往未知的程度，例如在重工业和化学工业中，而且中小企业的生存条件更加艰难。这就是为什么工人的请愿显示出双重的特征；小手工业者和企业家要求得到国家保护来对抗大型企业，要求降低令人无法支撑的税收压力。

"新兴社会阶层"

然而，在大企业的工人们这些相对享有扩张的特权之人之间，一个"管理的"工会运动似乎发展起来，相较于强调薪资问题，他们更多地关注企业经营监管、就业安全以及职员培训。1955年，雷诺签署了"企业协定",确保了按照生活成本和职业保障为计算的薪资上涨,该协定趋于普及,然而谨慎的工会运动却放弃了1950年至1952年间的"政治"罢工,以此来增加"技术罢工",这类范畴层面上的运动被认为更加"有利可图"。

1958年的新兴资产阶级并非如战前那般由食利者组成,而是赊购且得益于信贷积累钱财之人。"消费"社会以美国的方式,首先触及阶层中薪资最高者,以此来逐渐争取同样被信贷机会吸引的弱小阶级。现代化工业的在职人员的比例为领取工资之人总人数的12%~20%,他们与行政人员和第三产业(商业、广告业、服务部门)共同组成了一个新兴阶层,该阶级在"二战"之前毫无迹象可循,取代了从前的"中产阶级"。

这一新兴资产阶级的反应丝毫不可预见:然而,人们很快意识到该阶级渴望秩序、舒适、安全和非政治化。汽车、假期、周末以及乡下或海边的第二寓所的风尚,以及电视机的迅速发展,使得专业职员和工人远离了各个政党和工会,后者的编制人数在经济扩张如日中天之时迅速减少。法兰西对"议员的共和国"越来越淡漠。他们参加议会活动,却带着日益俱增的冷漠,因为这些活动被视为无关紧要、劳民伤财和不合时宜的。

政体激变

右派之不幸

非殖民化持续毒害政治生活:印度支那事件迫使政府派遣更多的支援和装备。职业士兵开展异常艰苦的作战,他们没有成为世界上少数获得舆论支持之人,相反地,该舆论却对军事行动高昂的费用感到愤慨。在印度支那周围,弥漫着丑闻(皮阿斯特货币的非法交易)和欺诈的味道。无人相信所谓的越南末代皇帝保大的独立。1950年,当德塔西尼逝世之时,毫无疑问的是,对于其继任者拉乌尔·萨兰(Raoul Salan)而言,唯一理智的目标便是独自防御东京湾的三角洲。

非洲军队并未完全加入印度支那的军事行动之中,而不久之后,暴乱波及北非的保护领地,在那里退伍的法国士兵人数众多。在罗伯特·舒曼不得不逮捕首任总统布尔吉巴(Habib iben Ali Bourguiba)之时,法国与突尼斯的联系遭到损害。法国派遣军队来应对整个国家爆发的游击战。同样地,在摩洛哥,独立党走向独立的运动遭到瑞安将军的阻碍,而纪尧姆(Guillaume)对瑞安的顶替艰难地避开了叛乱。法兰西走到了悲剧的边缘。无论是在北非还是印度支那,法兰西的负责官员方寸大乱。他们不知是去是留。他们指望美国人来凑合活着,其政治过一天算一天。

这些政治负责人维护法兰西共同体免受水深火热的侵蚀,而后者时刻面临陷落的威胁。在缺乏充足的军事、财政和外交资源的情况下,他们延长法兰西共同体。皮内任职下的法兰西并未做好开战的准备,甚至是一场殖民战争。右派的全体选民不愿允许必要的牺牲,对放弃行为表示愤怒。

对于50年代的法兰西而言,抵抗运动早已经仅仅是一个遥远的记忆。《解放报》彻底陷落,分文不值。它被大发行量刊物替代,遭到某些强势财团的控制。消费的报刊界仅仅在利用英雄主义。笔名为Cecil Saint-Laurent的雅各·洛朗(Jacques Laurent)在杂志《法兰西星期天（*France Dimanche*）》上发表《亲爱的卡洛琳》，成为50年代发行量最大的连载小说。"知识分子"更加具有觉悟吗？人们在林荫大道上演出萨特（Jean-Paul Sartre）的剧作《肮脏的手》，该剧在莫斯科受到谴责，在纽约却被极力恭维。在《知识分子的鸦片》中，阿龙（Raymond Aron）长篇解释右派和左派的的观念毫无意义可言，人们忘却了"阶级斗争"，因为已无"阶级"。如何根据乔治·皮杜尔（Georges Bidault）的理论，通过向法国人解释他们在印度支那保卫"自由世界"反抗共产党人而将之动员起来，而人们却每日目击欧洲共产主义的遣散？

欧洲防务集团的埋葬

如果说招募部队来开展印度支那的作战是一项艰难之事，相反地，人们能够极其轻易地动员社会舆论来反抗欧洲防务集团（CED）。只需向法国人解释他们有可能拥有一支由德国军官统帅的军队，如此便可。

然而，从根源上来说，欧洲防务集团的规划是法国人的主意。议会中的"欧洲人"意欲避免德国单方面的军备重整。欧洲防务集团制止德国国家军队的出现。马耶尔（René Mayer）、皮杜尔以及一定数量的社会党议员赞同德国军队的"归并"计划。由于美国人要求德国重整军备，那些欧洲防务集团主义者确信其规划为两者相较取其轻之良策。

由于欧洲防务集团的使命为确保"西方的防御"反抗东方的国家，共产党人显然与之开战。至于戴高乐主义者，他们以民族独立为名，强烈抨击该计划。他们得到了某些激进党人的支持，其中包含国民议会议长赫里欧（Édouard Herriot）。

掌权的右派逃避讨论。不论是皮内还是拉尼尔（Joseph Laniel），第四共和国时期的"中间偏右派人士"不会劳心费力去处理一件能够使之与戴高乐主义者和解的事。他们的关注点集中在整个殖民问题之上。他们既不能挫败欧洲防务集团，防御也并非易事。不久之前，他们其中的一员科蒂（René Coty）当选为共和国总统。他们加强在公共舆论中的发展，心甘情愿展示出维护某种民族主义的意图。报刊界和某些压力集团开始要求法兰西在北非的介入。这一舆论倾向同样得到了戴高乐主义者的动员，受到年轻的中间偏右派人士拥护。在刊物《愤怒报》中，米歇尔·德布雷（Michel Debré）强烈抗议海外任何微小的软弱迹象。在法兰西共同体之下，如何成为一名爱国人士，同时接受一支归并的军队？那些中间偏右派显然不愿比戴高乐主义者显得更加狂热好斗。在议会上，在军队中和报刊界，一个新生右派的权威和爱国的戴高乐主义强势展露头脚，他们集中了中间偏右或激进党的显要人物，并且在星形广场上，在一名未知姓名士兵的坟墓之前，那些百人队长们侮辱了国防部的一位部长。

孟戴斯主义

在法兰西，一切厌恶维持殖民主义之人，一切同样渴望符合当今世界发展、宽松、活跃且高效的民族新政策之人，他们对孟戴斯·弗朗斯（Pierre Mendès France）回归政坛表示欢迎。从一开始，他便为新生之人。

1954年，奠边府战役的惨败导致对印度支那的暂时放弃。这一失败激怒了维持法国海外介入战略的拥护者。然而，自从德塔西尼将军去世以来，形势不断恶化，如何坚持下去呢？萨兰将军可动用的士兵人数为40万,而越南独立同盟在中国人的帮助下,对东京湾发动猛烈进攻,而后向着老挝进发。人们期望在奠边府盆地,引诱并摧毁胡志明的军队。人们期望取得一次军事胜利,以此来使得在有利的条件下协商和平协议成为可能。1954年3月13日,武元甲将军(Võ Nguyên Giáp)向四周设防的法国军营发起攻击,最优秀的远征军部队落入敌人之手。

人们难以想象该事件在奠边府造成的轰动。在民族屈辱已经家喻户晓之时,电视尚未得到普及,而整个报刊界的反应却异常激烈,左派与右派截然相反。在巴黎,拉尼尔的内阁陷入窘境。对于国民议会而言,任命孟戴斯·弗朗斯,等同于召唤魔鬼,引狼入室。

自从1946年开始,孟戴斯·弗朗斯不停地谴责无新意的政策、整个领导班子的鼠目寸光以及公共舆论的意志薄弱。他希望实现复兴,一个轰动一时的振兴。1945年,那个敢于向戴高乐建议推行紧缩政策之人,必然并非一个朝向法兰西海外省引诱舆论之人。在若干年的动摇之后,需要立刻注意到火势,并尽力抢救可救之物。与其激进党同僚相反的是,皮埃尔·孟戴斯·弗朗斯尊崇的是坦诚和高效。

巴黎的各个周刊为海外的自由政策[莫里亚克(François Mauriac)发文的《快报》以及布尔德(Claude Bourdet)与罗歇·斯特凡(Roger Stéphane)的《观察家》]而战,皮埃尔·孟戴斯·弗朗斯得之拥护,将国民议会的多数派与外国谈判代表同时置于明确的时间表之下:他成功谈判,且使得巴黎接受日内瓦协议,该协定以韩国停战协议为示例,解决了印度支那的问题,促使远征军的登船撤离。在一场历时7年的战争之后,印度支那失守。在法国人及其同盟军一方,其代价为3万亿法郎和92000名牺牲者。

在这次切除术之后，外科医生般的孟戴斯·弗朗斯开始着手处理突尼斯问题。他与瑞安将军赶往突尼斯，于迦太基与刚刚出狱的总统布尔吉巴协商，同时发表自由声明。面对由巴黎组建的非洲政党的威胁，孟戴斯·弗朗斯无力采取更多举措，甚至不得不接受在摩洛哥保护一项反感的政策：人们将穆罕默德五世（Mohammed V）赶下王位，先后流放至科西嘉岛和马达加斯加。令人稍感欣慰的是，在压覆于阿尔及利亚的威胁面前，孟戴斯·弗朗斯发表声明，关于法兰西在马格里布各省的介入问题态度坚决，并且任命戴高乐主义者雅各·苏斯戴尔（Jacques Soustelle）将军为代表，不久之后，后者发出声明："法兰西已做出选择，这个选择的名字为一体化。"

从殖民政策的根源上来讲，无论何时，孟戴斯·弗朗斯都并非一个"帝国摆脱者"，并非如同其右派敌对者告发的一样。相反地，由于第四共和国时期权力的行使处于艰难的条件之下，他的决策往往充满矛盾。如果说他赞成发展，他不得不坚定地表态，否则将被民族主义者清除。在关于欧洲防务集团的讨论上出现了同样的矛盾，该集团使得政治局势恶化：出于其前任所作出的国际约定的原因，孟戴斯·弗朗斯不得不向议会递交一份不合心意的协议，而1954年8月30日，该协议遭到拒绝，319票反对，264票赞成。

这位企业家和实业家在前进的道路上，不断地遭到议会制的阻碍。他早已要求特设经济权力，以此来开展反对国家所有"接受救济者"的英雄斗争。然而，如何在不使同盟军激进党显要人物感到不满的前提下，攻击"甜菜种植者"和"自酿烧酒者"这些将自家生产剩余转化为烧酒而领取丰厚补助金之人？

确切地说，皮埃尔·孟戴斯·弗朗斯意欲革新激进党，激发其热情，向其给予一丝灵感、一份纲领以及一些目标。秋季伊始，得到大量年轻拥护者的鼓励和追随，他仍旧试图在古老政党内部再次展开争论。然而，阿里及利亚事件给了孟戴斯·弗朗斯致命的一击，人们认为其突尼斯政策是暴乱的始作俑者。

由于其过于个性的执政方式，追求高效以及拒绝妥协，并且成功得到国家极其年轻公仆的自发虔诚的效忠，孟戴斯·弗朗斯在议会上招致许多嫉恨。他所真正得到的同情仅仅来自左派或些许戴高乐主义者。人民共和党人与某些激进党人视之为欧洲防务集团失败的主要负责人。右派指责弗朗斯"廉价出售"欧洲共同体。友人责备他中断了中间派的联合，使得共和国难以控制。

事实上，同富尔（Edgar Faure）、皮内与普利文（René Pleven）一样，孟戴斯·弗朗斯认为议会制遭到威胁。政府对于急剧缩减的多数派无力施加权威。也许需要改革制度，消灭混乱。在其执政期间，孟戴斯·弗朗斯早已成功使得某些具体举措得以投票通过，以此来简便议会的工作和加强政府部门的安全。面对不同政治团体相互矛盾的要求，很难实施更多的举措：关于1951年的选举法改革问题，取得一致意见尤其艰难。

阿尔及利亚事件与显要人物的终结

由于政体无力从自身找到解决办法或在内部寻求救世主，继孟戴斯·弗朗斯之后的各任内阁无论能力如何，都必然成为混乱的受害者。富尔成功推行"稳中发展"的政策，将确保法兰西的经济以惊人的速度发展。在阿尔及利亚，富尔组织反抗叛乱，同时于摩洛哥鼓励"相互依存之中的独立"。然而，这个革命前兆的专家［他将撰写一本关于路易十六财政总监杜尔哥（Turgot）的论文］无力改革制度。1955年12月，他决定解散一个无法控制的国民议会。继麦克马洪以来，此为法兰西历史上的首次解散。

对于富尔而言，该解散并非有利可图。共和阵线［孟戴斯·弗朗斯、居伊·摩勒（Guy Mollet）、密特朗（Mitterrand）、沙邦-戴尔马（Jacques Chaban-Delmas）］以显著的优势挫败了富尔的中间偏右阵营。在极右派中，商人与手工业者的税收争议运动由洛特省的造纸商皮埃尔·布热德（Pierre Poujade）动员，在一场主题为"揪出任满者"的异常猛烈的战斗之后，他出乎意料地赢得了50个席位[2]。布热德分子意欲了结第四共和国的政客。

戴高乐主义者与人民共和党人均为协商的受害者，他们将追随孟戴斯·弗朗斯的激进党人与社会党人被大量带至国民议会。政权集中在左派人手里：国家希望的是阿尔及利亚的和平。

摩勒以和平主题当选，负责组建内阁，着手与运动起义者进行秘密协商，孟戴斯·弗朗斯在其左右。一次前往阿尔及尔的访问向其展示了这一政策的不得民心。超过80万的法国人或欧洲人居住在阿尔及利亚，他们不愿听到谈及弃离政策。

相较于初次尝试协商失败，在"总政府"收到的"倒彩"使得议会议长的立场更加坚定。不久之后，他任命友人罗伯特·拉科斯特（Robert Lacoste）为阿尔及利亚公使，并且加紧备战。人们向阿尔及利亚派遣"部队"，维持士兵在服役期限之外继续服兵役，召回刚刚退伍的预备役军人。这一召回历尽艰难。征兵中心发生动乱。大城市的舆论拒绝这场战争，如同从前抗拒印度支那战争那般。

在法兰西，社会党人不得不连续对战斗的意义作出解释。在宣传中,人们强调阿拉伯的恐怖主义,大肆宣传拉科斯特收集的恐怖行动受害人的相关文件。通过保护平民免受恐怖主义袭击的必要性,人们使阿尔及利亚军事的"分区控制"合法化。

由于其他所有的殖民问题都已找到各自的解决办法,对于掌权的社会党人来说,阿尔及利亚事件显得更加具有激怒性:摩洛哥和突尼斯已经独立。德费尔(Gaston Defferre)与科特迪瓦人乌弗埃-博瓦尼(Félix Houphouët-Boigny)一同为黑非洲制定法律总则,通过许诺其领土独立归还自治权。阿尔及利亚的欧洲人与穆斯林毫不妥协,阻碍了任何解决办法的施行:需要继续战争。

对于阿拉伯人而言,他们接受从开罗开始的领导,埃及总统纳赛尔(Gamal Abdel Nasser)似乎无视西方。人们"封锁"突尼斯与摩洛哥边境,为了恢复秩序,向阿尔及尔派遣将军马絮(Jacques Massu)的跳伞员。然而,为了进行协商,人们面临一个国际性难题:博弈双方的首领并未置身于阿尔及利亚的奥雷斯山,而是在中东地区。

如果说左派的舆论强烈谴责马絮将军的"空降突击队"在阿尔及尔的行动方法,那么在报刊界,一个越来越重要的舆论趋势揭露西方在纳赛尔面前的慕尼黑协定式态度、美国政策的模棱两可、敲诈以色列成为受害人的羞耻。著名的"苏伊士远征"由摩勒与英国人策划,使世界为之震动,并且在所有西方国家中招致了激烈的新闻战。大多数报刊揭露或丑化"炮舰政策",而非赞成英法两国的"武力行动"。埃及抵抗几乎完整的缺失使得西方的"拳头之动"越发不具有效力。通过强制英法两国退出比赛,美国与苏维埃的威胁先后向世界,尤其是阿拉伯世界发出,表明西方人不再有能力通过武力维持对海外领地的介入,并且什么都不能威胁到纳赛尔的泛阿拉伯政策,后者完全从西方的失信中获益，而殖民主义正于此陷落。

居伊·摩勒的强烈反响让殖民主义者的小集团感到满意，后者长期要求国际行动。苏伊士的失败将敲起丧钟，宣告某些巴黎左派称呼的"民族软弱主义"的末日将近。长久以来，遭到孟戴斯·弗朗斯的抛弃，遭到数量众多的社会党友人斥责，经济政策遭到右派的攻击，摩勒垮台，随之一同消逝的是左派的一致政策。

没落

居伊·摩勒的继任者莫里斯·布尔热-莫努里（Maurice Jean Marie Bourgès-Maunoury）与费利克斯·加亚尔·戴梅（Félix Gaillard d'Aimé）将加剧阻滞。在1957年夏季期间，为阿尔及利亚施行法律总则的计划破产。逐渐地，军事机关占据了衰弱的民政当局所留下的空白。在阿尔及利亚，军队对人心教化负有责任。军官不仅需要关注部队的士气状态和保护法国人，而且需要注意团体的联合，留心穆斯林的"合并"。他们的任务繁重不堪，并为不能得到巴黎更多的支持和理解感到气愤。

在法兰西，经济与财政形势重新陷入艰难境地（人们不得不重新把货币贬值），Sakhiet城危机的民族屈辱使得加亚尔政府垮台：法国战机对一个突尼斯小镇进行轰炸。该行动造成平民死伤。为了解决危机，法国政府不得不求助于盎格鲁-撒克逊使团发挥的"良好作用"。在右派，人们谈及加入战斗，去"睡在布尔吉巴的床上"。民族主义者的反抗变得强烈，在阿尔及利亚得到由阿返回法国的侨民舆论的传播，得到军队将领的宣传。

阿尔萨斯人皮埃尔·弗林姆兰（Pierre Pflimlin）被任命为部长

议会主席，该选定在阿尔及尔引起冲突。不久之前，弗林姆兰刚刚撰写一篇文章，文中声称拥护在阿尔及利亚实施自由主义协商的方法。1958年5月13日，在总理授权讨论当天，阿尔及尔民众在总政府前集结。政治集团组织游行示威活动，转变为真正的分裂运动。马絮将军引领一支公共安全委员会，于阿尔及尔夺取政权。他向总统科蒂发送一封威胁电报。在巴黎，议会赋予弗林姆兰内阁以权力，甚至连共产党人也投票支持。阿尔及尔与巴黎之间存在着完全的互不理解。

戴高乐正于此时介入，在面对冲突看不到解决方法的公共舆论的厌倦之中，在围绕着一位"救世主"的法兰西聚集之外。戴高乐将军避免支持骚乱。他仅仅草拟政体无能的证明，他早已数次揭露，而此时声称已经做好准备，根据符合规定且得到所有民众认可的手续来承担起执政责任。某些戴高乐主义分子稳定与阿尔及尔和公共安全委员会的联系。在巴黎，戴高乐将军与政界首领们的协商冗长而艰难。戴高乐接见其中的一些政客，其中包括皮埃尔·弗林姆兰。面对军队的威胁与公共舆论的愤慨，尽管再次和解的左派政党组织的联合游行大获成功，但是协议最终得到缔结：1958年6月1日，议会以压倒性的多数票投票通过一项宪法，赋予政府首领戴高乐将军制定新宪法的权力。戴高乐将军将能够实现曾在巴约镇所做演讲之纲领。第四共和国存活下来。它自愿终结自己的生命。

1　百年战争期间（1337—1453），"布尔日王国"为"法兰西王国"的消极称号，由法兰西国王查理七世掌管，除此之外的法兰西领土被英格兰国王和勃艮第大公控制。——译者注
2　网页上资料显示为52名当选议员。——译者注

第二十一章
第五共和国

1958年5月，当戴高乐将军孤注一掷的时候，团队与构想早已处于掌握之中。戴高乐将军掌权，并非夺取，而是集中，对于那些此前待之以礼貌性蔑视的议会议员，只需要将政体的几大路线强加其身便足够，这一筹建是于科隆贝双教堂中孕育了12年的果实。

盛大的高卢节落下帷幕。部落抗争、难以控制的行为、波旁官的冷酷无情的欢呼雀跃、大盾竞赛或事先缺乏考虑的远航都已不再：伟大的法兰克国王与其北方的大贵族夺取巴黎。当他本该与撒拉逊人[1]和解之时，却使之重返家园变得艰难无比。

况且自此之后，巴黎成为第三次工业革命的旋涡活动中心。如同"白色龙卷风"一般，旧社会得到清洗。果敢的大贵族的政治决策促使经济蓬勃发展。从1958年至1966年间，法兰西无失业、无罢工，亦无"社会问题"。所有人都有工作可做，带着一种无限扩张的信仰。自卑感消失殆尽：此时此刻，法国人了解到他们有能力同其他人一样生产和销售，他们有能力同美国人一样，过美好自由的生活！

诚然，60年代的惬意与乐天不能抵抗1968年5月的大风。法兰西震动猛烈，却并非具有决定性。1969年，戴高乐将军意料之外的离开令人诧异，使人倍感伤痛，却不会让人烦忧。尽管狂风暴雨袭来，戴高乐的法兰西在将军离世后仍旧存活下来。

法兰西奇迹

一种全新的法郎

从1958年开始，经济真正腾飞的条件成熟。从解放以来，在装备工业以及各种形式的信贷业，进步与发展取得成果。储蓄和资本的重建、大型公司的资金集中，所有这些都预示着巨大腾飞的到来；而此时金融和政治并未完全稳定，来作出未来10年稳健的工业抉择。

稳定货币是雅各·吕夫（Jacques Rueff）、安托万·比内、吉斯卡·德斯坦（Valéry Giscard d'Estaing）这些法国新自由主义的代表人，他们恢复了金子的基础职能：1958年的"冷静"贬值大获全胜。戴高乐时期的法郎贬值14.93%，然而是以金价为基础的限定，这一点至关重要。全新的1元法郎的票面价值为第四共和国时期的100法郎，它将迅速成为欧洲具有影响力的货币。1957年，共有市场的六国之间于罗马签署协定，预测了贸易自由化的不同阶段，全新法郎促使法国有保障地面对。戴高乐主义的对外政策使得对共有市场条款的遵守成为其基本路线之一。

从60年代初期开始，这一政策使得资本集中成为可能。有价证券的持续走高（直至公元1962年）为各个企业确保大额投资。此时此刻，金融市场介入，其变革专为确保该投资的继续：不同的税收优势被用来向交易证券购买人确保有利投资。人们鼓励建立储蓄经营公司，它们取代了有价证券经营中缺乏经验的买主，并保障确定收益。

尽管1962年之后股票突然下跌，且人们开始投机买卖金子，金融市场仍旧得到复兴。美元持续的通货膨胀强制法国经济越来越采取守势。在经历了金子与外汇过度充盈之后，轮到法国经历短缺，如果说投机买卖削弱了美元，那么此刻轮到法郎遭遇创击。

垄断

从1962年开始，金融市场的持续扩大伴随着资本集中的趋势。经由公司合并，强势集团往往在国际或欧洲的背景下成立。在化学工业领域，拜西内（Pechiney）公司与圣戈班（Saint-Gobain）公司结盟。标志公司与雷诺公司联合。意大利的菲亚特入股雪铁龙，此举并非轻而易举。多数法国的大型公司屈从于这些集中合并，当他们无力作为主导之时。

这些联合的目的是对市场实行垄断控制，或者聚集起来为了更好地面对竞争。基于此，从1934年开始管控雪铁龙的米其林公司，于1965年吞并潘哈德和莱瓦索（Panhard & Levassor），并且握有贝利埃（Berliet）半数以上股份权。某些美国集团利用集中趋势来吞并法国企业。在电子工业，美国人的影响力巨大。米歇尔·德布雷时任财政部长，处于该动荡最深处，认为有必要通过"欧洲一套"广播电台的话筒表明：只要美国人不会占有为法国国防部工作的工厂半数以上的股份权，其投资并不妨害目前的局面。垄断集中是一个全球性的现象。不可避免的是，无论戴高乐主义者领导人如何渴望避免吞并，并且希望限制外国资本在法国的投资，法国经济仍旧深陷其中。

能源的抉择

在法国，资本的集中伴随着能源革命。由于艰难制定出的法国工艺高昂的价格，科技研究介入原子核方面的政治抉择并未获得期许的结果。然而，通过激活某些尖端工艺方法，研究总体的进展，一些大型公司以类似"原子联营"（拜西内、施耐德、阿尔斯通公司等）形式的集中、早期核电站的建立以及原子潜水艇的制造，最终都服务于工业发展。在对本国与原殖民地进行勘探之后，法国每年能够生产77万吨铀和1200吨精制金属，该生产数量不容小觑。

得益于电力与石油，戴高乐的法国新型动力模式能够发展。在1950年至1962年这一时期内，水力发电的快速配备（从该方面来看，法国处于欧洲领先地位）得以实现。这一工艺在60年代带来成果。每10年间，电力的消耗将翻一番。法国成功将生产与消耗维持平衡。得益于电力，有些地区能够整体进入工业化：已在进行的罗讷-阿尔卑斯地区、阿尔萨斯大省、诺曼底大省和比利牛斯山地区。

石油与天然气政策为这一扩张做出贡献。输油管线和输气管道在领土上纵横交错，推动工业的建立。碳氢化合物通过大型油船进口，而作为内部重要输油管道桥头堡的各个港口，由此得到了恢复运行。电力与石油能源的发展加速了对于煤矿的疏远。在60年代，碳氢化合物的价格使该能源更加低价，欧洲丝毫不必担忧其供给问题。在中央高地与北部，第五共和国将推行煤矿的恢复生产，此举艰难。

新型工业

港口大量供给能源材料，推动钢铁冶炼企业沿河道建立，并加速了对传统生产地区的疏远，例如洛林大省。在煤矿工人中间，甚至于在金属制造业公司中，对于洛林地区铁矿逐渐的离弃引起严重骚乱。

一种新型冶炼工业在港口得以兴建。在敦刻尔克，人们从瑞典、西班牙或者毛里塔尼亚高品质铁矿经营者那里进口外国矿石。庞大的运矿船确保欧洲最现代化的高炉供给：每日敦刻尔克的钢材处理量为4000吨。所有的现代化工厂从这一能源汇流中获益。拜西内公司将铝工厂安置在大山里，法国成为全球第三大生产国，它将资金投放到几内亚、希腊甚至美国。磷酸盐和肥料的合成化学聚集在港口附近，由拜西内公司和乌纪-库尔曼公司（Ugine-Kuhlmann）管控。

电子技术将资金投到相对发达的地区，因为其50万薪酬领取者需要获得职业培训。为了占领市场，法国与外国集团展开争夺战。IBM公司与布尔电子公司主宰计算机的制造，然而电力总公司与无线电报总公司垄断电气设备的市场。国家创办法国电视公司，并入汤普森-休斯敦（Thompson-Houston）与圣戈班公司，以此来发展色康彩色电视系统（SECAM）彩色电视的工艺，该系统由亨利·德·法朗士（Henri de France）创造。

在戴高乐主义之下，其他工业部门经历了活跃的扩张。例如汽车工业，在60年代达到了生产的最高纪录。法国跻身于全球飞机产量第三名：法国南方飞机公司继续制造"卡拉维尔客机"和直升飞机。1969年3月，该公司试飞首个英法超声速飞机"协和客机"原型。法国北方飞机公司专攻军用飞机的制造。达索飞机公司制造著名的"幻影"，深受国外喜爱的歼击机，以及小型商用喷气发动机，此机型在美洲销路广阔。

古老法兰西的"禁锢"

这些工业部门完全作为出口商，与装备工业一道组成了法国经济系统的尖刀部队。其他在过去作为出口商的工业部门难以适应公共市场。例如纺织工业，古老殖民市场的关闭使之遭受重创，它难以承受合成化学的竞争，正处于蓬勃发展之时，它不得不经历一场"工艺失业"。

因此，在多数领域中，戴高乐的法国经济快速扩张，却经历着危机与阻碍。尖端工业往往缺乏职员或技术专家，而与此同时，由于缺乏转产的能力，难以适应市场的工业部门与职员分道扬镳。规模宏大的劳动力分配工作正在进行中，法国的工业地图遭受令人痛心的修正，如火如荼，时而即兴进行。工业企业与人力的运动遍布国土，引发了地区的紧张和冲突，往往会引发政治问题。

在这种情况下，既不存在合适的职业培训，也无信贷用以支持就业不足的职员或技术人员进修。有些地区全部处于窘境之中，例如棉纺织业之都的北方；有些地区巧妙地适应形势［例如诺曼底地区的穆力耐（Moulinex）］，将新的一批劳动力安置在传统的农耕地区。而北方的传统工业地区则难以融入其中。

乡村世界

同工业相同，农业也面临着类似的适应和改变问题。不得不面对公共市场。大型工业化农业部门安枕无忧，其肥料消耗翻一番，粮食作物的产量达到最高纪录。在外国市场，法国的高档酒水、生鲜时蔬与畜牧产品能够与意大利竞争者相抗衡，远远优于德国人。

相反地，诸如南方、中部与西部这些农业贫瘠之地，难以适应新出现的市场状况。1967年，法国拥有170万个农场，其中半数的面积少于10公顷，而绝大部分的土地面积小于50公顷。最无收益的土地将遭到放弃，不再能够为人类带来食物。

从1966年开始，国家着手将土地合并。然而，该举措在最富饶的地区更容易得到推行，而在其他举步维艰的地区，蔑视情绪高涨。对于最不幸的人们而言，互惠共生或整治市场并不足以解决问题。从1960年开始，布列塔尼、朗格多克、阿维尼翁与佩皮尼昂爆发严重的社会动乱。布列塔尼人袭击专区政府。

那些继续务农之人仍旧占据劳动力总人口的15%（在1954至1962年间，150万耕作者放弃农业）。戴高乐主义既不能忽视该群体的选举能力，也不能小觑绿色法国持不同政见人士的严重威胁。各个省份创办不动产治理与乡村设施公司（SAFER），其使命为对土地的售卖实施先买权，得到土地并售卖给年轻的耕作者。农耕地公司（SFA）由国家担保，购买土地并租赁给经营者。社会活动基金为年迈的耕作者提供养老补贴，将后者的土地分派给年轻人。这一巨大的组织和介入工作并未能阻止愤怒的农民聚集成为异常活跃的联合会：1953年，国家农民工会联合会（FNSEA）成立。小经营者加入盖雷委员会（社会党人），加入家族经营者保卫运动（共产党人），加入米歇尔·德巴蒂斯和拉乌尔·塞里（Raoul Serieys）先后领导的青年耕作者国家中心。青年耕作者感到地位不足，对"新型社会"提出异议。

大商场之受害人

其他对社会不满的人还有商人。工业生产的跃进导致"销售点"规模过快的发展。城市与新兴市郊不再可见"商铺",取而代之的是"大型商场",与大型企业直接跳过市场。1962年,小商人占有法国国内市场份额的70%。到了1969年,份额仅为50%。深受大众喜爱的商店 [优胜和物美(Uniprix和Monoprix)]、均价商店与"大型商场"这类名副其实的"售卖工厂"争夺市场。人们指责它们从国家获取更有利的赋税条件。暴力工会运动继承于布热德运动,由热拉尔·尼古(Gérard Nicoud)与独立工作者跨工会联合与保卫同盟(CIDUNATI)领导,当小商贩遭到遗弃之时,他们向国家提出要求得到帮助与保护。抵抗大型商场与税务局的暴力行动频发。然而,商人与国家的冲突并未能使顾客重返商铺:喜好与需求已经今非昔比。劳动阶层的家庭满足于普通产品,甚至于对"冷冻"食品感到满意,他们每周前往带有停车场的大型商场采购一周所需。基于此,生活习惯的演变与传统活动的维持相对立。受害人归咎于国家。

"新型社会"

对于这些变化及其不可抗拒的特征,国家深感于心。不论如何,国家不会以任何形式来质疑工业化与都市化的继续。恰恰相反,对于一个工业社会而言,这一选择有其深层次不可逆转的原因。我们接受它所引起的一切社会和政治方面的后果。

工业化使得工人编制人数增加,而增加更多的却是"第三产业"部门的职位,他们占据劳动力总人口的40%(1945年,该比例为35%)。在工业国家中,就业量的增加是一个全球普遍现象。普遍来说，除了教育界和某些公务人员，第三产业的工人均未参加工会。如果说这些人的工资并不过高于工人的薪资，那么他们却更加注重生活方式，他们醉心于度假与消遣，乐于使用贷款。这些人组成了一个流动的、非政治化的阶层，忠诚于"消费社会"的价值观。

到了1969年，法国的工程师和"高等职员"的人数分别为19万和450万。工业的飞速发展是这些人员人数增加的一个直接原因。他们忠诚于新兴社会的信条：扩张、整治与适应。他们是支配性意识形态赋有特权的守门人，通常为第五共和国的拥护者。即便如此，作为反对派周刊的读者，他们审时度势，可能很快地转变方向，投入另一阵营。

这些新生的政治力量日后可作待用，却难于动员，且其拥护或暴乱均转瞬即逝，政体应当尽可能紧密地与之联结。政体在制度理论中表现强硬，不得不灵活地适应经济必要性与社会的冲动。第五共和国较之前任不同，并非延续19世纪的政体。后期，隐隐约约且艰难地，法国孕育出一个工业共和国。

戴高乐共和国非殖民化：1958—1962年

戴高乐将军与阿尔及利亚

第五共和国的初期将被阿尔及利亚问题主导。初始，戴高乐并无偏见。他大概相信重返政坛远远足够结束形势，解决对立。从此之后，在阿拉伯人面前，难道他不是法国话语的担保人？至于原先居住在阿尔及利亚后返回法国的法国侨民[2]，戴高乐已经学会了解他们。米歇尔·德布雷出任总理的任命将足够安抚他们。这位《愤怒报》的笔战者仍居高位。然而，雅各·苏斯戴勒却被驱逐出内政部。戴高乐将军将何去何从？

由于新兴共和国联盟（UNR）极大程度控制着国会议会，所以该新兴戴高乐主义者的政党在选举中当选206名议员，而在共产党占据10个席位，在工人国际法国支部中占据47个席位，右派的反对派再无选票。行政区的投票新制度为戴高乐将军提供了一个百依百顺的国民议会，一个准备好盲目追随的国民议会。

戴高乐将军前往阿尔及利亚，并未真正做出方针的选择。因尚未做出合并的决定，在一个毫不妥协的敌人面前，将军不得不加强军事力量，发起君士坦丁计划，该计划的目的为腾飞国家经济。整个年轻法国人这一代，尤其是高等学校出身的年轻干部，他们全心全意投身于提供援助与保障安全的工作中，长达4年之久。远离古老的由殖民者与享有特权者掌控的国家，一个新的阿尔及利亚能否破茧出生呢？戴高乐将军深信不疑。1959年4月，当他向异常极端的《奥兰回声报》的主任宣布："爸爸领导的阿尔及利亚已死"之时，他想到的是那个未来的阿尔及利亚，那个在力量与平等中和解的阿尔及利亚吗？

戴高乐将军不得不明确计划，于1959年9月推行其著名的"自决"政策，如他所想，该策略将同时使善意的穆斯林与法国人感到满意。他说道："一方面，我将向十二个省份的阿尔及利亚人询问他们最终希望成为何种人；另一方面，我要求所有法国人承认这一抉择。"

事实上，戴高乐将军所提议的选择处于分裂和"结盟"之间。据其所言，前者将引起"政治混乱"、合并或"法国化"；后者亦为"阿尔及利亚人自己领导的政府，由法国支援且双方联系紧密"。通过该项提议，戴高乐认为争取到公众支持？他的消息是否不准确？

无论如何，阿尔及利亚共和国的临时政府宣称对该项提议表示厌恶，因为它将阿尔及利亚化为法属，将法国军队奉为协商的主宰。对于那些"自阿返法的法国侨民"来说，他们断言，对于阿尔及利亚，无归并之外更好的解决方法，他们企图如此表达军队首领的意见。在某些报刊中、在议会，甚至于在多数派的行列中、在政府中，该观点在法国拥有众多捍卫者。

法属阿尔及利亚与戴高乐将军的对抗

1月19日，为了"法属阿尔及利亚"的利益，阿尔及尔"安抚者"马絮将军接受一家德国报刊的采访。他即刻遭到免职，被召回巴黎。阿尔及尔竖起路障。

巴黎与阿尔及尔再次陷入僵局。恢复往来的人是戴高乐将军，做法生硬。1月29日，戴高乐身穿旅长制服，佩戴洛林十字徽章，现身电视节目。他命令军队服从指挥，重申自决权政策。所有工会决定开展一次具有象征意义全面罢工，将持续一个小时，以此来对戴高乐的行动表示支持。得益于半导体收音机，军队与军事首领收听将军的讲话，即便身处偏僻的荒漠地区，他们也立刻归顺。正如阿尔古（Antoine Argoud）上校在《回忆录》中所写，军队中数量众多的高级军官，"当戴高乐开口时，他们便无力思考。"如同阿尔古上校一样的军官，拥护"极端的"论点，却势单力薄。竖立街垒的反叛者遭到抛弃。一切回归秩序。

然而这仅仅是昙花一现。在巴黎，戴高乐将军要求并从议会获得"特殊权力"。雅各·苏斯戴勒与科尔尼-让蒂耶（Bernard Cornut-Gentille）拥护法属阿尔及利亚，被迫下野。由于反对经济和财政政策,皮内早已不再担任任何职务。法属阿尔及利亚的追随者可能会在议会找到一席之地。

在阿尔及利亚,戴高乐将军着手推行其著名的"军官食堂之巡回",以此来安抚军队中的将领阶层,并且决定与阿尔及利亚共和国临时政府的代表们交火。前期会谈(1960年6月于默伦)无疾而终,因为叛乱分子意欲与法国在平等的基础之上谈判。戴高乐将军不愿在停火之前进行协商,要求"勇士之和平",希望反叛者"放下屠刀"。

在法国,反对战争的反抗激烈爆发。知识分子对酷刑提出异议,121人宣言尤其得到萨特的联名支持,要求于9月立刻结束斗争,并且发起决不妥协的号召。

协商与叛乱

1960年11月4日,戴高乐对其向阿尔及利亚人所做出提议的微弱回应感到失望,向着协商迈出了决定性的一步。此后,他要的是获得成功,并且迅速。"阿尔及利亚共和国迟早存在",将军声称。在巴黎,需要再次改组内阁,将归并的拥护者排除。在阿尔及尔,莫兰(Jean Morin)接任德尔乌赫尔(Paul Delouvrier),而与此同时,在巴黎,乔克斯(Joxe)任职国务部部长,负责处理阿尔及利亚事务。此后,戴高乐将军与乔克斯将独自承担协商,几乎与总理德布雷无关,后者对法属阿尔及利亚的好感人尽皆知。

1961年1月,通过全民公决,戴高乐将军询问国家是否同意自决政策,56%的等级选民赞同该政策。共产党人与极右派投否决票。在阿尔及利亚,70%的选民投赞成票。对于"原先居住在阿尔及利亚,后返回法国的法国侨民"而言,唯有暴乱能解决问题。

1960—1961年冬季，秘密军队组织（OAS）建立起地下联络点。该组织依次在阿尔及利亚和巴黎引起了一系列轰动的恐怖袭击。阿尔及利亚将成为下一个爱尔兰？

1961年4月22日，在阿尔及尔，四位将军夺取政权，逮捕莫兰与罗伯特·伯顿（Robert Burton）等法国政府代表，将其欲以武力捍卫法国介入的野心昭然示众。戴高乐将军态度坚决，表示"一小撮退休将军"叛乱为荒唐之事。应征部队并不听从造反军官的命令。唯独雇佣军团产生分裂。基于此，暴乱行为能够轻易地得到镇压，不产生杀戮与牺牲。沙勒（Maurice Challe）、安德烈·则勒（André Zeller）、拉乌尔·萨兰（Raoul Salan）与埃德蒙·儒奥（Edmond Jules René Jouhaud）四位将军或投降或逃跑。正如戴高乐将军在部长会议上所说："先生们，在这次事件中最严重的事，莫过于行为的轻浮。"

4月23日，戴高乐将军向军队发表的讲话足以粉碎该阴谋："以法国的名义"，他说道："我命令用尽一切办法，我说的是一切办法，来设置障碍，等待将这些人制服。我首先禁止所有士兵，所有法国人执行这些人的命令。篡权者的未来只能是接受严酷法律的制裁。"

戴高乐将军希望杀一儆百。米歇尔·德布雷的亲信，尤其是约翰·福耶（Jean Foyer）缓和了法律的严厉。阿尔及尔事件激怒了法属阿尔及利亚的拥护者，不论其位于法国还是阿尔及利亚。法国人不能再次遭到无可挽回地割分。

然而，为了强制推行自由主义政策，巴黎当局能够依靠的，仅仅是武力而已。1961年5月，与阿尔及利亚共和国临时政府的埃维昂首次协商开始。由于阿尔及利亚对撒哈拉石油的觊觎，该协商失败。关于突尼斯的比塞大城，7月的法突危机使得形势恶化。需要快速做出结论：军队道德沦丧，秘密军队组织增加其恐怖行动。9月的一次恐怖袭击险些使得戴高乐将军失去性命。在共产党人组织的一次盛大游行期间，巴黎地铁沙隆站突发事件，造成8人死亡，这8个人死于窒息，当时他们正逃往地铁入口来躲避警察袭击。

2月，乔克斯再次与阿尔及利亚共和国临时政府进行协商。撒哈拉石油问题已不在争论范围之内。它已被弃之不顾。阿尔及利亚毫无限制。欧洲共同体和并阿尔及利亚。到了3月，协议最终在埃维昂被签订：临时行政权将在克里斯蒂安·富歇（Christian Fouchet）的领导下，确保阿尔及利亚的秩序恢复。法国即刻举行全民公决，表明国家的大多数公民（80%）支持这一和平政策。第五共和国历史的第一阶段即将结束。

这段时期并非一帆风顺：从阿尔及利亚移居回法的法国人选择离开。1962年，这些人中的70万重抵阿尔及尔，在抵达目的地时往往身无分文。萨兰将军于4月份遭到逮捕，勉强保住性命。秘密军队组织的政治首领雅各·苏斯戴勒与皮杜尔（Georges Bidault）逃离至国外，等待赦免，却仅仅于1969年不期而至。非殖民化的最后阶段无疑是最使人感到痛苦的。

戴高乐将军之伟大政策：1962—1969年

新政体

摆脱了阿尔及利亚事件的困境，第五共和国最终能够大显身手，且法国人亦能够审慎地做出变化。直至1962年，法国人才接受了某种特别的政体，该政体充分由时势造就其合法化，并未过多地留心宪法的变化。人们深知共和国总统执掌行政权,任命各个部长与总理。从1958年至1962年,人们已经见识过轰动一时的解职行为。爱丽舍宫变成了一种权力,一个"城堡",诚如众议员所言。事实上,总理是"城堡"的"代理人"。总统的权力来源于一个由8万名具有声望的选民组成的选举团,其中包含国会议员、市镇议会代表与省议员。议会无力如此轻易地让各部垮台:迫使总理辞去职务的"不信任案",将获得多数票通过。议会内再无质询。

戴高乐将军派其办公室主任乔治·蓬皮杜(Georges Pompidou)接任米歇尔·德布雷的总理职务,欲与仍存留的政体的模棱两可做以了结,在他看来,该政体过于顺从于议会的方案。1962年9月12日,戴高乐对外宣布向国家提议举办全民公投,来决定普选中总统选举的方针。戴高乐将军将所有重心放在该项改革之中,却遭到议会议员(尤其是参议员)的质疑。"如果说'赞成票'的多数票是力量单薄、不值一提且偶然未定的,"他说道,"那么显然,我的工作将会立刻停止且决不复还。"

政治局势紧迫。阿尔及尔阴谋的始作俑者受到审讯:我们宽恕了头领,枪毙了某些副长官。儒奥被判以死刑,却并未施行。德格尔德(Roger Degueldre)的命运却恰恰相反。巴斯蒂安·蒂瑞(Bastien Thiry)作为反抗戴高乐的小克拉马恐怖袭击的主要负责人,遭到枪决。从此之后,暴动的极右派与军队不乏受害者。议会的指责瓦解。人们丑化被戴高乐将军选中的蓬皮杜,人们在这一任命中看到了对议会的蔑视。蓬皮杜毕业于师范学校,曾任职一家大型商业银行的代理人,他既了解财政学也知晓修辞术,却显然对波旁宫一无所知。对于其信任案的投票,他仅仅得到259票支持,而反对票为128票,以及

119票弃权票！反对派的所有政党得到了多家报刊的支持，开战反对全民公投的计划。参议院再次选举莫奈尔维尔（Gaston Monnerville）为议长，后者强烈反对全民公投。在议会上，在保罗·雷诺的倡议下，蓬皮杜的内阁得到的不信任投票280票。戴高乐将军即刻宣布解散国民议会。关于全民公决的战斗与议会选举同时进行。

然而，国家眼见戴高乐将军带来了和平，这恰恰是议员们绝对做不到之事。对于戴高乐将军而言，选举将成为一场胜利；而对于政客们来说，它将是巨大的侮辱。需要说明的是，将军毫不犹豫接受挑战，以此来跟古老的各个政党算总账。他说道："往昔的政党不代表国家。"

在戴高乐主义者方面，他们同时进行全民公决和议会选举的战斗，干净利落。"第五共和国联盟"由安德烈·马尔罗领导，为新共和国联盟（UNR）与劳工民主联盟的候选人正式提名，这两个政党汇集了左派的戴高乐主义者。人们向独立派人士与人民共和党派人士提供正式提名，以此来在选举之前争取到多数票。在反对派方面，"反对票联盟"决定分散候选人资格，以此来最大限度地击败戴高乐主义者。共产党人独自赴战第一回合，然而摩勒早已声明，在共产党人和戴高乐主义者之间，他将在第二回合选择共产党人。

从第一回合开始，一场真正的戴高乐主义的大动荡将突然袭击政治观察家。保卫共和国联盟（UDR）威严地掌控无数政党。在《鸭鸣报》中，我们称为多数派的"无条件追随之议员"是绝对存在者。左派议员仅为100多人。乔治·蓬皮杜重掌事务，对不信任案进行报复，战绩辉煌。

然而，戴高乐将军赢得全民公决。与所有政党的意见相反，通过

1300万的赞成票与800万的反对票，选民通过了共和国总统在普选中选举产生的方案。反对票主要来源于卢瓦尔河南岸地区。东部、北部以及巴黎地区投票支持。全民公投将法兰克人的法国与忠诚于议会的古代罗马尼亚相对立。在卢瓦尔河北岸，人们期望政治上的高效与权威。在南岸，人们意欲保卫自由、传统和特权。这两个法国根据各自信仰表达意愿。然而，投票选举深深地改变了政治姿态：并非在政党阶层来摆脱戴高乐主义。反对派不得不拼力运转，在总统选举中下赌注。左派需要与之适应。

戴高乐将军的"全球政策"

自从50年代以来，法国首次与传统接轨：在世界范围内构思其对外政策，伴随着统筹大局的思想、方针与手段。到目前为止，在国际机构中，外交的通信与代表工作遭到摒弃，戴高乐将军恢复其职权。

戴高乐将军的第一念头简单纯粹：解放人民。如他所言，此为法国应当履行之义务。对于将军来说，为了"解放"黑非洲，放宽1956年的乌弗埃-德费尔法律总则，创办共同体便足够。1960年，成员国均选择独立。黑非洲和马达加斯加的14个新兴国家中，合作取代了殖民。在成员国请求下，军事与民事"专家"被派遣到各个国家，以此来确保经济、政治、社会与教育腾飞。年复一年，在香榭丽舍大街的圆形广场的旗杆上，一面主色为绿色的新国旗将向所有巴黎人宣告一位非洲国家领导人将造访，其中的一些首领早已在法兰西耳熟能详，例如塞内加尔总统桑戈尔（Léopold Sédar Senghor）与科特迪瓦总统费利克斯·乌弗埃-博瓦尼（Félix Houphouët-Boigny）。数以千计的"合作者"[3]奔赴黑非洲，他们为教员、医生、农学家或者具备专业知识的技术人员。法国与殖民帝国挥手告别，新式法国人在古老殖民地受到欢迎。

对于法国而言，从1947年开始便被各种羁绊归并入各样的趋于超国家共同体，它仍需把自己从这些羁绊中解放出来。戴高乐将军接受了某种欧洲一体化的概念，却不希望法国丢失其绝对权力。相较于归并式的欧洲，戴高乐更加倾向于合作式的欧洲，其中的第一步行动便是法国与德国的和解。他与德意志联邦共和国第一任总理一同建立起有力联系，使得1962年9月的德国西部轰动一时的旅行成为可能，并且促进了对汉堡军官学校的探访。第二年1月，德法协议是走向德法轴心的一步，根据戴高乐将军所言，它将掌控共有市场。从法国方面来说，尽管面临农业困境，并且长久以来，英国候选人资格的排斥被视为不合时宜，该协议必须以经济一体化的果断决心为前提。关于美国，戴高乐的心愿为"由大西洋至乌拉尔河"的统一欧洲，必须以西欧的免税为前提。

积极的中立主义

朝向东部的开放政策是拒绝大西洋一体化的结果。需要"放弃这个庞大的大西洋联盟，放弃寄人篱下且由美国掌控的联盟。"该政策意味着共有市场的欧洲贸易伙伴跟随法国的脚步。如果说与美国相比，戴高乐将军成功捍卫法国的独立防卫，那么欧洲的其他国家仍处于美国的势力范围之下。法国与现实脱节。

然而，法国成为军事强国：国家打击力量始于第四共和国时期，于1960年在议会中得到讨论并通过。同一年的2月份，法国向撒哈拉投放第一颗炸弹。1964年，为期五年的规划性的法令得到通过，而在此前一年，戴高乐将军拒绝出席关于限制核武器的莫斯科大会。戴高乐的法国将其现代化军队变成对外政策的核心问题。

基于此，大西洋一体化得以存活。法国早已禁止美国人定居在火箭"发射装置"基地。法国舰队从大西洋的盟国指挥机关中撤离。1965年，戴高乐将军宣布其撤出北大西洋公约组织的意图。第二年得以实现。

对美洲的远离伴随着与东方国家的合作与开放政策，其中包括中国。在总理富尔（Edgar Faure）的代表团之后，1964年，法国承认共产党领导的中国。1966年，戴高乐将军完成了一次对莫斯科辉煌性的访问，将有利于传播中立且爱好和平的法国的标志形象，为了东西方的全球和解部署斡旋。在印度支那事件中，法国的思考遭到华盛顿沉痛的忌恨，进一步肯定了以上的观点，其中的重大路线在戴高乐将军于金边的讲话中得以确立。将军完成了非洲、南美洲、巴西与加拿大（戴高乐在民众面前高喊：自由的魁北克万岁！）的出访，在国际关系中，向法国以及欧洲赋予了影响与威望。

"愤怒与不满"

该政策如何被法国舆论接受呢？近百年来，公众的准则为：对对外政策的相对漠不关心。然而，出于民族自豪感的原因，独立政策反常地得到了公众的支持：人们希望无打击力量的独立。从1966年开始，全球危机初步造成的后果早已将经济和社会问题置于首位，并且戴高乐将军左派与右派的政敌将其对外政策描述为"信誉政策"，该项以惊人手法争取信誉的策略无用且昂贵。

在极右派中，反戴高乐主义者依靠从阿尔及利亚派遣回国之人，意图在律师让-路易·蒂克西埃-维尼扬古（Jean-Louis Tixier-Vignancour）背后，组织一个大都市的强大的权力集团。"法属阿尔及利亚"的怀旧者加入戴高乐直接民主政策的反对者、右派与中间派的显要人物以及拥护超国家欧洲的人民共和党人行列。

此为中间派和右派的可利用力量，社会党人德费尔任职马赛市市长，试图将他们联合在戴高乐主义的非共产主义反对阵营，试图发展一种新型的"第三支力量"，却徒劳无功，遭遇失败。基于此，社会党人有能力调转方向迎击其共产党旧敌，以此来建立一条"统一阵线"，也许能够重建"人民阵线"。出人意料地，该创举出自单独一人，他并未在马勒塞布城这条街道上的小集团受到熏陶，它来自中间派，名为弗朗索瓦·密特朗。

政体的总统制的加强使得密特朗有理可依。长久以来，密特朗向反对派说道：没有共产党人，他们决不会取得胜利。与某些"俱乐部成员"一道，密特朗创办《共和机构公约》，将作为平台来服务于1965年的总统大选中与戴高乐竞争的候选人。密特朗成功组建一个多数派，其中包括共产党人、由摩勒煽动的社会党人、由激进党组成的一个重要党派，以及统一社会党（PSU）。右派与极右派推举勒卡努埃（Jean Lecanuet）或者蒂克西埃-维尼扬古。

尽管密特朗将所有威望压在天平之上，他仍成功置戴高乐将军于无结果的投票。的确，密特朗忽略了公众才智，尤其忘记了电视系统。器具作为政治影响的方法为新发现。至此时，人们将大型政治冲突远离小屏幕，赋予电视信息某种官方报刊的特征。然而，1965年，电视的接收器普及每个家庭。法国人在用餐时间收看反对派的论证，他们对此不甚了解，他们不再阅读报纸，而对反对派人士的面孔也感到陌生，因为后者不上电视。对于遗忘了政治的电视观众而言，相对年轻的勒卡努埃和敏锐的密特朗为崭露头角者。

战斗异常激烈，戴高乐将军通过300万选票获取最终胜利，引进了新型宪法，并且展现出选举为两个法国之间的一场政见的广泛争论的结果。政体错误地自我怀疑。为了树立威望，戴高乐将军赞同与一个记者"对话"，而非在奥林匹斯山独白便足够。

然而，从此之后，在谈及"愤怒与不满"之时，难以将反对派压制至最低限度：法国人的不满情绪有其深层次的原因，而总统选举为这一情绪提供了政治上的表达机会。诚如《世界报》社长雅克·福艾（Jacques Fauvet）所写，议会选举为"总统选举的第三轮"，应当确保密特朗所说的"左派之活力"。戴高乐主义者自食苦果。阿尔及利亚被遣返回国之人遭遇的困境，失业的出现，工业转行的抽搐及其引发的所有社会问题，不受欢迎的"稳定计划"作为经济危机的首要可视征兆，以上显示出繁荣昌盛的好日子已经结束。密特朗领导的民主与社会主义左派联盟拥有120名代表（而非89人），共产党人为72名代表，并非原先的41人。

5月风暴

1968年5月的危机将突然袭击正处于全面转变的国家。政治力量为这些深层变化不定的映像。显而易见，左派从艰难的经济和社会形势中获益。该派面临合并与联合问题，而多数派同样遭遇这类境地：权威的戴高乐主义对"吉斯卡尔派"当选者感到越来越不满，后者要求提早实现政治生活与公共生活的自由化，以此作为联盟的条件。此为吉斯卡尔·德斯坦（Giscard d'Estaing）的"好的，但是"。反对派中的右派对多数党的边缘开展持久的游击战，而对方既不能与之融为一体，也无力使其缴械投降。

从3月份开始，某些高校遭遇危机：煽动组织效仿德国模式，四处活动。电视上播放德国学运领袖阿尔佛瑞德·威利·鲁迪·杜契克（Alfred Willi Rudi Dutschke）（"红发鲁迪"），而南特爆发的"3月22日运动"由"红发丹尼"丹尼尔·马克·孔-本迪（Daniel Marc Cohn-Bendit）开展宣传。权力机构任其发展，看到"这些教授与名人厌恶一切变革，与勃然大怒的年轻人作斗争"，却不恼火。些许骚乱有助于变革高等教育。

然而，学生群体数量庞大：10年之内翻了3倍。从此之后，他们的数量为60万，其命运牵动万千家庭。其中的大多数人感到焦虑，对学业的目的、对出路的稀少和不确定性提出疑问，在一个"消费社会"中，其依存关系可悲地遭到规划，等待他们的命运亦使之发问。对他们而言，精神危机比物质危机更加严峻。

5月初，早期的战斗迅速导致学生群体的自发动员，他们决定迎头痛击：5月7日，拉丁区聚集了6万多人。运动扩展到外省，校园爆发罢学活动。

工人阶级接替并扩大了学生运动，在基层人员不可阻挡的推力的作用下，发起行动。法国民主工联（CFDT）与全国教师联合会（FEN）发起全面罢工命令，于5月13日举行。这一天，在巴士底狱，聚集起来的工会组织20万人参加游行活动。第二日，戴高乐将军离开，前往罗马尼亚。

从5月14日至18日，在戴高乐旅程期间，法国的形势急剧恶化。工厂占领活动增加，国营铁路公司加入罢工行列，巴黎高校运动波及整个省份。19日，戴高乐将军的介入（"欢迎改革，拒绝社会渣滓"）将不会平息民众，却悄无声息地将面对持续抗争心存忧虑的民众动员起来，其中包括大众传播媒介的记者的躁动，以及电视屏幕上放送的被烧毁的汽车与粗暴冲突的图像。甚至于，从24日开始，截至此时鲜少受到运动波及的农民，也开始参与游行示威活动。

戴高乐将军宣布举行全民公投，与此同时蓬皮杜于格勒纳勒区开始与各个工会进行协商。邮电部部长盖南（Yves Guéna）命人切断拉丁区事件直播的转播媒介。周围的邮电局不再能够即时汇报街上的动乱情况，不再能够让法国听到榴弹的声响。29日，戴高乐将军突然消失于巴黎与科龙贝双教堂村，消失得无影无踪。随后，人们将会得知将军前往德国，会见军队的某些将领。30日，戴高乐现身，宣布解散国民议会，并且组织议会选举。他不再谈及全民公投。

另一个法国在喘息。戴高乐主义者组织反抗，动员活动分子。5月30日，在他们的召唤下，一大群人聚集在协和广场与星形广场之间。从此刻起，竞争获胜。到目前一直忍受事件的沉默的民众寻回发言权。

他们同样找回了选举权。从6月23日起，人们在一个恢复正常生活的国家中进行投票。长期实现定量分配的汽油恢复供应，火车、邮局、电力煤气公司、公共服务业与银行渐渐恢复营业。6月13日起，学生清洗索邦大学。16日，警察轻易占领该校和奥德翁剧院。极左团体遭到解散，其活动分子被捕。唯独电视与无线广播仍处于疲软，直到选举第二轮，他们才重新恢复正常的节奏。

这些令人难以置信的选举确保多数派取得了出乎意料的胜利。"无双议院"[4]的294个席位被保卫共和国联盟占据。多数党占据压倒性席位:在485个席位中占据358个。左派惨败,被压垮。5月的大恐慌向波旁宫派遣来自沉默的多数派的门卫。该事件的第二个结果是戴高乐将军的离职。

戴高乐将军辞退蓬皮杜,任用顾夫·德姆维尔(Couve de Murville),他与经济、社会危机和货币混乱作斗争,长达数月。然而,他却从深层次感受到国家不再需要权宜之计,而是其他东西。戴高乐希望开展政治和社会结构的革新,尤其是某种新型精神形势,对社会关系与社会内部的人物关系重新提出怀疑。然而,戴高乐将军如何能够将革新强加于新老权贵,强加于昔日秩序的防卫者,且强加于新秩序的获益者?在热情的捍卫者的信念中,参与政策或机构改革都无迹可寻。显要人物强烈反对地方分权,商界人士则激烈反对参与。公元1969年4月,立宪公投失败,促使戴高乐将军再次隐退,留下了一个深感震惊的国家,面对一个能够称之为事件的离开,舆论稍显狼狈。

继任者们

在戴高乐执政时期,人们对"后戴高乐主义"提出了很多问题。事实上,继承是艰难的。然而,正如乔治·蓬皮杜所说,地球还在运转,而问题就摆在眼前,不随人愿。

尽管法国人并未意识到,1968年的5月风暴却改变了其精神状态。至于"现实",在全球危机的影响之下,也发生了巨变。一系列堆积的琐碎之事改变了生活的轮廓;法国人最终意识到生活已经不复从前,空间更加狭窄,时间更加刻板,胸容量更加微小。法国正面临一段新历史。仍可被称为法国历史吗?

100多年来，法国生活在对科学、技术和生活水平改善的无定限发展的信仰之中。从近期的发展来看，法国社会对此深信不疑。对个人和国家而言，近30年来的发展从未达到如此惊人的程度。由于危机的影响，该发展大大减缓，5月的伪革命此时再次对该物质发展的目的提出怀疑。

因为尽管各式各样的"复兴"或"稳定"计划得到开展，法国仍然遭受危机的打击。危机在此阻挠"法国奇迹"，妨碍戴高乐主义的迅猛扩张。从此之后，人们谈论的是"零增长"与发展的危害。人们向污染开战。甚至在经历了一段长期的鼓励出生率的生活之后，再次质疑人口政策。战后的乐观主义已亡，"仿古"式样占据上风。

戴高乐统治期间如此令人自豪的所有技术工艺壮举，其中包括"协和号"飞机、敦刻尔克现代炼钢厂以及芒什海峡海底隧道计划，都被置于收益与时机的筛查之下。让旗帜在建造完善的屋顶或在威望的成就上哔哔作响，已绝无可能。人们批判的是消费社会？尽管尽力摆脱困境，不论在其有生力量或前线车间之中，遭到质疑且往往受到损害的仍为生产。在国家的操控与生产的强大推动力之间，人们越来越感觉到与现实脱节。一个不再依附于1个、6个或10个国家，而是世界国家的机构出现，在其之上，好似越来越神经质的秩序扼杀了政体，好似这些秩序越来越不可用。人们觉察到法国不再能够独自拿命运作赌注，如同其邻国一般，它也要屈服于接连的黄金、美金、货币、农产品价格、能源危机，屈从于从1968年以来将其连续暴击的困境危机。

近些年以来，沉重的必要性早已为那些意欲变革社会之人提供依据。人们再次高声谈论"社会契约"，发现仍有大量任务需要完成。在贫民窟和外籍工人之外，仍存在其他不公正的行为、其他的"禁锢"。突然，妇女的命运，尤其是其中领取工资者的命运成为报刊、媒体、公共权力机构、政治组织和教派机构的关注点，如同两性之间在法律与实际情况中的不平等是一个新现象。整个欧洲参与其中。当法国人为流产自由而战斗时，意大利人在为离婚的自由抗争。整个西方社会要求冲破障碍，跨越任何种族任何身份，不论男女的生活习惯与安全的障碍。对于法国人而言，问题不再是挣取更多薪资来更好地生活，而在于接受人类尊严的新观念。

　　自由主义趋势对社会生活，甚至是家庭生活异常敏感，在那些少数派往往暴力地要求得到合法存在的地区，该趋势艰难地得到公认。人们看到布列塔尼的游吟诗人与抒情诗人再次繁荣起来。法国没有爱尔兰那样要求独立的地区，却在科西嘉岛、布列塔尼和朗格多克省拥有自治论者。显要人物曾经拒绝戴高乐将军的全民公投应用于各个行政区，认为其过于保守，或者相反地，过于危险。从此之后，他们与极左与极右分子发动的持久的煽动行为作斗争。周边行省的古老离心趋势——那些过去曾经遭受盐税局职员与国王龙骑兵的行省——遭到接任共和国雅各宾派集中者的残酷镇压，再次暴露于宽容社会自由的太阳之下，往往身披光芒。

　　的确，在第五共和国时期，政治生活的简化祛除了传统的地方精英身上的影响力。议会的衰落使得议员的影响力减弱。在选举时期，在两大政党凶残的斗争之中，行政区的请愿遭到搁浅和遏制。多数派或反对派均无力支撑地方主义的论点，因为如同反政权一般，政权从本质上来说是偏向于集中领导的。如同所有从事专业的、社会或文化的少数派一样，行政区应当通过特殊渠道引起注意，以此来拥有话语权。

第五共和国在其制度中坚不可摧。吉斯卡尔·德斯坦的当选便证明了这一点。国家的新任干部为权力机关提供高效,他们完全得到了舆论的接受。然而,既然议会丧失了加权的权力,如何调和权威与自由,高效与管控?议会的衰落仍在持续,且无法补救。1968年的5月风暴给出了显著的论证。愤怒的年轻人四处举行游行示威活动,甚至围绕法国广播电视局。他们从未想过要指责议会议员,好像这些议员们并不存在。议会的争论从未引起过国家的注意。议会成为一个管控技术工具,不再为政治论坛。

如果说共和国不得不在过度行政权中寻找平衡,那么显然需要亲自向法国人提出要求,如同人们在电视上的"直播"。由于传统的监管稍显不足,并且年迈的显要人物丧失信誉,因此需要寻求其他管控,为当权者寻找其他引导。相较于在奥林匹斯山高高在上的执政,他们需要走上街头,与人民接触,不必担心接触会丧失威信。他们不应畏惧媒体的批评,相反地,应当寻求批评,因为此为深层次趋势可能的话语形式的其中一种。当权者不应禁止民众的游行示威,却要激发这些活动来将其控制。在法国和其他地方,一种新型民主即将到来,并且其规则并未在任何根本法中有所书写。

从此之后,自由主义的狂热为思考指引方向,而往往引导着政权的决定。在西方社会,人们希望一下子解放所有:家庭中的儿童、营房中的士兵、监狱中的犯人,甚至于动物园中的动物。任何的阻碍似乎都显得不可原谅。自由主义社会的概念由媒体粗暴地表达出来,杂乱无章地否认军队、小学、高校和司法权。甚至法国共产党发表一份"自由根本大法",好似坚持要确保自由。在异常规矩的北欧的众多古老国家之后,法国社会长久克制,似乎冲向自由的狂热之中。人们把一切禁止都抛入海里?

"疯癫之人的狂欢不会持续太久",勒波瑞洛(Leporello)在《唐璜》中唱道。在临近世纪末之时,法国人再次经历前人遭遇的恐惧。三十年的和平并未让人遗忘威胁,而对于多数人来说,此为最严重的威胁,即身份的丢失。美洲的风潮湿寒冷。大草原的风可能会使河流结冰,封锁港口。钟楼顶端的雄鸡从未遭遇如此多的困难来预言时节,因为不再经历四季。然而,明日还将存有"一个"法国吗?

1 | 中世纪时,在欧洲用于阿拉伯的人的称谓。——译者注
2 | 法文中为"pied-noir",即"黑脚"。法属阿尔及利亚始于1827年。法国海军封锁阿尔及利亚首都阿尔及尔,其正式的存在是从1830年到1962年。从1848年至1962年,法国把法属阿尔及利亚的地中海沿岸地区视为法国本土来统治;而法属阿尔及利亚广袤的内陆干旱地区,则同法属北非,从未被当作法国的组成部分。在法属阿尔及利亚时期,几十万的欧洲移民移居至此地,他们被称为黑脚。——译者注
3 | 指法国派往原殖民地国家的援助人员,多为教员和技术人员。——译者注
4 | 指1815—1816年由极端分子组成的法国国民议会。——译者注

版权专有　侵权必究

图书在版编目（CIP）数据

法国史 /（法）皮埃尔·米盖尔著；马莎莎译. —北京：北京理工大学出版社，2022.6（2024.6重印）

ISBN 978-7-5763-1140-2

Ⅰ. ①法… Ⅱ. ①皮… ②马… Ⅲ. ①法国 – 历史 Ⅳ. ①K565

中国版本图书馆CIP数据核字（2022）第042702号

北京市版权局著作权合同登记号　图字：01-2020-0220

《HISTOIRE DE LA FRANCE》by Pierre Miquel © Librairie Arthème Fayard, 1976

出版发行 / 北京理工大学出版社有限责任公司
社　　址 / 北京市海淀区中关村南大街5号
邮　　编 / 100081
电　　话 /（010）68914775（总编室）
　　　　　（010）82562903（教材售后服务热线）
　　　　　（010）68944723（其他图书服务热线）
网　　址 / http://www.bitpress.com.cn
经　　销 / 全国各地新华书店
印　　刷 / 唐山富达印务有限公司
开　　本 / 880毫米 × 1230毫米　1/32
印　　张 / 21.5　　　　　　　　　责任编辑 / 徐艳君
字　　数 / 466千字　　　　　　　文案编辑 / 徐艳君
版　　次 / 2022年6月第1版 2024年6月第2次印刷　责任校对 / 刘亚男
定　　价 / 158.00元　　　　　　　责任印制 / 李志强

图书出现印装质量问题，请拨打售后服务热线，本社负责调换